西周王朝の形成と関中平原

西江清高 著

同成社

目　次

序

第一部　関中平原の地理考古学的研究

第1章　関中平原と周原 …………………………………………… 7
 Ⅰ　周と周原　7
 Ⅱ　周公廟遺跡の発見　9
 Ⅲ　周原の地理的環境と遺跡分布　12
 Ⅳ　土器の系統からみた周原の文化史　26
 Ⅴ　小結　28

第2章　GIS を応用した遺跡分布の空間分析 …………………… 35
 Ⅰ　関中平原考古学 GIS の構築　35
 Ⅱ　基盤空間情報と衛星画像　39
 Ⅲ　遺跡分布の分析　42
 Ⅳ　ネットワークの分析　49
 Ⅴ　衛星画像をもちいた植生活性度の年変化パターン　55
 Ⅵ　小結　60

第3章　関中平原西部における遺跡の立地と地理環境 ………… 65
 Ⅰ　周原の地理　65
 Ⅱ　周原の環境変遷　67
 Ⅲ　水資源と遺跡の立地　68
 Ⅳ　地形環境よりみた関中平原西部における遺跡立地の諸類型　78
 Ⅴ　小結　90

第4章　関中平原東部における遺跡の立地と地理環境 ………… 103
 Ⅰ　西周王朝と関中平原東部　103
 Ⅱ　関中平原東部の地形的特徴　104

Ⅲ　各時期の遺跡分布の特徴　106
　　　Ⅳ　河川と遺跡の立地　113
　　　Ⅴ　遺跡空白地帯の地理環境的背景　115
　　　Ⅵ　小結　121

　第5章　関中平原に登場した都城圏と畿内的地域……………125
　　　Ⅰ　西周時代の三つの「都城圏」　125
　　　Ⅱ　周原遺跡の成り立ち　126
　　　Ⅲ　「周原地区」の構成　135
　　　Ⅳ　「豊鎬地区」の構成　148
　　　Ⅴ　周原地区、豊鎬地区、洛陽地区、そして西周王朝の「畿内的地域」　159

第二部　西周王朝成立期の編年的研究

　第6章　関中平原出土の鬲の系統………………………………175
　　　Ⅰ　「先周文化」の探求と陶鬲の分類　176
　　　Ⅱ　A類鬲（聯襠鬲）　179
　　　Ⅲ　B類鬲（袋足鬲）　181
　　　Ⅳ　C類鬲（殷系分襠鬲）　181
　　　Ⅴ　客省荘第二期文化（龍山文化期）の鬲　183

　第7章　西周前期の土器…………………………………………187
　　　Ⅰ　西周期の土器編年の枠組み　187
　　　Ⅱ　西周前期の土器の組成　200

　第8章　A類鬲を主体とする土器系統（土器群A）の変遷………209
　　　Ⅰ　土器群Aを主体とするおもな遺跡　210
　　　Ⅱ　土器群Aの変遷　223
　　　Ⅲ　土器群Aの時期の設定と年代　230
　　　Ⅳ　土器群Aの系譜　234

第9章　B類鬲を主体とする土器系統（土器群B）の変遷 …… 239

- Ⅰ　土器群Bを出土したおもな遺跡　241
- Ⅱ　土器群Bの変遷　276
- Ⅲ　土器群Bの時期の設定と年代　286
- Ⅳ　土器群Bの性格——周囲の土器系統との関係　290

第10章　C類鬲を主体とする土器系統（土器群C）の変遷 …… 309

- Ⅰ　土器群Cを主体とするおもな遺跡　310
- Ⅱ　土器群Cの変遷　324
- Ⅲ　土器群Cの時期の設定と年代　340
- Ⅳ　土器群Cの性格　344

第11章　土器系統の分布と相互関係 …… 351

- Ⅰ　二里岡期以前　351
- Ⅱ　二里岡期　353
- Ⅲ　殷墟一期～二期前後　356
- Ⅳ　殷墟三期～四期前半前後　359
- Ⅴ　西周Ⅰa期前後（殷墟四期後半～西周王朝初葉）　361
- Ⅵ　先周期の青銅器の分布　363

第12章　西周式土器を構成した土器の系譜 …… 375

- Ⅰ　西周式土器の構成　375
- Ⅱ　土器群Aと西周式土器　376
- Ⅲ　土器群Bと西周式土器　377
- Ⅳ　土器群Cおよび殷文化中心地域の土器と西周式土器　380
- Ⅴ　北方系の土器と西周式土器　386
- Ⅵ　西周期に存続した土器群A、土器群Bの系譜　389

第13章　関中平原に形成された政治的地域の一側面 …… 395

- Ⅰ　西周前期の関中平原に登場した「弜」集団　395
- Ⅱ　「弜」集団の青銅器とその銘文　396

Ⅲ　彊関係遺跡の土器の構成　404
　Ⅳ　四川系土器の分布と彊関係遺跡　415
　Ⅴ　「彊」集団の地理的環境と経済的基盤　420
　Ⅵ　小結　425

第14章　関中平原西部宝鶏市周辺の再考察⋯⋯⋯⋯⋯⋯⋯⋯⋯⋯⋯439
　Ⅰ　石鼓山西周墓地の発見　440
　Ⅱ　石鼓山3号墓出土青銅器の性格と年代　441
　Ⅲ　石鼓山3号墓出土の高領袋足鬲（B類鬲）　444
　Ⅳ　西周王朝成立前後における宝鶏市周辺の動向　447
　Ⅴ　小結　452

第15章　先周期の土器編年に関する近年の研究⋯⋯⋯⋯⋯⋯⋯⋯455
　Ⅰ　近年の新知見と研究　455
　Ⅱ　先周期の土器編年に関連する近年の調査　457
　Ⅲ　先周期土器研究に関連するいくつかの認識　498
　Ⅳ　小結　500

引用文献　509
挿図出典一覧　539
後記　549
地名・遺跡名索引　553
中文要旨　557

西周王朝の形成と関中平原

序

　紀元前11世紀、黄河の支流渭河の流域を舞台に政治的勢力として台頭した周は、中原において強大を誇った殷王朝を武力によって崩壊させ、中国大陸における新たな地域間関係の中心となる西周王朝を成立させた。西周王朝による封建を骨格とした政治体制の影響は、直接、間接に華北、華中の広大な範囲を巻き込み、同時に王朝に由来するさまざまな文化的要素は、さらに遠隔の地にまで波及した。西周王朝を中心とする地域間関係の再編成がすすむなか、やがて各地に封建された諸侯国や周辺の諸地域では、新石器時代以来の固有の歴史的背景をもつ地域社会と、そこに育まれてきた文化伝統が大きく変化していった。後の春秋戦国時代の各「国」の社会や文化とは、そうした変化を背景として形成されたものといえよう。

　西周期の歴史の動態を読み解く一つの視点は、諸地域（西周王朝の中心地域をその一つとする）に固有の歴史状況を理解し、一方において諸地域相互間の関係を把握していくということであろう。筆者はこの視点から西周期の歴史を研究する試みの一つとして、本書において西周王朝の中心地域を対象とした考古学による地域研究を目指そうと考えた。西周王朝中心地の「地域」に固有の歴史状況を考察することは、その「地域」を中心として中国大陸の広域を巻き込んだ地域間関係全体のすがたをとらえていく上でも基本的な前提となるであろう。西周王朝は、地理的にいえば渭河流域の関中平原を舞台として登場し、そこに王朝の「畿内的地域」を形成した。本書では、西周王朝の登場によって関中平原に形成された「地域」の構造というべきものを、周勢力の形成過程にさかのぼって検討してみようとおもう。

　周は、もともと関中平原北側のある小地域を拠点とした一つの族的集団であったものが、やがて他の族的集団と関係を結びながら、関中平原を基盤の地域として東方の殷王朝を脅かす政治的勢力に成長したものと考えられる。『史記』周本紀などいくつかの文献は、周の始祖后稷以降の周一族の長の名と、13代古公亶父および14代季歴の事跡、さらにその子の西伯（文王）が関中平原

一帯の諸族を制圧し、多くの集団の信頼を得てやがて殷を脅かす存在となる経緯を、簡潔な伝説的記事として伝えている。関中平原を舞台に、周が徐々に大きな勢力を形成する長い歴史過程があったことは、断片的な文献の記載からもうかがわれよう。しかしそれでは、彼らは広大な関中平原にあって、どのような移動や拡散の経緯をたどったのか、また最終的にはどこを拠点として強大化したのか、その具体的な過程については不明なことが多い。また当時の関中平原には、周のほかにどのような集団が存在し、周と他の集団との関係はどのようなものであったのか。こうした王朝以前の周をめぐる歴史の諸相について、文献史料もまた殷周時代の出土文字資料である甲骨文や金文も、いま知られる限りではあまりに寡黙である。いくらか具体性のともなう歴史像を求めようとするならば、考古学的研究に依拠する必要がある。本書は、近年増加した早期の周に関する考古資料をおもな材料として、考古学的に可能な範囲で詳細かつ系統的に整理することで、関中平原における周勢力の形成過程について描き出そうとするものである。またその前提として、西周王朝成立の基盤となった関中平原という「地域」について、地理考古学的にみた「地域」としての成り立ちについても検討しておきたいと考えている。

　本書第一部では、地理考古学的にみた関中平原の成り立ちをテーマとする。関中平原とはどのような地域なのか。この問題を新石器時代以来の集落遺跡分布のありかたを手がかりとして検討してみたい。筆者は、関中平原を対象とした従来の考古学研究においては、地域としての関中平原の成り立ちという視点が十分に意識されてこなかったと考えている。たとえば広大な関中平原のなかには、比較的大きな面積の平地地形であるにもかかわらず、新石器時代以来ほとんど集落遺跡が発見されていない土地が確認できる。それはどのような理由によるものなのか、これまで説明されたことはなかった。単に調査の手が及んでいないことが原因とはおもわれない遺跡の空白地帯について、その背景に想定される地理的環境の要因について考察する必要がある。こうした検討を抜きにして、西周王朝の基盤の地域を論ずることはできないのである。しかし、地理考古学的研究といっても、日々現地で調査をつづけている研究者ではない筆者にとって、研究の方法にもさまざまな制約がある。筆者は、専門家と協力してGIS（地理情報システム）の方法や衛星画像判読などの方法を応用するこ

ととした。この方針のもと、公開されている地図資料や各種の地理情報、さらには新旧の衛星画像などを入手し、それらを GIS 基盤内に利用可能な形に整備して格納し、これらを活用して地理考古学的研究をすすめることにした。初歩的な域を出ない内容ではあるが、第一部でその成果の一部を紹介する。

本書第二部では、西周王朝成立前後の関中平原における文化の諸系統を論ずる。おもに王朝成立以前の土器を対象とした考古学の編年研究をすすめ、西周王朝以前の関中平原に存在した考古学文化の諸系統を抽出する。そのうえで、王朝以前の文化の諸系統が、その後に成立した西周王朝中心地域の文化をどのように構成していったのかについて検討する。

西周王朝に先立つ時期を「先周期」と呼ぶことがある。かつて北京大学の鄒衡教授は、殷王朝(殷文化)に先立つ先商文化、西周王朝(西周文化)に先立つ先周文化という概念を提唱した。そして夏、殷、周三代王朝の文化は、それぞれが新石器時代以来の異なる地域を基盤とした異なる考古学文化を出発点として登場したものであって、紀元前二千年紀にそれらが黄河流域において王朝交代をくり返したとする歴史観を提唱し、20世紀後半の殷周考古学研究に多大の影響をあたえた。筆者もその影響を受けた一人であり、「先周文化」という概念には特別に注目してきた一人でもある。しかし筆者は、先周文化という概念を使用することが、周一族に対応する考古学文化を特定しようとすることにつながると考えられ、そこは十分な注意が必要であると考えている。仮に王朝以前の周を担い手とする考古学文化が合理的に設定できたとしても、それがすなわち西周王朝の文化の先行形態であると単線的に結びつけることはできない。冒頭で触れたことにも関連するが、西周王朝の成立とは地域間関係の再編成を引き起こす歴史の変節点であった。筆者は西周王朝の文化とは、そうした地域間関係の再編成を背景として文化の再編成も進行し、その過程のなかから形を成したものと考えている。周の「先周文化」の発展形がすなわち周の「西周文化」になるという単線的な議論にならないよう十分な注意が必要である。集団と文化の系統の対応関係については、ひとまず両者を切りはなして研究をすすめ、あくまで文化系統の時空間における動きをとらえて考古学的な文化史を描いてみようと考える。そのうえで、断片的な文献史料から推定される周の歴史と考古学的な文化史との一致点を探りつつ、周勢力の台頭と西周王朝成立

の過程について考察していきたいと考えている。

　本書では「先周文化」の用語は用いないが、西周王朝成立前にあって周の勢力が徐々に形成された時期を「先周期」と呼ぶことにする。この用語の指し示す考古学上の時空間の範囲とは、主として東方で殷王朝が勢力をもっていた頃に並行する時期を念頭におき、また周勢力形成の舞台となった関中平原を地理的空間として念頭においたものである。

　先周期から西周期の考古学編年の基礎となるのは土器の型式学である。本書第二部では、先周期から西周期かけて、すなわち西周王朝成立の前後における土器諸系統の動向を、関中平原の考古学的な時空間の構築のために論ずる。この土器の編年研究を中心とした本書第二部の内容は、1990年代に筆者が発表した論文がもとになっている。しかし2000年代以降、先周期の考古学研究には新たな進展もあり、新発見、新知見は少なくない。本書第二部の後半では、近年の研究動向に関連した筆者の見解についても述べておきたい。

　地理考古学的な研究にしても、土器の編年研究にしても、これらは本来在地の考古学者がもっともよい研究環境のもとですすめるべき研究課題であろう。しかし、筆者らのような中国国外の研究者であっても、現地を訪れては研究者の仲間と意見を交換し、また在地研究者のように特定地点の発掘調査に多くの時間を投入することがないかわりに、自由に各地をとびまわり、広大な関中平原について、できるだけ幅広くまた多様な思考をこころみることにも学術的な意義はあると考えている。

註
（１）関中平原とは今日の中国陝西省を西から東に流れる黄河の支流渭河の流域に形成された盆地状の地域のことである。その地理的範囲は、『史記』貨殖列伝に「関中自汧、雍以東至河、華」とあるのが典型的なイメージであろう。汧（千河）とは今の宝鶏市あたり、河とは黄河、華とは華山を指している。「関中」とは、もともとは関所に囲まれた地域をさす呼称である。その場合の関所とは、函谷関、隴関（ないし散関）の東西二関とする説、函谷関、散関に秦嶺南の武関と北山北の蕭関を加えた四関とする説、さらには函谷関、散関、武関に北西の隴関と北東の臨晋関を加えた五関とする説など、諸説がある。いずれも関中平原の外周部に設置された関所をもって関中を定義した人文地理的な呼称である。

第一部　関中平原の地理考古学的研究

第1章　関中平原と周原

I　周と周原

　古公亶父（太王）と彼のもとにあった人びと（のちの周人）の、岐山の麓あるいは周原の地への移動と定住にふれた話が、『詩経』大雅・緜に見える。すなわち「古公亶父、來朝走馬、率西水滸、至于岐下」（古公亶父、来って朝に馬を走らせ、西水のほとりに率いて、岐の下に至り）とあり、またその土地の豊かなことを讃えて「周原膴膴、菫荼如飴」（周原は膴膴として、菫荼飴の如し）と述べ、さらにその地に宮室を築いたことにふれて「曰止曰時、築室于茲」（曰く止まれ曰く時なれと、室をここに築く）とあるのがそれである。『史記』周本紀には同じ古公亶父の事績について「去豳、度漆、沮、踰梁山、止於岐下」と述べ、これについて『正義』は、「因太王所居周原、因號曰周」とする。また『史記』匈奴列伝では、別に「亶父亡走岐下、而豳人悉從亶父而邑焉、作周」とも伝える。

　古公亶父とは西周王朝第1代の武王から数えて、3世代さかのぼった（古公亶父―季歴―文王（西伯）―武王）周の指導者のことである。おもに以上のような伝説的記事を根拠として、古公亶父の時代に、当時戎狄の侵略に苦しんでいたのちの周人が、関中平原の北にあった居住地の豳を離れて南下し、今日の関中平原西部の岐山県、扶風県あたりの岐山南麓、周原の地に移り住んだと語られてきた。周と呼ばれることになるこの人びとは、そののち周原を中心とした関中平原を活動の舞台として政治、経済の基礎を築き、やがて文王、武王の時代に東方の殷王朝に対抗する一大勢力にまで成長していった。これが王朝成立前の周の歴史とされるものの骨子である。

　1976年に扶風県荘白村で発見された史牆盤や、2003年に郿県楊家村で発見された逨盤（逑盤）など、近年出土した西周青銅器の銘文によって、現在では

少なくとも王朝成立以前の文王から、西周中期、後期にいたる諸王たちの王名と若干の事績が、金文という同時代史料のなかで確認されるようになった。周王朝の礎となったとされる周原の古公亶父の時代についても、もはや研究の手のおよばない遠い伝説の時代のことではなくなってきたのである。それどころか、出土資料が急増する考古学研究にもとづいて、周王朝の基層の文化、政治や社会形態の早期のすがたを考えるうえで、鍵を握る時代ともなってきている。

従来の西周史の研究において、明確には意識されてこなかった視点として、周早期の基盤の地域となった周原、あるいは関中平原という地理的空間を、地域システムの舞台として対象化し、議論するということがある[1]。「地域」の視点から古代社会を読み解いていく研究は、おもに秦漢時代以降の関中平原に関していえば、水利や首都機能あるいは生態環境史を論ずるという側面から、近年日本においても議論の深まりがみられる[2]。もともと史料の制約が大きい西周史の研究であるが、考古学の分野においても「地域」の視点の導入はまだ先のことのようにおもわれたが、近年、周公廟遺跡、孔頭溝（趙家台）遺跡、勧読遺跡、水溝遺跡などに代表される、関中平原西部の周原の地において、周早期の都邑や王陵クラスの墓群が相次いで発見されるにおよび、状況は変化してきた。これら学界の注目をうける重要遺跡が、わずかに数 km あるいは数 10 km の間隔をおいて点在する周原という土地を、その土地の「地域」としての成り立ちから問い直す必要性が生じてきたのである。おそらくそのことなしに、これらの遺跡の性格を論ずることはできないであろう。

「地域」の視点から周原あるいは関中平原をとらえていくことはまた、単にそこで発見された遺跡の性格を説明するだけのものではない。周早期の基盤となった「地域」の成り立ちを問い直すことが、西周王朝成立以後の周の政体の原型を理解することにもつながると期待されるのである。本章ではそうした展望をもちつつ、西周王朝成立前後の関中平原あるいは周原に関する若干の問題について論じ、本書全体の導入部としたい。

II 周公廟遺跡の発見

　王朝以前の周の都邑所在地をめぐる議論に関して、近年きわめて重要な発見が相次いだ。本論に入る前に、そのあたりのことを簡単に紹介しておきたい。おもに1970年代にはじまり今日にいたるまで、陝西省扶風県、岐山県の県境付近、東西約6km、南北約5kmの範囲で、青銅器窖蔵（前掲の荘白村出土「史牆盤」を含む）が発見され、また鳳雛、召陳、雲塘の3地点では、宗廟、宮殿、あるいは高級貴族層の邸宅などと推定される大型建築基址が発掘された。一般的な集落遺跡とは隔絶した高い格式をもつ出土品や遺構の数々、遺跡分布の高い集中度からみて、この扶風、岐山県境一帯の遺跡群は、王朝以前の周の都邑の所在地である可能性を念頭において「周原遺跡」と総称されるようになった。周原という言葉に、考古学が具体的な根拠をもって時間的空間的位置づけをおこなったのは、このときからであった。

　しかしながら、1990年代末からこの地で発掘調査の指揮をとってきた北京大学の徐天進氏は、この「周原遺跡」出土の青銅器あるいは数々知られる遺跡、遺構を総合的にみた場合、同遺跡群の重要性は明らかであるものの、発見される遺構、遺物の主要な内容が西周中期や後期のものであることに注目していた。また出土した青銅器の銘文からみると、当地出土青銅器の多くが、実は姫姓（周一族の姓）以外の族的集団の作器であったと推定されることから、この一帯が王朝以前の周の中心地ではなかった可能性について考えるようになっていた［徐天進2004、pp.212-218］。そのうえで徐天進氏は、いわゆる周原遺跡西方の岐山県城北にある周公廟(3)付近で、以前から周の瓦や磚が表採されていたこ

写真 1.1 周公廟遺跡　最初の刻字甲骨発見地点
　　　（左から徐天進氏、雷興山氏）

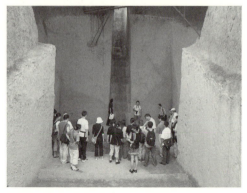

写真 1.2 周公廟遺跡の大型墓（2005 年国際学会時）

とから、この付近に着目して表面調査をおこなっていた。そして 2003 年 12 月、偶然にも 2 片の刻字卜甲を発見し（写真 1.1）、これを突破口に、2004 年には北京大学考古文博学院と陝西省考古研究所による試掘調査がはじめられた。まもなく周の卜甲 740 余片（刻字のあるもの 80 余片）が灰坑中より一括出土するという大きな発見があった。認識された文字 400 余字のなかには「周公」、「新邑」、あるいは亀甲下部（甲尾）に地名として刻まれたらしい「周」などの文字が確認されている。さらに同年 5 月には、周公廟背後の山麓傾斜地で、周の大型墓 22 基を含む墓群（陵坡墓地）が発見された。この墓群は、今日まで知られる西周の墓として最大級の規模をもつ墓から構成された墓地であり、中国考古学界が長年探し求めてきた西周の王陵群である可能性を含めて、当地に所在する周公廟の存在と刻字卜甲の「周公」の文字などを重視して武王の弟周公旦とその一族の墓地である可能性などが指摘され、大きな話題となった（写真 1.2）。この大型墓群の性格をめぐっては、2004 年夏におこなわれた墓群の発掘成果およびその後の周公廟遺跡の発掘調査の成果をうけて今後も議論がつづくことになろう。

周公廟遺跡で注目されるのはその年代的位置づけである。大型墓群の年代は墓群の規模からしても相当に年代幅があるものと予想されるが、墓地以外の地点でこれまでに表採された土器片や土製の建築部材、甲骨文の内容、青銅器製作址にともなう陶范などをみると、徐天進氏が指摘するように、王朝以前のいわゆる先周期にさかのぼる可能性をもつものが多く含まれている［徐天進 2005］。2004 年以降の発掘調査以前に、周公廟の周囲数 km の範囲では、清朝末期以来少なくとも 16 点の青銅器が出土している。そのうちの 5 点が殷後期並行（先周期）、8 点が西周前期、3 点が西周後期の青銅器とされる［劉宏岐

2004]。扶風、岐山県境一帯の周原遺跡に比べて、西周前期以前のものの比率が高いようにおもわれるが、今後のさらなる研究が待たれる。

周公廟遺跡の年代の上限が王朝成立以前にさかのぼることは確かであろう。そのような先周期から西周期にかけての年代を示す大型の集落遺跡であって、瓦や塼をともなう特別な格式をもつ大型の建築址がともない、青銅器の工房が付属し、大型墓の墓地が造営された場所とは、周の歴史上にどのような位置づけをもつ場所であろう。扶風、岐山県境付近のいわゆる「周原遺跡」が、もし王朝以前の古公亶父にさかのぼる時期の周の中心地ではない可能性もあるとすれば、周公廟遺跡はそれにかわる新たな候補の一つとなる可能性もある。

関連する考古学上の新発見はさらに続いた。2004年12月末、北京大学の徐天進氏らは、岐山県西の鳳翔県からもたらされた情報にもとづいて、鳳翔県の水溝村付近を踏査し、現地に周の城壁集落址が存在することをはじめて確認した（写真1.3）。その位置は周公廟遺跡の北西約16 kmである。このときの踏査で、水溝遺跡には山麓の南斜面に沿うようにしてめぐらされた周長約4 kmの城壁が確認されている。城壁内側の面積は約100万 m²に及び、塼、瓦、陶水管、土器が採集されている。表採遺物から判断して、水溝遺跡の開始年代は周公廟と同じく王朝以前の先周期にさかのぼることが確認されている［徐天進2005］。こうして、1970年代以来、扶風、岐山県境一帯の遺跡群を「周原遺跡」と呼ぶことが学界の常識となっていたなかで、近年、先周期にさかのぼる周の都邑である可能性をもつ岐山県周公廟遺跡や鳳翔県水溝遺跡などがつぎつぎと発見され、周原をめぐる考古学研究は新たな段階に入ったのである。古公亶父の都邑はどこにあったのか、周公廟遺跡の大型墓群ははたして周公一族の墓地であるのか、周王墓の可能性はないのか、今後の発掘調査のなかでかならず答え

写真1.3 水溝遺跡南部の城壁

が出てくるものと期待したい。

　1970年代以来周原遺跡と呼ばれてきた扶風、岐山県境一帯の遺跡群に加えて、2003～2004年にはその西方に、周公廟遺跡、水溝遺跡、さらには2006～2008年の調査で大型集落であることが確認された孔頭溝（趙家台）遺跡［本書第15章］、未発掘ながら大型の集落址であることが確認されている勧読遺跡などが相ついで発見されたのである。これらの諸遺跡は、東西にわずか10km前後の間隔をおいて、先周期の終わり頃から西周前期の頃に並存していた可能性が高い。一つの地理的単位としての（広義の）周原の台地を舞台とし、これらの大型集落を構成単位とした古公亶父にはじまる周早期の政体あるいは周の文化的なまとまりとは、どのように形づくられたものであろうか。この問題を周原あるいは関中平原という「地域」の視点から考えていくことが求められているのである。

Ⅲ　周原の地理的環境と遺跡分布

（1）関中平原と周原の地形

　黄土高原南部の縁辺部に位置する関中平原は、渭河とその支流がつくりなす東西に細長い盆地状の地形で、東西約400km、南北が最大で約60kmある。平原の中央部やや南よりを、渭河が西から東に流れて、潼関の東で黄河本流に合流する。関中平原の南側には標高2000～3000mクラスの秦嶺山脈が、北側には1000～1600mクラスの北山（岐山と通称される山塊をふくむ）が東西につらなる。北山のさらに北側には、典型的な黄土高原の台地が広がり、はるかに陝北地区からオルドス地方にまで連続している（図1.1）。

　渭河の南北両岸、とくに北岸には黄土地帯に特有の高く平坦な台地状の地形である「原（塬）」が発達している。新石器時代から歴史時代を通じて、農耕集落の多くがこの平坦な塬の上（塬面）に展開し、関中平原西部の農村人口の多くがここに集中してきた。この塬面を、平原南北の山間部や塬縁辺部の湧水地から水を集めて短い小規模河川が流れくだり、関中平原中央の渭河に注ぐ。関中平原の河川のネットワークは、渭河を東西方向の軸として、あたかも羽状の構成をなしている。

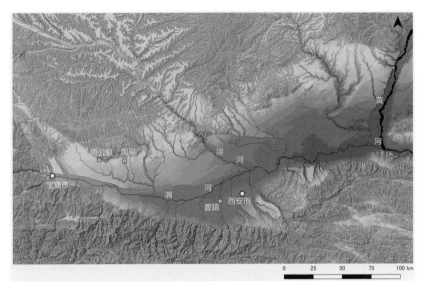

図 1.1　関中平原の地形

　「原」の名称が文献上で最初に登場するのは、先にも触れた『詩経』大雅・緜にみえる「周原」であろう。しかしそこでの原の呼称が、現在と同じ地形用語として用いられていたという保証はない(9)。この問題は周の最初の都邑の所在地を探求することとも関連して注意すべきであるが、ここでは立ち入らない。「周原」を現代の地理学的視点から定義したのは歴史地理学者の史念海氏であった［史念海 2001a、pp.244-259］。同氏によれば周原とは、関中平原西部における周王朝揺籃の地であり、西は千河（汧水）（鳳翔県）から東は漆水河（武功県）にいたる渭河北岸の台地状の地形がそれに相当する。周原の塬面は、東西約 70 km、南北約 20 km の広さをもち、塬と周囲の地形との境界をなす現在の渭河、千河、漆水河の河床から、比高差にして 60～200 m 高くなっている。その塬面はまた、北山（岐山）の南麓に近い標高 900 m 前後の北西最深部から、南東端の標高 500 m 前後の漆水河西岸まで、緩やかに傾斜している（図 1.2）。

　今日の周原の台地を観察すると、大小の水流が元来の塬面を深く切り刻んで、黄土台地に特有のいわゆる溝壑がいたるところで形成されている。今日の

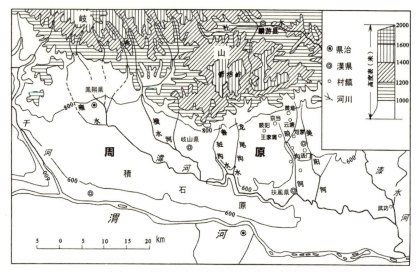

図1.2 周原台地の地形図（史念海氏作図）

周原はしたがって、じつは一つの連続した平地からなる地理的単位のようにとらえることはできず、溝壑によって多数の中小の台地に分断された状況ともなっている。元来の周原を、東西方向に横切って流れる一筋の水流が、后河あるいは漳河などの名で呼ばれる中規模河川である。この河川は歴史時代に浸食作用を進行させて、深い渓谷（溝壑）を発達させ、元来一つであった周原の台地を、南北に分断してしまった。周原から分かれて、あらたに南側に形成されたのが、積石原および三時原である（図1.2）。史念海氏は、西周時代の周原は、その後の歴史時代に激しい浸食をうけた現在の状況とは大きく異なり、あくまでも一つの連続した地理的単位をなしていたと考えている。

歴史時代の浸食の激しさを物語る証拠の一つが、前漢中期に開削された灌漑用の水路、成国渠である。成国渠は、周原台地の南部で渭河から水を導き、東に流れて漆水河とダム貯水でいったん合流し、その後再び東に向かって流れて咸陽方面へと通じていた。その成国渠の旧渠道が、かつて漆水河と合流していたとされる遺構が、現在の漆水河河床より約30m高い位置に観察されるという。これが事実とすれば、前漢中期以降の約2100年間に、漆水河河床が約30

m 近く下降したことを示唆している。100 年ごとにほぼ 1.5 m である。これを逆算すると西周時代の漆水河河床は、今より約 45 m 前後も高かった可能性があり、漆水河の渓谷（写真 1.4）は、かつてはずいぶんと浅かった可能性も考えられるのである［史念海 2001a, p.258］［史念海

写真 1.4 漆水河の谷（武功県付近）

2001a, p.264］。その他の周原一帯の水流においても、およそ同じようなことがおこったに違いない。周原一帯の河川では、河床は現在も岩盤に達しておらず、黄土の堆積層を浸食して河床は現在も下降をつづけている。

　以上のように、どうやら歴史時代に激しい浸食をうける以前の元来の周原は、大きな一枚の塬面を戴く比較的平坦な一つの地理的単位であったと推測される。関中平原に定着した頃の早期の周は、まさにこの地理的単位を舞台として、のちの西周王朝の基礎を築いていったと考えられるのである。

（２）周原の環境変遷

　周原あるいは関中平原における黄土台地の浸食が、歴史時代に急速に進行したものであることを史念海氏の所説にもとづいて述べた。しかしそれでは、浸食が進行した原因はどこにあるのであろう。おもに文献研究から語られる環境史では、西周王朝が成立した頃の関中平原は、なお広く森林・草原に覆われた環境であったが、その後の農地の開拓等は平原部の植生を変化させ、都邑建設や都邑の燃料資源獲得に由来する木材の消費が森林の破壊をひきおこし、結果として保水力を失った黄土台地の浸食が急速に進行したと説明する。浸食進行の原因については、地質学的研究からも人的要因が強調されている。趙景波氏は、黄土浸食の要因として、①気候的要因、②「新構造運動」による浸食基準面の下降、③黄土の岩性、④地形的要因、⑤人的要因の五つをあげ、それぞれがもたらす黄土浸食のメカニズムを分析したうえで、黄土高原における水土流

失の最大の原因を人による自然的植生の破壊にあるとし、その他の要因を副次的なものと論じている［趙景波 1991］。

しかしそれでは、人による環境への作用が深刻になったのはいつの時点からであろう。関中平原では、老官台文化（先仰韶文化期）、仰韶文化（仰韶文化期）、客省荘二期文化（龍山文化期）とつづく新石器時代の初期農耕民が、活発にその生活圏を拡げていたことが知られる。完新世最温暖期の仰韶文化期には、渭河の一部の支流域において今日の自然村の分布にも近い密度で集落が分布していたという指摘もある。そのような新石器時代の初期農耕民による環境への作用が、歴史時代の人的作用に比べてはるかに小さなものであったと、簡単に評価を下すわけにはいかないであろう。西周時代の関中平原は、なおも自然植生の豊かな森林や草原がひろがる環境であったとする史念海氏らの見解は、文献学的には正確なものとおもわれるが、環境変化の問題については文献以外の側面からも検証する必要がある。

周昆叔氏は、扶風県、岐山県一帯の地質調査をおこなって、この地方における更新世の馬蘭黄土の上に堆積する完新世約 1 万年間の黄土堆積を「周原黄土」と総称し、その「周原黄土」を、堆積層組成の相違から細分して、黄土地帯における土壌形成の変化と環境の変化を総括した［周昆叔 2002a, pp.174-179］。中国において、地質地層と文化地層の関係をはじめて本格的に論じた学史的にも重要な研究である。そこで周昆叔氏は、周原黄土には 10000 bp、8000 bp、3000 bp、2000 bp に相当する位置に、それぞれ堆積層の組成に大きな変化が生じたことを示す境界があることを指摘する（図 1.3）。とくに 3000 bp を境界（西周文化層はその下部に位置する）とする変化については、新石器時代から西周後期に至る間続いた温暖湿潤な気候下で生成した紅褐色土の堆積が、冷涼乾燥化した環境下における褐色土の堆積へと転じた重要な変化であったと論ずる。周昆叔氏は、そのような堆積層変化の原因について、主として気候変化の側面から説明を試み、その他の要因については言及していない。たしかに、従来からある古気候復元において、完新世最温暖期以降、いくつかの気候変動のイベントを経て気候は冷涼化に向かい、今日に至っていることは広く認められている。しかし一般的に、完新世最温暖期から今日にいたる間に、かつての最終氷期から後氷期にかけての変化（「周原黄土」の 10000 bp、

8000 bpの境界がそれにあたる）に匹敵するような気候の激変ないし方向転換があったとは考えられていない。「周原黄土」において3000 bp（西周期）、2000 bp（漢代）を境界として、わずか1000年間に2度も記録されている黄土堆積層の土壌組成の大きな変化は、単に地球規模のゆるやかな気候変化から説明されるものではないとおもわれる。そこにはそれらの時点を境に、関中平原あるいはより広く黄土高原における人類の生態系への働きかけ

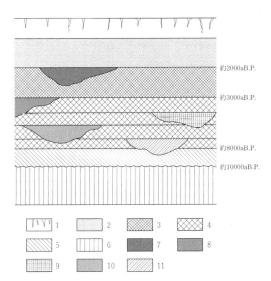

1 耕土　2 新近耕土　3 褐色頂層埋蔵土　4 褐紅色（紅褐色）頂層埋蔵土
5 褐黄、褐紅ないし灰黄色でカルシウム結核を含む黄土　6 馬蘭黄土
7 春秋戦国と秦漢文化層　8 夏商周文化層　9 龍山文化層　10 仰韶文化層
11 先仰韶文化層

図1.3　周原黄土の堆積と文化堆積の概念図

が、飛躍的に活発化した状況を反映していると理解すべきであろう。関中平原に西周、秦、前漢の都城が建設され、大規模な陵墓が造営されたのもこの1000年間のことであった。文献研究による史念海氏らの見解は、このような「周原黄土」堆積層の変化によっても傍証されているようにおもわれる。

周原台地の一角に位置する扶風県案板遺跡の試料を用いた花粉分析の結果にも注目したい。それによると、同遺跡の西周期の文化層中で木本植物が鋭く減少傾向を示し、乾燥性の草本植物が急増したことが指摘されている。発掘報告者はその変化の要因として、地球規模の気候変動が考えられるほかに、人による森林、草原環境の破壊があったことを強調している［王世和ほか 2000、p. 285］。

（3）周原における遺跡の立地

以上のように、西周期あるいは周が関中平原にはじめて定着した先周期の当

時、今日の千河（鳳翔県）から漆水河（武功県）にいたる範囲は、史念海氏が地理学的に定義する周原の概念のように一つのまとまりある地理的単位をなしていた。当時はなお大小の水流が作り出す谷（溝壑）は浅く、したがって取水に便利な地点が比較的容易に見出され、森林、草原に覆われた環境が、北山（岐山）山麓、塬面（台地上平原）ともにひろがり、狩猟や漁撈にも適した豊かな土地であった。この周原の範囲内で近年、扶風、岐山県境一帯の周原遺跡をはじめとして、周公廟遺跡、孔頭溝遺跡、勸読遺跡、水溝遺跡などの拠点的な集落址が相次いで発見されたのである。

　周原台地における先周期、西周期の主要な遺跡は、南部の台地縁辺部、および台地中央を東西に流れる漳河の北側、とくに北山（岐山）の南麓に近い一帯において発見される傾向がある。言い換えれば、周原（南部の積石原をふくめた元来の周原）という広い台地状地形の南北の縁辺部一帯において、大型建築址や青銅器をともなうといった主要な遺跡が多く発見されていることになる。[15]

　台地南部縁辺部の遺跡としては、研究史上著名な宝鶏闘鶏台遺跡が知られるが、闘鶏台は周原台地の西隣の別の台地である賈村塬の南部縁辺部にある。周原台地の南部縁辺部にある遺跡としては、2003年1月に郿県楊家村で発見された逑盤をふくむ西周後期の青銅器窖蔵が代表的なものである［陝西省考古研究所・楊家村聯合考古隊ほか 2003］。[16]この遺跡は積石原南端の渭河河谷を見下ろす位置にあり、台地が渭河氾濫原に向かって急勾配で下り落ちる傾斜地で発見された埋納青銅器群である（写真1.5、1.6）。岐山、扶風県境付近の周原遺跡からおよそ25km南に位置する。楊家村付近では1950年代以来、2003年発見の青銅器と関連する銘文内容をもつ青銅器がたびたび発見されており、この付近がかつては単氏一族[17]の封邑の所在地であったと考えられている。[18]筆者が注目するのは青銅器銘文の研究から、逑盤の作器者逑を含めて、何世代にもわたる同地の単氏一族のなかに、「虞」（銘文では「呉」）と呼ばれる山林、川沢を管理する官職に就いたものがいたことである。[19]周原の台地の南部縁辺部に位置するこの地点にあって、山林、川沢とは何を指すのであろうか。それは遺跡周辺の景観から考えて、目前を流れる渭河の対岸、秦嶺北麓の一帯における土地や森林資源を指すものと考えるのが妥当ではないだろうか。北山の南麓から渭河をこえて秦嶺の南麓までの間を断面図で示したものを見ると、そうした状況

が理解しやすいはずである（図1.4)。因みに楊家村から渭河を南に渡ると、そこには史上名高い五丈原があり、また秦嶺を南北に越える古代以来の交通路、褒斜道も五丈原の東側の谷からはじまることにも注意すべきである（写真1.6)。

写真1.5　楊家村遺跡周辺　周原台地南部縁辺部の崖面

筆者は以前、宝鶏市街地南部の秦嶺山麓の谷間にあったいわゆる彊氏一族の経済的基盤に関して、秦嶺越えの南北交通、および秦嶺の山区経済との関係を指摘したことがある［西江清高 1999］[20]。周原の周にとって、はるか長江流域の南方世界との分水嶺であり境界域であった秦嶺は、山地の自然資源の宝庫でもあったに違いない[21]。またそのことと

写真1.6　楊家村近くから南を眺望　渭河と五丈原

関連して、西の宝鶏峡（現在の宝鶏市街地の西方）から周原の南を通り、東の豊邑、鎬京にいたる渭河の水運もまた、先周期、西周期を通じて重要な意義をもったであろうことが指摘できる［史念海 2001a, pp.260-276］［王子今 1993］［本書第5章］。早期の周にとって、周原の南側には河川交通に有効な渭河が西から東に流れ、その南岸には、秦嶺の豊かな手つかずの山地資源が広がっていたという地理的環境があったことを強調しておきたい。

一方、周原の塬面北部縁辺部近く、あるいは北山（岐山）の南麓一帯には、すでに触れたように、扶風、岐山県境一帯の周原遺跡、岐山県の周公廟遺跡、孔頭溝遺跡、鳳翔県の勸読遺跡、水溝遺跡など、先周期、西周期の都邑、王陵

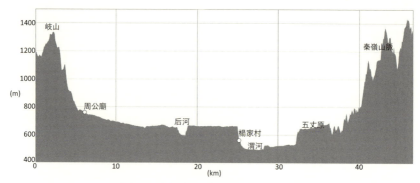

図 1.4 周原台地（南北方向の断面図）

クラスの大型墓群、有力諸侯の拠点とおもわれる重要遺跡が並ぶ。

関中平原にはじめて定着した頃の周にとって、都邑あるいはさまざまな重要拠点をどこに設置するかについては、さまざまな条件が考慮されたと考えられる。のちに述べるような関中平原の全体とかかわる歴史的あるいは地政学的な背景もあったであろうし、より局所的な軍事、防衛上の条件もあったであろう。また生活に直結した水資源や周囲の小環境も重要な条件となったはずである。当時の周原は、完新世最温暖期以来の森林、草原の自然植生が、なおかなりよく維持されていて、現在のように乾燥した黄土台地上を大小の水流が浸食して深い谷を形成している状況とはずいぶん異なっていた。比較的多くの地点で、河川や湧水の水資源を比較的利用しやすい状況にあったと推測される。しかしそれでも、人口が集中する大きな拠点では、十分に豊富で良質な水源の確保が常に重要視されたことであろう。

この水資源の問題に関して史念海氏は、岐下に移り住む以前の周人に、すでに居所の選地において泉水を重視する思考のあったことを指摘する[22]。その上で、周原においても岐山山麓には、現在は涸渇して地名のみを遺すものを含めると、かつては各所に多くの湧水地点が存在したことを指摘している［史念海 2001a, pp.266-268］。岐山山麓の著名な泉には、西から東に鳳凰泉、潤徳泉、鳳泉、龍泉、馬泉などが知られる[23]［史念海 2001a, p.245］。そのうち、周公廟遺跡にある周公廟のなかにあって、今も湧出をつづけている泉が潤徳泉である。周公廟内にのこる唐代以来の石碑文では、たびたび潤徳泉とその水源を利

した岐山県周辺の水利に言及している［劉宏岐 2004、p.67］。1970 年代においても潤徳泉を水源とする 4、5 カ所の貯水池が農業灌漑に利用されていたという［劉宏岐 2004、p.67］。ただし、石璋如氏が 1943 年に周の遺跡を探し求めてこの地を踏査したときの記録では、潤徳泉を水源とする水流は涸渇していたらしい。同氏によれば、唐代以来潤徳泉の水源は幾度か涸渇した記録があり、土地の人の認識として、太平の時には泉水が湧き出て、災異がある時には水は枯れるのだという。この土地の人びとにとって、潤徳泉が生活基盤を左右する水資源として意識されてきたことをうかがわせる話である［石璋如 1956、pp. 306-308］。今日この周公廟付近を踏査すると、周公廟南側の山麓からつづく傾斜地には、未調査の仰韶期、龍山期、先周期、西周期の集落址が確認される。井戸の掘削は一般に龍山期以降にようやくはじまるとされるが、周公廟周辺ではすでにそれ以前から同じ小環境のなかに農耕集落が繰り返し形成されてきたことになる。周公廟の周囲には河川がないにもかかわらず、新石器時代から地表において取水に便利な場所となってきたことを示唆している。その水源こそ、今日まで潤徳泉の名で知られる泉水そのものか、ないしはそれと同じ水脈に由来する付近の湧水であったのであろう。周公廟遺跡で発見された王陵クラスの大墓群（陵坡墓地）は、遺跡北部の山麓傾斜地にあり、建築址の堆積層や鋳銅遺構は遺跡南部の平坦地にある。潤徳泉はまさにその中間部に湧出する泉水である。先周期から西周期の周公廟遺跡の住人とこの泉水が強く結びついていたことは明白であろう。

　以上のように、周の重要遺跡が岐山山麓に発見されることの一つの背景として、湧水地をはじめとする取水に関わる水源の問題があることを強調しておきたい。しかし、岐山の山麓が集落立地の選択において重視されたのには、さらに別の背景もあったと考えられる。第一に、周原を統治する者の立場から考えて、主要な領域をほぼ一望に見通すことができる岐山山麓の地勢的な優位性がある。例えば周公廟遺跡の場合、平原部にも供給される貴重な水源の一つ（潤徳泉）を、足下でコントロールしているという状況がある。そして第二に、軍事上、防衛上の優位性がある。周がこの地に定着した当時、周原台地の東方と周原台地の西方とには、周にとっては異なる文化的集団が展開していた可能性が高く、遅れて関中平原に展開した周にとって、これらの勢力との関係が安定

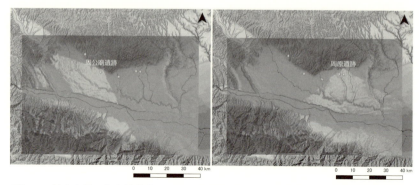

図1.5 岐山南麓の拠点的集落からの可視範囲（左：周公廟付近　右：周原遺跡付近）

するまでの間、周囲に対する軍事上、防衛上の気配りは深刻な問題であったはずである。北側に岐山という防御壁を背負い、南側の見通しのきく塬面に注意を集中できる北山（岐山）山麓付近の位置は、軍事的脅威を考えたとき好適のものであったに違いない。

　ところで、北山（岐山）の山並みを俯瞰すると、一つの特徴に気づかされる。すなわち山塊は、岐山県城北の周公廟遺跡から東に約5 kmいったあたりで南側にV字形に突出している。つまりこのあたりで岐山の山塊がもっとも南の平原側にせり出した状態となっている。周公廟はその突出部の西側にあって山塊の西陰に隠れるような位置にあり、鳳翔県の水溝遺跡などはさらにその西方の奥まった山麓に位置する。一方、扶風、岐山県境付近のいわゆる周原遺跡は、逆に突出部の東側に位置する。仮に岐山山麓の各所から周囲を眺望すると、突出部の東側からは西側の山麓一帯が見通せず、西側からは東の山麓一帯が見通せない。このような地勢的条件は、周の人びとのなかに、岐山県北東部の岐山の突出部あたりを境として、周原台地が東西に二分されているという景観の意識を生んでいた可能性があるのである。

　周公廟遺跡付近（周公廟背後の山麓傾斜地、標高900 m地点を指定）と、扶風、岐山県境の周原遺跡付近（ここでは鳳雛、召陳から北に数km離れた山麓傾斜地、標高900 m地点を指定）の2地点に立ったときの、大まかな可視範囲を計算して、地図画像上に表現してみると、そのことがよく分かる（図1.5）［本書第5章］。扇形に可視範囲の拡がる範囲が明白に異なっている。仮

第 1 章　関中平原と周原　23

に周公廟遺跡あるいはそのさらに西の水溝遺跡が、周早期の都邑に関わる遺跡だとすると、これら早期の周の都邑を、周原台地の東方からは直接見ることができない位置におかれていたことになる。憶測の域を出ないが、軍事上、防衛上のことを考えると、このことは周原以東に展開していた殷系統の文化をもつ関中平原東部の在地集団を意識した立地であった可能性も考えられる。岐山山麓から離れた平原部に立つと、基本的にどこにいても遠方まで見通しがきく周原の土地であるが、それだけに、ある方向から陰になっているという特異な条件をもつ地点は、都邑や大型墓の造営において意識された可能性があろう。

（4）孔頭溝（趙家台）遺跡の空心磚

　周公廟遺跡がそもそも一部の研究者に注意されることになったきっかけは、当該遺跡の周辺に、周の特徴をもつ瓦や、空心磚とよばれる建築部材の一部が散布していたことである。空心磚とは、その名の通り中空の構造をもつ大型の建築部材で、かつては戦国時代以降に流行した墓の埋葬施設などに用いられた部材と考えられていた。ところが1988年に、扶風、岐山県境一帯の周原遺跡と、岐山県の周公廟遺跡のちょうど中間に位置する岐山県の趙家台（孔頭溝）遺跡で、空心磚や条磚（実心の磚）をともなう先周期から西周期にさかのぼる焼磚工房址が発掘された。これによって空心磚は、その初現が西周前期以前にさかのぼることが知られ、はじめて周の建築部材として注目されることになったのである。

　趙家台の発掘簡報では、磚を焼いた窯址であるY1のほか、灰坑H1、H2、H3、H4の各一括遺物が紹介されている［陝西省考古研究所宝鶏工作站ほか1994］。このうちH2を除くいずれの遺構からも土器とともに空心磚が出土している。H2の土器は報告者が指摘するように西周中期頃のものである。その他の遺構からの出土土器片は、基本的には本書第二部で論ずる筆者のいう「土器群A」系統の典型的な土器、すなわち先周期に分布域を拡大し、のちに「西周式土器」の主体的な部分を構成することになる土器の一系統に属している。その年代的位置づけは、筆者の考える「西周Ⅰa期」、すなわち、殷墟四期後半並行期から西周前期前半の前段に相当する土器とおもわれる。ここに図示した例で言えば、Y1出土の聯襠鬲（A類鬲）2点（図1.6-6、7）の襠部の

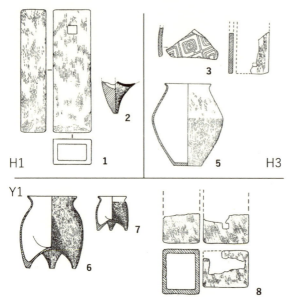

図1.6 孔頭溝遺跡（趙家台地点）の窯址 Y1 および灰坑 H1、H3

高さと、口頸部の処理。H3 の折肩罐の形状（図 1.6-5）。H3 の方格乳釘紋（図1.6-3）などを、西周Ⅰa期の特徴として指摘することができる。ただし、窯址 Y1 は灰坑 H2、H3 に切られていた。この層位的関係から言えば、Y1 と H3 の一括遺物は同じ西周Ⅰa期のなかにあって前後の関係を示している可能性がある。筆者の西周Ⅰa期は、西周青銅器との関係などから、殷王朝末葉から西周王朝初葉にまたがると想定されるが、Y1 については西周王朝成立前、殷王朝並行期末葉にさかのぼる周の遺物群である蓋然性が高いようにおもわれる。趙家台遺跡の空心磚は、このように若干の年代幅はあるものの、西周Ⅰa期、おそらくは文王、武王期を含みながら下限として成王期にまたがる年代の幅におさまるものであろう。

　趙家台の空心磚に施紋された叩き目の縄紋は、一般の土器の縄紋の基準からいえば「目の粗い縄紋」とされる類で、縄目の方向が不規則に乱れた特徴をもち、陝西省の専門家の間で「麦粒状」と表現されるものに近い（写真1.7）。この特徴をもつ縄紋は、筆者のいう土器群 A 系統（周と関わりの深い土器系統）の土器の、先周期にさかのぼる土器にしばしば見られるものである。年代と文化系統を考える一助となろう。一方、徐天進氏らが周公廟遺跡で表採した空心磚片を実見したが、縄紋は趙家台のものと類似しながらも、縄目はさらに粗い特徴をもっていた。このことから筆者は、周公廟の空心磚が趙家台のもの

と同時期か、ないしやや古いという印象をもっている。

空心磚が注目されるのは、西周時代においてそれが当時使用がはじまったばかりの瓦とならんで、おそらく周王室に近い関係にある特別な格式をもつ建築物にのみ使用された建築部材と推測されるからである。瓦は、現在までに周原遺跡の召陳、鳳雛、雲塘などの各建築址にとも

写真 1.7　趙家台出土の空心磚（陝西省歴史博物館）

なって発見されており、周公廟遺跡や水溝遺跡などでも多く表採されている。一方の空心磚は、周公廟遺跡では 2003 年以降の調査のなかで表採されているほか、早くは 1980 年、89 年、91 年にも表採されていた［劉軍社 1993b］［劉宏岐 2004］。また磚は、最近発見された水溝遺跡でも表採されている［徐天進 2004］。さらに近年になって、扶風、岐山県境一帯の周原遺跡でも空心磚が確認されている［種建栄ほか 2012］。

趙家台（孔頭溝遺跡）に関して注目すべきは、この地点が、扶風、岐山県境の周原遺跡から西に約 11 km、周公廟遺跡からも東に約 11 km のほぼ等距離にあり、まさに周原の台地全体のなかでも中央部に位置していることである。空心磚という大型の建築部材を仮に別の場所へと輸送したと推測するならば、趙家台は周原各地の需要に応えるに適切な位置にあったといえるかもしれない。また、そのように重要な手工業の工房が、無防備に平原のただなかに存在していたという状況にも注意すべきである。趙家台で磚が焼かれていた西周王朝成立前から西周前期の頃、周原の一帯はすでに政治的には安定しており、周が周原の全域を掌握して政治の中心地域を形成していた状況がうかがわれるのである。

以上をまとめると、周王朝の原郷地ともいうべき周原一帯の景観とは、拠点的集落が岐山南麓付近の周原台地北部縁辺部の比較的高い位置に建設されて、全体の基本骨格が決定された。その南側に展開する広い平地の塬面では急速に農地が開かれ、中小の農耕集落が生まれた。また周勢力の安定期（おそらく文

王以降の時期）には、趙家台のような周王室と結びついていた可能性のある手工業工房も、平地の無防備な中央部に設置されるなどした。渭河に臨む周原台地の南部縁辺部には、渭河以南の秦嶺山麓の山地資源と関わりをもった可能性のある集落もあった。そこで獲得された自然資源は、東西方向の交通路でもあった渭河の水運を利して輸送されることがあった。周原とその周囲はこのように、同じ性格をもつ等質な農耕集落が一様に分布している等質空間であったのではなく、異なる機能や役割が付与された大小の集落が、相互に機能を補完しあいながら、周王室を頂点として一体化された地域システムを形成していたというべきであろう。次章以下では関連する問題を地理考古学的に詳論する。

Ⅳ 土器の系統からみた周原の文化史

そもそも周が関中平原に定着するさいに、なにゆえ周原の地が選択されたのかについては、当時の関中平原における文化的諸集団と地勢的な理由がその背景があったと考えられる。筆者は、新石器時代以降の土器系統の動態を検討した結果、殷王朝に並行する前二千年紀後半の関中平原では、周原より東の関中平原東部に殷系統の文化をもつ集団が勢力圏を広げており、一方、今日の宝鶏市を中心とした関中平原西端部には殷系統とも周系統とも異なる、第三の文化的集団が勢力圏を拡げていたと考えている。周原は、先周期の長い期間、その東西の文化的集団が十分に掌握できていなかった中間地帯にあたるとも推測されるのである。本書第二部では、関中平原における先周期の土器諸系統の動態を詳しく論ずるが、本章の最後にその結論の一部を簡単に紹介し、本書第一部で地理考古学的議論をすすめる際の理解の手助けとしたい。

西周王朝成立前の関中平原（ここでは殷王朝前期相当の二里岡期、殷王朝後期相当の殷墟期に並行する時期）には、土器群A（筆者がA類鬲とよぶ聯襠鬲を主体とする土器系統）、土器群B（筆者がB類鬲とよぶ高領袋足鬲を主体とする土器系統）、土器群C（筆者がC類鬲とよぶ殷系の分襠鬲を主体とする土器系統）の3者が認められる。このうち、土器群Aとは、西周王朝の成立以後に「西周式土器」が周の中心地で成立したとき、その主体的な内容となる土器の系統である。つまりおそらく土器群Aとは、周という集団ととくに密

接な歴史的つながりをもつものと考えられ、その動向は先周期以来の周勢力の動向をある程度反映していよう。また土器群Cは、殷系の土器系統である。この系統は二里岡期に関中平原東部や北部に定着したことにはじまる殷系の土器系統であり、殷墟並行期にしだいに殷文化中心地の様相から離れて在地的に変化しつつ、ながらく継続した。そして土器群Bとは、そのいずれとも異なる由来をもつ土器系統で、関中平原の西方や北方の土器と一定の影響関係がある。周原の文化史的な位置づけは、これら三つの土器系統の相互関係からうかがうことができる。

① 二里岡期から殷墟一〜二期並行期。土器系統3者の分布域は、関中平原の東西に並んでいた。関中平原東部から中部（主として西安市付近以東）に土器群C、周原台地の東端でもある漆水河流域など関中平原中西部の比較的狭い範囲に土器群A、宝鶏市を中心とした周原の西端以西の関中平原西部に土器群Bが広がっていた。ただし、土器群Aの登場は、3者のなかでやや遅れる。

② 殷墟一〜二期並行期。一時期土器群C（殷系の土器系統）が、関中平原東部から西に向かって拡張し、周原遺跡周辺（扶風県および岐山県東部）にまで到達した。ただし周原遺跡におけるその系統の分布は比較的希薄で、安定した集落遺跡は見いだせない。

③ 殷墟三〜四期前半並行期。土器群Cは再び関中平原東部に後退し、かわって西方の土器群Bが、関中平原西部の宝鶏市周辺から東に拡張して周原台地の中央部（扶風県、岐山県の全域）に広がる。ただしその分布もまた比較的希薄で、かつ安定した集落遺跡は多くないようにおもわれる。そしておそらく、やや遅れて土器群Aが周原台地東部の漆水河流域あたりから西に拡張して、周原一帯に広がる。このときから、周原とその周囲の地域において、土器群Aと土器群Bの共存的関係が見られるようになる。

④ 殷墟四期後半並行期前後。土器群Aはさらに周原より西の宝鶏市とその周辺へと拡張して、土器群A・B共存遺跡が多数出現する。土器群Aの分布はさらに関中平原中部東部にも急速に拡張して、現在の西安市付近に達する。

⑤ 西周前期前半前後。関中平原東部に登場した西周王朝中心地の豊鎬遺跡で

は、土器群Aの系統を主体的に、土器群Cの系統および殷文化中心地域に由来する要素が加わって一つの土器様式を形成する。それが筆者の考える「西周式土器」である。一方、土器群Bの系統は、関中平原西部の一部の遺跡で西周前期まで継続するが、やがて関中平原全域で消えていく。西周式土器は、やがて関中平原を出て周による封建と関連しながら、華北各地の諸侯国中心地へと移入されていく。

ほぼ以上のように整理できると考えている。このなかで、③の殷墟三～四期前半並行期以降にみられる土器群Aの周原台地一帯への拡張こそ、古公亶父のときの周の「岐下」への移動とその後の周の発展を反映していると推測されるが、その過程を確実に説明するには考古学資料がなお不足している。また、殷墟四期後半並行期頃における土器群Aの周原西方への拡張は、文王の時代の拡大政策と関わりがありそうであり、反対方向に東方の西安付近に達したことは文王による豊邑の建設を反映したものであろうと推測される。

以上のことから、周原の台地では、西周王朝成立前の殷王朝並行期に3回の大きな文化の変動があったことが示唆されている。すなわち最初は土器群C（殷系の土器系統）が広がった時期、つづいて西方から土器群Bが広がった時期、最後に土器群A（のちの「西周式土器」の主体）が広がった時期である。[35]

注意すべきは、土器群Aの拡張以前に相前後しておこった周原地区の土器群Cと土器群Bの拡張は、それを示す周原台地上の遺跡数がけっして多くない点である。おそらくそれらの時期の周原台地は、一貫して人口が少ない状態におかれていたというべきではないだろうか。土器群Aの動きが周人の動きと密接に相関していると仮定すれば、周人が周原に移動してきた当初の周原台地は、基本的には東方の土器群C分布圏、西方の土器群B分布圏の中間にあって、先住者の人口が比較的少ない土地であったのだろうと推測されるのである。

V 小　結

文王、武王のとき、現在の西安市近郊に新たな中心地として豊邑、鎬京を建設し、東方の殷王朝を倒した周は、その後現在の洛陽近郊に東方経営の拠点と

なる洛邑を築き、華北北部から華中にいたる各地に諸侯を封建して、いわゆる周の封建制にもとづく国家経営を拡大した。西周王朝の登場による地域間関係の再編成は、やがて春秋戦国時代を経て秦漢帝国の形成へといたる歴史の方向性を決定づけるものとなったであろう。その西周王朝の政体のかたちは、じつは王朝以前の先周期にさかのぼって、「周原」という地域を舞台として、周の勢力がそこで作りあげた政体のあり方に、一つの源流が求められる可能性がある。周の封建の本質も、その源流のなかに見いだせるようにおもわれてならない。

　本章では、近年発見されて注目を集めた周公廟遺跡、水溝遺跡、楊家村遺跡、孔頭溝（趙家台）遺跡、および扶風、岐山県境一帯のいわゆる周原遺跡などに言及しながら、これらの遺跡の性格を周原台地を舞台とした「地域」の成り立ちとともに考えてみた。「地域」という視点は、本書の狙いの中心にあるものである。以下第一部の諸章では、地理考古学の方法によりながら、西周王朝成立前後における関中平原の「地域」としての成り立ちについて論じていく。

註

（1）周原という地名は、狭義においては、古公亶父が造営した周最初の都邑がおかれた狭い地点を念頭において用いられる。また広義においては、周王朝揺籃の地方としての関中平原西部の黄土台地の地形（「塬（台塬）」）を指して用いられる。本書では特にことわらない場合は、広義において周原の語を用いる。なお、周原の原義に関して、本章の註（27）を参照していただきたい。

（2）たとえば、『特集：黄土高原の自然環境と漢唐長安城』『アジア遊学』第20号、勉誠出版、2000年など。関連して、史念海主編『漢唐長安与黄土高原』［史念海 1998］など。また、中国環境史の構築をめざす視座からの原宗子氏の著作『「農本」主義と「黄土」の発生―古代中国の開発と環境 2 ―』［原宗子 2005a］は、先秦・秦漢時代を中心に関中平原と黄土高原をおもな対象地域とした研究で、本書でも参照させていただいた論点がすくなくない。さらに村松弘一氏による『中国古代環境史の研究』［村松弘一 2016a］は、その第一部において、古くは西周期にさかのぼる秦漢帝国形成への歴史過程を、関中平原の歴史地理と環境史の視点から論じたもので、原氏の著作とともに文献研究にもとづく関中平原の環境史研究の新たな可能性を広げたものといえる。

（3）言うまでもなく、武王の弟にして儒教の尊崇をうけてきた周初の政治家周公旦を

祀る廟である。唐代に創建され現在でも清代以降の建物が整備されて地元の名所旧跡となっている。この地に周公廟がおかれたのは偶然ではなく、周公旦と当該地を結びつける唐代以前からの認識が存在したことをうかがわせる。

（4）これらの発見に関する日本における報道は、2004年7月以来の中国国内や日本における新聞報道が早い時期のものである。2005年2月には「金沢大学中国考古学フォーラム」に参加した徐天進氏による口頭報告があった。

（5）22基の大型墓のうち、長方形の竪穴墓室から四方に4本の墓道がのび出た形式の墓が10基、墓道を3本、2本、1本有する墓が各4基含まれていた。4本墓道の墓の一つは、ボーリング調査では、墓室が 10.2 × 7.8 m、北墓道 30 m、南墓道 29 m、西墓道 19 m、東墓道 22 m の規模であった。殷王墓と推定される殷墟遺跡の最大クラスの墓に比べてやや小型ではあるが、西周の墓として知られるなかでは突出した規模をもつ。なお、2004年から2005年にかけて、22基の大型墓のうち、18号墓と32号墓の発掘がすすめられたが、両墓とも盗掘が甚だしく、埋葬年代や被葬者の同定に必要な出土品はきわめて限られていた。また、この墓群を囲むように、周長約約 1700 m の城壁も発見されている。さらにこの墓群の西側には別に、中型小型墓を中心とした 192 基の墓群も発見されている［飯島武次 2009b］。なお関連する早い時期の概報として、徐天進「周原考古与周人早期都邑的尋找（草稿）」［徐天進 2005］、西江清高「岐山周公廟付近で発見—周の大型墓群」［西江清高 2004］などがある。

（6）筆者は 2003 年末以降、繰り返し周公廟遺跡の土器片を実見してきたが、先周期の終わり頃から西周前期と判断されるものが多くをしめるという印象をうけた。

（7）本書第二部第 15 章で近年の発掘成果について言及する。

（8）なお、『史記』魯周公世家『索隠』に、「周、地名、在岐山之陽、本太王所居、後以為周公之菜邑、故曰周公」とある。このことから、周公廟遺跡が周公旦と密接な関係があったと仮定すると、この地はすなわち周公の采邑としての「周」の所在地であり、そこはもとは古公亶父の都邑でもあったという解釈も成り立つ。飯島武次氏をはじめとして、この可能性に注目する研究者も少なくない［飯島武次 2009b、p.45］［飯島武次 2013b、p.29］。しかしながら、ここで注意すべきは、周公廟遺跡の発掘を担当してきた北京大学の雷興山氏が、当該遺跡の年代が先周期末まではさかのぼるが、想定される古公亶父の時期まで古くはさかのぼらないとする見解を述べていることである。本書第二部第 15 章を参照。当該遺跡の土器編年研究をすすめてきた雷興山氏の見解は重要である。周原遺跡、周公廟遺跡をはじめとして、岐山の南麓にはほかにも古公亶父の都邑の候補となりうる大型集落が発見されているが、結論はでていない。

（9）本章註（27）を参照のこと。

（10）史念海氏によれば、積石原は魏晋以降、三時原は唐代以降の文献にはじめてその認識が現れるという［史念海 2001a、pp.244-259］。

(11) 筆者は 2009 年 12 月に渡部展也、路国権の両氏ともにとともに漆水河河谷をこの遺構を探して踏査したが、残念ながら確認にはいたらなかった。史念海氏はまた、隋のときに西安市東部の滻河の水を引いた引水口遺構についても調査し、現在の滻河河床より 8 m 高い位置にあることを確認しているという［史念海 2000、p.33］。
(12) 史念海『黄土高原歴史地理研究』［史念海 2001a］。当該論集に収録された多くの論文がこの問題にふれている。また、雷祥義氏は『黄土高原地質災害与人類活動』［雷祥義 2001］において歴史時代の植生変遷と黄土浸食の関係を文献研究から詳しく論じている。
(13) 黄土地帯の地質学研究では、更新世の黄土堆積を、前期更新世に堆積した午城黄土、中期更新世に属する離石黄土、後期更新世に属する馬蘭黄土の 3 層に分ける。
(14) 周原地区の遺跡立地をめぐる地理考古学的な問題については、水源問題などをはじめとして GIS を応用した研究内容を、本書第一部第 2 章、第 3 章、第 5 章で詳しく論じる。
(15) もうすこし厳密に言えば、周原台地南部のうち溱河以南の「積石原」では、台地上の塬面にはほとんど遺跡は知られていない。遺跡はほぼすべて「積石原」南辺の台地崖面付近に集中する。じつはこれが水資源と関わる大きな問題を背景としていることを、第一部第 3 章で論ずる。一方の溱河以北では比較的多くの遺跡が点在し、周原遺跡、周公廟遺跡などの大型遺跡もその北辺の岐山南麓一帯に点在する。なお、遺跡所在地の確認には、国家文物局主編『中国文物地図集　陝西分冊（上）（下）』西安地図出版社、1998 年が唯一広範なデータ集として参照できる。ただし多様な目的をもつ同書は、有効な著作であるが、詳細な遺跡立地論の目的にはかならずしも十分ではない。今後の分布調査の進展に期待したい。
(16) 出土した青銅器は 27 点。そのすべてに銘文があり、青銅器の多くは単氏一族に属する青銅器であった。文字数は総計で約 4000 字に達する。先にも触れた「逨盤」はそのなかの一つで、文王より宣王にいたる周王の名と事績および単氏一族の歴史に言及した 370 字の銘文をもつ。
(17) 楊家村青銅器窖蔵中の逨盤によれば、単氏一族は西周王朝成立前の文王、武王より西周後期の宣王にいたる間、周王室に仕えたとされる。
(18) 「陝西郿県出土窖蔵青銅器筆談」『文物』2003 年 6 期（43〜65 頁）所載の徐天進氏の文章を参照。単氏一族がいつの時点から楊家村一帯を所有地としたのかについては明らかではない。
(19) 逨は周の虞官となっていたが、2003 年発見の青銅器群と関連のある同簋（郭沫若『両周金文辞大系図録考釈』図七三、七四、釈八五、八六）を参照すれば、おそらく単氏一族の別の世代の者であって、虞の官職についた者のいたことが知られる。虞の職能は、同簋にあるように場・林・虞・牧をつかさどるもので、『周礼』その他の関連記述から、山林・川沢を管理し、また鳥獣の飼育、牧畜の管理を含むものであったと推測される［李零 2003］［朱鳳瀚 2004］。

(20) 本書第二部第13章参照。
(21) 周が周原に移動する以前の公劉のときの伝説として、『史記』周本紀に、「自漆沮度渭、取材用、行者有資、居者有蓄積」とあり、『正義』は「南渡渭水、至南山取材木爲用也」と述べる。また、『詩経』大雅・生民之什・公劉に、「渉渭爲乱、取厲取鍛」とある。渭河を渡って利器に関連した石材を獲得したとを述べた内容とも考えられる。早くから周が秦嶺の森林資源や石材資源に関心をもっていたことをうかがわせる。なお周の森林管理の思想については［張鈞成 1995］を参照のこと。
(22) 『詩経』大雅・生民之什・公劉には、「逝彼百泉、瞻彼溥原、迺陟南岡、乃覯于京」（彼の百泉に逝き、彼の溥原をみる、迺ち南岡にのぼり、乃ち京をみる）とある。
(23) 早期の周にとって泉水が重要なものであったことは、註（22）掲の一文以外にも『詩経』中にたびたび「泉」が登場することからも明らかであろう。文王の事績にかかわる一文として、『詩経』大雅・文王之什・皇矣には、「我陵我阿、無飲我泉。我泉我池、度其鮮原」（我が陵我が阿、我が泉に飲む無し。我が泉我が池、其の鮮原を度り）とあるのもその一例である。
(24) なお、国家文物局『中国文物地図集 陝西省（上）（下）』西安地図出版社、1998年では、周公廟には唐から清にいたる14通の石碑があったことを述べ、代表的なものとして、唐大中二年（848）の『周公祠霊泉碑（潤德泉碑）』と、明弘治五年（1492）の『潤德泉復出碑』（碑は今日現地にない）を紹介する。両碑文ともに、一度枯渇した湧水が、復活したことを吉祥として立てられたもののようである。
(25) 石璋如氏の報告ではまた、潤德泉とそのはるか北の邠県（彬県）の某水とが相通じているとする土地の人の話を紹介している。邠県は、移動前の周の住地の豳があったともいわれる土地で、古公亶父の岐下への遷徙と関係させた土地の伝承であろう。
(26) 地質学者、環境考古学者の周昆叔氏も、かつて関中平原の遺跡分布と水源の関係を論じたさいに、「岐山県山麓地帯周公廟前高亢黄土台地上遺址的分布依頼於泉水」と指摘している［周昆叔 2002a, p.208］。
(27) 金沢大学で開催されたシンポジウム『周公廟遺跡の発見と西周考古学の新展開』（2005年2月9日）において、松丸道雄氏は、周原の「原」字の原義に関して、「原」字が、もともとは崖下に湧く泉水を意味したことに言及された。この指摘は、論者によってさまざまに用いられてきた「周原」の定義を再考するうえで、あるいは古公亶父の周原の地理を考えるうえで注目すべきである。後日筆者からの質問に関連して、松丸道雄氏より書簡（2005年3月1日付）をいただき、この問題についてさらに詳しくご教示いただいた。松丸氏の承諾がえられたので、「『周原』の原義について」と題された書簡の内容を以下に紹介させていただきたい（以下は松丸道雄氏の原文）。

「周原」の語が、文献に初見するのは、おそらく『詩経』大雅・緜のうちの「周原膴膴、菫荼如飴」（周原、膴膴として、菫荼飴の如し）であろう。この

「原」について、鄭箋は、「廣平曰原。周之原地。在岐山之南。」としている。
しかし、『説文』を検するに、
　　　驫、水泉本也。从驫出厂下。愚袁切。原、篆文、从泉。（大徐本、十一下）
といい、小徐本繫傳では、このあとに、
　　　臣鍇曰、會意。此水原字。原隰字、古作邍也。言袁反。
と付言している。すなわち、原（ないし元来は驫）の字は、もともとは、泉が崖の下で湧き出ていることを意味する会意字であって、「原隰」を意味する場合には、「邍」という字を用いたのだ、というのである。因みに、『説文』では、「驫、三泉也」、「泉水原也。象水流出成川形。」とあり、いずれも水が湧き出て川となる形としていて、鄭箋にいうような「広平」といった意味はない。
　そこで、小徐本にいう「邍」字を『説文』に検すると、
　　　邍、高平之野。人所登。……愚袁切。
とあり、同じく小徐本繫傳には、
　　　臣鍇按、水所出爲原、故即『爾雅』廣平曰邍、今『周禮』有邍師、猶此邍字。『爾雅』則変爲原也。……言袁反。
とある。つまり、「原」字は、元来は湧水地、水源の意味だったのであり、広く平らな地を表わす語は「邍」であった。しかし、この両字の反切に示されているように、まったく同音であったところから、後世、邍字の仮借字として原字が用いられるようになり、湧水地を意味する字としては、新たに「源」字が作られたのだ、というのである。
　これを正しいとするなら、問題は、緜篇中の「周原」の原は、どちらの意味で用いられていたのか、という点である。緜篇そのものは、はたして何時ごろ作られたのか、おそらく春秋戦国期とみるのが近年の通説であろうが、「周原」の語そのものは、西周初期ないし、古公亶父が移住してきた当時から存した可能性もあろう。いっぽう、邍字は『周禮』にも用いられているところからすれば、これが仮借して原字が当てられ、つまり広平なる土地を意味するようになったのは、早くても西周中期以降と考えられよう。そうであれば、「周原」の原字は、湧水地の意味で用いられた可能性も否定できない。
　今日も、周原の中心地と考えられる周公廟一帯は、極めて豊富な湧水地であるという。断言はしがたいが、本義としての「原」の意味でこれが用いられた可能性も考えておいてよかろう。（以上）

(28) 趙家台遺跡は、近年高速道路の建設工事とも関連して調査が進み、窯址が発掘された趙家台地点を含む大型の集落、墓地遺跡であることが知られた。その結果、遺跡名称を孔頭溝遺跡と呼ぶことが多くなっている。

(29) 「土器群A」とは先周期の関中平原における土器の一系統であり、「西周式土器」は西周前期に成立した土器様式のことである。本書第二部の主要なテーマとして詳論する。

(30) 西周Ⅰaとは、先周期末葉から西周期初葉にまたがる関中平原の土器編年上の一時期の概念である。本書第二部で詳論する。
(31) 本章のテーマではないが、土器編年研究上西周Ⅰa期（殷末周初期）が、その前半と後半に細分できる可能性をもつ層位的根拠として、趙家台の窯址と灰坑の発見は貴重である。
(32) 陝西省歴史博物館にて趙家台出土空心磚の一点を実見した。ただしその一点の出土遺構は不明。
(33) 空心磚の縄紋の特徴と年代観について徐天進氏からご教示いただいた。「麦粒状縄紋」については、本書第二部第15章でも言及する。
(34) この発見以前、周原遺跡で空心磚が発見されていなかったことから、周原遺跡には最高規格の建築物はなく、周の中心地は別地点にあるのではないかとする意見もあった［劉軍社 1993b］［劉宏岐 2004］。
(35) この状況は、周原台地の一角にあって、殷王朝並行期のほぼ全期間にわたる連続した文化層をもつ扶風県壹家堡遺跡の土器相の変化、あるいは近年の周原遺跡での土器資料の蓄積のなかにうかがうことができる。本書第二部で詳しく論ずる。

第2章　GISを応用した遺跡分布の空間分析[1]

I　関中平原考古学GISの構築

　筆者は、2003年末に岐山県で周公廟遺跡が発見されたことを契機として現在にいたるまで、GIS（Geographic Information System：地理情報システム）を専門とする渡部展也氏らと協力し、関中平原を対象地域として、新石器時代から西周時代における集落遺跡の分布と地形環境の関係性について調査と分析をすすめてきた。[2]中国初期王朝時代の歴史空間を地理考古学的な視点から検討することが目標である。この研究はいまだ入口に立っているにすぎないが、中国大陸における初期王朝時代の「地域システム」をとらえることを意識しつつ、関中平原以外の地域にも関心を広げながら、現地での調査と研究室でのデータの解析を試みてきた。これまでに得られた結果は学術的には初歩的なものにすぎないが、本書第一部の地理考古学的な内容はこうした作業から得られたものである。本章では関中平原の地理考古学的研究にあたって、筆者らがその解析上の基礎としているGIS基盤の概要について説明しておきたい。

（1）考古学GISの対象としての「地域」
　考古学GIS[3]において空間分析をすすめる際には、人間行動の空間領域と相関した空間スケールの階層性について考えておく必要がある。「地域」を扱おうとする本書の場合、「地域」とは、考古学GISにおける空間スケールの階層のなかで、どの位置にあるのかを意識的にしておかなければならない。
　GISとは無関係に、考古学研究の実践上意識される空間スケールの階層として、仮につぎのような五つの階層を考えてみたい。第1レベル「遺物と遺構」、第2レベル「遺跡」（「遺物」「遺構」を構成要素とする）、第3レベル「地域」（「遺跡」を構成要素とする地理的空間）、第4レベル「地域関係圏」（「地域」

を構成要素とする地理的空間)、第5レベル「地球圏」(「地域関係圏」や「文明圏」を構成要素とする地理的空間)の五つである。このような空間スケールの階層は、単に考古学研究の便宜上の区切を示すものではない。本来的に身体的条件をもつ人間の社会的活動の時空間スケールに起因して、さまざまな制約が作用した結果の階層性であり、人間の空間認知のあり方とも関わっている。そうであれば、考古学GISが通常の考古学研究を土台として実践されるものである以上、考古学GISで意識される空間スケールの階層性とは、上記した五つの階層に対応するものであると考えられる。GISの分析では、技術的にはそうした空間スケールの階層間を自由に横断して実践することが可能であり、そのような作業から問題解決の鍵が発見されることも期待される。ただしこれまでに知られる考古学GISの研究例では、上記の五つの階層のいずれかの階層内で完結的に分析がすすめられることが多いといえよう。

　考古学GISにおいて、「遺物」は一段階上の「遺跡」レベルの分析では一般に面積、体積をもたない点情報として扱われ、一方「遺跡」は、一段階上の「地域」レベルの分析ではやはり面積をもたない点情報として扱われることが多い。つまり考古学GISでは、考古学研究上一般的に経験される空間スケールの境界を越えるときに、要素の扱い方を切りかえているということになる。以下に紹介する筆者らの研究例では、上記の第3レベル、「地域」レベルにおいて遺跡の分布を中心に扱うが、その際の遺跡とは本書の場合基本的には点情報である。

　ところで、日本国内を対象とした場合とは異なり、本書で扱う中国大陸のように、外国のフィールドを対象とした場合、対象地の詳細な地形図はむろんのこと、関連する自然資源、地質、土壌等の情報や各種のテーマ図の入手等は困難なことが少なくない。しかし、このように制限をうけざるをえない研究条件のもとでこそ、GIS的な手法が「地域」研究において活きてくることもある。たとえば、利用制限なく世界的に公開されている各種の衛星画像や、SRTMのようなごく一般的な数値標高データ(DEM)をもちいて解析するだけでも、多くの知見を得ることができる。そもそも衛星画像やSRTMのようなデータ自体が、一般的にいえば「地域」的な空間スケールでの地表現象の観察や地形表現を目的に整備されたものであり、したがって近似した空間スケールで実践

表2.1 関中平原考古学GISに格納した空間情報の一覧

内容	データ名	縮尺/分解能	時代	備考
基盤データ	Landsat ETM + 画像	30 m	現代	2000年代の衛星画像
	Terra Aster 画像	15 m	現代	2000年代年の星画像
	CORONA KH-4B 画像	2 m	現代	1960年代の衛星画像
	旧ソ連製地形図	1/20万	現代	1970年代の地形図
人文社会	集落分布	1/20万	現代	旧ソ連製地形図より作成
	主要幹線道路	1/20万	現代	旧ソ連製地形図より作成
	一般道路(生活道路)	1/20万	現代	旧ソ連製地形図より作成
	用水路	1/20万	現代	旧ソ連製地形図より作成
	遺跡分布	−	仰韶期〜西周期	中国文物地図集・現地調査より作成
	遺跡グルーピング結果	−	仰韶期〜西周期	遺跡分布より作成
	遺跡分布密度	−	仰韶期〜西周期	遺跡分布より作成
	主要遺跡間ネットワーク	−	西周期	遺跡分布・SRTMより作成
地形・環境	SRTM (DEM)	90 m	現代	標高データ
	河川網	90 m	現代	SRTMより作成
	地形強調画像	90 m	現代	SRTMより作成
	水文解析結果	90 m	現代	SRTMより作成
	微地形分類図	−	現代	CORONAの判読より作成
	泉・湧水地	−	古代〜現代	現代の地誌・現地調査から作成
	年間の植生変化	30 m	現代隔月	Landsat ETM +画像より作成

される考古学GISの「地域」レベルの分析においても、適正なデータを提供してくれるのである。

本書で紹介する陝西省関中平原を対象とした研究例では、渡部展也氏が中心になって整備したCORONA KH-4B（コロナ衛星画像）と旧ソ連製1/20万地形図の利用が一つの特徴となる。前者は安価で高い解像度を誇り、さらに近年の土地開発以前の1960年代を中心とした地表面が記録されていることにも価値がある。後者は1970年代における都市や集落の立地、土地利用、交通路、水利施設等のデータ取得に有効である。これらを含め、筆者と渡部氏が整備をすすめてきた考古学GISの基盤に、現在格納している各種の空間情報はおおよそ表2.1のようである。

(2) 関中平原における考古学GISの実践

GISは、位置情報を仲立ちとして多様なスケール・内容の空間情報を統合的に管理、分析、表示するためのツールであり、さまざまな視点・スケールから地域の観察を可能とするものである。このような特徴をもつGISは、遺跡や

遺構に関わる細かいスケールから全体を俯瞰するような粗いスケールまで、考古学研究のさまざまな場面において活用することが可能である。

　本書で取り上げる関中平原のように、ある程度以上の広範囲を扱う研究においては、特に効果的な支援が期待できる。近年は中国の研究者による黄土地帯の考古学研究等において、GIS を「地域」のスケールで応用した事例が増えている［劉建国 2007］［周原考古隊 2005］。GIS はまた、計量的に空間分析をおこなうための強力なツールでもあり、これまでにも考古学研究における分析手法の開発や応用がおこなわれてきた。(6)遺跡の立地に関する分析では、空間的な特徴を定量的な指標として示すことができ、遺跡の分布傾向やその階層性などについて、一つの基準となる統計学的根拠をもつ情報を提供することが可能となる。

　GIS とも近い関係にあるもう一つの地理情報技術がリモートセンシングである。GIS に限らず遺跡立地の分析をおこなうにあたっては、遺跡分布以外にも地形環境をはじめとした各種の空間情報の整備が必要となる。しかし、中国を含めて一般に諸外国を対象とした研究では、精緻な地形図や自然環境図などが入手しにくい状況にあることは多い。このように空間データを入手するうえでの制約がある条件下では、人工衛星が記録した画像が有効である。近年では衛星画像の入手が容易になったこともあって、考古学においても衛星画像が盛んにもちいられるようになっている。ただしその多くの場合、地図としての利用や遺跡表面の状況を確認するための利用であって、生態環境のデータを抽出するような分析的な利用は少ないように見受けられる。衛星画像をもちいた生態環境の分析は、リモートセンシングの一般的な応用分野であり、すでに多くの手法が確立されている。これらの分析で得られる自然環境のデータを含めて検討することにより、対象地域の現実にさらに近づいた(7)遺跡立地の評価をおこなうことが可能となるであろう。

　このように GIS とリモートセンシング技術を応用して、各種の人文的な空間情報と自然地理的な空間情報を、定性的定量的の両面から比較して遺跡間の関係性を発見し、その関係性を成立させている要因について検討することが可能である。しかしながら筆者は、地形環境や遺跡分布などの分析を通して明らかにされる種々の傾向や有意な偏りが、必ずしも環境決定論的な結論に帰結す

るとは考えていない。むしろその検討を通じて環境要因からは説明できない現象を発見し、そこに文化的、社会的な背景があったことに注目しなければならないだろう。

以上のような見通しをもって、本書では西周王朝成立期前後の関中平原に形成されたであろう「地域システム」を想定し、おもに遺跡の立地という側面からその実態を検討していく。これによって、形成期の周の政体の空間構成に関するいくつかの特徴を明らかにしたい。

II　基盤空間情報と衛星画像

(1) 衛星画像の利用

衛星画像は、センサーが地表を記録した情報であり、人間による主観的な取捨選択のないきわめて客観的な地表面の一次情報である。衛星にはそれぞれの観測目的に応じたセンサーが搭載されており、これらを使い分けることで地形や地質、植生などさまざまな地表の情報を得ることができる。したがって、判読を通して自然環境や人文環境などのさまざまな二次情報を読み取ることが可能であり、単なる背景画像として以上の応用が期待できる。また日本の研究者にとって、海外の地図や地理情報は入手困難なことも多く、したがって地球上のあらゆる地域の画像を入手できる衛星画像は、海外調査においてきわめて有効な情報の一つとなりうる。

衛星画像を地図として利用する際には、適切な分解能と撮影範囲をもつ画像を選定することが重要となる。撮影範囲と空間分解能の特徴に応じて代表的な衛星画像をプロットしたものが図2.1であり、撮影範囲と分解能が反比例する関係にあることが分かる。[8]

どの種類の衛星画像が研究に適切かということは、対象とするスケールに応じて異なるが、東西400 km、南北幅最大60 kmになる関中平原のデータ整備を考えた場合、最近の高分解能衛星で整備することは、じつは予算の面からも一般的には困難であろう。本書では全域をカバーするデータとして、Landsat-7/ETM＋と Terra/Aster、そして CORONA/KH-4B をもちいることとした。ETM＋も Aster も関中平原の全体像を把握する上では十分な分解能をもつ画

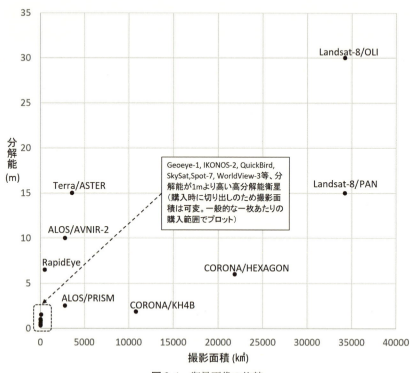

図 2.1　衛星画像の比較

像であるが、Aster の分解能は 15 m と、ETM＋よりも高いため、中縮尺程度の地域を確認するうえで ETM＋よりも優れる。大縮尺の地図に対応する空間情報としては、おもに CORONA/KH-4B を整備した。CORONA 衛星画像は 1960〜70 年代に撮影がおこなわれているため、近年の大規模な開発前の地形や遺跡表面の状況を判読できることも多く、考古学研究において有効であることが知られている。CORONA 画像は図 2.1 からも分かるように、分解能が高くかつ撮影幅も広いという点で特徴的な衛星画像であり、大縮尺スケールの基盤データとしても適している。

　なお、衛星画像や空中写真（航空機で撮影した画像）を GIS データとして利用するためには、画像の幾何を地図と同じ投影法に直す「オルソ化」という作業が必要となる。近年のデジタル衛星画像は軌道情報等から幾何補正をおこ

ない、座標系が付加された形で販売されていることも多い。しかし、CORONA 画像はアナログのパノラマ撮影によって得られた画像であり、これらの衛星画像に比べて幾何学的な歪みも大きく、座標も付与されていない[12]。このような特徴をもつ CORONA 画像を精密に補正するための手法も検討されている[13]が、これらの方法の多くは複雑な計算式と高い演算能力をもつコンピューターを必要とする。本書ではより一般的な考古学的利用も視野に入れて、Aster 画像と、画像より生成された DEM をもちいた簡易的なオルソ補正をおこなうこととした［渡部展也 2004］。補正後の画像を検証したところ平均的な誤差は60 m 程度であった[14]。

（2）基盤データの整備

　整備したデータは前掲の表 2.1 の通りである。データは、地図の背景的な活用をする基盤データ、人文社会系データ、そして地形・環境系データに分けられる。基盤データとしては、先に述べた衛星画像以外に旧ソ連製の 1/20 万地形図を整備した。旧ソ連製地形図からはさらに、地域の土地利用を知るという目的で現代における集落の立地、交通路、水利施設（用水路等）のデータを作成した。一般的に入手可能な地質、地形などのデータは、縮尺が 1/200 万から 1/400 万と粗く、本書の用途では利用できなかったため、SRTM による数値標高データ（DEM）をもちいて作成した地形分析や水分分析の結果を環境系データとして格納した。

　衛星画像からは、比演算処理によって抽出した年間を通した植生変化のデータ、そして一部地域については判読による地形分類図の作成もおこない、GIS 基盤に格納した。遺跡や湧水地に関連するデータは、おもに『中国文物地図集 陝西分冊』［国家文物局 1998］からの読み取りと、現代の各種地方誌の記載等にもとづきデジタイズをおこなって作成した。遺跡は、基本的には『中国文物地図集　陝西分冊』の記述にしたがって、先仰韶期、仰韶前期（半坡）、仰韶中期（廟底溝）、仰韶後期、仰韶期（細分なし）、龍山文化期（少数の廟底溝二期を含む）、先周期、西周期の時期別に分類した。また、おもな湧水地や遺跡（最近発見されたもの）については現地調査をおこなった際に一般的な地図上で位置を確認しその位置情報を利用した。最終的には、これらの遺跡の分布を

もとに計算した遺跡群のグルーピングの結果や分布密度、そして地形分析の結果についても対象地域の空間情報として格納した。

なお、湧水地等の水資源の問題については第3章と第4章で視点を変えて詳しく論ずる。以下本章では、関中平原のおもに西部一帯（周原台地とその周辺）を対象として、GISおよびリモートセンシングを考古学的な問題に応用した事例を紹介する。本章で得られた結果のいくつかは、次章以下で必要に応じて再度引用する。

III 遺跡分布の分析

「空間的距離」は、遺跡間の関係性を推しはかる基本的な指標として有効であり、「地域」を検討するための出発点の一つとなろう。分析にあたり、まず遺跡分布を観察するうえでの適切なスケールについて見通しを得る必要がある。しかし、一般にこのようなスケールは未知であり、むしろ明らかにしたいパラメーターの一つであることが多い。本書では、分布傾向の段階的な評価を通し、空間的なスケールの指標となる閾値を求めたうえで、これをもちいながら「分布密度の偏り」および「遺跡群のクラスター」という観点から遺跡分布を考察する。

（1）遺跡分布のランダム度とその空間的スケールの分析

遺跡立地を幾何的な点分布としてとらえるうえでの最も基本的な観点の一つが、分布のランダム度である[15]。空間分析では、Quadrat Counting法やNearest Neighbor Distance法などいくつか点分布の評価手法があるが、本書ではK関数法をもちいた凝集度の評価を遺跡分布の分析の基本におくこととした。多くの空間分析手法や地域性の評価手法が固定化されたスケールを前提として評価をおこなうのに対し、K関数法では前提とするスケールを必要とせず、むしろスケールに応じた点分布のランダム度の変化傾向をさぐることを目的の一つとする[16]。これは、遺跡群として想定できる遺跡のまとまりのスケールが未知で、前提となるスケールを当てはめることができない本書でのケースではとくに有効であろう[17]。

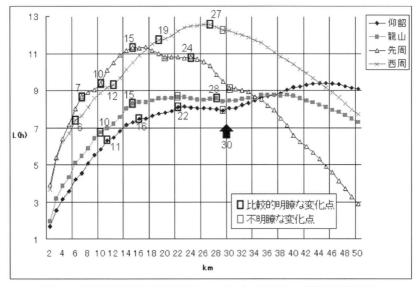

図2.2 関中平原西部の遺跡分布ランダム度に関するK関数法評価結果

　実際に周原台地を中心に関中平原西部における遺跡の分布に限定して、K関数法を適用した結果が図2.2である。なお、秦嶺山脈山間部と岐山山間部に立地している一部の遺跡は、平野部と地形的に隔てられながら明瞭なまとまりをなしている。今回はまとまりの単位が不明瞭な平野部の遺跡の凝集度を問題としたため、誤差の原因となりうるこれら山間部の遺跡は除外した。グラフの横軸が観察点からの距離 h を、縦軸が L（h）を示す。このグラフからはスケール（横軸）からみた遺跡のランダム度（縦軸）の変化を読み取ることが可能である。グラフの曲線の変化点は遺跡分布に見られるまとまりの傾向が変化することを反映しており、凝集度の区切りを示すものと理解される。従って、この変化点に対応する横軸の距離が遺跡群としてのまとまりのスケールの目安となる。

　図2.2のグラフ上に示した数字付きの四角記号（数字は距離 km を示す）がその変化点とおもわれる箇所を示したものである。なお、これらの変化には比較的明瞭なものもあれば、かならずしも判然としないものもある。K関数法によるこの分析は、あくまで閾値の目安を得るためにおこなったものであり、

有意な変化点なのかどうか疑問符のつくような微妙な変化については、他の知見ももちいながら、その意味や妥当性について検証する必要がある。

　これらの値を比較してみると、第一に、仰韶文化期・龍山文化期と先周期・西周期で傾向が大きく異なるということが指摘できる。全体的に先周期・西周期ではL（h）値が高く、また変化点も頂点として明瞭に認められることから、仰韶文化期・龍山文化期に比べて遺跡のまとまりが強い傾向にあることを示唆している。この傾向からは、新石器時代から初期王朝時代の間で、遺跡間の関係性に大きな変化があったことが推測できる。

　一方、先周期と西周期のグラフにおける変化の頂点を比較すると、先周期では15km前後であるのに対し、西周期では27km前後と2倍近い値になることから、あるいは先周期から西周期にかけて、空間分布上より大きな集団単位を形成するような社会的変化があったことを想定できるかもしれない。前章で略述したように、土器系統群の分析から、先周期とよばれる時期が、関中平原においてさまざまな文化的集団の対峙や移動が繰り返された不安定な時期であったのに対し、王朝成立後の関中平原では、より安定して広域を覆う政体が形成されることと関係があろう。

　これに対して仰韶文化期、龍山文化期の最も明確な変化点は15km前後に認められる。30km以降ではL（h）値が増加しており、一見すると仰韶文化期、龍山文化期の方が分布としてまとまりが大きいようにも見うけられる。しかしこれは30km未満のスケールにおいては、L（h）値からもグラフの形状からも明らかに先周期、西周期における凝集度が高いにもかかわらず、先周期、西周期では27km以降減少し（先周期は18km以降減少するが27km付近で再び大きく下降）、逆に値が低下していることから考えると不自然である。この30km前後を境に認められる値の増減傾向の逆転は、30kmという閾値が地域をはかるスケールとして大きすぎるために点分布が飽和してしまっていることに原因があると考えられる。この結果は計算範囲内における関中平原の南北の幅が30km前後であることとも対応的である。これらのことを勘案すると、関中平原における遺跡群のまとまりをとらえるうえでの閾値は、30km以下とするのが妥当であろう。

　本書では、関中平原における各時期の空間的な凝集度のスケールに対応する

閾値として、図 2.2 に示されている変化点の値を目安とした（仰韶文化期 11 km、16 km、22 km、龍山文化期 10 km、15 km、28 km、先周期 7 km、10 km、15 km、24 km、西周期 6 km、12 km、19 km、27 km）。これらの閾値の一部は、以後の空間分析で必要となるスケールを表すパラメーターとして利用する。

（2）遺跡分布と分布密度

ここでは関中平原西部の各時期の遺跡分布を、複数のスケールにおける分布密度から検討する[18]（図 2.3、図 2.4）。なお、密度を計算するうえで、分布をとらえるスケールを決定するためのパラメーターが必要となるが、この値には前節で得られた閾値を設定した。大局的な遺跡分布の偏りを時期間で比較するためのパラメーターとして、全時期を通して共通性が高い 15 km をもちい[19]、より局地的な偏りを検討するためのパラメーターとしては、各時期におけるそれぞれの最小の閾値を利用した。

まず、15 km を閾値とした結果から検討する（図 2.3）。全体的な傾向としては、仰韶文化期と龍山文化期、先周期と西周期でそれぞれ分布傾向が類似し

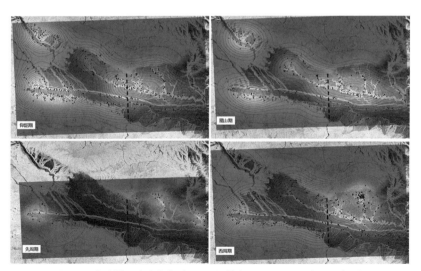

図 2.3 各時期の遺跡密度（15 km 閾値をパラメーターとしたもの）

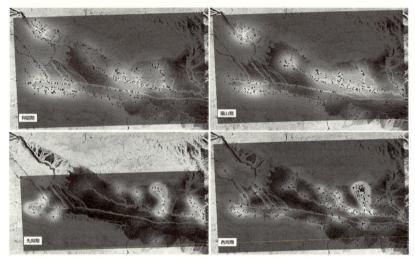

図 2.4 各時期の遺跡密度（各時期の最小の閾値をパラメーターとしたもの）

ていることや、仰韶文化期、龍山文化期には台地上の中央付近（図 2.3 の点線）に分布の中心が認められるのに対し、先周期、西周期、特に先周期ではむしろ分布の境界に近い状態となることが読み取れる。また、龍山文化期と西周期の間の時期、すなわち先周期（おもに殷王朝併行期）の遺跡密度が基本的に周原の中央部で低く、周原西側の宝鶏市周辺および東部の漆水河流域で高いことも興味深い傾向である。

つぎに、各時期の最小閾値（仰韶文化期 11 km、龍山文化期 10 km、先周期 7 km、西周期 6 km）による計算結果（図 2.4）をもちいて、より局地的な検討をおこなった。各時期の遺跡分布を観察すると、いずれの遺跡の分布も総じて河川に沿っている様子が見て取れる。ただし、先周期の密度分布は、密度の高い地域が明瞭に分かれることや、漳河の中流域に集中が認められないなどの点で、他の時期とは際立った違いを見せている。先周期をのぞいた、仰韶文化期、龍山文化期、西周期の遺跡分布密度を比較すると、遺跡分布の特徴が主要河川流域ではほぼ同様であることが分かる。このことは、関中平原における自然環境、特に水資源に対する適応戦略が、新石器時代から初期王朝時代にかけて、基本的には変わらなかったことを示している。本格的な灌漑など、水利が

発達する以前の状況として理解できよう。

　いずれのスケールにおいても先周期、西周期の密度分布に比べ仰韶文化期、龍山文化期の密度分布が全体的にぼやけてコントラストが低い様子が認められる。K関数法における結果と同様、密度分布から見ても新石器時代と初期王朝時代との間には大きな変化の画期が存在しているということができるだろう。ただし、先周期において特異な状況が認められる。先周期の遺跡分布のうち、密度の高い西の方は、主として筆者が設定した土器群Bの遺跡分布と相関しており、一方、東の方は土器群Aの遺跡分布の集中と相関している。またその中間部では土器群C（殷系統）、土器群A、土器群Bの遺跡が、細かな時期ごとに出入りがあり、モザイク状に複雑に混在していた状況があったことを反映していると考えられる。紀元前二千年紀、すなわち先周期の関中平原では、このような文化的集団の安定しない動きが遺跡密度のありかたを決定していた時期であったことが推測される。

（3）遺跡分布と階層的グルーピング

　ここまでの分析で、特に新石器時代とそれ以降では分布の偏りの傾向が大きく異なることが示された。ただし、同じ初期王朝時代でも先周期と西周期の間でも違いが認められることは先述した通りであり、この点についてさらに空間的な側面から検討を加えてみたい。前節では、対象地域（関中平原西部）における遺跡分布を連続的な平面における密度強度の変化として評価したが、ここではさらに対象地域内で生じる地域的な偏りの階層的な評価を試みるとともに、遺跡分布のまとまりに関する境界の抽出を試みる。

　その手法として、遺跡間の距離にもとづいたクラスター分析（群平均法）［渡部展也 2004］[20]による遺跡のグルーピングを試みる。なお、クラスター分析の際の遺跡間距離として時間距離をもちいることも可能であるが、ここでは遺跡間の比較的短い距離が計算対象であり、かつ対象地域の関中平原西部では平坦な地形が多いことから、単純な平面距離をもちいることで問題はないと判断した。

　分析結果について、まず先周期から検討する（図2.5）。先周期のデンドログラムにおいて15km閾値で観察した場合、いくつかの小規模なクラスター

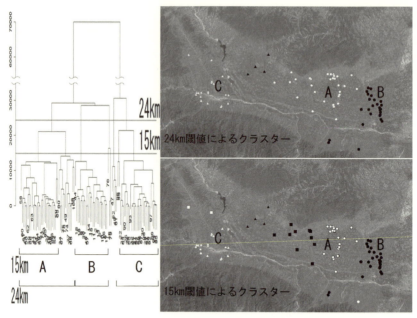

図 2.5 先周期遺跡分布のクラスター分析結果とそのデンドログラム

のほか、中規模のクラスターが三つほど認められる。また 24 km 閾値で観察しても、閾値 15 km にくらべて平原中央部に対応するクラスターで遺跡数の増加が認められるものの、全体に大きな変化はない。東部（図 2.5 の B）と西部（図 2.5 の C）に安定したクラスターが一つずつ、中間にやや不安定なクラスター（図 2.5 の A）が一つ、あわせて三つの主要なクラスターが見出されるという結果は、先述した土器から見た文化的集団の相互関係を想起させるものといえよう。

つぎに西周期について検討する（図 2.6）。西周期のデンドログラムでは、クラスターを構成する遺跡間の平均距離が 10 km 以下と短い特徴的なクラスターが一つ認められる。地図と対比させると明らかなように、このクラスターは扶風、岐山県境のいわゆる周原遺跡に対応している。周原遺跡対応のクラスター以外で、同規模のクラスターが形成されるのは、遺跡間平均距離 19 km 付近である。このことからみて、周原遺跡対応のクラスターは、遺跡分布密度

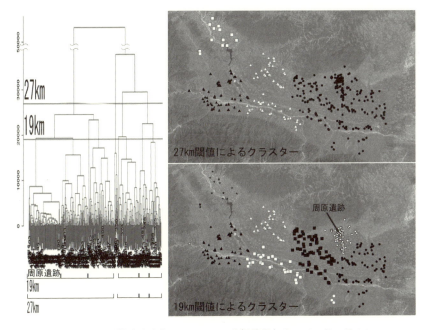

図 2.6　西周期遺跡分布のクラスター分析結果とそのデンドログラム

がきわめて高い特異なまとまりを示しているといえよう。

さらに、19 km 閾値以上、27 km 閾値までの間で中規模のクラスターが統合され、最終的には岐山山塊が南にせり出した台地中央部付近（岐山県の東部あたり）を中心として、周原台地上のクラスターは東西に二分される結果となる。この東西二分という現象は、前章において周公廟遺跡と周原遺跡の2地点からの可視範囲（眺望）の違いから、周原一帯が東西に二分されると指摘したことと対応的である。

Ⅳ　ネットワークの分析

関中平原における西周期の交通路［李峰 2007］［王開 1988］[21]について、ルートや立地環境の詳細はほとんど明らかになっていない。現在、遺跡として知られる諸地点は、それぞれがなんらかの交通路によって結ばれ、ネットワー

クを形成していたと考えられる。交通路は地形や歴史的な背景のもとに成立するものであり、地域システムの成り立ちを考えるうえでの重要な要素となる。ここではおもに関中平原西部に限定して、いくつかの拠点的集落地点を設定して拠点間の経路をハイキング関数をもちいて計量的に導きだし、これによって関中平原西部における古代の交通路について初歩的な考察を試みる。なお、関中平原の全域および洛邑の所在した洛陽盆地を加えた西周期のより大局的な交通路の復元については本書第5章で論ずる。

(1) 関中平原における現代の交通路

古代の交通路を考えるうえでの一つの視点として、本書では現代における交通路のあり方に注目し、そこから関中平原における交通路の通時代的な傾向を知ることができると考えた。最初に旧ソ連製地形図から作成した道路データにもとづき、道路をその方位によって分類してみた（図2.7）。この結果からは、特に東西方向の交通路が顕著であることが読み取れた。これは東西方向に長く伸びた関中平原では、東西間の連絡が重要視されてきたことを示しているとおもわれる。また、地形との関係でいえば、岐山南麓の扇状地状地形にあたる地

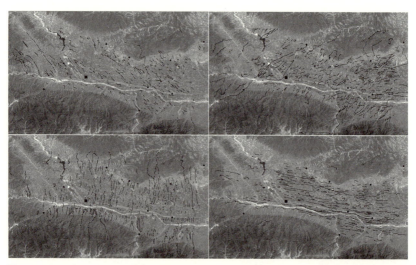

図2.7　関中平原における方向別の交通路抽出結果（交通路は旧ソ連製地形図から抽出）

図 2.8 交通路網の変遷（左：2000 年以降の Landsat 衛星画像　右：1960 年代の CORONA 衛星画像　同一地点の画像）

点では交通路が発達していない状況も認められた。扇状地状地形において新石器時代から西周期の遺跡分布が希薄である事実［本書第 3 章］と考え合わせると興味深い傾向といえよう。

つぎに、CORONA 衛星画像にもとづいて交通路を検討したところ、1960 年代において（南北軸に対して）斜め方向に集落間をつないでいた生活道路が無数に走っていたものが、2000 年以降では格子状（東西、南北方向）に整備されている様子が認められた（図 2.8）。

同様の傾向は一部の主要交通路でも認められる。Google Earth の画像に、1970 年代の主要交通路（旧ソ連製地形図にもとづく）を重ねて比較したところ、現在では消滅してしまっている斜め（放射状）の主要交通路の存在が確認できた。関中平原における伝統的な交通路は、放射状のルートを含んで基本的に集落間を最短距離でつなぐものとして構成されていた可能性が高いのである。

（2）関中平原西部の古代交通路

推定をおこなう交通路の結節点（始点、終点）として、岐山南麓の周公廟遺跡、周原遺跡、水溝遺跡の大型遺跡、渭河に面した台地縁辺部を代表する楊家村遺跡、北呂遺跡、千河の西の台地（賈村塬）上の有力遺跡である賈村遺跡、さらに北西から関中平原への入り口である隴県、そして古代より関中と蜀を結んだ褒斜道と陳倉故道の関中平原への出入り口地点等を設定してみた。ルートの計算においては、仮に褒斜道と陳倉故道の 2 カ所を渭河南北両岸間の渡渉地

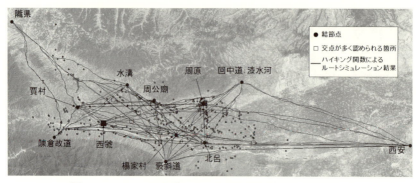

図 2.9 ハイキング関数による結節点間の最小コストルート

点として設定してみた。結節点間のルートは、DEM（Digital Elevation Model）から求められる傾斜を歩行時間に変換するハイキング関数［渡部展也・西江清高 2009］をもちいて推定した（図 2.9）。

　計算結果からは、ルートの交差点が集中する交通路の結節点、すなわち交通の要衝としての性格をもちうる箇所がいくつか認められた。そのうちの一つ、周原の台地を渭河の北岸に降りて、陳倉故道のある現在の宝鶏市街地に向かう地点が要衝の一つとして浮上する。この付近は西周期の諸侯西虢が寄った場所と推定されてきた。他に特徴的な傾向として、陳倉故道（あるいは西虢）から周公廟に向けて斜めに横断するルートが重複する様子が見受けられた。現在の交通路からは、このルートに対応する主要街道は認められないが、このような斜めのルートを阻害する地形上の要因は見当たらない。春秋時代に秦の雍城が成立する以前には、このようなルートが存在していたことも考えられよう。

　推定された交通路からの読み取りをおこなううえで、一次的な分析結果（図 2.9）は最も情報量が多く重要なものである。ただし、この図 2.9 では、ルートの交点が一致せず、交通路が不自然な網目状のネットワークを形成しているため、この結果をこのまま推定交通路として扱うには問題がある。これは、ハイキング関数による計算では往路と復路でルートが変わり、ルートが複線化してしまうためである。したがって、このルート計算の結果をより現実的な形に近づけるためにはルートの選択と編集作業が必要となる。

　編集方法として、一般的には土地の起伏などの三次元形状を表現するために

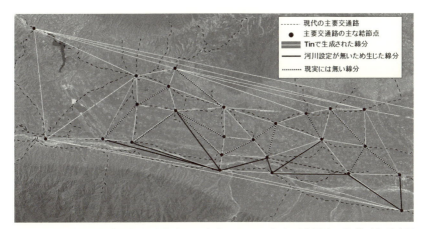

図 2.10 現代（1970 年代）の結節点間で生成した TIN と主要交通路の比較（主要交通路は旧ソ連製地形図による）

もちいる TIN（Triangulated Irregular Network）を生成する時にもちいるドローネ三角網（Delauney Triangulation）を応用することができる。この手法では、近隣の地点間を結んだ時に形成される三角形内の最小の角を最大化するように三角網を生成する。この結果、任意の地点から複数地点に道路がのびる際に、なるべく重複しないルートを選ぶ結果となるため、主要交通路の傾向を近似する方法としては有効なものと考えられる。また、形成されるネットワークも（最も外側に位置する点を除き）遠方の点へは直結せずに近隣の点を経由するため、このことからも交通路の結節を整理するうえで有効であると予想される。

実際に現代（1970 年代）の主要交通路結節点間で TIN を生成し、検証をおこなってみると、TIN により形成された仮想の交通路は、基本的に関中平原における現代の主要交通路に近似しており（図 2.10）、その参照データとしての有効性が認められる。

そこで、西周期の結節点に対して TIN を生成し、図 2.9 の推定ルートのうち TIN の線分に最もよく対応するルートを抽出することで、古代の主要交通路を推定した（図 2.11）。

さらに、各結節点を始点としたコストグリッド［渡部展也・西江清高 2009、

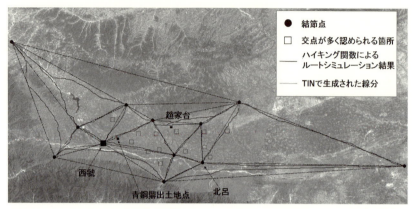

図 2.11　最小コストルートの計算結果から TIN をもちいて編集しなおした推定交通路

p.64］を合計し、その等値線を作成することで、各結節点へのアクセシビリティ（総合コスト）を示す図を作成し、クラスター分析によるグルーピング結果と重ねて表示した（図 2.12）。この結果からは、周原中央部でアクセシビリティが良いことと、形成された各クラスターの中央付近に位置する結節点が多いことが認められる。結節点の位置の例外は、「西虢」と褒斜道付近において認められる。陳倉故道では平原への入り口で多くの遺跡が立地しているのに対し、褒斜道では入り口付近に遺跡が立地しておらず空白地帯となっている。この場所における遺跡の空白は、第 3 章で言及する扇状地状地形との関係があると考えられる。

　これらの結果からは、①水資源の不足から、遺跡分布がきわめて希薄な積石原の台地上に、西劉堡青銅鼎出土地点が孤立して立地している［本書第 3 章］。この地点は「西虢」から周公廟方向へと向かうルート上にあたり、西周期の交通路の中継点としての役割を担った地点とも推定される（図 2.11）、②周原の最重要遺跡である周公廟遺跡と周原遺跡を結ぶルート上に近年発掘されて注目される孔頭溝遺跡（趙家台遺跡）が所在する（図 2.11）、③各結節点へのアクセシビリティが最も良い地域は周原台地の中央部である（図 2.12）、④結節点は各クラスターの中心付近に位置するものが多い（図 2.12）、などのことが見て取れる。③に関連していえば、周公廟遺跡は周原台地の中央部北部の岐山南麓に位置する拠点的集落であるが、その位置は良好なアクセシビリティを確保

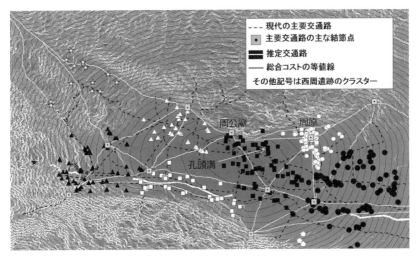

図 2.12 関中平原西部の推定される交通路・アクセシビリティと西周期遺跡のクラスター分析結果（19 km 閾値）のオーバーレイ

しつつ、軍事防御的にもまた政治的にも優位性を発揮する地点として選択されたものと考えられる。

V　衛星画像をもちいた植生活性度の年変化パターン

　衛星画像による分析では、画像内の対象を同じ精度で計測、評価できるという利点があり、特に広域の土地被覆の把握に効果的である。衛星画像は空中写真と異なり、一定の日数で回帰して撮影をおこなっていることから、地表の周期的な時系列変化をとらえるうえで有効である。ここでは、衛星画像の分析による関中平原西部における年間の植生活性度の変化パターンの把握を試みておきたい。関中平原における衛星画像から確認できる平原部の植生被覆は、多くが農業的土地利用に由来する。灌漑の改善などの土地開発がされているとしても、農業的な土地利用は、大局的には元来の自然条件を背景とした水資源や土壌の特徴を反映していると考えられる。

(1) 衛星画像と季節性

先述した通り、多くの衛星は一定の周期で撮影をおこなっているが、特にユーラシア東部地域においてはモンスーンの影響など気候の影響を受けるため、雨季には分析に有効な雲量の少ない画像を得にくいという問題がある。したがって、同一年度内の隔月の画像で分析をおこなうことが理想的であるが、実際には異なる年度の画像で補完せざるをえないことが多い。この分析ではLandsat-7/ETM+画像をもちいた。[22] できるだけ隔月となるよう画像を選択したが、一部の月では雲量が多く観測の欠損を埋めることが出来なかった。

(2) NDVIによる植生被覆の分析

衛星画像をもちいた植生の研究で、最も一般的にもちいられる指標がNDVI (Normalized Differential Vegetation Index：正規化植生指標) である [渡部展也・西江清高 2009]。NDVIは、植物の反射輝度が近赤外の波長帯（ETM+ではBand4に相当）で高く、赤色の波長帯（ETM+ではBand3に相当）ことを利用し、比演算によって1（植生活性度が高い）から-1（植生活性度が低い）の指標を得るものである（図2.13）。

まず、山地部にはマスクをかけて分析地域を平原部に限定したうえで、すべての画像に対しNDVIを計算し、最後にこれらの画像に対して「教師無し分類」[23]（K平均法クラスター）を適用し、年間の植生活性度の変化の違いをもとにした画像分類をおこなった。この画像分類の結果は、地域における植生活性度の変化パターンを類型化した結果であるということになる。教師無し分類に

図2.13 関中平原西部、季節によるNDVI計算結果の違い（左：1月撮影　右：8月撮影　色調の濃い方が植生活性度が高い　遺跡分布は西周期）

おいては類型数を任意に設定することが可能である。ここでは、初期設定値の16グループで画像分類をおこない、ノイズ的な分類結果を再分類、統合することでグループ数を減らしながら、代表的な年間の植生活性度の変化パターンについての主題図を作成した。

(3) 関中平原西部における植生変化パターンの類型と季節性

教師無し分類による分析結果と作成した主題図は図2.14のようである。分類結果からみると関中平原西部は、千河西側の台地（賈村塬）、岐山南麓、漳河以北の周原台地西部、漳河以南の積石原、周原台地中央部、周原台地東部、台地縁辺部、渭河北岸、渭河南岸に分類された。関中平原における気候の特徴と、教師無し分類によって区分されたおもな地域についての平均的なNDVI値を傾向によってまとめたものが表2.2である。

NDVI値が示す代表的な植物活性度の変化のパターンは、「夏季低下・中間期増加型」（賈村原・積石原・周原中央部）、「夏季増加・冬季低下型」（周原西部・東部・渭河南岸）、「夏期増加・中間期増加型」（渭河北岸）そして「全般に低め」（岐山南麓・台地縁辺部）の4通りが認め

図2.14　関中平原西部における植生活性度変化パターンの分類（上図：16グループの分類結果　下図：分類結果に基づく主題図）

表 2.2 年間植生活性度変化パターンの分類からみた地域とその変化傾向

| 月 | 平均降水量 (mm) | 平均気温 (℃) | 画像撮影日 | 夏季低下・中間期増加型 | | | 夏季増加・冬季低下型 | | | 夏季増加・中間期増加型 | 全般で低め | |
				千河西台地	積石原	中央	渭河南岸	西部	東部	渭河北岸	岐山南麓	台地縁辺部
1	6.4	-0.5	2001/1/14	0.15	0.1	0.1	0	-0.1	0	0	0	0
2	10.7	2.2	2001/2/15	0	0	0	0	0	0	0	0	0
3	26.4	7.9	2001/3/3	0.22	0.26	0.24	0.12	0.1	0.15	0.17	0.12	0.15
5	65.4	19.4	2001/5/6	0.2	0.14	0.11	0	0.12	0	0	0	0
(6)	51	24.8	2001/5/22	0.15	0.1	0	0	0	0	0	-0.1	-0.15
7	92.8	26.3	2000/7/22	-0.28	-0.15	-0.15	0.12	0.15	0.15	0	-0.15	-0.15
8	66.7	25.3	2002/8/29	0.1	0.2	0.21	0.35	0.36	0.34	0.33	0.2	0.15
11	25.6	6.8	2001/11/14	0.26	0.15	0.22	0.1	0.15	0.12	0.14	0.16	0.17

られた。

　この分析で得られた地域の区分は、本書第3章で述べる関中平原西部の地形環境からみた類型の設定ともきわめてよく対応しており、後述する地域の類型区分の妥当性が植生変化の側面からも裏付けられる結果と考えられる。

　さらに、先に示した遺跡分布のクラスター分析によって、関中平原西部において遺跡分布のあり方が東西に二分される様子を確認したが、ここで述べている衛星画像による分析からも周原台地中央部（表中の「中央」、図2.14の四角枠内）と、東部、西部に分かれる様子が認められる（図2.15）。植生活性度の変化パターンという点からは、この中央部付近は東部や西部と異なる環境特性をもっており、むしろ積石原のパターンに似た傾向を示している（表2.2）。

　次章で詳述するように、周原台地南部の積石原において遺跡分布がきわめて希薄であることが知られる。その理由として筆者は水資源の利用が困難なことを考えている。一方、周原台地中央部においてはいずれの時期においても一定

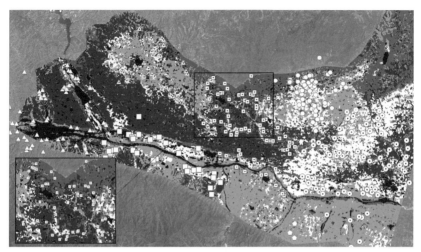

図 2.15 植生活性度変化パターン類型化と西周期の遺跡群クラスター（19 km 閾値）との対応

数の遺跡が確認され、遺跡立地との関係では積石原とは異なる様相を示している。この地域をさらに詳細に観察するため、CORONA 衛星画像および遺跡のクラスターとの比較をおこなった（図2.15）。その結果、周原台地の中央を漳河が流れていること、地域の北部は岐山南麓の類型と混在することなどの点で積石原と異なり、遺跡の立地もこれらの水資源へのアクセスのよい箇所を選択して認められる。ただし、そのなかにあって植生活性度の変化パターン類型の境界と、西周期の遺跡クラスターのまとまりの範囲がきわめてよく一致することは興味深い（図2.15 中の四角枠内）。CORONA 画像の観察からは、大まかにいえば西側は周公廟から続く溝壑（小河川が浸食した台地上の谷）が、東側は孔頭溝遺跡を含む溝壑が境界となっていると考えてよいであろう。

（4）関中平原における遺跡立地類型と植生活性度の変化パターンの類型

　関中平原における遺跡立地の諸類型について、次章において水資源と地形的要因および景観論を中心に分類を試み、八つの類型を抽出している。すなわち、1) 岐山南麓、2) 台地中央部（漳河以北）、3) 台地南部（漳河以南）、4) 台地縁辺部、5) 渭河北岸第二階梯段丘、6) 渭河氾濫原、7) 渭河南岸第二階

梯段丘、8) 秦嶺北麓の各類型である［本書第3章］。

　これらの諸類型を、本章における衛星画像をもちいた植生活性度の年変化パターンの類型と比較すると、全体として非常に良好な対応関係のあることが確認できた。特に岐山南麓、台地中央部（漳河以北）、台地南部（積石原）、台地縁辺部の各類型の対応関係が明確であり、次章で述べる遺跡立地類型の妥当性が裏付けられる結果となったといえよう。

Ⅵ　小　結

　本章の目的は、関中平原を対象にGISを利用して地理考古学的研究をすすめる際のデータの質や分析手法の前提を示すことであったが、一方でこの作業を通じて周原台地とその周辺地域の地理考古学的研究上、注目すべきいくつかの新知見を指摘することができた。本章で確認できたことを以下にまとめておく。

　① 遺跡分布のランダム度とその空間的スケールの分析によって遺跡分布のあり方を解析した結果、新石器時代では遺跡が分散的に立地しているのに対し、初期王朝時代（先周期、西周期）では分布密度が高まることが確認できる。また、初期王朝時代以降、遺跡分布の地域的な偏在性が明確化するといえる。予想された結果であるかもしれないが、このことを計量的に示すことができた。

　② 遺跡間の距離にもとづいたクラスター分析を通じて、先周期では、関中平原西部（周原台地とその周辺）の西部と東部の二つの顕著なクラスターが、またその中間部に不安定なクラスターが一つ認められた。その状況は、おそらくこの時期の文化的諸集団の移動拡散や相対峙する動きが色濃く反映した結果とみられる。とはいえ、文化的集団の動きが安定したと想定される西周期の遺跡分布でも、同地域の東部と西部にクラスターが分かれる傾向が認められる。その原因が先周期以来の歴史状況を引きずったものなのか、自然環境とそれに適応した土地利用の違いなどに起因するものなのかは、遺跡分布のクラスター分析からは判然としない。

　③ 扶風、岐山県境付近の周原遺跡と呼ばれる遺跡群は、西周期の周原台地

上のクラスターの中でも特異な存在となっている。この一帯では龍山文化期以降に新たに小河川が形成されて水資源へのアクセスが良好となり、西周期には政治的に安定したことによって急速に開発された可能性があろう。

④ 関中平原における交通路は、現在では東西、南北方向の格子状パターンが卓越しているが、少なくとも大規模開発以前（1960〜70年代）の CORONA 衛星画像や旧ソ連製地形図から観察される伝統的な交通路では、集落間を斜め方向（放射状）に結ぶ道路網も広く認められる。このことは、古代の交通路を推定復元する際にも重要な知見となるはずである。

⑤ GIS を応用したネットワークの分析を通じて、初歩的ながら関中平原西部の西周期の交通路について考察してみた。そこから浮かび上がる交通路の交差点あるいは主要交通路上の中継点の近傍には、注目すべき遺跡や西周諸侯の拠点と推測される地点が重なることが見出された。たとえば「西虢」の拠点とも推測されてきた宝鶏市街地東部の宝鶏県一帯や、西劉堡青銅器出土地点などがそれである。また、賈村塬の賈村遺跡もそうした地点の一つである。次章でも言及するように、賈村遺跡や西劉堡青銅器出土地点などは、水資源へのアクセスにきわめて不利な地点であるにもかかわらず、交通路の中継点として重要視されたことが考えられる。西虢の位置については考古学的に証明されてはいないが、少なくとも東西南北のルートが交差する宝鶏県付近の交通路上の重要性は明らかであろう。

⑥ 関中平原西部における西周期の主要拠点（結節点）へのアクセシビリティ（総合コスト）を分析した結果では、各結節点へのアクセスは、周原台地の中央部（岐山山麓中央部の南側）が最も良好であると考えられた。自明の結論のようにもおもわれるが、複雑な地形的条件を総合して計算した結果でもある。周公廟遺跡はまさにその条件をもつ地域内の北部縁辺部にある。周公廟遺跡の立地は、周囲とのアクセシビリティに加えて、良好な水資源（潤徳泉）と、岐山の山陰にして台地北部の高所という軍事的、地勢的優位性を考慮して選地されたことがうかがわれる。

⑦ NDVI による植生被覆の分析から導き出された植生活性度の年変化パターンの類型は、次章で述べるまったく別の視点から筆者が想定する遺跡立地類型ときわめて良好な（有意な）対応関係を示している。

⑧周原台地の西部、東部と、周原台地中央部付近では、植生活性度の年変化パターンが明確に異なっており、それは②で述べたような遺跡分布のクラスターとも興味深い対応を示している。遺跡分布のクラスターが、水資源、土壌、日射（傾斜面）といった植生活性度の変化パターンを決定する要因とも相関している可能性が指摘できよう。

註
（1）本章は、渡部展也氏と筆者の共著論文［渡部展也・西江清高 2009］の内容から、本書第一部に必要な部分を筆者の判断で再編成したものである。論文内容のうち PC を用いた GIS の解析は渡部氏がおこなった。GIS の技術に関連する詳細は上掲論文を参照いただきたい。GIS の技術的進展ははやく、研究手法もここ数年で様変わりした面もあるが、日本の研究者にとってさまざまな制限をうけることも多い諸外国を対象とした研究において、GIS をどのように実践的に応用できるかを試行した一例としても参照いただきたい。次章以下では関中平原の地理考古学的目的で GIS の手法を応用するが、GIS の解析では、どのような資料やデータを、どのような理由によって選択し、どのような理由から解析の技法を選択したのか、ということを前提として述べておく必要がある。その意味で本章は次章以下の前提となる予察でもある。
（2）現地調査と PC を用いた GIS 的分析を繰り返すこの研究のある段階では、飯島武次氏を代表者とする渭河流域考古調査に参加させていただいた。現地調査時では北京大学の徐天進教授、雷興山教授、陝西省考古研究院の王占奎氏らから多くの貴重なご助言をいただいた。また当時北京大学の大学院生であった劉静、路国権、裴書研の諸氏には、筆者らの踏査旅行の全行程にご同行いただいた。日本からは筆者と渡部展也氏のほか、いくつかの年度において久慈大介、茶谷満、成君ら諸氏が参加し、協力いただいた。
（3）「考古学 GIS」という用語については、宇野隆夫「序文」宇野隆夫編著『実践考古学 GIS ―先端技術で歴史空間を読む』NTT 出版、2006 年を参照。
（4）この問題に関連する理論的背景については、たとえば津村宏臣「GIS と空間解析入門」宇野隆夫編著『実践考古学 GIS ―先端技術で歴史空間を読む』NTT 出版、2006 年を参照。
（5）Shuttle Radar Topographic Mission（SRTM）は、スペースシャトルにより作成されたもっともよく利用されている全球標高データである。
（6）たとえば、Conolly, J., Lake, M., 2006, Geographical Information Systems in Archaeology. Cambridge University Press。津村宏臣「GIS を利用した遺跡環境評価の方法―考古学における空間分析―」『動物考古学』15、2000 年。

（7）対象とする時代の地理情報を利用することが理想的ではあるが、古環境を面的に復元する方法は現時点では十分に確立されてはいない。それでも現代の情報からかつての自然、社会的条件の影響を読み取ることができる場合もある。いずれにせよこの手法のみで完結するものではなく多種の情報をあわせて検討することが必要となる。
（8）デジタルの画像データの場合、衛星から転送できるファイルサイズの制限があるためにこのような反比例の関係が生じる。本書で多く利用するCORONA衛星画像はフィルムによるアナログ撮影であるためこのような関係から外れている。
（9）ETM+のBand8（パンクロマティック画像）の分解能は15mであり、これをもちいることで擬似的にはAsterと同等のカラー画像を生成できる。
（10）逆にETM+はデータ容量としてはAsterよりも小さいため、表示速度が速いなどの利点がある。
（11）日本の研究事例では例えば、小方登「衛星写真を利用した渤海都城プランの研究」『人文地理』第52巻第2号、2000年。同「第1章 衛星写真で見るシルクロードの古代都市」『シルクロード学研究センター紀要』17号、2003年。また、［茶谷満2004］などがある。
（12）なお最近になってCORONA衛星画像も一部で座標が付与された状態で公開されるようになった。
（13）Sohn, H. G., Kim, G. H., Yom, J. H., 2004, Mathmatical Modelling of Historical Reconnaissance CORONA KH-4B Imagery, The Photogrammetric Record, 19 (105). Zhou, G., Jezek, K., 2002, Orthorectification of 1960s Satellite Photographs Covering Greenland, IEEE Transactions on Geoscience and Remote Sensing, Vol40, No.6.
（14）比較的正確なGCP（Ground Control Point：補正にもちいる基準点）を得られた箇所については20m前後の精度も確認された。中国では一般に入手可能なGCPの精度や量に制約があることから、他の補正手法においても誤差は大きくなるものとおもわれる。
（15）ランダム度（Randomness）と凝集度（Clustering）は表裏一体の関係であり、ランダム度が低い場合、基本的に凝集度は高い。
（16）Bailey, T. C., Gatrell, A. C., 1995, Interactive Spatial Data Analysis, Pearson, Education Limited.
（17）K関数法では、ランダムに観測点を生成し、観測点から特定の距離h内に含まれる点をカウントした後、カウントされた実測値と統計的な推測値との乖離L（h）を計算する。つまり、観測点からの距離h内にカウントされると期待される統計的な推測値と実測値の比較からランダム度を検討するのである。L（h）の値は高いほどランダム度が低い。すなわち分布として明瞭なまとまりをもつ（凝集度が高い）ことを示している。このプロセスを、観測点からの距離hを大きくしながら設定され

た距離になるまで繰り返す。この集計を繰り返しおこなうことで、それぞれのスケールにおける点群のランダム度を評価することが可能となる。この距離 h は分布を評価するスケールであり、もしランダム度に特異な変化があれば、この時の h は点分布のまとまりの傾向の変化点を示すスケールとして理解することができる［渡部展也・西江清高 2008］。
(18) 密度分布面は ARCGIS のエクステンションである Spatial Analyst の密度計算機能をもちいて作成した。
(19) 各時期の最大でもよいが、大局的なスケールにおいて各時期の分布の凝集度を比較検討するうえでは共通度の高い閾値が適すると判断した。
(20) クラスター分析にはいくつかの手法があり、群平均法はグループ化するグループ内の点分布間の距離の平均が最も短くなるようにクラスターを形成する手法である。グループ内の分散を最小化するウォード法と並んで経験的に実用的なクラスター結果を出すことが知られていること、距離を単位としているので求めた閾値と対応させやすいことから本書ではこの手法をもちいてみた。
(21) 本書第一部第5章でやや詳しく取り上げる。
(22) 分析に使用した Landsat-7/ETM+画像とその撮影日はつぎのようである。

プラットフォーム	センサー	撮影年月日	分解能
Landsat 7	ETM+	2001/1/4	30 m
		2001/2/15	
		2001/3/3	
		2001/5/6	
		2001/5/22	
		2000/7/22	
		2002/8/29	
		2001/11/14	

(23) 画像分類をおこなうにあたり、既知の土地被覆の情報をもちいて分類する方法を「教師付き分類」と呼ぶ。これに対し、既知の情報を使わずに統計的な値のみをもとにおこなう分類を「教師無し分類」と呼ぶ。K 平均法クラスターは教師無し分類の代表的な手法の一つである。

第3章　関中平原西部における遺跡の立地と地理環境

I　周原の地理

　陝西省の関中平原は、西周王朝成立以前にさかのぼる周勢力形成の舞台となった地域であり、王朝成立後には畿内的地域(1)を構成する主要な地域となった。とりわけ扶風県以西の周原の台地を中心とする関中平原の西部は、古公亶父が周の一族とともにその地に移り住んで以降、土地の開発と利用がすすみ、西周王朝の成立以降にいたるまで長らく周の政治的、経済的中心地の一つとなってきたと考えられる。

　本章では、公表されている遺跡の位置情報にもとづき、先周期から西周期にかけての関中平原西部に知られる集落遺跡とその周辺地形の特徴を検討し、集落立地の前提条件となったであろう環境的要因、とくに水資源の問題について考察してみたい。集落はどのような条件を考慮して選地されたのか、またどのような条件を考慮して一定地域内に配置されたのか。この考察を通じて西周王朝の原点ともなった関中平原西部において、周が構築した地域システムの一端をうかがうこととしたい。

　第1章で述べたことと重複もあるが、あらためて関中平原の地理についてまとめておく。関中平原は、西から東へと流れくだる渭河とその支流がつくりなす細長い盆地状の地形で、東西約400km、南北が最大で約60kmある。渭河の南北両側、とくに北側には黄土地帯に特有の高く平坦な台地状の地形である「塬」が発達している。新石器時代から歴史時代を通じて、農耕集落の多くがこの平坦な塬の平原（塬面）に展開した。塬面南北の山間部や、塬縁辺部の湧水地点から水を集めて中小河川が流れくだり、関中平原中央の渭河に注ぐ。関中平原の河川網は、渭河を東西方向の軸として、一つの羽状流域を構成している。

写真 3.1 漆水河の渓谷　東側の台地からの景観

写真 3.2 千河の渓谷　西側の賈村塬上からの景観

　周原を現代の地理学的視点から再定義したのは史念海氏であった［史念海 2001a、pp.244-259］。同氏によれば周原とは、関中平原西部の周王朝揺籃の地であり、その西は千河（鳳翔県）の渓谷（写真3.2）から東は漆水河（武功県）の渓谷（写真3.1）にいたる渭河北側の台地状地形を指していう。周原の台地は、東西約75km、南北約20kmの広さを有し、その塬面は周原と周囲との境界線をなす渭河、千河、漆水河の河床から比高差にして60～200m程度高くなっている。周原の塬面はまた、北山（岐山）南麓に接する標高900m前後の北西最深部から、南東端の標高500m前後の漆水河西岸まで、緩やかに傾斜している。

　今日の周原を観察すると、大小の水流が、主として第四紀に形成された黄土層からなる元来の塬面を深く切り刻んで、黄土台地特有の渓谷（溝壑）がいたるところで発達している。そのうち周原の台地中央部を、東西に横切って流れる一筋の水流が、后河あるいは漳河などの名で呼ばれる中規模河川である（以後、漳河の名称を使う）。漳河より北側にあって岐山南麓を水源とする小河川は、すべて南に流れてこの漳河に注ぐ。したがって、周原の台地のうち漳河より南側の部分には、岐山を水源とする河川は一つもない。河川らしい河川をほとんどもたないこの漳河以南の台地を、周原とは区別して積石原と呼ぶこともある。

II　周原の環境変遷

　史念海氏はかつて周原あるいは関中平原における黄土台地の浸食が、歴史時代になって急速に進行したものであることを繰り返し論じている。史念海氏の所説は、おもに文献研究から語られる環境史にもとづく。同氏によれば、西周王朝が成立した頃の関中平原は、なお森林・草原に覆われた環境であったが、その後の人類による農地の開拓は平原部の植生を変化させ、都邑の建設や都邑の燃料資源にかかわる木材の消費は森林の破壊をひきおこした。結果として保水力を失った黄土台地の浸食が急速に進行したと説明する。

　浸食進行の背景については、地質学的研究からの所見について第1章において詳しく述べた。そこで指摘したように、①趙景波氏らの地質学的研究では浸食進行の人的要因が強調されている、②また周昆叔氏による完新世「周原黄土」の地質調査の結果、10000 bp、8000 bp、3000 bp、2000 bp に位置する堆積層の組成に大きな変化があり、なかでも 3000 bp を境界（西周文化層はその下部に位置する）とする変化は、新石器時代から西周後期の間続いた温暖湿潤な気候下で生成した紅褐色土の堆積が、冷涼乾燥化した環境下の褐色土の堆積へと変化した転換点であった、などのことが注目される。周昆叔氏が示す 3000 bp を境界とする周原黄土の変化とは、同氏が指摘する気候の変化だけではなく、先周期から西周期の周原地区に想定される人口増加と都邑建設という人的要因が背景にあったとおもわれる。

　筆者は、史念海氏の所説が基本的には支持すべきものと考えており、今日周原の台地を切り刻む渓谷の多くが、この地で人類の活動が本格化した西周期以降の森林の消失により、剝き出しになった黄土層が近 2000 年余りのうちに急速に浸食されて形成されたものと理解している。ただし、史念海氏の主張する地形の変化や森林環境の変化が進行した時期、あるいはその変化の速さや程度については、同氏の見解を修正すべき部分もあると考えられる。本章で述べるように、筆者らは現地調査と衛星画像等の解析を通じて、たしかに一部の渓谷が龍山文化期以降あるいは西周期以降になって急速に形成された事実を認めたものの、漳河など主要な河川については、すでに仰韶文化期にさかのぼって今

日と似たような地形環境を形成していたものと考えるにいたった。

III 水資源と遺跡の立地

(1) 黄土地帯の遺跡立地と河川

あらゆる時代の定住集落の立地において、水資源の確保がきわめて重要な条件となることは説明を要しない。まして比較的乾燥した環境下にある黄土地帯において、その条件は定住農耕民の生存を左右する基本的条件とも考えられる。黄土地帯において水資源の第一のものは河川である。しかし、森林資源が豊富とはいえず保水力に問題のある黄土地帯において、大型河川の河岸至近距離の地点や河川上流部の傾斜の強い一帯では、洪水や土石流のリスクが高く、一般的に集落の立地には向かない。したがって黄土地帯の初期農耕集落の選地においては、比較的平坦な平原部における中、小河川の河岸から適切な距離をおいた地点が、そうしたリスクを軽減しつつ水資源を確保する好適な場所であったと考えられる。

黄土地帯の新石器時代から初期王朝時代の集落分布と河川の関係を統計的にあつかった研究として、劉建国氏による GIS にもとづく事例研究がある[2]。同氏は、山西省臨汾盆地と陝西省関中平原・周原台地の一部地域（七星河、美陽河流域）を事例として、詳細な現地分布調査の結果にもとづきながら、仰韶、龍山、殷周期の各時期の集落立地と、河川との距離について考察した。結論としてこれらの諸時期の集落遺跡の大部分が、河川河岸より 600 m 以内に立地することを明らかにしている。臨汾盆地や関中平原の新石器時代から初期王朝時代の集落の分布が、中、小河川に沿って濃密であり、それ以外の地帯できわめて稀薄であることを GIS による空間分析の方法によって確認した最初の研究であった。河岸から 600 m 以内という距離は、水害のリスクと生活の利便性を確保した当時の生活圏の実態を物語るものといえよう[3]。

しかしながら劉建国氏があつかった関中平原周原の事例は、10 km 四方にも満たない一部小河川流域の狭い範囲にかぎられたものであった。筆者らは、周原台地を含む関中平原西部全体の状況を把握するために、遺跡の位置情報がやや粗いことを承知したうえで、一般的に利用しうる最良の遺跡分布図として、

『中国文物地図集　陝西分冊』［国家文物局 1998］を用い、別に準備をすすめてきたGIS基盤地図上に、新石器時代から西周期にかけての各時期の位置情報を入力した。そのうえで、関中平原西部における西周期の集落遺跡の、河川からの距離を

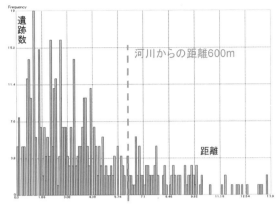

図3.1　河川と遺跡の距離

集計しヒストグラムを作成した（図3.1）。これを仔細に調べてみると、①河川から50m程度までの至近距離では遺跡数は少ない、②河川からの距離がほぼ100m〜400mの間に多くの遺跡が集中する、③劉建国氏の指摘を裏付ける

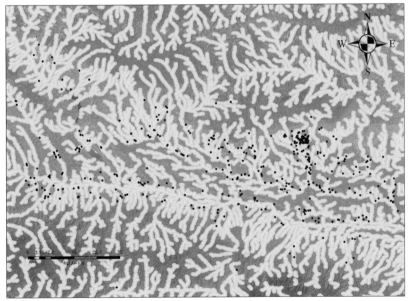

図3.2　関中平原西部における河川流域と西周遺跡の分布（河川から600mの範囲を表現）

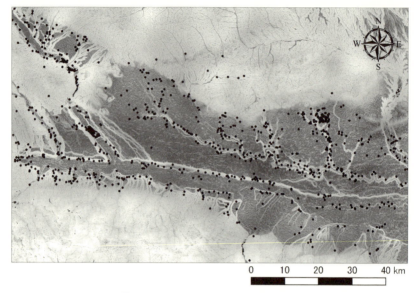

図3.3 関中平原における集水度の分布

ように、河川からの距離が600mをこえると、遺跡数が顕著に減少する。以上のことが確認された（図3.2）。

しかしながら定住集落にとっての水資源とは、かならずしも河川だけではないはずである。飲用水としても後述するように湧水や地下水、あるいはある種の水溜まり（自然のものもまた人工的な貯水施設もありうる）も想定され、さらに農業との関連では、表土の含水量も大きな問題となるはずである。そこで遺跡立地と多様な水資源との関係を、より一般的な集水度という観点から示すために、地形的に水の集まりやすさを表現するデータの作成を試みた。基本的には表面流水は窪地に集まると考えられ、傾斜と表面流水の合流点の密度がこの集水度を表すと仮定した。DEM（数値標高モデル）からは、表面流水の流路を推測することが可能であるが、ここで計算された流路から合流点を抽出し、密度を求めたうえで傾斜、標高のデータと合成した（図3.3）。

この分析により、周原台地の漳河以南の積石原塬面や、周原台地西側の千河以西に広がる賈村塬塬面は、きわめて鮮明に集水度の低い場所であることが示されている。河川をはじめ各種の水資源が得にくい場所と評価することができ

る。

　また同時に、この図に示した新石器時代から西周期の遺跡分布から容易に認められるように、積石原や賈村塬の台地は、これらの時代を通じて常に遺跡の空白地帯となってきたところであった。実はこのような遺跡分布の偏在自体が、これまでほとんど指摘されてこなかった事実であるが、集水度の分析結果と合わせ考えると、遺跡分布が稀薄な地域と水資源の得にくい地域との強い相関が示される結果となった。各時代の集落の選地と水資源との不可分の関係が明らかになったと考えている。

（2）周原周辺の湧泉と遺跡の立地

　上述したように、新石器時代から西周期の遺跡の立地は、多くが中、小河川沿いの河岸600m以内に集中する。しかしながら、一部の地域あるいは一部の地点では、河川からの距離が大きいにもかかわらず、また表面流水の集水度が低い場所にもかかわらず遺跡が多く集まる一帯が存在する。図3.4のなかで、暗色で示された点は、河川より600m以上離れた遺跡を示したものであ

図3.4　河川からの距離600mをこえる遺跡の分布

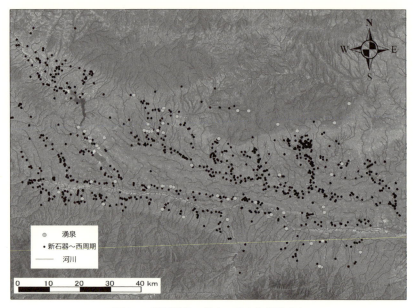

図 3.5　周原周辺の湧泉の分布と遺跡分布

る。これに注目すると、台地中央の各所に散在する遺跡が認められるほか、特に台地南部の縁辺部、周原台地が渭河河床から比高差 120～210 m の高さで立ち上がる崖面の傾斜地に、東西に並んでいるのが顕著である。これらの遺跡において水資源はどのように得ていたのだろうか。

図 3.5 は周原周辺で知られる著名な湧泉［本章末「湧泉表」参照］と、西周期の遺跡を重ねたものである。この図に明らかなように、周原の台地縁辺部の崖面では、多くの泉が湧出している。台地縁辺部に位置する鄠県楊家村遺跡［「湧泉表」73］や、周原台地西側の賈村塬縁辺部に位置する宝鶏闘鶏台遺跡［「湧泉表」54］のような重要遺跡の付近にもやはり湧泉が存在している。西周青銅器の出土地点が点在する岐山県蔡家坡一帯では、崖面傾斜地の東西数 km に並ぶ令戸、南社頭、永楽などの現代集落でも多数の湧泉が見られるという。南社頭の珍珠泉は下流の三つの渠の水源とされ、「灌田数千頃」ともいわれる［張洲 2007、p.4］［「湧泉表」14］。

そもそも黄土層は一般には滲水能力が高く、降水の多くが地表を流れること

なく地下に潜水する。周原台地南部の漳河以南の台地（積石原）では、前期更新世以来の被覆黄土層が80〜120mに達し、地表の降水は滲水して深さ40〜70m、ときには100m以深の黄土層と亜粘土層との境界付近で地下水として蓄積されるものと推測される。近代以前の技術によってはこのような深さに井戸を掘削することは困難であっただろう。これが積石原の塬面に、新石器時代から西周期の遺跡がまったくといってよいほど存在しないことの理由である。ところがこの地下水が、台地南側の崖面傾斜地で湧出することがある。それが台地縁辺部に見られる数々の湧泉である。

　周原の台地縁辺部の崖面頂部から、崖下の渭河北岸氾濫原まで、比高差は120〜210mある。この間はテラス部分の狭い4階梯の段丘状の地形を形成している。崖面の湧泉は、このうちの第3階梯で湧出したものである［張洲2007、p.4］。

　湧泉の存在が重要な地点として、さらに岐山の南麓一帯をあげることができる。史念海氏は岐下に移り住む以前の周人に、すでに居所の選地において泉を重視する思考のあったことを指摘したうえで［史念海 2001a, pp.266-268］、この一帯における湧泉の存在に注目している。岐山南麓には、現在は涸渇して地名のみをのこすものを含めると、かつては各所に数多くの湧泉が存在した。古くから名高いものだけでも、西から東に鳳翔県の玉泉、虎跑泉、岐山県の龍王泉、潤徳泉、扶風県の馬劉泉、龍泉、鳳泉、馬泉などが知られる［本章末「湧泉表」参照］。これらはいずれもカルスト地形を形成する岐山山麓の標高1000m前後で湧出する泉で、あるものは山麓から流れ出て山前の扇状地状地形の形成に一定の役割を果たし、小河川となって谷をつくりながら最後は台地中央の漳河に注いでいる。

　これらの湧泉は平原部よりやや高い山麓の傾斜地に湧出する場合が多く、新石器時代から西周期の集落が、かならずしも湧水地点そのものに隣接して立地しているわけではない。多くの場合は湧泉を水源とする小河川の河岸に立地していることが多い。後述する七星河の上流部で発展した都城である周原遺跡では、その北側にある西観山の山麓にいくつも有力な湧泉が存在している。[8]

　岐山南麓の湧泉のうち、岐山県周公廟遺跡の中央部に存在し、今も湧出をつづけているのが第1章でも紹介した潤徳泉である［「湧泉表」12］。周公廟内に

のこる唐代以来の石碑文は、たびたび潤徳泉とその湧水を利した岐山県周辺の灌漑に言及している。1970年代においても潤徳泉を水源とする4、5カ所の貯水池が農業灌漑に利用されていたという［第一部第1章］。

　筆者はこの周公廟付近を踏査した際に、周公廟南側の山麓からつづく傾斜地一帯に、未発掘の仰韶文化期、龍山文化期、先周期、西周期の集落遺跡の存在を確認している。同じ小環境のなかに農耕集落が繰り返し形成されてきた状況は、この土地が新石器時代からおおむね安定して取水に好適な場所となってきたことを物語っていよう。周公廟遺跡で発見された王陵クラスともいわれる大型墓の墓地は、周公廟遺跡北部の山麓傾斜地にあり、大型建築址の堆積層や鋳銅関連遺構は遺跡南部の緩斜面地にある。潤徳泉はまさにその中間部に湧出する泉である。先周期、西周期を代表する周の重要都邑の一つが、この湧泉と密接に結びついていたことは明らかであろう。

　岐山山麓以南、漳河より北側の台地平坦部にも少数ながら湧水地が存在する。代表的なものは、岐山南麓に発達した扇状地状地形を伏流した水が扇端部付近で湧出した泉である。こうした湧泉は谷を形成して南に流れ、台地中央部

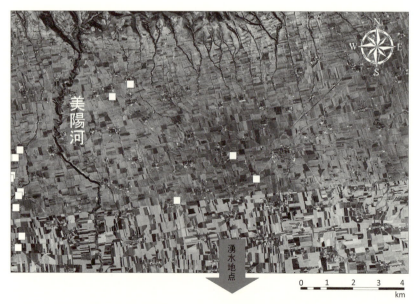

図3.6　岐山南麓の地形と扇状地状地形扇端部の湧泉

の滻河あるいはその支流へと注ぐ（図 3.6）。

もう一つ注目しておきたいのが、春秋戦国期の秦の雍城遺跡周辺の湧泉群である。台地中央部のこの付近は、周原台地の西部にあって集水度の高い一帯に相当し、また滻河の上流部にあって、その水源としての役割も果たした一帯と考えられる。春秋期以降この地に大規模な都城が建設されたことには、関中平原西部で唯一台地中央部に位置してかつ豊富な湧泉の水資源が得られる土地という良好な条件をもっていたことを指摘しておきたい。

（3）各時代の遺跡分布密度からうかがえること

筆者らは『中国文物地図集　陝西分冊』をおもな遺跡位置の情報として、関中平原西部の遺跡として仰韶文化期 496 地点、龍山文化期 303 地点、先周期 103 地点、西周期 518 地点を確認し、GIS 基盤地図に入力した。このデータをもとに、各時期の遺跡分布密度を ARCGIS のアドインである Spatial Analyst の密度計算機能をもちいて計算し、遺跡分布の

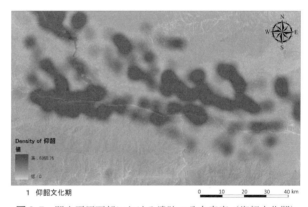

図 3.7　関中平原西部における遺跡の分布密度（仰韶文化期）

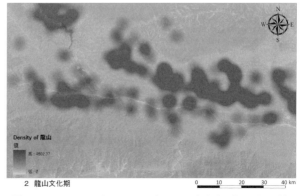

図 3.8　関中平原西部における遺跡の分布密度（龍山文化期）

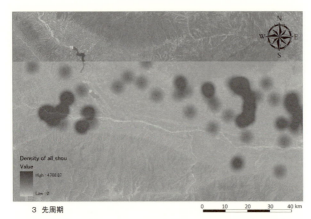

図 3.9 関中平原西部における遺跡の分布密度（先周期）

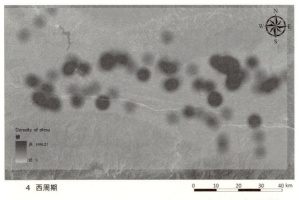

図 3.10 関中平原西部における遺跡の分布密度（西周期）

偏りを面的に表現してみた（図3.7〜3.10）。

仰韶、龍山、西周期の遺跡分布密度を比較すると、遺跡の集中する地域が、一部小河川の上流部では時期ごとに相違がみられるが、主要な河川の中、下流部では、各時期を通じてほぼ同様の傾向がみられる。このことは、関中平原における自然環境、特に水資源に対する適応戦略が、新石器時代から初期王朝時代にかけて基本的には変わらなかったことを示唆している。いいかえれば、取水の技術において大きな革新がないかぎり、水資源の制約を受けた遺跡分布のパターンは基本的に変化しなかったことになる。本格的な溝渠など、水利が発達する以前の状況として理解できよう[9]。

ここで、現代における関中平原西部の集落分布の密度（図3.11）を参照すると興味深い。現代の集落分布は、周原の塬面一帯に大きな空白地帯を残すことなく、ほぼ等距離の間隔で均一に分布しており、河川や湧泉の所在地からの直接的な制約を受けていないようにもみえる。このような集落分布の状況が歴

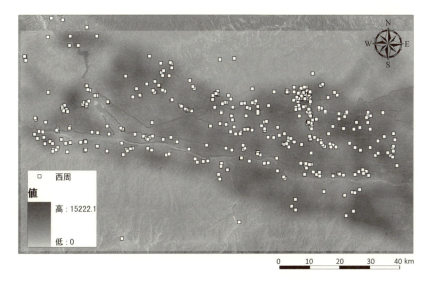

図 3.11　現代における村落の分布密度

史時代のいつの時点から、どのようにして始まったことなのか、この問題は同地域における地域史研究の重要な課題として注目すべきことを指摘しておきたい。

ところで、龍山文化期と西周期の間の時期である先周期（おもに殷王朝併行期）の遺跡密度（図3.9）に注目すると、それは新石器時代とも西周期とも大きく異なる様相を示していることがわかる。基本的には周原台地の中央部で遺跡密度が低く、周原西側の宝鶏市周辺および東側の漆水河流域に密度の高い地域がみられる。紀元前二千年紀の関中平原では、いくつかの文化的集団を巻き込んで緊張しためまぐるしい変動があり、安定した遺跡分布が形成されなかったことを反映している［本書第1章］。やがて周がこの地域を政治的に統合し安定した西周期に入ると、都城圏の中心として登場した周原遺跡の特異な集中地区をのぞいて、ふたたび新石器時代と同じような集落分布のパターンをみせるようになるのである。

IV 地形環境よりみた関中平原西部における遺跡立地の諸類型

前節では水資源と集落立地との間に、きわめて密接な相関関係があることを指摘した。いうまでもなく水資源のあり方は、各地点における地形環境と結びついている。そこで、周原台地とその周辺一帯にみられる多様な地形環境をとくに水資源に注目しながら分類することができれば、地形環境の類型ごとに違いのある遺跡立地の特徴を見出すことができるはずである。

本節では、関中平原西部における地形環境を分類し、それぞれの地形環境に対応した遺跡群の類型について考察する。分類された地形環境に対応する遺跡群をみていくと、ときには、それぞれの地点における水資源以外の選地の理由が推測される場合もある。地形環境ごとの遺跡群の特徴は、西周王朝が関中平原西部の各地点、各集落群に対してどのような役割を期待し、畿内的地域の一部となるこの地域をまとめていたのかを知る手がかりとなろう。

ここでは関中平原西部の地形環境にもとづく遺跡群を、以下の六つの類型に分けて考える。この分類は地形環境のみを条件として考察した結果であるが、その結果は、前章で検討した「植生活性度の年変化パターンの分類」とは、鮮

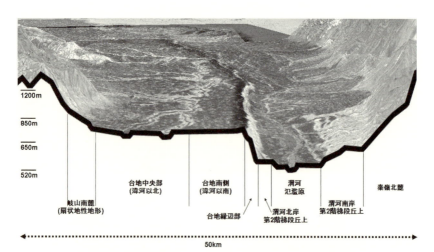

図 3.12 関中平原西部における地形環境の類型と遺跡群

明な相関関係が見出せることを強調しておきたい。

6類型とは以下のようである、①岐山南麓遺跡群、②台地中央部（漳河以北）遺跡群、③台地南部（漳河以南・積石原）遺跡群、④台地縁辺部遺跡群、⑤渭河北岸低段丘遺跡群、⑥渭河南岸低段丘と秦嶺北麓遺跡群（図3.12）。

（1）岐山南麓遺跡群

　岐山南麓では山前に扇状地状地形が発達している。岐山南麓群の遺跡は、おもにこれらの扇状地の扇頂部付近の山麓傾斜地にあたる比較的標高の高い地点から、扇端部の平原地帯にかけての地点に広がる。先述したように、カルスト地形の岐山南麓一帯には良好な湧水地点が点在しており、台地中央部へ向かう小河川の水源ともなる。またある場合は山前でいったん伏流し、扇端部付近で湧出して流れ出し、集落の水資源となった（図3.14）。

　先述した岐山県周公廟遺跡のように湧水地点を中心に成立した大規模な都邑も存在するが、多くの集落遺跡は扇状地状地形周辺の小河川に沿って立地する。この一帯での地下水位は一般に10〜30mと比較的浅い。扶風、岐山県境付近のいわゆる周原遺跡は、岐山南麓でもっとも大きな集落遺跡である。同遺跡のある地点では扇状地状地形周辺に形成された小河川を直接に利用し、またある地点では特別な建築群に付随して井戸を掘削することもあった（図3.13）。さらに近年の調査では、山麓の湧水地から水を引いて、遺跡範囲内に貯水施設や溝渠を配した水系ネットワークを構築していたことも知られている［本書第5章］。周原遺跡の中央部から西へ約11km、周公廟遺跡の東約11kmに所在する孔頭溝遺跡（趙家台遺跡）もまた、岐山南麓の扇状地状地形周辺の河川に沿って立地する重要遺跡である。同遺跡ではかつて先周期、西周期の空心磚製作地が発見されていたが、最近ではさらに大型

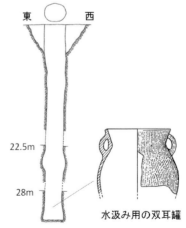

図3.13　扶風県雲塘斉鎮建築群の井戸址 J1

写真3.3 岐山県孔頭溝（趙家台）遺跡　遺跡中央の谷

写真3.4 鳳翔県勧読遺跡西側の横水河

写真3.5 鳳翔県水溝遺跡　南東角外側付近

墓を含む墓地も発見されて注目される（写真3.3）。周公廟の西約8kmにはやはり周の大型集落遺跡として未発掘の鳳翔県勧読遺跡が所在する。同遺跡の西側縁辺部には岐山を水源とする比較的水量豊富な横水河の上流部が流れている（写真3.4）。

その勧読遺跡の北西約8kmの地点には鳳翔県水溝遺跡が知られる（写真3.5）。水溝遺跡は周公廟よりもさらに標高の高い山麓の傾斜地に立地する先周期、西周期の大型集落址であるが、現在の遺跡付近には取水に便利な水資源は見あたらない。しかし同一地点には、仰韶文化期の大規模な集落址も存在しており、かつては良好な水資源、おそらくは山麓の湧泉ないしそれを水源とする河川が存在した可能性は高い。

岐山の南麓にはこのように周原を代表する拠点的な大型集落遺跡が、東西に10km前後の間隔をおいて並んで立地している。拠点的な集落が集中する事実は、単に水資源

の側面からは説明できない。周公廟や水溝遺跡の立地が如実に物語るように、遺跡を取りまく景観と遺跡からの眺望が、集落選地の重要な要件の一つとなったようにおもわれる。山麓の高所にあって南側の広大な平原部を見下ろし、はるかに秦嶺の北麓まで見通すという立地は、支配者の居所としては象徴的にもまた政治力を実際に行使する上でも絶好のものであったといえよう。一方で、四方に開けた台地中央部とは異なって、岐山を背後にするために周原台地の東方や西方の遠隔地からは死角になるという防衛上の好適地でもあった［本書第1章］。周原の拠点的集落が岐山南麓に集中する理由として、水資源の確保を前提としたうえで、このような景観と眺望の問題があったと考えられよう。

　ここでいま一度、周原の岐山南麓一帯を俯瞰してみたい。岐山山麓の南に互いに重なりあうようにして並ぶ扇状地状地形が見て取れよう（図3.14）。それぞれの扇状地状地形の扇央部における遺跡分布に注目すると、仰韶文化期から西周期に至るまで一貫して遺跡数が少なく、逆に扇状地状地形が重なり合う境界域に形成された窪地において遺跡の集中を認めることができる。従来指摘されることはなかったが、岐山の南麓一帯には比較的小さい範囲ながらいくつもの遺跡空白地帯の存在が確認され、それらの空白地帯が、地形的に不安定で水

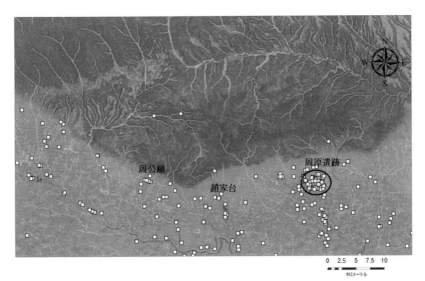

図3.14　岐山南麓に並ぶ扇状地状地形

写真 3.6 周原遺跡中央部の斉家溝

資源が得にくい扇状地状地形中央部の環境と対応しているようにおもわれる。

ところで、扶風、岐山県境の周原遺跡は、渭河の支流七星河の上流部にあたる。この付近もまた、広く見れば東西の扇状地状地形が重なる境界域の窪地に相当している。周原考古隊による七星河流域の分布調査［周原考古隊 2005］［劉建国 2007］と、筆者らの分析結果を合わせ考えると、七星河上流の一支流として形成された斉家溝（写真3.6）の両岸には、仰韶文化期から龍山文化期の遺跡がほとんど見られないのに対して、先周期の終わりから西周期になってはじめて鳳雛や召陳に代表される重要な遺跡が出現する（図3.15）。かつての新石器時代の遺跡空白地帯を中心に登場した遺跡群がいわゆる周原遺跡である。このことから、周原遺跡の水資源として大きな役割を果たしたであろう斉家溝の形成は、龍山文化期以降、西周期以前の時期と推定することも可能である。

一方、七星河の東を流れる美陽河の中、上流の両岸には、新石器時代から西周期を通じて一貫して遺跡が発見されていない。このことから、美陽河の形成は西周期よりさらに遅れるものと推定される（図3.15）。岐山南麓の小河川は今日ではいずれも深い谷を刻んでいるが、一部の小河川とその河谷については、その形成の歴史が比較的浅いことが推測されるのである。河川流路の変動などが起こりやすい扇状地状地形特有の不安定さと、浸食速度の速い黄土堆積層の特徴に起因する現象である。[11]

なお、美陽河の東に集水度の高い扇状地状地形外側の窪地に相当するにもかかわらず、遺跡がきわめて少ない一帯が認められる（図3.6）。CORONA画像では一般に窪地の色調は暗くなる傾向にあるが、この地域も同様の暗色を呈している。しかしよく観察すると、岐山から流れ下るガリーが、窪地の手前で途切れていることが認められ、おそらくそこで流れが伏流して表面流水がとぎれ

図 3.15　七星河上流部と美陽河周辺の遺跡分布

たものと考えられる。遺跡が少ない理由はそこにあるようである。しかし、そこからさらに南側の標高が低くなった地点にいたって、伏流した水は再び泉として湧出して［「湧泉表」4］、台地中央部に向かって小河川を形成している。この辺りから南側は、台地中央部に入る地域であり、ふたたび遺跡が多く立地する地形環境となっている。

（2）台地中央部（漳河以北）遺跡群

　台地中央部（漳河以北）の遺跡は、主として台地中央を北西から南東に流れる漳河の河岸に集中し、また一部は岐山から漳河へと流れ下る支流の小河川沿いに点在する。漳河支流のあるものは、先述した美陽河東側地域の事例のように、扇状地状地形の扇端部付近で湧出した泉を水源とする小河川である（写真3.10）。

　漳河の河岸一帯では、仰韶文化期、龍山文化期、西周期を通じて一貫して高い密度で遺跡が分布しており、台地中央部における漳河の重要性は明らかであろう。ただしCORONA衛星画像からも読み取れるように（図3.16）、北西が

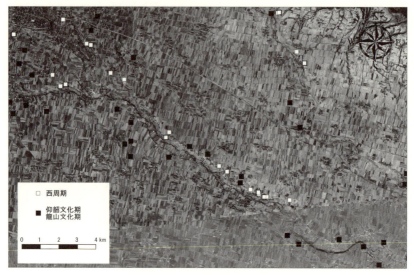

図3.16 漳河両岸の遺跡分布

高く南東が低いという台地の地勢に起因して、漳河はその南岸で浸食が進みやすく、ときに切り立った崖面を形成するのに対し、北岸では流路が徐々に南に後退する傾向があるため、緩やかな傾斜面を形成している［張洲 2007］。その結果、漳河の北岸では全域にわたって比較的高密度で遺跡が分布する一方、南岸の一部では遺跡立地に不向きな遺跡の空白地帯も見出せる。

　かつて史念海氏は、周原の台地を南北に分断し、南側に積石原を分離させた漳河の河谷について、積石原の名が『晋書』宣帝紀にようやく初出することを指摘して、それから千年以上もさかのぼる西周時代においては、漳河河谷の浸食は進んでおらず、地形環境が現在とは大きく異なっていたと推測した［史念海 2001b］。しかしながら、漳河の両岸地帯では、仰韶文化期から西周期まで、一貫して現在の河岸の屈曲に沿うように河岸に隣接した遺跡の立地が見出せる。このことは、新石器時代から西周期における漳河河岸の地形が、史念海氏の推測よりはるかに現在の地形に近づいていたことを示しているようにおもわれる。

　漳河北岸をはじめとする台地中央部の遺跡群に共通する傾向として、比較的

規模の小さな集落址が多く、岐山南麓のような大規模な拠点的集落址が見られないことが指摘できる。今日の周原一帯を代表する武功鎮、扶風県城、岐山県城、鳳翔県城などの地方都市は、漳河両岸地帯で発展し、平原部を東西にはしる旧幹線道路沿いに立地してこの地方の経済、交通の拠点となっている。その状況は、西周期のようすとは大きく異なっているといえよう。おそらくその背景として、先に指摘したように、集落の景観と眺望に対する対応の違いがあったとおもわれる。四方に開放された平原のただなかという景観的特徴をもつ台地中央部は、政治的な緊張を残した時代の拠点的な集落としては、リスクが大きすぎる立地だったと考えられよう。

(3) 台地南部（漳河以南・積石原）遺跡群

漳河以南の周原南部は、積石原とも呼ばれる東西 70 km 以上、南北 7〜10 km 程度の帯状の台地である。その塬面はきわめて平坦で、おおきな起伏は存在しない。ただし、台地南縁付近では風成の黄土堆積層が厚みを増して高まる地形を形成する。積石原北部の漳河南岸と、南部の台地縁辺部の崖面に地下水が湧出することがあるのをのぞいて利用しうる水資源はなく、台地上を流れる河川は存在しない。先に示した集水度を示す図 3.3 に代表される各種の水文環境の分析の結果は、この台地上での水資源の利用が困難であったことを物語っている。

このような水資源を左右する地形環境を背景として、周原台地南部の別名積石原では、新石器時代から西周期にいたるまで、漳河の南岸に若干の遺跡が分布するほかは、ほとんどまったく遺跡が見られない。関中平原西部における遺跡分布の大きな空白地帯となっていることが確認できる。

そのなかで、宝鶏県北部の積石原上にある西劉堡村で西周青銅器が出土した特異な例を挙げることができる。この孤立した青銅器出土地点は、鳳翔県－宝鶏県（虢鎮）を最短で結ぶ現在の道路沿いに位置している。その地点にもし集落があったとすると、水資源の問題をどのように解消したのかは不明であるが、古くからの台地上の主要な交通路の一つと関係した特別な地点であったことが考えられる。

周原の台地ではないが、千河を挟んでその西側に広がる賈村塬もまた、集水

度の低い水文環境にある台地である。新石器時代から西周期にいたるまで台地上の遺跡はきわめて少ない。その中にあって、賈村付近には多数の青銅器を出土するなど重要な西周期の遺跡が集中している。この地点は、筆者らの現地踏査でも賈村塬縁辺部崖面の湧水地点からは3～4km前後の距離があり、現在の遺跡周辺では、電動ポンプ式の深い井戸が利用されている。明らかに水資源に問題があるこの地点もまた、千河に沿った南北間を結ぶ古代の交通路を想定すると、その重要性が理解できるのではないだろうか。

以上のように、水資源に恵まれない地形環境が遺跡の空白地帯と対応しているという、当然予想される状況が確認された。しかしその環境下でも存在した少数の西周期の遺跡は、交通路や防衛上などの必要性から、地域全体の構成を考えて配置された集落ではなかっただろうか。このような性格が推測される遺跡は、仰韶文化期、龍山文化期には見出せない。

(4) 台地縁辺部遺跡群

周原台地（南部の積石原を含む）とその西側の賈村塬の台地縁辺部は、渭河の北岸に屹立する崖面となっている（写真3.7）。崖面は賈村塬と周原を合わせて東西約80km以上にもわたってつづき、渭河河床より120～210mの高さがある。渭河氾濫原の北岸を第1階梯として崖面の頂部まで四つの階梯をなす段丘状の地形が形成されており、その第3階梯の狭いテラス上に多くの泉が湧出している（写真3.12、写真3.13）。その状況は前節で詳しく述べた。崖面直上の台地上にあがると、ほとんど水資源が見出せない状況とは大きく異なる。

台地縁辺部には数多くの仰韶文化、龍山文化、先周、西周期の遺跡が見られる。2003年に発見された楊家村の西周後期窖蔵青銅器群（写真

写真3.7 周原台地縁辺部の崖面（郿県楊家村付近）

3.7)や先周期、西周期の宝鶏闘鶏台遺跡（写真3.17）、最も東に位置する先周期、西周期の北呂遺跡［第二部第15章］などはその代表である。ただしこれまでこの一帯では、重要な青銅器が多く出土し、また墓地遺跡が多く知られる一方で、生活遺跡の状況が明らかではない。湧泉の存在がこれらの青銅器出土地点や墓地と密接にかかわっていることは明らかであるが、集落としてのその利用の実態にはなお不明な点も多い。

　台地の縁辺部に、岐山南麓に次ぐ重要な西周遺跡が点在することは注意を要する。この一帯の遺跡立地を考える上で、遺跡周辺の景観と遺跡からの眺望は重要である。現地に立つと遺跡から眺望されるのは、まずは南側眼下の渭河の流れであり、その渭河の南岸から徐々に立ち上がる秦嶺の山並みである。第1章で指摘したように、渭河の両岸地帯に点在する重要遺跡のあるものは、秦嶺の山地資源と深く関わっていた可能性がある。さらには秦嶺を南に越えた漢中や遠く四川方面との交通路の可能性も考慮する必要がある。加えて第5章で指摘するように、関中平原の東西を結ぶ渭河を利した水運の可能性も指摘しなければならないだろう。

　鄠県楊家村から渭河をはさんだ対岸には史上名高い五丈原がある。五丈原の東側には秦嶺の山地に分け入る渓谷沿いの古道があった。すなわち蜀と関中を結ぶ褒斜道である。楊家村の一帯は、岐山南麓の周原遺跡の真南という位置にあって、秦嶺の山地資源、渭河の水運、蜀との交通路、などにかかわる特別な位置にあったことが推測できる。

　なお、台地縁辺部の崖面の直上、すなわち積石原の南端は、積石原全体でも黄土堆積の偏在から高い地勢となっていて、数十 km 離れた岐山南麓の高所からはほぼ障害物なく遠望できる位置関係にある。西周王朝統治下の地域システムを考えたとき、このような集落間の位置関係に由来する眺望のあり方に十分注意する必要があるだろう。詳しくは後述する。

（5）渭河北岸低段丘遺跡群

　渭河氾濫源の北岸部分から台地縁辺部崖面にかけての4階梯の地形のうち、第1階梯と第2階梯を含む一帯の遺跡が、ここでいう渭河北岸低段丘遺跡群である。渭河北岸低段丘は幅1〜3 km 程度の狭い帯状地帯で、東西に 80 km 以

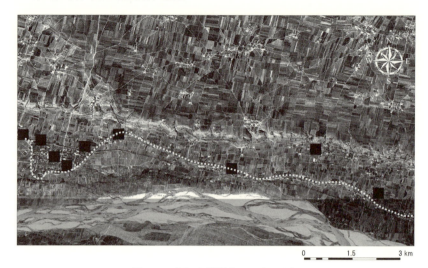

図3.17 渭河北岸低段丘の遺跡分布

上も続く。渭河氾濫源からは第1階梯部分で比高差10〜20 m、第2階梯部分で20〜40 m ほどである。

　大規模河川の河岸地帯であり、地形の経年変化が大きいことを考慮する必要はあるが、CORONA 衛星画像で見る限り、仰韶文化、龍山文化、西周期を通じて、第2階梯の縁辺部に沿って立地する遺跡が多く認められる（図3.17）。このことから当時多くの集落の水資源として、渭河の水が直接利用されていた可能性が高い。またこの一帯での地下水位はきわめて浅く、多くの地点で5 m以浅とされる［王文科・王雁林ほか 2006、p.10］。したがってこの一帯では、すでに井戸の利用がはじまっていた西周期においては、必要に応じて井戸による地下水の利用が便利だったと推測できる。

　現代ではこの一帯に関中平原を横断する高速道路が通り、地方都市が発展して活況を呈しているが、先周期や西周期では主として小規模の集落が点在した。農耕地としては土地が狭く、利用上の制約も大きかったことが理由であろう。また注意すべきは、遺跡周辺の景観と眺望である。渭河北岸低段丘は、岐山南麓の拠点的集落からは台地縁辺部の高い崖が障害となって直接目視することはできない。一方で、わずかに数 km から数百 m の距離をおいて、台地縁

辺部の集落からは直接見下ろす位置にある。このことは、集落間の関係性を考えたとき考慮に値する問題である。

（6）渭河南岸低段丘と秦嶺北麓遺跡群

台地中央を流れる漳河の南岸がそうであったように、大型の河川である渭河の南岸もまた、河水の直接の浸食をうけやすく、渭河北岸にみるようなテラスをもつ段丘状の地形は発達していない。多くの場合秦嶺北麓の傾斜の強い扇状地状地形の扇端部が、渭河北岸に接近した状況となっている。ただし、五丈原に代表されるように、比較的小規模ではあるが秦嶺北麓からテラス状にせり出した平坦な台地地形（塬）を形成する場所も見られる。

西周期の遺跡の分布は比較的まばらで、おもに秦嶺山前の台地上や扇状地状地形の扇端部付近に見られる。仰韶文化期や龍山文化期でもほぼ同様の傾向が見られ、地形が不安定で水資源が得にくい扇央部をさけて立地するようすは明らかである（図3.18）。

関中平原は、岐山南麓から渭河北岸にいたる部分と秦嶺北麓の部分では地質

図3.18　秦嶺北麓の扇状地状地形と西周遺跡の分布

的構造が大きく異なっている。地表の状況を見ても、秦嶺北麓一帯では、秦嶺に由来する多量の礫を含む土壌が広がり、周原の台地上の土壌とは大きく異なっている。したがって秦嶺北麓は、傾斜の強い地形と土壌の問題があって、農耕地としては制約をうけることが多かったと考えられる。ただし秦嶺に由来する水資源は、一般的に小河川、湧泉、地下水ともに豊富である。

なお、秦嶺北麓では、周原北側の岐山山麓で不足あるいは欠乏していた山地の資源が、豊富に存在していたことも考えられる。西周王朝統治下における周原台地と周辺地域の地域システムを考えたとき、秦嶺山麓近隣に立地する集落の役割にも注目する必要がある。

またこの一帯についても景観と眺望の問題を考えておく必要がある。秦嶺北麓の遺跡は四方に開けた傾斜面に位置していて、渭河北岸の台地縁辺部からは、5、6km程度以内の距離で障害物なく見通せる位置関係にある。また、はるかに遠い岐山南麓の拠点集落がある高所からも、好天時には問題なく遠望できる位置関係にある。

V 小　　結

2007年9月、筆者らは周原周辺の湧泉に関する調査をおこなったが[12]、本章はそのときの知見を手がかりに、地形環境と水資源から見た関中平原西部における周遺跡の立地に関してまとめたものである。本章で確認できたことを以下にまとめておく。

① 仰韶文化期、龍山文化期、西周期を通じて、基本的に各時期の遺跡分布は河川の流路と湧水地点に対応的である。西周王朝成立後の周原台地一帯の集落分布のあり方は、全体として新石器時代のそれと同じパターンをもつことが確認された。水資源の利用に大きな技術革新がないかぎり、集落選地の第一条件が河川や湧泉の近傍という条件に変わりがなかったといえよう。ただし近年、周原遺跡で発見された貯水施設や溝渠の水系システムは、西周時代に登場した都城圏の中心としてのこの地の特異性を示している。

② 集団の動向が安定しなかった先周期の遺跡分布は、前後の安定した時代とは大きく異なり、地形環境とは別の歴史的な要因が働いていた。

③ 遺跡の立地を時期別に通覧すると、小河川の上流部においてやや変動が大きい。これはおそらく、河川流路が不安定な扇状地状地形と関係して、山麓部の一部で時代によって水資源のあり方に変化が大きいことを反映している。

④ 大型河川である渭河や、その支流で台地中央を流れる漳河の河岸地帯では、遺跡の分布は仰韶文化、龍山文化、西周期を通じて、ほぼ共通して安定した傾向が見られる。その結果は、かつて史念海氏が提唱した漳河の浸食が主として歴史時代に進行したとする見解を再考させるものとなった。

⑤ 岐山南麓の遺跡立地は扇状地状地形の影響を強く受けている。水資源が得にくく地形的に不安定な扇央部は、新石器時代から西周期の各時期ともに遺跡の空白域となっている。

⑥ 扶風、岐山県境を流れる七星河支流の斉家溝は、龍山文化期以降、西周期以前に形成された可能性が高く、その後に西周期の周原遺跡が発展したと考えられる。一方、七星河の東に位置する美陽河は、西周期以降の歴史時代に新しく形成されたと考えられる。

⑦ 新石器時代から西周期を通じて、遺跡の立地は河川から 600 m 以内に集中する傾向が確認できる。

⑧ 水資源に重点をおいて地形環境を分類し、それぞれの地形環境を立地の条件として選地された集落遺跡を6類型に分けた。関中平原西部におけるこの分類は、前章で検討した「植生活性度の年変化パターンの類型」と有意な相関性を示している。

⑨ 岐山南麓遺跡群の様相については⑤、⑥参照。

⑩ 周原台地南部（漳河以南）は、漳河の南岸をのぞいて、まったくの遺跡空白地帯となっている。集水度分析からみて水資源が得にくい環境であることがわかる。

⑪ 台地縁辺部遺跡群の立地は、水資源としての湧泉の分布と明らかに関係している。

⑫ 渭河北岸低段丘遺跡群では、渭河の河水および浅い井戸の利用が想定される。

⑬ 渭河南岸低段丘・秦嶺北麓遺跡群では、扇状地状地形の扇央部をさけた立地が見られる。

⑭　地形環境から設定された6類型の遺跡群の間には、岐山南麓遺跡群のように拠点的な大型集落を含むものから、中小型集落あるいは小型集落だけからなる類型まで、集落規模と集落属性の違いを反映した階層性がうかがわれる。一方、岐山南麓の拠点的集落は、高位置にあって南側の低い平原部に展開する大部分の中小集落を視野のなかにおいていた。階層性を内在させた景観と眺望のあり方は、周原台地とその周辺における集落群を、大きく一つの地域としてまとめる基礎となっていた可能性もある。第5章で論ずる「都城圏」としての「周原地区」のまとまりとは、このような地域の秩序を前提とするものと考えられる。

註

（1）畿内的地域とは、初期王朝時代における中原王朝政治圏の構成に関連して筆者が提唱している概念である。二里頭文化期（「夏」王朝）、殷王朝期、西周王朝期において、中原王朝の直接的な統治領域（畿内的地域）、中原王朝の植民的拠点が点在した周辺地域（二次的地域）、中原王朝の政治圏の外に展開した遠隔地域（外域）に分けられるとする考えである［西江清高 2005a］。二里頭文化期についての初歩的な考察から提唱したモデルであるが、その基本となる空間構成は殷王朝期、西周王朝期にまで影響を残したと考えられる。本書第一部では、遺跡の分布と自然環境の関係性から先周期、西周期の関中平原における生活圏や政治圏のまとまりを推測し、そこから筆者の考える「都城圏」の広がりや、西周王朝の三つの「都城圏」を内部に含む「機内的地域」の広がりについて考えてみる。
（2）劉建国『考古与地理信息系統』科学出版社、2007年。
（3）註（2）掲、劉論文、93頁。劉建国氏は黄土地帯の中小河川の具体的利用法として、各集落付近の河川に小規模な堰を設けて水の流れを制御したうえで河水を利用したと推測する。合理的な推論であると評価したい。
（4）この方法で入力した遺跡の位置は、筆者らの経験によればおそらく距離にして200～300 mの誤差を生じる場合が少なくないとおもわれる。しかしそれにもかかわらず、ある程度まとまった数の遺跡数が得られたことで、遺跡立地の傾向を読み解くことが可能な精度は確保できていると考えている。
（5）本章で遺跡の位置情報を入力しGIS基盤の整備をすすめた範囲は、関中平原西部の武功県、扶風県、岐山県、鄜県、周至県、鳳翔県、千陽県、宝鶏市の各地区である。次章においては関中平原東部の諸県市を対象とする。
（6）CORONA衛星画像の観察などでもガリーや表面流水の流路が集まる先では地面は暗色となり、窪地を形成していることが確かめられる。

（7）白黒表現では集水度が低い箇所が暗色となるように表した。
（8）周原遺跡では、2016年頃から岐山南麓の湧泉を利用した人工的な貯水施設とそこから東西方向に延び出た溝渠の存在が発見されている。第一部第5章で詳しく述べる。
（9）註（8）でも触れたように西周期の周原遺跡では、最近の調査で湧泉を水源とする貯水施設や溝渠等の水系システムが整備されていたようすが知られるようになってきた。西周期の都城では従来にない大規模な水利システムが構築されていた可能性が高い。
（10）周原遺跡の東部、扶風県の雲塘、斉鎮建築基址群のF10北側で、西周後期の井戸址J1が発掘されている［陝西省考古研究所 2007］。井戸の深さは31mをはかる。その22.5m以深のところで井戸の壁面が全体に浸食され削られていることから、その辺りが井戸水の上面と考えられる。地下水位は22〜23mほどであったといえよう。けっして浅くはない。この井戸は瓦葺き屋根をもつ回廊式建築のF10に隣接していることから、祭祀などに関連のある特別の地点での水の必要性から、当時めずらしい20mをこえる深い井戸を掘削した例と考えられる。西周期の関中平原における井戸の発掘例はこの1例以外にあまり知られておらず、当時、井戸の利用は一般的ではなかったとおもわれる。
（11）西周期に周原遺跡が栄えた時期、おそらく斉家溝はいまよりはるかに浅い谷であって、東西両岸の住民にとって河水の日常的な利用は容易であった可能性がある。
（12）このときの調査は、筆者のほか渡部展也、久慈大介、茶谷満、劉静の各氏を加えた5名でおこなった。また、陝西省考古研究院の王占奎氏からは各地の湧泉に関する貴重な情報をいただいた。調査前には、久慈大介氏に依頼して現代の地誌に記述のある関中平原西部の湧泉の記録を整理していただいた（本章末「湧泉表」）。

94　第一部　関中平原の地理考古学的研究

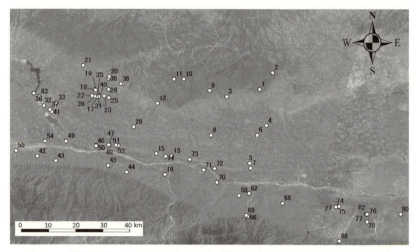

図 3.19　周原周辺に見られるおもな湧泉（湧水地点の番号は「湧泉表」に対応）

写真 3.8　岐山県中観山鳳泉付近から見た岐山南麓

写真 3.9　岐山県西観山龍泉付近の村の湧泉

写真 3.10　扶風県召公鎮の呂宅泉

写真 3.11　岐山県周公廟内の潤徳泉

第3章　関中平原西部における遺跡の立地と地理環境　95

写真 3.12　岐山県永楽村の永楽庵泉付近の景観

写真 3.13　岐山県蔡家坡鎮の老龍泉

写真 3.14　鳳翔県城北西角の鳳凰泉付近

写真 3.15　鳳翔県太相寺虎跑泉下流の貯水池

写真 3.16　鳳翔県姜嫄廟内の湫池

写真 3.17　宝鶏市戴家溝（鬪鶏台遺跡）の鳥跑泉付近

【湧泉表】

近年の【県志】類にみえる周原台地とその周辺のおもな湧泉の記録
【扶風県】

(久慈大介訳　西江清高整理)

泉名	所在地	立地	県志における記載	備考
1 鳳泉	扶風県中観山	岐山南麓	県城北25kmの中観山にある。伝えられるところによれば、周の時代、山頂に水がたまり、その水は時に温かく、「鳳凰」がここで水を飲んだことからその名がつけられたという。のちに武功県遊鳳南岸まで取って流れ、数ヘクタールの田を灌漑したが、のちに土砂で埋まり廃棄された。山泉は今も存在する。	(写真3.8) 中観山の山頂付近に鳳泉寺がある。現地調査で実見 (2007年9月9日)。
2 馬泉	扶風県東観山	岐山南麓	中観山の東5kmの東観山にある。水量は少なく、時には枯渇す。湧泉は今も存在する。	
3 龍泉	扶風県西観山	岐山南麓	古くは鳳泉とも称される。泉は全部でふたつあり、古人が祈雨を行った場所でもある。現在では水量は少ない。七星河の水源のひとつが、最近の調査ではこの水源でつながっていた可能性が指摘されている。なお、人工の水施設へと人工の水路でつながっていた可能性が指摘されている。	(写真3.9) 現地調査で、龍泉には近い龐家坡村 (西観山南麓) において湧泉を利用した給水タンクを実見 (2007年9月9日)。
4 呂宅泉	扶風県召公鎮呂宅村西の崖下	台地中央部	県城東北15km、召公鎮呂宅村西の崖下にある。太川河の水源地。	(写真3.10) 現地調査で実見ていたという村びとの話では、80年代までは実際に湧水していたという。地元の人々はここの泉を黒水潭と呼んでいたようである。泉水はやがて太川河となり、その後南流して実河と合流したら、津河(信河)と合流する。津河合流点付近には新石器時代の遺跡として知られる案板遺跡が所在する。
5 温泉	扶風県段家郷溝老頭村の水溝底	台地中央部	県城南原10km、段家郷溝老頭村の水溝底にある。かつては水を溜め、人々に飲み水を供していたが、のちに谷川となった。	
6 信義泉	扶風県城関鎮信義村の東溝底	台地中央部	県城東10km、城関鎮信義村の東溝底にある。かつて泉口は盆のようになっており、水を汲むとすぐ溢れ、水は甘く、口に合うものであった。	
7 古水泉	扶風県絳帳鎮古水村西北	台地縁辺部	県城南10km、絳帳鎮古水村の北西にある。かつて温泉口という山があり、水はその山の下から流れ出ていた。灌漑に供したが、のちに地勢の変化で流れが途絶えた。	
8 万楊池	扶風県新店郷万楊村	台地中央部	新店郷万楊村にある。かつては岐山県調県泉の伏流水がここまで至り、湧き出て池となっていたといわれていた。現在は排水池としてつくり変えられ、池の水が元通りになることはない。	

第 3 章　関中平原西部における遺跡の立地と地理環境　97

【岐山県】

泉名	所在地	立地	県志による記載	備考
9 馬創泉	岐山県京当村北西 6 km、標高 1164.8 m 地点	岐山南麓	京当村北西 6 km のところにある。泉口の直径は 0.8 m、深さは 1 m で、水質は清らかで甘く、長年涸渇していない。	
10 劉秀泉	岐山県西方村の東約 7 km、西幟山の西山腹	岐山山中	西方村の東約 7 km にある西幟山の西の山腹にある。水量は比較的少ないが、一年を通して枯渇しない。	
11 仰天池	岐山県西方村の南西	岐山山中	西方村の南西にある。またの名を周公泉ともいう。水質は清らかで透き通る。	
12 潤徳泉	周公廟内		県城北西 7.5 km の周公廟内にある。唐の大中二年 (848)、宣宗李忱がこの名を授けた。泉口の直径は 3 m、深さは 20 cm、上部に石組みの八角形の欄干がある。泉水中の硫酸塩、鉄分などの含有量は低いが、遊離二酸化炭素の含有量は比較的高く、人体に必要な微量元素や希元素の多くを含んでいる。水は清らかで透き通っており、甘く、口に合う。おもに廟内の亀裂から水が補給されるが、ときには亀裂が乾涸し、泉水が涸渇したこともある。	(写真 3.11) 現地で実見。現在の名勝周公廟の中央にあり、周公廟遺跡の重要な水質水源となっていた。本論を参照。
13 永楽庵泉	岐山県永楽村北坡原永楽庵院内	台地縁辺部	県城北東 18 km の永楽村北坡原永楽庵院内にある。現在の欄干は石組みの擁壁で泉をくりかえたため、まもなく涸渇する可能性があることもいえる。	(写真 3.12) 現地調査で実見 (2007 年 9 月 10 日)。現在は、汲み上げ式ポンプで地下水を汲み上げ、付近に供給。周公廟遺跡の接面傾斜地にあり、本論中に指摘した渭河北岸第 3 階梯の狭いテラス上に湧出。標高は約 540 m 地点。
14 珍珠泉	岐山県蔡家坡鎮南社頭村	台地縁辺部	蔡家坡鎮社頭村にある。泉水は下方から上へ湧き出ており、形が串珠（つなぎねこ玉）に似ていることからその名がついた。泉面は約 100 m² ほどの陂塘（池）となっており、水は澄みきっていて底に出す水口があり、その下の 200 余畝の田を灌漑することができる。	
15 老龍泉	岐山県蔡家坡鎮国営西北機器廠西北機器廠生活区の傾斜地上	台地縁辺部	蔡家坡鎮国営西北機器廠生活区の傾斜地上にある。泉口の直径は約 3 m で、周囲には欄干がある。水質は良い。	(写真 3.13) 現地調査で実見 (2007 年 9 月 10 日)。現在でもかなりな水が滔々と流れている。湧水地点には仏教寺院がある。標高は約 550 m で、東に約 4.9 km 離れた永楽泉と同じほぼ同じで、原面より約 100 m 下の同じ地層に快流し、渭河北岸の原面から湧出した泉であることがわかる。
16 諸葛泉	岐山県五丈原の原下	渭河南岸		かつて諸葛亮の蜀軍の人馬が飲用したという話が伝わる。

98　第一部　関中平原の地理考古学的研究

【鳳翔県】

泉名	所在地	立地	県志による記載	備考
17 棗泉	鳳翔県城外南東隅	台地中央部	旧志によれば、「城内南東隅にあり、注水（流れ込む水）は滴ることはない、満っても水くば酒渇し、まるで底なしのようであるゆえに礆（餘の一種）という名である」。秦の穆公の墓の下にあり、今はすでに壊されたようになっている。	（写真3.14）現地調査で実見（2007年9月10日）。湧泉自体は現在は涸渇していたが、すぐ近くに地下水汲み上げ式の給水タンクが設置されていた。
18 鳳凰泉	鳳翔県城外北西隅	台地中央部	城外北西隅にあり、三つの泉口がある。水流は二つに分かれ、一つは北から南東に向かい、東門の外護城河に沿って東湖に流入し、もう一つは、城の西より西城壕に沿って南流し、南家堡、鄧家堡南を経て塔寺河と合流し、三岔村を経て東に折れ、稻家壕、鄧家堡南を経て塔寺河と合流し、三岔村に至って東に折れ、今東にて壊れ水に入る。	（写真3.15）現地調査で実見（2007年9月10日）。
19 龍口泉	鳳翔県城外北東壕の北	台地中央部	城外北東壕の北にあり、水は甘く、茶を煎じるのに適している。かつては引水し百余畝の田を灌漑した。泉は今もなお存在する。	
20 虎跑泉	鳳翔県太相寺	岐山南麓	またこの名を塩の池という。城北10kmの太相寺にある。今は拡張して魚塘（養殖池）となっている。	
21 玉泉	鳳翔県牛鉢峪	岐山南麓	同名のものが二つある。一つは城北15kmの牛鉢峪にあり、泉水は玉のごとく澄みきっており、人々は争ってここで水を飲む。旧志によれば、隋の開皇8年（588）に郡守の強韶がここに掘り得て、その上に寺を建てて王泉寺と号したという。またその名を観音泉。	
22 玉泉	鳳翔県石家営村の南	台地中央部	城西1.5kmの石家営村の南にあり、現在ではすでに涸れているが、一度に涌き出ること古くあった、地表に溢出ることもある。	
23 海底泉	鳳翔県紙坊河東岸	不詳	泉は二つある。数歩歩いて行って紙坊河東岸にあり、両泉の距離は数十歩、いずれも水は清らかで甘く、冬には温かく夏は冷たい。明、清時代に紙工房があったため、ここで「滴洗旧紙」（紙の原料となるフヨウ科植物の水洗して不純物を取り除く）し、白所紙と呼ばれる画仙紙をつくっていたため、その名がついた。	
24 鮫翻眼泉	鳳翔県寒家溝	台地中央部	城西15kmの寒家溝の底にあり、泉水があたかも魚（みずら）が怒り狂っているように溢れ出てきているため、その名がついた。	
25 興龍泉	鳳翔県馬村牽子溝の北端	不詳	城東4km馬村牽子溝北端にあり、盧家崎（この渠は1975年に整えしたたて埋没）を通り抜け、雍水へ入る。	
26 万泉	鳳翔県万家溝	台地中央部	城東4kmの万家溝にあり、溝内に泉水が湧くためにその名がついた。泉水は南流し、海龍寺、六道橋を経て雍水へ入る。1964年にこの溝に二つの壩（池）が連続してつくられ水が溜まり、その形状はまるで筆架のようである。	
27 涼水泉	鳳翔県陳村西10km、臨河村の山下	千河東岸	陳村北西10km、臨河村の山下にある。清泉が一つあり、千河に流入する。泉の旁らにはアジシサが群生し、その風景は甚だ清雅である。	
28 鋒角泉	鳳翔県鋒角堡の背後	千河東岸	城北23kmの鋒角堡の背後にあり、村びとがこれを引いて飲用とし、傍らには二つの小泉があり、その名をそれぞれ竜児泉、龍母泉という。	

第 3 章 関中平原西部における遺跡の立地と地理環境

番号	名称	所在地	地形位置	説明	備考
29	五龍泉	鳳翔県侯家村の北	台地中央部	城北東 13 km、侯家村の北にある。5 匹の龍が絡み合うような地勢をしており、そこからこの名がついた。	
30	鳳伯泉	鳳翔県鳳伯祠溝	不詳	城北東 10 km の鳳伯祠溝にある。小泉が数ヶ所あり、水はつねに溢れている。かつて農民はよくここで雨乞いをおこなった。	
31	老君泉	鳳翔県塔寺南北老君庵前	台地中央部	旧志によれば、塔寺南北老君庵前にあり、水味は清らかで甘く、茶を煎じるのに秀でている。現在、庵は廃されたが、泉は存在する。	
32	潘家泉	鳳翔県陳村北西の潘家山下	千河東岸	陳村の北西、潘家山下にある。泉水は千河に流入する。	
33	水津泉	鳳翔県陳村鎮北の水溝深く	千河東岸	陳村鎮北の水溝深くにある。解放前、地元の人々はこの泉水を利用して水挽きの白をまわし、この水からつくられる豆腐は色と味が独特で、その量は生産量の 3 割を超え、かつては豆腐かりを掛けで豆腐を売る者がいた。泉水は水庫の水源となっている。	
34	霊泉	鳳翔県普門寺前	台地中央部	県城北東 5 km の普門寺前にある。現在は埋没。	
35	謙泉	鳳翔県城東関通津門外	台地中央部	県城東関通津門外にある。水は甘美で、豆を煮て羹をつくった。茶を煎じるのにもっとも適する。泉水を汲みに来る住民は甚だ多い。明、清時、清冽で、「謙」をもってこその名としたという。現在は埋没。	
36	龍王池	鳳翔県関村溝	岐山南麓	城北東 8 km の関村溝にある。かつて水は南流し、七甲門前村に至った。伏流水。現在は庫塘（ダム、堤、堤）となり、蓄水を助けられ、断流。	
37	寺河池	鳳翔県幡鉢寺傍ら	千河東岸	城西 18 km の幡鉢寺の傍らにあり、池の水は今も満ちている。	
38	承池	鳳翔県姜嫄祠内	岐山南麓	城北 8 km の姜嫄祠内にある。現在、祠は廃されているが、泉は存在し、水はつねに満ちているという。言い伝えによれば、姜嫄がこの地で世継を祈り、后稷を得たという。	（写真 3.16）現地調査で実見（2007 年 9 月 10 日）。姜嫄祠は、再建されたものかのかいまも存在した。
39	宮雨池	鳳翔県県南街	台地中央部	県南街にある。清の乾隆三十九年 (1774) に開削。太守であった豫泰が記した「宮雨池記」が残る。現在、池はすでに埋没。	
40	飲馬池	鳳翔県県城南東 2.5 km の壅み	台地中央部	城南東 2.5 km の壅みのなかにある。秦の穆公が軍馬に水を飲ませた場所と伝えられるが、窪みには水があるが、今はすでに耕作地となっている。	現在の東湖。
41	竹泉	鳳翔県長青鎮系家南頭	千河東岸		陝西省考古研究所王占奎氏のご教示による。現在でも泉が湧出しているという。

100　第一部　関中平原の地理考古学的研究

【宝鶏市】

泉名	所在地	立地	県志による記載	備考
42 涼泉	宝鶏市馬営鎮涼泉村	秦嶺北麓	県城南西20km、馬営鎮涼泉村にある。水は石窟から出ており、澄みきっている。旧志には「景下有涼渠、灌田五十頃」とある。現在、涼泉村における天然の供給水となっている。	清乾隆五十年『宝鶏県志』水利図に記載あり。
43 温泉	宝鶏市馬営鎮温水溝の石崖下	秦嶺北麓	馬営鎮温水溝の石崖下に発する。冬には、まわりは白雪で真っ白で、いくつもの白色の泉気が立ち上り、その景色はとても美しい。水温は35℃でまわりの鉱物質を含む。入浴は皮膚病、関節炎に対して一定の効能がある。	清乾隆五十年『宝鶏県志』水利図に記載あり。
44 周公泉	宝鶏市釣清郷龍虎山下	秦嶺北麓	県城南東27km、釣清郷龍虎山下に発する。水は甘くておいしく、千余戸の飲用に供する。	
45 農人諸	宝鶏市天王鎮伐魚河	秦嶺北麓	県城南東10km、天王鎮伐魚河（呂尚が昔の文王に仕える前に釣りをしていた伝説の場所）に発する。	
46 白鶏泉	宝鶏市県鎮鎮西秦村小蓬湖の傍ら	台地縁辺部	県城東3km、県鎮鎮西秦村小蓬湖の傍らにある。泉は静かで深く、水は溢れることはない。	
47 洞城泉	宝鶏市蔡儀郷洞坡村西の深い溝底	台地縁辺部	県城北東2km、蔡儀郷洞坡村西の深い溝底に発する。水は甘く、飲用に用いられる。	
48 暖泉	宝鶏市虢鎮李家村東側の溝下	台地縁辺部	県城東3km、虢鎮李家村東側の溝の原下に発する。水は澄みきっており、灌漑、飲用に用いられる。	
49 三畳泉	宝鶏市石羊廟郷底店村の傍ら	台地縁辺部	県城東10km、石羊廟郷底店村の石崖上に発する。水が石崖から流れ出ているため、その名がついた。旧志によれば、「水瀉不行、漫為稲地、為居民石」、乾隆四十九年(1784)、知県（県曹事）であった鄧夢琴は、整地をおこない泉を復活させ、さらに没流して300余畝の田を灌漑させた。現在は廃されている。	清乾隆五十年『宝鶏県志』水利図に記載あり。
50 安疫泉	宝鶏市虢鎮鎮秦村北小蓬密房	台地縁辺部	県城東3km、虢鎮秦村北小蓬密房を経て洞清する。	
51 西高泉	宝鶏市楊家溝南人頂山下の山口	台地縁辺部	県城東10km、楊家溝南人頂「蓬田轉磨」、「玉柱峰泉」其他に分かれ、現在は、泉泉が二つあり、西高泉と龍潭二泉とに分けられている。引清渠の底から引き出して、長流して、千余畝の田を迂回しながら流通している。「天旱十年、早不丁渓、西渓両嗅」との説話がある。	清乾隆五十年『宝鶏県志』水利図に記載あり。
52 東疫泉	宝鶏市楊家溝郷磨性山の西側山下	台地縁辺部	県城北10km、楊家溝郷磨性山の西側山下にある。東と西の二つの泉があり、東渓は洪湖、寺楊渓、西渓は毛家堡、大王村などを灌漑する。『新唐書』地理志に「徳泉東北有高澤、有大王村は王節溝道す」とある。	清乾隆五十年『宝鶏県志』水利図に記載あり。
53 香泉	宝鶏市香泉郷原家原の傾斜地	呉山山中	県城北西80km、香泉郷原家原の傾斜地にある。石崖2mの高さから水が滴り池へと入っていて、その様子はあたかも王帝のようである。水質は純粋で、まばゆいく輝き、光り輝くまでである。徳県志に「徳泉東北有高香泉」と称している。水は飲用に供される。	

第 3 章　関中平原西部における遺跡の立地と地理環境

| 54 | 鶏峰泉 | 宝鶏市戴家溝陳宝祠付近 | 台地縁辺部 | （写真 3.17）蘇東坡が発見した先周期、西周期の関鶏台遺跡の近傍。鶏跑泉の東 200m 付近にも二つの泉が確認できる。「関鶏台薄東区墓葬」、図三参照。 |
| 55 | 九龍泉 | 宝鶏市渭浜区暘泉村 | 渭河南岸 | 「神泉」とも呼ばれる。宝鶏市渭浜区暘泉村の炎帝神農氏が成長して、九龍泉で沐浴したと伝えられる。 |

なお、1985 年に宝鶏県でおこなわれた実地調査によれば、県内で 297 の泉（上記の泉を含む）が確認されているという（「宝鶏県志」91 頁、「宝鶏県志 1985 年泉水一覧表」）。その表からみると、泉水が多く湧出している地点は、①渭河北岸（台地縁辺部）（磻鎮 14、楊家溝 27、寧王 6、石羊廟の一部 11、峡石 50 など）、②秦嶺北麓（備渓 18、馬営 9、八魚 4、天王 20、釣渭 12、清渓 7 など）、③千河（石羊廟の一部 11、千河 9、千河 9、県功 22、金河 10、陵原 31、橫鎮 37 など）に分けられる。渭河の両岸にまたがる宝鶏県北岸では、周原と賈村原の台地縁辺部の崖面と、渭河以南から秦嶺北麓に集中していることになる。

【鄠県】

泉名	所在地	立地	県志による記載	備考
56 魚龍泉	鄠県澇峪谷	秦嶺北麓		
57 一湾泉	不詳	不詳		
58 槐芽泉	鄠県槐芽村付近	渭河南岸		
59 龍舞泉	不詳	不詳		
60 清漣泉	不詳	不詳		
61 崖下泉	不詳	渭河南岸		
62 柚林泉	鄠県柚林村付近	不詳		
63 珍珠泉	不詳	不詳		
64 観音泉	不詳	不詳		
65 五眼泉	不詳	不詳	「鄠州郷土志」に「傍山（秦嶺）、東西嶺出太平峪五眼泉、共源出太平峪五眼泉、計有二千畝」「大平河、州東郊、東西嶺嶺多竹、其地竹園昼多」などの記載あり。竹林と湧泉との密接な関係が示唆されている。	
66 華岩泉	不詳	不詳		
67 蓮花湾泉	不詳	不詳		
68 青化珍珠泉	鄠県青化郷付近	渭河南岸		
69 湯峪温泉	鄠県西湯谷	秦嶺北麓		「鳳凰泉」とも呼ばれる。隋の文帝がこの地に鳳泉宮を建てて避暑地とした話や、唐の玄宗が 3 度この地をおとずれ、唐の名を授けたと話が伝わる。水温 60 度にもなる温泉水であるといわれる。
70 河底泉	鄠県河底村付近	渭河南岸		
71 北興泉	鄠県苦蕎鎮北興村付近	渭河南岸		
72 河池閃電泉	鄠県河池村付近	台地縁辺部		

102　第一部　関中平原の地理考古学的研究

泉名	所在地	立地	県誌による記載	備考
73 不詳	郿県槐家村有銅器出土窖蔵の東約400m	台地縁辺部		泉の所在地は陝西省考古研究所王占奎氏のご教示による。

【周至県】

泉名	所在地	立地	県誌による記載	備考
74 白龍泉	周至県北東0.5km	台地中央部	『長安志』に「県東北1里」とある。また、『陳志』には、「引泉為馬渡、灌馬家村等田4頃」とある。	
75 沒底泉	周至県北0.5km	台地中央部	龍池県、	
76 金龍泉	周至県油坊堡村付近か	台地中央部	県北1里にあり、3里北流して渭河に入る。	
77 資陵泉	周至県淇水堡村付近か	台地中央部	水を引いて渠となし、油坊堡の田6頃を灌漑する。	
78 天井泉	周至県終南鎮尚蒲村付近か	台地中央部	『楊志』に、「任県東15里、引県灌洪水堡等田1頃」とある。	
79 不詳	周至県東二観築の北	不詳	水を引いて界尚蒲などの田4頃を灌漑する。	
80 不詳	周至県呉家屯の南東	台地中央部	重修『周至県志』に、「邑東二観築北、有泉径4尺許」とある。渠を引いて田地を灌漑する。	
81 不詳	周至県終南鎮千家潙村の北東	不詳	重修『周至県志』に、「呉家屯東南、有泉径5、6尺」とある。渠を引いて田地を灌漑する。	
82 龍泉	周至県龍泉寺	台地中央部	重修『周至県志』に、「千家潙東北有泉径丈余」とある。渠を引いて田地を灌漑する。	
83 凉水泉	周至県侯家村郷凉泉村	台地中央部		
84 五花泉	不詳	不詳		
85 楊西将軍泉	周至県都門村付近	不詳		
86 暖泉	不詳	秦嶺山中		
87 魚洞泉	不詳	不詳		
88 玉女泉	周至県中興寺東	秦嶺北麓		中興寺は通称北寺とも呼ばれる。寺の東の玉女洞内にあった泉が玉女泉と呼ばれた。蘇東坡に関する説話が伝わる。
89 督門泉	都督門村付近	秦嶺山中		

【本表が典拠としたおもな文献】
1　劉兆薫主編・扶風県志編纂委員会編『扶風県志』陝西人民出版社、1993年。
2　岐山県志編纂委員会『岐山県志』陝西人民出版社、1992年。
3　陝西省鳳翔県志編纂委員会編『鳳翔県志』陝西人民出版社、1991年。
4　宝鶏県志編纂委員会編『宝鶏県志』陝西人民出版社、1996年。
5　郿県地方志編纂委員会編『郿県志』三秦出版社、2000年。
6　王泉昱主編・周至県志編纂委員会編『周至県志』三秦出版社、1993年。
7　蘇秉琦『関鶏台溝東区墓葬』北平、1948年。「第一章 藉論」および「図三 関鶏台工作区域図」。

第4章　関中平原東部における遺跡の立地と地理環境

Ⅰ　西周王朝と関中平原東部

　関中平原は、洛陽盆地とともに西周時代における畿内的地域の一部をなすと考えられる。その確かな歴史は古公亶父と彼の率いる周の勢力が、岐山の下、周原の地にその根拠地を形成したことにはじまる。古公亶父、季歴、文王の3世代の間に勢力を拡大した周は、やがて文王の晩年に関中平原東部、現在の西安市西郊の灃河西岸の地に豊邑を建設し、その子の武王が灃河の東岸に鎬京を建設したと伝えられる。豊邑と鎬京は、これまでの調査結果からみて、事実上東西に連続した一体的な遺跡群を形成するようであり、一般に豊鎬遺跡と呼ばれている。鎬京建設後ほどなくして成王のとき、関中平原東方の旧殷王朝の勢力下にあった広大な地域を経営する目的で、洛陽盆地に成周（洛邑）が建設されたと伝えられる。こうして、渭河中下流域の関中平原から、黄河中流域の洛陽盆地にかけて、「周原地区」「豊鎬地区」「洛陽地区」という三つの中心地域（のちに述べる「都城圏」）が並び立つこととなった。東西約500kmにおよぶ畿内的地域（西周王畿の地域）が形成されたと考えられる[2]。

　前章において周原地区の所在する関中平原西部を対象として、周原台地とその周辺地域における水資源に重点をおいた地形環境と遺跡立地の問題を論じた。その方法は、おもに衛星画像と標高データDEMにもとづく各種情報に依拠してGISおよびリモートセンシングの解析をおこない、遺跡の立地条件について説明を試みるものであった。分析の内容は、水資源と地形に左右される遺跡の立地条件の分類、遺跡分布密度のパターン、K関数法にもとづくクラスター分析による遺跡グループの抽出、可視範囲（眺望）の分析にもとづく集落配置の階層性の指摘、拠点遺跡と交通上の結節点を想定した遺跡間ネットワークの分析、などであった。本章ではそれにつづいて、おもな対象地域を、

「豊鎬地区」を含む関中平原東部に移して論じていく。

　関中平原東部についての筆者らの分析は、いまだ初歩的なものにすぎず、関中平原西部で試みた分析方法のなかでも、ここでは主として水資源と地形環境の問題に焦点をしぼって検討する。しかし、初歩的とはいえ関中平原東部についての検討を通じて、前章における関中平原西部に関する知見とあわせて、西周時代に「周原地区」「豊鎬地区」という二つの都城圏を擁した関中平原の全体的な様相を考える地理考古学的な基礎を得ておきたい。なおその際に、関中平原西部でもそうであったように、先周期、西周期だけを対象とするのではなく、関中平原に土地開発の動きが拡大する以前の新石器時代にさかのぼって検討する。

II　関中平原東部の地形的特徴

　関中平原とは一般に、西の宝鶏峡から東の潼関にいたる盆地状の地理空間を指す呼称である。『史記』貨殖列伝に「関中自汧、雍以東至河、華」とあるのが、ほぼ同じ地理的範囲を指している。関中平原は、広大な黄土高原の南部に位置し、隆起する秦嶺山脈の北麓に生じた東西方向の断層にそって陥没した東西横長の盆地状の地形構造をもつ。ここを西から東へ渭河が流れ、その南北から合流する支流とともに、第四紀の黄土が厚く堆積した黄土塬の台地を浸食して、盆地内に羽状流域を形成している。

　渭河は西の宝鶏峡を出て東の潼関で黄河本流に合流するまでの約300 kmを流れる。関中平原の南には秦嶺山脈、北には隴山と北山（岐山）が東西に連なり、南北間の幅は、西部の岐山県付近で約30 km、東部の華県付近で約60 kmあり、東にいくほど幅を拡げる扇形を呈している。渭河の支流は、その北側と南側で性格が異なる。黄土高原から隴山、北山を越えて南の関中平原へ流れ下る北側の支流（おもな河川は西から千河、漳河、漆水河、涇河、石川河、洛河など）は、数は少ないが比較的長大な流域を形成するものが多い。またとくに涇河や洛河は泥土含有量の多いこともその特徴である。一方、南側の支流はすべて秦嶺北麓を源として北麓の傾斜地を流れ下るもので、数は多いがいずれも比較的小規模である。

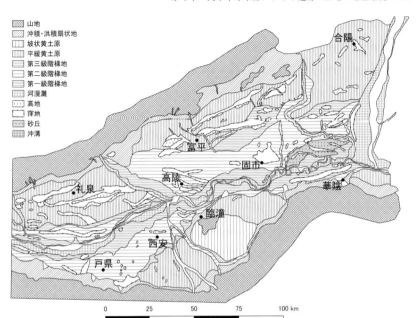

図 4.1 関中平原東部の地形分類（中国科学院地理研究所渭河研究組 1983、図 2-8 を改変）

　渭河以北の平原部のうち、涇河より西、宝鶏峡にいたる区域（関中平原西部と関中平原東部の西半分）では、高く平坦な黄土塬が広がる。一方、涇河より東、黄河本流にいたる区域（関中平原東部の東半分）では、渭河とその支流によって形成された沖積平野が広がる。つまり関中平原東部の渭河以北は、涇河の西と東で、地形的に大きくに二分されることになる（図 4.1）。平原北部の北山南麓には、緩やかな扇状地状地形が東西に並び、そこに小河川や湧水地などが点在し、集落の形成に好適な場所となってきた。扇状地状地形南側の黄土塬は、小河川がある場合はその両岸地帯、また黄土塬南部の縁辺部では崖面に点在する湧水地点付近において、それらを生活用水として集落が展開しやすかった。しかし一方、黄土塬にあっても、そうした水資源から離れた多くの地点では地表水の確保が難しいうえに地下水位も深く、集落の形成には不利であった。また、涇河以東の低い沖積平野では、一般に地表水が豊富で地下水位も浅いが、排水不良の低湿地や塩類集積性の土壌のために、やはり多くが農耕

集落の形成に適した土地ではなかった。

渭河以南、秦嶺北麓の一帯は、比較的狭い土地が東西に続き、各所に黄土塬も点在するが、断片的で小規模である。現在の西安市より以東、とくに華県－華陰県の間では、秦嶺北麓の扇状地状地形が直接に渭河南岸の氾濫原に接している（図4.1）。秦嶺北麓では、河川の水質は良好で湧水地点も多いが、比較的急流が多く、洪水と土石流等のリスクがあり、河岸地帯の堆積土中に砂礫の混入の多い場所がいたるところで観察される。渭河の南側で唯一、比較的広く傾斜の緩やかな黄土塬が発達し、かつその前面に平坦な沖積平野を形成しているのが、関中平原東部の今日の西安市周辺である。

西周期の豊鎬地区が展開したこの一帯は、秦嶺北麓の水質良好な小河川に取り囲まれていて、水資源という点では関中平原西部の周原地区を上まわる好条件をもっている。また関中平原を離れた華北諸地域との交通を考えると、陸運、水運（渭河・黄河系統）ともに現在の西安市付近は明らかに有利な位置にあった。この一帯が、西周の豊邑・鎬京、秦の咸陽城、前漢の長安城の建設地として選地されたことには、明白な理由があったといえよう。ただし後述するように、この好条件の土地に隣接する渭河以北の黄土塬や涇河、洛河下流の沖積平野は、平坦な地形が広がり、かつ西安市のすぐ北側に広がるアクセシビリティー良好な一帯であるにもかかわらず、農耕集落の形成には厳しい土地であった。その結果、先秦時代において現在の西安市付近は、そこに一つの都城圏を形成するのに好適な地形条件をもつ一方で、隣接する土地に十分な農業基盤を確保することを考えると、必ずしも有利な場所であったわけではない。

III　各時期の遺跡分布の特徴

つぎに新石器時代から西周期にいたる各時期別の遺跡分布を示して、関中平原東部における遺跡分布の特徴について述べておこう。[5]

（1）仰韶文化期（図4.2-1、図4.2-2）[6]

関中平原西部と東部を比べると、全体として西部で遺跡の密度が高い。西部、東部ともに多くは河川両岸地帯に遺跡が集中している。関中平原東部では

第4章 関中平原東部における遺跡の立地と地理環境　*107*

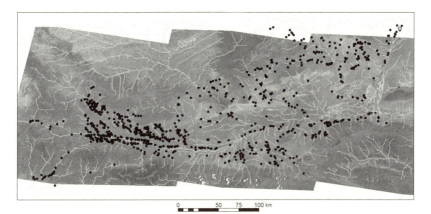

図4.2-1　仰韶文化期の遺跡分布

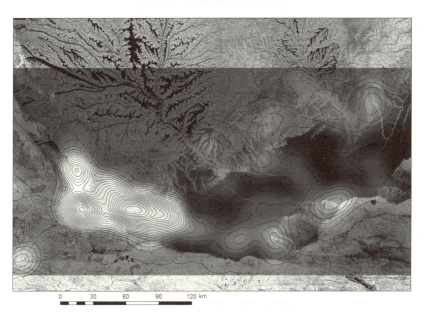

図4.2-2　仰韶文化期の遺跡分布密度

遺跡は主に秦嶺北麓の扇状地状地形とその前面の狭い黄土塬を流れる小河川沿いや、渭河、涇河、石川河、洛河の両岸地帯に点在する。西安市以東の小河川沿いには半坡、姜寨、泉護村、横陣村など学史上著名な遺跡が並ぶ。なお、地図上では関中平原東部の北山以北の黄土高原でも、比較的広範囲に遺跡の分布が確認される。一方、漆水河―涇河間の黄土塬（咸陽原）、涇河―石川河―洛河―黄河本流間の沖積平野において、一部河川の両岸地帯をのぞく平地部に、ほとんど遺跡が分布しないことは顕著な特徴である。

（2）龍山文化期（図4.3-1、図4.3-2）

関中平原西部と東部を比べると、西部で遺跡の密度が高いこと、河川両岸地帯に遺跡が集中すること、関中平原東部では西安市以東の秦嶺北麓の扇状地状地形とその前面の黄土塬に比較的多くの遺跡が集まることなどは、仰韶文化期から大きな変化はない。しかし、仰韶文化期に比較的多く見られた渭河、涇河、石川河、洛河の両岸地帯における遺跡分布は稀薄になり、結果として関中平原東部の渭河以北はさらに顕著な遺跡空白地帯となっている。この一帯が農耕不適地であるために、農耕への依存度が高まった龍山文化期では、集落が形成されなかったのかもしれない。北山以北の黄土高原には仰韶文化期とおなじく、比較的多くの遺跡が点在する。

（3）先周期（図4.4-1、図4.4-2）

関中平原においてこの時期として知られる遺跡数はけっして多くはない。従来から指摘されているように、龍山文化期以降、中原の二里頭文化期に併行する時期の関中平原の動向には不明な点が多い。この時期関中平原東部のごく少数の遺跡をのぞいて、関中平原全体が空白に近い時期であった可能性も否定できない。その後の殷代前期並行期以降になると、関中平原東部、西部ともに遺跡数は増加する。西部の周原地区を中心に宝鶏市周辺まで、筆者が土器群A、土器群Bと呼ぶ土器の諸系統が分布し、一方、関中平原東部では西安市東郊の老牛坡遺跡を中心として殷系統の土器群Cが分布した。これらの土器系統間には歴史的な相互関係があって、最終的には先周期の終わりから西周期の初葉にかけて、関中平原東部にあらたな首都的中心地としての豊鎬地区が形成さ

第4章　関中平原東部における遺跡の立地と地理環境　109

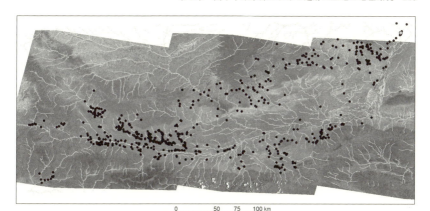

図4.3-1　龍山文化期の遺跡分布

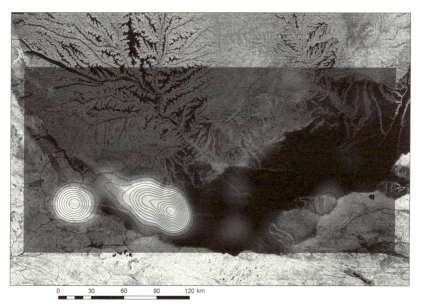

図4.3-2　龍山文化期の遺跡分布密度

110　第一部　関中平原の地理考古学的研究

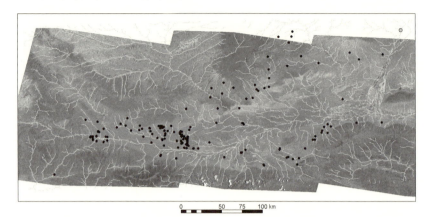

図 4.4-1　先周期の遺跡分布

図 4.4-2　先周期の遺跡分布密度

れ、その過程で、新たに「西周式土器」が成立すると考えられる。このことは本書第二部で詳論する。

　そのような文化史的動向を別にして、この時期全体としての遺跡分布を俯瞰すると、遺跡数は関中平原西部に集中している。周原地区とその西の宝鶏市一帯が中心である。河川の両岸地帯には比較的多くの遺跡が見られるが、いわゆる周原遺跡や周公廟遺跡、あるいは黄土塬縁辺部の湧水地点付近など、かならずしも河川に結びつかない重要遺跡も多数出現するようになる。一方、関中平原東部では遺跡の絶対数が少ない。漆水河以東の渭河以北ではほとんど遺跡が知られていない。渭河以南、秦嶺北麓の扇状地状地形やその前面の狭い黄土塬などに、殷系統の文化を示す老牛坡遺跡や、二里頭文化期以降の遺跡である南沙遺跡などが含まれる。東方から関中平原東部に進出してきた人びとが、渭河南側の狭小な一帯を選んで拠点を形成したことを反映していよう。

（4）西周期（図4.5-1、図4.5-2）

　西周期になると関中平原西部に周原地区、関中平原東部の西安市西郊に豊鎬地区という東西二つの「都城圏」が形成された。遺跡密度の表現において、東西に二つの重心の形成されたことが表現されている。しかしながら、それぞれの都城圏を構成したであろう集落群の規模から言えば、明らかに周原地区の規模が大きいように見える。また関中平原西部全体の遺跡数が、東部の遺跡数より圧倒的に多く見えることは、新石器時代以降変わらない傾向といえよう。都城圏中心地の詳細な構成や人口集中の度合いなど未解明なことも多いが、周原地区がその中心地から距離にして30～40km程度の範囲内に遺跡や関連地点が点在して、それらがまとまって都城圏を形成していたと思われることに比べて、豊鎬地区ではそれほど大きな広がりは見られない。先述したように、関中平原東部では、現在の西安市周辺と、渭河以南の比較的狭小な一帯をのぞいて、農耕集落の立地に適切な土地は少なかったと考えられるのである。新石器時代以来、関中平原東部の黄土塬やその東の沖積平野に遺跡がほとんど見られない状況は、西周期になっても変化はなく、かつて仰韶文化期には多く見られた河川両岸地帯に点在する集落も、この時期ほとんど知られていない。

112 第一部　関中平原の地理考古学的研究

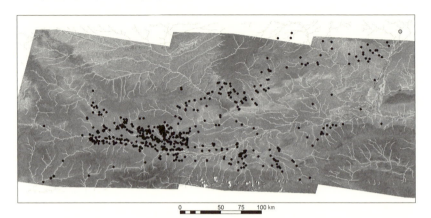

図 4.5-1　西周期の遺跡分布

図 4.5-2　西周期の遺跡分布密度

（5）通時代的にみた遺跡分布の傾向

　通時代的にみると、関中平原西部に遺跡数が多いこと、そして河川に近い両岸地帯にはどの時期においても遺跡の分布が確認されることが指摘できる。ただし、先周期以降には湧泉の利用や井戸の利用による生活用水の確保が広まった可能性もあり、河川からやや離れた地点での遺跡立地が見られることも指摘できる。

　そうしたなかで、顕著な遺跡分布の空白地帯が指摘できる。関中平原西部では周原台地の南半分にあたる積石原がそれである。水資源に乏しい一帯であることは前章で詳しく論じた。一方、関中平原東部には、さらに広大な空白地域が認められる。一つは涇河以西、漆水河以東の黄土塬（咸陽原）である。もう一つは涇河以東、石川河、洛河を挟んで黄河西岸にいたる渭河以北の沖積平野である。

Ⅳ　河川と遺跡の立地

　前章でも紹介したように、考古学 GIS の事例研究をおこなっている劉建国氏は、山西省南部と関中平原西部周原遺跡付近の分布調査をもとに、黄土地帯の一般的傾向として河川からの距離 600 m 以内に多くの遺跡が集中するということを示した［劉建国 2007、p.93］。筆者らもその方法にならって、前章にて関中平原西部の遺跡を対象に分析し、ほぼ劉氏と同じ結論をえている。同じ視点から本章では関中平原東部についても河川と遺跡の距離について検討してみた。その結果が図 4.6-1、図 4.6-2 である。河川からの距離 300 m あたりに遺跡数のピークがあり、ほぼ 1000 m 以内に多くの遺跡が集中することが確かめられた。関中平原西部での結果に比べると遠距離の遺跡数がやや多い傾向も認められるが、位置情報の誤差も考慮に入れると関中平原西部に比べて大きな変化はない。黄土地帯における初期農耕集落の基本的立地条件の一つと考えられる。

114　第一部　関中平原の地理考古学的研究

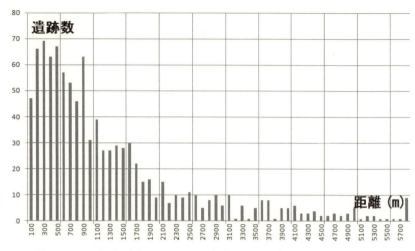

図 4.6-1　関中平原東部における河川と遺跡の距離（仰韶文化期から西周期）

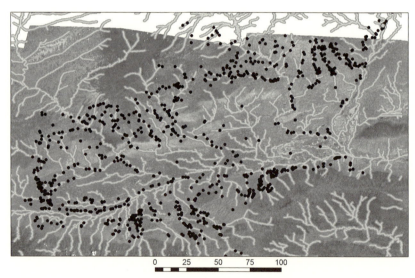

図 4.6-2　関中平原東部における河川流域と遺跡分布（仰韶文化期から西周期）（河岸より1km幅で表現）

V 遺跡空白地帯の地理環境的背景

　先に指摘したように、新石器時代から西周期にいたる関中平原では、各所に遺跡の空白地帯が認められる。通時代的に遺跡が空白であるという場合は、その背景に地理環境的な要因があったと考えることができよう。まず水資源の状態を見るために地表水の集まりやすさ（集水度）の表現（図4.7）を示しておく。これを見ると、遺跡の空白地帯である涇河以西、漆水河以東の黄土塬（咸陽原）は、広く暗色を呈していて水資源の乏しい一帯であることが知られる。一方、涇河以東の広大な沖積平野は、暗色が広がる場所も認められるが、全体として明色を呈する部分が多く、むしろ水が滞留した場所が少なくないことを示唆している。

（1）涇河以東の沖積平野

　断層の活動と造山運動により形成された関中平原東部の凹陥地帯には、かつて第四紀の地質時代のある時期まで、黄河本流、渭河、洛河が注いで「古三門湖」が形成されていたとされる。河川流路の変更などによりやがて三門湖は消失したが、その残滓とともに、河川下流が集まり、水が滞りやすい低い地形環

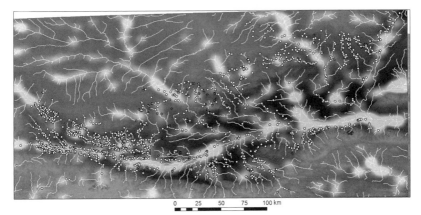

図4.7　関中平原における集水度の分布

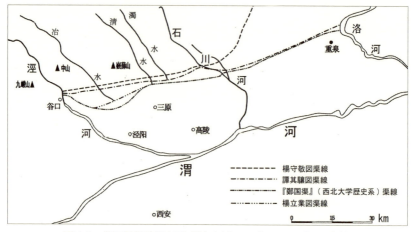

図 4.8 鄭国渠渠線概念図（[李令福 2004 年、図 2-3] を改変）

境と、排水不良の環境は継続し、かつての三門湖のあった一帯に広く塩碱地（農耕不適な塩類集積性の土地）を形成するにいたった [王元林 2011]。

　各時期の集落分布に明確に表れているように、涇河以東、黄河以西の広大な地域において、涇河、石川河、洛河の一部河岸地帯をのぞいて、まったく遺跡が分布していないのはこのようなことが原因と考えられる。農耕に不適な土地であるばかりでなく、そもそも生活用水としての良質な水の得がたい場所が広く分布していたと考えられるのである。関中平原東部の農地開発が進展するのは、戦国時代末の鄭国渠、および前漢武帝期の白渠、六輔渠、龍首渠などの建設によるところが大きい。

　鄭国渠は戦国末の秦王政初期に完成された大規模な溝渠で、涇河から取水し石川河水系の諸河川を巻き込んで洛河にいたる約 120 km 余を流れる。渭河からの距離は約 30 km あり、灌漑対象面積は 1900 km² 近くにおよんだとされる [李令福 2004、p.50]（図 4.8）。秦国経済の発展にきわめて大きな役割をはたしたと考えられてきたことは指摘するまでもない。『史記』河渠書に、「渠就、用注填閼之水、溉澤鹵之地四萬餘頃」とあり、また『漢書』溝洫志に、「渠成而用注填閼之水、溉舄鹵之地」とある。顔師古注には「閼讀與淤同、……言引淤濁之水灌鹹鹵之田」とある。泥水を引いて涇河以東の沖積平野に広がる「鹵地」や塩類が集積した低湿地を洗い流し、同時に泥土を大量に含んだ涇河、石

川河、洛河の河水中の泥土の沈積による土壌改良を期待するものと考えられている［王元林 2011、pp. 37-38］［李令福 2004、pp. 19-20］。いわゆる流水客土とも呼ばれる土地改良の手法である［北村義信 2015］。

『史記』『漢書』に「澤鹵之地」「潟鹵之地」とあるように、対象地域がそもそも農耕

写真4.1 鄭国渠取水口付近の涇河

不適の土地であったことが明白に述べられていることに注意したい。鄭国渠は、今日の多くの溝渠が農業用水の補給を目的とするのとは異なり、土壌の改良をめざしたものであったと考えられている（写真4.1）。

前漢武帝期には、鄭国渠と連携させながら、さらに白渠、六輔渠などが建設された。特に白渠は鄭国渠南側の渭河にいたる地域に対して大きな成果をあげたともされる(11)。しかし同じく武帝期に困難な土木工事を経て建設された龍首渠は、洛河から取水して、その東方の広大な塩類集積性土壌の土地を改良しようと試みたものであったが、効果は十分には上がらなかった。その原因は地形的な要因により土地の塩類集積の程度が甚だしかったことにあるとされる［王元林 2011、p.39］。

（2）洛河下流域の砂丘地帯

洛河は北山から南下したのち、いったん東に向きを変えて大きく屈曲し、再度南下して渭河に注ぐ。この大きく屈曲した洛河の南、渭河の北の東西約40km、南北約12kmの一帯は、今日、砂丘と低湿地が交錯する河岸砂丘地帯を形成しており、「沙苑」の名で呼ばれる。この一帯はかつて先秦時代には、おもに河川と湖沼が交錯する森林と湿原の土地であった可能性も指摘されているが、遅くとも北魏の頃、『水経注』には、「洛水東経沙阜北、其阜東西八十里、南北三十里、俗名之曰沙苑」とあり、「沙苑」の地名が現れている。唐代以降、

写真 4.2 砂丘の地形が続く現在の「沙苑」

その特異な環境を利用して馬の放牧地等として利用されたことも知られる。完新世以降に繰り返された河川流路の変化、気候変動、人間活動の影響等により生成された黄土地帯では稀な地理環境というべきであろう。この一帯は、完新世のなかで時間をかけて湖沼地帯から河岸砂丘地帯へ変化したとされるが、いずれにしても新石器時代から現代にいたる各時代を通じて、常に農耕集落の形成に適切ではない土地であったことは明白である（写真4.2）。

なお、洛河の下流部分は、かつて完新世のある時期まで現在のように東に大きく屈曲することなく、ほぼまっすぐに北西から南東に流れて渭河に合流していたという推定がある［張健 2011, p.53］。しかし、すでに仰韶文化期の遺跡分布が、今日の洛河の特徴ある屈曲に沿うように認められることから（図4.2-1）、遅くとも仰韶文化期以降（7000年前頃以降）の洛河は、ほぼ現在のように大きく東に屈曲して流れていたことは明らかである。

（3）涇河以西の黄土塬（咸陽原）

涇河以西、漆水河以東、すなわち周原地区と豊鎬地区の間に広がる東西約70km、南北約25kmばかりの黄土塬（咸陽原）もまた、新石器時代から西周期にいたる遺跡の分布がほとんど認められない一帯である。漆水河両岸には新石器時代から西周期にいたるあらゆる時期の遺跡が多く立地するのに対して、その東側の黄土塬のほぼ全域が遺跡の空白地帯となっている。先に示した集水度の表現（図4.7）では、この黄土塬の塬面上は地表水の乏しい一帯と考えられた。地形分類図（図4.1）を見ると明らかなように、涇河の東は沖積平野、西は黄土塬に区分されている。涇河を境界とする東西の地形的特徴の違いはきわめて鮮明である。

第 4 章　関中平原東部における遺跡の立地と地理環境　119

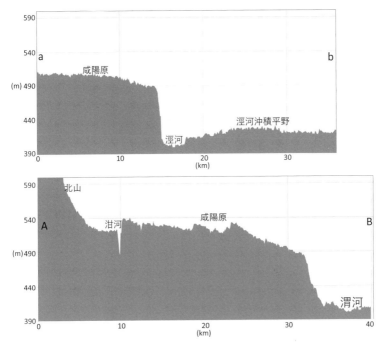

図 4.9-1　咸陽原の断面図（上：東西方向、下：南北方向）

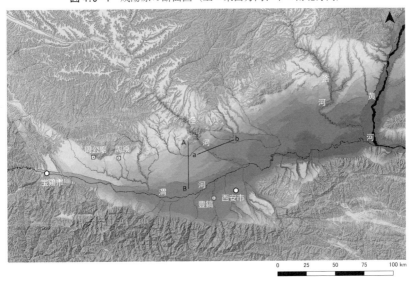

図 4.9-2　図 4.9-1 の咸陽原断面図の位置

写真 4.3 涇河の下流部（西側（左手）の台地が比高差 100 m の咸陽原）

写真 4.4 咸陽原の北部縁辺部を東流する泔河の谷

東西方向の地形断面図を作成してみると、涇河を挟む東西の比高差は約 100 m にも達することが見て取れる（図 4.9-1、a-b）（写真 4.3）。そこから明らかなことは、涇河の河水は深い地下水源としてはともかく、西側の黄土塬（咸陽原）の地表水としてはまったく作用していないことである。一方、咸陽原の北側には涇河支流の泔河が西から東へと流れている（写真 4.4）。この河川は咸陽原の南北方向の地形断面図（図 4.9-1、A-B）で見ると、塬面の頂部から比高差にして約 50m の深い谷を刻んで流れており、これもまた咸陽原の地表水とはなりえない河水である。DEM で生成した地形表現では、咸陽原塬面の中央部には東西方向の溝状の窪地らしきものも観察され、一時的に流れた小さな河水の痕跡とも考えられるが、恒常的な河川とはいえない。

このように、台地の周囲を河川が環濠のように流れて深い谷を刻み、かつ北山山麓の扇状地状地形（湧泉が期待される）からも分断された台地上では、地表水を得ることは難しく、地下水位もきわめて深い。天水以外の生活用水の利用自体が困難であり、農耕にも適しているとはいえない環境にあったと考えら

れよう。深い井戸の掘削が可能となり、別の高地から引かれた溝渠の給水が普及しなければ農耕集落が発達することは難しかったに違いない。なお、秦の都城咸陽はこの広大な咸陽原の台地の南部縁辺部と、その台地の南側の渭河北岸の低段丘を中心に展開されている。渭河北岸地帯では当時の手工業工房区が確認されていて、その一帯では実に100基にのぼる井戸址が発見されている。井戸の深さはいずれも約1〜4mと非常に浅い［咸陽秦都考古工作隊 1985］。その便利な水資源からみて、当時の咸陽の人口は、おそらく背後の広大な黄土塬ではなく、塬下の渭河河岸に近い狭い一帯に集中していたと考えられる。

涇河以西、漆水河以東の黄土塬（咸陽原）に遺跡分布がほとんど見られない状況は、第2章で指摘した周原台地南部の積石原あるいは周原台地西側の賈村塬の状況ときわめてよく類似している。

VI 小　結

秦嶺北麓の北側、渭河の河岸に展開する「豊鎬地区」は、西周王朝成立の前後に形成された一つの都城圏であり、「周原地区」「洛陽地区」とともに西周王朝の「畿内的地域」を構成した三つの首都的中心地域の一つであった。関中平原の地形的特徴として、渭河と秦嶺北麓の間には東西横長の平坦地が少ない。そのなかで唯一、現在の西安市周辺だけが秦嶺北麓の扇状地状地形とその北側の黄土塬、そしてその前面の沖積平野がなだらかに連続して、広く平坦な地域を形成している。文王が関中平原西部の周原地区から関中平原東部へと進出したとき、新たな拠点として現在の西安市西郊の灃河河岸を選択したのには、そうした地形的な理由があったのであろう。殷代並行期において、現在の西安市周辺は、殷王朝との結びつきがある崇国の支配地域と考えられ、おそらく関中平原東部に拠点をおく崇国にとっても、選地の上で最良の選択肢となったのが西安市付近であったに違いない。文王はその地を攻略し、付近に豊邑を建設したものと推定できる［史念海 2001a、p.682］。

豊鎬地区が抱えていた一つの問題点は、渭河以北の広大な土地が、居住と農耕に不適切であったことである。その結果、豊邑、鎬京近隣の周辺地域に広い農業基盤を確保するのには制限があったと考えられる。集落遺跡の空白がその

ことを物語っている。そこから推測できることの一つは、先周期から西周期へと時代がうつり、関中平原が畿内的地域の主要な地域となるという変化があっても、関中平原全体の人口規模は、それほど大きく変わらなかったのではないか、ということである。[17]

豊鎬地区に関してもう一つ指摘しておきたいのは、集落からの眺望と集落の階層性の問題である。前章で筆者は、関中平原西部の周原地区では高位置から低位置を視野に入れた眺望条件の階層性が想定され、集落配置の階層性がうかがわれることを推測した。しかし豊鎬地区では、そもそも都城圏の中心地が比較的低位置にあって、周辺集落の広がりも大きくはなく、周原地区のような集落配置の階層性を想定することはできないと考えている。

第3章、第4章を通じて、関中平原西部と東部における新石器時代から西周期における集落分布の特徴とその時期別の変化を明らかにし、集落選地の背景にあった地形環境の条件について論じた。この知見を前提として、第5章では西周期の関中平原に形成された周原地区、豊鎬地区という都城圏の成り立ちと、さらに東方の洛陽地区を含めた西周王朝の畿内的地域の成り立ちについて、地理考古学的に知りうるところを整理しておきたい。

註
（1）「都城圏」とは、筆者が以前「城壁を都城の一要素あるいは一機能として相対化して考え、城壁の有無とは別に、都市的な諸機能が、ときには広大な「地域」的空間のなかに分散的に配置された、まとまりある一つの関係圏」［西江清高 2011、p.150］、という意味でもちいている考え方である。第一部第5章で詳しく述べる。
（2）「周原地区」「豊鎬地区」「洛陽地区」の3地域は、前2者が関中平原の西部と東部に位置し、洛陽地区とは後の時代にいう函谷関を挟んで東西に分断されたように距離をおいている。ただし、このような関係のなかでも筆者は、西周期においてほぼ安定した関中平原と洛陽盆地との東西交通路が確保されていたのではないかと考えている。こうしたことをふまえて、これらの3地域を含めた黄河中流域に西周王朝の「畿内的地域」が形成されていたと考えられる。第一部第5章で再度言及する。
（3）本書では、周原地区を中心とした漆水河以西、宝鶏峡以東を関中平原西部とし、漆水河以東、黄河（潼関）以西を関中平原東部とする。一般に西安市付近を関中平原中部と呼ぶことも多いが、本書では便宜上関中平原東部に入れて考える。
（4）［史念海 1963］は、1960年代に知られていた新石器時代から歴史時代の遺跡の立

地に言及しつつ関中平原の地理環境を考察した最初の研究といえよう。なお、［村松弘一 2016a, pp.81-105］は、鄭国渠以前の関中平原東部の歴史事情を地理的な視点を交えて論じた研究であり、本章でも参照したところが少なくない。
（5）各図に示された遺跡の位置は、基本的に、［国家文物局、1998］によっており、遺跡の時期区分も同書にしたがっている。若干の新知見の遺跡も加えてあるが、報告書、簡報等で公表されているすべての遺跡を渉猟したとはいえない。今後とも加筆修正を続けていくことになる。
（6）ここに掲載する各時期の遺跡分布図の河川の表示は、DEMによる地形情報からPC上で表現したものである。現実には存在しない河川も一部含まれている。
（7）農耕不適切な土地を形成させる「塩類集積」には、一次的塩類集積と二次的塩類集積がある。前者は長期間かけて自然に形成される塩類集積で、後者は灌漑など人の営みにより形成される塩類集積である［北村碩信 2015］。ここで言及しているのは前者のことであるが、戦国末、秦漢時代には涇河以東の地区で灌漑事業が展開される。この時にひきおこされた可能性のある人間の作用による二次的塩類集積と自然条件としての塩類集積の関係は複雑である。
（8）また、［村松弘一 2016a, pp.137-162］では、鄭国渠をはじめとする重要溝渠の構造とともに、塩類集積地の実態についても文献的に整理している。
（9）関中平原全域に対する浅層地下水の水質調査の結果によれば、涇河—石川河—洛河の地区で水質の硬化度が最も著しくなっている［王文科・王雁林ほか 2006, p. 86, 88］。
（10）［原宗子 2005, pp.206-336］は、鄭国渠の農業灌漑をはじめとして西周期以来の関中平原における土地開発と水利の問題を環境史の視座から幅広く論じた研究であり、多くの問題提起を含んでいる。また、関係する現地を踏査した記録として、鶴間和幸「鄭国渠首」、村松弘一「龍首渠首遺跡」（いずれも『特集：黄土高原の自然環境と漢長安城』『アジア遊学』第20号、2000年）を参照のこと。
（11）ただし、白渠と六輔渠の目的は土地改良というよりも、おもに既存の農地への水の供給であったと考えられる［李令福 2004, p.93、100］。
（12）この「沙苑」の土地に言及した研究は少なくない。歴史地理的に考察した近年の研究として、［張健 2011］を参照のこと。
（13）なお、［渡部展也 2013］に掲載されている二つの地域の衛星画像の対比を参照のこと。ところで、前漢時代の関中の行政は、この涇河を境界線として、関中西部を右扶風、関中東部を左馮翊に区画していたとされる［史念海 1996, pp.53-57］。自然地形の境界が行政区画に反映された結果ともいえよう。
（14）『元和郡県図志』関内道一に、咸陽原について「原南北数十里、東西二三百里、無山川陂湖、井深五十丈」とある。現在の咸陽原の地下水位は20～50mとされる［李令福 2004, pp.72-73］。また現在の興平市北部の黄土塬では、明清の頃も住民は雨水に頼らざるをえなかったという記録がある［高昇栄 2011, p.234］。

(15) 前漢時代には、渭河から取水し漆水河を経由して東方に関中東部へと流れる成国渠がこの咸陽原の南辺を潤していたが、黄土塬の中央部には遠く及んでいなかった。
(16) 西安市東郊白鹿原の東にあった殷系統の文化を色濃く示す老牛坡遺跡［劉士莪 2002］は、その位置と遺跡規模および年代からみて、文献に見える崇国の中心地であった可能性は高い。
(17) そもそも当時の人口規模はそれほど大きなものではなかったと推測するならば、関中平原に多くの未開拓の土地が残されていても、経済的には充足していたという理解もできる［史念海 2001a, p.679］。

第5章　関中平原に登場した都城圏と畿内的地域

I　西周時代の三つの「都城圏」

　西周王朝の創始者武王から数えて3世代さかのぼった古公亶父のとき、のちの周人は涇河上流にあったとされる豳を離れて南遷し、関中平原の西部、おそらくは現在の岐山県、扶風県北部の岐山南麓にあった「周原」の地に移り住んだと伝えられる。周と呼ばれることになるその人びとは、こののち周原を中心とした関中平原西部を活動の舞台として政治、経済の基礎を築き、やがて文王、武王の時代に東方の殷王朝に対抗する勢力にまで成長した。

　文王のとき、周は周原を維持しつつも現在の西安市西郊の灃河西岸の地に2番目の拠点としての豊邑（豊京）を建設した。つづく文王の子武王は、諸勢力を糾合して殷王朝を倒すとともに、豊邑の東、灃河の東岸に鎬京を建設したが、ほどなく没したとされる。今日灃河の東西両岸に広がる遺跡群は、豊邑と鎬京の遺跡群であって、その両者はひとまとまりの遺跡群として認識されることが多く、一般に豊鎬遺跡と称される。武王の死後、周公、召公らに補佐された武王の子成王の時代に、現在の洛陽市に西周王朝3番目の拠点となる洛邑（成周）を建設した。西周時代を通じて、周原遺跡を中心とした「周原地区」、豊鎬遺跡を中心とした「豊鎬地区」、洛邑遺跡（未確定）を中心とした「洛陽地区」の3地域が、渭河流域と黄河中流域に三つの「都城圏」として並立したことが考古学的調査からうかがわれる。

　都城圏というのは、筆者が周原地区の研究をすすめるなかで指摘した考え方である［西江清高 2011、p.150］。特に新しい考え方ではないが、従来、初期王朝時代をはじめとする古代の都城址に関する考古学的研究が、宗廟や宮殿といった中枢部分あるいはその中枢部分を囲いこんだ城壁の問題に集中しがちで、都城構成員の社会生活や経済生活を支えた「地域」の基盤という側面に

は、かならずしも注意が向けられてこなかったと考え、提唱しているものである。都城圏の考え方では、城壁を都城の一要素あるいは一機能として理解し、城壁の有無を都城成立の前提条件とは考えない。都城の全体像をとらえるには都城的機能をもつ諸地点がどのように空間配置されているのかを知ることが重要であり、都城圏とは、そうした都城的諸機能をもつ地点が、広範囲の「地域」的空間のなかに分散的に配置された地理的な関係圏のことである。そうした諸地点は、都城が城壁をもつばあいは、城壁の内側に配置されるものもあり外側に配置されるものもある。

　本章では都城圏の中枢部において考古学的調査で知られた大型建築址などの重要施設の配置状況や、近年知られてきた水系システム等の概容を紹介するとともに、関中平原西部の周原地区、関中平原東部の豊鎬地区、洛陽盆地の洛陽地区という三つの都城圏の土台となった地域の成り立ちについて検討してみる。その際に、都城圏の構成員を支えた農業基盤でもある可耕地の広がり（都城圏内の農耕集落の広がり）という側面についても言及する。ただこうした議論を深めるうえで欠かせない筆者らの現地調査はけっして十分ではない。またとくに河南省の「洛陽地区」については、その全体像に言及するための考古学的知見もいまのところ十分とはいえない。

　本章の最後では、三つの都城圏を相互に結んで、人の移動、情報の往来、物資の輸送が日常的におこなわれたであろう交通路の構成についても若干の考察を加える。具体的な交通路の前提なしには、地域のまとまりや地域間の結びつきについて論じられないと考えるからである。本書が考える西周王朝の「畿内的地域」とは、実際に地図上に描写された（推定）交通路で結ばれる三つの都城圏が、その内部に含まれた地理的空間である。

Ⅱ　周原遺跡の成り立ち

（1）「周原地区」の中心としての周原遺跡

　周原地区とは、西周期にいまの扶風、岐山県境一帯（図5.1）の4～5km四方をこえる土地に展開した「周原遺跡」を中心として、その周辺に「都城圏」としてのまとまりがあるとみなされる地域のことである。地理学的な周原と

第 5 章 関中平原に登場した都城圏と畿内的地域　127

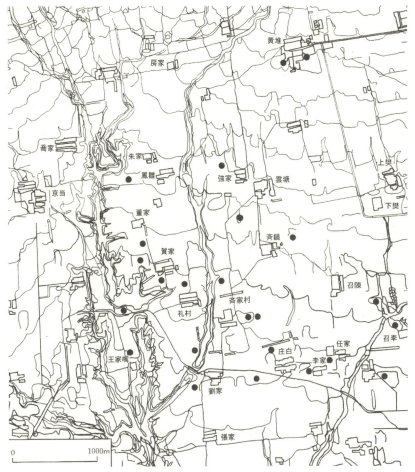

図 5.1　周原遺跡の中心部（●印は西周墓発見地点）［徐天進・馬賽 2013、p.42］より）

は、東の漆水河から西の千河にいたる渭河北側の黄土塬（周原台地）全体を指す地形の一単位のことである。本書でいう「周原地区」とは、周原台地の全体とその南側の渭河の両岸地帯（秦嶺北麓を含む）に該当する地域を指している。この地域が一つのまとまりある地理的単位と考えられることは、第 2 章で指摘した遺跡群のクラスター分析が一つの根拠となる。このことは後述する。

　周原地区の中心となる周原遺跡の一帯は、近代以前からしばしば西周青銅器

が発見されて注目されてきたが、1970年代には重要銘文をともなう窖蔵青銅器群が集中的に発見された。さらにこの一帯の鳳雛村や召陳村では、宗廟的あるいは宮殿的性格が指摘される大型建築基址が発掘され、鳳雛の建築址にともなって刻辞甲骨が200片以上も発見されている。こうした発見をうけて、扶風、岐山県境一帯は周原地区のなかでもとくに「周原遺跡」と呼ばれるようになり、古公亶父以来の周の根拠地である可能性が高いとみなされるようになった［徐天進・張恩賢 2002］。西周青銅器銘文にしばしば現れる西周時代の「周」とは、この周原遺跡の地を指していた可能性も高いと考えられ、この地が西周王朝にとって特別な中心地の一つであったことに疑問の余地はない。

　しかし、本書第二部において文化史的視点から論ずるように、それでは「周原遺跡」が、古公亶父のときに周人が最初に移り住んだ「岐下」の「周原」の地であるのかについては、異論もある。第1章で述べたように、この問題はごく単純化して考えることが許されるならば、①今日「周原遺跡」と呼ばれる遺跡群では、西周前期より遅い時期、すなわち西周中期から後期の遺構や遺物が非常に豊富であるのに対して、西周前期ないし先周期にさかのぼる遺構や遺物が必ずしも豊富とはいえないという問題がある［徐天進 2006］。②2003年に周原遺跡の西方約20kmに周公廟遺跡が新たに発見され、その後も周原台地西部の岐山南麓一帯で、孔頭溝、勧読、水溝など先周期にさかのぼる大型集落遺跡が相ついで発見された。その結果、いわゆる周原遺跡以外にも先周期の周の拠点とみなしうる候補がいくつも存在する状況となった。③とくに周公廟遺跡をめぐっては、既知の最大級の西周墓の墓群が見つかっているほか、同遺跡で発見された甲骨文などから、周公の采邑の可能性も高く(1)、そのことは同時に古公亶父の岐下の都邑であることを示唆するという指摘がある［飯島武次 2009b、2013b］。

（2）周原遺跡の構成

　西周期の周原遺跡の成り立ちに関しては、2013～2014年におこなわれた地面調査とリモートセンシングによる大規模かつ系統的な調査［陝西省考古研究院 2014］［雷興山・種建栄 2014］によって埋蔵される遺構等の新知見が大幅に増加した。このときの新発見を踏まえて、周原遺跡内に知られる重要遺構の

数量的な側面について調査簡報にそくして整理しておきたい。

① これまでに知られた墓地は 64 地点(「京当型」殷系文化墓地 4、「先周墓地」4、「西周墓地」56)あり、そのうち 7 カ所の墓地であわせて 9 基の墓道をもつ大型墓が発見されている。

② 手工業に関連する地点は全部で 56 カ所知られ、鋳銅関係 7 カ所(先周期 1、西周期 6)、骨器関係 20 カ所、角器関係 4 カ所、玉石器関係 7 カ所、蚌器あるいは漆木器関係 5 カ所、土器・瓦の関係 13 カ所(陶窯 35 をもつ大規模な工房を含む)が指摘されている。

③ 版築による大型建築基址は、130 基以上が遺跡範囲内の 43 の「功能区」に分布している。このうち集中的あるいは連続的に建築基址が分布しているのは 3 カ所である。第一は召陳村から雲塘村にいたる南北約 1700 m の一帯に集まる西周中期から後期の建築群、第二は斉家溝東の手工業関連地区東側の雲塘から斉鎮にかけての南北約 1100 m に集まる西周後期の建築基址群で、石舗装の道路址がともなう。第三は鳳雛の建築基址群で年代の上限は先周期の終わり頃にさかのぼる。

④ 青銅器の出土地点は墓の副葬品の場合と窖蔵青銅器の場合がある。出土した遺構については実は明確にしえないものも多いが、今回の研究によって窖蔵青銅器は 32 地点が確認されると判断されている。それらは基本的に大型建築基址が分布する一帯、ないし単体の建築基址の傍らで発見されている。

⑤ 城壁に相当する遺構の手がかりはすでに 1980 年代に鳳雛南と賀家村北で発見されていたが、2013 年には空中写真(航空機で撮影した画像)と実地調査によって、東西約 1510 m、南北約 640 m の城壁が確認されている。面積は 90 万 m^2 に近い。その城内ではこれまでに 10 基の大型建築址が発見されており、1970 年代に発掘された甲組建築基址はその範囲の中心であったとも考えられる [許宏 2016]。城壁の年代については西周中期後段という指摘がある [雷興山・種建栄 2014]。

⑥ 周原遺跡範囲内で貯水池と溝渠によるある種の水系システムの存在が知られるようになった。この発見はさらに 2014〜2016 年の調査によって全体像が少しずつ見えてきている。詳しくは後述する。

⑦ 以前にも幅約 10 m の道路址が 1 条検出されていたが、2013 年の調査では

さらに13条の道路址が確認されている。雲塘窯廠付近の道路址は幅が5m余り、長さ300m以上が確認されており、路面は砕石によって舗装されていた。東西に位置した別の「功能区」を連結した道路であったようである。

以上に紹介した2013年における系統的な遺跡調査の後も、周原遺跡では注目すべき新発見が続いている。それらの知見もまじえながら、以下に周原遺跡の性格に関連するいくつかの問題に言及する。とくに上記⑥で指摘した水系システムについては地理考古学の観点からすこし詳しく触れることにする。

周原遺跡の墓地については、1970年代以来、賀家村、劉家村、雲塘村、斉家村、荘白村などの各地点で多数の西周墓が発見されてきたが、2015年には鳳雛村南の墓地が調査され、墓地西地点で20基の西周墓が、東地点で4基の西周墓と12基の殷末周初墓が確認された［周原考古隊 2016］。その多くの西周墓に「腰坑」が見られることから、発掘報告者は被葬者を「殷遺民」と推測し、彼等の習俗が同地点で西周期を通じて長く継続した状況を指摘している。

青銅器の窖蔵については、上記④のように32地点が再確認されていて、それらは董家村、斉家村、荘白村、雲塘村、召陳村などに分布する。例えば1976年発見の荘白村1号窖蔵で出土した103点の青銅器では、そのうちの55点が微氏一族に関連する銘文をもつことが注目されてきたが、青銅器の窖蔵とその各地点に居住したある一族による彼らの祖先祭祀との結びつきが指摘される［角道亮介 2014、pp.157-161］。

鳳雛村では1970年代に大型建築址の甲組、乙組建築址が発掘されていたが、2014年にはその南側に3号、4号建築址が発見された。3号建築址（西周前期）にともなう立石と敷石から構成された特異な遺構について、報告者は「社」に関係するものと推測している［周原考古隊 2016］［孫慶偉 2016］。

西周青銅器の研究を通じて角道亮介氏は「周原の性格は青銅器銘文中に出現する「宗周」の性格と一致する」と論じ、西周王朝のもう一つの中心地である豊鎬遺跡と比較しながら、周原遺跡の祭祀中心としての性格を指摘している［角道亮介 2014、pp.178-179］。西周王朝の祭祀中心としての周原遺跡の性格については、近年多くの研究者が共有しつつある認識とおもわれる。

周原遺跡の構成を考えるうえで基本的な前提の一つは、上にも触れた「殷遺民」の存在、あるいはある一族の祭祀と関わる青銅器の埋納（窖蔵青銅器）に

示されるように、多数の族的集団が都城内の諸地点（周原遺跡内の諸地点）に集住し、そうした諸地点が互いに隣接しながら集合して都城としての周原遺跡を構成していたということである。異なる多数の族的集団の集住地が王都を構成するという状況は、初期王朝時代の社会が族的集団を基本単位としていたと考えられていることの一つの反映として、都城圏中心地の基本的な性格となっていたと考えられる。初期王朝時代の社会の基本性格と関係するこの問題については今後のさらに多くの考古学的検証に期待したい。

　周原遺跡の構成に関して地理考古学的視点から注目されるのは、近年になって知られてきた周原遺跡内に構築されたある種の水系システムの問題である。周原台地をはじめとする関中平原西部の水資源の問題については、その全体像を第2章で論じておいた。そこで明らかにしたように、周原遺跡をはじめ周公廟遺跡、孔頭溝遺跡、勧読遺跡、水溝遺跡など岐山の南麓ないしその前面の台地北部に所在するこれらの大型集落址では、周公廟遺跡内にある潤徳泉が典型的であるように山麓付近に湧出する泉ないしその湧泉を水源とする小河川（台地に大小の溝壑をきざみながら水流は南下して、周原台地中央部を西から東に流れる漳河に合流する）を生活用水としていたことが指摘できた。

　このうち周原遺跡では、近年になって西周期にさかのぼる人工の貯水施設やそれと連結した溝渠がかなり大規模に遺跡範囲内にめぐらされていたことが明らかになりつつある。2009年に扶風県雲塘村の農民により土中に石板が並べられた遺構が発見されたことを手がかりとして、同年6月から10月の間ボーリング調査と小規模な試掘がおこなわれ、「雲塘池塘」（貯水施設）遺跡が確認された。同時にこの「池塘」に連接し、そこから南東方向に掘削されたG1と呼ばれる溝渠、およびG1に直行して交差し、ほぼ南北方向に掘削されたG2、さらに雲塘池塘の西側に連接する短い溝渠G3が検出された［宝鶏市周原博物館・宝鶏市考古研究所 2013］（図5.2）。雲塘池塘の大きさは、石板と礫が敷設された範囲から読み取ると、東西約249m、南北約190m（面積38000m^{2}余り）となる。溝渠G1は確認された部分だけで長さ1743m、平均して幅は4〜5mとされる。雲塘村から約240m、斉鎮村から約190m、召陳村から約340mの位置を流れている。G2の確認されている部分は、南北に約465mで、平均の幅は6〜7mであった。その南部はおそらく1976年の召陳村建築址発

132 第一部 関中平原の地理考古学的研究

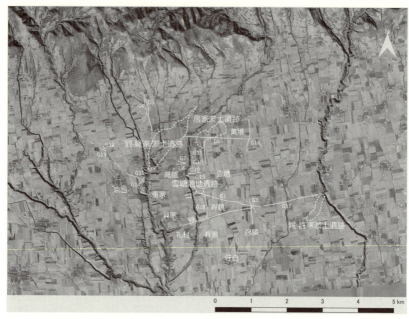

図 5.2 周原遺跡の貯水施設および溝渠の遺構（[周原考古隊 2016、図 23] より改変、背景図は CORONA 衛星画像）

写真 5.1 雲塘池塘遺跡と斉家溝支流の谷

掘時に検出されていた「G1」[陝西省周原考古隊 1981] と同一の溝渠なのではないかと推測されている。G3 は雲塘池塘にその西側で連接して北東から南西方向に掘削されており、全長約 27 m が確認されている（写真 5.1）。その西端は斉家溝支流の谷に開口していてその先はすでに破

壊されている。これら遺構の年代は、雲塘池塘とG1、G3が西周前期から中期、G2は交差地点でG1に切られており、それより遅くはなく、召陳村建築址群と同時期と考えられている。

2014〜2016年にかけて周原考古隊は周原遺跡内の水系システムに関する遺構群を調査する目的で、さらなるボーリング調査と試掘をおこなった［周原考古隊 2016］。この結果、新発見の淤土遺跡が4カ所、長短さまざまな溝渠が16本確認された。そのうちの淤土遺跡1カ所と4本の溝渠についてはトレンチを入れて断面を観察している（図5.3）。劉—龐家（劉家村—龐家溝）淤土遺跡は、鳳雛甲組建築址の北約700mに位置し、岐山山麓傾斜面の縁辺部に位置する。東西が約2200m、南北が平均して約300mに達する。淤土中央部の深さ

図5.3 溝渠G6の断面（［周原考古隊 2016、図26］より）

写真5.2 龐家村付近のG4・G5断面と背後の西観音山南麓

写真5.3 西観音山中腹から周原遺跡を眺望する（王占奎氏右と筆者）

は約 8.5 m あった。年代は総合的に判断して西周期と推定されている。溝渠 G4、G5 は、劉—瓏家淤土遺跡の北側に位置し、南北長約 2100 m、幅 5～12 m、深さ 2.5～4.7 m をはかる。北端は西観音山の南麓に達していて、おそらくその上の山塊中腹部の湧水地点に連接していたと考えられている（写真 5.2、写真 5.3）。2 本の溝渠は山麓を並行して流れ、途中から合流して南端は劉—瓏家淤土遺跡（貯水施設）に連接している。

　第 3 章で述べたように、西観音山の湧泉は古くから龍泉の名で呼ばれており、九つの湧水地点が知られている[6]。今回の調査で確認されたのはこの龍泉に関連する水系システムの遺構とおもわれ、西周期には龍泉を水源とした溝渠が山麓から平地部にかけて掘削され、その下流側に貯水施設としての劉—瓏家淤土遺跡を形成していたことが知られたのである[7]。

　溝渠 G6 は、劉—瓏家淤土遺跡にその東側で連接して、その先約 1900 m 続くことが確認されている。地勢は東がやや高く、したがって水は東から西へと流れたと推定されている。幅は 6～10 m、深さは 3.8～5 m であった。溝渠の一部が西周中、後期の層を切っていることが確認され、また溝渠内に西周後期の土器片が多く堆積していたことなどを総合して、西周後期の溝渠遺構と推定されている。G9 は礼村の北から現在の斉家溝をこえて東につながり、斉鎮村南をへて召陳村の北へといたる（図 5.2）。確認されている全長は約 1900 m に達する。幅は 8～14 m、深さは 4～6.2 m であった。出土した土器片の状況から築造年代は西周前期より遅くはなく、西周後期に廃棄されたとみられる。

　西周期の周原遺跡の住民は、遺跡の範囲が岐山南麓から平地部へと連続する北高南低のゆるやかな傾斜地形上に広がる特徴をいかして、山腹ないし山麓の湧泉などの水源から引水し、その南の遺跡北部に複数の貯水施設を設置し、そこから東西方向あるいは南北方向に複数の溝渠を掘削して遺跡内の各地点を連結していたと推測できる[8]。周原遺跡内の数 km 四方をカバーして、貯水施設や溝渠による水系システムが構築されていたのである。水系システムのほかにも、遺跡範囲内には地点間を連結したある種の道路網が整備されていたことは、先に紹介した 2013 年の調査成果からも明らかであろう。都城圏中心地としての周原遺跡における住人の社会生活、経済生活を支えた公共的基盤の実態がいま少しずつ明らかになりつつある[9]。

Ⅲ 「周原地区」の構成

（1）周原地区に展開した大型集落遺跡

　繰り返し述べてきたように地理的概念としての周原の台地は、東西約 70 km、南北約 20 km の黄土塬である。台地の中央部を西から東に漊河が流れ、台地北側の岐山に源流のある小河川はすべてこの漊河に集まり、漊河は台地の東端で渭河に合流する。したがって、周原台地のうち漊河より南側部分の台地には、岐山を源流とする河川は一つもない。水源をほとんどもたないこの漊河以南の周原台地南部の台地を「周原」とは区別して「積石原」と呼ぶこともある（図 5.4）。

　この周原台地上には、扶風、岐山県境一帯の周原遺跡以外にも、近隣に多数の周関連遺跡が知られている。とくに岐山南麓一帯では先周期の終わり頃から

図 5.4　周原地区の俯瞰図

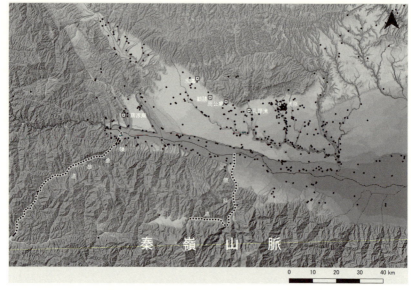

図 5.5 周原地区先周期、西周期遺跡の分布

西周期にかけて、東から周原遺跡、孔頭溝（趙家台）遺跡、周公廟遺跡、勧読遺跡、水溝遺跡などの大型集落遺跡が発見されている（図 5.5）。各集落遺跡の開始時期と継続時間の年代的関係については、なお調査の手が及んでいない遺跡もあり確実なことはいえない。しかし先周期の終わり頃から西周前期の頃、すなわち西周王朝が開始される前後においては、これら大型集落が周原台地の北部に並び立っていたことは確かなようである。これらの大型集落のなかでも、前節で述べた周原遺跡は、西周前期以降しだいにその突出した中心性を増していったと考えられる。一方で、その他の大型遺跡は既知の出土資料から見ると、西周前期以降しだいに考古学的な情報量が少なくなり、集落としての実態も把握しにくくなる。こうしたことから西周時代の多くの期間を通じて、周原遺跡は周原地区の中心であったと考えられる。

しかし、ある一時期とはいえ、周原遺跡を含む大型集落が距離にして 10 km 内外の近隣に並び立ち、その他多くの中小集落が台地上に比較的至近の距離をおいて分布していた状況が確認されるのである。都城というものが、単に周王室の宗廟や宮殿のような王朝中枢の機能だけで説明されるものではなく、近隣

の大型集落を含めて、一般の農耕集落や特別の機能を与えられた一部集落などが比較的広い地理的範囲に配置された地域システムとしてとらえられるとすれば、それが「都城圏」のすがたである。周原台地の全体は、そのようなまとまりある一地域、すなわち都城圏としての「周原地区」を構成していたようにおもわれる。

（2）周原台地上の遺跡分布のクラスター

　第2章で詳述したように、GISの専門家である渡部展也氏と筆者は、周原地区を対象にK関数法をもちいた遺跡分布凝集度の評価をおこなった［本書第2章、図2.2］。その際に得られた認識として第一に指摘すべきことは、新石器時代（仰韶文化期、龍山文化期）の変化曲線にくらべて、初期王朝時代（先周期、西周期）の曲線が、明確に高い凝集度を示していることである。すなわち新石器時代から初期王朝時代へと移行するなかで、遺跡間の平均的距離が短くなったことを示しており、遺跡間の関係性になにか質的な変化が生まれたことが考えられる。初期国家段階に入った黄河流域の歴史状況のなかで、周原台地上に「都城圏」が形成したことを反映しているとも考えられる。類似した結果は、遺跡の分布密度を地図上に表示して観察する方法からもうかがわれた［本書第2章、図2.3、2.4］。このように新石器時代と西周時代の間で、遺跡の密度や凝集度が大きく変化することが確認される。ところが一方で、遺跡分布の偏在性あるいは分布のパターン（集落立地地点の傾向）についてみると、じつは二つの時代の間で大きな変化は認められない。つまり集落は、その集中の度合いに変化があったとしても、集まる場所の傾向に大きな変化はなかったということである。

　遺跡が立地する場所を決定する大きな要因は水資源の問題である。関中平原西部の水資源問題については第3章で詳しく論じたとおりである。自然環境の劇的な変化があるか、ないしは人間の側に取水技術等の劇的な変化がなければ、人びとはほぼ同じように水資源の利用に便利な地点を集落の場所として選択したであろうということである。一方、集落の集まり方において集中度が高まるというような変化は、人間の社会の質的変化と関係があると考えられる。国家段階の西周時代の周原台地上における集落分布の特徴は、それを反映した

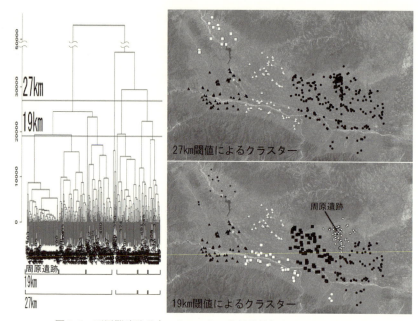

図 5.6 西周期遺跡分布のクラスター分析結果とそのデンドログラム

ものであろう。

　それでは集落の集まり方を反映した遺跡間の距離にはどのような特徴があったであろう。第2章で先周期から西周期にかけての周原台地とその周辺における遺跡間距離を指標として、遺跡集中の濃淡からクラスターを求めることを試みた。詳細は第2章で指摘したとおりである。その結果を示した地図をここに再度掲載する（図5.6）。本章の視点からそこに看取されることを整理しておこう。

　① 19 km 閾値の表現においては、遺跡間の平均距離が 10 km 以下という特異なクラスターとして「周原遺跡」のまとまりが抽出できる。このことは、周原地区の中心としての周原遺跡が、遺跡に関する文化的属性などを考慮することなく、単に遺跡間の距離という側面のみからも特異な場所であることを示している。

　② 27 km 閾値の表現においては、周原台地上の遺跡群が全体として大きく東西に二分されるクラスターを形成することが認められる。台地上が東西に二

分される現象は、一つには本書第1章で触れておいたように、周原地区西部岐山南麓の標高がやや高い地点（周公廟遺跡付近）からの眺望と、周原地区東部岐山南麓に位置する標高がやや高い地点（周原遺跡付近）からの眺望を比べたとき、大きな違いが指摘できたことと対応的である。周原台地の中間部で岐山山塊が南に突出する地形が影響したにすぎないともいえるが、地形条件の違いが、先周期から西周期にかけての周勢力の振る舞いに反映していた可能性があることを指摘した。この東西二分という現象は、先周期の遺跡が周原台地の西側に比較的多く見られ、西周期以降の遺跡が東側で増加するらしいという傾向とも相関しているようにおもわれる。先周期にまず周原台地の西側で比較的多くの農耕集落が展開され、西周期にはいる頃から東側でも開発がすすみ農耕集落が増加した、という歴史動向がうかがわれる。ただし、多くの集落遺跡の開始年代と継続年代が、拠点的な大型遺跡を含めてなお未確定なことは先にも指摘したとおりである。周原地区内における時空間の厳密な議論には、いますこし調査と研究の蓄積が必要である。

③ 図 5.6 の地図に併載したデンドログラムを観察すると明らかなように、先周期から西周期を通じて、周原台地上の遺跡間距離は 10 km 余りのところに集中していて、遺跡はいわばこの近距離の間隔でほぼ切れ目なく連続的に分布しているようにみえる。周原遺跡が一つの特異なまとまりを形成していたことを除いて、台地全体としても比較的稠密で切れ目のない集落分布がうかがわれるのである。ただし上記したように遺跡の厳密な相対年代については十分に配慮できておらず、表示された諸遺跡が同時期に並存したということは厳密にはいえない。なお、台地の南部に遺跡空白地帯が目立っているのは、繰り返し指摘した水資源に乏しい積石原である。

④ 周原台地の西側、北西側には、図 5.6 を見ると 19 km、27 km いずれの閾値の表現でも周原台地のクラスターとは別のクラスターが存在している。西側は現在の千河以西の宝鶏市街地周辺のクラスターであり、北西側は千河上流部のクラスターである。この現象もきわめて示唆的である。周原台地上の（東西に二分された）集落群と千河以西の集落群とでは、遺跡の文化的属性などを考慮することなく、遺跡分布の特徴のみから地域区分できる可能性が高いのである。一方で、地理学上の周原台地の東側の地域は現在の咸陽原にあたるが、

ここには水資源の事情から新石器時代以来ほとんど遺跡が存在していないことは第4章で詳論した。このように、周原台地とその西側および東側の地域が、遺跡分布のクラスターにおいて明確に区分されることが指摘できるのである。しかしその一方で、周原台地上の遺跡群とその南側の渭河両岸地帯の遺跡群は、一つの連続したクラスターを形成していることが指摘できる。

周原台地上の遺跡クラスターは大きく東西に二分される傾向をもつが、その区分は周原台地の西側、北西側の遺跡クラスターあるいは東側の台地との区分に比べると弱いものであろう。19 km、27 km と閾値を変えても台地西側、北西側のクラスターには変化がない一方、周原台地上と渭河両岸地帯ではクラスターが変化ししだいに大きくまとまる傾向となる。周原台地全体とその南側の渭河両岸地帯を含めた一帯に広がる遺跡クラスターは、東西二分の傾向を内在させながらも、大きくは一つのまとまりととらえておきたい。岐山南麓に拠点的な大型集落が東西にほぼ等間隔に並ぶ状況も周原台地を一つの関係圏としてとらえる根拠となろう。このまとまりがすなわち「周原遺跡」を中心とする都城圏としての「周原地区」に相当すると考えられる。

(3) 都城的機能の配置

周原地区には、一般の農耕集落が周原台地上を中心に等質的に分布するなかに、都城的機能を付与されたと考えられる一部の集落や、特殊な役割を期待されたらしい地点が点在していた。以下では周原地区に見られる、城壁集落と軍事的拠点、大型建築、各種の手工業工房、自然資源の利用拠点、交通路上の要地の各項目についてその地理的配置について述べておきたい。

①城壁集落と軍事的拠点

都城圏の中心(周原遺跡)における城壁の存在はこれまでも注目されてきた。先に触れたように、近年周原遺跡内の董家村一帯に東西約 1510 m、南北約 640 m の城壁の存在が確認されている。この遺構は、その位置と規模からして、中心部の宮殿や宗廟を囲む宮城的な機能をもつものではないだろうか。殷王朝の前期に知られる鄭州商城や偃師商城のような大規模な城壁は周原遺跡では発見されていない。居住地点の多くを囲んだような大規模な城壁(囲壁)の欠如は、周原地区を舞台とする「都城圏」中心地の特徴であると考えられ

第5章　関中平原に登場した都城圏と畿内的地域　141

(10)
る。

　ただし周公廟遺跡では、山麓の大型墓の墓域（陵坡墓地）を囲む版築城壁が発見されている（写真5.4）。さらに、周原地区とその周辺においては、軍事や防衛上の機能を有するとおもわれる囲壁集落が、周原地区の西部と西側外の近隣で発見されている。

写真5.4　周公廟大型墓墓地（陵坡墓地）北部の尾根沿いに残る土塁

　周原地区西部に位置するのが鳳翔県の水溝遺跡であり［徐天進 2006］、周原地区の西側外に位置するのが宝鶏市蔣家廟遺跡である［北京大学中国考古学研究中心・宝鶏市考古工作隊 2013］［劉静 2012］。いずれも正式な発掘調査はなされていない。水溝では周囲約4km、蔣家廟では（東城壁は部分的であるが）周囲約4kmの城壁をもつ集落址が確認されている（図5.7、5.8）（写真5.5～5.8）。これら2地点の大型集落は、前者は岐山南麓の傾斜地、後者は台地（塬）東端の崖面ないし傾斜地に立地する囲壁集落である。蔣家廟遺跡の場合、生活関連遺存が囲壁の東の外側、金陵河の西岸に点在するようであり、あるいは囲壁は常時住民を保護する役割を果たすものではなかったことも考えら

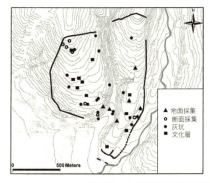 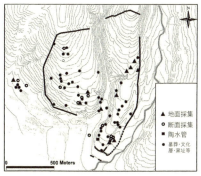

図5.7　水溝遺跡の城壁（［劉静 2012］より一部改変）

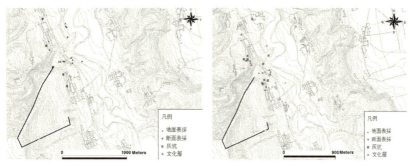

図 5.8 蔣家廟遺跡の城壁（[北京大学中国考古学研究中心 2013] より一部改変）

写真 5.5 蔣家廟遺跡　東の賈村塬より遠望（[劉静 2012] より一部改変）

写真 5.6 水溝遺跡　遺跡中央部の谷

写真 5.7 蔣家廟遺跡から金陵河の谷を眺望

写真 5.8 蔣家廟遺跡　東城壁付近

れる。水溝遺跡と蔣家廟遺跡は、いずれも山麓や台地縁辺部に防衛的な機能を重視して建設されたある種の山城的性格を有するものであろう。現地を踏査すると、城壁の内側の土地も起伏のある傾斜地となっていて、農耕集落として一般的な条件は備えていない。蔣家廟遺跡の前面は金陵河の谷が南北に連なる。この谷間には現代の宝鶏市と北の隴県方面を結ぶ幹線道路の一つが通ることからみて、先周期、西周期においても関中平原西端と北西方面を結ぶ重要な交通路であった可能性が高い。一方、水溝遺跡は周原台地の西端部に位置し、都城圏としての周原地区と北西方面の交通路となった可能性の高い千河の谷あるいは台地西端部から遠くない。周原地区全体の西の境界域を守備する軍事的重要性が推測される。周の人びとが西周王朝の開始前、先周期の終わり頃に、周原地区の西方へと勢力を拡大したと推測される時期に大きな役割を果たした軍事的色彩の濃い二つの拠点的集落ではなかったかと推測される。

②大型建築

大型の建築物には、宗教的施設としての宗廟や政治的側面をもつ宮殿、さらには支配層の邸宅と考えられる建築などが知られている。扶風、岐山県境の周原遺跡の範囲では、岐山県鳳雛村（宗廟的ないし祭祀的建築）、扶風県召陳村（支配層の邸宅群）、扶風県雲塘村の大型建築址（宗廟的ないし祭祀的建築）等が発掘調査されており、当時の高級建築部材の瓦や磚などが出土している。また周公廟遺跡でも大型建築の基址や高級建築部材の瓦、磚などが出土している。さらにこれらいずれの遺跡においても、発掘地点に隣接する場所ではさらに多くの未発掘の建築址の存在することが地面調査やボーリング等から確認されている。

③各種の手工業工房

初期王朝時代の都城機能として重要なのが、祭祀や政治の装置でもあった青銅器を製作する工房（周原遺跡の李家村・斉鎮・斉家村、孔頭溝遺跡、周公廟遺跡などで関連遺構あるいは鋳造の痕跡が検出されている）である。また玉石器（周原遺跡の斉家村など）や骨角器（周原遺跡の雲塘など）などの高級工芸品の工房も注目される。一方、高級建築に用いられた瓦と磚の工房が注目される。磚（空心磚）の工房が孔頭溝遺跡の趙家台地点で発見されている［本書第1章］。孔頭溝遺跡は、その西の周公廟遺跡と東の周原遺跡からそれぞれ11

km前後離れた中間地点に位置し、周原地区の東西にあった拠点的集落群を連結した推定交通路の経由地にも位置する。周原地区全体のなかでも、アクセシビリティ（交通上の総合コスト）が良好な地点に相当することは注意すべきであろう［本書第2章］。大型の建築部材の焼成施設を、建物の建造時にその近隣に設置することがかならずしも合理的ではないと考えるならば、周原地区の適切な地点に工房を設置して、各地の需要に対応したという可能性も考えられる。

④**自然資源の利用拠点**

周原地区の台地縁辺部に所在する郿県楊家村遺跡で出土した青銅器銘文には、山林資源等の管理に関連する官職が記録されている。筆者は楊家村遺跡の立地から、その場合の山林資源とは、渭河南側の秦嶺山脈における山地資源を指す可能性があると推測している［第1章］。そのほか、宝鶏市街地南部のいわゆる弓国関係の遺跡群も、秦嶺の山地資源と無関係ではない可能性がある［第二部第13章］。

⑤**交通路上の要地**

水資源が絶対的に不足している周原台地南部の積石原に、西周期の重要遺跡として唯一知られている地点が存在する。宝鶏県北側の台地上にある西劉堡遺跡（青銅器出土地点）がそれである。第2章で述べた関中平原西部の推定交通路の経由地点に相当している。水資源に乏しく、一般の集落としては厳しい場所にあって、都城圏の交通路ネットワークを成立させるために確保された地点ではなかったかと推測される。また山地資源の利用拠点として注目した楊家村遺跡と弓国関係遺跡は、前者が褒斜道、後者が陳倉故道として知られる秦嶺を越えて南方地域（漢中、四川盆地）と結ぶ古代の交通路に関わっていた可能性を指摘できる。さらに楊家村付近を渭河渡渉地点の一つと推測すると、そこはまた渭河水運の中継地点でもあったことが考えられる。

（4）交通路の推定とアクセシビリティ

周原地区の集落は交通路によって結ばれたネットワークを形成していたと考えられる。第2章で述べたように、筆者らは周原台地とその周辺における交通路上のいくつかの結節点（先周期、西周期の拠点的集落遺跡、歴史時代の記録

と地形条件から存在が確実視できる交通の要地等）を設定し、そのうえでハイキング関数によるシミュレーションをおこない、最終的に西周期の関中平原西部の交通路を推定した。それとは別に各結節点を始点としたコストグリッドを合計し、その等値線を作成することで、各結節点へのアクセシビリティ（総合コスト）を示す図を作成した（図2.12）。上述したように、孔頭溝遺跡などは交通路の経由地点としてアクセシビリティにおいて最良の位置にあることが読み取れる。また、楊家村遺跡や彊国遺跡群など山地資源との関連が想定される地点は、同時に秦嶺越えの南北交通との関係が推測された。

先に述べた都城圏内の諸機能をもつ地点が、周原地区を覆う交通路のネットワークに結ばれながら分散的に配置されていた状況が推測されるのである。

（5）岐山南麓拠点的集落からの眺望と集落の階層性

関中平原西部における集落立地の地形環境の分類で、岐山南麓遺跡群に分類されるなかに東から周原遺跡、孔頭溝遺跡、周公廟遺跡、勧読遺跡、水溝遺跡が並ぶことは繰り返し指摘した。岐山南麓の拠点的集落は周原地区でもっとも標高の高い一帯に点在しており（標高700〜900m前後）、その南側に緩やかに傾斜しながら広がる周原台地の平原部（塬面）を、遥かに遠くまで見通す立地条件をもっている（図5.9、5.10）。

周公廟遺跡と周原遺跡からの眺望（可視範囲）[13]についてはすでに第1章でも触れておいた。岐山南麓の拠点的集落から南側を望むと、谷底地形の渭河両岸低段丘地帯をのぞいた周原地区の大部分を目視できることがわかる。現地での調査経験からいえば、快晴時には遠く秦嶺北麓の一帯までも無理なく視野にとらえることが可能である（図1.5）（写真5.9、写真5.10）。

地形環境ごとに分類された遺跡群を単位として、遺跡間の眺望関係を整理したものが図5.10である。この眺望関係において重要なのは、岐山南麓の拠点的集落に立つと、台地上のほぼすべて集落が、緩やかに見おろす俯角のなかに入るということである。仮説の域を出ないものの、このような眺望のあり方が、拠点的集落（高位の地点）と従属集落（低位の地点）という、階層性を内在させた空間認識に結びついていた可能性を指摘しておきたい。注意すべきは、岐山南麓の拠点的集落からは、渭河両岸低段丘の中小集落が、崖下にかく

146　第一部　関中平原の地理考古学的研究

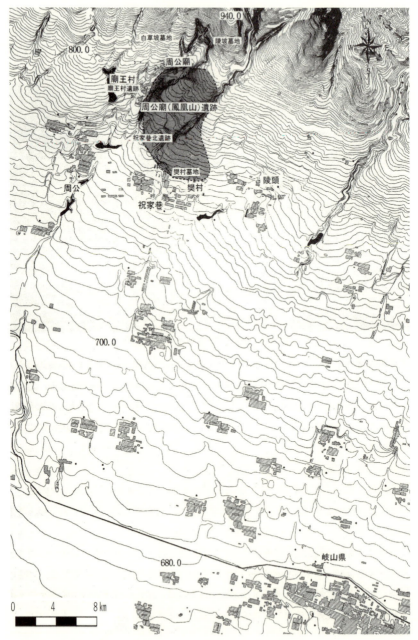

図5.9　周公廟遺跡とその南側の緩やかな傾斜地形（［飯島武次 2009a、p.24］より）

れて目視できないことである。その一方で、台地縁辺部に並ぶ重要集落（青銅器出土地点が多い）からは渭河両岸のすべての小集落を眼下に見下ろすことができたはずである。陸上交通路や河川交通路としても重要な渭河とその両岸地帯は、台地縁辺部の重要集落の視野のなかに入っていたのである。このことから筆者は、眺望と相関する集落間の階層構成として、岐山南麓の拠点的集落群を第1階層、台地縁辺部の重要集落群を第2階層、岐山南麓から直接目視できる台地上の中小集落群を第3階層、台地縁辺部の重要遺跡からのみ目視できる渭河両岸地帯と、岐山南麓からの目視の限界近くに離れた秦

写真5.9　周公廟遺跡背後の鳳凰山麓からの眺望

写真5.10　周原遺跡背後の西観音山麓からの眺望

嶺北麓の中小集落群を第4階層、というように分類しておく。第4階層の集落群は、眺望関係の階層から、台地縁辺部にある第2階層の重要集落の下位に位置づけることができる（図5.10）。

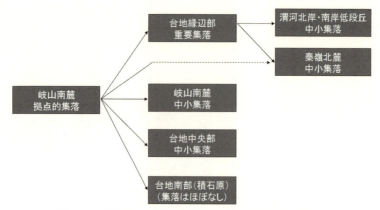

図 5.10　眺望関係から推測される周原地区集落群の階層性

Ⅳ　「豊鎬地区」の構成

　豊鎬地区の中心となるのが豊鎬遺跡である。豊鎬遺跡は、1960 年に全国重点文物保護単位に指定されて以来、その遺跡保護範囲確定の目的もあり、繰り返し遺跡の範囲を確定する目的の調査がなされてきた。2012 年には「豊鎬西周都城遺址範囲確認及地下遺存分布状況考古調査勘探」の計画にしたがって豊鎬遺跡範囲の新たな認識が提唱されている［中国社会科学院考古研究所・陝西省考古研究院ほか 2016、pp.16-40］（図 5.11）。

　2012 年の調査では、豊鎬遺跡と周辺の自然河川、およびこれまで未知であった人工の溝渠や貯水施設を含む水系システム関連の遺構が確認され、それらに注目しながら遺跡の範囲が追跡された。豊鎬遺跡の内外で関連する自然河川としては、遺跡西部の豊邑と東部の鎬京の中間を南から北へと貫流する灃河（写真 5.11）、豊邑遺跡の西側境界に相当する霊沼河（下流で泥河に合流）、およびこれら両河川が北部で流入する渭河本流がある。

　今日の渭河の流れは北に移動していて、現在の咸陽市街地に接近しているが、かつて西周時代には、豊鎬遺跡はそのすぐ北側が渭河氾濫原に接し、遺跡範囲の北側境界をなしていたと推測されるようになっている［中国社会科学院考古研究所・陝西省考古研究院ほか 2016、p.14］。また鎬京遺跡の東部には漢

第 5 章　関中平原に登場した都城圏と畿内的地域　*149*

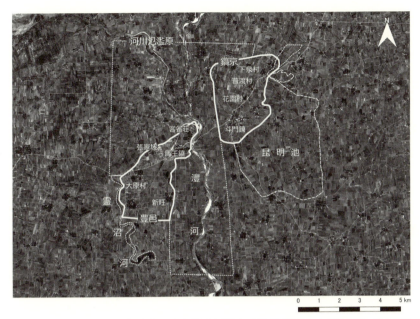

図 5.11　豊鎬遺跡の西周期遺存の分布範囲と灃河、渭河氾濫原および昆明池（[中国社会科学院考古研究所ほか 2016、図版二]より、背景図は CORONA 衛星画像）

代以降の文献でその名が知られる昆明池が、早くからすでに自然の水たまりとして形成されていたことが推測されている。昆明地は前漢武帝の時代に造営された園林の一部として著名であり、漢の昆明池が鎬京遺跡の一部を

写真 5.11　豊鎬遺跡の中央を流れる灃河

破壊してしまったとも考えられてきた。しかし、近年の調査の結果、鎬京遺跡の東部には、西周時代すでに「古昆明池」と呼ぶべき池苑が形成されていたことが明らかにされたのである［徐良高 2009b、p.159］［中国社会科学院考古研

究所・陝西省考古研究院ほか 2016、p.49]。漢、唐時代の昆明池造営による西周遺跡破壊の可能性は大きいとしても、鎬京遺跡の東側には西周時代すでに何らかの規模の自然の池苑が存在していたと考えられる。こうした知見を交えながら確認された灃河西側の豊邑遺跡の範囲は 8.6 km^2 とされ、灃河東側の鎬京遺跡の範囲は 9.2 km^2 とされる。以下にまず、豊鎬遺跡の都城圏中心としての成り立ちについて知られるところを簡略にまとめておく。

(1) 豊邑（豊京）遺跡

2012 年の地面調査を中心とした調査の結果、報告者は豊邑遺跡範囲内に確認される性質の違う地区を A〜D 類に分類している [中国社会科学院考古研究所・陝西省考古研究院ほか 2016、pp.58-60]。① A 類区域（遺跡の北部。張家坡、大原村北、馬王村西）は、これまでもっとも多くの西周期の遺構と遺物を発見した一帯である。検出された遺構などの単位は、墓 2507 基以上（「井叔」家族墓地を含む）、車馬坑・馬坑 50 基以上、灰坑 239 基以上、陶窯 16 基以上、井戸 17 基以上、青銅器窖蔵 2 カ所、窖穴 3 基以上となっている。下記する B 類区域より社会階層が下位の人びとの居住区と推定されており、同時に大部分が墓地であったと考えられる。周原遺跡でも指摘されているように居住地点と墓域が交互に発見される傾向があり、一つの集団が居住地と墓地を合わせもつような単位が並んでいた可能性を指摘できる。② B 類区域（遺跡の北東部。客省荘の西と北）では、版築による建築基址 14 基、道路址 3 条、青銅器製作の痕跡などが発見されており、この地区は「高級貴族」あるいは王室と関係する可能性も排除できないとみなされている。③ C 類区域（遺跡の南東部、南西部。新旺村、馮村北、曹寨村）では、新旺村北で多数の青銅器窖蔵、南で青銅器窖蔵 3 基、住居址 1 基、骨器製工房 1 カ所。馮村北と曹寨村北東で骨器工房関係遺存、北西で人工的な貯水施設が発見されている。④ D 類区域（遺跡の中央部）は詳しい調査がなされていないが、西周文化層は広く存在する。人工の河道、道路址などが発見されている。

近年の豊鎬遺跡の調査で注目されるのは、周原遺跡について指摘した状況にも共通する水系システムに関する一連の遺構の発見である。豊鎬遺跡は灃河、霊沼河、渭河、昆明池に囲まれたなかに立地していて、灃河と霊沼河の 2 河川

の水源を利用した貯水施設や溝渠のネットワークを形成していた可能性が考えられる。同遺跡はすでに西安市郊外の都市化の波も押しよせていて、関連遺構の全体像を確認するのは難しい面もあると考えられるが、近年の調査で得られた新知見の概略はつぎのようである。①曹寨村南—大原村西の間で人工的な河道が知られる。2013年のボーリング調査では長さ約2600 mが確認された。その東は灃河に接続し、西は霊沼河に接続する。地形の特徴から判断して、水は灃河から引水して西へと流れ、霊沼河につながっていたと考えられる。河道は人工的なものと判断され、形成時期は西周後期以前で、漢代にはすでに廃棄されていたらしい。②曹寨村北西で人工的な貯水施設の遺構が発見された。2012年と2013年のボーリング調査によれば、貯水施設は約384 m×261 mあり、面積は約63500 m^2 と推測される。その東部は長さ約75 m、幅約4〜10 mの溝渠で灃河に接続していた。貯水施設はもっとも深いところで7 m以上の深さがあったと考えられている。層位的根拠をもってこの貯水施設は西周後期にはすでに廃棄されていたことが指摘されている。

(2) 鎬京遺跡

　灃河の東に広がる鎬京遺跡とされる範囲内では、これまで花園村、普渡村、上泉村、落水村の各地点に調査が集中しており、その他の地点における発掘調査は少ない。2012年の分布調査の報告者は、鎬京遺跡範囲内に確認される性質の違う地区を四つに分類して紹介している［中国社会科学院考古研究所・陝西省考古研究院ほか 2016、pp.109-134］。①第1地区は、周王宮室、礼制建築、「貴族」の居住地を含むと推測されている。これら大型建築の関連遺構は、基本的に滈河（旧河道が確認されている）東岸の微高地上に北東から南西の方向に並ぶように点在している（図5.12）（写真5.12）。鎬京遺跡全体のなかでも「風水の最も好い一帯」［中国社会科学院考古研究所・陝西省考古研究院ほか 2016、p.109］という見方もある。花園村西に4号、5号、11号大型建築址、官荘南微高地に1、2、3、6、7、8、9、10号大型建築址、落水村西と北にそれぞれ大型建築址が分布し、落水村では建築址の周囲に生活用の井戸址がともなっていた。これら建築址や井戸址の周辺では西周期の平瓦、丸瓦のほか白灰面の草拌泥墙皮が出土している。②第2地区は、「平民」の居住区と推測さ

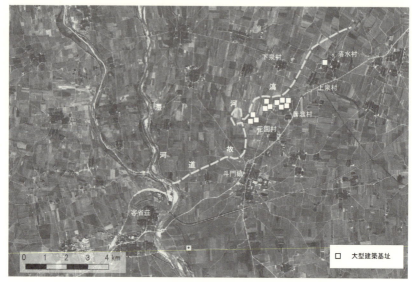

図 5.12 鎬京遺跡の大型建築址と滈河故河道（[中国社会科学院考古研究所ほか 2016、図一〇]より、背景図は CORONA 衛星画像）

写真 5.12 上泉村から西側（滈河旧河道方向）を望む。上泉村一帯の微高地形が認められる。

れる一帯で、斗門鎮、白家荘、花園村東、普渡村、上泉村、下泉村、落水村などの各地点に分布する。鎬京遺跡内でもっとも広く見られる性格の諸地点である。ただし今に至るまで鎬京遺跡の範囲内では、明確な「平民」居住区は確認されていないとされる。③第 3 地区は、「貴族」と「平民」の墓域である。主要な分布地点として、斗門鎮東（「伯禽」墓を含む）、花園村南西、普渡村東南（「長由」墓を含む）等があげられる。また「貴族」墓にともなうかたちで、車馬坑が 9 基発見されている。④第 4 地区は、手工業工房区と考えられる一帯で、上泉村東、普渡村北、白家荘北、落水村などが主要な地点である。これらの地点では瓦、土器、骨器

の製作、および青銅器の製作に関連のある種々の遺存が見つかっている［中国社会科学院考古研究所・陝西省考古研究院ほか 2016、p.120］。陶窯はこれまでに上泉村東、普渡村北、白家荘、落水村などの6地点で合わせて47基が発見されている。そのうち落水村と上泉村の間では10基の窯と大量の土器片が集中する地点が発見されている。推測の域を出ないが、当時の土器の製作には、都城住民の需要にこたえる専業的な大量生産の工房（多数の窯が集中する地点）と、個々の族的集団が運用した小規模な需要にこたえる工房の2種類があった可能性を考えておきたい。落水村南西で発見された陶窯では、焼結した大量の平瓦片が出土している。陶窯の所在地点は西周期の大型建築址から約100mの近距離にある。高級建築の建設に関係した陶窯であったことも考えられる。

鎬京遺跡は、「古昆明池」を拡大した漢、唐時代の昆明池によって破壊された部分も少なくないと考えられ、また西安市郊外の都市化の影響も大きく、遺跡の全体像の解明には今後とも困難は少なくないであろう。

（3）「豊鎬地区」の地理的範囲

「周原地区」については、遺跡間距離によるクラスター分析から示される遺跡群のまとまり、拠点的集落からの可視範囲の広がり、拠点的集落からの眺望に由来する集落間の階層的構成の可能性、周原台地上における交通網で結ばれた都城的機能の分散的配置、などがうかがわれた。豊鎬地区についてはどうであろうか。

①豊鎬地区の地理的環境

周原地区に指摘される地理学上の「周原」（周原台地）のような明確な地理的単位に相当するまとまりは、豊鎬遺跡を中心とする地域については指摘できない。はじめに豊鎬遺跡の周囲の地形環境の概略を述べておきたい。豊鎬遺跡は、その北側が元来の渭河本流の氾濫原に接していて、したがって知られる豊鎬遺跡範囲の北側は、豊邑、鎬京から集落が連続して広がることはない。そしてなによりも、第4章で詳論したように、その渭河の北岸より北側の広大な地域については、（ⅰ）咸陽原の塬面（台地上の平原）全体が、地形的条件に原因のある絶対的な水資源の不足から、人の居住には不適ないし厳しい土地で

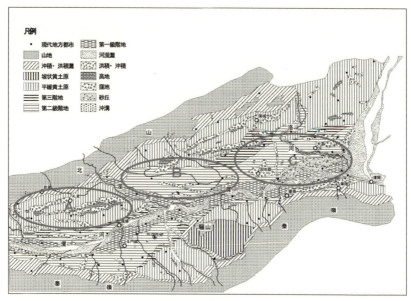

図 5.13 関中平原東部の地形分類図（中国科学院地理研究所渭河研究組 1983、図 2-8 を改変）

あった。実際に新石器時代以降西周時代にいたる間、遺跡自体がほとんど確認されていない（図 5.13 の A 地区）。（ii）その咸陽原の東側、すなわち涇河下流の東側の一帯は今日でも広範囲の低湿地帯を形成している。ここは東部の洛河河岸など一部河川の両岸部を除いて塩類集積地の性質をもつ土地が多く広がる（図 5.13 の B 地区）。さらにその東側の渭河北側一帯には、いわゆる沙丘地帯が形成されている（図 5.13 の C 地区）。これらの土地は、少なくとも戦国時代以降に建設された鄭国渠などによって一部の土地が改良されるまで、農地に適さないのみならず、良好な生活用水の確保も難しかった。実際に一部河川の両岸部をのぞいて涇河以東で新石器時代以降西周期にいたるまでほとんど遺跡が発見されていない。（iii）ただし、咸陽原の南端部と台地直下の渭河北岸一帯は、秦の咸陽の遺跡が集中していることが知られるように居住の適地となっている。東西方向につらなる渭河北岸の低段丘と咸陽原南部の縁辺部は、広大な平地が展開する地形環境ではないが、西周期に東西方向の陸上交通路が設定されていた可能性は高い。渭河南岸の豊邑、鎬京からの安定した渡渉地点

が確保できていれば、咸陽原南側の渭河北岸一帯は都城圏と結びついた集落の存在が十分に考えられる。実際にこの一帯には西周期の遺跡が東西方向に点在している。

一方、豊鎬遺跡が所在する渭河南岸から秦嶺北麓の斜面地の間には、規模は小さいが台地地形の「塬」が断続的に形成されており、また渭河と渭河の支流が形成する沖積平地も広がっている。ただし秦嶺北麓から渭河までの距離は一般に短く、そのなかでも比較的南北の幅が大きいのが豊鎬遺

写真5.13　鄠県東部の小河川、東沙河

写真5.14　東沙河付近の礫堆積層

跡を含めた現在の西安市一帯である。この地に都城圏が形成された理由はそこにあるといえよう。しかし秦嶺の北、渭河の南の平地は、東西に連続してはいるが各所で幅が狭まり、しばしば分断されたような状況になっている。豊鎬遺跡を中心地として、その東は驪山の付近、西は鄠県の東側あたりで連続した平地は狭まっている。後者の位置は、渭河北側の周原台地の東端にあたる漆水河の合流点に近い。

豊鎬遺跡を起点として西方向に戸県、周至県、鄠県の順に現地を踏査すると、その途中で秦嶺北麓から北に流れ下る数々の中小河川にであう。その多くの河川両岸地帯で洪水や土石流の危険性を目にすることができる（写真5.13、5.14）。河岸地帯には礫の堆積が夥しく、関中平原北部の岐山南麓一帯の中小河川の様子とは大きく異なっている。1960〜70年代、河川治水が今日ほど整

備されていなかった時期のこの一帯の衛星画像（CORONA 衛星画像）を精査すると、周至県東の黒河下流部等でそうした河川氾濫の痕跡が顕著である。秦嶺北麓から渭河にそそぐ多くの河川は、今日では西安市、宝鶏市の生活用水として利用され、良好な水資源として期待されているが、その一方で、急峻な秦嶺北麓を流れ下る中小河川は、もともと洪水や土石流などの問題を抱えていたと考えられる。都城圏としての豊鎬地区の西側の境界は、最大で鄠県の東で平地が狭くなる地点を想定することが可能である。しかし筆者は、それよりも東の豊鎬遺跡により近い一帯を流れる危険度の高い中小河川が、農耕集落の連続した分布を分断していたと考えており、そうした一帯が都城圏西側の境界になっていたと推測する。

以上のような地理的な所見を前提として、関中平原東部の地形分類図（図5.13、および図4.1）をあらためて見てみる。地図上の渭河北側の A 地区、B 地区、C 地区はそれぞれ上記した理由で農耕集落が展開しがたかった一帯である。一方、渭河南側には西安市街地を含む図中の「第二級階地」の三日月形にふくらんだ類似地形の範囲が確認できる。そしてこの地形の範囲こそ、ほぼ上述した地理的所見から想定される農耕集落が連続的なまとまりを形成しうる地理的範囲にきわめてよく一致するとおもわれる。

②**豊鎬地区における遺跡分布のクラスター**

以上において、農耕集落が連続的に分布しうる自然条件を検討し、豊鎬遺跡を中心とした一つの地理的まとまりを推定してみた。しかしこの地理的範囲が実際に都城圏の舞台となる地理的まとまりであったことを示すためには、実際に知られる遺跡の分布を重ねてみる必要がある。ここでは単に遺跡の分布を示すのではなく、「周原地区」で確認したと同じように、遺跡間距離にもとづくクラスター分析の結果について確認しておきたい（図5.14）。直線距離をパラメーターとした遺跡間の近接性を計算し、関中平原の現実的な距離限界（関中平原西部では 30 km が想定された）を念頭におきながら、クラスター生成の基準となる距離（閾値）を段階的に大きく取り、地図上に表現してみた。遺跡間の間隔として現実的な数 km から数十 km の範囲で基準の距離（閾値）を変化させて試行すると、やや小さい距離（約 18 km）のときに示されるクラスター（図5.14 上）と、やや大きい距離（約 27 km）のときに示されるクラス

ター（図 5.14 下）が、比較的安定した典型的な遺跡群のまとまり方として判断された[15]。その結果は、①豊鎬遺跡に相当する分析範囲の中心部に集中するクラスターの存在（図 5.14 上・下の A）が鮮明に確認される。この状況は周原地区における周原遺跡の存在とよく類似している。②比較的小さい距離で計算した結果（図 5.14 上）

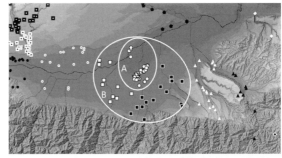
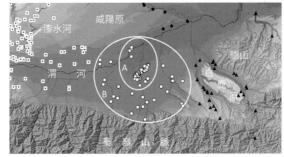

図 5.14 豊鎬遺跡周辺の遺跡分布のクラスター

では、豊鎬遺跡を中心とした東西それぞれ 20〜25 km 程度の広がり（図 5.14 上の B）のなかに、東、南、西の三つのクラスターが認められる。③比較的大きい距離で計算した結果（図 5.14 下）では、その三つのクラスターは豊鎬遺跡を中心とした大きな一つのクラスターを形成する。このクラスターは、東方の白鹿原以東のグループとは一体化せず、西方の漆水河流域から東に延び出しているグループとも一体化しない。また涇河河岸に点在する遺跡群とも分離されている。

豊鎬遺跡を中心とした③の大きなクラスター（図 5.14 の A＋B）がすなわち、「都城圏」の広がりを反映しているものではないだろうか。その範囲は先に地理的環境を踏まえて推定された農耕集落が連続しうる範囲（連続する可耕地の範囲）ともおおよそ対応的であるといえよう。

なお、二つのことに注意しておきたい。第一に、豊鎬遺跡を示す中心地のクラスターが渭河の北岸の一部にまで達していることである。この現象はパラ

メーターを変えた表現においても同様の現象として示される比較的安定したものである。渭河を渡渉するという交通上のストレスがあるにしても、豊鎬遺跡とひとまとまりの遺跡群が豊鎬遺跡対岸の渭河北岸の一部にも分布していた可能性が考えられる。第二に、中心地の豊鎬遺跡から東方を見たとき、地理的環境上は東の白鹿原周辺やさらに驪山の北麓一帯まで連続した農耕集落の立地が可能とも予想できるが、クラスター分析ではこの一帯が豊鎬地区とは別の東のクラスターに分離されている。このことは、あるいは現在の西安市街地が中間に挟まることで、発見された遺跡分布に分断が生じていることの結果とも考えられる。ここでは、計算されたクラスター分析の結果を受けいれておくことにする。

③**都城圏の成り立ち**

では以上のような地理的広がりを確認したうえで、周原地区について考えたような都城圏としての諸要件はどのようであろう。

都城的な機能の配置については、豊鎬地区では中心地の豊鎬遺跡以外に、周原地区における周公廟遺跡のような拠点的大型集落は知られていない。また防衛的軍事的役割が推測される水溝遺跡（および都城圏の外側に配置された蔣家廟遺跡）のような城壁をもつ拠点的集落は知られていない。中心地以外で、青銅器の製作など農業以外の生産を担う機能が指摘できる地点も知られていない。豊鎬地区南部の秦嶺北麓一帯では、秦嶺の山地資源の利用なども期待されるが確かなことは知られていない。交通上の要地ということでは、豊邑、鎬京から渭河を北に渡る渡渉地点はたしかに確保されていたであろう。その地点から渭河の北岸に沿って西方の周原地区へと向かう交通路は、現代の幹線道路の位置とも重なりあうところがあり、西周期においても重要な交通路の位置となっていた可能性は高い。また、豊鎬遺跡から渭河の南岸に沿って西へと向かう交通路も存在したであろう。その路線は岐山県南部あるいは鄠県付近に想定される渭河の渡渉地点に接続していたことが推測される。この地点はまた秦嶺をこえて南へと向かう後代の褒斜道の起点でもある。一方、反対方向に白鹿原付近を経由して東へと向かう交通路もあったに違いない。その路線は関中平原の東端部（渭河と黄河の合流点付近）へとつながり、その先さらに洛陽地区へと向かう重要な交通路となっていたであろう。

周原地区では、標高の高い位置にある拠点的集落からの眺望という側面に注目した。しかし豊鎬地区では、中心地の豊鎬遺跡が周辺の地域全体に対して特別に高位置にあるということはない。中心地から北側の咸陽原の台地、南側の秦嶺の北麓までを比較的容易に眺望することはできるが、周原地区のように、高位置から周辺の集落群を見下ろすという眺望はない。したがって眺望を根拠にした集落の階層的構成という空間認識を想定することもできないであろう。

　以上のように、現有の資料からみるかぎり、周原地区と豊鎬地区は都城圏としての成り立ちがかなり異なっていたことが推測される。周原地区と豊鎬地区では西周王朝形成過程における歴史的事情が異なり、王朝内で担うべき役割も異なっていたと考えられる。同じ関中平原内に、西周王朝にとって同質かつ同規模の都城圏を二つ必要とする理由はなかったのではないだろうか。周原地区と豊鎬地区の都城圏としての役割の違いについては、金文資料等を含めて別の視点から論ずる必要がある。

　ところで、第2の都城圏として豊鎬地区が形成された頃、つまり西周王朝成立の頃、関中平原の人口規模に大きな変動はあったのだろうか。もし大きな人口増加があった場合、必然的に農地の大幅な増加が必要とされたであろう。しかし、王朝成立によって関中平原内で農地として増加したのは、先周期のおわり頃から周の統治下に加わった現在の宝鶏市周辺（ここにはもともと在地の集団が展開していた）［第二部第13章］のほかは、ほぼ上述した豊鎬地区の範囲（その一部地域にはもともと殷系文化の集団が展開していた）にかぎられている。周原地区内で新規に農耕集落が増えた可能性は高いが、周原地区を離れてあらたに開拓された土地は豊鎬地区以外にほとんど指摘できない。こうしたことから、関中平原の人口規模は西周王朝の成立前後で大きく変化したということはなかったといえよう。

V　周原地区、豊鎬地区、洛陽地区、そして西周王朝の「畿内的地域」

（1）三つの都城圏の概容

　周原地区の可耕地の広がりは、周原台地のうち南部の積石原を除いて計算すると約 $1812\,km^2$、豊鎬地区は上に推定した渭河北岸を含む範囲で計算すると

約 1204 km² となる。洛陽地区については、筆者らはいまだ十分な現地調査にもとづく地理的環境の検討ができていないが、仮に豊鎬地区の地形分類で確認した渭河河岸の「第二級階地」に相当する傾斜面の条件を根拠として、洛陽盆地の可耕地の地理的範囲を概算してみると、約 760 km² となる。このように都城の中心部とその周辺部の農耕集落を含めた集住地の連続的な分布圏として都城圏を想定したとき、推定される可耕地の面積が一つの指標となりうる。周原地区、豊鎬地区、洛陽地区という三つの都城圏のうち、周原地区の面積がもっとも大きいことは明らかである。[16]

都城圏と筆者が考えるものは、宮殿、宗廟、祭祀施設など中心部に集中することが予想される諸地点のほか、都城が必要とする各種の生産地点（青銅器、玉器、土器、各種の工具など）、中心地住人の生活を支える水系システムなどの公共基盤、食料の日常的供給地と推定できる中心地周辺の農耕集落の広がり、都城圏の内外を結ぶ交通路のネットワーク、防衛上の拠点等々の諸地点が、中心地をとりまく比較的広い範囲内に、相互に連続的に配置された地理的空間を指している。

ところで、都城圏の広さの一つの目安として、陸路 1 日の行程で到達可能な距離を中心地からの距離限界として仮定することは、地点間の日常的な往来を前提とした地理的範囲を考えるとき意味があるだろう。例えば日本の江戸時代の旅に関する研究では、平坦な道の場合成人男子は一日に 9〜10 里（35〜39 km 前後）を歩いたとされる。[17]徒歩による無理のない移動距離の上限として 40 km 前後を想定してみたい。周原地区では周原遺跡を中心とすると東は（漆水河西岸まで）約 30 km、西は（千河東岸まで）約 50 km、南は（渭河北岸まで）約 25 km となり、ほぼ一般的な距離限界の範囲内にあるといえる。豊鎬地区、洛陽地区の範囲はさらに狭く、いずれも距離限界の範囲におさまる。

周原地区は、先周期以来の周勢力の基盤となった地域であり、先周期の終わり頃に周は周原地区からまずは西方へと勢力を拡大し、一方で東方へと勢力を拡大した。おそらく西方への拡大に関係して、周原地区西端部や、現在の宝鶏市街地付近に防衛的な拠点として山城的な城壁をもつ水溝遺跡や蒋家廟遺跡などの囲壁集落を配置した。周原地区は、岐山南麓の高位の位置に並ぶ拠点的集落から、平原部の農耕集落を見下ろすという集落の階層性を意識させる特異な

眺望を前提に、周原台地とその南側の渭河両岸地帯を含めた全域が一つの秩序ある地理的単位を形成していたことが推測された。渭河両岸地帯では、渭河を利用した水運、秦嶺の山地資源の管理あるいは利用をおこなうという役割をになう集落が配置された可能性についても指摘できた。

豊鎬地区は、先周期の終わり頃、周勢力が関中平原東部に進出し、当該地区で以前から在地化していた殷系文化の集団を呑み込むように建設されたとおもわれる都城圏である。関中平原の東方にあった殷王朝の勢力に対峙し、やがてそれを軍事的に圧倒するという役割をになう拠点となったことであろう。周の勢力がすでに関中平原の全域を統治下に置いたことを反映してか、豊鎬地区にはその中心地の豊鎬遺跡にも、また周辺の諸集落にも城壁をもつなどの軍事的拠点は発見されていない。地理的環境からみて、中心地周辺の可耕地の範囲は、一部渭河の北岸一帯を含むものの、主として秦嶺北側の「第二級階地」の範囲に限定されると推測された。実際に発見されている西周期の遺跡分布のまとまり（クラスター）も、その範囲内におさまっている。

洛陽地区は、周が殷王朝を倒したのちに東方諸地域の統治をすすめ、安定した東方経営を維持する目的で建設された都城圏と考えられる。洛陽地区における西周期の遺跡分布については、全体像を見るには考古学の情報量が十分ではなく、現代の都市化の影響もあってか情報量の地区ごとの偏りも小さくないようにおもわれる。文献研究、金文研究と考古学研究をあわせて王城、成周、洛邑と呼ばれてきた都城の実態をどのように考えるのかという問題はいまも議論のなかにある。[18] 洛陽地区の地理的環境について、筆者はなお十分な検討ができてはいない。ここでは都城圏としての洛陽地区を、単純に洛陽盆地の地理的範囲におさまるものと想定して、その盆地内に推測される可耕地の広さに注目してみた。豊鎬地区を対象として可耕地範囲の決定に大きな意味をもった「第二級階地」に近い土地傾斜の条件を洛陽地区でも判断の根拠とし、洛陽盆地内の可耕地の面積を計算してみた。それが先に述べた約 760 km^2 という結果である。洛陽地区は、西周王朝にとって関中平原を離れて東方諸地域の経営を目的とした都城圏であったことは確かであり、周王室と華北、華中の各地に封建された諸侯国との間の結節点の役割を担ったことが考えられよう。

(2) 三つの都城圏を結ぶ河川交通

周原地区、豊鎬地区、洛陽地区という三つの都城圏は相互に独立して成り立っていたわけではない。安定して恒常的に維持される交通路を前提として人の移動、情報の往来、物資の輸送が互いを支えていたことは疑いない。この結びつきを前提として、三つの都城圏を含む全体が西周王朝の「畿内的地域」を形成していたというのが筆者の考えである。

周原地区の中心（周原遺跡）から豊鎬地区の中心（豊鎬遺跡）まで単純な直線距離で約90 km、豊鎬地区の中心から洛陽地区の中心（仮に洛陽市の王城遺跡）まで直線距離で約350 kmある。この間を種々の自然条件を背景として、地理的環境上できるだけ合理的な路線を選択しながら陸上交通路と河川交通路が成立していたと推測される。交通路を復元するための根拠となる史料もまた考古学的情報も、西周時代については非常に限定的なものである。ここではまず渭河―黄河の河川交通について、若干の史資料が得られる前漢時代以降の情況について先行研究を参照して整理し、そこから西周時代の河川交通について推測してみたい。一方、陸上交通についても同様に史資料は不足しており、ある地点とある地点が陸路で結びついていたことは確実に推測できても、その路線を描きだすことは時代を問わず困難なことが多い。そこで本書では、先に第2章、第3章で関中平原西部を対象に試みたように、地形に代表される自然条件を交通路成立上の第一要件としてGIS基盤上で計算した結果を示すことにする。その際にはすでに第3章、第4章で考察したように、水資源などの問題からそもそも人の居住地点が認められない広大な地域も指摘でき、そうした一帯には遠隔地を結ぶ交通路は成立しがたかったと判断する。

周原地区―豊鎬地区―洛陽地区を結ぶ交通路として、一つには渭河―黄河を利用した河川交通を考える必要がある。とくに農業生産物としての糧食、木材に代表される森林資源などの物資の輸送においては、陸運よりも可能ならば水運は効率的であったろう。

西周時代の水運の実態を知りうる史料はきわめて少ない[19]。つづく春秋時代の記録としては『左伝』僖公十三年の「秦於是乎輸粟于晉、自雍及絳相繼、命之曰汎舟之役」という記事が知られる。秦の雍城は、現在の陝西省鳳翔県すなわち西周時代の周原地区の西部に位置する。その南に渭河、西に渭河支流の千河

が流れる台地上に所在する。一方、晋の都の絳は汾河中流の山西省南部曲沃の侯馬故城あたりと考えられる。歴史地理学者の黄盛璋氏は、この記事が示唆する水運の路線として、雍城から渭河を利用して黄河屈曲点付近（潼関付近）に運ばれ、その後黄河を北に遡上し、さらに黄河の東岸で黄河に合流する汾河を東に遡上して晋都絳付近にいたるという道筋を推定している［黄盛璋 1982、p.148］。この輸送経路の大部分が実際に水運によるものなのか、一部は陸路を含んだものなのか、筆者はその実態はなお不明であると考えるが、この記事は渭河―黄河の水運に関する最古の確かな記録である。

　水量豊富な河川があればそこに無条件に水運が成立するわけではない。渭河は泥砂を大量に含む水質上の特性もあって、増水時などの河水の堆積作用が河道や河床の状態を比較的容易に変化させたと考えられる。歴代王朝の記録を見ても、安定した水運の維持にはつねに問題が多かった。[20]前漢武帝のとき、長安以東の渭河下流部の河道で湾曲が著しくなり、水運におおきな不利が生じていた。このとき大司農であった鄭当時の建議により、長安（昆明池の可能性あり）を起点に、関中平原東部の華陰にいたる渭河の南岸に渭河に平行する漕渠を開鑿し、実際にこの大工事を成功させたとされる。渭河の水運が、国家経営上重要な地位をもっていたことをうかがわせるとともに、渭河河道の変化が、水運の維持に深刻な影響を与えるものであったことが知られる［王子今 2007、pp.126-131］。渭河の河道と河床の状態は、気候（降水量）の変化、および関中平原とその周辺地帯における開発による森林環境の悪化、その結果としての土地保水力の変化、などが大きく影響したと考えられる。前漢時代における漕渠開鑿の事情から推測されるように、人為的な対策が施されない場合、渭河の水運は時代とともに不利な条件を増大させたものと考えられる。実際、渭河の水運は後漢末には衰退がはじまったとされる［王子今 2007、p.149］。それでも渭河の水運は、そののちも自然条件の困難を抱えながら持続され、隋唐時代には一時漢代以来となる漕渠の開鑿をおこなうなどして隆盛した。しかし11世紀中葉以降、もはや木製筏の利用などを別にすれば、一般的な船による運航は困難となり、その状況は現在もかわらない［黄盛璋 1982、pp.160-161、pp.166-169］。

　前漢時代の渭河水運を示す考古学的知見として、水運によって輸送されたで

あろう糧食を、一時的に保管した倉庫群の遺跡が知られる。現在の華陰市で1979年に発掘された京師倉（華倉）遺跡はその代表的なものである。発掘報告者によれば、遺跡は先述した前漢武帝時に開鑿された漕渠の東端近くに位置すると推測される。東西1120m、南北700mの範囲に糧倉の建築遺構が発見されている。1号倉は東西62.5m、南北26.6mという大きな規模をもつ［陝西省考古研究所 1990］。当該遺跡は渭河、黄河の合流地点付近にある潼関の西約10km、渭河本流の南約3kmに位置し、前漢の漕渠の可能性が推定される遺構から約400mの至近距離にある。また漢代にはこの付近に「船司空」が設置されたことも指摘されている［王子今 2007、pp.125-126］[21]。

漢代以来、渭河—黄河の水運として史料に言及されてきたのは、おもに長安以東の情況であった。西周期の周原地区—豊鎬地区の区間の水運を推測するうえでは、渭河をさかのぼって宝鶏市周辺を含めた現在の西安市以西の渭河水運に関する手がかりが必要である。2004年に鳳翔県長青で発見された前漢時代の倉儲建築遺跡［陝西省考古研究所・宝鶏市考古工作隊・鳳翔県博物館、2005］は、現在の宝鶏市周辺から西安市にいたる渭河の水運を推測するうえできわめて重要な手がかりとなりうる。同遺跡では、大規模な倉庫関連施設の一部と推測される南北216m、東西33mの建築遺構が発掘されている。鳳翔県ではそれ以前に「百万石倉」の文字をもつ瓦が収集されたことがあり、当該遺跡との関連も推測されている［王子今 2007、p.131］。遺跡は現在の千河（汧水）河岸の東約300mの低い台地上に位置する（写真5.15、写真5.16）。周原台地西端部の崖面を下った千河河岸に近い場所に立地しており、河川交通による糧食の輸送に関連した倉庫としての役割を果たしていたことは疑いない。遺跡前面の河岸から千河を南に下ると、直線距離にして約20kmで現在の宝鶏市東部にある渭河との合流点にいたる。そこから渭河を東に約130km余り下ると西安市西部の漢長安城付近にいたる。前漢時代にはこの区間を、糧食を積載した船が往来していた可能性が高いのである。

春秋時代にさかのぼる記録として先に触れた秦の雍から晋の絳にいたる河川交通は、現在の鳳翔県にある雍城遺跡に近い千河（汧水）東岸を起点として、宝鶏市以東の渭河を経由し、その先黄河との合流点まで達していた可能性が高いと推測できる。渭河の水量、水質は、基本的には時代がさかのぼるほど河川

交通路としての条件が良くなると予想されることからすれば、西周期にさかのぼって同様の路線で船の運航が可能であったことが考えられるのである。

以上のことから筆者は、西周期の渭河—黄河の河川交通として可能な路線をつぎのように推測している。西は現在の宝鶏市付近を起点として渭河を東に下り、咸陽市、西安市付近を経由して潼関付近の黄河との合流点までいたる。そこで2路に分かれる。一つは黄河本流をそのまま東に下って河南省三門峡市付近にいたる路線で、もう一つは黄河を北に遡行して、龍門の南の汾河との合流点付近にいたる路線で

写真5.15 長青倉儲建築遺跡 建築遺構はこの切り通し台地上、前方には千河が望まれる。

写真5.16 長青遺跡付近の千河河岸で表採された漢代の大型土器の残片

ある。三門峡付近は、古来黄河中流における船舶航行の難所として知られる。ここから東の洛陽までは、一般的には下記するような陸路を利用したと考えるのが妥当である。一方、関中平原の渭河の支流のうち、上記した根拠により千河は船の航行が可能であった。しかし涇河、洛河については基本的に確かな水運の記録がなく、船の往来には向かなかったと考えられる［黄盛璋 1982、p.148］。

（3）三つの都城圏を結ぶ陸上交通

周原地区と豊鎬地区を結ぶ陸路を考えるとき、第一に注意すべきは、渭河北側の咸陽原の台地上を通過する路線の利用は難しかったことである。今日、咸

陽原の台地上には東西方向に旧街道がはしり古来の幹線道路のようにもみえるが、前章で指摘したように咸陽原上には利用可能な水資源が絶対的に不足しており、新石器時代から初期王朝時代を通じて人の居住の痕跡はほとんど認められない。西周期の二つの都城圏を結ぶもっとも現実的な路線は、咸陽原南側の渭河北岸に沿った東西方向の路線、および秦嶺北麓と渭河南岸の間にあって東西方向につながった路線である。渭河南岸の路線は、鄠県あるいは岐山県南部付近にその存在が推測される渭河渡渉地点に接続していた可能性が高い。先にも指摘したようにこの地点はまた、秦嶺をこえて南方とむすぶ後代の褒斜道の起点にも近かった。

豊鎬地区と東方の洛陽地区をむすぶ長距離の陸上交通路については、豊鎬地区を起点とすると、そこから東に向かって渭河南岸に沿って伸びていたであろう。関中平原東部の渭河北側の一帯は、第4章で詳論したように古代以来水資源の問題があり、一部河川の河岸部以外、新石器時代から初期王朝時代を通じて集落遺跡の分布が確認できない場所である。一方、渭河の南岸は秦嶺北麓と渭河南岸の間の狭い平地であるにもかかわらず、西安市東方にあった殷系文化の拠点的集落である老牛坡遺跡や、さらにその東の華県南沙遺跡など、先周期における殷系文化の有力な集落が点在していた一帯でもある。渭河南岸の路線はやがて関中平原の地理的な東端にあたる渭河と黄河の合流地点付近（潼関付近）にいたる（写真5.17）。そこからさらに東に進むと、関中平原を東に出て河南省に入る。このあたりから洛陽地区までの間は、東流する黄河中流の南岸一帯にあたるが、黄河河岸部には交通に有利な連続した平地が少なく、黄河の南側にある丘陵地帯を経由する路線を選択せざるをえない。史上著名な函谷関（秦函谷関）は、三門峡市南西の丘陵地の谷間に位置する（写真5.18）。また前漢時代

写真 5.17 潼関の遺跡公園と渭河、黄河合流点付近

に新設されたいわゆる漢函谷関（新函谷関）は、直線にしてその東約110kmの新安県城に位置している（写真5.19）。これらは後代に設置された関所の所在地ではあるが、交通路として地形上合理的に判断された路線に位置するものと推測して、潼関、秦函谷関、漢函谷関を西周期の陸上交通路の通過点と仮定することにした。豊鎬地区と洛陽地区を結ぶ陸上交通路として、渭河南岸―潼関―秦函谷関―（三門峡）―漢函谷関を経由して、その東は澗河の付近を経由しながら現在の洛陽市にいたるものと想定しておきたい。

写真5.18 秦函谷関　遺跡公園内の故道

ところで、秦函谷関と漢函谷関の間は地形的にみると単純な直線路で結ばれていたわけではない。秦函谷関を東側に抜けるとすぐに比較的広い谷間の土地に出る。この谷間に沿って4～5km北上すると黄河南岸の平地部に出る。この平地は東に約20km行くと現在の三門峡市街地にいたる。この地点は、遅くとも西周後期以降には有力な姫姓諸侯国である虢国が所在した場所である（写真5.20）。この地に西周王朝の有力諸侯が配置されたのは、一つには豊鎬地区と洛陽地区を結ぶ交通路上の中継地点としての重要性があったものと推測される。

写真5.19 漢函谷関　新安県城街路の磚門

写真 5.20　虢国墓地（三門峡市）北側の黄河南岸地形

写真 5.21　汾河、黄河合流点付近（山西省側からの眺望）

先述したように三門峡付近は、黄河水運において船の難所であり、河川交通路はこの付近を一つの終着点としていた可能性が高い。一方、虢国墓地遺跡が所在する三門峡市付近は黄河南北両岸の渡渉地点であった可能性が高い。黄河南岸の三門峡付近と黄河北岸の山西省平陸付近は現代においても船による渡しが設置されてきた。山西省南部は、西周時代、春秋時代の有力諸侯である晋国の勢力が広域に影響力をもっていた一帯である。この一帯には黄河第二の支流の汾河が流れている。晋国の中心地から汾河を西に向かって下ると、やがて急流で名高い龍門の南で黄河本流に合流する（写真 5.21）。比較的水深の浅い流れの穏やかな汾河、黄河合流点付近は、山西省側と陝西省側の渡渉地点となっていた可能性が高い。この地点の黄河西岸は、現在の陝西省韓城市付近となる。この付近では近年、西周後期から春秋前期の芮国に関連すると推測される大規模な墓地を含む梁帯村遺跡が発見されている［陝西省考古研究院ほか 2010］。梁帯村遺跡は黄河西岸に崖面を形成する台地の縁辺部にあって、黄河の本流を眼下に望む場所に所在する（写真 5.22）。

　遅くとも西周後期以降、関中平原東端と洛陽地区を結んでいた陸上交通路と関連しながら、黄河南岸（河南省三門峡付近）―黄河北岸（山西省平陸付近）―山西省南部（曲沃の晋国中心地）―汾河流域―黄河西岸（陝西省韓城付近）

という重要地点を結んで周王朝の有力諸侯が展開していたことになる。田畑潤氏は黄河中流域の虢、芮、晋が並ぶ状況を「L字ライン」と名付けて注目し、西周後期における黄河を挟んだ諸侯国間のネットワークについて言及している［田畑潤 2012］。豊鎬地区と洛陽地区の間の陸上交通路は、直線にして約 350 km と

写真 5.22　梁帯村芮国墓地遺跡（陝西省側）から遠望される黄河と山西省側の対岸

比較的長距離ではあるが、路線の中間部の近隣には重要諸侯を配置して交通路の安定をはかったのではないかと推測される。

　西周時代の交通路の復元は推測に頼らざるを得ない部分が多い。図 5.15 は、陸上交通のいくつかの経由地点を推定して、そこを通過することを原則として徒歩による人の移動を考えたときの合理的な路線図である。GIS 基盤のうえで地形的条件の制約を計算して表現した陸路である。この図は第 2 章で関中平原西部について試みた交通路の復元研究を、関中平原の全体および洛陽地区にまで拡張したものでもある。(23)先に触れたように成人男子の徒歩による一日の移動

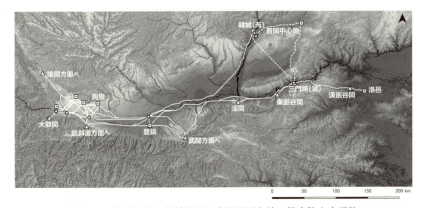

図 5.15　周原地区・豊鎬地区・洛陽地区を結ぶ推定陸上交通路

距離を 40 km 前後とすると、周原地区から豊鎬地区までは 2 日余り、豊鎬地区から洛陽地区までは 7 日から 10 日を要したと推測される。

　西周王朝の畿内的地域について政治的空間の境界線を描きだすためには、別の側面からの研究が必要である。周王室と諸侯国の関係性を地理的枠組みの上で分析することが必要であろう。本書では単純に地形的な合理性にのみ依拠して考え、秦嶺山脈と北山（岐山）に南北を挟まれた閉じた空間である関中平原、同じく山塊に囲まれた閉じた空間である洛陽盆地、そして関中平原と洛陽盆地を結ぶ交通路が確立していた中間地帯（周王室に近い重要諸侯を配置した黄河南岸一帯と関中平原北東部の黄河西岸一帯）をあわせて「畿内的地域」の広がりととらえておくこととしたい。

註

（1）周公廟遺跡の廟王村地点および祝家港北 A2 地点で出土した甲骨文には、「周公」「新邑」など、周公旦と関連する文字が見える。
（2）角道亮介氏は最新の発見を踏まえながら、周原遺跡の現状についてまとめている［角道亮介 2018］。
（3）集住地点の間隔は現代の周原遺跡周辺の村落の間隔にも比較的よく一致するという興味深い指摘をする現地研究者の話を聞くことがある。この類似にはなにか合理的な意味がある可能性もある。
（4）殷王朝後期の殷墟遺跡や西周時代の都城を対象に、都城内各地点の墓地と各地点で出土した青銅器の族記号や作器者の系譜などを手がかりとして、異なる族的集団が都城内の諸地点に集住したという状況はこれまでも指摘されてきた［許宏 2017、pp.240-241］。この視点を含めて初期王朝時代の王都の社会構造に関しては［岡村秀典 2008、pp.151-179］を参照のこと。周原遺跡について雷興山氏は、ある特定の手工業集団に結びつく特徴ある工具類に着目することで、同氏の提唱する「考古背景」の視点から都城内の族的集団のあり方についてきわめて具体性のある分析を試みている［雷興山 2009b、pp.95-101］。
（5）河川、濠、水溜まり等に堆積した泥砂を意味する。
（6）第一部第 3 章、「湧泉表」3。
（7）なお、図 5.2 の背景図とした CORONA 衛星画像を注意深く観察すると、この劉—龐家淤土遺跡の場所が暗色になっていることに気づかされる。CORONA 衛星画像による地表面情報の豊富さを示しているともいえよう。
（8）筆者は 2017 年 8 月に現地を訪問した際に、王占奎氏の案内により周原遺跡南東部においてさらに別の、西周期の可能性のある東西方向の溝渠遺構の発掘地点を見学

させていただいた。今後もさらに別の水系遺構が発見される可能性は高いとおもわれる。
(9) 原宗子氏［原宗子 2005a、pp.219-221］は、1975年に周原遺跡内の董家村で発見された「五年衛鼎」［岐山県文化館・陝西省文管会 1975］に見える「厲日、余執龏王卹工、于卲大室東、逆粦二川」と釈された一文に関する白川静氏（「裘衛鼎一」『金文通釈巻6補釈篇11』白鶴美術館、1980年、pp.262-267）らの議論を引用しながら、西周期に王の指示によるある種の水利工事がおこなわれたことを推測する。そのうえで「五年衛鼎」の「卲大室の東」とされる水利工事の地点について、容易には定めえないとしながらも、工事に関連して裘衛が得たとされる土地については、扶風県法門寺の近く、すなわち周原遺跡の近隣もまたその可能性のある場所の一つとして言及する。本章で紹介した周原遺跡範囲内の水系システムが、裘衛関係諸器出土地点の董家村付近をもそのシステム内に含むものであることは確かであり、「五年衛鼎」にいう水利工事がこのような周原遺跡内の水系システムに関係する可能性についても考えておく必要があろう。
(10) 大きな囲壁は存在しなくても宗廟のような宗教的中枢部や宮殿のような政治的中枢部を囲む小規模な囲壁区画が存在した可能性は十分にある。先秦時代の都城史研究をすすめる許宏氏は、膨大な資料集成のうえで、二里頭文化期から西周期（春秋戦国以前）において、都城の集住地点全体を囲むような外郭城垣の考え方は未確立であったことを論じている［許宏 2017、p.241］［許宏 2016］。
(11) 周原地区の西の境界線を千河の谷とすると、水溝遺跡は周原地区内の西部縁辺部、蔣家廟遺跡は西方外の近隣地点に位置する。
(12) 両遺跡の地面調査と小規模な試掘からえられた年代観については、［徐天進 2006］「北京大学中国考古学研究中心・宝鶏市考古研究所 2013」を参照のこと。水溝遺跡、蔣家廟遺跡でこれまでに採集されている若干の土器片は、筆者が観察したかぎりでは殷代後期並行期を上限、西周前期を下限とする比較的狭い時期幅に相当するものが多いようにおもわれた。
(13) なお、可視範囲の計算にあたっては、遺跡内のどの地点のどの高さに「視座」をおくのかという問題がある。本書では、遺跡内地表付近の任意の地点のなかで、できるだけ眺望が開けた地点を探しだして代表点とした。微小地形の影響をできるだけ排除しようという考え方である。
(14) 遺跡間距離については厳密にはコスト距離によって計算する必要があるが、ここでは地形的な複雑度が高くないと判断して、直線距離にもとづく分析をおこなった。クラスター分析では一般的にウォード法と群平均法がもちいられるが、ここでは群平均法を使用した［第一部第2章］。
(15) 群平均法では、遺跡間の距離（閾値）を小さく設定すると多くの小クラスターに分かれる結果が示され、大きく設定すると少数の大クラスターにまとまる結果が示される。ここではそのなかでも、クラスター（遺跡群のまとまり）の分離が比較的

(16) 可耕地が意味するものはなんであろう。その面積の広さは当然ながら農業経済の規模と相関する可能性が高い。等質的な環境条件の地域を互いに比較したとき、面積の大小が農業基盤の大小を反映していると考えられる。一方、可耕地の広がりのなかで、実際に農業生産を担当する社会的単位は個々の農耕集落である。初期王朝時代においては、個々の農耕集落は、個々の族的集団の集住地の単位であると仮定すると、可耕地の広がりとは、その地域を構成する族的集団の個数をある程度反映しているとも考えられる。一つの都城圏を日常的に支えた農業経済の規模、都城圏を構成した人口の規模、王権を周囲で支えた族的集団の個数をもある程度反映していると考えられるのである。
(17) 金森敦子『江戸庶民の旅　旅のかたち・関所と女』(平凡社新書148) 平凡社、2002年、24頁参照。
(18) 洛陽地区の西周期の遺跡状況をまとめた飯島武次氏［飯島武次 1998a］を参照のこと。また、黄川田修氏による最近の議論［黄川田修 2018］も参照されたい。
(19) 『詩経』大明に、「親迎于渭、造舟爲梁」とある。文王時の言説と考えられている。当時すでに渭河で船が利用されていたことを物語っている。
(20) 黄盛璋氏によれば、渭河は本流の黄河にも似て水運を困難にさせる三つの問題点を抱えていたという。すなわち、①そもそも水量が少ない、②泥砂が多い、③洪水期と渇水期の水量の差が非常に大きい、という3点である［黄盛璋 1982、p.162］。
(21) 漢代にはこの華倉を黄河と渭河の合流点に位置する中継地として、東から西へ、敖倉（河南滎陽）―華倉―太倉の水運路線が形成されたと考えられている［王子今 2007、p.125］。
(22) 史念海「三門峡与古代漕運」『人文雑誌』1960年第4期［史念海 2001a、pp.35-47］。また、河南省交通庁交通史志編審委員会『河南航運史』人民交通出版社、1989年、26-31頁参照。
(23) ただしこの図は、洛陽地区に関しては、あくまで西方の豊鎬地区とのつながりでのみ評価してある。洛陽を中心としてそこからさらに東方、北方、南方への交通路については考慮していない。

第二部　西周王朝成立期の編年的研究

第6章　関中平原出土の鬲の系統

　本書第二部では、西周王朝成立前後における関中平原の考古学的編年について論じていく。第一部ではおもに地理的空間の問題を扱ってきたが、歴史的対象としての「地域」を理解するためには同時に時間について理解を深める必要がある。考古学的編年はこの場合、時間を考えるための基礎となる。編年的研究はここではおもに土器の型式学的な研究としてすすめていく。そのなかで先周期から西周期にかけて関中平原に展開した土器の諸系統を抽出し、その相互関係の動態について検討していく。先周期に存在した土器諸系統の動きのなかから、やがて本書で「西周式土器」と呼ぶものが成立する過程を描いてみたい。西周式土器は明らかに殷周王朝の交代と西周王朝の成立という歴史的過程のなかから生まれた土器の様式である。その組成のなかに旧殷王朝に由来する土器が含まれることから明らかである。第二部で詳しく論じていくように西周式土器はけっして先周期にあった土器の一系統が単線的に発展して成立したものではない。先周期の関中平原に展開した複数の土器の系統が相互に関係しながら、旧殷王朝系統の土器も加わり、その結果として成立したものといえよう。土器諸系統の動きは、当然人間集団の動向と重なりあう面も多いと考えられる。考古学の編年的研究と土器諸系統の抽出は、西周王朝成立前後の関中平原における集団の動きをうかがうもっとも確かな方法の一つとなろう。

　第二部第6章から第13章の基本的な内容は、筆者が1990年代に発表した論文の内容に若干の加筆修正を加えたものである。しかし第一部で触れたように、2000年代以降、先周期、西周期の考古学的研究には大きな進展があった。そこで第二部後半の第14章と第15章では、十分とはいえないが、こうした近年の新知見、新発見をあつかった土器の研究と、近年の諸氏による先周期研究の動向を再検討した文章を追加することとした。

I 「先周文化」の探求と陶鬲の分類

　西安市の西郊、澧西、澧東地区は、西周の王都豊邑、鎬京の所在地とされ、早くから注目されてきたが、1950年代以降、この地の広範囲に分布する遺跡群（以下、豊鎬遺跡と称する）の本格的な発掘調査が継続してすすめられるようになった［中国科学院考古研究所 1962a］。その成果にもとづき、土器と青銅器を指標とした西周期の考古学的編年は、近年ようやくその大まかな枠組みが確立されつつある。西周期の周王朝の文化的様相が知られるにしたがい、研究者の関心は、さらに王朝期に先行する時期に対しても向けられるようになった。特に1970年代以降、豊邑、鎬京以前の周の本拠地として文献に伝えられてきた周原の地をめぐって、その所在地と推定される岐山南麓の扶風県、岐山県の一帯で、次々と関連遺跡の調査がおこなわれると、これを契機に殷、周の王朝交替以前にさかのぼる「周」の文化というものを想定して、早周文化［徐錫台 1979］あるいは先周文化［鄒衡 1980b］と呼称し、これをめぐって多くの議論が生まれてきた。

　先周文化あるいは早周文化をめぐる1980年代までの研究動向については、李峰氏により的確に整理された論述がある［李峰 1991］。その李氏のまとめからも明らかなように、議論の一つの焦点は、殷、周王朝交替前後の関中平原で広く見られた代表的な土器である鬲のなかに、一般に高領袋足鬲と呼ばれるものと聯襠鬲と呼ばれるものがあり、この両者の関係をどのように認識するかという点に集中している。ごく粗略にいえば、いずれの鬲が「先周文化」を代表するものであり、西周王朝の鬲の源流となったのかという議論がなされてきたのである。代表的な考え方を紹介すれば、第一に、高領袋足鬲と聯襠鬲は、西周王朝以前において並行して存在した全く別の伝統に属する異なる系統の土器であるが、それらがやがて聯襠鬲を主体としながら一つの伝統のなかにまとまることで西周王朝の土器が形成されたとする主張がある［鄒衡 1980b、1988］。第二に、高領袋足鬲は西周王朝以前にさかのぼる鬲であるが、聯襠鬲は基本的に王朝期以降に年代の下がる鬲であるとし、そもそも両者を時期の違う2種の鬲と考え、西周王朝以前における両者の並行と相互関係を考えない主

張がある。またその場合この主張では、2種の鬲の間に系譜的なつながりがあるとは考えていない［張長寿・梁星彭 1989］。さらに第三に、それら2種の鬲は確かに異なる形式の鬲であり、西周王朝以前において並行しているが、それらはいずれも王朝以前の「周」の文化、すなわち同じ先周文化の伝統のなかでおこなわれた2形式の鬲であるとする考え方がある［胡謙盈 1986］［李峰 1991］。第三の考え方では、2種の鬲の消長や相互関係は、あくまで「周」文化の内的な展開として評価される。

　これらの先行研究に対する筆者の見解は、本書第二部の議論を通じて明らかにするつもりであるが、結論の一部を先取りして述べるならば、筆者は前掲の三つの考え方のうち、2種の鬲が全く別の土器の伝統に属していて、かつ西周王朝以前に並行していたとする点で、第一の考え方に近い見解をもっている。ただし、第一の考え方では、聯襠鬲を主体としながらも、高領袋足鬲もまた西周王朝の土器の構成に加わったとされるが、この点は本研究の結論とは大きく異なる。後に示すように、筆者のいう「西周式土器」には、高領袋足鬲の系統は加わっていないのである。さらに筆者の研究では、従来の「先周文化」の研究において十分に取り上げられてこなかった第3種の鬲として、殷系統の分襠鬲を取り上げる。近年ようやく関中平原でも出土資料が増加してきたこの種の鬲は、実は早い時期から関中平原に定着していた殷系土器群の中心的な器種であったもので、のちに西周式土器の構成にも加わったと考えられるものである。このような殷系統の分襠鬲を、本書では聯襠鬲、高領袋足鬲と並び、関中平原に盛行した重要な鬲の一系統として取り上げていく。

　ところで土器をあつかう従来の研究の多くが、鬲という土器の一器種に偏った議論をしてきたことには問題があった。もし「先周文化」ということを問題にするのであれば、鬲のみならず土器群の組成を全体としてとらえて、はじめて意味のある文化の系統について論及することが可能になるはずである。筆者はまず本章において鬲に注目し、その系統の違いを分類することから検討をはじめるが、それはあくまで鬲という土器の一器種が、対象となる多くの遺跡でもっとも大量に出土し、土器編年研究上もっとも有効な材料となるからである。本章において鬲の系統を分類することで、後続の各章において、土器群の諸系統を抽出し、編年的に整理していくための基礎的な認識を準備したい。

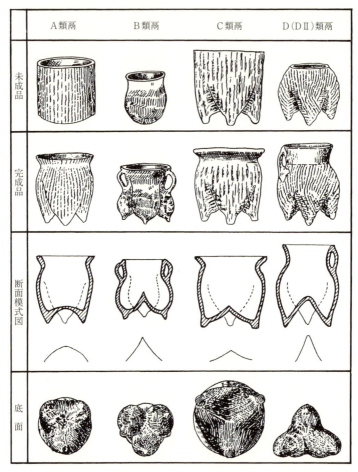

図 6.1 鬲各系統の特徴（[[蘇秉琦 1984a、p.111] より筆者編）

　関中平原に見られた陶鬲の製作技法について、詳しい観察所見を残した研究に、宝鶏闘鶏台遺跡の資料をあつかった蘇秉琦氏の細緻をきわめた労作がある[2]。近年にいたるまでにこの蘇氏の研究以外に確実に依るべき研究報告がないのは残念であるが、ここでは蘇氏の報告に筆者の若干の観察所見を交えて、いまだ初歩的な域を出ないが、製作技法の相違から知られる鬲の系統別について考察する。

蘇秉琦氏は、宝鶏闘鶏台遺跡出土の多系統のしかもさまざまな時期の陶鬲を観察し、考えられるその製作技法から、鬲を4類に分類している。この分類は現在からみても基本的に妥当なものと考えられるが、いくらか補足的な説明が必要であり、また4類の名称についても、現在の中国考古学で使用されている用語との間に混乱が生じることが考えられ、本書で改めて整理しておく。

蘇秉琦氏の分類名を改称し、蘇氏の提示した分類概念図をつくりなおしたものが図6.1である。以下に鬲をもっとも特徴づけている中空の三足部分の製作法に着目しつつ、関中平原で出土する鬲を、A類、B類、C類、D類の4類に分類する。

Ⅱ　A類鬲（聯襠鬲）

蘇秉琦氏が「折足類」と称したもので［蘇秉琦 1984a、pp.124-131］、今日、中国の研究者の多くが聯襠鬲と呼ぶものである［鄒衡 1980、p.300］。A類鬲の製作は、まず粘土紐積み上げと叩きの技法によって、底のない円筒状のものをつくり、原型としたと考えられる。この叩きの過程で縄状の叩き目である縄紋が付せられる。この円筒の乾燥がすすまないうちに、円筒の下部を三方向から押すようにして、器壁の底部を「人」形に合わせて底を閉じる。こうすると中空三足の原型ができあがる。その襠部（三足の股の部分）をさらに上に押し上げ、かつ三足に適度な太さと丸みをもたせるように整え、三足の合わせ目の余分な粘土を切り取る。そして三足の合わせ部分の器の内外から薄く粘土を塗り込め、亀裂の残らないように調整して三足部分を完成させる。こののち（あるいは三足部分の成形の前であるかも知れないが）、口頸部の成形にはいる。口頸部は、まず原型の円筒の上部が内傾するように、手指で周囲から圧迫を加えるか、あるいは叩きの技法によって変形を加えてすぼまる肩部をつくり、口縁部は逆に外反するように広げる。このとき一般に口縁部に回転を利用した横ナデの調整を加え、口縁部外面に付せられていた縄紋を擦り消すことが多い。ここで一部の例では三足の先端部にさらに円錐状または円柱状の足尖部（脚の先端部分）を加え、最後に粘土を塗り重ねた部分や、手による変形を加えた部分を中心に再度縄紋を施して全体を仕上げたと考えられる。

180 第二部 西周王朝成立期の編年的研究

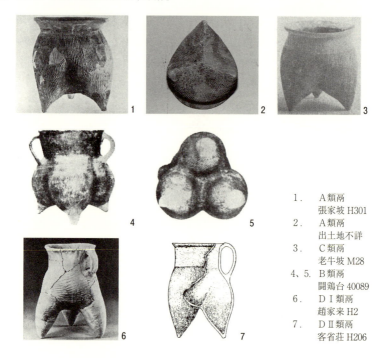

1. A類鬲
   張家坡 H301
2. A類鬲
   出土地不詳
3. C類鬲
   老牛坡 M28
4、5. B類鬲
   鬪鶏台 40089
6. DI類鬲
   趙家来 H2
7. DⅡ類鬲
   客省荘 H206

図6.2 鬲の各系統〔7は1/9 その他縮尺不同〕

　こうして成形されたA類鬲の外見上の特徴はつぎのようである、①器全体の印象として原型の円筒状の特色を残していることが多い（とくに古い段階のA類鬲）。②襠部の側視形が弧状を呈する。③胴下部の三足間の側壁が、三足成形時に3方向から押した結果として、内側にくぼんだ状態になっていることが多い[6]（図6.2-1）。④A類鬲の三足襠部は、円筒からの貼り合わせであるため、襠部の貼り合わせ部分に「人」形の稜線状の貼り合わせ線が残り（図6.2-2）、逆に鬲足の内面側のその部分には、浅い凹状ないしV字状の谷のような溝が残る。

　単に外見上、弧状の襠部を呈する鬲は上述以外の技法によっても製作可能と考えられ、現にそうした鬲も存在する。しかし特に③と④を仔細に観察することで、A類鬲とその他の鬲とは明解に区別される[7]。

Ⅲ　B類鬲（袋足鬲）

　蘇氏のいう袋足類に相当し［蘇秉琦 1984a、pp.116-121］、今日よく袋足鬲（高領袋足鬲あるいは高領乳状袋足鬲）と呼ばれるものである（図6.2-4、5）。B類鬲では口頸部と三足部を分割して成形する。三足は、さらに一つひとつを型づくりによってつくる。型は、球形に近い土製の容器状のものを内型として用いたと考えられる。当然、3本の足の形状や大きさは、一般に同一の型でつくられたことを示すようにきわめて類似した大きさと形状に仕上がっている。[8] 縄紋は型から脚の原形をつくる段階で叩き目として付せられたと考えられる。成形した3本の空足は、その袋状の原型の口部を互いに圧着させて接合する。その結果、B類鬲の内側から見た三足の接合面は、垂直に立ち上がった形状（隔壁状）に仕上がり、外側から見ると三足間の襠は鋭角的に切れ上がる。このように接合した三足部の上に、粘土紐積み上げまたは型づくりによって別につくった口頸部をのせ、接合する。ついで口頸部と三足部の接合部、および三足間の接合部を、亀裂が残らないように器面調整し、三足接合部の外面にはさらに粘土を貼り重ねて強化する。この貼り重ねた粘土の上を、しばしば円棒状の工具で刺突して、そこに蜂の巣状の凹点紋を残しながらしっかりと圧着させる（とくに新しい段階のB類鬲）。口頸部と三足部の接合部は、その接合線を隠すように沈線を装飾風にめぐらせて仕上げたものが多い（とくに新しい段階のB類鬲）。口縁部にはある種の回転による調整を加え、B類鬲最晩期の例では口縁端部外面の縄紋をナデによって擦り消すことがある。口縁端面は、しばしばある種の工具ですり切ったように水平、平坦に仕上げている。さらに別づくりの足尖を袋状三足の先端に付加し、また一部のものでは環状の把手や小さな板状突起の把手（「鶏冠耳」）を口頸部に取り付け、[9] それらの接合部の表面に再度縄紋を施して仕上げている。

Ⅳ　C類鬲（殷系分襠鬲）

　蘇氏の分類における矮足類がこれに相当する［蘇秉琦 1984a、pp.132-

133]。殷墟遺跡出土の大部分の鬲をはじめ殷系の鬲と考えられるものは基本的にこれと同じ製作法の鬲に属するが、関中平原の殷王朝並行期から、西周期にかけても相当量のこの系統の鬲が存在する。本書でC類鬲と称するのはこの関中平原に定着した殷系の鬲のことである（図6.2-3）。西周期に下がって、筆者のいう「西周式土器」にも含まれるこの系統の鬲（本書で先周期のものと便宜上区別して「西周C類鬲」と称する。従来、西周の分襠鬲と呼ばれた）に関しては、最近まで一般に殷系の鬲の系譜を引くとは認識されておらず、本書でその考え方を提唱するところである。

　しかしながら、このC類鬲の成形法あるいは殷系の鬲一般の製作技法に関しては、いまだに正確なことが解明されているとはいえない。宝鶏出土の数点の例を手にした蘇氏の観察によれば、この類の鬲は三足部、口頸部ともに器の内面に縄紋などの痕跡はなく、平滑であり、口頸部の内外面に回転による横ナデの調整が見られ、口縁外面に元来あった縄紋が擦り消されている。また器のいずれの部分にもA類鬲、B類鬲のように器壁を接合したような痕跡が認められない。蘇氏はこのことからこの種の鬲は一つの型（内型）から一度に原型をつくり、外面に縄紋を施したあと、口頸部は回転を利用した調整を経てつくりだしたと推測した。

　一方、李済氏に殷墟出土の鬲の成形法についての考察がある［李済 1956、pp.107-108］。李氏は、殷墟出土の鬲の多くが、一個の「外型」によって一度に三足部を成形していた可能性を指摘し、この他、一部のものは丸底の土器から手びねりで鬲形に成形しており、また三足を別々に型づくりで成形したとみられる例もあると述べた。筆者の観察によれば、殷墟出土の鬲あるいはC類鬲の内面には、一般的に凹凸が少なく、手指、当て具の痕跡も成形に直接関わるようなものはないとみており、このことから蘇氏が考えるように表面が平滑な単一の内型を用いて一度に成形した可能性が高いと考えている[10]。しかしすべてがこれに該当するとはいい切れず、李済氏の指摘にも注意すべき問題がのこる。殷系の鬲全般に関わる今後の研究課題である[11]。

　C類鬲の器形上の特徴は、その襠部の側視形が底部の中心点を境に左右に鈍角に折れた曲線を描き、三足襠部のなす側視線がA類鬲のように「⌒」状ではなく、両辺が反り返った「へ」状を呈することである（図6.1）。三足の境

界は、器の内側から見ると稜線をなして折れるように明確であり、A類鬲が
なだらかにつながるのとは区別されるが、一方、B類鬲のように隔壁をなして
立ち上がることはない。口縁部は外反し、一部のものはその端部が肥厚して端
面が幅のある平坦な帯状を呈することが多い。また口縁部の断面形がL字状
に立ち上がる形状をなすこともある。これらの特徴も戽系の鬲に特有のもの
で、C類鬲（関中平原では特に早い段階）で広く見られる特徴である。

V　客省荘第二期文化（龍山文化期）の鬲

　関中平原における龍山文化期の客省荘第二期文化の鬲には、三足を別々に型
づくりして接合したタイプと、単一の型で三足を一度に型づくりしたタイプが
見られる。仮に前者をDⅠ類[12]、後者をDⅡ類[13]と呼ぶ（図6.2-6、7）。客省荘
第二期文化のなかでもDⅠ類がやや早くに現れ、DⅡ類が遅く現れたと考え
られる。[14]

　DⅠ類の鬲は、華北の三足土器としてはより古い伝統をもつ器形である斝
と同じ製作法によると考えられる。このタイプの鬲を製作したときのものと思
われる袋足の内型が出土している。[15]

　DⅡ類は、蘇秉琦氏のいう聯襠鬲に相当する［蘇秉琦 1984a、pp.140-
144］。三足部の内面は手指や当て具の圧痕がない比較的平滑なものが多いが、
同時に三足の内面に「内型」から転写されて残った反転縄紋、あるいは反転籃
紋を見ることも多く（図6.2-7）、三足部は型づくりで成形されたことが分か
る。[16]その場合、三足内面の縄紋痕（籃紋痕）が、三足の境界部分でつながる[17]
ように連続して残る例が観察され、また、蘇氏も述べるように先のB類鬲の
ように三足を接合処理したような痕跡が認められない。したがってDⅡ類の三
足部は、DⅠ類とは異なり、三足を一つの内型から一度につくったものと考
えられる。その内型として、既成の鬲をそのまま転用した場合もあったのでは
ないかと推測される。DⅡ類では、三足部が出来上がると、そこに別づくり
の口頸部をのせ、さらに一部のものは環状の把手を片側に取り付けて（単把
鬲）成形を終える。

　DⅡ類鬲の器形上の特徴として、三足が深めで痩せた円錐状を呈すること

と、襠部の側視形がほぼ逆V字形を呈するが、（三足を一つの型からつくった結果として）襠の折れるところが小さな弧状をなして連続的につながり、B類鬲のように鋭角的に切れ上がらないことが指摘できる。

　以上に述べた関中平原に見られるA類鬲、B類鬲、C類鬲ならびに龍山文化期のD類鬲の4系統の鬲は、それぞれが別の伝統をもつ土器系統に属していることを、後章で明らかにしたい。A類、B類、C類の各系統の鬲は、関中平原における客省荘第二期文化以降に展開した複数の土器系統を区分する大きな指標となりうるはずである。

註
（1）また、2種の鬲が墓の副葬土器と生活址の違いである可能性を指摘した飯島武次氏の研究［飯島武次 1988］も、この考え方に近い研究方向を示しているといえよう。
（2）①『闘鶏台溝東区墓葬』［蘇秉琦 1948a］、および同報告書に付録として掲載された②「瓦鬲的研究」［蘇秉琦 1948b］、さらに後者の基礎となった③「陝西省宝鶏県闘鶏台発掘所得瓦鬲的研究」［蘇秉琦 1948］がある。この3篇は後に①、③が抄録、②が全文掲載のかたちで、『蘇秉琦考古学論述選集』［蘇秉琦 1984a］に再録された。以下、この再録書の頁数を引用する。
（3）このような原型の円筒自体が発見されたことはない。蘇氏はこのような円筒が、内型を使った型づくりによってつくられたと想定するが、円筒状の器形そのものは、粘土紐積み上げを基本とする殷周時代の水道管の製作や、のちの瓦の製作に通じるところがある。A類鬲の成形法に関しては、［中国社会科学院考古研究所豊鎬工作隊 1987、p24］においても、やはり円筒状の原型からつくるとする認識が見られる。
（4）A類鬲のすぼまる口頸部（肩部）の内面に、しばしば手指で押したときの圧痕が残る。例えば［蘇秉琦 1984a、p.127、No.20］。
（5）塗り重ねた粘土が剥落した場合、その地肌に元来の縄紋が現れる。このことからも円筒の最初の原型の段階から縄紋が付せられていたと考えられる［蘇秉琦 1984a、p.130、No.41］など。
（6）鬲の3側面にくぼみができているところから、一部の中国の研究者はこのA類鬲のことを癟襠鬲とも呼ぶ。
（7）華北各地で出土する各時代の鬲のなかには、襠部が弧状を呈する鬲が間々見られ、しばしば聯襠鬲と呼ばれることがある。そのなかにはここでいうA類鬲とは異なる技法によると考えられるものも少なくないが、一般に公表された実測図のみからはその製作技法を確認できないことも多い。本書にいうA類鬲とは、蘇秉琦氏らの観

察記録と筆者自身の観察にもとづいて、その製作技法の伝統が確認できる関中平原に分布する「聯襠鬲」のグループを念頭においている。
(8) B類鬲の製作に使われた「型」そのものは確認されていないが、同一個体の三足の形状が相互にきわめて類似する点は、型づくり法によったことを示唆していよう。また鬲足の内面は先のA類に比較して一般に平滑で、手指や当て具の圧痕などは見られず、手指の圧痕やナデ痕は、三足部と口頸部の接合部などに調整の痕として見られる。平滑な内面は平滑な型の外面によると考えられ、この点からも三足部を型づくりで成形したことが考えられる。筆者は1987年2月と、1988年11月に扶風県の周原博物館の御厚意で、劉家遺跡出土のB類鬲をくわしく観察することができたが、このとき、数点の鬲足の内面に、元来は内型の外面についていた縄紋が、反転して付せられた縄紋痕を認めた。後述するように、龍山文化期の鬲にはしばしばこうした反転縄紋（または反転籃紋）のあることが知られているが、先周期のB類鬲においても、一部の内型の器面には縄紋が付せられていたと考えられる。
(9) 付加した把手や足尖が剥落した場合、しばしばその元来の地肌に縄紋が整った姿で現れる。これらの部品が、成形の最後に付加されたことがわかる。
(10) 本書にいうC類鬲相当の鬲が、一つの内型から一度に成形されるという認識は、［中国社会科学院考古研究所豊鎬工作隊 1987、p.27］にもみられる。
(11) 陝西華県南沙村上層［北京大学考古教研室華県報告編写組 1980］の土器は、二里岡上層期に属するものである。その出土遺物のなかに、灰坑H10から出土した鬲の内型と称される棒状の土製品2点がある。これが鬲の内型とすると、ここの殷系鬲は、三足が別々に型づくりされたことを意味するが、この2本の内型とされるものは、あまりに細くかつ小型であり、その形状は、同じ灰坑から出土している鬲足をつくる内型としてはとうてい適さない。ただし、これに似た形状のやはり鬲足の内型と理解されているものが、殷墟期の河北邢台南大郭村上層などでも出土しており注意すべきであろう（唐雲明「邢台南大郭村商代遺址探掘簡報」『文物参考資料』1957年3期）。
(12) ［中国社会科学院考古研究所 1988、p.122］にいう客省荘第二期文化陶鬲Ⅰ～Ⅲ式。
(13) ［中国社会科学院考古研究所 1988、p.123］にいう客省荘第二期文化陶鬲Ⅳ式。
(14) ［中国社会科学院考古研究所 1988、pp.154］参照。なお、龍山文化期の鬲全般については別に検討する必要がある。小川誠「龍山文化の性格—斝・鬲をめぐる考察—」『紀尾井史学』第8号、などを参照のこと。
(15) 客省荘第二期文化に属する遺物のなかに、鬲足状を呈する一本の内型とされる土製品［中国科学院考古研究所 1962a、図版36-4］が知られる。また山西の丁村曲舌頭溝の龍山文化（陶寺類型）遺跡でも同じような土製品が出土している。これらが実際に鬲の成形に使われたとすると、三足が別々につくられたことを示している。
(16) ［中国科学院考古研究所 1962a、p.56］に、客省荘第二期文化の鬲足内面に反転縄

紋、反転籃紋をもつもの各1点が紹介されている。同様の例が、［中国社会科学院考古研究所 1988、図98-3］の趙家来遺跡出土の鬲にも見られる。また関中平原の近隣の龍山文化の鬲のなかにも同様の状況が見られる。例えば中原龍山文化三里橋類型に属する河南不招寨遺跡（J.G.Andersson, Prehistoric Sites in Honan. BMFEA 19, 1947, pp.80-81, K.5521, K.5901, K5971)、山西垣曲龍王崖遺跡（中国社会科学院考古研究所山西工作隊「山西垣曲龍王崖遺址的両次発掘」『考古』1986年2期、101頁）などが知られる。さらに二里頭文化並行期に相当する山西汾陽出土の土器群のうち、明らかに龍山文化期以来のDⅡ類の直接の系譜を引く例で、やはり三足の内面に反転縄紋を残す例（晋中考古隊「山西汾陽孝義両県考古調査和杏花村遺址的発掘」『考古』1989年4期、図7-13) も指摘できる。

(17) 註 (16) Andersson 報告にみる仰韶村発見のDⅡ類近似の鬲の三足外面に、成形時に内型に粘土塊を押し当てながら、一枚一枚パッチワーク状に貼り合わせたと考えられる痕跡が認められる。Prehistoric Sites in Honan, p.31, K.5971.

第7章　西周前期の土器

　文王時に建設が始まり、西周末年まで続いた周の王都豊邑、鎬京の所在地とされる灃西、灃東地区の発掘調査を通じて、西周期の周王朝中心地における土器の様相がしだいに明らかにされている。西周王朝の中心地であった豊鎬遺跡出土の土器は、王朝の成立直後から、その土器群の器種構成や、器形的、紋様的特徴において、しだいに一つの土器様式と呼びうる固定的な伝統を形成するようになる。筆者はそのような土器の伝統を西周式土器と呼ぶ。

　本章では、関中平原における西周王朝成立前の土器を把握する前提として、その西周式土器の内容を明らかにしたい。同時にその西周式土器が成立した西周前期頃の王朝中心地の考古学的編年について、これまでに提出されている諸氏の研究を再整理しながら、筆者の考える編年案を提示してみたい。この検討を通じて、西周王朝成立後の土器がどのようなものかを編年的に把握する一方で、王朝以前にさかのぼる関中平原の土器をとらえる基準を明らかにしたい。

I　西周期の土器編年の枠組み

　西周期の土器を中心にした編年案として重要なものに、1956～57年の長安県灃西地区張家坡、客省荘における発掘成果をまとめた『灃西』[中国科学院考古研究所 1962]と、1967年の張家坡における発掘成果をまとめた報告「67張」[中国社会科学院考古研究所灃西発掘隊 1980]がある。前者は部分的に生活址関連の発掘成果を含むが、両報告とも調査の主たる対象は墓域であり、墓の副葬土器についての編年的枠組みを提示している。

　『灃西』は西周前期から後期にいたる墓を5期に分け、これに生活址の早期と晩期を加えている。その場合、生活址早期の文化層は、墓域と重なるが、住居址、灰坑などの遺構や遺物包含層が、墓を切ったり、墓の上面を覆蓋したりという層位的現象はいっさい見られず、逆に『灃西』第一期墓の一部が生活址

早期の一部を切るという現象が確認されている［中国科学院考古研究所 1962a、p.73］。この層位の状況から、『灃西』生活址早期の時期は、『灃西』第一期墓に並行するか、ないしはそれ以前にさかのぼると推定され、部分的には殷王朝滅亡直前の時期を含むと推定された。

一方、『灃西』の墓の編年において、第一期墓と第二期墓の先後関係は、土器の型式的先後関係として説明されるとともに、各期に伴出した青銅器の年代観によってもその土器の先後関係が補足されている。すなわち『灃西』第一期墓にともなう青銅器には、報告者が指摘するように一般に成王期、康王期の作器と考えられてきた青銅器に類似するものが含まれ、他方、『灃西』第二期墓の土器は、長安普渡村長由墓［陝西省文物管理委員会 1957］や、普渡村2号墓［石興邦 1954］の土器に類似するが、その長由墓に共伴した青銅器は、銘文内容からも穆王期頃のものと考えられている。

『灃西』では各時期の年代的枠組みとして、王名を用いて、第一期墓と同時ないし先行する『灃西』生活址早期は、上限が殷王朝滅亡前の文王による豊京（豊邑）建設の時点にさかのぼり、下限は成王、康王期より下がることはないと推測する［中国科学院考古研究所 1962、p.74］。また従来からの青銅器研究と関連づけながら、第一期墓については、成王、康王期の前後、第二期墓については穆王期の前後と考える。

「67張」は、西周墓を6期に分ける。層位的な証拠は示されていない。その第一期墓（M89のみ）は、『灃西』にはなかった異種の陶鬲（本書のB類鬲）を副葬した例で、報告はこれを殷王朝滅亡前後にさかのぼる『灃西』生活址早期の時期に並行すると推定する。これに続く第二期墓、第三期墓は、それぞれ『灃西』の第一期墓、第二期墓に相当するとした［中国社会科学院考古研究所灃西発掘隊 1980、p.487］。「67張」第一期墓は、その年代が豊鎬遺跡の最早段階に近いことは、出土したB類鬲が『灃西』生活址早期にともなうことからも容易に推測される。ただし、B類鬲は「67張」第二期墓以降の西周期に多く見られる一般的な陶鬲（A類鬲、C類鬲）とは結び付かない別系統の土器であり、そのようなM89出土の土器は、年代は早いが豊鎬遺跡における「西周式土器」形成への起点として単純に評価することはできない。

つぎに、「67張」第二期墓、第三期墓のうち、土器、青銅器を比較すると第

三期墓が『灃西』の第二期墓に一致することは明らかである。一方、「67 張」第二期墓の土器を見ると、『灃西』の第一期墓に一致する段階のものに加えて、おそらくより早い『灃西』生活址早期の段階にさかのぼるものが含まれている。また青銅器を見ても、「67 張」第二期墓の一部には、『灃西』第一期墓には見られない觚、爵など、酒器を主体とした殷墟四期の殷王朝系青銅器に近い一群が含まれ、その年代は西周初葉ないし殷周王朝交替の前後にさかのぼることが考えられる。

　『灃西』と「67 張」の比較から筆者は、『灃西』の第一期墓として報告された墓の多くは、実は西周前期のうち比較的遅い段階のものであり、それに対して、同じく西周前期と報告されているが、「67 張」第二期墓の内容は、『灃西』第一期墓相当の内容を含むと同時に、より早い、西周初葉期の前後にさかのぼる内容をも含むと考える。この認識は結果として、西周前期に相当する「67 張」第二期墓が、前後 2 段階に分離できることを示唆する。

　豊鎬遺跡出土の土器を中心とした編年研究とは別に、出土青銅器を対象とした型式学的研究がすすめられてきた。殷周青銅器の型式変遷の全体像を体系的に示した林巳奈夫氏の研究［林巳奈夫 1984、1986］では、西周期の青銅器を、前、中、後（Ⅰ、Ⅱ、Ⅲ）の 3 期に分け、各期はまた可能な場合に、前後 2 段階（A、B）に細分し、一器一器の器影とともにその時期区分を示している。この林氏の研究と比較対照すると、「67 張」第二期墓の土器に共伴した青銅器は、ほぼ林編年のⅠA、ⅠB を併せた範囲、すなわち西周前期の全期間を含み、一方、『灃西』第一期の土器にともなう青銅器は、おおよそ前期後半のⅠB の範囲におさまり、これより早いものは含まれていない。つまり青銅器に対する林編年を参照することからも、「67 張」第二期墓の土器は、前後 2 段階に細分できる可能性があるといえる。

　一方、1980 年に「67 張」が報告されて以降も、豊鎬遺跡では毎年のように比較的小規模な調査が続けられてきた。そのなかには西周前期墓の発掘例も少なくない。李峰氏による西周青銅器編年の試みは、それら後出資料を多く扱い、かつ共伴した土器についての指摘を含むもので、西周前期の土器の編年を考える上で参照すべき点が多い［李峰 1988］。李編年は青銅器の器種別の形態的変遷と、墓における器種の組合せの変化を根拠に、青銅器を出土した西周墓

を全6期に分ける。その第四期が穆王期頃と考えられる長由墓を含む前後の時期で、これに先行する第一期から第三期がほぼ「67張」第二期に相当し、また林編年のⅠA、ⅠBを併せた時期に相当する。李氏の編年で特に注目されるのは、近年、灃西地区の張家坡遺跡でその例が増加している殷墟四期に近い殷王朝系青銅器の形態的特徴と組合せをもつ一群、特に青銅の觚と爵を伴出した墓をとらえて、これを李編年の西周第一期に加えている点である。このような青銅器の存在をもって、豊鎬遺跡における最早の段階に位置づける考え方は妥当なものとおもわれ、本書も採用する。

　一方、李編年の第三期は、その年代が昭王期前後とされ、西周前期の最も遅い段階をとらえたものと認識されている。第三期とされる青銅器のなかには、研究者によって年代観に異論のあるものも若干含まれ[2]、明確な一時期として認識するにはさらに議論が必要であろう。しかし、西周前期から中期への移行をとらえようとする李氏の認識は有効である。

　以上のほか盧連成、胡智生両氏による研究も注目される［盧連成・胡智生1988b］。盧・胡編年の方法は、基本的に李編年と同じで、青銅器の形態変遷と器種の組合せを軸に、青銅器を伴出した墓136基を単位として、全5期に振り分け、その第一期を殷王朝滅亡前の先周期に、第二期を殷王朝滅亡後から昭王晩期まで、第三期をほぼ穆王期（一部共王期）とする。すなわちその第二期が『灃西』以来いわれてきた西周前期に相当する。盧・胡編年では、その第二期をさらに早、中、晩の3段階に細分する。

　盧・胡編年において、西周前期を3段階に分けることは李氏の編年と共通するが、李編年における西周前期第一期墓のなかの、67張54号墓、77客1号墓、56丁家溝墓、61張106号墓、63馬王村1号墓などが、盧・胡編年では殷王朝滅亡前（先周期）の第一期墓に入れられている点は、両者の認識の違いである。盧・胡編年はある意味で、李編年の西周第一期や林編年の西周ⅠAのなかから、さらにその最早段階の一群の青銅器を抽出する認識を示した研究として注目される。ただし現在の知見からして、そのような豊鎬遺跡最早段階の青銅器がとらえられたとして、その年代を殷王朝滅亡という歴史的一線の以前と判断することに、明確な根拠を見出すことはできない。

　筆者は、殷周王朝交替前後の関中平原の青銅器は、形態的特徴においても、

器種の組合せにおいてもきわめて不安定で、後の「西周式青銅器」と呼びうる安定した組成がなお未確立であったと考えている。このような段階の青銅器を、殷王朝滅亡の前、後というように政治史的な境界線で分離することは、文化現象の実際に則したものとはいえない(3)。むしろ、王朝成立後に一定の期間を経て「西周式青銅器」が確立するまでの過渡的な状況をとらえ、そこに殷王朝滅亡の前後にまたがる考古学的な一時期を設定することが、現有の資料を整合的に編年する妥当な方法であり、実態を反映した枠組みであると考える。

豊鎬遺跡の最早段階は、発掘担当者や青銅器をあつかった盧・胡編年などが推定しているように、おそらく西周王朝成立以前にさかのぼる部分を含むと考えられる。しかしその部分と、王朝成立直後の部分とは、文化的には区分し難い一つの過渡的時期のなかにあると考えられる。殷末葉、西周初葉にまたがる周の中心地におけるこの過渡的な一時期に対する認識は、西周前期の考古学的編年において、その起点ともなる認識であり、以下にすこし詳しく検討してみたい。

関中平原で出土した青銅器のなかに、同地域に特有の形態的特徴を濃厚に示しながら、その紋様や器形上の特徴の一部に、殷墟四期の殷文化中心地域の青銅器に通じる要素を含むため、その年代は殷墟四期に並行するかやや遅いと推定される一群のものがある。武者章氏のいう斜方格乳釘夔龍紋甗（以下、方格乳釘紋甗）や、しばしばこれに共伴する斜方格夔龍紋鼎（以下、方格乳釘紋鼎）などはこの例である(4)。一方、関中平原在地の特徴が希薄で、むしろ殷墟四期の殷文化中心地域の青銅器と区別できないほど類似するか、もしくは全く一致した特徴をもつ觚、爵などの青銅器が存在している。

前者の在地的な青銅器の場合、同じ器種のなかで一定の形態的変遷が認められ、その年代は殷墟四期並行期からやや遅れる時期まである程度の幅があると推定される。一方、後者の觚、爵に代表される殷墟四期の殷文化中心地域のそれに近い特徴をもつ青銅器は、殷周王朝の交替後に殷文化中心地域から周の中心地に移入された青銅器の要素（おそらく青銅器製作の技術者集団の移住を含めて）と理解して、殷王朝滅亡の直後にその年代を同定するのが一つの合理的な解釈となりえよう。ところがそれとは別に、すでに殷王朝滅亡以前から周勢力の近隣に移入されていた殷直系の青銅器があったことも否定できないのであ

る。なぜなら、文王による豊邑造営よりはるか以前から、豊鎬地区の周辺には殷系の土器群を担った人びとが居住しており、彼らが残した遺跡（西安老牛坡遺跡に代表される。詳しくは第二部第10章）では、殷墟四期前半相当の殷文化中心地域のそれに一致する青銅器（觚、爵）や土器も実際に出土しているのである［鞏啓明 1982］。後章でも推論するように、先周期の関中平原東部で殷系統の文化を継承した人びとは、おそらく殷王朝滅亡以前の豊邑建設の時点で周の傘下に入ったと考えられ、周がそれらの人びとを介して殷墟四期相当の殷系青銅器を導入していた可能性も考えられるのである。

　以上のように殷末葉、西周初葉の関中平原の青銅器には、器形、紋様、器種の構成において、同地域に固有の在来的な系統のものと、殷王朝滅亡直前と滅亡直後の２段階で周王室周辺に移入された殷系の青銅器とが、相互に混在する状況があったと考えられる。やがて西周前期も後半になると西周式青銅器と呼びうる固定化した組成をもつ青銅器の伝統が確立されるが、それに先行する西周式青銅器の成立過程として、殷文化中心地域の殷墟四期に一部並行し、西周前期の早い段階にいたる一時期、すなわち殷王朝滅亡の前後にまたがる時間幅を、考古学的な一時期としてまとめるのが本書の考え方である。

　先述したように「67張」第二期の内容は、『灃西』第一期に一致する後半部分と、それに先行する前半部分とに分けられる。本書は、この「67張」第二期の前半部分と、殷王朝滅亡前後にさかのぼる可能性が指摘できる「67張」第一期（M89のみ）を一つの時期にまとめて西周Ⅰ期とし、「67張」第二期の後半部分を西周Ⅱ期とする。西周Ⅰ期はさらに、「67張」第一期を軸にまとめられるやや早い段階と、それに続くやや遅い段階とに細分でき、それぞれ西周Ⅰa期、Ⅰb期とする。この西周Ⅰ期が、筆者の考える「西周式土器」（および「西周式青銅器」）の形成期であり（後述するように、西周Ⅰb期以降、遅くともⅡ期にはその「様式」は確立されていた）、西周Ⅰa期は、その上限が豊邑建設の前後にさかのぼる豊鎬遺跡の最早段階として、「先周」時期のおわりから西周王朝の開始期に相当する。以下にこの西周Ⅰa期の設定について具体的な例をあげて説明しておきたい。

　①「67張」第一期の墓67張M89（図7.1-1,2）は、B類鬲を伴出するが、これは豊鎬遺跡では少数が知られる土器である。ほかでは『灃西』生活址早期

第 7 章 西周前期の土器　193

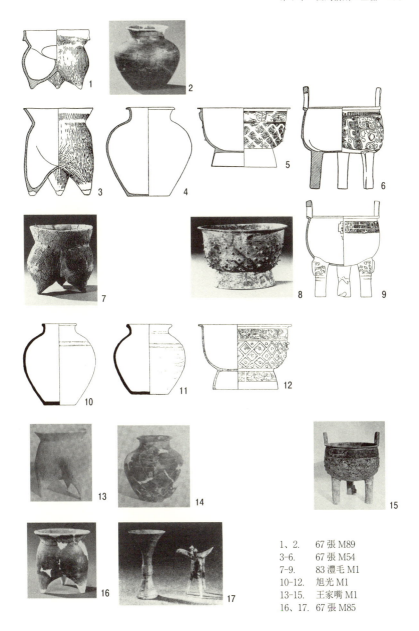

1、2.	67張 M89
3-6.	67張 M54
7-9.	83灃毛 M1
10-12.	旭光 M1
13-15.	王家嘴 M1
16、17.	67張 M85

図 7.1　西周 I a 期の墓出土の土器、青銅器〔縮尺不同〕

に若干見られる事実から考えても同遺跡最早段階の墓と考えられる。しかしB類鬲の存在が、すなわち他のすべての墓に先行することの根拠にはならない。むしろ注意すべきは、同墓に共伴した肩部に2本の平行沈線をめぐらせた黒色磨研の円肩罐である。類似する円肩罐は、②67張M54（図7.1-3〜6）にも伴出する。このM54からは他にA類鬲と方格乳釘紋簋が出土している。同形式の青銅簋は豊鎬遺跡では、③83灃毛M1［中国社会科学院考古研究所豊鎬発掘隊 1984］（図7.1-7〜9）からも出土しており、同墓からはまたB類鬲が出土している。このようにB類鬲—円肩罐—方格乳釘紋簋の相互の結び付きからみて、以上の①から③の3墓は年代的に近いと考えられる。豊鎬遺跡以外で関連した例を探してみると、④宝鶏下馬営旭光M1で、方格乳釘紋簋、平行沈線をもつ円肩罐（灰陶）、B類鬲の3者が共伴した例があり、隣接する旭光M2でも、沈線をめぐらす円肩罐（灰陶）が出土している（図7.1-10〜12）［王桂枝 1985］。さらに、⑤岐山王家嘴M1（図7.1-13〜15）では、方格乳釘紋鼎、黒色磨研円肩罐、A類鬲の3者が共伴している［巨万倉 1985］。方格乳釘紋鼎と方格乳釘紋簋は紋様の一致からも同時期のものであり、伴出したA類鬲は、先の②67張M54のA類鬲に近い特徴をもつことが認められる。一方、殷墟四期のものに近似する青銅器の觚、爵をセットで出土した⑥67張M85（図7.1-16,17）［中国社会科学院考古研究所灃西発掘隊 1980］を例としてあげるならば、同墓からは②、⑤墓から出土したものに近い特徴をもつA類鬲が出土しており、年代も並行すると判断される。

　以上のことから、①から⑥の各墓が年代的に近いグループをなすことが確認できる。これらが、標準的な西周Ⅰa期の墓の例である。また生活址（図7.2）についてみると、西周Ⅰa期の墓のそれに近似するA類鬲をともなった単位として、⑦85張・東H3［中国社会科学院考古研究所豊鎬工作隊 1987］、⑧85張・東T2［中国社会科学院考古研究所豊鎬工作隊 1987］、⑨長安馬王村H11［中国科学院考古研究所灃西発掘隊 1962a］などをあげることができる。このうち、⑦、⑨ではB類鬲の残片も出土しており、その状況は①、③墓と年代が近いことを示唆している。これらが、標準的な西周Ⅰa期の生活址の単位である。

　西周Ⅰa期の生活址は、『灃西』生活址早期のうちの最早段階に該当するも

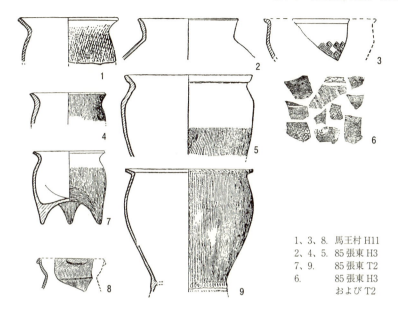

図7.2 西周Ⅰa期生活址の土器〔1-9は1/9〕

のであり、『灃西』の認識にしたがえば、その上限は文王の豊邑建設時にさかのぼることになると推測できる。また西周Ⅰa期の墓は、上記したように「67張」第一期墓に関連する単位をまとめて標準的な単位としたが、「67張」第一期墓の年代は、報告にしたがえばやはり殷王朝滅亡の直前にさかのぼると考えられる。西周Ⅰa期にともなう青銅器は、系統的背景の異なるものを混在させるが、総じていえば、いずれも直接的ないし間接的に殷墟四期の青銅器と関連をもつものであり、しかも同じ器種で見ると形態的変化が小さい一群の青銅器である。殷王朝滅亡の前後にまたがる比較的短い期間の青銅器群であることが推測されよう。

土器を中心にした『灃西』、「67張」の編年案を比較対照して整理しなおし、これに殷周王朝交替前後の時期についての認識を加味し、さらに青銅器を対象にした林編年、李編年、盧・胡編年の分期の枠組みを対照しながら、西周前期を筆者として細分した結果が表7.1と、表7.2、表7.3である。その枠組みの

表7.1 西周前期（豊鎬地区）編年のおおよその対応関係

	『灃西』	「67張」	林	李	盧・胡	西江	
西周前期	生活址早期	一期			一期	Ia	豊邑建設 / 西周王朝成立
西周前期	生活址早期	二期	IA	一期	二期早	Ib	西周式土器成立
西周前期	一期	二期	IA	二期	二期中	IIa	
西周前期	一期	二期	IB	三期	二期晩	IIb	
中期	二期	三期	IIA	四期	三期	III	

要点は、次のようである。

① 長安普渡村長由墓が標準となる一時期（およそ穆王期頃と考えられる）をとらえて、その時期を西周中期前半の段階と考え、それより前を西周前期とする。西周前期をⅠ期、Ⅱ期に分け、西周中期前半の長由墓の時期をⅢ期とする。

② 西周Ⅰ期は、「67張」の第一期と第二期の前半、西周Ⅱ期は「67張」第二期の後半（『灃西』第一期相当）に相当する。そのうえで、西周Ⅰ期をさらにⅠa期、Ⅰb期に、西周Ⅱ期をⅡa期、Ⅱb期に細分する。西周期編年の起点ともなる西周Ⅰa期については、先述した認識による。各期の区分は、土器の器種構成、器形、紋様の変化によって分離されなければならないが、それは次項で述べる。

③ Ⅰ期、Ⅱ期の区分は、青銅器の編年でいえば、ほぼ林編年のⅠA、ⅠBに対応する。同時にⅠ期は、李編年の第一期と第二期の一部、Ⅱ期は李編年の第二期の一部と第三期に対応する。またⅠ期は盧・胡編年の第一期の一部および第二期の早段と中段の一部、Ⅱ期は盧・胡編年の第二期中段の一部と晩段にほぼ対応する（表7.1参照）。

④ Ⅰ期の年代は、殷王朝滅亡の前後にまたがるもので、『灃西』以来の方法で、仮に王名をもって推定される年代の目安とすれば、文王晩期（豊邑造営前後）、武王期、成王期を含むと考えられる。Ⅱ期は、康王期、昭王期前後、Ⅲ

第7章 西周前期の土器 197

表 7.2 豊鎬遺跡における墓単位の分期

（学＝『考古学報』, 考＝『考古』, 文＝『文物』, 澧西＝『澧西発掘報告』, 考与文＝『考古与文物』, 文資＝『文物資料叢刊』, 本書の以下の表も同様）

時期	遺構	A類鬲	C類鬲	簋A	簋B	円肩罐	折肩罐	その他	瓿	爵	觶	鼎	簋	その他	季	盧	出典
西周Ⅰa	67 張 54	1										1	1	戈	Ⅰ	Ⅰ早	学 80-4
	67 張 85	1				1			1	1		2	1	尊, 卣など	Ⅰ	Ⅱ早	学 80-4
	67 張 87		1						1	2		1		戈	Ⅰ	Ⅱ早	学 80-4
	67 張 91		1									2	1	尊	Ⅰ	Ⅱ中	学 80-4
	84 澧 15	1							1			1		戈	Ⅰ	Ⅱ早	考 87-1
	84 澧 18	1								1					Ⅰ	Ⅰ	考 81-1
	77 客 1	1								1		3	2	戈	Ⅰ	Ⅰ	考 86-3
	79 張 2	2				1			1	2		1		甗, 卣	Ⅰ	Ⅰ	考 84-9
	61 張 106									1		1		卣	Ⅰ	Ⅰ	考 63-8
	63 馬王村							1				2	1		Ⅰ	Ⅰ	考 84-9
	83 澧毛 3		1			1(黒)1	1					1				Ⅰ	考 84-9
	83 澧毛 1							B類鬲									学 84-9
	67 張 89							B類鬲									学 80-4
	56 韶県丁家溝													尊, 卣など		Ⅰ	文 56-11
	71 澠池高家堡									2	1	1	2			Ⅰ早	文 72-7
西周Ⅰb	67 張 2		2	1		2	1(彩)	尊(仿)		1		1			Ⅰ		学 80-4
	67 張 28			台付1				犠形器								Ⅱ晩	学 80-4
	67 張 82			台付1												Ⅱ晩	学 80-4
西周Ⅰ	67 張 16	1	1			1		罐		1					Ⅰ	Ⅱ晩	学 80-4
	84 澧 3	1			1			盆						戈			考 87-1
	84 澧 12				1			壺, 豆(釉), 盤(釉)									考 87-1
	84 澧 37												1				考 87-1
	澧・大原村 315																考 86-11
	76 澧 5					1											考 81-1
	61 張 107		1					罐									考 84-9
西周Ⅱa	57 張 178	1										1	1	戈	Ⅱ	Ⅱ中	澧西
	57 張 219	1										1	2	尊	Ⅱ	Ⅱ中	澧西
	78 長安河池村									1		2	2				文資 5
	67 張 71	1															学 80-4
	67 張 72		1														学 80-4

198　第二部　西周王朝成立期の編年的研究

資料	比						数	器種			期	出典
普1												学8
花園6	1.6(仿)						6	1				文86-1
普14	4	2	1					2				文86-1
花園15	1(仿)	1						1				文86-1
花園17	5(仿)	2						8	瓿			文80-4
67張56	5(仿)	3						1	釜			学80-4
67張61	1.1(仿)							1	甑形器,甑			学80-4
67張62	1(仿)			1				1	甑形器,甑			学80-4
67張79	1(仿)		1					1				学80-4
67張81	1	1	1							2		学87-1
84張24	2				1		1	2		尊,		澧西
57客69	2				1			1		尊,	2	澧西
57客132	1		1			1		2	豆		2	澧西
57客139	1.1(仿)		1						豆			澧西
57客147		1							豆			澧西
57張222	2	1	1			1		1	甑,仿銅器4			考84-9
57張448				1				2				考64-9
61張403	1	2	1	1			3	4	壺	1	Ⅲ	考88-9
55張2	1							1	豆			考88-9
84普3	2	2						2				考88-9
84普4												考88-9
84普9	1		2				4	2	豆,甑,盤			考88-9
84普14	2(仿)	2	1			2			豆			考88-9
84普17	1(仿)		1				2		豆			考88-9
84普20						2	3		豆			考88-9
84普35	2(仿)	2						1	豆			考88-9
84普38	2(仿)					1			豆			考88-9
84普39									豆			考88-9
84普40	2.1(仿)						5		豆			考88-9

200　第二部　西周王朝成立期の編年的研究

表7.3　豊鎬遺跡における生活址単位の分期

時期	遺構	A類鬲	B類鬲	C類鬲	甗	鼎	簋A	簋B	盆	碗	豆	罐	尊	釜	印紋	出典
西周Ia	85張・東H3	○	○		○				○	△	○			○		考87-1
	85張・東T2	○			○				○	△				○		考87-1
	灃東採集	○	?													考与文86-2
	馬村H11	○	○		○	?	?				○	○	○			考62-6 文79-10
西周Ib	85張・東H2下	○			○			○		△						考87-1
	55張T2A③								○							考64-9
西周I	55張T3H4							○			○					考64-9
	57『灃西』生活址早	○	△		○	△	△	△		○	○	○	△	○		灃西
西周II	灃東H4	○							○							考与文86-2
	灃東H5										○					考与文86-2
	55張T4H5			○												考64-9
西周III	85張・東H2上	○			○	○			○							考87-1
	61白家荘F1	○			○	○			○				△	○		考63-8
	61洛水村H2	○			○	○			○							考63-8
	灃東H10										○					考与文86-2
	55張T1AH2			○					○							考64-9

期が穆王期前後と考えられよう。I期のうち特にIa期について筆者は、文王の豊邑建設前後から成王期の前半頃に相当し、殷王朝滅亡前の殷文化中心地域の殷墟四期後半に並行する時期を含むと考えている。

II　西周前期の土器の組成

　豊鎬遺跡における西周I期からII期の標準的な墓の副葬土器を主な器種別に配したのが図7.3である。また各時期の標準的一括遺物を含む墓、および灰坑など生活址関連の単位をそれぞれ表7.2、表7.3にまとめた。表中には一部の豊鎬遺跡以外の関連遺跡についても併記した。

（1）西周I期

　副葬土器の器種の組合せは、〈鬲〉〈鬲・罐〉〈鬲・罐・簋〉の3種が主要なもので、これに有耳壺、尊、盆などが加わることがある。殷墟出土の副葬土器にきわめて一般的な觚と爵はまったく見られず、また豆を欠いている。殷王朝と周王朝中心地の土器の組成が本来的に異なることは、この点にはっきりと示されている。

鬲には王朝期以前から続くA類鬲、B類鬲、C類鬲の3系統が見られる（王朝以前から王朝期にかけての土器の継承関係については第二部第12章で詳しく取り上げる）。ただし、B類鬲は少数の遺構にともなうがここでは少数派の土器である。A類鬲は、西周の全期間を通じて鬲の主体となる。A類鬲のなかにも多様な形態が見られ、諸形式に分類できるが、本書ではおこなわない。I期のA類鬲に共通した特徴として、つぎのことが指摘できる。①口縁外面のナデによる擦り消しが十分でなく、しばしば下地の縄紋が残される場合がある。②のちのA類鬲のように肩部が強く屈曲する器形は少なく、全体は円筒状に近いか、少なくともなで肩の印象を与える。③襠が比較的高いものが多い。④一般に、器幅に対し、器高がまさる細高傾向の器形が多い。⑤肩部に鰭状の突起をつけた、のちに盛んになる仿銅陶鬲の類は現れていない。

西周期のC類鬲は、従来一般に分襠鬲と称されたもので、A類鬲と並んで西周前期に比較的多く見られる鬲であることが『灃西』以来指摘されてきた。その系譜を、西周王朝以前の関中平原の殷系土器群（後述する土器群C）のC類鬲に求めるのが筆者の考えである。かつて関中平原における殷系土器の遺跡がなお十分に知られていなかった時期に、鄒衡氏［鄒衡 1980b, pp.299-300］や盧連成氏［盧連成 1985, p.46］は、これら西周の分襠鬲を先周期の高領袋足鬲（本書でいうB類鬲）の系譜をひくと考えたこともある。しかし、一つの系統の前後のものとされたB類鬲とC類鬲が、実は西周I期のなかで並行している（前者は少数であるが）ことは明らかであり、両者を一つの系統でとらえるのは正しくないと考える。前章で述べたように両者の製作技法は大きく異なっているのである。西周のいわゆる分襠鬲は製作技法の基本からみて、本書のC類鬲すなわち殷系の鬲の範疇に含まれると考えられる。

なお、西周期のC類鬲には、西周I期、II期に多く見られ、III期で激減する円錐状の足尖と細高の器形に特徴のあるタイプと、西周III期から増加し、器幅と器高がほぼ一致する器形で、円柱状の足尖をもつタイプがある。前者を西周C類鬲I形式、後者を西周C類鬲II形式と分類しておく（図7.3中のC類鬲はいずれもI形式）。

罐は器形から折肩罐、円肩罐などに大別され、また多くの小形式を含む。I期のうち、特にIa期に特徴的に現れるものに、肩部の位置が高く、2本の平

202 第二部 西周王朝成立期の編年的研究

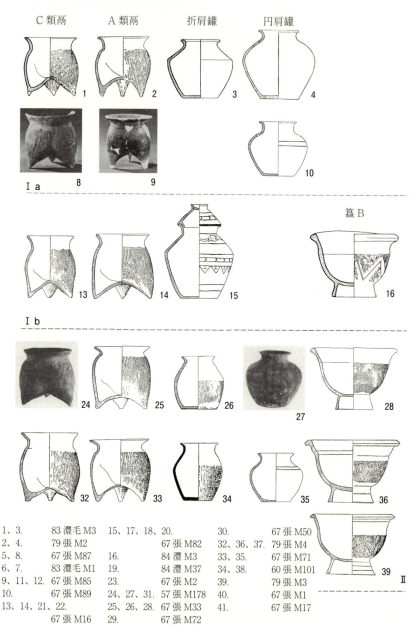

1、3.	83 灃毛 M3	15、17、18、20.		30.		67 張 M50
2、4.	79 張 M2		67 張 M82	32、36、37.		79 張 M4
5、8.	67 張 M87	16.	84 灃 M3	33、35.		67 張 M71
6、7.	83 灃毛 M1	19.	84 灃 M37	34、38.		60 張 M101
9、11、12.	67 張 M85	23.	67 張 M2	39.		79 張 M3
10.	67 張 M89	24、27、31.	57 張 M178	40.		67 張 M1
13、14、21、22.		25、26、28.	67 張 M33	41.		67 張 M17
	67 張 M16	29.	67 張 M72			

図7.3 西周前期の土器（豊鎬遺跡）

第7章 西周前期の土器　203

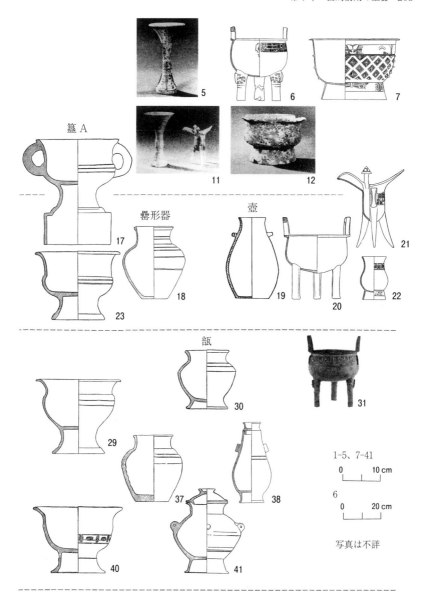

行沈線をめぐらせ、黒色磨研とするものが多い円肩罐がある。これは共伴した青銅器の例から判断しても、ほぼⅠa期に限定される比較的短い期間盛行した土器で、この時期の指標となる重要な土器である。

　鬲は、西周の全期間を通じて、本書で鬲A、鬲Bと呼ぶ2系統が並行する。これらの鬲は第二部第12章で述べるように、もともと殷王朝系統の土器と考えられ、殷墟四期において盛行していたものの系譜をひく。鬲Aは殷墟遺跡においてそうであるように、本来倣銅陶器としての性格が強く、そのことは豊鎬遺跡で出土する把手と方形の台座をつけた例（図7.3-17）によく反映している。このような台座付の鬲は、西周前期に盛行した青銅鬲の形態を模倣したものにほかならない。

　Ⅰ期には生活址の土器も知られる（表7.3）。『灃西』の「生活址早期」は、Ⅰa期、Ⅰb期にまたがるものであるが、これに近い組成を示す灰坑などの一括出土の単位をまとめることで、西周Ⅰ期の生活遺跡の土器の様相が知られる。馬王村H11は、西周前期相当の青銅鬲の陶范を出土した灰坑H10に切られており、西周Ⅰa期の墓に近い土器をともなう点からも、西周Ⅰa期に位置づけられる生活址の単位である［中国科学院考古研究所灃西発掘隊 1962］。同坑出土の鬲には、西周Ⅰa期の墓にも見られるB類鬲が含まれ、A類鬲は口縁の外面に縄紋を残す古い特徴をもつ。また、陶盆の外面には西周Ⅰa期の墓の青銅器紋様にも通じる重菱紋と方格乳釘紋が施され、鬲Bの外面には殷墟四期の殷墟出土の陶鬲に典型的に見られる3本の沈線による三角劃紋が見られる。85張家坡東H2下層は、墓の副葬土器と対照して西周Ⅰb期の生活址の土器と考えられる。

　西周Ⅰ期の生活址の土器は、器種として鬲と罐が多い点で副葬土器の器種構成と共通するが、倣銅陶器や黒色磨研円肩罐などある種の精製土器を欠き、また簋は少ない。他方、副葬土器に見られない器種として盆、甗、少量の豆が見られる。盆と豆は西周Ⅱ期以降に、副葬土器としてもしだいに墓の中にも持ち込まれるようになる。なお、盆などに方格乳釘紋、重菱紋などの印紋が多く見られる点（図7.2参照）は、Ⅰ期、特にⅠa期の生活址の土器の重要な特徴である。Ⅱ期以降ではこうした印紋は著しく減少する。

　A類鬲を主体とする生活址出土の鬲には、副葬土器と一致する比較的小型

のもののほか、かなり大型の鬲が含まれる。この種の大型の鬲は西周の各期を通じて墓の鬲とは別の変化の系譜をもつことが考えられるが、公刊された関連資料が少なく詳しいことは分からない。なお、西周期を通じて生活址の陶鬲は、その大半がA類鬲であり、墓では比較的多く見られる西周C類鬲は基本的に見られない。C類鬲がもともとは殷系統の土器であることと、何らかの関係があるとおもわれる。

（2）西周Ⅱ期

墓では〈鬲・罐・簋〉の3器種のセット的性格がさらに強まる。Ⅱb期の段階からは、のちのⅢ期以降に盛行する豆や、高い圏足付の瓿が出現してくる。鬲ではⅠ期で少数見られたB類鬲は豊鎬遺跡ではまったく姿を消す。A類鬲は多形式を含むが、一般にⅠ期の細高傾向の器形から、しだいに器高、器幅の比が1対1に近づき、襠のやや低い器形へと変化する。またA類鬲のなかには、Ⅱb期頃から器側に鰭状の突起を付けた仿銅陶器の鬲も少数現れてくる。それはⅢ期以降できわめて盛行する。

簋Aは、いくつかの小形式に分かれるが、一般に口縁が大きく外反し、高く裾広がりの圏足をもつ。Ⅱb期になると、S字形の連続スタンプ紋をもつⅢ期以降に常見される特色も現れてくる。簋Bでは、Ⅰ期に見られた殷墟出土のそれに通じる三角割紋をもつ例が稀になり、口縁部が折稜を呈して大きく開いた形態が一般的になる。

罐は、Ⅰa期に顕著だった黒色磨研の円肩罐がなくなる。器形的にはそれを継承した円肩罐が存在するが、すべて一般の灰陶に変わる。折肩罐、円肩罐ともにⅠ期に比べて最大径の位置がしだいに低くなる傾向があり、これは実は先周期→西周Ⅰ→西周Ⅱ→西周Ⅲとつづく一般的傾向と考えられる。

Ⅱ期の生活址の土器は、今のところ灃東H4など少数の一括遺物の単位があげられるのみである。

（3）西周Ⅲ期

長由墓出土遺物を軸とする比較的とらえやすい一時期であり、西周中期の前半として位置づけることができる。副葬土器は、前期に引き続き〈鬲・罐・

簋〉のセットを基本とするが、これに豆を加える場合が多くなる。また一部の副葬品が豊富な墓では、有蓋甎、圏足付瓿などを複数個副葬することが目立っている。また、鼎、盤、壺などの仿銅陶器が見られる。

鬲は、西周Ⅰ期、Ⅱ期以来の西周Ｃ類鬲Ⅰ形式がこの時期に入って著しく減少する。一方で、Ｃ類鬲のうち、西周前期にほとんど見られなかった円柱状の足尖をもつ西周Ｃ類鬲Ⅱ形式が、Ⅲ期前後から増加する。その他はすべてＡ類鬲となる。そのＡ類鬲のなかには、鰭状の突起をもつ仿銅陶鬲の一種が副葬土器としては一般的になる。

生活址の土器では、Ⅰ期、Ⅱ期において少なかった豆が増加し、紋様としては印紋が激減する。また簋Ａや仿銅陶鬲などが生活址でも出土するようになる。盆は西周中期以降、胴部が屈曲する器形となり、西周前期のような縄紋を施さないものが一般化する。このような盆はⅢ期以降になると、墓にもともなうようになる。円柱状足尖をもつ西周Ｃ類鬲Ⅱ形式は生活址でも出土する。

Ⅰ期からⅢ期にかけての器種の構成についてまとめると、①Ⅰ期、Ⅱ期で墓のおもな鬲は、Ａ類鬲とＣ類鬲の２系統であるが、生活址ではＣ類鬲は基本的に出土しない。円柱状足尖をもつ西周Ｃ類鬲Ⅱ形式が、Ⅲ期頃から墓、生活址で増加する。②墓、生活址とも、Ｂ類鬲はⅠ期で少数見られるが、Ⅱ期以降、見られなくなる。Ｂ類鬲は「西周式土器」を構成する土器とはなっていない。③簋は、簋Ａ、簋Ｂとも、墓ではⅠａ期においては少数にとどまるか、または存在していない可能性があり、Ⅰｂ期から確実に現れ、Ⅱ期、Ⅲ期でより一般的になる。生活址でもほぼ同様の変化がある。④生活址では豆がⅠ期から存在するが、墓ではⅡｂ期頃から現れ、やがてⅢ期に増加する。

以上から、墓では、Ａ類鬲、Ｃ類鬲、簋Ａ、簋Ｂ、円肩罐、折肩罐という器種の構成が、西周Ⅰｂ期以降に定着しはじめ、Ⅱ期からⅢ期へとさらに固定化する。これに次ぐ位置を占める壺、尊、瓿なども、やはりⅠｂ期に出現してしだいに一般化する。仿銅陶鬲と豆はⅡｂ期以降に現れる。一方、Ⅰａ期に少数存在したＢ類鬲は、遅くとも西周Ⅱ期以降、豊鎬遺跡では姿を消す。生活址の土器も、ほぼⅡ期になると、固定化した様相が現れ、墓の土器とおなじような段階を踏んでいる。

このように西周期の土器の組成は、西周Ⅰa期からⅠb期の間で、いくつかの器種が出現し、また消えていくなかで、ほぼⅠb期にはまとまりある姿を現し、つづく西周Ⅱ期では、さらにはっきりと定着した様相が見られるようになる。これが筆者のいう「西周式土器」の成立した段階である。西周Ⅰ期、特にⅠa期は、先周期から西周期への過渡的段階であり、西周式土器が未成立の段階と考えることができる。

　なお、青銅器について付言すれば、まずⅠa期では、先述のように関中平原に在来の系統（関中型青銅器）と、殷文化中心地域の殷墟四期のそれに直接結びつく系統とが混在する。後者を代表する青銅器は、觚、爵、觶の酒器のセットであるが、遅くとも西周Ⅱ期以降になると、そのうちの觚は基本的に欠落する。そしてこの時期から、鼎、簋、爵、觶を中心に、卣、尊などを加えた器種の構成が定着するようになる。青銅器の形態からみると、鼎を例にとれば、まずⅠa期では方格乳釘紋鼎と鬲鼎が形式として比較的安定しているほかは、在来的な形態や、新たに移入された殷文化中心地域に由来する形態が混在して、型式的組列が見出せない。しかしⅡ期以降になると、鼎の形式は定着した少数種に限定され、以降の西周期を通じて継続される諸形式がこの段階で現れる。「西周式青銅器」と呼ぶものがあるとすれば、それは西周Ⅰa期という未成立の過渡的段階を経て、西周Ⅱ期にはっきりと見えてくるものといえよう。[7]

　筆者のいう西周式土器が、結局のところ西周王朝成立前に存在したどのような土器の諸系統を、どのように継承して成立したものなのかということについて、以下の各章を通じて論じていく。

註
（1）中国における考古学研究では西周早期、中期、晩期という呼称が使われるが、本書では日本で一般的な西周前期、中期、後期とする。中国の報告書等での呼称についても便宜的にこのように呼び変えることにする。
（2）李編年で第三期とする扶風雲塘M10、M13、M20、劉家豊姫墓、斉鎮M2などの一括青銅器には、林編年で言えば西周中期の西周Ⅱに相当する青銅器が複数伴出しており、筆者としては年代の決定を保留すべき未確定要素が多い墓と考える。雲塘M10については、その年代の下限を示す同墓を切っていた灰坑H21の年代が、伴出遺物から見て雲塘の報告者がいうように昭王期、穆王期のものではなく、西周後

期の前半にまで下がると考えるべきである。
（3）ここで問題としているのは青銅器など器物の型式的な段階に対して政治史的な境界を適用するのは妥当ではないということである。ところが一方で、第二部第9章で論ずるように、関中平原にはある一時期急に殷墟のタイプの青銅器を多数副葬した墓が出現したり、また墓壙に腰坑をもつことで「殷遺民」の墓と称される墓が登場したりする現象が広く知られる。これらの墓の出現は、殷周王朝交代という政治史が背景にあっての現象と判断できる場合が多い。そうした墓は西周王朝成立後の埋葬であるが、副葬青銅器などには殷王朝並行期にさかのぼるものが含まれている可能性は高いのである。
（4）武者章氏が述べるように［武者章 1989］、斜方格乳釘夔龍紋簋やこれにしばしば共伴する斜方格夔龍紋鼎などは、器形、紋様の要素からみて、年代として殷墟四期に近いと考えられるが、器そのものは殷墟など殷文化中心地域には見られない関中平原に独自の特徴をもつ。なお、関中平原に固有の特徴をもつ青銅器を、筆者は「関中型青銅器」と称し、第二部第6章でやや詳しく述べる。
（5）ただしこの円肩罐が黒色磨研であるかどうかは報告に説明がない。しかし少なくとも、67張M89の円肩罐と67張M54の円肩罐は、「67張」で形式分類されたうちの同じ罐I式に属する。
（6）［盧連成 1985, p.46］でも指摘するように、西周期のいわゆる分襠鬲は、一般に三足を「一次模製」、すなわち一度の型づくりで製作したと考えられる。これは明らかに筆者のいうC類鬲と共通する特徴であり、三足を別々に型づくりするB類鬲とは異なる。
（7）「西周式青銅器」が未成立の西周Ia期頃の青銅器の「組合せ」について説明を加えれば、この時期、一つの墓に副葬された青銅器の組合せとして、〈觚・爵〉ないし〈觚・爵・觶〉といった酒器の類を主体とするものと、〈鼎・簋〉など盛食器の類を主体とするもの、そして両者を混在させたものの3種があることに気づく。〈鼎・簋〉を主体とする組合せは、もともと殷文化中心地域では欠如するもので、関中平原では西周王朝以前から好まれた青銅器の組合せであり、西周期の青銅器の組合せの基本になっていく。一方、觚、爵、觶など酒器の組合せは、おそらくは殷末ないし殷王朝滅亡の直後に、関中平原東部で殷系文化を継承していた人びとを介して、ないしは殷文化中心地域から直接に導入されたことが考えられる。このように本来異なる伝統に根ざす青銅器の組合せが、同じ遺跡で同じ時期に同時に現れているというのが、筆者の考える西周Ia期頃の様相である。青銅器の形態的特徴についても類似した状況があることは先に述べた。殷王朝滅亡前後の周の中心地において、人と文化の再編成が進みつつあるなかでの、過渡的状況を反映したものと考えられよう。

第8章　A類鬲を主体とする土器系統（土器群A）の変遷

　第二部第6章でその成形法について説明したA類鬲（聯襠鬲）は、西周王朝以前の関中平原において並行して存在したいくつかの土器系統のうちの一つの系統を構成した代表的な器種であった。その土器系統を土器群Aと呼ぶことにする。本章では、筆者のいう土器群Aが、考古学的に実態のある一つの自律した伝統をもつものであることを明らかにするとともに、その由来と変遷について編年的に整理してみたい。

　土器群Aを主体とする遺跡は、第二部第11章で詳述するように、その早い時期のものが関中平原中西部の漆水河下流域に集中して知られ、やがてある時期から関中平原西部の広い範囲に分布するようになる。そして、西周期の直前には東部の豊鎬地区周辺にも波及して、のちの西周式土器を構成する主要な土器系統となる。土器群Aの分布が拡大する過程で、宝鶏市周辺をはじめとする関中平原西部では、もともとこの方面に在来的であったとおもわれる土器群B（次章で検討する）との共存的な遺跡を広く形成する。この土器群A、土器群Bが共存する遺跡については次章で扱うことにする。

　土器群Aを主体とする遺跡のうち正式に発掘調査された代表的なものとして、武功県鄭家坡遺跡と扶風県北呂遺跡をあげることができる。鄭家坡遺跡について、その発掘簡報は、遺跡の層位的観察と土器の形態的変化から、出土遺物を3期に分期している。簡報の説明は簡略で、層位や土器の分類内容について十分に追跡確認できるものではないが、のちに鄭家坡遺跡を含む近隣の漆水河流域の分布調査がおこなわれた際に、確認された各遺跡の出土遺物の整理過程で鄭家坡の3期分期が適用された。その結果、分期の内容自体が関連遺物で大幅に補充されるとともに、鄭家坡の3期分期が、他の遺跡の様相と矛盾なく対応関係を示すことが確認されたのである。そこで本章では、鄭家坡遺跡の3期分期を重視して、その内容を再度吟味しながら必要があれば修正を加え、そこに他の遺跡の土器資料を補充することで土器群Aの組成とその変遷をとら

えていくことにしたい。

　本来、ある土器系統の編年を組み立てるには、後章で土器群B、土器群Cについて試みるように、まず諸遺跡の層位的単位あるいは遺物の共時性の高い一括遺物の単位を確認し、一方で主要な土器の器種を形式、型式に分類して、その変遷の段階を示し、これらを整合的にとらえて土器系統全体としての時期を設定する。さらに既成の土器の編年（本研究でいえば、殷文化中心地域の編年など）と比較対応させて、広域を視野に入れた年代観を得るという手順ですすめるべきであろう。しかし土器群Aでは、残念ながら土器の器種別の型式的変遷を十分に検討できるだけの資料が報告されておらず、もっぱら鄭家坡遺跡の発掘報告者による3期分期を編年の枠組みとしてもちい、それによって土器系統のおおよその変遷がとらえられるにすぎない。しかしそれでも、顕著な器種であるA類鬲などについては、今後の本格的な型式学的研究に向けての予察として、断片的な資料を根拠としたものではあるが、本書としての形式、型式分類の試案を示しておきたいと考えている。

I　土器群Aを主体とするおもな遺跡

（1）武功鄭家坡遺跡[1]（写真8.1、8.2）

①遺跡と層位

　鄭家坡遺跡は現在の武功県城の北西約10km、武功鎮東の漆水河東岸台地上に所在する。この場所は第一部で詳しく論じた周原台地とは漆水河の谷を挟んだ対岸東側の台地（咸陽原）上に相当する。1981年から83年にかけて灰坑、遺物包含層などの生活址関連の遺跡が発掘され、簡報が出された［宝鶏市考古工作隊 1984］。1986年には主として墓域を対象とした発掘もおこなわれたが、正式報告は出されていない［劉軍社 1988］。遺跡は南北約3km、東西約0.5kmの範囲に広がる。生活址の分布範囲はその西側縁辺が漆水河の河谷に面する崖面で、その他は周溝が取り囲む構成になっていたと推定され、周溝の南側部分が検出されている。墓域はこの周溝の南東の外側に発見された。先周期から西周前期、中期にかけての比較的長期間続いた集落遺跡と考えられている。

　生活址を調査したときの簡報では、文化層を「西周層」と「先周層」に大別

し、その先周層をさらに、そこに属する数例の灰坑の切り合い関係を根拠に、早、中、晩の3期に分ける認識を示す。そしてこのような一定の層位的根拠と、伴出した土器の形態的変化の観察から、出土遺物を3期に分けて紹介する。層位的根拠の説明が十分とはいえない憾みはあるが、報告者が層位的証拠に配慮を示していることから、ここでは簡報の3期の区分に基本的にしたがう。ただし、後述する理由から、簡報の中期と晩期の境界に若干の修正を加える。

写真8.1　漆水河の谷

写真8.2　鄭家坡遺跡東側から見下ろす漆水河の谷

②**土器と分期**

本書では簡報の早、中、晩3期に修正を加えたものを分期の単位とし、鄭家坡Ⅰ、鄭家坡Ⅱ、鄭家坡Ⅲと表記する。

鄭家坡Ⅰ　鄭家坡簡報の早期。灰坑H2、H5、H9が標準の単位である。土器の器種として、A類鬲、B類鬲（H35）［張天恩 1989］、盆、折肩罐、尊などがある。B類鬲はわずかに1点またはごく少数が知られるだけである。紅褐色系の土器が主で灰色系は少ない。紋様は、粗く「散乱」した「麦粒状」と表現される縄紋が中心で、整然と列をなすように施紋された縄紋は少ない。印紋として方格紋が多く見られるが、鄭家坡Ⅱ以降に多く見られる方格乳釘紋や重菱紋の類はわずかである。A類鬲としては後述するⅠ形式、Ⅱ形式、Ⅲ形式の3種がすでに並行して現れている。またそのⅢ形式のプロトタイプともおもわれるA・C折衷形式（A類鬲とC類鬲の折衷形式）の鬲も出土している。

鄭家坡Ⅱ　鄭家坡簡報の中期。灰坑 H4、H10、H11、H12、H13、H14、H15、H21、H27。土器の器種として、A 類鬲、B 類鬲（H14:29）、甗、折肩罐、盆、鉢、簋、盤などがある。B 類鬲はやはりごく少数である。灰色系土器が鄭家坡Ⅰよりも増える。また簡報が指摘するように印紋の種類が増加するという認識は、この段階の変化として重要である。印紋には鄭家坡Ⅰ以来の方格紋のほか、方格乳釘紋、重菱紋、重菱乳釘紋、重圏紋、雲雷紋などが見られる。A 類鬲では鄭家坡Ⅰ以来のⅠ形式、Ⅱ形式、Ⅲ形式が並行して継続する。

鄭家坡Ⅲ　鄭家坡簡報の中期の一部と晩期を併せた内容。Ⅲ１とⅢ２の二段階に細分する。簡報は同じ一つの灰坑 H19 の出土土器を、あえて中期と晩期に振り分けて紹介するが、その振り分けの層位的根拠は不明である。仮に同一灰坑内で層位が分離されているにしても、この灰坑の出土土器には全体として明確な共通性が認められる。その共通した特徴として、例えば盆や鉢などの土器の胴上部が、内傾気味に湾曲する傾向を指摘できるが、この点は他の「中期」の土器とはかなりはっきりと相違した特徴である。そこで本書では、H19 の土器すべてを中期の土器から切り離し、簡報の晩期と併せて、鄭家坡Ⅲを設定する。ただし、H19 をその鄭家坡Ⅲの前半段階と認識してⅢ１とする。H19 を標準とする鄭家坡Ⅲ１には、器種として、A 類鬲、円肩罐、盆、鉢、盤が知られる。印紋は、重菱紋が盆、鉢、円肩罐に付せられる。一方、簡報の晩期に相当する鄭家坡Ⅲ２には、H3、H34、H16 がある。紹介されている土器は少なく、器種は A 類鬲と小型の盆が知られるだけである。全体の様相は明確ではないが、A 類鬲、盆などは、豊鎬遺跡の西周Ⅰa 期とほぼ並行するものと考えられる。

なお、鄭家坡Ⅰ〜Ⅲの区分は、同遺跡の生活址関連遺跡から得られた認識であるが、このほか同遺跡では若干の墓が発掘されている。今のところ正式な報告、簡報はないが、墓の副葬土器の器種構成は、〈鬲１〉〈鬲１・罐１〉〈鬲１・簋１・豆２〉などである。その時期は、「鄭家坡（簡報の）早期の晩段から西周中期」に相当するといわれる。生活址に見られない器種として、いわゆる仮腹豆の類が含まれることは注意すべきである。[2]また鬲は基本的に A 類鬲が大部分を占め、B 類鬲は例外的なものである。[3]

③年代

 報告者は、本書の鄭家坡Ⅰを二里頭文化晩期から二里岡下層期、鄭家坡Ⅱを「太王遷岐」前後、鄭家坡Ⅲ2をおよそ「文王作豊」時期とする。年代については研究者の間でも異論が多く、張長寿・梁星彭両氏は、そもそも鄭家坡遺跡の全体が、土器相からみて豊鎬遺跡の西周前期に近いとして、その上限を「文王作豊」時の範囲とする［張長寿・梁星彭 1989］。鄒衡氏は、後述する壹家堡（益家堡）遺跡の層位的根拠から、鄭家坡遺跡の上限年代を殷の祖甲期（殷墟Ⅱ期頃）以降とする［鄒衡 1988］。さらに、李峰氏は土器の比較から本書の鄭家坡Ⅰ、Ⅱ、Ⅲの時間幅は大きくないと評価し、年代の上限を「古公遷岐」より早くはないと考える［李峰 1991］。[4]

 筆者は、まず鄭家坡Ⅲ2を、A類鬲の形態と簡報の所見から西周Ⅰa期の豊鎬遺跡生活址に近い段階と考える。他方、鄭家坡Ⅲ1のH19の土器は、その重菱紋の盛行が豊鎬遺跡の西周Ⅰa期に近いことを物語る一方で、後述するように出土した盆の胴上部が屈折する西周Ⅰa期の一般的な特徴はいまだ現れておらず、鄭家坡Ⅱの盆との中間的形態を示す。したがって鄭家坡Ⅲ1は、西周Ⅰa期の直前の段階、おそらくは殷墟四期の前半前後に並行すると考えることができる。

 一方、筆者は鄭家坡Ⅰの年代は、簡報の考えよりかなり遅く、逆に鄒衡、李峰、王占奎の各氏よりやや早い殷墟一、二期相当と考える。そのおもな根拠はつぎのようである。①鄭家坡遺跡で、かつて墓出土と思われる一群の青銅器（鼎、甗、杯）（図8.1-12～14）が収集されたことがある。それらの青銅器の年代は、その器形、紋様からほぼ殷墟一、二期頃のものと考えられ、鄭家坡遺跡の年代がそこまでさかのぼりうることを示唆する。②張天恩氏の紹介によれば、同遺跡の灰坑H35から、本書にいうB類鬲のⅠ段階（第二部第9章）のものが他の土器と一緒に出土しているとおもわれる。B類鬲のⅠ段階と筆者がいうのは、殷墟一、二期またはそれ以前にさかのぼる可能性のある土器と考えられる。③鄭家坡Ⅰにともなう A・C折衷形式の鬲は、肥厚した口縁端部に波状の貼付紋装飾ないし刻み目を施しているが、この種のA・C折衷形式は後述するC類鬲のなかでは、土器群CのⅡ期、すなわち殷墟一、二期相当に位置づけられる。④灰坑H2出土のA類鬲Ⅰ形式が注目される。鄭家坡の簡報で

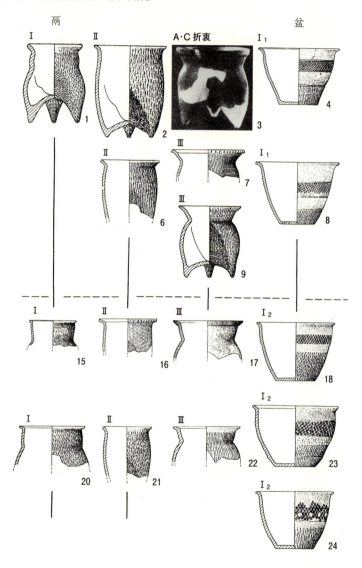

図8.1　土器群Aの変遷（1）

第8章　A類鬲を主体とする土器系統（土器群A）の変遷　215

折肩罐

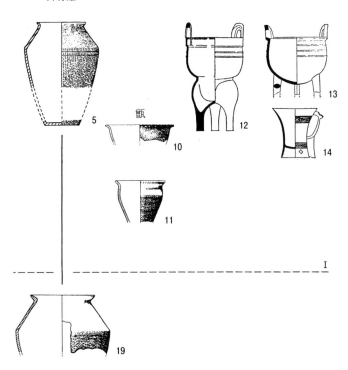

甗

円肩罐

I

II

216 第二部 西周王朝成立期の編年的研究

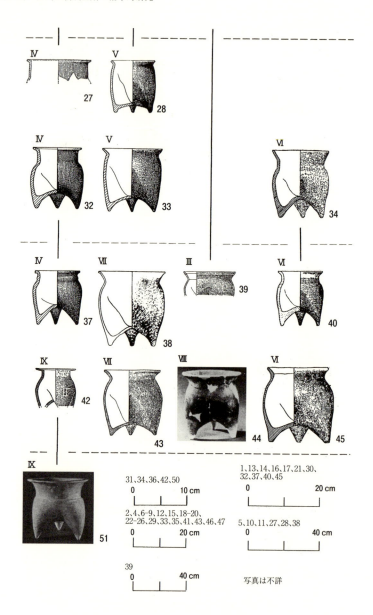

図8.1 土器群Aの変遷（2）

第8章　A類鬲を主体とする土器系統（土器群A）の変遷　217

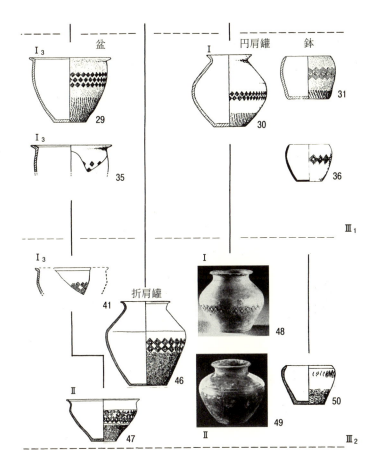

1、2、4、7.	17. 南店子	28. 南廟	41、42. 馬王村 H11
鄭家坡 H2	18. 鄭家坡 H10	32. 北呂 M12	43. 張家坡 H301
3. 鄭家坡 H5	19. 北陽	33. 北呂 Y1	44. 67 張 M85
5. 鄭家坡 H5	20. 鄭家坡 H15	34. 西村 80M149	45-47. 滸西荘 H1
6、8. 鄭家坡 H9	21、22. 鄭家坡 H4	35. 趙家崖	48. 黄家河 M36
9. 鄭家坡 T4G②	23. 鄭家坡 H11	36. 寵家堡	49. 北呂 M6
10. 小湾	24. 鄭家坡 H13	37. 北呂 M91	50. 滸西荘 H27
11. 徐東湾	25. 鄭家坡 H14	38. 徐東湾	51. 84 灃 M315
12-14. 鄭家坡	27、29-31.	39. 張家坡 T315	
15、16. 鄭家坡 H12	鄭家坡 H19	40. 北呂 M7	

は客省荘第二期文化の鬲と関係があるとするものである。筆者はのちに指摘するように、器形上Ａ類鬲Ⅰ形式は客省荘第二期文化の遅い段階の鬲（第二部第6章のＤⅡ類）と関連のあるもので、特に鬲H2:3はそうした古形式にある程度近づく可能性もある土器と考えている（図8.2参照）。⑤鄭家坡Ⅰに関連する^{14}C年代としてBP3380±60年という数値が知られる。これは大まかにいって一般に推定されている殷墟一、二期頃の年代に近いと判断できる。⑥盆や罐の胴部に見られる印紋は、鄭家坡Ⅰ、Ⅱで方格紋が、鄭家坡Ⅲで重菱紋が盛行するが、方格紋は、渭河流域の殷系土器群である後述する土器群Ｃ主体の北村遺跡（二里岡期から殷墟一、二期）などでも常見され、その流れを汲むことが考えられる。一方、重菱紋は先述した豊鎬遺跡の西周Ⅰa期の生活址においても多く見られる特徴である。このような印紋の盛衰に、鄭家坡Ⅰから鄭家坡Ⅲの年代の上下限幅が示唆されていよう。

　以上のことから、鄭家坡Ⅰを殷墟一、二期頃、鄭家坡Ⅲ1を殷墟四期前半頃、鄭家坡Ⅲ2を西周Ⅰa期に相当すると考えることができる。そして鄭家坡Ⅰと鄭家坡Ⅲの間に位置する鄭家坡Ⅱについては、ほぼ殷墟三期頃に並行すると推定できよう。

（2）漆水河流域の諸遺跡

　土器群Ａを主体とする遺跡が多く集まる武功県内の漆水河両岸とその周辺では、1979年と1980年に、中国社会科学院考古研究所が分布調査をおこない［中国社会科学院考古研究所陝西武功発掘隊 1983］、黄家河遺跡などを発見している。その後1983年に、宝鶏市考古隊は鄭家坡遺跡の発掘と並行して、再度この一帯の分布調査をおこない、27地点で「先周遺跡」を発見したと報告している［宝鶏市考古工作隊 1989］。報告者はそれらの遺跡で表採された土器を、鄭家坡遺跡発掘簡報にいう早期、中期、晩期に対応させて、3時期に区分して紹介している。この作業を通じて多数の遺跡が、鄭家坡の3期分期のいずれかの時期に属するものとして振り分けられている。この結果はすなわち、鄭家坡に比べて継続時間の短い遺跡の場合に、その包含する土器の内容が鄭家坡遺跡3期のいずれかの時期（あるいは連続する複数の時期）に対応することを示したものであり、鄭家坡の3期分期が漆水河流域の土器群Ａに対して、広

く有効な分期案であることを間接的に証明している。

この分布調査の結果として、報告者は漆水河流域諸遺跡の土器の内容を、鄭家坡の３期に対応させて整理している。そのなかで、特につぎの諸点が重要である。①早期（鄭家坡Ⅰ相当）では灰色系土器が少なく紅褐色系土器が多いのに対して、中期（鄭家坡Ⅱ、Ⅲ１相当）では灰色系土器が増加し、晩期（鄭家坡Ⅲ２相当）では灰色系が圧倒的になる。②各期とも縄紋が紋様の主体であるが、早期（鄭家坡Ⅰ相当）では「散乱」した「麻点状」（「麦粒状」と呼ばれるものと同じであろう）の縄目が多く、中期（鄭家坡Ⅱ、Ⅲ１相当）以降、規則的で浅く細い縄目に変わる傾向がある。③印紋は、早期（鄭家坡Ⅰ相当）で方格紋が多く、中期（鄭家坡Ⅱ、Ⅲ１相当）では方格乳釘紋、重菱紋などその種類が増加する。晩期（鄭家坡Ⅲ２相当）になると、印紋は減少傾向となる。④早期（鄭家坡Ⅰ相当）では鬲、甗などの口縁端部に「鋸歯状紋」を施す例が多い。以上の認識点は、鄭家坡遺跡の分期内容を補強し補足するものとなろう。

（３）武功黄家河遺跡

漆水河流域では、前記した分布調査のほか、武功黄家河遺跡［中国社会科学院考古研究所武功発掘隊 1988］と武功滸西荘遺跡［中国社会科学院考古研究所 1988］の発掘調査がおこなわれている。黄家河遺跡では、その生活址のなかに早晩２時期が含まれている。すなわち、紅褐色系土器が多くかつ印紋が盛行する土器相のグループと、灰色系土器が多く印紋が少ない土器相のグループである。層位的状況から前者が後者より時期的に早いと考えられる。一方、同遺跡発掘の墓のうち、報告者がいう第一期墓は、その年代が土器の特徴から生活址の遅い時期に並行するとみられる。以上のように黄家河遺跡は２期に分期でき、黄家河Ⅰ、黄家河Ⅱとする。

　黄家河Ⅰ　灰坑 H3、H5。その内容は鄭家坡Ⅲ１に近い。

　黄家河Ⅱ　灰坑 H6、H7、および黄家河簡報の第一期墓 32 基。その内容は豊鎬遺跡の西周Ⅰａ期、Ⅰｂ期に近い。なお、1982 年に偶然出土した青銅器（鼎、簋、罍など）は、ほぼ筆者のいう西周Ⅰａ期相当とみられ、黄家河Ⅱに相当する青銅器と考えられる［康楽 1986］。

（4）武功滸西荘遺跡

　滸西荘では、灰坑 H1 と H27 が一致した内容をもつ同時期の良好な一括遺物群として、一つの分期単位にまとめられる。出土したA類鬲などは、豊鎬遺跡の西周Ⅰa期に近似する。西周Ⅰb期以降の「西周式土器」の特徴はまったく含まれない。二つの灰坑の土器は、西周Ⅰa期ないし若干早い可能性のある一群と推定できる。

（5）扶風北呂遺跡 (5)（写真 8.3、4）

　北呂遺跡は、扶風県南部を流れる渭河の北約 4 km にあり、台地地形である周原台地南端の傾斜地に位置する［扶風県博物館 1984］。1979 年から 81 年にかけて、283 基の墓が調査された。墓の切り合い関係はなく、その他の層位的情報も報告されていない。報告者は、主として出土遺物の所見を根拠に墓を 6 期に分け、その一、二期は先周期、三期以降は西周前期から中期頃のものと考える。三期以降の分期は既知の西周期の土器や青銅器に依拠するもので、少なくとも大まかな枠組みとしては十分に根拠がある。一方、土器の様相を見ると、北呂遺跡の一期から六期を通じて、間断なく連続した型式変遷を読み取ることができる。このことから筆者は、北呂遺跡の一、二期を、西周前期以降の三期から六期より古くさかのぼるもので、西周王朝以前の時期とする報告者の意見に同意する。

　北呂Ⅰ　報告の一期。墓 M12、M21、窯址 Y1 がある。土器の鼎、盆などは鄭家坡Ⅲ 1 に近似する。殷墟四期前半頃に並行すると推定したその時期に相当しよう。

　北呂Ⅱ　報告の二期。墓 M7、M6、M91 がある。A類鬲の特徴から、ほぼ豊鎬遺跡の西周Ⅰa期に並行すると考えられる。

　北呂Ⅲ　報告の三期。墓 M140、M251 がある。紹介されている土器、青銅器は、いずれも西周Ⅱ期前後に相当する。西周前期の後半に位置づけられる分期の単位である。

　なお、北呂遺跡のA類鬲は、諸時期を通じて肩部が張り出し、足尖部が非常に高いという同遺跡に固有ともいえる特徴がある（後述するA類鬲のⅣ形式、X形式として分類するものにあたる）。その特徴は先周期の北呂Ⅰから西

周期の北呂Ⅲ以降にまで根強く継続されている。この特徴をもつA類鬲は豊鎬遺跡の西周式土器には基本的に見られず、北呂遺跡とその近隣の一、二の遺跡で確認できる小地域の特徴といえる。

一方、土器の器種構成についてみると、同遺跡と豊鎬遺跡のそれとにはっきりとした差異が認められる。すなわち、北呂遺跡各時期の墓のうち、副葬土器を出土した墓について、その器種の組合せを分類すると、〈鬲1〉87基、〈鬲1・罐1〉68基、〈罐1〉9基、〈鬲2・罐1・尊1または簋1〉3基、〈鬲2・罐1〉3基、〈鬲2〉1基、〈鬲2・尊1〉1基、〈鬲1・尊1・簋2〉1基、〈鬲1・尊1・盂1〉1

写真8.3　北呂遺跡　周原台地の南部縁辺部に立地する

写真8.4　北呂遺跡の南側　周原台地へ向かう坂道

基となる。これを豊鎬遺跡の墓に見られる「西周式土器」の器種構成（表8.1を参照）と比較すると、鬲（A類鬲）と罐（折肩罐・円肩罐）が主要な2器種であること（これは先周期以来の土器群Aの系統に共通する基本的特徴である）は一致している。ところが、豊鎬遺跡の「西周式土器」におけるその他の主要な器種である西周C類鬲、簋、壺、尊（仿銅）、瓿、罍形器、豆、碗、釉陶、および有蓋土器、各種の仿銅陶器などは欠落またはきわめて少数にとどまることが指摘できる。欠落する器種のうち、碗など一部を除くと、大部分は「西周式土器」の一部を構成した旧殷系統の土器ばかりである。このことは要するに、西周王朝中心地で旧殷系統の土器など外来の要素を入れて成立したと

表8.1 土器群Aをともなう主要遺跡の分期対照表

殷墟時期	西周期の時期	鄭家坡	北呂	黄家河	滸西荘	漆水河流域諸遺跡	扶風賀家村 土器群B共存	鳳翔西村 土器群B共存	宝鶏闘鶏台 土器群B共存	土器群Aの時期
一,二		I				先周早期				I
三		II				先周中期				II
四		III1	I	I (H3,5)		先周晚期	II	I	II	III1
四	Ia	III2		II (H6,7)	H27 H1		III		III	III2
	Ib		II		II				IV	
	II		III				IV	II	V	継続。西周式土器の主体的部分を構成。

おもわれる「西周式土器」が、西周期の北呂遺跡では一般化していなかったことを示している。北呂遺跡の土器の組成は、「西周式土器」の成立に左右されることなく、先周期から西周期にいたるまで、一貫して単純な土器群A主体の内容で推移していたのである。北呂遺跡と同じような土器相の推移を示す遺跡は、漆水河流域など早くから土器群Aが定着していた一帯で比較的多く見ることができるようである。こうした状況の歴史的意味については、後章で再び取り上げることにする。

(6) 乾県大伯溝

漆水河、涇河の中間地帯は、西周王朝以前の関中平原を考える上できわめて重要な一帯であるが、考古学的にはほとんど空白になっている。1959年におこなわれた分布調査の過程では、乾県大伯溝において、A類鬲1点が採集されている［考古研究所渭水調査発掘隊 1959］。その特徴は、西周Ia期より年代のさかのぼる土器と考えられる。先周期のこの辺り一帯に、土器群Aを含む遺跡が分布していたことが指摘できる。

II　土器群Aの変遷

　以上に紹介した代表的遺跡に共通して、A類鬲を中心とした同じような器種構成が見られた。筆者は、そのまとまりある一群の土器をとらえて、土器群Aと呼ぶことにする。本節では、土器群Aをさらに編年的に整理して全体をとらえなおしておきたい。

　筆者の考える土器群Aの編年は、先に述べた鄭家坡遺跡の3期分期と、それに依拠した補足的な意義をもつ漆水河流域諸遺跡（分布調査）の3期分期をその基準とする。そして鄭家坡Ⅰ～Ⅲの区分に対応する諸他の遺跡の分期単位を整理することで、土器群A全体の時期区分としてのⅠ期、Ⅱ期、Ⅲ期を設定したい。

　以下では、まず比較的資料の揃っている一部の土器の器種について、その型式変遷の段階を考察し、鄭家坡の分期を出発点とする土器群Aの時期区分が、型式学的にも妥当な基準であることを確認したい。

　なお、土器群Aの系譜は、のちに詳しく述べるように、その多くの土器の器種が先周期から連続して王朝期に成立する「西周式土器」のなかへと継続するようにおもわれる。それこそが本書における重要な結論の一つとなるはずであるが、すでに述べたように、本書では、まず西周王朝以前にあった土器の諸系統を明らかにして、その結果を踏まえて西周式土器の成立を考えるという手順を踏む。そこで、本章で述べる土器群Aという概念は、西周式土器成立直前の豊鎬遺跡の西周Ⅰa期とそれ以前にさかのぼる内容を対象としたものとする。そして土器群Aの西周期への展開については、西周王朝以前の土器の諸系統についての編年的整理が出揃った上で、第二部第12章で再論する。

（1）A類鬲の分類と変遷
①A類鬲の分類

　本書での土器の分類は、形態的特徴の持続的な一系列を形式と呼び、（Ⅰ、Ⅱ…）で表記する。その下位に小形式が設定される場合、（a、b…）を付加して表記する。一方、同じ形式内での時間の前後に対応した形態変化の段階を、

型式として分類し、さらに（1、2…）を付加して表記する。

A類鬲の製作技法については第二部第6章で述べた。A類鬲の形態は多様であり、多くの形式が並行している。しかし、分析に利用できる資料は量的に十分ではなく、ここでは主要ないくつかの形式を取り上げるにとどめ、また形式内の時間の前後を反映した型式の細分は示さない。また、以下の鬲資料は、鄭家坡遺跡出土の資料をはじめ生活址出土のものが大半であるが、これと北呂遺跡や豊鎬遺跡などの墓から出土した一部の資料を同じ枠内で扱った。生活址と墓の土器を分離して検討することは注意すべき視点であるが今後の課題としたい。

Ⅰ形式（図8.1-1、15、20）　円筒状の別づくりの高い口頸部を有し、高い襠部、細目の三足を呈する。鄭家坡ⅠからⅡなどにその例がある。鄭家坡Ⅰの灰坑H2出土例（図8.1-1）について発掘報告者も指摘しているように、この形式の鬲は、あるいは龍山文化期の客省荘第二期文化の遅い段階の鬲形式と関連する可能性がある（図8.2参照）。なお鄭家坡の灰坑H2では、以下のⅡ形式とⅢ形式が共伴している。

Ⅱ形式（図8.1-2、6、16、21）　円筒状の長胴に特徴のある形式。鄭家坡ⅠからⅡなどにその例がある。本来、A類鬲の成形法を考えると、こうした円筒に近い形態のものこそ、技法が直接的にその器形に反映したものとして、A類鬲の古い段階を代表することが推測される。襠部は低く、三足の先端はやや内傾する。口縁部は外に湾曲するか屈折する。

Ⅲ形式（図8.1-7、9、17、22、39）　口頸部が大きく外反し、丸く張りのある肩部を呈する形式。襠部は低い。口縁端部はさらに屈折外反し、その端部の直下に粘土帯を重ねる場合が多い。鄭家坡ⅠからⅢ、武功南店子、西周Ⅰa期

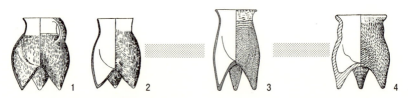

1. 趙家来T102⑥B　2. 趙家来H4　3. 馬王村　4. 鄭家坡H2〔縮尺不同〕
図8.2　客省荘第二期文化のDⅡ類鬲とA類Ⅰ形式鬲

の『灃西』生活址早期などに例が見られる。西周Ⅰ期以降に現れる高い外反口縁部をもつ西周式土器中のA類鬲の一形式につながる先行形式として注意される。

A・C折衷形式（図8.1-3）　Ⅲ形式のプロトタイプとも考えられる鬲。図8.1-3のように口縁端部を肥厚させて、折り返し状に帯状をなし、そこに刻み目をめぐらせたものが典型的である。このような口縁部は、本来後章で述べる殷系の鬲であるC類鬲の特徴であるが、三足部はA類鬲の聯襠鬲としての特徴を示す。したがってこのような鬲はC類鬲とA類鬲の折衷形式と考えられ、後章でC類鬲の変遷のなかで詳しく説明する。口縁の形状、口縁端部の刻み目は、鄭家坡ⅠにともなったⅢ形式の一例（図8.1-7）に影響しているようにおもわれる。

Ⅳ形式（図8.1-27、32、37）　Ⅰ形式に後続して現れた形式と考えられる。口縁端部は水平に近く屈曲する。また口頸部の下に少し張り出した肩をつくり、長い三足をもつ。鄭家坡Ⅲ、扶風北呂Ⅰから北呂Ⅱなどにその例が見られる。

Ⅴ形式（図8.1-28、33）　円筒状の胴部をもつ形式で、Ⅱ形式に後続して現れた形式と考えられる。Ⅱ形式に比較して胴部が短く、襠部が高い。のちの西周式土器中のA類鬲の一形式に近づいたものである。武功南廟、扶風北呂Ⅰなどに例が見られる。

Ⅵ形式（図8.1-34、40、45）　比較的高い口頸部と高い襠部をもつ。鳳翔西村、扶風北呂Ⅱ、武功滸西荘などに例が見られる。この形式は、鄭家坡Ⅰ、Ⅱに見られた諸形式の流れを汲んで、西周Ⅰa期相当の滸西荘H1出土の例（図8.1-45）などを経て、やがて西周式土器中のA類鬲のもっとも一般的な形式へとつながるとみられる。

Ⅶ形式（図8.1-38、43）　Ⅱ形式→Ⅴ形式と続く円筒状胴部を特徴とする流れを汲み、肩部がやや張り出した形式。胴部は深目で三足の先端がやや内傾する特徴がある。武功徐東湾、西周Ⅰa期の『灃西』生活址早期などに例が見られる。

Ⅷ形式（図8.1-44）　大きく外反した口縁部はⅢ形式に関連すると考えられる。また三足の先端はⅦ形式のように内傾せず、足尖が高い。西周Ⅰa期の豊

鎬遺跡の墓などに例が見られる。この流れを汲む A 類鬲の形式は西周式土器中に続く。

Ⅸ形式（図 8.1-42）　先行する Ⅳ形式に関連する形式とみられるが、口縁端部がさらに幅広に外反し、口頸部の縄紋は擦り消され、三足部に特異な横方向の縄紋が付せられる特徴をもつ。この形式は、西周Ⅰa期馬王村 H11 などを早い例として、西周式土器中の A 類鬲のなかにもその流れを汲むものが続く（図 8.1-51）。なお、このⅨ形式に類似した口頸部と横方向の縄紋をもつ同時期の B 類鬲（次章で述べる B 類鬲のⅥ形式）が存在している。Ⅸ形式は折衷形式ではないが、A 類鬲と B 類鬲が接点をもつところに位置づけられる注意すべき特異な形式である。

Ⅹ形式（第二部第 12 章、図 12.1-14、15）　Ⅳ形式から派生したと考えられる形式。口縁部が斜直に外反し、その下に張り出した肩部をつくり、長い三足をもつ。全体に円筒状の特長がある。扶風北呂遺跡に特に集中して知られる形式で西周前期にも継続した。ほかでは第 10 章で述べる扶風壹家堡遺跡でも出土している。

② A 類鬲の変遷

Ⅰ、Ⅱ、Ⅲ形式は鄭家坡Ⅰ、Ⅱで並行して存在し、一部は鄭家坡Ⅲに継続する。そして鄭家坡Ⅲの時期に、Ⅰ形式→Ⅳ形式、Ⅱ形式→Ⅴ形式という後続する新形式への移行が認められる。Ⅳ、Ⅴ形式およびⅥ形式の登場は A 類鬲の新しい段階を示すようである。さらにⅦ、Ⅷ、Ⅸ形式などがそれらと前後して現れている。Ⅳ、Ⅵ、Ⅶ、Ⅷ、Ⅸ形式は、豊鎬遺跡の最早段階に代表される西周Ⅰa期の生活址や墓からも出土する。第二部第 12 章で詳論するように、これらの諸形式は、その後に成立する西周式土器を構成する A 類鬲の直接の先行形式となったと考えられる。

A 類鬲の全般に共通して見られる変化として、鄭家坡Ⅰ→Ⅲにかけて、一般的に各形式とも口部の径に対して器高がしだいに低くなる傾向がある。また、三足の先端が鄭家坡ⅠからⅢあるいは西周Ⅰa期では、常にやや内傾するか、または直に近いものが大部分であるが、西周Ⅰa期より後の西周式土器中の A 類鬲ではしだいに外に開く傾向が強まる。また足尖は西周Ⅰa期を挟む前後から一般に低く変化する傾向がある。さらに口縁部の外面は、鄭家坡Ⅰか

らⅢ１段階では諸形式に共通して縄紋を残す特徴が見られるが、Ⅲ２段階ないし西周Ⅰa期とそれよりのちには口縁部の縄紋を擦り消すものが急増する。こうした形態的特徴や、口縁部の処理には、一般に古いものほど、第二部第６章で述べたＡ類鬲成形時における円筒状の原型の特徴が色濃く表れていると考えられる。

（２）その他の器種の変遷
①盆

　盆は、土器群Ａでは基本的に生活址にのみともなう。出土する数量は鬲に遠く及ばないが、器形と紋様の変化はむしろ一系列のものとして比較的明確にとらえられ、土器群Ａの時期の設定において一つの指標となりうる器種である。２形式に分類できる。

　Ⅰ形式　平底で深い胴部をもつ。胴中部以下、底部にかけて縄紋を施し、胴上部に印紋帯をもつ。時間的変化と考えられるⅠ１→Ⅰ３の３型式に細分できる。Ⅰ１（図8.1-4、8）は器壁が斜直で、口縁が外反する。印紋として方格紋が施され、方格紋帯の上下を平行沈線で区画する。Ⅰ２（図8.1-18、23、24）は胴部にやや外への張り出しが認められ、丸みが生じている。口縁は屈折して外反する。胴上部の印紋は方格紋のほか、方格乳釘紋が見られ、印紋帯の上下の沈線は顕著ではなくなる。Ⅰ３（図8.1-29、35、41）は胴部がさらに丸みをもって張り出し、かつ胴上部はやや内傾する。口縁は屈折して外反する。印紋は重菱紋が大部分を占めるようになる。

　Ⅱ形式　（図8.1-47）Ⅰ３から派生したとみられる形式で、胴上部から口縁部にかけてＳ字形に屈曲して外反する。胴上部には重菱紋をもつものが多い。胴下部の縄紋を擦り消し、磨研する例もある。ほかに、胴部全体に縄紋を施し、平行沈線を数条めぐらす例も知られる。また胴部が浅いものと深いものがある。Ⅱ形式は、Ⅰ３と紋様において共通点が多く、時期の重なる形式である。Ⅱ形式に後続する形式は、西周期に入って、なぜか西周前期では知られる例が少ないが、西周Ⅲ期頃から、紋様などに大きな変化を見せながらも、生活址と墓に共通する主要な器種の一つとして再び盛んになる。

　盆Ⅰ１は主として鄭家坡Ⅰ、盆Ⅰ２は鄭家坡Ⅱ、盆Ⅰ３は鄭家坡Ⅲ１と西周

Ⅰa期並行の遺跡、盆Ⅱは扶風北呂Ⅰや西周Ⅰa期の遺跡にともなう。

　②**折肩罐**（図8.1-5、19、25、46）

　土器群Aを特徴づける普遍的な器種の一つであるが、形態の時間的変化は顕著ではない。鄭家坡ⅠからⅢあるいは西周Ⅰa期並行の遺跡で多くの例が知られる。やや張り出し気味の斜直の胴部が屈折内傾して肩部をつくる。肩部の外面は磨研されて平滑である。その肩部に外反する口縁部がつく。胴部は、全体に縄紋が施されるものと、方格乳釘紋や重菱紋帯が割り付けられるもの、さらに肩部同様に胴部も磨研されるものなどさまざまである。折肩罐は、西周Ⅰa期以降の西周式土器のなかにも継続し、西周期ではその肩部の位置（最大径の位置）をしだいに低く変化させる。

　③**円肩罐**

　胴中部に最大径があり、重菱紋をめぐらすⅠ形式（図8.1-26、30、48）と、胴上部に最大径があり、肩部にしばしば2本の平行沈線をもつⅡ形式（図8.1-49）がある。Ⅰ形式がやや早く現れており、Ⅱ形式はそれから派生したものであろう。前者は生活址に多く見られ、後者は墓から出土する傾向がある。またⅡ形式の早い段階では黒色磨研のものが多く、そのような円肩罐は、第二部第7章で述べたように豊鎬遺跡の西周Ⅰa期の標準的土器ともみなされる。Ⅱ形式は、その後西周式土器のなかに継承され、西周Ⅰb期から西周Ⅱ期になるとすべて灰陶に変わる。

　④**鉢**（図8.1-31、36、50）

　碗と称されることも多い器種。斜直の外傾した胴下部と、強く内に湾曲した口縁部をもつ。また、胴部に重菱紋など印紋帯をもつことも多い。鄭家坡Ⅲ1と西周Ⅰa期並行の遺跡に例が知られる。

　⑤**尊**

　広口で、胴上部が折れて内傾し、口縁部が大きく外反する。器面に縄紋は施さない。扶風北呂Ⅰや西周Ⅰa期並行の諸遺跡に例が知られる。また後章で述べる土器群C主体の老牛坡遺跡（袁家崖地点の墓）に混入した土器群Aの同タイプの尊がある。同墓には殷墟四期前半相当の殷系統の土器や青銅器が共伴しており、尊の年代を示唆する。尊にはこのタイプのほか、少数ではあるが、もう一つのタイプがある。胴上部の屈曲が比較的小さく、胴部に縄紋を施すも

ので、『灃西』生活址早期（西周Ⅰa期）などに例がある。[(7)]

（3）土器群Aの紋様と器種の構成

①紋様

　各器種を横断して共通する紋様の時間的変化をまとめておく。鄭家坡Ⅰ～Ⅲ並行の遺跡にともなう土器の紋様は、常に縄紋が主体的であるが、鄭家坡Ⅰでは散乱した粗い粒子状の縄目（散乱麦粒状縄紋）に特徴がある。鄭家坡Ⅱ、Ⅲでは列の整った細目の縄紋が主流になり、この傾向は西周期の土器へと継承される。[(8)] 一方、盆、折肩罐、鉢の胴部に頻繁に見られる印紋は、時期区分の指標ともなる。鄭家坡Ⅰ並行の遺跡では方格紋が主要なもので、鄭家坡Ⅱでは方格紋のほか方格乳釘紋と重菱紋が出現し、鄭家坡Ⅲになって重菱紋が主要なものとなる。ただし鄭家坡Ⅲに入ると印紋自体が減少傾向となる。印紋は西周期の土器にも衰退しながら継承されるが、西周Ⅱ期に入ると激減するようである。

　また、鄭家坡Ⅰにともなうａ・Ｃ折衷形式の鬲や、同時期と考えられる漆水河流域の武功小湾、武功徐東湾などで出土している甗、甑（図8.1-10、11）の口縁端部に、波状の刻み目をめぐらせた装飾が見られる。これは、後章で述べる土器群ＢのⅠ期や土器群ＣのⅠ期の土器にも見られる装飾で、関中平原の西周王朝以前の土器系統において、早い段階で共通して見られた特徴のようである。

②器種の構成

　土器の器種構成には、時間的に大きな変化が見られない。新古の単位にともなう器種の組合せは、まず墓の副葬土器ではＡ類鬲と折肩罐が常に見られる主要なもので、一部の例で盆、豆、円肩罐、尊などがともなうことがある。一方、灰坑など生活址の単位では、Ａ類鬲、折肩罐のほか、円肩罐、鉢、盆、甗、甑、簋、豆がともなう。このうち尊、円肩罐、鉢は、土器群Ａの遅い段階の鄭家坡Ⅲないしそれと同時期の単位に限定的に見られる。

　生活址にともなう豆の形態は、盤の部分が浅い皿状を呈する特徴をもつもので、一方、墓出土の豆は、後章に述べる土器群Ｃの仮腹豆の影響を受けたタイプが中心とおもわれる。系統の異なる豆が使い分けられていた状況は興味深いが、この点は資料の増加を待って再考したい。

III 土器群Ａの時期の設定と年代

　以上に述べた初歩的な型式学的検討によって、鄭家坡Ｉ→Ⅱ→Ⅲ１→Ⅲ２（西周Ｉａ期並行）→西周Ｉｂ期以降（「西周式土器」成立以降）という段階的移行が、主な土器の器形と紋様の推移に対応するものとして確認できたと考える。段階の指標となる土器の形式、型式の動きとして、特に、Ａ類鬲におけるⅣ形式～Ⅵ形式の出現は、鄭家坡Ⅱ→Ⅲ１の移行に対応し、同じくⅦ形式～Ⅸ形式の出現は鄭家坡Ⅲ１→Ⅲ２（西周Ｉａ期並行）の移行に対応するものであった。

　さらに盆の型式変遷としてとらえられるＩ１→Ｉ２→Ｉ３は、鄭家坡Ｉ→Ⅱ→Ⅲの各段階にほぼ対応している。その他の土器群Ａの主要な器種、例えば折肩罐、円肩罐、鉢なども、現状において詳細な形式、型式分類は難しいとしても、少なくとも西周王朝以前→西周Ｉａ期並行→西周Ｉｂ期以降（「西周式土器」成立以降）という新古の段階に対応する大雑把な土器形態の推移が指摘できることを確認した。

　筆者は前章で、関中平原におけるいわゆる先周期の土器と、西周期の土器を区分することを一つの目的として、まず西周前期の土器と青銅器の編年案を提示した。そして、西周前期の最早段階として、殷末周初にまたがる過渡的な様相を示す一時期を西周Ｉａ期として設定し、その内容について詳しく述べた。その結果、西周Ｉａ期を挟んで、これに先行する先周期の土器をとらえる座標軸を得ることができた。本章で検討してきた土器群Ａにおいては、その主要な器種のいずれもが段階的な形態変化や形式、型式の消長を繰り返しつつ、西周Ｉａ期のなかへと確実に継続し、さらにその後の西周式土器を構成する土器として続いていくことが明らかになった。土器群Ａの時期区分の根拠となる鄭家坡遺跡の段階でいえば、鄭家坡Ⅲ２が殷末周初頃の豊鎬遺跡の西周Ｉａ期に並行する内容であり、先行する鄭家坡Ｉ、Ⅱ、Ⅲ１の各段階は、いずれも確実に西周王朝開始より古い土器群Ａの各時期を代表するというのが筆者の考えである。なお、「西周式土器」は、土器群Ａの系統を主要なものとして形成され、西周期の王朝中心地の土器様式となるが、その様式を土器群Ａの単純

に後続する段階とは考えない。西周式土器は、あくまで王朝の成立という歴史状況のなかで、他の系統の土器を加えながら再編成された新様式と考えられるからである。一方、土器群Aの比較的純粋な組成は、先に指摘したように北呂遺跡に代表される漆水河流域周辺の遺跡を中心に、西周式土器の形成という王朝中心地の動向とは別に、西周期に入ってもほぼそのままの形で継続していたことが考えられる。

（1）時期の設定

以上、土器の型式変遷を通して、その前後関係を確認できた鄭家坡Ⅰ、Ⅱ、Ⅲ1、Ⅲ2の各段階とそれに並行する諸他の遺跡を併せて、土器群Aの各「時期」の標準的単位として考える。そして土器群Aの時期区分として、鄭家坡遺跡の3時期に対応する土器群AのⅠ期、Ⅱ期、Ⅲ期（Ⅲ1期、Ⅲ2期）を設定する。

各時期に属する遺跡ないし遺跡内の分期単位は、ほぼ以下のように整理できる。複数の時期にまたがって同じ単位があげられている場合は、その単位が複数の時期にまたがって位置づけられるもので、細分できていないことを示す。[9]

Ⅰ期		武功鄭家坡Ⅰ、武功北店子*、武功小湾*、武功岸底*、武功東坡*、武功徐東湾*、武功橋東*、乾県周城*
Ⅱ期		武功鄭家坡Ⅱ、武功南廟*、武功北陽*、武功漳家堡*、武功徐東湾*、武功南店子*、武功坎家底*、武功于家底*、武功南夏家*、武功坡底*
Ⅲ期	Ⅲ1	武功鄭家坡Ⅲ1、武功黄家河Ⅰ、扶風北呂Ⅰ
	Ⅲ2	武功鄭家坡Ⅲ2、武功黄家河Ⅱ、武功澺西荘、武功趙家来、扶風北呂Ⅱ
	Ⅲ	武功徐東湾*、武功龍渠村*、武功文家台*、武功南廟*、武功漳家堡*

比較的純粋に土器群Aを主要な土器の構成とする遺跡は、関中平原中西部の漆水河流域を中心とした一帯に集中する。しかし後章で述べるように、土器群Aは、そのⅢ期に入る頃から急速にその分布域を拡大し、各地で在来の土器系統との共存遺跡を形成するなど、新たな展開をはじめる。本章では、土器

群A本来の組成を確認する目的で、そうしたやや遅い時期に現れる他の土器系統との混在を示す遺跡をあえて扱わなかった。この点を含めて、土器群Aの展開についてこの時点で若干の補足をしておきたい。

　第一に、関中平原西部の扶風県と岐山県の県境一帯に所在する周原遺跡や、さらに西の宝鶏市街地周辺などでは、土器群AのⅢ期に入る頃から、この方面にもともと在来的であった土器群Bと土器群Aの共存する遺跡が広く形成される。代表的な遺跡として、岐山賀家村Ⅱ、鳳翔西村Ⅰ、宝鶏紙坊頭Ⅰ、宝鶏闘鶏台Ⅱ（以上は土器群AのⅢ1期相当）、岐山賀家村Ⅲ、鳳翔西村Ⅰ、宝鶏紙坊頭Ⅱ、宝鶏闘鶏台Ⅲ（以上は土器群AのⅢ2期相当）などがある。土器群Aの西方への拡張の結果とみられるこのような土器群A、土器群B共存遺跡については、次章で詳論する。

　第二に、豊鎬遺跡最早段階の西周Ⅰa期において、土器群Aと他の系統の土器の混在が見られる。殷周王朝交替の前後に、現在の西安市の郊外に豊邑、鎬京が建設され、以後西周王朝はこの地を拠点の一つとして展開するが、その豊鎬遺跡の最早段階として、西周王朝中心地の文化編年の出発点として位置づけられるのが西周Ⅰa期であった。その西周Ⅰa期は、時間の上では土器群AのⅢ2期と並行する。しかもその主要な土器は、土器群AのⅢ2期の土器そのものである。しかし、本書が考える西周Ⅰa期と土器群AのⅢ2期とは同じ概念ではない。西周Ⅰa期とは、西周前期の土器編年のなかからその最早段階として抽出された概念である。特定の土器系統について編年したものではなく、あくまで王朝中心地における文化的な一時期を区分した概念である。この時期区分では、そのなかにさまざまな伝統に根ざした土器が混在していても問題はなく、実際に豊鎬遺跡の西周Ⅰa期では、土器群Aが主体となりながらも、土器群Bや土器群Cの土器が含まれているのである。

　第三に、このように関中平原の西部や、東部の豊鎬遺跡において、土器系統の合流や再編成がすすむ新しい状況が見られたにもかかわらず、漆水河流域周辺の遺跡では、西周Ⅰa期以降も土器群A元来の組成を比較的単純なかたちで維持していたと考えられる。前掲の土器群AⅢ期の遺跡はいずれもその代表的なものである。そしてその状況は、部分的には西周Ⅰb期以降に西周式土器が成立して以降も、西周中期頃までは続いたことが確認できる。先述した

扶風北呂遺跡の状況がその代表的な例である。ただし本書では、西周王朝中心地で西周式土器が成立して以降も北呂遺跡などで続いた土器群Aの流れについては、その存在に注目するが、土器群Aの編年の枠組みとしてはⅢ2期（西周Ⅰa期並行）までを扱い、それ以降については必要な場合代表的な北呂遺跡の分期を引用することとする。

なお、西周Ⅰa期相当の土器群A系統の土器が、関中平原の周辺部、甘粛霊台姚家河［甘粛省博物館文物隊・霊台県文化館 1976］、淳化史家塬［淳化県文化館 1980］、涇陽高家堡［葛今 1972］などでも出土している[10]。これらは漆水河流域周辺の土器群Aの古い分布地から、徐々に各地に土器が波及した結果なのではなく、成立前後の西周王朝の中心地を発信源として、土器群Aを主体とする西周Ⅰa期の文化内容が、政治的な背景をもって各地に移入された結果と考えられる。

（2）土器群A各時期の年代（殷文化中心地域編年との関係）

以上のように土器群AをⅠ期からⅢ期に分期したが、それに続きその3期を、同時期の殷文化中心地域の編年と対応させて、広域編年の枠のなかに位置づけておく必要がある。このことはすでに鄭家坡遺跡をはじめとする代表的遺跡の記述のなかで、年代を考える手がかりについてさまざまな角度から指摘しておいたので、ここでは結論のみをまとめることとする。

Ⅰ期 遺跡の項で述べたように、土器群Aのこの時期を代表する鄭家坡Ⅰは、殷墟一、二期に並行すると考えられるいくつかの根拠がある。この年代観はそのまま土器群AのⅠ期の年代となる。

Ⅱ期 Ⅱ期自身の内容に今のところ年代の決め手はない。しかし、鄭家坡遺跡について考察したように、この時期を代表する鄭家坡Ⅱについては、前後する鄭家坡Ⅰと鄭家坡Ⅲの中間の年代をとって、ほぼ殷墟三期前後に並行すると推定できる。

Ⅲ期 Ⅲ期は、豊鎬遺跡最早段階の西周Ⅰa期に並行するやや遅い段階と、先行するⅡ期に接近したより早い段階を含んでおり、前者をⅢ2期、後者をⅢ1期とした。Ⅲ2期はしたがって西周Ⅰa期（殷墟四期後半から西周王朝の初葉）に並行し、Ⅲ1期はその直前と考えられる。Ⅲ1期に属する扶風北呂Ⅰの

墓 M21 出土の陶尊は、後章に述べる土器群 C の老牛坡遺跡（袁家崖墓）出土の陶尊に類似する。袁家崖墓は、殷墟四期前半頃の典型的な殷系土器を数点伴出している。さらに北呂 I の墓 M21 には、1 点の B 類鬲がともなうが、その B 類鬲の特徴は、次章で論ずるところを先取りするならば殷墟四期前半頃に位置するものと考えられる。以上から、Ⅲ 1 期は殷墟四期の前半頃に並行すると考えられる。

Ⅳ 土器群 A の系譜

土器群 A の始源を考えるとき、第一に注目されるのは、関中平原における先行文化である龍山文化期の客省荘第二期文化の存在である。土器群 A を構成する土器のうち、A 類鬲の一部の形式や折肩罐などは、客省荘第二期文化のなかに類似した特徴をもつ土器を指摘することも可能である。折肩罐については、ただ漠然とした形態の類似を指摘できるにとどまるが、A 類鬲に関してはいくらか具体的な関連性を指摘することもできる。

漆水河流域の武功趙家来遺跡の客省荘第二期文化は、発掘報告者によって遺跡の層序と土器の様相から、早、晩 2 期に分けられ［中国社会科学院考古研究所 1988、p.154］、同文化の主要な土器である鬲についても新古の形態変化が指摘されている。その遅い時期に、第二部第 6 章で述べた D Ⅱ類鬲が現れている。注意すべきはその D Ⅱ類鬲のなかに、客省荘第二期文化の鬲としては少数派ではあるが把手をもたない鬲が現れていることである。このような、把手をもたないタイプの D Ⅱ類鬲に類似した鬲として、高い口頸部と円筒状に近い器身、そして弧状の襠を呈する例が、かつて長安馬王村で発見されたことがある（図 8.2-3）。A 類鬲との類似点も指摘できる馬王村の鬲は、今後これに類する資料が増加するようならば、土器群 A の鬲 I 形式とした鄭家坡 H2:3（図 8.2-4）などと、客省荘第二期文化の遅い時期の D Ⅱ類鬲との中間段階の鬲として注目できるかもしれない。なお、鄭家坡 H2:3 の鬲は、三足部の上に円筒状の別づくりの口頸部をのせる形態に特徴をもつが、この作り方も、客省荘第二期文化の鬲にしばしば見られる特徴である。

このようにいくらか具体的な土器の系譜的つながりが示唆される例はあるに

しても、総じていえば、現在知られている客省荘第二期文化と土器群Aとの間には、土器の形式においても、^{14}Cから知られる年代においても、なお大きな隔たりがあるといわなければならない。両者の間に実際に系譜的関係があったとしても、それを説明するには、なお未知の空白の段階が介在することを考える必要があり、今後の考古学的成果を待たなければならない。その場合、例えば前記した長安馬王村の鬲をともなった何らかの文化段階について、今後の調査でさらに明らかになることも期待される。

一方、土器群Aを構成する土器のうち、盆、豆（仮腹豆の系統）、尊などは先行する客省荘第二期文化のなかに、そもそもまったく類する土器が存在しないことは明らかである。そこで、もしこれらの土器が、関中平原の土着の先行文化に由来するものではないと考えると、その来源を類似の土器が盛行していた殷系土器のなかに求めることが妥当である。その場合、土器群Aに取り込まれた殷系土器の系譜とは、殷文化中心地域から直接に移入されたものと考えるのではなく、関中平原東部に早くから定着していた殷系の土器群である土器群C（後章で詳述する）から土器群Aに波及したものと考えるのが自然であろう。

また、土器群AのⅠ期の鬲、甗、甑の口縁端部に見られる波状の刻み目状の装飾も、やはり土器群Cの装飾に由来すると考えられる。さらに、Ⅰ期、Ⅱ期で盛行した印紋の方格紋についても、土器群Cでより早くから盛行していた同種の紋様を受容したものと推測できる。一方、土器群Aの印紋のうち、Ⅱ期、Ⅲ期で盛行する重菱紋や方格乳釘紋は、同じ時期から関中平原でも広まった青銅器の紋様から引用された可能性が高い。そして後述するように、関中平原の在地の青銅器は、初期においては土器群Cに関連する人たちと無関係ではなかったと考えられる。

なお、西周Ⅰa期に広範に見られる方格乳釘紋簋、方格乳釘紋鼎などの在地型（関中型）青銅器の方格乳釘紋は、逆に土器群Aの土器に流行していた印紋を引用したことが考えられる。この推測が正しいとすれば、方格乳釘紋簋など、武者章氏が周の政策的背景のもとに「文王を製作主体者として製作された」と推測した青銅器［武者章 1989］は、本書でいう土器群Aと緊密に結びついて出現したことになる。西周期に入り土器群Aを基礎として西周式土器

が成立することと併せ考えて、土器群Aを担った人びとというものを想定したとき、彼らが何者であったかを示唆する現象である。

　以上のように、土器群Aの構成は、その一部の要素については、龍山文化期の客省荘第二期文化以来の在来的な土器から発展した可能性があり、さらに関中平原に定着した殷系の土器群である土器群Cから移入された諸要素が加わることで形づくられたとおもわれる。一方、土器群Aを構成したA類鬲、盆、折肩罐、円肩罐、鉢など主要な器種は、その後、西周王朝中心地において西周Ⅰa期という過渡的な段階を経て、やがて西周式土器の主要な部分を構成するものへとつながっていくのである。

註
（1）鄭家坡遺跡に関する近年の新知見については、第二部第15章で取り上げる。
（2）筆者は、1987年2月に陝西省考古研究所の王占奎氏の案内で鄭家坡遺跡を訪ねた際に墓の出土土器を実見することができた。含まれていた豆は生活址の豆とは異なるようで、殷系土器との関連が指摘できるいわゆる仮腹豆に類似するものとおもわれた。
（3）1987年2月の現地での見聞の結果、鄭家坡の墓出土の陶鬲は、生活址同様A類鬲が中心で、B類鬲はほぼ出土していないことを確認した。
（4）王占奎氏もこれに近い見解を述べたことがある［王占奎1988］（筆者未見）。
（5）北呂遺跡についての近年の知見については、第二部第15章で触れる。
（6）この地域の先周期の遺跡は、1990年代以降調査されたものが多く、近年しだいにその様相が知られてきている。第二部第15章で一部の新知見について触れる。
（7）『灃西』生活址早期H301出土の尊［中国科学院考古研究所 1962、図62-2］。
（8）「麦粒状縄紋」増減の時間変化については、近年の知見で補足されている。第二部第15章参照。
（9）以下の遺跡リストに初出する遺跡名は、宝鶏市考古隊による漆水河流域分布調査で知られた遺跡（＊印）である。この遺跡リストは1990年代までの知見による。近年の新知見については第二部第15章で若干の補足をする。
（10）同遺跡の墓M1からA類鬲（西周Ⅰa期相当）、M2から折肩罐、M5からA類鬲と折肩罐（西周Ⅱ期相当）が出土している。M1にはまた西周Ⅰa期相当の銅鼎、銅簋、銅戈が共伴する。
（11）［蘇秉琦 1984 p.61、図3-3］。1951年の発見とおもわれるこの鬲は、当時なお客省荘第二期文化の概念がない時代にあって、蘇秉琦氏により今日の客省荘第二期文化に相当する文化（蘇氏は「文化二」と呼んだ）の一資料として紹介されたもので

ある。鬲の形態は、一般に知られる客省荘第二期文化の鬲とは一定の距離をおくようにも見えるが、口頭部に施された籃紋が、客省荘第二期文化に関連することを示している。

第9章　B類鬲を主体とする土器系統（土器群B）の変遷

　西周王朝以前の関中平原に見られた土器系統のうち、本書にいうB類鬲（高領袋足鬲）を主体的土器の一つとして構成されたものを土器群Bと呼ぶことにする。本章ではこの一つの土器の伝統について、編年的に整理することでその全体像を明らかにしたい。編年の作業は、まず土器群Bをともなう諸遺跡の層位的単位あるいは一括出土の共時的な単位を確認し、一方で主要な土器の器種を形式、型式に分類して、その変遷の段階を示す。そしてそれらを整合的に整理することで、土器群全体の時期区分を設定する。その後に殷文化中心地域や華北西北部の関中平原以外の土器編年と比較して、広域編年の枠のなかに位置づけていくという手順ですすめたい。

　蘇秉琦氏による宝鶏闘鶏台遺跡の発掘報告以降、1950年代にはじまる豊鎬遺跡など西周遺跡の発掘調査を通じて、本書にいうB類鬲は殷末周初前後の遺跡にともなうことはあるものの、基本的には西周期に下がらない土器であると考えられ、これを西周王朝の開始より以前、龍山文化期以降の関中平原を代表する土器であるとする漠然とした認識が定着するようになった。その後、闘鶏台遺跡の資料を再検討した鄒衡氏は、B類鬲について型式学的に新古の段階を設定する考えを示し、また共伴遺物の検討から闘鶏台のB類鬲の年代が殷墟三期に並行する時期から殷末周初頃の間に相当することを論じたのである［鄒衡 1980b］。鄒衡氏の研究以後、B類鬲を多数出土した扶風県劉家遺跡の発掘がおこなわれ、闘鶏台遺跡以外でははじめてのまとまったB類鬲の発掘資料が得られた。劉家遺跡の報告者は、同遺跡の墓を副葬土器の様相から6期（すべてにB類鬲がともなう）に細分し、その継続年代を「二里頭晩期」から「文武の際」と推測した。しかし、その分期には層位的根拠がともなっておらず、またその最早の時期を東方の二里頭文化に関連づける根拠も明確ではなかった。盧連成氏は、劉家遺跡の継続年代について発掘報告者が推定するように長期にわたるものではないと考え、劉家遺跡の主要な内容を占める発掘報告

の二期から五期の墓を、同一時期のものとして一つの時期にまとめ、遺跡全体を前後3期に分期しなおす考えを提唱した［盧連成 1985］。盧氏はその上で、宝鶏市街地の近郊で出土した採集土器のなかに、その形態からみて劉家、闘鶏台のものより年代の古いB類鬲の一群（盧氏は石嘴頭晁峪類型と呼ぶ）があることを指摘し、B類鬲の変遷として、石嘴頭晁峪類型→劉家類型→闘鶏台類型の3段階を想定した。これとは別に、飯島武次氏は、豊鎬地区で新たに発見されたB類鬲に共伴した青銅器や、その他の遺跡で知られるB類鬲関連の^{14}C測定年代から、劉家遺跡の報告にいう三、四、五期のB類鬲を、殷墟三期、四期に並行すると推定した［飯島武次 1988］。それは結果として劉家遺跡の発掘報告が推定する同遺跡の継続年代を大幅に狭める認識につながった。

　その後、宝鶏市考古隊に所属していた張天恩氏は、宝鶏市街地近郊で近年出土した多数のB類鬲の未発表資料を詳細に検討し、さらに新たに発掘された宝鶏紙坊頭遺跡の層位的状況を考慮しつつ、B類鬲の変遷を5期に細分することを提案した［張天恩 1989］。その編年案は、結果として盧連成氏の編年観を再確認したものとなっているが、盧氏のそれを型式学的に深め、かつ部分的にではあるがB類鬲の型式変遷にはじめて層位的根拠を与えるものとなった。

　張天恩氏の研究は、従来になく豊富な資料の観察にもとづく詳細なものであり、本章のB類鬲分類の一つの指針ともなる。しかし、筆者は張氏の設定する時期のうち、第五期とするものが、さらに細分すべき必要があることと、張氏のいう第五期より以降、西周期並行期に入ってもなお継続するB類鬲の系譜が存在することを指摘する必要があると考えている。また、資料的にはなお空白部分の多い張氏のいう第一期から第四期の間を、大きく一つに括る方針で整理することが、現状に適合しているとも考える。

　本章では、利用可能な資料がなお十分な量を得ているとはいえない状況ではあるが、B類鬲の形式、型式分類について可能な範囲で詳細にこれをすすめる。それは、変化に富むB類鬲の諸形態を、できるだけ漏れなく分類の枠内に取り込もうと考えるからである。分類の内容については、今後の資料の増加によってより確かな認識となることを期待している。一方、そのように比較的細かく分類する形式、型式の組列にもとづいて設定されるB類鬲変遷の段階（土器群Bの時期区分の基準ともなる）については、むしろ比較的大きな範囲

を一つにまとめるように考えた。それは、資料の絶対量の不足から、変化に富むB類鬲の形式、型式間の前後のつながりが、なお十分に説明できていないと考えるからである。

　土器群Bを構成する土器として、B類鬲以外のいずれの器種も、残念ながら資料はさらに不足している。しかし本章では、少なくとも土器群Bを代表するもう一つの器種である有耳罐については、断片的な材料を根拠としながらも、その型式変遷の大筋をとらえるようにしたいと考える。

　なお、広い地理的範囲に分布した土器群Bは、単純に一つの土器の伝統としてまとまって推移したのではなく、そのなかにいくつかの地域的グループが並行して存在したと考えられる。土器群Bの編年にあたっては、この地域的グループの存在にも注意しなければならない。以下に最初の作業として、筆者が想定する地域的グループごとに代表的な遺跡を取り上げて、編年研究上、意義のある層位的な単位や、一括出土の共時的な単位（墓、灰坑など）を抽出し、各単位の土器の組成について整理しておきたい。

I　土器群Bを出土したおもな遺跡

　土器群Bは、金河・晃峪グループ、劉家グループ、碾子坡グループの三つの顕著な地域的グループと、若干の小グループに分けることができる。地域的グループを区分する根拠は、以下の論述のなかで示していきたい。ここでは地域的グループごとに代表的な遺跡を取りあげてその様相を検討していく。

（1）金河・晃峪グループ

　関中平原西部の現代の中心都市宝鶏市の市街地周辺に、筆者の考える土器群Bのなかでも土器の組成に一致性が見られる一つの地域的グループが存在する。早くに知られた関連遺跡名をとって、これを金河・晃峪グループと呼ぶことにする。このグループの遺跡は宝鶏市街地周辺の渭河ないしその支流河岸の台地縁辺部に分布する。正式な発掘を経た遺跡は少なく、表採ないし現地で購入された土器が大半であるため、土器の組成には未確定の部分が多い。また、土器を出土した遺構の性格も多くは明らかになっていない。しかし遺構につい

ては、土器の残存状態が良好な場合が多いことから、知られる出土土器の多くが墓の副葬土器であったと考えられる。

このグループの器種の構成は、B類鬲に加えて、各種の有耳罐（双耳罐、単耳罐、腹耳罐）がともなうことに特色がある。

金河・晃峪グループの土器は、主としてB類鬲の形態的特徴から、金河遺跡のそれに近い一群と、晃峪遺跡のそれに近い一群とに分けられるようにみえる。この2群の区別は、後述する長武碾子坡遺跡の層位的根拠を参照することで明らかになるように、土器の新古関係を反映したものである。土器の新古についてはのちに論ずるが、ここでは金河・晃峪グループの遺跡を、二つの群に振り分けながら紹介する。

①宝鶏金河遺跡（写真9.1）

1972年、渭河の支流金陵河西岸の金河付近で一群の土器が出土した［劉宝愛 1985］［盧連成 1985］。宝鶏市街地の北約5kmの地点である。出土した土器は、宝鶏市博物館に収蔵されている。現在までに紹介されているのは、B類鬲2点、双耳罐（丸底）1点、単耳罐（丸底）1点、腹耳罐（丸底）1点の各土器である（図9.1-5、図9.2-1〜3）。出土の状況は不明であるが、収蔵されている土器がいずれも完形器に近く、他の遺跡での傾向から考えて、墓の副葬土器であった可能性が高い。土器はおおむね紅褐色を呈するが、器面の色調には黒色の斑がある特徴が指摘される。

②宝鶏石嘴頭遺跡（写真9.2）

宝鶏市南部を流れる渭河の南岸に位置する石嘴頭遺跡からは、1982年に入手された鬲1点を含め、B類鬲が5点紹介されている［劉宝愛 1985］［王桂枝 1985、図4-8］。遺構は確認されていないが、金河遺跡と同じ理由で、土器の多くが墓からの出土品である可能性が高い。

石嘴頭Ⅰ　B類鬲5点のうち、4点はいずれも金河遺跡

写真9.1　金陵河の渓谷

出土の鬲にきわめて近い特徴をもつもので（図9.1-6）、ほぼ同一時期の一群と考えられる。

石嘴頭Ⅱ B類鬲5点のうち残る1点は、形態がかなり変化したもので、後述する長武碾子坡遺跡の層位的根拠、およびのちの型式学的検討から明らかになるように、実は

写真9.2 渭河北側台地上から宝鶏市外地を望む 南岸の台地上に石嘴頭遺跡がある

同遺跡中の年代の下がる層位的単位から出土した土器と考えられる。わずか1点の資料ではあるが、これに代表させて石嘴頭Ⅱという単位を考えておく。石嘴頭Ⅱは、後述する晁峪遺跡と近い関係にある単位として位置づけられる。

③甘粛平涼翟家溝

1952年に、双耳をもつB類鬲が1点、単耳罐（丸底）が1点発見された［喬今同 1956］。一つの墓からの一括出土と考えられている。いずれも紅褐色を呈し、縄紋を帯びた土器で、平涼一帯で多く見られる寺窪文化の無紋の土器とは異なる。土器の形態は、金河、石嘴頭Ⅰのそれに近い。

④その他、金河遺跡に近い土器を出土した遺跡

宝鶏姫家店遺跡［考古研究所渭水調査発掘隊 1959、図版1-1］、および郿県採集資料［張天恩 1989、p.35］において、金河、石嘴頭Ⅰに類似するB類鬲が出土している。ただし正確にいえば、それらの形態は金河、石嘴頭Ⅰのそれと、後述する扶風劉家遺跡のそれとの中間的な特徴をもっており、土器の新古関係を反映していると考えられる。

この他、図や写真は公表されていないが、張天恩氏の記述から知られるところでは、金河遺跡のそれに近い形態のB類鬲が出土した遺跡あるいは遺跡内の単位として、宝鶏興隆、宝鶏涼泉、宝鶏闘鶏台Ⅰ、鳳翔范家寨、武功鄭家坡H35、武功岸底などがある［張天恩 1989］。このうち闘鶏台Ⅰの鬲（闘鶏台標本1）は、金河遺跡と同じように双耳罐（丸底）をともなっている［張天恩 1989］。なお、闘鶏台遺跡については後述する。

244 第二部 西周王朝成立期の編年的研究

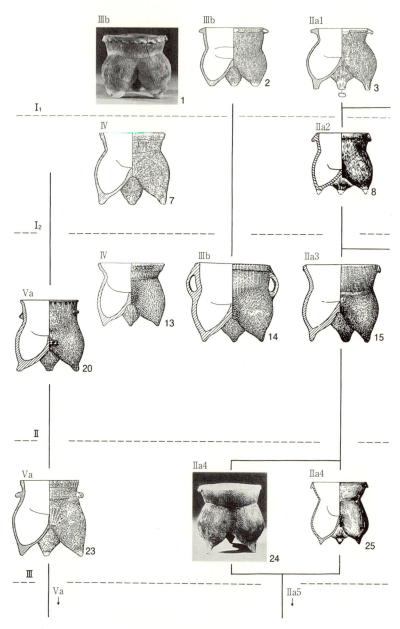

図9.1 B類鬲の変遷（1）

第9章 B類鬲を主体とする土器系統（土器群B）の変遷　245

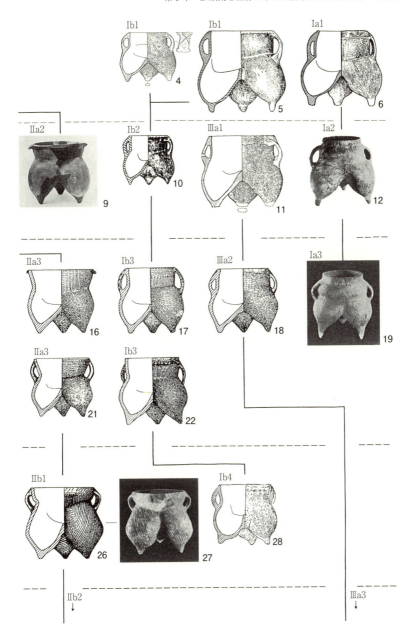

246　第二部　西周王朝成立期の編年的研究

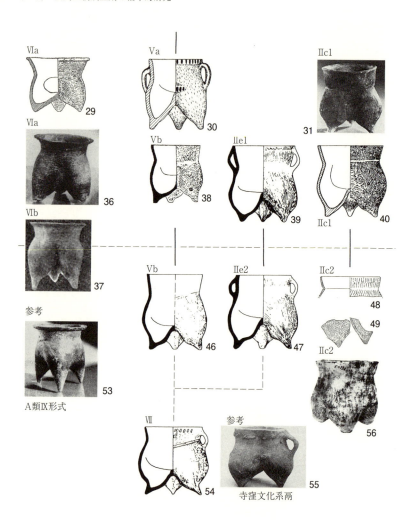

図9.1　B類鬲の変遷（2）

第9章 B類鬲を主体とする土器系統(土器群B)の変遷 247

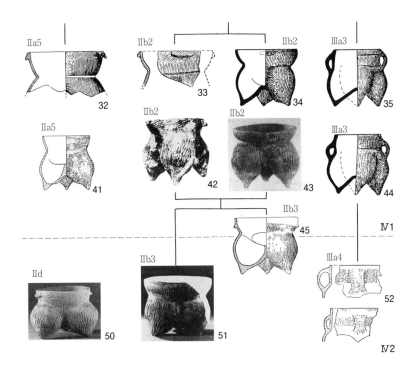

1-4、7、9、11、23、50、55.
　　碾子坡（H106、M660、M670、M662、H134、H151、H134、M109、M184、M1181）
5.　金河
6.　石嘴頭
8.　北馬坊
10.　鄖県
12.　姫家川
13.　鄭家坡H14
14-22、26、27、30.
　　劉家（M7、M11、M37、M37、M37、M7、M3、M4、M8、M27、M27、M49）
24.　83客M1
25.　紙坊頭4B

28、29、38.
　　西村（80M87、80M148、79M69）
31.　崇信M6
32.　旭光
33.　馬王村H11
34-37、43、44、53.
　　賀家村（小墓、小墓、M23、小墓、M7、小墓、M11）
39、46、47、54.
　　晁峪
40.　83澧毛M1
41.　宝鶏市博物館949・ICI・130
42、56.　鬪鶏台（K4、I5）
45.　67張89
48、49、51.
　　黄家河（H3、H3、表採）
52.　茹家荘H2

248 第二部 西周王朝成立期の編年的研究

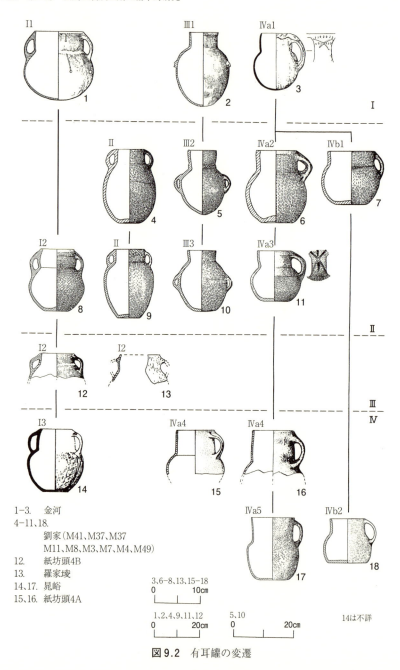

1-3. 金河
4-11、18. 劉家（M41、M37、M37
　　　　　　M11、M8、M3、M7、M4、M49）
12. 紙坊頭4B
13. 羅家埈
14、17. 晁峪
15、16. 紙坊頭4A

14は不詳

図9.2　有耳罐の変遷

⑤宝鶏晃峪遺跡

　遺跡は宝鶏市街地の西約 20 km、渭河の南側約 3 km の黒水河河岸の台地上に所在する。張天恩氏はここを一つの墓地遺跡として紹介している［張天恩 1989］。1982 年に晃峪文化站が入手したものをはじめ、公表されている土器は B 類鬲 5 点、双耳罐（平底）2 点、単耳罐（平底）2 点、腹耳罐（平底）2 点の 4 器種である（図 9.1-39、46、47、54、図 9.2-14、17）。B 類鬲と有耳罐の形態は、金河、石嘴頭 I に代表される同器種と比較して、かなり変化したものである。後述する長武碾子坡遺跡の層位的根拠と比較しても、同じ地域的グループ内の明らかに遅い一群と考えられる。晃峪遺跡は宝鶏市街地の西方にあり、既知の土器群 B 発見地点のなかでは最も西に寄った地点の一つである。この地勢的理由によると考えられる二つの特徴が晃峪の土器に読み取れる。（i）（後述する型式学的理由から）この遺跡が西周 I 期前後に下がる年代を含むものとすると、その少し前の時期から宝鶏周辺には東方より土器群 A が波及し、関中平原西部の大部分の地点で土器群 A と土器群 B の共存する遺跡が形成されるなかで、宝鶏市街地西方のこの一帯では、なお土器群 B 金河・晃峪グループの流れをそのまま継承し、土器群 A の要素を交えない土器の組成を持続していた可能性が高い。（ii）一方、晃峪遺跡の土器には、この遺跡からみてさらに西方の甘粛東部を中心に展開した寺窪文化の影響が認められる。すなわち、B 類鬲中の単耳の鬲（図 9.1-54）は、寺窪文化に盛行する単耳の鬲（図 9.1-55）と関連すると考えられ、また、器面の縄紋を擦り消す処理を した単耳罐（図 9.2-17）も、やはり寺窪文化の土器と関係するといえる。(4)

⑥その他、晃峪遺跡に近い土器を出土した遺跡

　晃峪遺跡近隣の宝鶏市西部の 2 遺跡が知られる。宝鶏林家村墓［宝鶏県博物館 1988］では、一つの墓から出土した土器と青銅器として、B 類鬲 2 点、罐 2 点、青銅簋 1 点、青銅鼎 1 点が報告されている。共伴した青銅簋は方座が付くタイプで、青銅鼎とともに西周 I a 期前後のものと考えられる。宝鶏羅家埝［宝鶏市考古隊 1989b］では、晃峪遺跡のそれに類似する B 類鬲と双耳罐が出土している。なお、石嘴頭遺跡の項で触れた石嘴頭 II は、石嘴頭遺跡の遅い段階の層位的単位と考えられ、晃峪遺跡に近い位置づけを与えることができる。

（2）劉家グループ

劉家グループは、宝鶏市周辺の金河・晃峪グループの東方、周原台地上に位置する扶風県劉家遺跡に代表される地域的グループである。劉家遺跡の所在地は、扶風、岐山県境一帯のいわゆる周原遺跡南部の一角にある。

本書では仮に劉家グループと称するが、実際には劉家遺跡以外にまとまった数量の土器を出土した遺跡はなく、はたして地域的グループとしてとらえるべきものなのかどうかは、今後の調査に待つべき問題である。しかし少なくとも、劉家遺跡の土器の様相や、土器を出土した墓の墓制上の特徴などは、金河・晃峪グループや、後述の碾子坡グループとは、時間の前後関係に起因する相違だけでは解釈できない独自性を示している。

劉家グループの土器の器種構成は、B類鬲と各種の有耳罐に加えて、特徴ある折肩罐をともなっており、さらに少数の土器群Aの要素を含んでいる。

①扶風劉家遺跡（写真9.3）

（1）遺跡と層位

劉家遺跡は、扶風県と岐山県の県境一帯に広がるいわゆる周原遺跡の範囲内の南部にあり、周原遺跡を東西に二分する斉家溝（劉家溝）の東側（扶風県側）に所在する［陝西周原考古隊 1984］。劉家遺跡の第3層は西周後期の遺物包含層とされ、西周中期墓、西周前期墓、および報告者のいう「姜戎」墓が、いずれもこの第3層の下面から検出されている。報告者が「姜戎」墓と呼ぶところの、一般の西周墓とは明確に区別される特徴的な一群の墓が、土器群Bをともなった墓群のことである。以下、劉家遺跡とは報告者のいう「姜戎」墓の内容を指す。

土器群Bをともなう墓（「姜戎」墓）は全部で20基発見されているが、それらは稠密な一つの墓域を形成しながらも墓壙の切り合い関係はない。そのことは、劉家遺跡

写真9.3 劉家遺跡　周原遺跡南部の劉家溝東側に所在

の墓地が比較的短い期間のうちに形成されたことを暗示するようにもおもわれる。ただし、西周中期墓（M42）が土器群Bをともなう墓M40の上に重なり、また西周前期墓（出土した鬲は西周Ⅰ期相当）が土器群Bをともなう墓M7の上に重なるという層位的関係が認められる。このことから、土器群Bをともなう墓は、基本的に西周期より以前にさかのぼるものと推定される。同時にこの現象は、一般の西周墓と、土器群Bを主体とする墓群とが、集団墓地として不連続な関係にあったことを示唆していよう。

（2）土器と分期

　報告者は、伴出した土器の形態変化を根拠に20基の墓を6期に細分し、その年代を「二里頭文化晩期」から西周王朝直前の「文武の際」までの長期にまたがるものと考える。しかし、報告者の編年案にはいくつかの問題点がある。①報告の第一期（M3のみ）の土器は、報告者がいうように劉家遺跡全体のなかではやや異質な面がある。しかしその点を、遠隔地の斉家文化や二里頭文化の土器と比較したのはやや飛躍した議論とおもわれる。むしろ出土した2点の鬲（図9.1-20）は、口縁外面に波状の貼付紋帯を有し、胴部と襠部にも波状の凸起を付ける点などが、同じ土器群Bのなかの後述する碾子坡ⅡのB類鬲（図9.1-23）と共通している。同時にM3の土器は、劉家遺跡中のM49（図9.1-30）（報告者が第六期とする墓。劉家遺跡のなかでこれもまた異質な特徴をもつ墓。その年代は、土器群Aないし西周式土器に属する土器が複数ともなうことから、確実に西周Ⅰ期に下がると判断される）にも類似点がある。M3を突出して古く考えることには疑問があり、また土器の異質な側面は、劉家遺跡最晩期のM49のそれとともに、劉家グループの外に由来する要素（おそらく寺窪文化に関連する）に起因するとおもわれる。②第二期はM27のみがあげられ、やはり大半の劉家遺跡のB類鬲とはやや異なる特徴をもつ鬲を伴出する。しかしその鬲（図9.1-26、27）の異質な特徴は、実は碾子坡Ⅱなど他の遺跡で出土するB類鬲の遅い段階に類似例を見ることができ、むしろ劉家遺跡の鬲のなかでは遅い段階に属することが考えられる。③報告者は一期から五期までのB類鬲の足尖の変化を、円錐状→扁平気味という方向で説明するが、B類鬲の足尖は、後述する紙坊頭4B層→4A層の層位的証拠からみて、むしろ逆方向に変化したことが確認できる。報告の第二期と第三期〜五期

の先後関係が逆転することは、この点からも確かめられる。④報告の第三期～五期の間、同じ墓から一括出土した（したがって同時期の）土器の相互間の形態差が顕著である。例えば図9.1-16～18は同じM37出土の鬲である。これは「形式」の異なる鬲が同時に並行していた現象であり、このような形式の差は時期の違いを反映するものではない。後述するようにB類鬲全体の流れを見たとき、時間差をよく反映する属性は足尖と口縁端部外面の処理であるが、これらの属性からみると、第三期～五期のB類鬲は相互にむしろ類似性が高く、比較的短い時間内の一群の土器であると結論できる。

　以上のことから、本書では報告にいう第三期、第四期、第五期の土器を、時間差の少ない一時期の土器としてとらえ直し、これを劉家Ⅰとする。劉家遺跡の大部分の墓がここに入る。そして報告の第二期のM27は、前記した理由からむしろやや遅れる時期のものと考えることができ、これを劉家Ⅱとする。一方、異質な側面をもつ報告第一期のM3については、筆者は劉家Ⅰないし劉家Ⅱの時期に並行する可能性が高いと考えるが、結論は保留したい。さらに土器群Aないし西周式土器をともなった報告第六期のM49を、劉家Ⅲとする。劉家Ⅰ、劉家Ⅱ、劉家Ⅲの設定に層位的根拠はないが、以上のように土器相の不連続な変化に注目することで区分される。

　劉家Ⅰ　報告者の第三期、第四期、第五期の15基の墓が劉家Ⅰを代表する。土器の器種としてはB類鬲、双耳罐（平底）、単耳罐（平底）、腹耳罐（丸底・平底）、折肩罐などがある。土器は灰褐色ないし灰色を呈し、器面にはしばしば褐色の焼成斑が生じている。折肩罐の多くは、同じ器種名で呼ばれる土器群Aのそれに比べてやや長胴で、胴上部が丸く膨らみをもつ感じがある。また肩部以下には縄紋を施すが、胴上部に数条の平行沈線紋をめぐらす特徴がある。これらは後述する碾子坡遺跡の折肩罐にも通じる特徴であり、このような折肩罐を、土器群Aに盛行するそれとは違いのある、土器群Bに特徴的な土器としてとらえることができる（図9.3）。

　劉家Ⅱ　報告者が第二期とした墓M27。B類鬲3点、折肩罐6点が出土している。6点の折肩罐のうち、5点は劉家Ⅰのそれとほぼ同様の特徴をもつ土器群B特有のものであるが、残り1点には土器群Aの特色が見られる。

　劉家Ⅲ　報告者が第六期とした墓M49。B類鬲1点、単耳罐1点（図9.2-

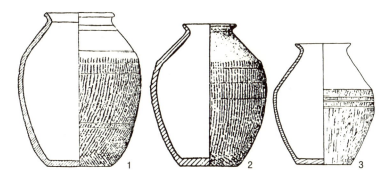

図9.3 土器群Bの折肩罐〔1,2は1/8、3は1/4〕
1. 碾子坡 H503 2. 劉家 M27 3. 崇信 M9

18)、円肩罐8点、小型の折肩罐2点が含まれる。このうち円肩罐、折肩罐は明らかに土器群Aないし西周式土器の範疇に入る。単耳罐は、劉家Iのそれが縄紋を施しているのに対し、無紋で磨研されている。この特徴は寺窪文化に盛行した単耳罐に通じるものである。

（3）年代

伴出したB類鬲と、有耳罐の型式変遷上の位置づけについては後述するが、それ以外で知られる劉家遺跡の年代の手がかりについて述べておく。劉家ⅢのM49から出土した円肩罐は、肩部の周回紋など西周Ia期に顕著な黒色磨研の円肩罐に似る。また、小型の折肩罐の方は西周Ⅱ期に近づいた特徴をもつ。無紋の単耳罐は、西周Ia期ないしその直前の段階に並行する後述の紙坊頭4A層の無紋の単耳罐に類似し、また宝鶏竹園溝の西周Ⅰ期の墓でも類似した土器が出土している〔盧連成・胡智生 1988a〕。以上からM49の年代をおおよそ西周Ia期、Ib期に並行すると考えることができる。

劉家ⅡのM27出土の肩部に平行沈線紋をめぐらせた折肩罐は、劉家Iにともなう折肩罐と、後述する甘粛崇信于家湾（西周Ia期前後）の墓M9出土のそれとの中間段階と考えることができ（図9.3）、したがって年代は西周Ia期の少し前に相当すると見当がつく。劉家遺跡の主要な内容である劉家Iの年代に関しては、近隣の扶風壹家堡遺跡の層位が重要である。発掘を担当した北京大学の鄒衡氏の紹介によれば、壹家堡遺跡の下層は殷系土器の包含層で、殷墟

一、二期に相当する。そして中層はB類鬲を主体とする土器群で、これが本書にいう劉家Ⅰ～Ⅱに相当すると考えられ、その年代は殷の祖甲期よりさかのぼらないとする［鄒衡 1988］。また上層は、本書がいう土器群Aと土器群Bが共存したものと認識する。これに依拠すれば、劉家Ⅰの年代は殷墟一、二期以降、ほぼ殷墟三期前後に並行すると考えられ、それに続く劉家Ⅱは、前記のことと併せ考えて、殷墟四期の前半頃に並行すると推定される。

（4）墓制その他

劉家遺跡は、土器群B主体の遺跡として、その墓制が知られる稀少な例である。劉家遺跡20基の墓のうち、墓壙形態の判明したものが16基あり、うち15基が洞室墓、1基が竪穴墓（劉家ⅢのM49）であった。したがって本書にいう劉家Ⅰ、劉家Ⅱに属する墓は、基本的にすべて洞室墓なのである。また棺の周囲に礫石を置く習慣も認められ、さらに副葬された土器のほとんどに平たい礫石をもちいて蓋をしていた。これらの特徴ある墓制や埋葬習慣の由来については別に議論する必要があるが、少なくともここで指摘すべきは、こうした特徴をもつ墓は、土器群Aや土器群C主体の墓、あるいは西周期の一般的な墓には全く見られないか、きわめて稀であるという事実である。劉家遺跡の集団墓地を残した人びとが、生活習慣の側面からも他の土器系統の人びととは区別されることを示唆している。

②**扶風壹家堡（益家堡）Ⅱ**

扶風壹家堡遺跡は、1986年に北京大学が発掘した。先に触れたように発掘後間もなく鄒衡氏による簡単な内容紹介があり、遺跡は層位的根拠にもとづいて、下層、中層、上層の三期に分離できることが示されていた。その後、より詳しい発掘簡報が公刊され、そこでは同遺跡を4期に分期する［北京大学考古系 1993a］(7)。しかし筆者は、第二部第10章で詳述する理由から、壹家堡遺跡を基本的にⅠ～Ⅲの3期に区分するのが妥当と考えている。筆者のいう壹家堡Ⅰは、ほぼ簡報中の一期と二期を併せた内容に相当し、壹家堡Ⅱは簡報の三期、壹家堡Ⅲは簡報の四期に相当する。壹家堡Ⅰは本遺跡のもっとも内容豊富な一時期であり、その土器の組成は第二部第10章で述べる土器群Cを主体としたものである。壹家堡Ⅱは、本章で述べている土器群B主体の内容であり、続く壹家堡Ⅲは、土器群Aを主体として、若干のB類鬲をともなう内容に大き

く変化する。

　壹家堡Ⅱは、包含層（遺跡の第4層）からの出土土器に代表され、墓からの出土土器は含まれていない。器種として、B類鬲、折肩罐、豆などがあり、他に少量のA類鬲、盆、甗が見られる。A類鬲以下の3器種は土器群Aの系統に属する土器とおもわれる。壹家堡ⅡのB類鬲は、劉家Ⅰ、劉家Ⅱにほぼ相当する特徴を示している。壹家堡Ⅱでは、劉家遺跡で一般的な有耳罐が見られず、逆に劉家遺跡に見られない豆がともなう特徴がある。ここでの豆は、後述するように土器群Bに属するタイプのそれである。壹家堡Ⅱと劉家遺跡のこのような器種構成の違いは、あるいは土器群B劉家グループのなかで、劉家遺跡の土器が墓の副葬土器を代表するのに対し、壹家堡Ⅱの土器が生活址を代表しているということも考えられる。

　壹家堡遺跡については、次章で再度取り上げる。

③岐山北郭郷廟王村遺跡[8]

　墓とおもわれる遺構から、B類鬲1点、銅鼎1点が出土している［龐文龍・崔玫英 1990］。B類鬲は劉家Ⅱのそれに一致した特徴が見られる。銅鼎は弦紋を飾るもので、確実に殷墟期にさかのぼる特徴をもつ。なお廟王村では、近年他にも劉家遺跡類似の遺物が出土していると伝えられる。

（3）碾子坡グループ

　碾子坡グループは、長武県碾子坡遺跡を代表として、関中平原の北西部、涇河中、上流の陝西省、甘粛省の省境一帯に分布したと考えられる。このグループの遺跡として本格的な発掘調査がおこなわれたのは碾子坡遺跡である。今のところ簡報が出されている段階であり、遺跡の詳しい様相は明らかではない[9]。墓と生活址の土器が知られる。墓からはB類鬲のみが出土し、生活址からはB類鬲のほか、かなり多様な器種が出土している。器種の構成は、金河・晁峪グループ、劉家グループとの明らかな相違を示す。

①長武碾子坡遺跡（写真9.4、9.5）

（1）遺跡

　碾子坡遺跡は涇河上流の支流黒水河北岸の長武県碾子坡に所在する［中国社会科学院考古研究所涇渭工作隊 1989］。西周期より前と考えられる文化層に

写真 9.4 碾子坡遺跡の台地上から西側を眺望 黒水河の谷

写真 9.5 碾子坡遺跡の台地上から東側を眺望 黒水河は東流して涇河に合流

は、比較的豊富な遺物を包含する生活址と、2 地点に分かれて分布する二つの墓域がある。第一の墓域は、生活址北側の傾斜地に分布し、出土した鬲の形態が一致することから生活址とは同時期の墓域と考えられる。一方、生活址の分布範囲に一部重なるように分布し、それを切っていた第二の墓域がある。第二の墓域はしたがって生活址やそれと同時期の第一の墓域より年代が下がると考えられる。第二の墓域と同時期の生活址は、おそらく土砂の流出などで失われた可能性があり発見されていない。

生活址では多数の灰坑が、また第一の墓域では墓 76 基、第二の墓域では墓 130 基余りが発掘されている。なお、第一の墓域のうち少なくとも例挙されている 3 基の墓は頭位方向がいずれも北向きであるのに対して、第二の墓域から報告されている 5 基の墓はすべて東向きとなっている。報告者の指摘はないがこの頭位方向の違いは、両地点の墓域の年代差を反映していることが考えられよう。また同時に、二つの集団墓地が違う文化的背景をもっていた可能性についても考慮すべきであろう。

碾子坡遺跡では、以上の生活址や墓域に一部重なるようにして、さらに西周期に年代の下がる灰坑や墓も多数発見されている。墓の多くは出土遺物から見て西周前期に属するといわれる。実際、一部の公表されている西周墓出土の土

器（例えば M107 の例）は、筆者の西周Ⅰa期に相当する［中国社会科学院考古研究所涇渭工作隊 1989、図二］。これら西周期の文化層と、前記の西周王朝より前とされる文化層との層位的関係はかならずしも明確ではないが、同遺跡において豊鎬遺跡と関連する西周期の文化が展開してくる段階を、土器群 B 主体の段階と対比させて、後者を基本的に西周王朝より前のものとする認識には、一定の状況的証拠があるといえる。

（2）土器と分期

本書では、碾子坡遺跡の生活址と、それと同時期の第一の墓域を併せて碾子坡Ⅰとする。また第二の墓域を碾子坡Ⅱとする。ここでは墓と生活址を区別しながら論じておく。

碾子坡Ⅰ（生活址） まず生活址出土の土器については、器種として B 類鬲、弧襠鬲、甗、甑、簋、豆、罐、瓿、盂、盆、尊、瓮、器蓋などが知られる（図9.8 参照）。鬲は B 類鬲が大半で（図9.1-1、7、9、11）、大半が紅褐色を呈し、灰陶は含まれない。簡報にいう弧襠鬲は、外観上 A 類鬲の一種のようにも見えるがやや特殊で、ごく少数が出土している。簡報が紹介する2点の例は、いずれも器高が11～12cm と、生活址出土の鬲としては、B 類鬲や、漆水河流域に一般的な A 類鬲に比べても小型である。これらの鬲が A 類鬲の影響を受けた土器である可能性は否定できないが、碾子坡遺跡ではあくまで少数の存在であることを強調しておきたい。

簡報で小口罐と称される土器［中国社会科学院考古研究所涇渭工作隊 1989、図10-6］は、折肩罐の一種であるが、肩部は曖昧な稜線をなして折れ、いくらか丸みを帯び、また肩部の下部と胴部の上部に数条の平行沈線紋がめぐる。その特徴は、劉家遺跡出土の折肩罐にも見られたもので、土器群 B に属する折肩罐の特徴と考えられる（図9.3）。罐、盆などの一部に、底が内側に凹になった例が含まれる。これもまた劉家の土器に見られた土器群 B の土器の特徴の一つである。

このほか、盆、簋、瓮、瓿、尊、器蓋など生活址の土器のなかには、次章であつかう土器群 C の要素、すなわち殷系土器の要素が含まれている。碾子坡生活址の土器のこの重要な側面についてはのちにあらためて述べる。

碾子坡Ⅰ（墓） 紹介されているのは M660、M670、M662 の3基と、採集

された2点の鬲（編号01、02）である。副葬品は各墓とも陶鬲1点に限られ、すべてB類鬲である（図9.1-2〜4）。碾子坡Iの墓のB類鬲は、おおむね生活址出土のB類鬲と一致した特徴を示す。ただし、鬲の大きさは、生活址出土の例が器高15〜22.5cmであるのに対し、墓出土の鬲は器高11〜13.5cmとやや小振りである。色調は紅褐色の傾向がある。鬲は生活址のそれとともに、先述した金河・晃峪グループの金河や石嘴頭Iのものに類似し、時期的に近いと考えられる。またのちに検討するところから知られるように、それらは劉家遺跡のB類鬲よりも古い段階に位置づけられる。

碾子坡II（墓） 紹介されているのはM171、M109、M1181、M163、M184の5基である。副葬品はいずれも鬲1点のみで、すべてB類鬲である（図9.1-23、50）。このうちM109出土の1点は、口縁端部外面に波状の貼付紋をめぐらせ、口頸部の正面と襠の上部に波状の凸起を付ける特徴が、寺窪文化に見られる鬲との一定の関連を示唆する。この1点を含め碾子坡IIの鬲は、金河・晃峪グループの晃峪遺跡のものに類似し、時期的にも近いと考えられる。

このように碾子坡Iと碾子坡IIとの間では、土器の形態に多くの変化が見て取れる。層位的根拠からして、土器の変化の方向は、碾子坡I→碾子坡IIでなければならない。この事実はB類鬲に代表される土器群Bの土器の型式変遷の方向を示す重要な根拠の一つとなるものである。また同時に注意すべきは、その碾子坡Iと碾子坡IIの間は、土器の型式変遷としてはかならずしも連続しておらず、中間に空白の段階があると考えられることである。仮にその空白に、先述した劉家遺跡の劉家Iおよび劉家IIの土器を充填して考えてみると、土器の変遷はほぼ連続してつながるようにおもわれる。この認識が正しいとすると、金河・石嘴頭I・碾子坡I→劉家I→劉家II→碾子坡IIという土器群Bの前後関係が、部分的に層位的根拠をともないながら示されることになる。

② 長武下孟村

同遺跡は、正式な発掘を経たものではない。出土した土器に完形品が少ない状況から見て、多くは生活址の土器と推定できる［陝西考古所涇水隊 1960］［徐錫台 1979］。確認できる器種として、B類鬲、折肩罐、盆、甗などがある。B類鬲は碾子坡IIのそれに近い。折肩罐は報告文にあるものは土器群Bのそれではなく、土器群Aのものと考えられる。盆は、その胴部の上部に平行沈

線紋を数条めぐらせる例が多いが、このような盆は土器群B碾子坡グループの土器の特徴と考えられる。

③彬県龍高鎮土陵

同遺跡も正式な発掘を経ていない［石璋如 1956、図版 12-2、付図 24］。B類鬲2点、円肩罐1点の出土が紹介されている。B類鬲は碾子坡Ⅱのそれに近い。

④甘粛崇信于家湾

涇河の上流、碾子坡遺跡から70 kmばかり西の甘粛省境内に位置する墓地遺跡［甘粛省文物工作隊 1986］[10]。副葬土器としてA類鬲、B類鬲、折肩罐が見られる。A類鬲は西周Ⅰa期相当のそれに近い特徴をもつ。したがってB類鬲も同じ時期のものと考えられる。また折肩罐（M9出土の例）（図 9.3-3）は、碾子坡生活址や劉家遺跡に見られた折肩罐の流れを汲む土器群Bの土器である。この折肩罐と同じ墓から西周Ⅰa期の典型的な青銅器とした方格乳釘紋鼎と方格乳釘紋簋（関中型青銅器）が伴出している。この遺跡の様相は、単純な土器群B碾子坡グループの組成をもつものではなく、おそらく後述する殷末周初頃の周勢力の拡張と関係して、土器群Aないし西周式土器の要素が波及した状況のものとなっている。

⑤彬県史家河[11]

正式な発掘を経た遺跡ではない［陝西省社会科学院考古研究所涇水隊 1962］。やや細身の袋足をもつB類鬲が出土している。その形態は碾子坡ⅡのM109出土のそれに近い。

⑥麟游北馬坊

正式な発掘を経ていないが、出土したB類鬲は、碾子坡ⅠのB類鬲と、器形、口縁外面の凸帯、鶏冠耳などの特徴が共通する［宝鶏市考古隊 1989］。時期的に近いとおもわれる。

（4）土器群A、土器群B共存遺跡

土器群Aの分布域は、前章で触れたように土器群AのⅢ期頃に、関中平原中西部の漆水河流域周辺から、まず関中平原の西部一帯に、そしてやがて関中平原の全域へと急速に拡張したようである。この過程で、もともと土器群B

を主体とする遺跡が分布していた関中平原西部一帯では、土器群Aと土器群Bの共存する遺跡が広い範囲で形成された。宝鶏市周辺で特に稠密に分布するこのような遺跡は、土器群Bのなかでも、もともとこの地区に分布していた金河・晁峪グループを主体とした多くの遺跡が、土器群Aとの共存的な遺跡へと変化したことを意味している。以下に述べる宝鶏闘鶏台遺跡などがその典型的な変化の過程を示している。

ただし、土器群Aが東から宝鶏市街地の周辺一帯へと拡張してきたときに、宝鶏市のさらに西部にあってその拡張の影響を直接受け入れず、結果として比較的純粋に金河・晁峪グループの流れを持続した遺跡がある。それが先述した晁峪遺跡に代表される金河・晁峪グループの遅い段階のものと理解できる。

土器群A、土器群B共存遺跡としてとらえられるものの多くは、本来外来的であるはずの土器群Aの要素が、むしろ主要な位置を占めている場合が多く、土器群Bの系統は、器種としてただB類鬲だけが継続しているという状況がしばしば見られる。自律的な土器の伝統としての土器群Bは、土器群Aが波及して以降、比較的短期間のうちに失われていったようである。

①**宝鶏紙坊頭遺跡**

紙坊頭遺跡は宝鶏市街地の北西部、渭河との合流点に近い玉澗河の東岸に所在する［宝鶏市考古隊 1989］。1985に同遺跡の東側縁辺部で、35㎡の小規模な試掘がおこなわれ、先周期の文化層が確認された。この地点は5層に分層され、第3層が西周期、第4層が先周期の包含層とされた。第4層はさらに、下層の第4B層と、上層の第4A層に分層された。4B層と4A層は、いずれも土器群Bに土器群Aの要素が加わった共存的な土器の組成を示すが、両層の間でも器種の構成とB類鬲の形態に一定の変化が見られ、特にB類鬲の型式変遷を考える上で貴重な層位的根拠を提供している。

紙坊頭Ⅰ 紙坊頭4B層の内容を紙坊頭Ⅰとする。器種としてB類鬲、双耳罐、単耳罐（丸底）、甗（袋足）、盆、折肩罐などがある。B類鬲の形態は、44点発見された袋足の足尖のうち、10点は扁平円錐状、その他は円錐状であった。折肩罐と盆は土器群Aに属する土器であると考えられる。ただし、この層にはA類鬲がまったく見られない。

紙坊頭Ⅱ 紙坊頭4A層の内容を紙坊頭Ⅱとする。器種としてB類鬲、A

鬲、単耳罐、折肩罐、円肩罐、尊、盆（簡報の盂）、鉢などがある。出土した鬲片 350 片のうち、B 類鬲が 330 片、A 類鬲が 20 片で、B 類鬲の足尖 31 点は、すべて円錐状であった［張天恩 1989］。罐には、土器群 A の特徴である重菱紋、重菱乳釘紋、方格紋等の印紋が見られる。紙坊頭 I に比べて、土器群 A の要素が明確に増加していることがわかる。報告者の張天恩氏は、紙坊頭 I と紙坊頭 II の間において、B 類鬲の足尖が扁平円錐状→円錐状という変化を示していることに大きな注意を向けている。この変化は実際、後述するように B 類鬲の型式変遷において、きわめて重要な属性変化の指標となる。

紙坊頭 III 紙坊頭第 3 層の内容を紙坊頭 III とする。鬲、甗、罐が出土している。紹介されている鬲はいずれも西周前期の「西周式土器」に属する A 類鬲の系統で、B 類鬲は含まれていない。

紙坊頭 II は、共存する土器群 A の要素のうち、印紋の種類、あるいは屈曲した口縁をもつ盆や尊の存在など、いずれも先述した土器群 A の II 2 期（豊鎬の西周 I a 期並行）前後に相当する。一方、紙坊頭 I は、その折肩罐と丸く張りのある胴部をもつ盆の形態が、土器群 A の III 1 期前後に相当する。この関係は、先述した土器群 A の III 1 期→III 2 期の前後関係についての層位的な証拠ともなる。

②宝鶏闘鶏台遺跡（写真 9.6）

（1）遺跡

闘鶏台遺跡は宝鶏市街地の東郊、渭河北岸に広がる賈村塬の南端に所在する［蘇秉琦 1948a］。賈村塬の東側には千河の谷を挟んで広大な周原台地が広がる。1933、34、37 年の 3 回にわたって北平研究院によって発掘された。主たる発掘対象となった墓域は、台地縁辺部を南北に切る載家溝の東側（溝東区）で発見された。発掘は、ほぼ載家溝に沿った南北 150 m

写真 9.6 闘鶏台遺跡　賈村塬南部縁辺部の崖面と載家溝

ばかりの範囲に、A坑からN坑まで九つのトレンチを入れてすすめられた。墓の切り合い関係など、層位的な現象は確認されていない。ただし、大部分の墓を含む墓壙の分布図が公表されており、筆者は墓の位置関係として互いに近接する墓は時期も比較的近いと推定することで、年代関係についての一定の手がかりが得られると考えている。

同遺跡は 1983 年にも再調査され、このとき B 類鬲が 5 点出土している。正式な報告はないが、張天恩氏の説明では B 類鬲のうち 1 点は、従来知られていた闘鶏台遺跡の他の土器とは明らかに相違したもので、先述の金河・晁峪グループの金河遺跡や石嘴頭Ⅰのそれに近い古い段階のものと考えられる [張天恩 1989]。これを闘鶏台Ⅰとする。

(2) 土器と分期

報告者の蘇秉琦氏は、闘鶏台遺跡の墓を「瓦鬲墓時期」、「屈肢葬墓時期」、「洞室墓時期」の 3 期に大別し、瓦鬲墓時期についてはこれをさらに初期、中期、晩期に分期した。先周期から西周前期に相当するのはこの蘇氏のいう瓦鬲墓初期と中期である。初期は、B 類鬲(蘇氏のいう錐形脚袋足鬲)を副葬した墓がこれに該当し、青銅器がともなわないことからも時期が早いとされた。中期は、A 類鬲(蘇氏のいう折足鬲)を副葬した墓で、鬲の形態からさらに一期と二期に 2 分された。蘇氏の分期案は、西周王朝成立前後を対象としてはじめて考古学的な編年観を提示したものとして画期的な研究であった。

その蘇秉琦氏の先駆的研究を「先周文化」研究の視座から再検討した鄒衡氏の研究 [鄒衡 1980] 以降、蘇氏の闘鶏台遺跡の分期案に求められた最も重要な変更点は、すべての A 類鬲がすべての B 類鬲より遅い土器なのではなく、A 類鬲のうちの早期のものは、B 類鬲と同時期にさかのぼり、両者は部分的には並行していたという認識である。このことは、すでに本書でも検討してきたように、近年の武功鄭家坡遺跡の発掘などを通じて、A 類鬲の開始年代がかつて考えられていたよりはるかに古くさかのぼることが知られ、確かなこととなってきた。蘇秉琦氏が闘鶏台について研究した時代は無論のこと、その後も長らく、A 類鬲と B 類鬲の直接の共伴関係(例えば同じ墓からの一括出土)が一例も報告されていなかったことに、編年上の難しさがあったとおもわれる。土器の系統が異なることと、土器の年代が異なることを、どのようにとら

えていくかということが、闘鶏台の分期における鍵となる問題だったのであり、また本書の編年的研究を通じて筆者が注意している問題でもある。

今日の時点で闘鶏台遺跡の分期を考えるとき、筆者はまず「瓦鬲墓初期」とされた闘鶏台のB類鬲が、先述した紙坊頭I、紙坊頭IIという層位的根拠をもつ2段階に対応して、前後2段階に振り分けられることを指摘したい。一方、「瓦鬲墓中期」とされたA類鬲をはじめとする土器群Aの土器についても、その一部は同じく紙坊頭I、紙坊頭II（先述したようにここには土器群Aが含まれる）に対応した2段階としてとらえられる。この点は、前章の土器群Aの編年に照らしても、矛盾なくとらえられる。

したがって、蘇秉琦氏が瓦鬲墓初期としたB類鬲をともなう墓と、瓦鬲墓中期としたA類鬲をともなう墓のうちの一部を併せて、紙坊頭I、紙坊頭IIに対応する2段階の分期単位として設定することができる。筆者はその2段階を、それぞれ闘鶏台II、闘鶏台IIIとする。闘鶏台で最も早い闘鶏台Iは、先に触れたように近年の再調査で知られたもので、金河遺跡や石嘴頭Iに接近した段階である。闘鶏台Iと闘鶏台IIとの間には、土器の様相に飛躍が見られ、比較的大きな空白期間があると考えられる。一方、闘鶏台II、闘鶏台IIIに振り分けられる以外の瓦鬲墓中期は、いずれも典型的な西周期の土器をともなう内容となっており、西周期の編年に対応させて、闘鶏台IV（西周Ib期前後）、闘鶏台V（西周II期）、闘鶏台VI（西周III期）を設定することができる。

闘鶏台I 1983年の再調査で一括出土したB類鬲1点（標本1）、双耳罐1点（丸底）、円腹平底罐1点がこれに相当する。土器の図や写真は公表されていないが、張天恩氏の説明からして、疑いなく筆者のいう金河・晁峪グループの金河遺跡や石嘴頭Iのそれに近い早い時期の特徴をもつことが確認できる。

闘鶏台II 同時期の墓として、B類鬲をともなった墓と、土器群Aのみを出土した墓を分けて紹介する。（i）B類鬲をともなった墓として、N4、N5、N7がある。またK坑採集のB類鬲1点（資料50179）を加えることができる。土器の器種としては、B類鬲、折肩罐、円肩罐が含まれる。B類鬲は紙坊頭Iのそれに形態が近い。B類鬲にともなった折肩罐は土器群AのIII期のものである。（ii）土器群Aの土器のみを出土した墓として、C1、D3、E6、E9、F8、K1、N9がある。器種としては、A類鬲、折肩罐、彩色有蓋折肩罐、

円肩罐（黒色磨研）などが含まれる。A類鬲、折肩罐、円肩罐などは土器群AのⅢ期に相当する。なお、墓E6出土の銅戈は殷墟四期相当と考えられる。

闘鶏台Ⅲ B類鬲をともなった墓と、土器群Aのみが出土した墓に分けて紹介する。（ⅰ）B類鬲をともなった墓として、B1、I5、K4、N11がある。また購入されたB類鬲1点（資料40089）を加えることができる。器種としては、B類鬲、折肩罐（胴上部に方格乳釘紋）、円肩罐（黒色磨研）、長頸罐などがある。B類鬲は紙坊頭Ⅱないし、金河・晁峪グループの晁峪遺跡のそれに近い遅い時期の特徴をもつ。B類鬲にともなった折肩罐、円肩罐は、いずれも土器群Aに属する土器で、土器群AのⅢ2期ないし西周Ⅰa期に相当する。長頸罐は紙坊頭Ⅱに類例がある。（ⅱ）土器群Aの土器のみを出土した墓として、B3、D6、E2、E7、K3、N1、N6がある。またE坑採集のA類鬲1点（資料50023）を加えることができる。器種としては、A類鬲、円肩罐（黒色磨研）、彩色円肩罐などがある。A類鬲は、土器群AのⅢ2あるいは西周Ⅰa期相当の特徴を備える。円肩罐（黒色磨研）は肩部に2本の平行沈線をめぐらす西周Ⅰa期相当の典型的な土器である。

闘鶏台Ⅳ 西周Ⅰb期前後に相当する墓として、B3、E4、E5、H4がある。さらにH坑、B坑で採集された土器各1点（資料70311、資料10302）を加えることができる。B類鬲をはじめとする土器群Bの土器は見られない。豊鎬遺跡を標準とする西周式土器の開始期の組成にほぼ一致する。

闘鶏台Ⅴ 西周Ⅱ期相当の墓として、C3、G6、H6、H13、H18、K7がある。また載家溝採集のA類鬲1点を加えることができる。土器群Bの要素は見られない。

闘鶏台Ⅵ 西周Ⅲ期相当の墓として、A6、G2がある。土器群Bの要素は見られない。

（3）年代

闘鶏台Ⅱ、闘鶏台ⅢのB類鬲をともなった墓では、B類鬲以外にも副葬土器がある場合、通常土器群Bの土器ではなく、土器群Aの土器（A類鬲以外の土器）が加わる。このことはつまり、墓の副葬土器に限定していえば、この時期の闘鶏台遺跡では、土器群Bの系統としてはほぼB類鬲のみが継続していたということになる。同じような状況は、後述する鳳翔西村の同時期の墓で

も指摘することができる。土器群Bの伝統が、土器群Aの拡張のなかで崩れていく過程に見られた状況として注意される。同時にまたこの状況は、B類鬲をともなった墓の年代を、すでに検討した土器群Aの編年と比較するための手がかりを提供している。

ところで上記のように分期単位ごとに分けられた各時期の墓の、墓域内における分布に着目してみると、まず闘鶏台Ⅱでは、B類鬲をともなった墓が発掘区南端のトレンチN坑、K坑に集中している。一方、闘鶏台Ⅱのうち、土器群Aのみを出土した墓はN坑、K坑で同時期のB類鬲をともなった墓と近接するほか、発掘区中段のD坑、E坑にも分布する。闘鶏台Ⅲでもほぼ似た分布状況が見られるが、B類鬲をともなった墓のなかには、N坑、K坑のほか、発掘区中段のB坑などで土器群Aのみを出土した墓と近接する例が現れる。闘鶏台Ⅳの墓は、発掘区中段のB坑、E坑を中心にさらに北部のH坑へと広がり、Ⅴ期、Ⅵ期になると北部のH坑、G坑辺りに墓域の中心が移るようである。以上のように、設定した分期単位と墓の分布には一定の相関関係が認められ、分期の妥当性が、出土遺物以外の面からも示されていると考える。

③鳳翔南指揮西村遺跡

鳳翔県城の南約6kmに所在する墓地遺跡［雍城考古隊 1982］。1979年、80年に、210基にのぼる先周期と西周期の墓が発掘された。墓の分布はきわめて稠密であるが、切り合い関係は一切見られず、西村の墓を分期する層位的根拠は知られていない。また、簡報中で公表されている土器は、報告者が分類する各式の代表例に限られ、資料の利用には制限がある。参照可能な一部の出土遺物からみて、当該遺跡の先周期に相当する部分の時間幅は、およそ闘鶏台Ⅱ、闘鶏台Ⅲを併せた範囲と考えられるが、ここではその内容を細分せず、西村Ⅰとしてまとめる。

西村Ⅰ　B類鬲をともなった墓と、土器群Aのみを出土した墓とに分けて紹介する。（ⅰ）B類鬲をともなった墓として、79M35、79M44、79M45、79M69、80M87、80M148などがある。土器の器種としては、B類鬲（簡報の鬲AⅠ・AⅡ・AⅢ・BⅠ・BⅡ）、折肩罐（簡報の罐BⅡ）、簋（黒色磨研）、瓿（黒色磨研）、盆などがある。B類鬲以外の折肩罐、円肩罐、簋、瓿、盆はいずれも土器群Aに属する土器である。（ⅱ）土器群Aのみを出土した

墓として、A類鬲のみをともなうもの（79M5、79M24、79M62、79M78、80M9、80M20、80M64、80M112、80M149）、罐などをともなうもの（79M9、79M27、79M42、79M44、79M59、79M71、80M22、80M25、80M80、80M82、80M134）などがある。器種としては、A類鬲（簡報のCⅠ・DⅠ・DⅡ・DⅢ・EⅠ・EⅡ・EⅢ・FⅠ・FⅡなど）、折肩罐（簡報のBⅠ・BⅡ・BⅢ・CⅠ・CⅡなど）、円肩罐（主として黒色磨研。簡報のAⅠ・AⅡ・AⅢなど）、簋などが含まれる。また、年代の指標となりうる青銅器をともなう墓も少なくない。その器種として鼎、簋などが見られるほか、武器の青銅戈を1点副葬した墓が多い。また戈を出土する墓には同時に銅泡（盾飾り、ないしある種の武具の装飾部品）が伴出する場合が多く、被葬者の性格を考える上で注目される。

　西村Ⅱ　基本的に西周前期の西周式土器の範疇に入る。墓79M21、79M46、79M89、80M1、80M12、80M33、80M103、80M106、80M141などがこれに相当する。土器群Bを出土する墓はない。

　西村Ⅲ　基本的に西周中期の西周式土器の範疇に入る。墓80M8、80M96などがこれに相当する。土器群Bを出土する墓はない。

　西村ⅠのB類鬲をともなった墓は、そのB類鬲が、紙坊頭Ⅰから紙坊頭Ⅱに近いことが見て取れ、年代は並行するものであろう。一方、西村Ⅰのうち土器群Aのみを出土した墓では、鬲はほぼ土器群AのⅢ期相当といえる。さらに西村Ⅰにともなう鼎、簋などの青銅器は、いずれも殷墟四期並行ないし西周Ⅰa期に位置づけられるものである。とくに簋は、いずれも西周Ⅰa期を代表する方格乳釘紋簋である。以上から、西村Ⅰは、殷墟四期前半から西周Ⅰa期に並行すると考えられる。西村Ⅱは西周Ⅰb期から西周Ⅱ期前後、西村Ⅲは西周Ⅲ期前後の西周式土器の組成をもっている。

　④岐山賀家村遺跡（写真9.7）[12]
　（1）遺跡
　いわゆる周原遺跡の中心部を南北にはしる二つの溝、斉家溝と王家溝の間の約1km四方の範囲（礼村、賀家村、董家村を含む）において、1950年代以来繰り返し小規模な発掘がおこなわれ、先周期から西周後期にいたる各時期の墓や生活址が多数発見されてきた。そのうち賀家村西北地点（1976～78年発掘[13]

の第一地点周辺）の墓地遺跡
では、先周期にさかのぼる土
器が多く出土している。この
賀家村西北地点で知られる最
も古い遺物群は、次章に述べ
る土器群Cに属する土器を
出土しており、筆者はそれを
賀家村Ⅰと呼んで次章で詳し
く取り上げる。賀家村西北地
点では、その賀家村Ⅰのあ

写真 9.7 賀家村遺跡東側の斉家溝　岐山を遠望する

と、おそらく空白の時期を挟んでやがて土器群Aと土器群Bの共存する墓地が出現する。ここではその時期の様相をまとめておく。

（2）土器と分期

1963年、賀家村西北地点の墓地遺跡を調査した徐錫台氏は、墓を2時期に分け、第一期を「先周晩期」、第二期を西周成王期より遅くない時期と考えた。この認識は現在の知見からみても基本的に正確なものとおもわれるが、その第一期は、さらに2時期に細分できそうである。ここでは徐氏のいう第一期の早い段階を賀家村Ⅱ、遅い段階を賀家村Ⅲとする。賀家村Ⅱと賀家村Ⅲの区分は、層位的根拠をもつものではなく、他の遺跡の分期単位に対応させて振り分けたものである。

　賀家村Ⅰ　土器群C主体の墓。次章で述べる。

　賀家村Ⅱ　（ⅰ）B類鬲ないし土器群Bの土器を出土した墓として、M7、M27などがある。器種としては、B類鬲、平底罐などが知られる。平底罐は、土器群Bの有耳罐の流れを汲むものとおもわれ、少なくとも土器群Aには見られないタイプである。（ⅱ）土器群Aを出土した墓として、M38などがある。器種としてはA類鬲が知られる。それ以外の器種の有無は報告からは判断できない。

　賀家村Ⅲ　（ⅰ）B類鬲を出土した墓として、M23、M39、M49および1973年発掘の「小墓群」などがある。器種としてはB類鬲以外は知られていない。1973年発掘の報告者がいう「小墓群」には、青銅器の戈（明器）や銅泡が伴

出している。（ⅱ）土器群Aを出土した墓として、M1、M11、M18、M23、M32、M48、76QHM113などがある。器種としてはA類鬲と円肩罐が知られる。円肩罐は西周Ⅰa期に特徴的な黒色磨研のものを含む。

　賀家村Ⅳ　土器群Bを出土した墓はない。土器は基本的に西周前期の西周式土器の範疇に入る。墓 M25、M53、78QHM43、QHM45、76QHZM8、76QHLM1、QHLM3などがある。

　（3）年代と遺跡の性格

　賀家村Ⅱでは、まずB類鬲ないし土器群Bを出土した墓が、紙坊頭Ⅰあるいは闘鶏台Ⅱと年代的に近いと判断できる。一方、土器群Aを出土した墓は、土器群Aの編年に照らしてそのⅢ1期前後に相当する。賀家村Ⅲでは、B類鬲を出土した墓が紙坊頭Ⅱあるいは晁峪遺跡と年代的に近いとおもわれ、土器群Aを出土した墓は土器群AのⅢ2期ないし豊鎬遺跡の西周Ⅰa期前後に相当する。賀家村Ⅳは、西周前期の西周式土器の内容をもち、ほぼ西周Ⅰb期ないしそれよりやや遅い時期に相当する。

　ところで、賀家村、闘鶏台、西村という土器群A、土器群Bが共存する三つの代表的な墓地遺跡に共通して見られる状況として、つぎのことを指摘しておきたい。（ⅰ）これらの遺跡では、いずれも西周王朝以前の同じ時期（土器群AのⅢ1期、土器群Bの紙坊頭Ⅰ相当の時期）から、B類鬲を副葬する墓と、土器群Aを副葬土器の主体とする墓が並存する状況がはじまる。各墓地の造営は、その後途切れることなく西周Ⅰa期、西周Ⅰb期へと継続され、そしてほぼ西周Ⅰb期においてB類鬲の系譜は姿を消し、土器の組成は基本的に西周王朝の中心地豊鎬遺跡の西周式土器に一致したものへと移行する。（ⅱ）圏足付黒色磨研瓿や有蓋の彩色紋罐などややめずらしい特殊な精製土器が、これら三つの遺跡で共通して出土している。3遺跡に共通した文化的背景があるようにおもわれる。（ⅲ）墓地は、3遺跡ともに、大部分が小型の竪穴土壙墓で構成される。またそれぞれの集団墓地のなかには、銅戈（明器のこともある）1点、銅泡1点、陶鬲1点を固定的なセットのように副葬する等質な小型墓がまとまった数存在している。副葬品が豊富とはいえないそれらの墓にあって、武器類を重要視する習慣は、被葬者が下級の戦士的な性格をもつ人びとであったことを推測させる。そうした墓地が造営された状況と、土器群Aが土

器群Bの地域に拡張していった過程とは、密接に結びついているようにおもわれる。当時の関中平原における集団の動向を考えるとき、注意すべき現象であろう。

　⑤宝鶏賈村遺跡

　土器群A、土器群Bが共存する様相を示す遺跡は、他にも近年の宝鶏市周辺の分布調査で多数知られており、若干の土器が収集されている。宝鶏市街地北東の賈村塬に所在する賈村遺跡もその一つである。紹介されている土器は、他の遺跡との対応関係から前後2時期に分けることができる［宝鶏市考古隊 1989］。

　賈村Ⅰ　B類鬲、A類鬲、甗、折肩罐、円肩罐、盆などを含む。土器群Bの土器はB類鬲のみで、それ以外は基本的に土器群AのⅢ2期（西周Ⅰa期相当）に属する。張天恩氏はそのB類鬲を、筆者のいう紙坊頭Ⅱに並行すると指摘するが、正確な評価と思われる［張天恩 1989、p.38］。

　賈村Ⅱ　土器群Bは含まれない。西周Ⅰ期、Ⅱ期前後、すなわち西周前期の西周式土器に相当する内容を示す。

　⑥宝鶏趙家坡

　宝鶏市の西部に位置する遺跡。他の遺跡との対応関係から2時期に分けることができ、賈村遺跡と相似た様相を示す［宝鶏市考古隊 1989］。

　趙家坡Ⅰ　B類鬲、甗、折肩罐などが含まれる。土器群Bの土器はB類鬲のみで、それ以外は基本的に土器群Aに属すると考えられる。張天恩氏によれば、紙坊頭Ⅰ、紙坊頭Ⅱの2段階に並行するB類鬲が含まれる［張天恩 1989、p.38］。

　趙家坡Ⅱ　基本的に西周期の西周式土器に属する。

　⑦宝鶏旭光遺跡

　遺跡は宝鶏市街地南東の渭河南岸に位置する［王桂枝 1985］［宝鶏市考古隊 1989］。1984年に小規模な発掘がおこなわれた。墓M1から、B類鬲2点、円肩罐1点、それに青銅器の簋と甗が出土した（第二部第7章、図7.3-10、12）。また、M1に近接する墓M2からは、円肩罐1点が出土した（第二部第7章、図7.3-11）。M1のB類鬲は紙坊頭Ⅱに近い。M1、M2の円肩罐は、いずれも肩部に2本の平行沈線紋をめぐらす土器群Aの土器で、そのⅢ2期

(豊鎬遺跡西周Ⅰa期並行)に相当する。青銅器の甗は、方格乳釘紋をもつ西周Ⅰa期の典型的な例で、鬲は殷墟四期に相当する特徴をもつ。

(5) 豊鎬遺跡の土器群B

もともと関中平原西部に在来的であった土器群Bが、関中平原の東部においても出土した数少ない地点として、西周王朝成立前後の豊鎬遺跡周辺をあげることができる(写真9.8)。すなわち、第二部第7章で西周期の編年に際して述べたように、豊鎬遺跡において、土器群Aが主体となってやがて「西周式土器」が成立するその前段階の時期に、何らかの歴史的背景をもって、この地にも土器群Bの系統が波及していたのである。

以下に、豊鎬遺跡の範囲にあって、土器群Bの土器を出土した代表的な単位を紹介しておく。

①客省荘83CKM1 (83客M1)

客省荘で発掘された1墓から、B類鬲1点と、青銅器の武器類や玉器が出土している［中国社会科学院考古研究所豊鎬発掘隊 1984］。B類鬲は、劉家Ⅰないしやや年代の下がる紙坊頭Ⅰに近い特徴をもつ。青銅器としては、「内」に鳳鳥紋を飾る殷墟出土のものに近い戈が2点、同じく殷墟に見られる弓形青銅器が1点、さらに鏃が4点出土している。飯島武次氏は出土した2点の戈を殷墟の四盤磨SPM8出土の例と、また弓形器を殷墟大司空村M51のそれと比較して、殷墟三期に並行すると述べる［飯島武次 1988］。青銅器の年代として適切な評価とおもわれる。ただ筆者は、出土したB類鬲の年代については、後述する型式変遷の段階からみて、殷墟四期前半頃に下がる可能性があると考えている。いずれにしてもこの墓は、豊鎬地区で知られる最も古い土器群Bの系統を含む墓であり、しかも例外的に土器群Aに関連する要素をともなっていない。その意味で孤

写真9.8 豊鎬遺跡の中央を流れる灃河

立した性格を示すこの墓は、あるいは以下の諸例とは歴史的背景を異にして豊鎬地区に残された墓であることも考えられる。

②83 灃毛 M1

墓からの一括出土である［中国社会科学院考古研究所豊鎬発掘隊 1984］。B類鬲1点、円肩罐1点、青銅器の鼎1点、簋1点が含まれる。B類鬲は紙坊頭Ⅱに相当する。円肩罐は土器群A系統の土器で、西周Ⅰa期に相当する。また、青銅鼎は殷墟四期に相当するもので、青銅簋は西周Ⅰa期に典型的な方格乳釘紋簋である。同墓についてはすでに、西周Ⅰa期の典型的単位として紹介しておいた（第二部第7章、図7.3参照）。

③張家坡 67M89（67張 M89）

墓からの一括出土である［中国社会科学院考古研究所灃西発掘隊 1980］。B類鬲1点、円肩罐1点が含まれる。B類鬲は紙坊頭Ⅱ相当か、それより遅い段階のものと考えられる。円肩罐は黒色磨研で、肩部に2本の平行沈線紋をめぐらすもので、西周Ⅰa期の土器である。同墓についても、西周Ⅰa期の典型的単位の一つとして紹介しておいた（第二部第7章、図7.3参照）。

④豊鎬遺跡生活址早期

85張・東H3、85張・東T2、長安馬王村H11、『灃西』生活址早期などがこれに相当する。これらの生活址の単位は、土器群Aの土器を主体とするなかに、若干のB類鬲がともなう様相を示す。西周期の編年を論じた際に述べたように、『灃西』生活址早期が西周Ⅰa期、Ⅰb期にまたがる内容を含み、その他の単位はいずれも西周Ⅰa期を代表する単位と考えられる。

⑤豊鎬地区に現れた土器群Bの歴史的背景

以上のように、豊鎬地区で土器群Bを出土した3基の墓と生活址早期の年代は、早いものが殷墟三期頃にさかのぼる可能性があるほかは、いずれも西周Ⅰa期前後のものである。1例だけ古い年代を示す83客M1（殷墟三期～殷墟四期前半頃）については、いくつかの際だった特徴が指摘できる。第一に、伴出した青銅武器類は、殷系統の文化とのきわめて直接的な関係を示す遺物である。第二に、この墓の墓制上の特徴として、犬を殉葬した腰坑を付設している点と、墓壙内の二層台上に2体の殉葬者をともなう点は重要である。こうした墓制上の特徴もやはり殷系統の文化に通じるものであり、先周期の土器群A

や土器群B主体の墓には全く例を見ないものである。そして実は、豊鎬地区のすぐ東に位置する西安老牛坡遺跡の墓地において、きわめて一般的に見られる墓制なのである。老牛坡遺跡は、次章で詳述するように、関中平原に定着した殷系土器群である土器群Cを主体とした代表的な遺跡である。83客M1は、その老牛坡遺跡と密接な関係をもって造営された墓と考えられるのである。おそらく周の政治的勢力が豊鎬地区に及ぶ少し前に、近隣の老牛坡遺跡の人びとと共通の文化をもつ人びとが、すでにこの豊鎬地区に居住していたと推定されよう。そして同墓から出土したB類鬲は、あるいはそうした周以前の豊鎬地区の人びとと、関中平原西部の土器群Bに結びつく人びととの一定の交流を示しているようにおもわれる。周が入り込む以前の豊鎬地区の状況についてはなお不明なことが多く、今後の考古資料の増加を待って再検討したい。

　以上に述べた83客M1と、それ以外の土器群Bを出土した単位とは、その歴史的背景が異なるようにおもわれる。前者を除いていえば、豊鎬遺跡における土器群Bの土器は、西周Ia期前後のものである。そして常に土器群Aの土器と共伴している。土器群Aがはじめて豊鎬地区に登場するのも同じ西周Ia期であり、土器群Aと土器群Bは、西周Ia期を構成する土器として、同時に豊鎬地区に出現したと考えることができる。その場合、西周Ia期の主要な内容はあくまで土器群Aである。土器群Aは豊鎬地区に登場する以前、まず関中平原中西部から関中平原西部へと拡張し、その後に関中平原東部の豊鎬地区へと波及してきたと考えられる。豊鎬地区において、その土器群Aと同時に、しかしより小さなグループとして登場した土器群Bの系統は、関中平原の東西に拡張を続けた土器群Aの動向に、いわば従属するようにしてこの地に現れたものと考えられる。豊鎬遺跡の土器群Bの系譜は、西周Ia期を過ぎるとまもなく土器の構成からは全く姿を消してしまう。そして西周Ib期以降、豊鎬遺跡の土器は土器群Aを主体に成立した西周式土器の内容となるのである。

　ところで、西周Ib期以降、すでに土器群Bの系譜が失われ、西周式土器が確立された豊鎬遺跡にあって、かつて土器群Bと緊密な関連をもっていたある墓制上の特徴が、一般の西周墓に混ざって継続していたという興味深い現象が知られる。すなわち、豊鎬遺跡の西周前期墓のなかに、少数ではあるがいわ

ゆる洞室墓（竪穴の墓道に横穴の墓室を設けた墓）が発見されているのがそれである。公表されている墓は、張家坡 M183 ［中国社会科学院考古研究所灃西発掘隊 1989］（西周Ⅱb期）、太原村 M309 ［中国社会科学院考古研究所灃西発掘隊 1986c］（西周前期）の2墓にすぎないが、報告によれば、そのほかにも張家坡の近辺で近年発見された洞室墓は 20 基余に達し、その多くは密集してまとまった墓群を形成しているといわれる［中国社会科学院考古研究所灃西発掘隊 1989］。洞室墓は、先周期における土器群 B 主体の代表的な遺跡である劉家遺跡などできわめて顕著に見られた墓制であった。豊鎬遺跡の洞室墓群の存在は、すでに関中平原から土器群 B の系統が失われていた時期に、西周王朝の中心地にあって、かつて土器群 B と強く結びついていた特徴ある墓制を、なおも継承する集団が存続したことを示唆している。

（6）宝鶏茹家荘遺跡に代表される土器群 B

宝鶏市街地の南部、渭河の南岸からすこし秦嶺山麓に入った谷間の地で、B 類鬲と南方の四川系の土器が一緒に出土し、しかも寺窪文化系の土器がすぐ隣接する地点で出土するという複雑な状況が見られる。以下に茹家荘遺跡に代表されるその状況を紹介しておく。

なおこの一帯は、西周前期から中期にかけて「強」の名で呼ばれた族的集団がその拠点をおいていたことが当地で出土した青銅器の銘文から知られる。土器の系統が複雑に混在する状況も、彼ら強集団の歴史的背景と関連したものと考えられる。第二部第 13 章において、土器の分析を含めて、その強集団の歴史的性格をめぐって詳しく検討する。

ここでは、B 類鬲を出土した茹家荘生活址についてのみ紹介しておく。

①宝鶏茹家荘生活址

遺跡は宝鶏市街地の南部、秦嶺山系から流れ出る清姜河東岸の傾斜地にある［盧連成・胡智生 1988a］。茹家荘生活址の周囲には、西周前期、中期の強氏の集団墓地とされる茹家荘墓地遺跡と竹園溝墓地遺跡があり、また隣接する蒙峪溝には年代の関係は不明であるが寺窪文化を主体とするまったく性格の違う墓地遺跡も発見されている。

1981 年、茹家荘の北西地点で3基の灰坑が発掘された。これが茹家荘生活

址を代表する単位である。3基の灰坑（H1、H2、H3）から出土した土器の器種構成はほぼ同じで、B類鬲、平底罐、尖底罐、尖底鉢形器の4種が主要なものである。土器群BのB土器はB類鬲だけである。そのB類鬲は、金河・晃峪グループの晃峪遺跡のそれに近い遅い時期のものである。さらに細かくいえば、B類鬲の形態は、H1、H3のそれが口縁外面に縄紋を飾るのに対して、H2のものは縄紋をナデによって擦り消す処理をしている。後述するB類鬲の型式変遷からみて、H2のB類鬲はその最も遅い段階に相当する。したがって筆者は、H1、H3はH2よりやや古いと考えている。

推定される年代が一部重なることと、土器に共通点があることから、茹家荘生活址は、周囲の茹家荘墓地、竹園溝墓地と同じ人びとが残した遺跡と考えられる。B類鬲はこれらの墓地には見られないが、生活址と同じ特徴をもつ平底罐、尖底罐は墓地からも多数出土している。

尖底罐と尖底鉢形器（図9.4）は、茹家荘、竹園溝の発掘報告者も詳しく述べているように［盧連成・胡智生 1988a、「結語」］、四川省成都平原周辺の殷周王朝並行期の土器と関連するものである。より正確にいうと、これらは殷王朝後期から西周期に並行する時期、成都市の周辺を中心に展開した十二橋文化に属する土器である。このことは第二部第13章において別の視点から検討する。
(14)

茹家荘生活址と隣接するもう一つの墓地遺跡である蒙峪溝墓地の様相は、竹園溝、茹家荘の両墓地とはまったく異なっている。主要な土器は、双耳罐と帯状に肥厚した口縁をもつ壺形の罐で、これらは明らかに甘粛東部一帯に分布する寺窪文化系統の土器そのものである。寺窪文化系の土器は、竹園溝墓地の1号墓（BZM1）でも出土しているが、その1例だけであり、茹家荘生活址と茹家荘墓地では出土していない。蒙峪溝墓地は茹家荘生活址、竹園溝墓地、茹家荘墓地より年代的に古いという意見もあるが、竹園溝1号墓の例からも推測されるように、年

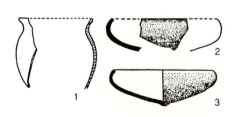

1、2. H1　3. H2〔1は1/3、2,3は1/4〕
図9.4 茹家荘生活址出土の四川系土器

代の一部は重なることが考えられる。少なくともこれらの遺跡が、狭い谷間の一帯で、相次いで形成されたものであることは確かである。西周王朝成立前後の清姜河の谷間では、在来的な土器群Bと四川系土器が共存する状況が始まり、またおそらくその直前からは、寺窪文化を担う人々が隣接する地点に一時的に居住したという状況が想定されるのである。関中平原西部の縁辺部で生じていた歴史の動向として注目される。

（7）甘粛東部の土器群B

関中平原の西部に隣接する甘粛省内においても、土器群B系統の土器が出土している。報告されているのは以下の2例である。土器群Bの土器としてはB類鬲だけが見られ、西周Ⅰ期相当の西周式土器の系統と共伴している。出土したB類鬲は、いずれも寺窪文化系の鬲と類似点をもつもので、その点でこの一帯としての特色を見せている。B類鬲に一定の地域色が備わっていることから、当地のB類鬲は、先述した豊鎬地区の場合のように、ある時期突然その地に出現したものではなく、比較的早くから定着していたものであるかもしれない。

①甘粛慶陽巴家嘴

墓から一括出土した土器である［許俊臣・劉得禎 1987］。B類鬲1点、A類鬲1点が出土している。B類鬲は口縁外面に鋸歯状に縄目を加えて装飾し、頸部と襠上部には波状の凸起を貼り付けるもので、劉家Ⅲ（M49）及び碾子坡Ⅱ（M109）に見られたB類鬲の一種と類似する。この鬲の形態はまた、寺窪文化の鬲とも一定の関係がある。共伴したA類鬲は西周Ⅰ期に相当する。

②甘粛合水兎児溝

2基の墓の土器が紹介されている［許俊臣・劉得禎 1987］。そのうち墓M5から、B類鬲1点、折肩罐1点が出土している。B類鬲は単耳の鬲で、晃峪遺跡出土の1点に類似する。このB類鬲の形態もまた、寺窪文化の鬲と一定の関係がある。折肩罐は蓋を備えたもので、鳳翔西村、宝鶏闘鶏台などで出土例のある彩色紋を施した土器群Aの土器の1器種である。西周Ⅰ期に相当する。

Ⅱ　土器群Ｂの変遷

　土器群Ｂの器種のなかで、漸移的な形態の変遷を追うことができるのは、Ｂ類鬲と有耳罐の２器種である。ここではまずこの２器種を形式、型式に分類し、その変遷の段階を考える。また、その段階を基準として、土器群全体の時期区分を設定する。

（１）Ｂ類鬲の分類と変遷

　土器群Ｂの土器の変遷を考えるとき、遺跡の項で述べたつぎの二つの層位的根拠が、その形態変化の方向を示してくれる。すなわち、①碾子坡Ⅰと碾子坡Ⅱの土器相の変化、および②紙坊頭Ⅰ（紙坊頭4B層）と紙坊頭Ⅱ（紙坊頭4A層）の土器相の変化である。ここに読み取れる方向性を軸に、細部の形態を比較することでＢ類鬲を分類していく。また、Ｂ類鬲にともなう土器群Ａなど他系統の土器や、若干の青銅器のうち、既成の編年的位置づけが安定しているものにも注目して、これを補助的にＢ類鬲変遷の先後関係を考える参考材料とし、さらにＢ類鬲を殷文化中心地域の編年に関連づける作業にも利用する。なお、分類においては、形態的特徴の持続的な系列を形式と呼び、（Ⅰ、Ⅱ…）で表記する。その下位に小形式が設定される場合、（a、b…）を付加して表記する。一方、同じ形式内での時間的前後に起因するとみられる形態変化の段階を、型式として分類し、さらに（1、2…）を付加して表記する。

①Ｂ類鬲の分類

　最初に、Ｂ類鬲の変遷において、全体を通じて見られる比較的明確な属性の変化をあげて、形式、型式の先後関係を考える指標とする。

（ⅰ）［足尖］　袋足部の先端部に付く突起である足尖は、全体として、時期が下がるとともにしだいに低く（短く）、矮小化する傾向を示す。その形状は、扁平・直立→扁平・外開き気味→扁平気味の円錐状→円錐状→矮小化した円錐状の順に連続変化する。これを時系列的な流れとしてとらえ、1～7の段階に区別する（図9.5）。また、その6、7段階に並行して別の流れも現れる。すなわち足尖自体は円錐状を呈しながら、袋足下部から足尖にかけて強くひねり出

だされたように屈曲外反するものが
それである。これを6′、7′段階とす
る。なお、先述した紙坊頭Ⅰ→紙坊
頭Ⅱの層位的関係において、足尖
3・足尖4（紙坊頭Ⅰ）→足尖5・足
尖6（紙坊頭Ⅱ）という前後関係が
確認できる。

(ⅱ)［袋足の形状］ 足尖1～4段階
に相当する間、袋足はほぼ紡錘形を
呈するが、袋足をその長軸に垂直に
切った断面形は、円形→下辺が潰れ
た楕円形という変化の傾向を示す。
そして足尖5～7段階になると、袋
足が短くなり球状に近づく流れと、
足尖6′、7′に対応して袋足下部がひ
ねり出されるように屈曲外反する流
れが現れる。

(ⅲ)［口縁外面の処理］ 口縁外面
の処理は、足尖のように漸移的な変
化としてはとらえられないが、明確
に新古を分ける二、三の指標を指摘
することができる。すなわち、波状
の凸線紋をめぐらせる（足尖1相
当）（図9.1-3、5、6）、あるいは貼
り付けの凸帯をめぐらせる（足尖

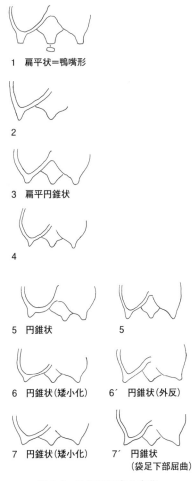

図9.5 B類鬲足尖の変化

1～3相当）（図9.1-2、7、8）→口縁端部に刻み目を入れる（足尖2～4相当）
（図9.1-17）、あるいは口縁端部に特別な処理をせず口頸部全体に均一な縦縄
紋を施す（主として足尖3～4相当）（図9.1-15、16）→口縁直下に右上がり
の斜行紋を重ねる（足尖4～7相当）（図9.1-25・26・32）→口縁端部外面を
ナデにより擦り消す（足尖6～7相当）（図9.1-45、50、51、52）という順に

表 9.1 足尖を中心としたB類鬲の属性の相関関係（○は資料少数）

足尖	袋足				口縁端部外面処理					
	紡錘形断面円形	紡錘形断面楕円形	球状	屈曲外反	凸線	凸帯	刻み	縦縄文	斜行紋重ね	擦り消し
足尖1	●				●	●				
足尖2	●	●				●	●			
足尖3	●	●			○	●	●			
足尖4	●	●				○	●	●		
足尖5	●							●	●	
足尖6	●		●					○	●	○
足尖6′				●				●	●	○
足尖7			●					●	●	●
足尖7′				●				○	○	●

移り変わる。

　以上の属性変化の相関関係を表9.1 にまとめた。これをB類鬲の時間的前後の基準としながら、以下にB類鬲を形式、型式に分類する。

　最初に、一つの墓に複数のB類鬲が共伴した例（劉家遺跡に多い）に注目すると、出土した鬲の袋足部に大きな差はないが、口頸部は、直立したり外反したりと大きく形状の異なるものが共伴することに気づかされる（図9.1-16〜18の劉家M37の例など）。このことはすなわち、口頸部のこうした形状の相違が、時間の差を反映していないことを示唆する。もし口頸部の形状の異なるこれらの鬲を、劉家遺跡以外の鬲とのつながりでとらえていけば、それらを、B類鬲全体のなかで比較的長期間持続した異なる形式の並行現象として理解できるはずである。そこで、B類鬲の分類にあたっては、主として口頸部の形状から形式を設定し、一方、先述した諸形式に共通する足尖、袋足、口縁外面処理の変化を基準に、新古の型式変遷を見い出していく。以下、前掲の図9.1を参照していただきたい。

　I 形式　円筒状の口頸部が、直立ないし若干内傾する形式。大部分の鬲に、一対の環状把手が付く。器身全体の最大幅は常に袋足部の中段から上段に位置する。口頸部の形状から、さらにIa、Ib二つの小形式に分ける。

　Ia形式は、口頸部が明確に内傾する形式で、一対の環状把手を有する。足尖1〜3の各段階に対応するIa1〜Ia3の時系列的な型式に分けられる。Ia1〜Ia3の間、袋足の上部が外に張り出し、三足が広く開脚する形態から、

袋足上部がなで肩になり、かつ三足の開脚がやや狭まる傾向へと変化する。Ⅰa1の口縁外面は波状の凸線を貼り付ける。Ⅰa2、Ⅰa3の口頸部は内への湾曲が強まって有段状になり、口縁端部外面には刻み目をもつ貼付紋を付す。

Ⅰb形式は、口頸部が直立する形式で、すべての例で一対の環状把手が付く。足尖1～5に対応する例があり、Ⅰb1（足尖1）、Ⅰb2（足尖2）、Ⅰb3（足尖3、4）、Ⅰb4（足尖5）の型式に分けられる。Ⅰb1の口縁端部外面には波状の凸線を貼り付けるか、ないしは凸帯をめぐらせる。この特徴はⅠb2からⅠb3の一部に残る。またⅠb1では、口縁端部のほか口頸部から袋足部にかけても、縦方向に凸線紋を施す例がある。袋足部の形態変化は、Ⅰa形式のそれに対応している。Ⅰb4では、袋足が短くなり球状に近づく。

Ⅱ形式 口頸部が外側に開いた形式。大部分の例で、口縁端部の左右に一対の小さな板状把手（鶏冠耳）を付す。

Ⅱa形式は、口頸部が斜直に外傾する形式で、その継続した期間は長く、出土例もB類鬲中最も多い。足尖1～6に対応する変化を内包しており、Ⅱa1（足尖1）、Ⅱa2（足尖2）、Ⅱa3（足尖3、4）、Ⅱa4（足尖4、5）、Ⅱa5（足尖5、6）の各型式に分けられる。Ⅱa1～Ⅱa3の袋足部の変化はほぼⅠb1～Ⅰb3のそれに一致する。口縁端部の処理が重要である。Ⅱa1、Ⅱa2では口縁端部外面に各種の凸帯紋を貼り付ける。Ⅱa3では凸帯のないものが普通になり、口頸部全体に連続した縦縄紋を施す。また板状把手は、しだいに小型化する。Ⅱa4、Ⅱa5では口縁端部外面に右上がりの斜行紋（一般に縄紋を斜め方向に施したもの）を施すことが大きな変化である。また、Ⅱa4以降は、口頸部と袋足部の接合部の器面に、接合線を隠すようにやや幅のある沈線をめぐらすことが普遍的になる。それはⅡa4では三足の接合線に沿うようにして曲線的に描かれるが、Ⅱa5では単に口頸部下部をめぐる平行沈線のようになり、かつ沈線が装飾的に強調されたものが登場する。この沈線は、第二部第6章でも述べたように、もともと袋足部と口頸部の接合部分外面の処理としておこなわれたもので、それがしだいに装飾性を強めたものと考えられる。Ⅱa5では口頸部の傾きが弱くなり、かつ内側に湾曲する傾向の見られる点が注意される。また環状把手がある場合、把手が口縁端部のやや下に付き、小型化する。なお、このⅡa4→Ⅱa5の型式区分は、紙坊頭Ⅰ、紙坊頭Ⅱの間の層位的前後

関係にも対応している。

　Ⅱb形式は、口頸部が比較的強く内湾し、上部が直立に近くなる形式である。Ⅱa形式から派生した形式と考えられる。Ⅱb1（足尖5）、Ⅱb2（足尖6、6′）、Ⅱb3（足尖7）の諸型式に分けられる。Ⅱb形式を通じての特徴の一つはその縄紋にある。多くがこれまでにない非常に目の粗い（太い）縄紋を施している。袋足には、B類鬲の遅い時期に顕著な球状に近づく傾向と、外にひねり出すように屈曲する傾向が並行して見られるようである。口縁端部は、Ⅱb1、Ⅱb2が右上がり斜行紋を施し、Ⅱb3ではナデによる擦り消しをおこなうことが普通になる。

　Ⅱc形式は、直立に近い口頸部をもつ形式で、多くは把手が付かない。口頸部下部の平行沈線が顕著で、袋足部の上に短い円筒がのったような形態を示す。Ⅱc1（足尖5、6、6′）、Ⅱc2（足尖7）に分けられる。Ⅱc1→Ⅱc2で、口頸部が低くなる。Ⅱc1の口縁端部外面は斜行紋、Ⅱc2では擦り消しが見られる。

　Ⅱd形式は、Ⅱc形式から派生したと考えられる直立した短い円筒状の口頸部がのる形式である。足尖7相当の例が知られる。図9.1-50の例では、口縁端部に一旦斜行紋を施して、それを擦り消している。袋足は球状の特徴をもつ。

　Ⅱe形式は、Ⅱ形式中、器高が高く、襠が低いもので、長胴の印象を受ける。足尖5〜7′までの例が含まれ、知られる資料をⅡe1とⅡe2に分ける。この形式は、出土地が宝鶏市西部の遺跡に限られ、B類鬲の遅い時期における一つの地域色を示す形式かとおもわれる。

　Ⅲ形式　口頸部の外径が大きなタイプで、そのため袋足部と口頸部がⅠ、Ⅱ形式のようにくっきりとした段差をなすことなくつながる傾向がある。ただし、形式としてのまとまりは不安定で、資料も少ない。関連資料の増加によっては、先のⅠ形式ないしⅡ形式内の小形式として再整理する必要も考えられる。

　Ⅲa形式は、口頸部が直立ないしやや内傾するもので、一対の環状把手が付く。既知の資料はⅢa1（足尖1、2）、Ⅲa2（足尖3）、Ⅲa3（足尖6、6′）、Ⅲa4（足尖不明）の各型式に分けられる。Ⅲa1、Ⅲa2では口縁端部外面に幅

広の凸帯を貼り付ける。Ⅲa3 では斜行紋が施され、口頸部下部の沈線はⅡa5 に共通する平行沈線に近づいている。Ⅲa4 の口縁端部外面には擦り消しが見られる。また、Ⅲa3、Ⅲa4 の環状把手は、明らかに小型化したものである。

　Ⅲb 形式は、口頸部がやや外傾するもので、資料数が少なく細分はしない。口縁端部にⅢa1、Ⅲa2 と同じような凸帯をめぐらせ、さらに刻み目を入れる例が見られる。また、図 9.1-1 では、口縁端部に折り返し状に波状の凸帯を貼り付ける。この顕著な口縁の特徴は、次章で述べる土器群Ｃの土器との関連を示唆する。

　Ⅳ形式　袋足が細身で長く、襠部の高い形式。資料数が少なく細分しない。

　Ⅴ形式　Ⅰ～Ⅳ形式に比べて、器高が高い細身の印象を与える器形を呈し、若干外傾する高い口頸部をもつ。口頸部と袋足部が一体的につながるように見える点が特徴となる。その変遷は明確ではないが、Ⅴa 形式は、口縁直下に波状の貼付紋や刻み目を入れており、襠の上部には波状の突起を貼り付ける特徴がある。劉家 M49 出土の例（図 9.1-30）は、同墓に寺窪文化系の単耳罐が共伴していることからも、寺窪文化系統の土器と関連する外来的な要素をもつＢ類鬲として位置づけるべきである。足尖は円柱状のものが含まれ、Ｂ類鬲の一般的な流れから逸脱する。Ⅴb 形式は、そのⅤa 形式の影響を受けた鬲と考えられるが、袋足、足尖部の形態はＢ類鬲一般のものと合致する。その足尖は、7'段階の例を含む。

　Ⅵ形式　三足部の製作技法はＢ類鬲の範疇にあるが、形態的にはかなり孤立した形式で、三足が牛角状の特徴をもつⅥa 形式と、高い直立する三袋足をもつⅥb 形式がある。Ⅵa 形式とⅥb 形式の一部の例に共通して、高い円筒状の口頸部と水平に近くに屈折する口縁の特徴、そして袋足部に他のＢ類鬲に見ない横方向の縄紋が見られる。この特徴は、さきに述べたＡ類鬲中のⅨ形式とも共通することが注意される（図 8.1-42、51、図 9.1-53）。Ａ類鬲とＢ類鬲の接点がこの両形式の間に認められる。

　Ⅶ形式　わずかに１点が知られるだけであるが、一つの形式を設定しておく。太く張りのある袋足と、短い口頸部、そして小さな環状把手を片側にもつ単耳の鬲である。足尖 7'の特徴を受け継いでいる。この鬲は碾子坡Ⅱにともなった図 9.1-55 のような、典型的な寺窪文化系の鬲がＢ類鬲に直接影響した

折衷的な例と考えられる。Ⅶ形式を出土した晃峪遺跡からは、やはり寺窪文化系の土器の影響を受けた単耳罐（後述する有耳罐Ⅳa5）が出土しており、こうした鬲が生じた背景を示唆する。

②B類鬲変遷の段階

形式、型式全体の流れのなかに顕著な変化をとらえることで、B類鬲の変遷に以下のような4段階を考えることができる。図9.1には、あらかじめB類鬲変遷の各段階を区画線で示しておいた。

Ⅰ段階　足尖1～2が中心で、口縁端部に凸帯、凸線、刻み目などを施す。Ⅰ1、Ⅰ2の2段階に細分できる。器形は、豊満な袋足をもち、三足は外側に開き、襠が高いという特徴をもつ。口縁端部に凸帯を付したり、そこに波状の凸線や刻み目を加えるなどの例は、土器群Aや土器群Cの早い時期の土器にも共通する特徴である。また、一部の鬲の口縁端部、胴部、袋足外面などに見られる凸線紋は、後述するように内蒙古中南部の龍山文化期後期以降の鬲に特徴的な外来的要素として注意される。なお、環状の把手が付く場合、把手の肩の上に、X字形の刻紋やそれと組合せた楔形の刺突紋を飾る場合が多い。土器の色調は、紅褐色傾向のものが多いが、器面には焼成に起因するらしい斑が見られる。

Ⅱ段階　足尖3が中心で、口縁端部と口頸部全体に均一に縦縄紋を施す場合が多くなる。ただし、Ⅰ段階で顕著な口縁端部に凸帯をめぐらす特徴を残して、ごく薄い帯状の粘土をめぐらす例もある。Ⅰ段階で現れていた諸形式が基本的に継続される。三足の外側への開きはⅠ期より狭まる。襠部外面の三足接合部分に、粘土を重ねて補強する例が多く、重ねた粘土の上には、しばしば棒状の工具で刺突した特徴的な麻点紋が残されている。また、環状の把手をもつ場合その肩部にⅠ期と同じく楔形刺突紋を施すことはあるが、X字形の刻紋は見られない（後述する同時期の有耳罐には見られる）。土器の色調はⅠ期の紅褐色傾向から、灰褐色、灰色の傾向が強くなる。器面には多くの場合焼成に起因する斑が見られる。

Ⅲ段階　足尖4～5が中心で、口縁直下に斜行紋が出現する。Ⅰ段階、Ⅱ段階で見られた形式がなお基本的に継承されるが、新たにⅡb形式が出現する。口頸部と三足の接合部に、その接合痕を隠すように、なでによる条痕ないし沈

線紋をめぐらすものが増加する。また、Ⅱb形式で非常に目の粗い縄紋がもちいられる点もこの段階に現れる一つの特徴である。土器の色調は、灰褐色ないし灰色系が中心となる。

Ⅳ段階 Ⅱc、Ⅱd、Ⅱe、Ⅵ形式などが出現する。Ⅳ1、Ⅳ2の2段階に細分できる。Ⅳ1段階は、足尖6が中心で、口縁直下に斜行紋を施し、Ⅲ段階に始まった目の粗い縄紋はさらに一般化する。また、口頸部と三足の接合部に見られる沈線は、装飾的に強調されて（凸線の例もある）[15]、大半の鬲に見られるようになる。Ⅲ段階→Ⅳ1段階のこのような変化は、紙坊頭Ⅰ→紙坊頭Ⅱの層位的前後関係にも対応している。なお、各形式に共通して、口頸部が若干内側に湾曲する傾向を見せる点も大きな特徴である。Ⅳ2段階は、足尖7が中心で、口縁端部外面を擦り消すことが一般的になる。Ⅱ形式やⅢ形式などB類鬲の中心的な形式において器高が低くなる傾向があり、それとは反対に、Ⅱe形式、Ⅴ形式では、これらの形式が本来もっている器高が高いという特徴をそのまま継続し、対照的な二つの流れが並行することになる。ただし器高が高い後者の2形式は、宝鶏市西部の一部の遺跡に見られる地域の特色のようである。土器の色調は灰褐色ないし灰色系が中心である。

（2）有耳罐の分類と変遷

土器群Bのなかで、鬲以外で形態の変遷がとらえられる器種として有耳罐がある。有耳罐とは、器身の両側ないし片側に把手をもつ罐を総称したものである。その資料数は必ずしも多くはないが、口縁部外面の処理など、いくつかの属性変化が鬲の変遷と一致し、またB類鬲と共伴して出土した例も少なくないことから、B類鬲の変遷を補足する役割も果たし、土器群Bの時期を設定する上での好材料となる。

①有耳罐の分類

有耳罐には大きく分けて4形式が認められる。以下、図9.2を参照。

Ⅰ形式 丸く大きく張りのある胴部に、広口の口頸部がのせられ、一対の環状把手をもつ双耳罐。3型式に分けられる。Ⅰ1は、丸底で口頸部がほぼ直立する。Ⅰ2、Ⅰ3は、平底で口頸部が内側にやや湾曲する。Ⅰ3では胴部の最大幅の位置が高くなる傾向がある。金河遺跡出土のⅠ1の例では、口縁端部に波

284 第二部 西周王朝成立期の編年的研究

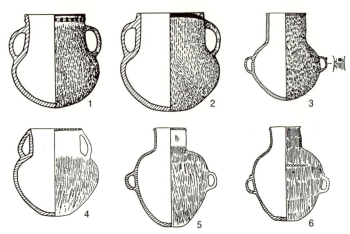

1. 連花台 LL008　2. 連花台 M13　3. 連花台 M15　4. 柳湾 M1196
〔1, 4 は 1/6, その他は 1/12〕

図 9.6 辛店文化（南玉泉編年一期～三期）の有耳罐

状の凸帯をめぐらせ、口縁直下と胴上部には小円餅と凸線の貼付紋が見られる。これは、B類鬲 II 期にも見られた特徴である。I 2 では口縁端部の縄紋を擦り消す例があり、I 3 ではさらに口頸部全体を擦り消す例がある。また、I 1 の環状把手の肩部には、X 字形の刻紋と楔形刺突紋が見られるが、I 2 以降、X 字形刻紋は見られない。

　II 形式　長胴形の器身に一対の環状把手をもつ双耳罐。知られる資料は劉家遺跡出土のものに限られる。

　III 形式　細めの口頸部をもつ壺形の双耳罐。金河遺跡出土の 1 例が知られる III 1 は、胴部両側に突起した鶏冠耳を付け、III 2～III 3 は一対の環状把手をもつ。III 1、III 2 は丸底で、最大幅の位置は胴部上段にあるが、III 3 は平底となり、最大幅の位置は胴部中段に下がる。III 2～III 3 はいずれも劉家遺跡で出土している。

　IV 形式　器の片側に環状把手をもつ水差し形の単耳罐。資料数は少ないが細高の器身をもつ IV a 形式と、低い IV b 形式に分けられる。IV a 形式はさらに 5 型式に分けられる。IV a1 は丸底で、口縁端部に凸帯をめぐらせ、凸帯の上に波状の凸線紋を飾る。IV a2～IV a5 は平底である。IV a2 では口縁端部を擦り消

す例があり、Ⅳa3では口頸部の全体を擦り消す例がある。そしてⅣa4、Ⅳa5になると器身全体を擦り消すようになる。Ⅳa5の胴部の形状は直壁に近づいている。なお、Ⅳa1～Ⅳa3まで環状把手の肩部にX字形刻紋や楔形刺突紋の装飾が見られるが、Ⅳa4ではなくなる。一方、Ⅳb形式は、器身の全体に縄紋を施すⅣb1と、器身全体を擦り消すⅣb2の2型式に分けられる。

②有耳罐変遷の段階

有耳罐の形式、型式の流れを、時間的に並行する関係に注意して整理すると、次のようになる。

（ⅰ）Ⅰ1、Ⅲ1、Ⅳa1は、口縁端部の凸帯に共通性が見られ、かつ同じ金河遺跡の出土であり、共時的関係にある。（ⅱ）Ⅰ2、Ⅱ、Ⅲ3、Ⅳa2～Ⅳa3などは、いずれも平底で、口頸部全体に縄紋を施すか、一部分を擦り消す点で共通点があり、知られる資料の多くが同じ劉家遺跡に集中する。（ⅲ）形式は違うが、Ⅰ2がⅣa4に先行することは、紙坊頭Ⅰ→紙坊頭Ⅱの層位的関係から確認することができる。またⅠ2では環状把手にX字形紋が見られない。（ⅳ）そのⅣa4と、Ⅰ3、Ⅳa5などは、口頸部ないし器身全体を擦り消す特徴が共通する。また、これらの型式では環状把手のX字形紋、楔形刺突紋が見られない。

以上（ⅰ）～（ⅳ）の共時的な関係を、有耳罐変遷のⅠ～Ⅳ段階と考えることができる。図9.2には、考えられる段階を区画線で示しておいた。そのなかで、Ⅰ2型式については、土器の共伴関係から見てⅢ段階を中心としながらも、一部はⅡ段階にさかのぼると考えた。しかし、その他の形式、型式がおこなわれた範囲は、基本的に各段階ごとに分かれて分布する。

この4段階を、先に述べたB類鬲変遷の各段階と比較すると、次のようになる。すなわち、有耳罐Ⅰ段階の口縁端部の凸帯や、貼付の凸線紋などは、明らかにB類鬲のⅠ1段階に通じる特徴である。有耳罐Ⅱ段階の口頸部の処理は、B類鬲のⅡ段階と基本的に同じである。有耳罐Ⅲ段階、Ⅳ段階で、環状把手のX字形刻紋や楔形刺突紋が見られなくなることは、B類鬲のⅢ～Ⅳ段階と共通する。有耳罐Ⅳ段階で、口頸部を擦り消す手法は、B類鬲のⅣ2段階と同じ手法である。以上のことから、大まかにみて、有耳罐のⅠ～Ⅳ段階とB類鬲のⅠ～Ⅳ段階は、各段それぞれが対応した関係にあることが分かる。この

ような関係は、有耳罐諸形式とB類鬲諸形式が同一遺構から一括出土した共時的関係を考慮しても、矛盾のないものとして確認できる。

Ⅲ 土器群Bの時期の設定と年代

(1) 時期の設定

以上で検討してきたB類鬲と有耳罐の型式変遷の4段階を、土器群B全体の時期設定の基準とする。すなわち、同じ段階のB類鬲、有耳罐を出土した遺跡あるいは遺跡内の分期単位を一つにまとめて、土器群Bの一時期とする。

以下に、各時期の代表的単位をあげる。

●印の遺跡は、土器群A、土器群Bが共存する単位。

▲印の遺跡は、土器群A主体の遺跡に少数のB類鬲がともなう単位。

△印は土器群C主体の遺跡に少数のB類鬲がともなう単位。

＊印は土器資料が公表されていないもので、張天恩氏の記述[張天恩1989]、あるいは筆者が現地で確認した状況などを手がかりに位置づけた単位である。[16]

Ⅰ期　Ⅰ1　宝鶏金河、宝鶏石嘴頭Ⅰ、長武碾子坡Ⅰ、甘粛平涼翟家溝

　　　Ⅰ2　宝鶏姫家店、宝鶏石嘴頭Ⅰ、郿県採集資料、麟游北馬坊、長武碾子坡Ⅰ

　　　Ⅰ　（Ⅰ1、Ⅰ2のいずれかに相当、ないし両期にまたがるが、現状で細分できない単位）
　　　　　宝鶏涼泉＊、宝鶏興隆＊、宝鶏闘鶏台Ⅰ＊、鳳翔范家寨＊、△武功柴家嘴、▲武功岸底、▲武功鄭家坡H35＊

Ⅱ期　　　宝鶏市博物館収蔵採集資料、扶風劉家Ⅰ、扶風壹家堡Ⅱ、▲武功鄭家坡H14 [17]

Ⅲ期　　　宝鶏晁峪、●宝鶏紙坊頭Ⅰ、●宝鶏闘鶏台Ⅱ、●宝鶏趙家坡Ⅰ、宝鶏市博物館収蔵採集資料、●鳳翔西村Ⅰ、扶風劉家Ⅱ、扶風壹家堡Ⅱ、岐山廟王村、●岐山賀家村Ⅱ、83客M1 [18]

Ⅳ期　Ⅳ1　宝鶏晁峪、宝鶏林家村、宝鶏茹家荘生活址H1・H3、●宝鶏旭光、●宝鶏紙坊頭Ⅱ、●宝鶏闘鶏台Ⅲ、●宝鶏賈村Ⅰ、●鳳翔西村

　　　　　Ⅰ、●長武碾子坡Ⅱ、●甘粛崇信于家湾、●岐山賀家村Ⅲ、▲扶風壹家堡Ⅲ、▲扶風北呂 M21、▲武功南廟、▲ 83 灃毛 M1、▲ 67 張 M89、▲豊鎬遺跡生活址早期

Ⅳ 2　宝鶏晃峪、宝鶏茹家荘生活址 H2、●鳳翔西村Ⅰ、●長武碾子坡Ⅱ、▲武功黄家河、▲豊鎬遺跡生活址早期

Ⅳ 　　（Ⅳ 1、Ⅳ 2 のいずれかに相当、ないし両期にまたがるが、現状で細分できない単位）

　　　宝鶏石嘴頭Ⅱ、宝鶏固川＊、宝鶏上官荘＊、宝鶏長寿山＊、宝鶏羅家埃、●宝鶏趙家坡、●宝鶏西崖＊、●宝鶏潘家湾＊、宝鶏市博物館収蔵採集資料[19]、彬県土陵、彬県史家河、●長武下孟村、●甘粛慶陽巴家嘴、●甘粛合水兎児溝、●岐山礼村＊、●扶風劉家 M49、武功黄家南窯＊

（2）土器群 B 各時期の年代（殷文化中心地域編年との関係）

　土器群 B には、殷文化中心地域の土器と直接に年代の比較ができる殷系統の要素や、共伴した殷系土器自体はない。したがって殷文化中心地域との比較は、多くの場合何らかの間接的なものにならざるをえない。しかし、土器群 A、土器群 B 共存遺跡では、当然土器群 A の年代を利用することができる。また、そうした共存関係のない土器群 B のより早い時期については、後述するように相互に類似した土器を共有する辛店文化についての年代観を参照することもできる。また、土器群 B に共伴した若干の青銅器の年代を参照できる場合もある。これらを勘案しながら、土器群 B の年代について考えてみたい。

　遺跡ごとに個々に検討を要する種類の問題については、すでに遺跡の項であらまし述べておいたので、ここではそれを前提としながら、土器群 B について設定した各時期ごとに、殷文化中心地域編年との対応関係を考えることにする。

　Ⅰ期　有耳罐のうちⅠ期を代表する I 1 形式と、Ⅲ 1 形式は、辛店文化の類似する土器と比較することができる。甘粛省、青海省に分布する辛店文化の編年的研究は、青海楽都柳湾[20]、青海民和山家頭、民和核桃荘、甘粛臨夏蓮花台[21]などの発掘により一定の進展が得られている。これらの資料を踏まえた南玉泉氏

の土器の型式学的研究では、辛店文化全体を7期に分期する。そして従来、辛店文化を代表するとされてきたいわゆる姫家川類型、張家嘴類型の土器は、実は主として辛店文化の比較的遅い時期に該当するものであることを明らかにし、一方、辛店文化の源流については、同地域において斉家文化を継承した民和山家頭第一類という過渡的段階を経て、辛店文化の早期段階が始まるという結論を得ている。(22)

この南玉泉氏の編年研究を参照すれば、土器群BのI期に属する有耳罐I1形式とIII1形式は、いずれも丸底で、口頚部は直立に近く、かつ口縁端部に波状の凸帯をめぐらせるなどの点で、辛店文化第一期から第三期の有耳罐（図9.6）と共通する特徴をもっている。それを根拠に、土器群BのI期の年代を、おおよそ南氏の辛店文化第一期から第三期に並行すると考えることができる。(23)南氏は辛店文化の始まりを、^{14}C測定年代などを参照して前15世紀頃と考え、第一期から第三期について、「商代中期前後」と述べる。

一方、土器群BのII期の標準的単位である劉家Iの内容は、遺跡の項で詳しく述べたように、同じ扶風県内にある壹家堡遺跡の層位的根拠を参照して、殷墟三期前後に並行すると考えることができる。この認識にしたがえば、土器群BのI期は殷墟三期より前にさかのぼると考えることができる。以上のことから筆者は、土器群BのI期の年代を、殷墟一、二期に並行する時期を含み、I1期の上限は二里岡期にさかのぼる可能性も高いと考える。

I期のB類鬲に広く見られる口縁端部外面の凸帯、特にIIIb形式に見られる波状の凸帯は、土器群CのII期のそれに関係することが考えられる。その年代は後述するように殷墟一、二期相当と考えられる。

さらに、この時期のB類鬲に見られる凸線紋（「蛇紋」と呼ばれることがある）は、後述するように内蒙古中南部を中心とした龍山文化期後期並行期から殷墟一、二期頃まで継続される朱開溝遺跡などに顕著に見られる特徴に通じており、I期のB類鬲の年代が殷墟一、二期ないしそれ以前にさかのぼることを示唆する。

なお、土器群AのI期の標準的単位である鄭家坡Iの灰坑H35から、土器群BのI期相当のB類鬲片が出土しているといわれる。土器群AのI期は、先述したように殷墟一、二期に並行する時期と推定した。これは推定される土

器群BのⅠ期の年代と一致するところがあり、土器群BのⅠ期と土器群AのⅠ期とはその年代に重なる部分があることを示している。

Ⅱ期　この時期の標準的単位として劉家Ⅰ、およびほぼそれに一致する内容をもつ壹家堡Ⅱがある。壹家堡Ⅱは、同遺跡の殷墟一、二期に相当する殷系土器主体の壹家堡Ⅰに後続する単位であることが層位的に示されている。一方、劉家遺跡では、劉家Ⅲが西周Ⅰ期に並行する。そして劉家Ⅱには西周Ⅰa期より少し前の土器の特徴が認められ、殷墟四期前半前後と推定された。したがって劉家Ⅰは、ほぼ殷墟三期前後に並行することが考えられる。これを土器群BのⅡ期の年代とする。

Ⅲ期　劉家Ⅱ、紙坊頭Ⅰ、闘鶏台Ⅱなどが標準的な単位となる。土器群Aの土器が同じ遺構から一括出土する場合をはじめ、遺跡内で共時的に存在する例が多く知られる。その土器群Aの土器は、およそ土器群AのⅢ1期前後とみられ、西周Ⅰa期の直前、殷墟四期前半前後と考えられる。これを土器群BのⅢ期の年代とする。

Ⅳ期　Ⅳ1期とⅣ2期に分けられる。Ⅳ1期の標準的単位である紙坊頭Ⅱ、闘鶏台Ⅲ、岐山賀家村Ⅲ、賈村Ⅰ、旭光、83灃毛M1、67張M89、崇信于家湾などでは、土器群AのⅢ2期すなわち西周Ⅰa期に並行する時期の土器が、一括出土するかあるいは遺跡内で共時的に存在する。また方格乳釘紋簋や方格乳釘紋鼎をはじめとする西周Ⅰa期の標準的な青銅器が、林家村、旭光(M1)、83灃毛M1で土器群Bの土器と一括出土しており、崇信などにおいて遺跡内で共時的に存在している。したがって、Ⅳ1期は豊鎬の西周Ⅰa期に並行すると考えられる。

Ⅳ2期の良好な標準的単位は得られていない。この時期は、西村Ⅰ、晁峪、茹家荘生活址、碾子坡Ⅱ、豊鎬遺跡生活址早期などの単位が、西周Ⅰa期に並行するⅣ1期の土器に加え、若干年代が下がると思われる土器を含むと判断され、その部分を試みに分離した時期である。これらの単位において共時的と考えられる土器群A系統の土器や、伴出した青銅器などから、Ⅳ2期の年代は西周Ⅰb期前後と推定される。

なお、Ⅳ期に入れておいた晁峪遺跡出土のB類鬲Ⅶ形式（図9.1-54）は、足尖の形状が7段階以降とみられ、右のⅣ2期よりもさらに年代が下がるもの

とすべきかもしれない。

Ⅳ　土器群Bの性格—周囲の土器系統との関係

（1）土器群Bの地域的グループ

　土器群Aや土器群Cでは、遺跡ごとの土器の組成が比較的均一で、したがって現状では地域差を特に考慮することなく、全体を一つの系統として把握することができる。ところが広い地理的範囲に分布した土器群Bにおいては、土器の器種構成が遺跡ごとに比較的大きな相違を見せ、その違いが時間差に由来する差異とはいえない場合、土器群Bのなかに、地域的なグループを想定する必要が出てくる。

　遺跡の項では、すでにその地域的グループの区分を前提として記述したのであるが、ここであらためてその区分の内容を整理しておく。まず、設定できる地域的グループとして以下の三つがある。（ⅰ）B類鬲・有耳罐（墓出土と考えられる）を器種構成の基本とする金河・晃峪グループ。（ⅱ）B類鬲・有耳罐・折肩罐（墓出土）を基本とする劉家グループ。（ⅲ）B類鬲のみ（墓出土）、B類鬲・折肩罐・甗・豆・簋・盆・瓮・尊など（生活址出土）を基本とする碾子坡グループ。

　金河・晃峪グループでは、確実な遺構は知られず、劉家グループでは生活址の土器が明確ではない。しかし、金河・晃峪グループの大部分の土器が墓の出土土器であると考えられることから、三つのグループの墓の土器だけを比較しても、はっきりとした相違が見られる。すなわち、金河・晃峪グループで見られる有耳罐は、劉家グループの墓でも見られるが、碾子坡グループでは墓、生活址ともに見られない。一方、碾子坡グループの生活址に見られる折肩罐は、劉家グループの墓にもともなうが、金河・晃峪グループには見られない。したがって、特に金河・晃峪グループと碾子坡グループの間では、B類鬲以外に確実に共通する土器がないことになる。このように3者の相違は大きいが、一方で3者の中心的な土器であるB類鬲の変遷は、土器群BのⅠ期～Ⅳ期の長期にわたって一貫して緊密に連携した関係にあったことは明らかである。金河・晃峪グループ、劉家グループにおいて、碾子坡グループと比較できる良好な生

活址が調査されることが課題となるが、現状ではこれら三つのグループを、同じ土器群Bに属する三つの地域的グループと考えるのが妥当であろう。

　この他に、金河・晁峪グループの遅い時期に並行して、宝鶏市南郊の清姜河の河谷では土器群Bと四川系の土器が共存的な関係を見せる状況がある。すなわちこの地で発掘された茹家荘生活址の複数の灰坑から、B類鬲・尖底罐・尖底鉢形器・平底罐という器種の共伴関係が報告されている。このうちの2種の尖底土器は四川成都平原を中心に分布した十二橋文化系統の典型的な土器である。この状況は、金河・晁峪グループが在来的であった宝鶏市周辺の一角に、殷末周初の頃、秦嶺の南から四川系の土器が波及し、土器系統の共存的な状況を生みだしていたことを物語っている。西周前期のうちに、この一帯でも土器群Bは消滅するが、四川系の土器はその後も継続されている。この一帯に遺跡を残したと考えられる「弓魚」集団の文化的出自が、四川の十二橋文化と関連することを示唆していよう。この問題は第二部第13章で詳しく検討したい。

　また、関中平原東部の豊鎬地区でも西周王朝成立前後に土器群B（ただしB類鬲のみ）が出土する状況が見られた。その年代の古い例として、おそらく文王による豊邑建設以前の年代をもつ83客M1がある。同墓は、墓制などの面で関中平原東部に在来的な土器群Cと関連する文化内容をもち、そこにB類鬲だけが何らかの背景があって持ち込まれたという状況を示す。また、それ以後に豊鎬地区に現れた土器群Bは、殷末に土器群Aが関中平原の東西に拡張した動きに一致するように、少数のグループとして一時的に波及したものと考えられる。いずれにしても西周王朝の中心地となるこの一帯で、土器群Bの系統が大きな位置を占めることはなかった。

　金河・晁峪グループは、宝鶏市周辺の遺跡でI期からIV期まで継続が確認されるが、III期前後からは東方より土器群Aが拡張してきて、土器群A、土器群B共存遺跡を形成する。その場合、多くの遺跡で、出土した土器の数量、器種構成とも、いわば外来的な土器群A系統の土器がむしろ主要な位置を占めたことは注意すべきである。これらの土器群A、土器群B共存遺跡は西周期まで続くことが多く、連続して「西周式土器」をもつ内容へと移行していく。土器群Bの土器は、この段階で消えていく。ただし、宝鶏市周辺のなか

でも、その西部の晁峪遺跡などでは、その後もしばらくの期間、土器群B金河・晁峪グループの最後の段階が継続したと思われる。[24]

なお、同一遺跡内で土器群A、土器群Bが共存する現象について指摘すべきは、例えば折衷型の土器を生成するというような両系統の融合を意味するのではなく、むしろ遺跡内では両者が分離して併存した状況にあったことを指摘しておきたい。例えば宝鶏闘鶏台などの墓地遺跡では、土器群Bを出土した墓が、墓域内の一角に集中した分布を示している状況が見られ示唆的である。また土器自体を見ても、B類鬲Ⅵ形式のように、例外的に土器群A、土器群B両系統と関連する要素をもつ土器もあるが、基本的に両系統の土器を折衷したような土器は現れていないのである。

涇河上流域の碾子坡グループは、土器群BのⅠ期〜Ⅳ期まで継続するが、そのⅣ期にはこの地域的グループに属していた遺跡は西周式土器主体の遺跡へと転化したようである。なお、この碾子坡グループには、後述するようにその早い段階（碾子坡Ⅰ）で、殷系土器の要素が多く含まれ、一方、遅い段階（碾子坡Ⅱ）では寺窪文化系土器の要素が現れている。この地域的グループの性格に関わる重要な側面といえよう。

（2）土器群Bと関中平原の外の土器系統

土器群Bは、B類鬲を中心とする自律的な伝統をもつが、一方では、関中平原の外に展開した他の土器系統とさまざまな関係をもっていた。以下のような状況が指摘できる。（ⅰ）土器群BのⅠ期からⅡ期前後、金河・晁峪グループ、劉家グループと辛店文化との間で、一部の土器形式が影響関係にあった。（ⅱ）Ⅱ期からⅣ期の前後、金河・晁峪グループ、劉家グループ、碾子坡グループでは、寺窪文化系統の土器の要素がさまざまな形で認められる。また、Ⅳ期前後には、金河・晁峪グループの分布域にあたる宝鶏市の南郊で、寺窪文化の墓地（蒙峪溝）が形成されるという状況が見られた。（ⅲ）Ⅳ期前後、宝鶏市南郊の茹家莊生活址では、四川系の土器と土器群Bが共存するという状況が見られた。（ⅳ）Ⅰ期、Ⅱ期前後、碾子坡グループ生活址の土器に、土器群C（関中平原に定着した殷系土器群）などに由来すると考えられる殷系土器の要素が比較的多く認められる。（ⅴ）Ⅰ期の金河・晁峪グループの土器に、

内蒙古中南部で流行した紋様要素（凸線紋）が認められる。

①辛店文化、寺窪文化との関係

はじめに、土器群Bと関中平原の西方に展開した辛店文化、寺窪文化との関係について簡単に述べる。土器群Bは関中平原西部に濃密に分布し、主として関中平原の中西部や東部に分布した土器群A、土器群Cと密接に関連しながら展開した。しかし一方で、土器群Bの起源や系譜的関係について考えようとするとき、土器に共通した要素が多い辛店文化、寺窪文化などとの関係にも注意する必要が出てくる。

斉家文化以降の甘粛、青海方面には、西から卡約文化、辛店文化、寺窪文化が分布し、その東に関中平原の土器群Bが分布した（図9.7）。辛店文化は洮河・大夏河の中下流域、湟水・荘浪河の下流域など青海東部から甘粛中部に分布し、寺窪文化は渭河上流域、洮河上流域を中心に、六盤山とその支脈の隴山

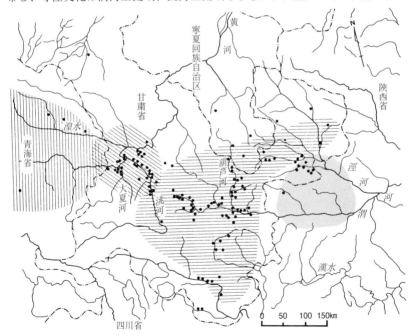

網目掛は土器群B、横線は寺窪文化、斜線は辛店文化、縦線は卡約文化の分布域

図9.7 辛店文化、寺窪文化、土器群Bの分布（[倉林眞砂斗1992、図8]を改変）

が横たわる甘粛東部慶陽、平涼、天水の各地区に広く分布する。また、卡約文化はこの2者のさらに西方の、青海省西寧周辺に分布する。このうち、辛店文化と寺窪文化の相互排斥的といえる分布の関係は顕著だとされる。[25]

辛店文化の年代は、先述したように南玉泉氏の研究によれば、全体が7期に分期され、前15世紀から前6世紀、実に「殷代中期」前後から「春秋初年」にいたる千年近くに及ぶとされる。南氏の編年によれば、いわゆる姫家川類型はその四期、五期（殷後期～西周前期頃）、張家嘴類型はその七期（西周後期から春秋初年頃）に相当すると考えられている。一方、寺窪文化の編年的研究については、良好な発掘資料が少なく、なお十分な議論がすすんでいない状況にある。しかしそのなかで趙化成氏の研究によれば、既知の寺窪文化の内容[26]は、寺窪山遺存、甘粛東部の欄橋—徐家碾遺存、九站遺存という少なくとも三つの地域的類型に分けられるとしたうえで、年代については、別に王占奎氏が九站遺跡を一期（殷後期帝乙、帝辛期）、二期（殷末周初期）、三期（西周中期、晩期から春秋初年）と分期したことを支持し、欄橋—徐家碾遺存の年代は九站の一期、二期に相当するとする。そして、寺窪山遺存については、九站遺存、欄橋—徐家碾遺存よりやや時期的にさかのぼると認識し、その年代を考える材料として、寺窪山の墓で、辛店文化姫家川類型の大口双耳罐が共伴した例をあげ、それが前記した南玉泉氏の辛店文化第四期（ほぼ殷墟期相当）に当たることを指摘する。すなわち趙氏は明言を避けてはいるが、既知の寺窪文化の継続した年代として、およそ殷後期から春秋初年を想定していることになる。なお趙氏はこの寺窪文化を継承し、その後の東周期の秦文化と並行したものとして、「鏟形足根」（扁平状足尖の一種）をもつ一種の袋足鬲を大きな特徴とする「毛家坪B組遺存」という概念を提唱する。その年代は趙氏自身の調査した甘粛甘谷毛家坪遺跡の層位的根拠や秦国関連の墓に共伴した「鏟形足根」袋足鬲などからみて、春秋期から戦国後期に及ぶことが考えられている。

以上のような辛店文化、寺窪文化、土器群Bの時間的空間的関係のなかで現れた、3者間の土器の相互関係についてまとめておく。

（ⅰ）土器群Bと辛店文化の関係については、年代の項でも述べたように、金河・晃峪グループと劉家グループの主要な器種の一つである有耳罐のうち、そのⅠ形式とⅢ形式は辛店文化の早い段階の縄紋有耳罐と類似した形態の土器

である。しかもその場合、有耳罐Ⅰ形式とⅢ形式は、土器群ＢのⅠ期→Ⅱ期の間で丸底→平底に変化するが、この変化は、辛店文化中の類似土器の変化と対応したものである。すなわち、南玉泉氏の辛店文化の土器編年では、有耳罐Ⅰ形式に類似する土器を「縄紋双耳罐」と呼び、辛店文化の一期から三期ないし四期まで続くと考えられているが、その間、丸底→凹底（この場合、凹底とは平底に近い）の変化があると指摘する。このことは、土器群Ｂの金河・晃峪グループと劉家グループのⅠ期からⅡ期と、辛店文化の一期から四期の間で、一部の土器の形態変化に密接に連動した動きがあったことを示しており、類似の形式の土器が共有されていたと理解することもできる。

　これとは別に、土器群ＢのＢ類鬲や有耳罐の環状把手の肩部に見られるＸ字形刻紋は、辛店文化では彩陶有耳罐の環状把手のＸ字形彩紋として、辛店文化の一期から七期まで常見される。

　一方、Ｂ類鬲に類似する一種の袋足鬲が、いわゆる辛店文化姫家川類型のなかに少数ながら含まれることが以前から指摘されてきた。しかしそれらの鬲は、辛店文化の土器としては型式変遷の流れが続かないもので、あくまでも一時的に外部から移入された要素と考えられる。鬲をもつ姫家川類型は、南氏の編年では辛店文化の四期、五期に相当し、その年代は土器群ＢのⅡ期〜Ⅳ期に並行するものである。したがって辛店文化における袋足鬲の出現は、土器群Ｂの鬲より遅れるものであり、それはＢ類鬲の影響を受けて現れた土器である可能性が考えられる。

　（ⅱ）土器群Ｂと寺窪文化の関係については、辛店文化姫家川類型にともなったＢ類鬲類似の袋足鬲に、よく似た鬲が、寺窪文化の寺窪山遺跡でも出土した例がある。しかし、そのようなＢ類鬲類似の鬲は辛店文化同様、寺窪文化においても型式変遷の流れが続くものではなく、やはり土器群Ｂに由来する要素を一時的に受容した土器とみなされる。

　そのような鬲とは別に、Ｂ類鬲の諸形式のなかには、寺窪文化に一般的な鬲形式と密接に関連したものが存在する。すなわちＢ類鬲のⅤ形式がその一例で、この形式の鬲は金河・晃峪グループ、劉家グループ、碾子坡グループに共通して見られ、その袋足部と口頸部が外観上一体的で、器高が高く、襠の上部に波状の突起を貼り付けた特徴は、寺窪文化に広く見られる鬲の形式と共通し

たものである。Ⅴ形式のうち、劉家遺跡M49出土のⅤa形式の1例には、下記する寺窪文化系の有耳罐が共伴している。そのⅤa形式は他に、碾子坡Ⅱと甘粛慶陽巴家嘴でも出土しているが、後者の慶陽県一帯は寺窪文化の分布域に入っており、寺窪文化の代表的遺跡である合水九站遺跡が近隣に所在する。このような状況は、B類鬲Ⅴa形式が寺窪文化と関連することを強く示唆していよう。

　もう一つの例は、B類鬲Ⅶ形式である。これは片側に小型の環状把手をもつ単耳鬲というB類鬲でも特異なものであるが、単耳鬲は甘粛東部の寺窪文化に広く見られる土器であり、明らかにそれと関連している。Ⅶ形式を出土した関中平原最西部の晁峪遺跡は寺窪文化分布域の東端に接近した地点にあり、また同遺跡では別に寺窪文化系の有耳罐も出土している。また碾子坡Ⅱのなかには、寺窪文化の単耳鬲そのものが少なくとも1例が混入している。

　土器群BのⅠ期のB類鬲諸形式に顕著な扁平状の足尖（鴨嘴状足尖）は、B類鬲のなかではしだいに円錐状のものに変化し、やがてはB類鬲自体が失われる。一方、関中平原でB類鬲が消えて以降も、西周期に並行して継続した寺窪文化には鬲がともなったが、そこでは扁平状の足尖をもつ袋足鬲はすでに見られなかった。ところが扁平状の足尖をもつ袋足鬲の一種が、やがて春秋期、戦国期にいたって、寺窪文化の後に同じ甘粛東部を中心に現れた毛家坪B組遺存の典型的土器（鏟脚袋足鬲）として再び盛行するのである。毛家坪B組に代表される鏟脚袋足鬲は、かつて寺窪文化の分布域であった甘粛東部で春秋期から見られるほか、戦国期に入ると宝鶏闘鶏台遺跡の「屈肢葬墓早期」など、関中平原の秦国関連の墓からもたびたび出土するようになる。毛家坪B組の扁平状足尖をもつ鏟脚袋足鬲と、かつてB類鬲の早い段階に盛行した同様の足尖をもつ鬲との類似が、単なる偶然ではないとすれば、この間の長い空白を埋める未確認の系譜、扁平状足尖という鬲の特徴を長らく温存した文化の系譜が、土器群B—寺窪文化—毛家坪B組の周囲に存在したということも考えられる。

　金河・晁峪グループと、劉家グループに見られる有耳罐のうち、Ⅳ形式の単耳罐の類は、寺窪文化に多く見られる単耳罐の類と関連するとおもわれる。特に、Ⅳa4形式、Ⅳa5形式、Ⅳb2形式など、土器群BのⅣ期に見られる器面

の縄紋を擦り消した単耳罐は、その器形とともに寺窪文化の無紋の単耳罐と明らかに関連する。しかし、Ⅳa1形式〜Ⅳa3形式、Ⅳb1形式など土器群Bの Ⅰ期〜Ⅱ期の単耳罐は器面に縄紋を施し、環状把手の肩部にX字形刻紋をもつなど、同時期の有耳罐Ⅰ形式、Ⅲ形式と共通しており、このような特徴をもつ単耳罐は寺窪文化には知られていない。あるいは寺窪文化に見られる単耳罐は、もとは土器群Bに由来するもので、ある時期以降、土器群Bと寺窪文化の間で共有されるようになった土器形式なのかもしれない。

なお、土器群Bと辛店文化、寺窪文化の相互関係を考えるとき、3者の墓地遺跡に見られる墓制上の特徴の関係にも注意すべき点がある。金河・晁峪グループの遺跡では遺構についての良好な情報はない。一方、碾子坡グループの碾子坡遺跡の墓地では、墓は大半が竪穴土壙墓で、いわゆる「口小底大」の覆斗状のものが多く、二層台を有し、腰坑にも似た小坑を設けるなどの点で、後の西周墓にも通じると発掘担当者の胡謙盈氏は述べる。しかしよく類似した竪穴墓は、例えば隣接する寺窪文化でも広く行われていたものでありその系譜的関係については慎重に考える必要がある[29]。

その碾子坡遺跡からはまた、1例ではあるが洞室墓が紹介されている。洞室墓はまた先述したように劉家遺跡において多く見られ、同遺跡で墓制の確認された16基の墓のうち、15基がそのタイプの墓壙をもっていた。洞室墓は、その形態に変化はあるが、早くは馬家窯文化半山類型、馬廠類型に現れ、ついで斉家文化、火焼溝類型、辛店文化、卡約文化、沙井文化などにも継続して見られたもので、中国西北部において長い伝統をもった墓制であった[30]。ただし、土器群Bと時期の重なる辛店文化の洞室墓の例は何故か少数に限られ、寺窪文化にいたっては明確な洞室墓の例が知られていないことは注意すべきである。土器群Bの劉家遺跡の墓地は、同時期の墓地遺跡として洞室墓が最も顕著に見られる一例なのである。

洞室墓は、豊鎬遺跡の西周前期墓のなかにも少数が混在している。ただしその場合、洞室墓出土の土器は劉家グループに通じる土器群Bのそれではなく、一般の西周式土器である。洞室墓はまた、のちに戦国中期頃から関中平原の秦国関連の墓に広く普及することはよく知られている。馬家窯文化期から戦国時代秦国の墓へとつづく中国西北部の洞室墓の系譜のなかで、劉家遺跡に代表さ

れる土器群Bの洞室墓が、どこにどのように位置づけられるのかはきわめて興味深い問題である。

このほか、劉家遺跡の墓では、墓壙内に礫石を埋置する習慣が認められるが、類似する現象は、碾子坡遺跡でも知られ、さらに寺窪文化のなかにも見られる。この習慣も洞室墓と同じく、馬家窯文化半山類型以降、中国西北部の一部において長らく継承された伝統であったとおもわれる。さらに同じく劉家遺跡の墓地では、副葬土器の多くに礫石で蓋をするという現象が認められるが、この現象もまた碾子坡遺跡の一部の墓に見られ、さらに寺窪文化で比較的広く知られるものである。また、碾子坡遺跡の墓に見られる、副葬土器をその中に置いた墓壙の壁龕は、寺窪文化においても比較的多く見られるものである。

②茹家荘生活址に代表される四川系土器

茹家荘生活址あるいは茹家荘、竹園溝の墓地遺跡など、西周王朝成立前後から西周中期頃の宝鶏市南郊の遺跡で出土する尖底鉢形器や尖底罐などの土器は、四川成都平原の十二橋文化に常見される土器と同系統のものである。この両地の関係は、茹家荘、竹園溝の墓地で出土する剣、戈、矛、斧などの青銅武器類が、やはり同時期の成都平原や漢中盆地など秦嶺以南の地方で出土する青銅器と関連する点が多く、しかもそれら秦嶺の南北で盛行した青銅器は、のちに戦国期の四川を代表する「巴蜀式青銅器」の源流となったことが考えられている。西周王朝が成立する前後の時期、秦嶺を挟んだ南北間で盛んな相互交流があったことがうかがわれる。茹家荘、竹園溝の遺跡を残したのは、青銅器の銘文から「強」の名をもつ族的集団であったとおもわれる。彼らの文化的歴史的背景をめぐっては、視点を変えて、第二部第13章で詳しく論ずる。

③碾子坡グループ生活址の土器に見られる殷系土器の要素

碾子坡生活址の器種の構成は、表9.2からも読み取れるように、関中平原の殷系土器群である土器群Cや殷墟遺跡の土器の構成と類似した点が少なくない。また一方において、土器群Aと類似した側面があることも見逃せない。

碾子坡グループ生活址出土の土器のうち、圏足尊、斂口甕、器蓋、圏足瓿、円肩甕（図9.8-4〜6、8、11）などは、いずれも土器群Cや殷墟遺跡出土の土器のなかに類似した例を見出すことができる。特に圏足尊や圏足瓿など圏足付の容器類は、殷墟遺跡の土器に一般的なものと共通点が多い。その口頸部に

第9章 B類鬲を主体とする土器系統(土器群B)の変遷

表9.2 生活址出土土器の器種構成

	A類鬲	B類鬲	C類鬲	その他鬲	斝	甗	甑	鼎	盆	簋・盂	豆	仮腹豆	杯
土器群A遺跡	◎	△				○		○	◎	○	○		△
土器群B(碾子坡)	△	◎				○		○	○	○	○		
土器群C遺跡			◎		△	○		△	◎	○	◎		
西周(西周Ⅰ・Ⅱ)	◎	△				○			○	◎	◎		
殷墟			◎	△	△	○	△	○	◎	◎	◎	○	
寺窪文化				○		○			△				
辛店文化				△		○	○		△				○

	鉢	平底盤	斂口鉢	圏足盤	単耳罐	圏足瓿	器蓋	釜形器	平底尊	圏足尊	花辺罐	斂口瓮
	○	○	◎						○			
	○	△			○		○		○			
	△		○								◎	
	○			△						○		
	△											
			△						○			

	その他瓮	圏足壺	腹耳壺	その他壺	円肩罐	折肩罐A	折肩罐B	双耳罐	その他罐	罍	大口尊	缸
					◎	◎		○				
	○	○					○					
	◎								○	○	○	△
	◎			◎	◎			○				
	○								◎	○	○	
	△		○					◎	△			
			◎					◎				

◎比較的多い、○一般的ないし量不明、△少数。器種の分類は、報告書ごとに差が大きい。「盂」は圏足をもつもの、平底のいわゆる盂は「鉢」にまとめた。円肩罐、折肩罐Aは土器群Aに顕著なタイプ。折肩罐Bは土器群Bに見られるタイプ。「その他罐」「その他瓮」のなかには多様なものが含まれる。またここにあげた各文化、各土器群はその年代が必ずしも並行しているわけではなく、違う時期の内容がまとめられている。

複数の平行沈線を施すことも殷系土器に通じる大きな特徴である。斂口瓮は殷墟遺跡では一般的とはいえないが、殷代前期の二里岡文化の遺跡や藁城台西村遺跡、さらには次章で述べる土器群C主体の北村遺跡において類似例が見られ、それらの流れを汲む土器ではないかと考えられる。円肩瓮は、多様な形態が見られる殷墟遺跡出土の各種の瓮のなかに、類似した例を指摘することは容易である。

一方、碾子坡グループ生活址の土器のなかでも、甗、簋、甑、豆、盆、平底尊(図9.8-2、3、7、9、10)などは、一般に同じ器種名で分類される土器が

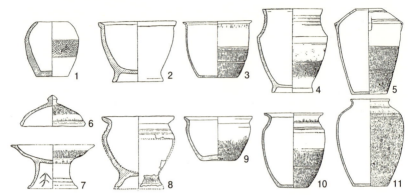

1、2. H134　3. H116　4-7、9、11. H507　8. H813　10. H118〔縮尺不同〕
図9.8　碾子坡Ⅰ（生活址）の土器の一部

土器群Cや殷墟遺跡に知られるほか、土器群Aにも存在する。しかしこれらの土器を仔細に比較するならば、鬲、甗、豆の系譜的関係は不明であるが、少なくとも盆と甑については土器群Aの同名器種ではなく、土器群Cないし殷墟遺跡の同名器種により近い特徴をもつことは明らかである。すなわち、碾子坡生活址の盆は、口縁部の内外に複数の折稜をつくり、胴部に縄紋と沈線紋を施す特徴をもち、土器群Cや殷墟遺跡の盆と共通している。これに対して、土器群Aの盆は、一般に口縁部が曲線的に外反するか、あるいは単折稜をつくり、胴部にはしばしば印紋帯をもつ特徴がある。また甑は、そもそも土器群Aに一般的な土器とはいえず、碾子坡グループのそれに類似した例は、やはり殷墟遺跡に見出すことができる。

斂口鉢（図9.8-1）については、その器形と胴部の方格紋帯が、土器群Aの斂口鉢との関連を十分に示唆している。しかし結局、碾子坡グループ生活址の土器として、この斂口鉢以外に土器群Aと直結する器種は見いだせない。

以上のように、碾子坡遺跡生活址出土の土器には、殷系統の流れを汲むものが多く存在していることが指摘できる。その場合、意外にも同じ渭河流域に展開した殷系土器群である土器群Cよりも、むしろ遠隔地の殷墟遺跡に具体的な類似例を指摘できる場合が多いのは、実際の系統関係を反映したものではなく、おそらく今知られる関中平原の土器群Cの内容に空白部分が多いことに

表9.3 墓の副葬土器の器種構成

	A類鬲	B類鬲	C類鬲	その他鬲	鼎	甗	簋・盂	豆	仮腹豆	盆
土器群A遺跡	◎	△					△	△	○	
土器群B(金河)		◎								
土器群B(劉家)		◎								
土器群B(碾子坡)		◎								
土器群C遺跡			◎				△	△		
西周(西周I・II)	○		◎				◎	△		△
殷墟			◎		△		◎	○		
寺窪文化				○			◎	○		
辛店文化										△

	鉢	盉	腹耳壺	壺	円肩罐	平底尊	圏足尊	折肩罐A	折肩罐B	花辺罐	その他罐
土器群A遺跡				△	◎	○	○				
土器群B(金河)								△	◎		
土器群B(劉家)					○	△				○	◎
土器群B(碾子坡)			○	◎			◎				
土器群C遺跡	△		○							○	
西周(西周I・II)	△										
殷墟	△	◎									
寺窪文化											
辛店文化											

	双耳罐	単耳罐	甓	瓮	圏足盤	圏足瓿	圏足觶	圏足卣	觚形尊	罍	觚	爵
土器群A遺跡	◎	◎										
土器群B(金河)	○	○										
土器群B(劉家)			△									
土器群B(碾子坡)		○			○		△					
土器群C遺跡		○		○	△	△	△	△	△	△		◎
西周(西周I・II)	◎	◎	○	△		△		△				
殷墟	◎											

起因しているようである。次章で述べるように、殷墟期並行期の土器群Cについては、実際、生活址の土器がほとんど知られていないという状況がある。碾子坡グループに見られる殷系土器の要素は、隣接する関中平原東部の土器群Cの影響によるものと理解するのが妥当であろう。

ところで指摘したように、土器群B碾子坡グループの生活址と土器群Aとの間で、土器の器種構成において類似した一面が認められるが、その場合に共通する一群の器種とは、実はいずれも殷系統の土器に関連するものである。したがって筆者は、両者が見かけ上同じような器種を共有していた状況は、両者

間の相互関係の結果というよりも、両者がそれぞれに渭河流域の殷系土器群である土器群Cから影響を受けたことによる可能性が高いと考えている。[36]

④長城地帯、黄土高原地帯との関係

土器群BのⅠ期に属する一部のB類鬲や有耳罐には、しばしばその口縁端部や袋足部に独特の凸線を貼り付けた紋様が見られる。このような凸線紋は、朱開溝遺跡に代表される内蒙古中南部の遺跡で出土するいわゆる「蛇紋」鬲の凸線紋と関連すると考えられる。[37]朱開溝遺跡は、第一段（龍山文化期後期に並行）から第五段（二里岡上層期〜殷墟一、二期に並行）に分期される。「蛇紋」鬲は、その第三段（二里頭期に並行）から現れ、第五段でその数量が増加する。また第五段では、その「蛇紋」と呼ばれる細線状の凸線紋が、甗など鬲以外の土器にももちいられ、この時期を特徴づける土器の装飾となる。関中平原のB類鬲に見られる凸線紋では、その貼り付けた凸線の末端にさらに小円餅を付加する例が見られるが、類似する装飾は内蒙古寨子上遺跡出土の鬲片にも[38]認められる。この鬲片は共伴遺物が不明であるが、その口縁部に見られる平行線状の付加堆紋は、朱開溝遺跡第五段の「蛇紋」鬲と共通する特徴である。

このように長城地帯の朱開溝文化に発達したいわゆる「蛇紋」鬲の装飾が、B類鬲となんらかの接点をもつことは確かである。この「蛇紋」鬲に関連した土器の装飾は、一方では長城地帯の東部を代表する夏家店下層文化のなかにも認められる。さらにまた、よく似た顕著な特徴をもつ鬲が、遙か北方のバイカル湖南東ウランウデ周辺でも出土している。[39]

B類鬲の早い時期に認められる特徴の一つから、B類鬲が渭河流域において単独で孤立した系譜の土器として出現したのではなく、長城地帯を含む中国西北部一帯の広い地域間の関係を背景として現れたものであることが推察されるのである。

（3）土器群Bの系譜

土器群Bの始源については、現在のところそれを考える十分な手がかりはない。この事情は土器群Bと相互に密接な系統的関係をもつ辛店文化、寺窪文化についても同様である。しかし少なくともつぎのようなことはいえる。第一に、辛店文化と寺窪文化は、かつて甘粛東部を中心に龍山文化期後期前後に

展開した斉家文化の分布域と重なりあう地理的範囲のなかに現れている。第二に、土器群Ｂの分布域は、客省荘第二期文化双庵類型の分布域と重なる関係にある。双庵類型は、漆水河（武功県）以西の関中平原西部を中心に広がりをもち、分布域の西側縁辺は甘粛東部に入って、斉家文化の分布域と交錯する。双庵類型の概念は、客省荘遺跡や臨潼康家遺跡など、関中平原東部の客省荘第二期文化との対比において設定されたものである。後者を、龔啓明氏の呼称にしたがって客省荘第二期文化康家類型と呼ぶことにする。

　関中平原西部の双庵類型の土器は、東部の康家類型の土器の大部分が灰色系であるのに対して、紅褐色系が80％前後を占める点で顕著な特徴がある。この特徴は、西方の斉家文化の土器に接近した特徴ともいえる。客省荘第二期文化が斉家文化と密接な関係にあることは従来から指摘されてきたが、特に関中平原西部の双庵類型は東部の康家類型に比べ、土器の色調のほか、器形の特徴から見ても斉家文化との関係がいっそう密接であったと考えられる。

　このように龍山文化期の終わり頃、相互に密接に関連した斉家文化と客省荘第二期文化双庵類型の２者が、甘粛東部と関中平原西部に並んだ構図は、その後に現れた辛店文化・寺窪文化と土器群Ｂが、同じように西と東に並んだ構図と、いわば対応した関係にあるといえる。土器の様相から見れば、土器群Ｂが器種として鬲を主体とし、大部分の土器に縄紋を施すのに対して、辛店文化・寺窪文化では、器種として鬲を含めて三足器が少数で、器面は磨研されて縄紋を施さないものが多くを占める特徴をもつ。大雑把にみて、そうした土器組成の基本的特徴は、前者が客省荘第二期文化、後者が斉家文化の流れを継承したものであることを示唆しているのではないだろうか。そして同時に、斉家文化と双庵類型が密接な相互関係をもっていたように、辛店文化・寺窪文化と土器群Ｂも、型式変遷が連動した一部の類似形式の土器を有するなどの点で、間接的に結びついていたのである。地域間関係の継続という意味では、斉家文化―双庵類型の相互関係が、次の段階で辛店文化・寺窪文化―土器群Ｂの相互関係へと移行したと考えることもできよう。

　ところで辛店文化の起源について南玉泉氏は、山家頭一類遺存を斉家文化と辛店文化の間に介在させて、斉家文化→山家頭一類→辛店文化の漸移的推移を説明している。その山家頭一類のなかには辛店文化と土器群Ｂとに共有され

る有耳罐の早期の形態も含まれている。この現象はすなわち、土器群Bの有耳罐の起源についても辛店文化と同じように、山家頭一類に代表される斉家文化に後続する何らかの文化段階に求められることを示唆しているかもしれない。

一方、土器群Bの最も主要な土器であるB類鬲については、基本的に鬲をともなわない山家頭一類や、鬲が稀少な副次的器種でしかない斉家文化のなかにその源流を求めることはできない。B類鬲の源流として当然考えられるのは、かつて土器群Bと同じ地域に展開し、鬲が著しく発達していた客省荘第二期文化、特に関中平原西部の双庵類型である。ところが実際には、土器の形態から見るとB類鬲に直接先行するようなものを、客省荘第二期文化のなかに見出すことはできないのである。そこで考慮すべきは、客省荘第二期文化と土器群Bとの間には、およそ黄河中流域の二里頭文化期に相当する考古学的に空白の時期が介在していることである。筆者は、その空白の時期に、客省荘第二期文化に後続し、土器群Bに先行する未知の文化段階が介在すると推定したい。その文化段階が確認されなければ、B類鬲の直接の祖型も、また土器群Bの主体的部分の源流についても、確かなことは究明できないようにおもわれる。今後の調査に期待したい。

土器群Bの始原をめぐっては、このように複雑に絡み合う系統関係があり、多くの空白があるとしても、大局的には、客省荘第二期文化双庵類型をほぼ同一の地域において間接的に継承し、発達した土器系統であると推測される。そして、西に隣接した斉家文化の後に現れた辛店文化・寺窪文化とは、終始密接な相互関係をもって展開したのである。これが土器群B形成の基本的側面であった。同時にもう一つの側面として、土器群Bにはその早い時期から外来的な要素が現れていたことが重要である。その一つは礫子坡グループに少なからず見られる殷系土器の要素であり、またB類鬲の凸線紋にうかがわれる長城地帯を含む中国大陸北部に広がっていた要素の受容である。在地における文化的継承と、華北西北部を横断して見られた地域間関係という、二つの側面から土器群Bの形成を考えていく必要があろう。

土器群Bに後続する系譜について付言すれば、土器群B自体の消息は西周前期のうちに途絶える。しかし、B類鬲の系譜は、西周中期、後期の考古学的

空白期間を経て、先述したように春秋戦国時代の甘粛東部の毛家坪B組遺存の袋足鬲として、いわば再現される。関中平原で「周」の勢力が形成される過程で、その文化的背景において関中平原西部の土器群Bや甘粛東部の寺窪文化が一定の役割を果たしたが、のちに同じく関中平原で「秦」の勢力が形成されるとき、今度は土器群Bや寺窪文化の系譜をひく毛家坪B組遺存が一定の役割を果たしていたようにおもわれるのである。周、秦という異なる時代の二つの政治的勢力が、関中平原西部を舞台に台頭したとき、関中平原西部や甘粛東部の一帯が、同じようにある側面的な関わりをもっていたという点で、興味深い文化史的なアナロジーがうかがわれる。

註
（1）ここにあげた出土地点は、いずれも張天恩論文がいう高領袋足鬲第一期と第二期の出土地点である。范家寨の鬲は石嘴頭Ⅰ出土の双耳の鬲に近く、凉泉の鬲は石嘴頭Ⅰ出土の鶏冠耳をもつ鬲に類似するとされる。
（2）闘鶏台Ⅰのこの土器は、1983年に同遺跡が再調査されたときの資料で、未発表である。張氏によればこの標本1と呼ばれる鬲のみが、既知の闘鶏台のB類鬲（いずれも後述する本書の闘鶏台Ⅱ、闘鶏台Ⅲに属する）とは形態が異なるという。
（3）寺窪文化の単耳の鬲として、甘粛荘浪徐家碾遺跡の寺窪文化の墓M12の例をあげておく。中国社会科学院考古研究所涇渭工作隊「甘粛荘浪県徐家碾寺窪文化墓葬発掘紀要」『考古』1982年6期。
（4）寺窪文化の単耳罐として、甘粛荘浪徐家碾M12の例をあげておく。註（3）報告。
（5）盧連成氏もまた本書の劉家Ⅰに相当する墓を一時期にまとめている［盧連成 1985］。その根拠の一つとして土器の分析のほか、同期の墓が集中して分布することなど、原報告にはない墓地の構成にも言及している。
（6）ただし竹園溝のそれは、劉家M49のそれを二つ合体させたようないわゆる双聯罐である。
（7）なお、同遺跡の地名表記は、遺跡発見当初「益家堡」と呼ばれていたが、発掘簡報は、『扶風県地名志』（扶風県地名辨公室編）に依拠して「壹家堡」の名称を採用した。本書もこれにしたがう。
（8）龐文龍・崔玫英「陝西岐山近年出土的青銅器」『考古与文物』1990年1期。なお、この地点は実は2003年末に発見された岐山県周公廟遺跡の一部に相当する。周公廟遺跡については、第二部第15章で取り上げる。
（9）のちに正式報告書も出されている。詳しくは第二部第15章で再度取り上げる。た

だ、基本的な認識は本章で取り上げる簡報の認識から変化していない。
(10) なお、于家湾遺跡についてはのちに正式報告書が出ている［甘粛省文物考古研究所 2009］。
(11) なお、史家河遺跡の近年の新知見については第二部第 15 章参照。
(12) 周原遺跡の一地点である賀家村周辺については近年の新知見が少なくない。第二部第 15 章参照。
(13) ①［陝西周原考古隊 1983］。本書で引用する 76QHM、76QHZM、76QHLM、78QHM という墓の編号は、この報告のものである。②［陝西省博物館・陝西省文物管理委員会 1976］。本書ではこのとき発掘された一連の「小墓」の出土品をあつかうが、これら「小墓」に編号は与えられていない。③［徐錫台 1979］［陝西省考古研究所・徐錫台 1980］。本書で引用している M という墓の編号は、これら徐錫台氏の報告文にあるものである。④［陝西省博物館・陝西省文物管理委員会 1976］。本書ではこの報告にある土取り作業中に賀家村付近で出土したとされる少数の土器についても触れる。なお、賀家村周辺については近年の新知見も少なくない。第二部第 15 章参照。
(14) 筆者は 2017 年 7 月に王占奎氏の案内で宝鶏青銅器博物院を訪問し、宝鶏市石鼓山周辺の未整理の土器資料を実見したが、そのなかにも十二橋文化系統の土器が少なくないことを知った。西周王朝成立前後の宝鶏市南部には、こうした四川十二橋文化系統の土器が一定の割合で分布をしていたことが確認される。
(15) 紙坊頭Ⅱ（4A 層）では、普通は三足を接合した部位を隠すように指や棒を使った沈線であるところを、あえて凸線に置き換えて、装飾的に強調した例も発見されている。
(16) 表中の遺跡のほか、時期は特定できないがつぎの地点で B 類鬲が出土している。宝鶏搭稍、宝鶏東崖、隴県鄭家溝［張天恩 1989］［宝鶏市考古隊 1989］。
(17) ［劉宝愛・嘯鳴 1989］。ここで紹介された鬲のうち、4311・ICI・631、955・ICI・136、3634・ICI・151、3635・ICI・52 など。
(18) ［劉宝愛・嘯鳴 1989］にある 3636・ICI・53、3666・ICI・83、3630・ICI・47 など。
(19) ［劉宝愛・嘯鳴 1989］にある 4835・ICI・650、4832・ICI・647、3665・ICI・82、3633・ICI・50 など。
(20) 青海省文物管理処考古隊・中国社会科学院考古研究所『青海柳湾』文物出版社、1984 年。
(21) 甘粛省文物工作隊・北京大学考古系甘粛実習組「甘粛臨夏蓮花台辛店文化墓葬発掘報告」『文物』1988 年 3 期。
(22) 南玉泉「辛店文化序列及其與卡約、寺窪文化的関係」俞偉超主編『考古類型学的理論與実践』文物出版社、1989 年。
(23) 張天恩氏は、筆者のいう土器群 B の I 期相当の有耳罐を取り上げて、柳湾遺跡の辛店文化に並行するという認識を示している［張天恩 1989］。

(24) 宝鶏市周辺における土器群Bの晩い時期の年代問題について、第二部第14章で近年の知見とともに詳細に論ずる。
(25) 註（22）南玉泉論文。なお、これら諸文化の関係や起源については、倉林眞砂斗「斉家文化周辺の土器群」『日本中国考古学会会報』第2号、1992年を参照。
(26) 趙化成「甘粛東部秦和姜戎文化的考古学探索」兪偉超主編『考古類型学的理論與実践』文物出版社、1989年。
(27) 1例として、甘粛荘浪賀子溝出土の鬲をあげる。ただし、これに類する寺窪文化の鬲は、土器群BのV形式より年代が下がる可能性がある。丁広学「甘粛荘浪県出土的寺窪陶器」『考古与文物』1981年2期、図2-1。
(28) この種の鬲は、宝鶏闘鶏台の「屈肢葬」A3、C4、H7、K10の4墓出土の鬲のほか、西安半坡のM88:1、M10:1（金学山「西安半坡的戦国墓葬」『考古学報』1957年3期）、鳳翔高荘M9:6（呉鎮烽・尚志儒「陝西鳳翔高荘秦墓地発掘簡報」『考古与文物』1981年1期）、鳳翔西村79M66:2（李自智・尚志儒「陝西鳳翔西村戦国秦墓発掘簡報」『考古与文物』1986年1期）、銅川棗廟（陝西省考古研究所「陝西銅川棗廟秦墓発掘簡報」『考古与文物』1986年2期）、宝鶏李家崖（何欣雲「宝鶏李家崖秦国墓葬清理簡報」『文博』1986年4期）などの例が知られる。いずれも戦国期の秦国関係の墓で、春秋期にさかのぼる例は知られていない。なお、この種の鬲をめぐっては、兪偉超「古代《西戎》和《羌》、《胡》文化帰属問題的探討」『青海省考古学会会刊』1期、韓偉「関於《秦文化是西戎文化》的質疑—兼談秦文化的族属」『青海考古学会会刊』2期、にも指摘がある。
(29) ［胡謙盈 1980］。類似した竪穴墓は、寺窪文化の寺窪山遺跡や九站遺跡などでも知られる。
(30) 趙建龍「試論黄河流域的洞室墓」『西北史地』1988年3期、謝端琚「試論我国早期土洞墓」『考古』1987年12期、高浜侑子「中国古代における洞室墓」『青山史学』第13号、などを参照。謝端琚氏によれば、洞室墓（土洞墓）には「凸」字形と「日」字形の2種があり、劉家遺跡の洞室墓はすべて「日」字形である。馬家窯文化では2種は並行しておこなわれたが、斉家文化では「凸」字形に限られ、その後続の諸文化では「日」字形に限られるという変遷を見せる。
(31) 例えば欄橋遺跡では、9基の竪穴土壙墓のうち5基の壙土中から故意に埋めたとみなされる自然石が発見されている。甘粛考古隊・北京大学考古系・西和県文化館「甘粛西和欄橋寺窪文化墓葬」『考古』1987年8期。
(32) 註（20）掲、『青海柳湾』参照。
(33) 王占奎「試論九站寺窪文化遺址—兼論甘粛東部地区寺窪文化」北京大学碩士論文（油印本）。
(34) 中国社会科学院考古研究所涇渭工作隊「甘粛荘浪県徐家碾寺窪文化墓葬発掘紀要」『考古』1982年6期。
(35) この問題は、［盧連成・胡智生 1988a］の「結語」。および［盧連成・胡智生 1983］

で詳しく論じられている。また、西江清高「巴蜀及び嶺南地方の青銅器文化をめぐる若干の問題」『東南アジア歴史と文化』13、参照。
(36) 一部の研究者は、筆者のいう土器群B碾子坡グループを、土器群Aの前身に当たるものと理解している［中国社会科学院考古研究所涇渭工作隊 1989］［李峰 1991］。しかし、両者の見かけ上の類似点は、両者の系統上のつながりによるものではなく、また相互交流の結果でもなく、両者が同じ第3の土器系統（土器群C）から影響を受けていたことによる部分が大きいのではないかと考えられる。
(37) 内蒙古文物考古研究所「内蒙古朱開溝遺址」『考古学報』1988年3期。従来、内蒙古中南部の早期の青銅器時代の文化を、大口二期文化と沙塢圪旦遺存を軸にまとめることも試みられてきたが（崔璇・斯琴「内蒙古中南部新石器至青銅時代文化初探」『中国考古学会第四次年会論文集』文物出版社、1985年）、朱開溝遺跡の発掘報告者は、朱開溝文化の認識を軸に複雑な諸相を示すこの地域の龍山文化期後期以降の様相をまとめる考えを提示している。本書も朱開溝遺跡の成果を重視してその分期内容を参照する。
(38) 註（37）掲、崔璇・斯琴論文、図7。
(39) 劉観民「試析夏家店下層文化的陶鬲」『中国考古学研究』文物出版社、1986年。同「蘇聯外貝加爾地区所出幾件陶鬲的分析」田昌五・石興邦主編『中国原始文化論集』文物出版社、1989年。
(40) 客省荘第二期文化双庵類型は、1977年の岐山県双庵遺跡の発掘で客省荘遺跡のそれとは一定の差異のある龍山文化の遺存として認識されたことにはじまり（西安半坡博物館「陝西岐山双庵新石器時代遺址」『考古学集刊』3）、鞏啓明「関於客省荘文化的若干問題」田昌五・石興邦主編『中国原始文化論集』文物出版社、1989年において、康家類型、石峁類型（陝北）と並ぶ客省荘第二期文化の一類型として理解されるようになった。ただし双庵遺跡に代表される土器群の独自性を評価して、これを客省荘第二期文化から分離し、「双庵遺存」の名で捉えようとする研究者もいる（籍和平「従双庵遺址的発掘看陝西龍山文化的有関問題」『史前研究』1986年1、2期）。
(41) 註（40）掲、鞏啓明論文。

第10章　C類鬲を主体とする土器系統(土器群C)の変遷

　第二部第6章でその成形技法の側面から詳述したように、C類鬲は殷系統の鬲に属する。西周王朝以前の関中平原には、このC類鬲とそれにともなう各種の殷系土器を主体に構成された土器の伝統が存在した。これを土器群Cと呼ぶ。以下に、C類鬲の変遷を軸に、この土器群Cを編年的にとらえ、その性格を検討してみたい。

　編年の作業は、量的に十分とはいえない現有の資料状況を考慮しつつ、基本的には土器群Bと同じつぎの手順ですすめる。①遺跡ごとに発掘担当者により提示されている分期（層位的根拠をもつ場合と、主として遺物の内容のみに依拠する場合がある）を検討し、必要に応じて分期の内容を統合または細分して、新たな分期単位（一遺跡が一単位となることもある）を提示する。そして、その分期単位ごとに土器の組成を確認する。また、それぞれの単位に殷文化中心地域のそれと比較できる青銅器などがともなう場合、その年代観についても検討しておく。②各遺跡、各分期単位を通じて主要な土器であるC類鬲を、形式、型式に分類し、その変遷の段階を設定する。③C類鬲変遷の段階を指標として、それにともなう他の器種の変遷をあわせ考える。そして、類似する土器相をもつ分期単位を、共時的なグループとしてまとめた土器群Cの「時期」を設定する。④設定された各時期の土器を、殷文化中心地域の土器編年と比較し、また共伴する若干の青銅器の年代観をあわせ考えて、土器群Cの「時期」を年代的に（広域編年のなかに）位置づける。

　なお本来、生活址関連の土器と墓出土の土器を分けて検討することが求められるが、現状では資料の不足と偏りがあるため、ここではその点に留意しつつも基本的に一括してあつかっていく。

I 土器群Cを主体とするおもな遺跡

(1) 耀県北村遺跡

耀県城の北約 30 km、関中平原東部の北部縁辺に位置する。その北側には陝北高原が広がる。1984 年、北京大学によって調査され、殷王朝並行期の生活址と墓が発掘された［徐天進 1990］［陝西省考古研究所商周室・北京大学考古系商周実習組 1988］。報告者の徐天進氏は、灰坑、窯址、墓の切り合い関係、および遺構と包含層との層序にもとづいて遺構を 6 段階（組）に分ける。一方、出土した土器について、その器種別の型式組列と一括出土による共時性を根拠に、やはり 6 段階（組）に分ける。その上で、層位と土器型式にもとづくそれぞれの 6 段階が相対応することを確認する。さらに各段階のうち、相互に土器相が近似するものを併せて一時期とし、結果として 6 段階を 3 期に整理する。そして 3 期がそれぞれ、二里岡下層期、二里岡上層期（それよりやや遅い時期を含むと認識する）、殷墟一、二期に並行することを示す。段階と時期の設定において、殷文化中心地域編年との対応が強調されたものとなっているが、示された土器の変遷観、年代観は正確なものとおもわれる。ここでは、徐天進氏の 3 期分期（本書では I、II、III と呼ぶ）にしたがって分期単位を考える。

北村 I I Y1（窯址）、I H8、I H9、I H13 の各遺構の一括遺物がその標準的な土器である。器種として、C類鬲、花辺罐、盆、甗、瓮、小量の豆、簋がある。C類鬲、盆、豆の 3 器種は、いずれも二里岡下層期の典型的な同器種に類似し、北村 I の年代を示唆する。いわゆる花辺罐と呼ばれる土器は、龍山文化期以降の華北西北部の広い範囲で見られるが、北村のそれは二里頭文化二里頭類型にともなう例に比較的類似するといえる。北村ではその量も多く、3 期を通じて継続した主要な土器の 1 器種である。北村 I の土器の紋様は、縄紋を主体とするが、方格紋、雲雷紋など青銅器に通じる印紋の種類を多く含む点が大きな特徴である。

北村 II I H2、I H5、I H6、I H7、I H10、I H14、I H15、I H16、I H18、I M1、I M2、III H5 の各遺構の一括遺物。器種として、北村 I に見ら

れたものに加えて、大口尊、壺、鼎が知られる。豆、甗は数量が増加する。鬲、盆、簋、豆、甗、瓮、壺、鼎など多くの土器は二里岡上層期の典型的な同器種に類似する。また一部は、二里岡上層期よりやや遅い河北藁城台西などの土器にも近似し、北村Ⅱの遅い部分が、二里岡期より若干下がる可能性を示している。紋様では、獣面紋、円圏紋が加わり、盛行する。

北村Ⅲ 徐天進氏の細分にしたがって、この時期を前段と後段に分ける。ⅠH12、ⅠH17、ⅠM3（以上前段）、Ⅰ探方3層、Ⅱ探方3層～8層（以上後段）の各遺構の一括遺物が知られる。器種の構成は、大口尊が見られない点を除き、北村Ⅱから大きな変化はない。盆と花辺罐が減少する。鬲、盆、甗、豆、瓮はいずれも殷墟一期、二期のなかに類似する例を指摘でき、北村Ⅲの年代を示している。紋様では、印紋の類が減少し、特に方格紋、円圏紋はほとんど見られなくなる。

（2）華県南沙村遺跡

1956年に発見され、58年に北京大学が試掘をおこなった［許益 1957］［北京大学考古教研室華県報告編写組 1980］。また、1980年には西北大学が分布調査によって若干の土器片を採集している［西北大学歴系考古専業七七、八二級実習隊 1987］。試掘時の層位的根拠にもとづいて下層と上層に分離できる（以下Ⅰ、Ⅱ）。灰坑、窯址など生活関連の遺構や包含層が発掘されているが、墓は検出されていない。

南沙村Ⅰ H3、H4、H11、H12。器種としてC類鬲、甗、罐、花辺罐、鶏冠耳罐、大口尊、缸形器などがある。大口尊、缸形器、鶏冠耳罐などは二里岡下層期に類似する土器が見出せる。花辺罐は北村Ⅰ、北村Ⅱと同じ器種であるが、形態に異なる点もあり、河南省の二里頭文化の花辺罐により近い特徴も認められる。土器の様相は単純に北村のそれと一致するものとはいえない。

南沙村Ⅱ Y1、H1、H2、H5～H10、H13～H15。器種としてC類鬲、斝、甗、罐、瓮、大口尊、簋、豆、鼎、缸形器、盆、鉢（碗）、刻槽盆（澄濾器）、釉陶片などがある。鬲、斝、簋、大口尊、盆、豆など大半の土器は、二里岡上層期の土器とよく一致する。南沙村Ⅱの土器の組成と年代は基本的に北村Ⅱに一致するが、鬲、豆など主要な土器は、北村よりいっそう殷文化中心地域のそ

れに近い特徴をもっている。土器群Cのなかの地域的差異を示す現象なのかどうか、今後の関連資料の増加を待って再考したい。

なお、1980年採集の鬲片のなかに、南沙村Ⅱより若干時期の下がるものが含まれる。南沙村遺跡が殷墟一期前後にも続いたことを示唆する資料である。しかし、この資料は南沙村Ⅱの範囲には含めず、また資料が断片的であるので、遺跡内の分期単位としては、今は設定しない。

(3) 藍田懐珍坊（懐真坊）遺跡

1973年に偶然青銅器が発見され、78年には陝西省文化局により試掘がおこなわれた［樊維岳・呉鎮烽 1980］［西安半坡博物館・藍田県文化館 1981］［徐天進 1990、図6］。遺跡は滻河と灞河の間の白鹿原にあり、後述する灞河東岸の老牛坡遺跡とはわずか十数kmの近距離にある。墓と灰坑出土の土器、および出土遺構不詳の土器が紹介されている。なお、銅滓が出土するなど鋳銅関係遺存が発見されていることは注目される。後述する老牛坡遺跡を含めてこの付近に殷系文化集団の拠点が形成されていた可能性を示唆している。

土器は、灰坑からC類鬲、甗、簋、盆、罐など、墓からC類鬲、簋、鉢（碗）、罐などが出土し、その他出土遺構不明の土器片として、大口尊、花辺罐、瓮などが知られる。器種の構成は、基本的に北村、南沙村とともに殷系土器群のそれに属することは明らかである。

C類鬲には、徐天進氏が指摘するように二里岡下層期、上層期に相当するものが含まれるほか、鬲M2:1、採集:11の2点は、二里岡上層期よりやや遅い台西第二期墓ないし殷墟一期前後の鬲に近いと判断できる。鬲M2:1を出土した墓は、隣接する他の墓より「層位較高」の位置から検出されている。当遺跡の遅い段階の年代を示唆していよう。簋、瓮、大口尊などは、ほぼ二里岡下層期、上層期の土器に相当する。

なお、1973年に発見された丸底で円錐状三足をもつ銅鼎［樊維岳・呉鎮烽 1980、図5］は、二里岡上層期から台西一期、二期ないし殷墟一期前後に相当する青銅器である。

（4）武功柴家嘴遺跡

　遺跡は武功県内の漆水河西岸に所在する。漆水河下流周辺を対象とした1979年の中国社会科学院考古研究所［中国社会科学院考古研究所陝西武功発掘隊 1983］と、1983年の宝鶏考古工作隊による分布調査および小規模な発掘［宝鶏市考古工作隊 1989］で土器が採集されている。遺跡の所在地が、本書でいう土器群A主体の遺跡が集中する一帯に近いことから、宝鶏工作隊の報告では同遺跡を鄭家坡遺跡などと同列に紹介しているが、実は漆水河岸の遺跡としては数少ないC類鬲やA・C折衷形式の鬲を出土した土器群C主体の遺跡と考えられる。

　出土した土器として鬲が紹介されている。C類鬲が2点（1979年の柴③、1983年の柴家嘴:2）、また口縁部がC類鬲と共通し、三足部がA類鬲に通じるA・C折衷形式の鬲が3点（1979年の柴①、柴②、1983年の柴家嘴:8）、さらにA類鬲1点（1983年の柴家嘴:9）が含まれる。このうち、後述するC類鬲の変遷からみて79年採集の柴①、柴②、柴③は、83年採集の3点より年代が若干古いと考えられるが、資料が少なく、柴家嘴遺跡内での分期は考えない。柴家嘴:2の鬲（図10.5-20）について、報告者は型づくりの技法で成形されていることを指摘しており、確実にC類鬲に属することが分かる。

　なお以上とは別に柴家嘴遺跡では、口縁に波状の刻みを施す袋足鬲の一種が1点（83年の柴家嘴:1）発見されている。この鬲は形態がやや特殊で、袋足鬲といっても前章に述べたB類鬲の諸形式とは明らかに相違している。その性格は今のところはっきりしないが、後述する壹家堡遺跡にも類似する特異な袋足鬲が出土しており、関係があるとおもわれる。その口縁端部直下の刻み目には、他の柴家嘴の鬲との共通点も認められ、時期的には同じものと考えられる。

（5）扶風壹家堡（益家堡）遺跡（写真10.1、2）[3]

　同遺跡については土器群Bの系統も出土するため、すでに前章で1986年の北京大学による発掘成果［北京大学考古系 1993a］［鄒衡 1988、pp.26-27］を根拠に、筆者として壹家堡Ⅰ～Ⅲに分期できることを簡単に述べておいた。ここであらためてその内容を検討しておく。

写真10.1 壹家堡遺跡の付近を流れる漳河　遺跡は左（南側）の台地上

写真10.2 壹家堡遺跡　遺跡内の陶窯址

壹家堡遺跡は、扶風県城の南西3.5kmに所在し、鳳雛などいわゆる周原遺跡の中心部より南に15kmばかり離れている。北京大学の発掘では、土器群Aを主体とする第3層（第四期）、土器群Bを主体とする第4層（第三期）、その第4層の下面に検出された土器群C主体の灰坑H35（第一期）の層位関係を軸に、さらに第三期の土器包含層より早期に属すると推定できる［北京大学考古系1993a、注4］H25（第二期）を加え、全部で4期に分期している。しかしその第二期については、得られた層位的根拠が十分ではなく、特に一期との層序が明確ではない。土器の内容からみると、発掘簡報の一期→二期の間には、土器の組成に重要な変化は指摘できるが、一方では両期の連続性もきわめて明確である。これに対して、二期→三期、三期→四期では土器の様相が顕著に不連続な関係を示している。そこで本書は、簡報にいう一期と二期を壹家堡Iとして一つにまとめ、それぞれ壹家堡I前段、壹家堡I後段とする。そして簡報の三期を壹家堡II、四期を壹家堡IIIとする。

なお、北京大学の発掘では墓は検出されなかったが、別に扶風県博物館がおこなった小規模な試掘と表採では、窯址と灰坑に加えて墓も検出され、墓出土の若干の土器が得られている［高西省 1989b］。また徐天進氏も同遺跡において表採をおこない、少数の土器を紹介している［徐天進 1990、p.231］。この二つの調査で得られた土器は、壹家堡I前段とI後段の範囲に相当する。

第10章　C類鬲を主体とする土器系統(土器群C)の変遷　315

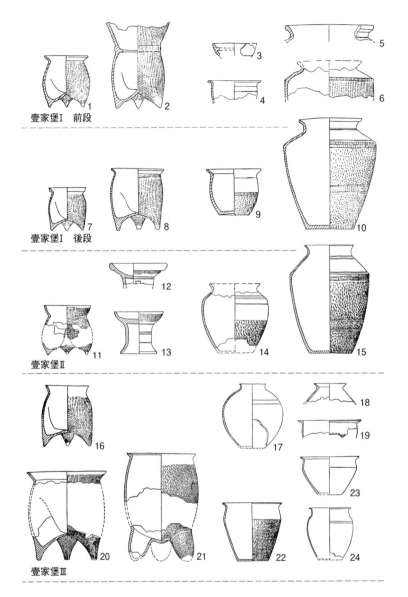

図10.1　壹家堡遺跡出土の土器〔1-16は1/12、17-24は1/16〕

各時期の土器の組成は以下のようである（図10.1）。

壹家堡Ⅰ前段　簡報の第一期。灰坑 H33 出土の土器を標準とする。扶風県博物館が採集した土器の一部もこの段階に入る。器種として、C 類鬲（簡報の折襠鬲）、折肩罐、盆、甗、豆、簋などがある。ほかに A 類鬲（簡報の弧襠鬲）の残片と、系統不明の袋足鬲（簡報は細線状縄紋尖襠鬲と称する）がともなう。[4] C 類鬲はこの時期の代表的な土器である。折肩罐は、広口で、口縁端部が肥厚し、肩部と胴部が明瞭に強く折れる。これは、土器群 A、土器群 B それぞれに存在した折肩罐とは相違し、土器群 C に属する特徴ある土器と考えられる。甗は C 類鬲と共通する分襠の三足部をもつ。豆にはいわゆる仮腹豆と真腹豆の二つのタイプがあり、少なくとも仮腹豆は殷系統の豆であり、土器群 C に属する土器である。簋は断片的な資料にすぎないが、北村Ⅲに類似例が知られるやはり土器群 C の土器と考えられる。以上のように、壹家堡Ⅰ前段は殷系統の土器群 C を主体とする組成をもち、それに若干の土器群 A の要素（A 類鬲の残片）と、系統不明の袋足鬲が含まれる内容となっている。

壹家堡Ⅰ後段　簡報の第二期。灰坑 H25 を標準とする。扶風県博物館発掘の墓 M3 の土器もこの段階に入る。器種として、A 類鬲、折肩罐、盆、甗および少量の C 類鬲と仮腹豆、それに一種の袋足鬲（壹家堡Ⅰ前段と同じ系統不明の鬲）などがある。鬲は A 類鬲が主体となるが、この A 類鬲のなかには「A・C 折衷形式」が含まれる。鬲以外の器種は基本的に壹家堡Ⅰ前段の土器群 C の土器を継承したものである。

壹家堡Ⅱ　簡報の第三期。遺跡第4層に包含された土器を標準とする。墓出土の土器は知られていない。器種として、B 類鬲、折肩罐、豆があり、他に少量の A 類鬲、盆、甗などがある。B 類鬲は2点が紹介されているが、前章で述べた B 類鬲Ⅱa3、Ⅱa4 形式に相当し、土器群 B のⅡ期〜Ⅲ期の間に位置づけられる。折肩罐は、土器群 B に特徴的なタイプ（第二部第9章、図9.3）と考えられるが、壹家堡Ⅰに見られた土器群 C の折肩罐の影響も認められる。豆は、土器群 A に見られる浅い広口の器身をもつそれとは異なる［宝鶏市考古工作隊 1989、図4-10、15］。口縁の肥厚など、殷系統の豆の影響も考えられるが、器身下面の縄紋と脚部の方形の透孔は土器群 B 主体の碾子坡Ⅰ生活址の豆に共通しており、土器群 B に特徴的な豆と考えられよう［中国社会科

学院考古研究所涇渭工作隊 1989、図 9-8〜10]。なお、紋様として方格乳釘紋が含まれるといわれる。これは土器群 A の II 期で盛行する紋様であり、年代関係の参考になる。

　壹家堡 III　簡報の第四期。遺跡第 3 層に包含された土器を標準とする。墓の土器は知られていない。器種として、A 類鬲、折肩罐、円肩罐、盆、尊、甑、三足甕があり、他に B 類鬲の一種とみられる残片も含まれるが性格ははっきりしない。鬲の大半を占める A 類鬲は、土器群 A の III 2 期（西周 Ia 期並行）を中心にしたそれに相当する。図 10.1-16 は、円筒状の胴部と斜直に外反する口縁部をもつ特長ある A 類鬲で、扶風北呂遺跡で集中的に盛行するものと同じ A 類鬲 X 形式に属する。折肩罐、円肩罐、盆、尊は、やはりいずれも土器群 A の III 2 期（西周 Ia 期並行）を中心に見られる典型的な土器である。尊は図 10.1-24 と図 10.1-22 のタイプがあり、前者は土器群 A の III 1 期にも例が知られ、後者は『灃西』生活址早期（西周 Ia 期）にともなう例に比較的近い。これらは土器群 A に特徴的な二つのタイプの尊である。三足甕は、後章で触れるようにもともと陝北方面の系譜をひく土器とみられるが、やはり『灃西』生活址早期に類似したタイプがともなう。

　以上をまとめると、壹家堡 I は基本的に土器群 C が主体の組成をもつが、ただその後段では土器群 A の A 類鬲が増加して比較的大きな割合を占めている。壹家堡 II では、土器群 B 主体の様相に一変し、これに土器群 A、土器群 C の若干の土器ないしその要素が含まれる。壹家堡 III では、さらに土器群 A 主体の様相に大きく変化している。

　年代については、壹家堡 II が土器群 B の II 期〜III 期（殷墟三期〜四期前半に並行）、壹家堡 III が土器群 A の III 2 期（豊鎬遺跡の西周 Ia 期並行）前後に相当すると考えられる。ただし壹家堡 III の年代の上限は、土器群 A の III 1 期（殷墟四期前半に並行）にさかのぼると考えられ、壹家堡 II との年代の境界がやや曖昧である。今後の調査でそのあたりがさらに厳密にとらえられることを期待したい。壹家堡 I はしたがって殷墟三期をさかのぼると考えられる。壹家堡 I の様相は、殷系土器としては、全体として二里岡上層期より年代が下がることは確実で、その鬲は、北村 III に並行する殷墟一期、二期頃と考えられよう。なお、扶風県博物館が同遺跡で採集した銅鼎 1 点が知られる。丸底、円錐

状三足の形態は藍田懐珍坊のそれと同形式であるが、下部がやや張った胴部と、先端に丸みが生じた三足は、懐珍坊より時期が下がる殷墟Ⅰ期前後に相当すると考えられる。

壹家堡Ⅰ～Ⅲの様相はこのようにきわめて不連続で、相互に鮮明に分離できる。同一地点におけるこの状況は、土器群A、土器群B、土器群Cが異なる土器の系統に属し、互いに異なる歴史的動向を示す土器群であったことを傍証しており、またそうした三系統の土器群が、周原地区で相互にその分布域の出入りを繰り返した先後関係を示す重要な情報を提供している。

(6) 扶風白家窯水庫遺跡

遺跡は鳳雛など周原遺跡の中心地点から南に約10km離れた地点にあり、1973年に1墓の遺物が出土し、また1976年に灰坑の土器が一括出土した［扶風県文化館 1977］。

墓からC類鬲、尊、罐が、灰坑から仮腹豆が出土しており、殷系の土器群Cの組成をもつ。鄒衡氏は、鬲と仮腹豆は河北藁城台西村のそれに類似し、「殷墟文化第一期」ないしやや早い一群と評価する［鄒衡 1980a, p.334］。筆者の考えもほぼこれと同じで、年代は北村Ⅲの前段に近いと考える。

(7) 岐山賀家村Ⅰ

岐山県賀家村周辺では、前章で述べたように西周期直前の時期に土器群Aと土器群Bの共存する墓域が展開し、それに続いて西周式土器を出土する墓域が広く形成される。ところが、この墓域と重なる範囲の一角にあって、土器群Cの土器を出土し、また明らかに年代がさかのぼる一群の墓が知られる。これらを賀家村Ⅰとしてまとめる［陝西周原考古隊 1983］。

1976年に発掘された西周墓群（賀家村西北第一地点）に混ざって、西周墓より明らかに小型で、墓壙長軸の方位も異なり、西周墓とは異質な76QHM116、76QHM135の2墓と、同地点で採集された鬲1点（採集:5）がある。また別地点で、1963年に発掘された墓群中のM26、M45［陝西省考古研究所・徐錫台 1980］がこれに含まれる。

1976年の発掘では、76QHM116、76QHM135からC類鬲1点、平底罐2点

が出土し、付近で採集された鬲1点（採集:5）もまたC類鬲であった。これらの鬲は、壹家堡Ⅰ、白家窯、および北村Ⅱ（その遅い段階）～北村Ⅲ（前段）の例に近く、ほぼ殷墟一期前後に並行すると考えられる。平底罐は北村遺跡に多く見られる花辺罐と同じ系統のもので、北村Ⅱ～北村Ⅲの時期に相当する。一方、1963年発掘のM26、M45からは、平底罐（報告のⅠ式罐、Ⅱ式罐）だけが出土している。これらは、76QHM116、76QHM135出土の平底罐に後続する型式と考えられ、やはり北村と同じ系統の花辺罐である。

（8）岐山王家嘴遺跡[9]（写真10.3）

周原遺跡の中心部である鳳雛付近から南に約1.5kmの地点に所在する。徐天進氏は自身が表採した資料と、同地点出土の西北大学歴史系陳列室収蔵の豆1点を紹介している［徐天進1990, p. 232］。遺構については知られていない。器種として、C類鬲、小口瓮、仮腹豆がある。鬲は、北村Ⅱ（その遅い段階）～北村Ⅲのものに近く、仮腹豆は、徐氏によれば北村Ⅲの前段相当である。

写真10.3 王家嘴遺跡　遺跡東側の現代の貯水池と岐山の遠望

（9）西安老牛坡遺跡[10]（写真10.4）

遺跡は西安市の中心から東に約27km、灞河東岸の台地上に所在する。東西約1km、南北約500mの範囲に広が

写真10.4 老牛坡遺跡　遺跡の台地から西を見る　灞河の谷と対岸の白鹿原

る。1985年以来、西北大学によって調査がすすめられてきた。遺跡は、その範囲を切る2本の溝を基準に、西から東にⅠ～Ⅲの3区に分けられている。現在までに少なくともそのⅠ区、Ⅱ区で比較的大型の建築基址が2カ所、Ⅰ区の南部で青銅器製作址1カ所、Ⅲ区で窯址6基、同じくⅢ区で「殷代墓」38基、Ⅰ区、Ⅲ区それぞれでほとんど副葬品をもたない「殷代の小型墓」が11基、Ⅲ区で車馬坑、馬坑各1基、その他若干の住居址と多数の灰坑が発掘されている［劉士莪 1988a］［劉士莪・岳連建 1991］［劉士莪 1990、p.248］。

発掘担当者の劉士莪氏は、層位的根拠と遺物の比較から、遺跡を6期に分期できるとする。その一期と二期は二里岡期、三期と四期は殷墟一期～三期、五期は殷墟四期の前段（ないしやや早期）、六期は殷墟四期の後段（ないしやや晩期）に相当するという［劉士莪 1988b］。分期された各期の具体的内容は明らかにされていないが、少なくとも発掘担当者によって、同遺跡が二里岡期より殷墟期末葉前後まで継続したと認識されていることは重要である。ここでは公表されている資料に依拠して、遺跡の分期単位と年代の手がかりについて考えてみたい。

出土資料として公表されているのは、1972年に偶然発見された青銅器と、それに関連しておこなわれた調査で採集された若干の土器片［保全 1981］［徐天進 1990、p.228］、および1986年に正式に発掘されたⅢ区内の38基の墓［西北大学歴史系考古専業 1988］、そして遺跡の一角にあたる袁家崖で1978年に発見された墓1基［靳啓明 1982］の出土品である。1972年と1986年の調査は、遺跡内の異なった地点を対象とし、前者は生活址が主体で、後者は墓群である。それぞれの土器の内容は、殷文化中心地域の土器と対照して明らかに前者が古く、後者が新しい別の時期に属する。そこで、前者を老牛坡Ⅰ、後者を老牛坡Ⅱとする。老牛坡Ⅱはまた、その土器の様相を見ると一定の新古の幅が認められ、その新古の内容を仮に前段と後段に分けて考える。

老牛坡の生活址から出土した土器として、これまでに鬲、罐、甗、甑、豆、盆、簋、大口尊、深腹缸、瓮、罍、器蓋などが器種名として報じられている［劉士莪 1988b］。このような生活址の器種の構成自体が、殷系統の土器群のそれに属することは殷墟遺跡の器種構成と比較しても明らかであろう。ただこのような生活址の土器に関する情報は、老牛坡Ⅰに相当する遺跡の早い時期に

ついて述べられたものであり、老牛坡Ⅱに相当する遺跡の遅い時期については（生活址は発見されているが）不明である。はたして老牛坡Ⅰと同じような器種の構成が継続されていたかどうかは明言できない。一方、墓出土の副葬土器の器種構成は、老牛坡Ⅰ相当の墓についてはほとんど知られておらず、老牛坡Ⅱ相当の墓についていえば、〈鬲〉〈鬲・罐〉〈罐〉の3通りに限られている。これらの組合せにおける鬲の点数は1～3点と一定せず、一方、罐の点数は常に1点である。鬲、罐主体の副葬土器の構成は、殷系の土器群としては殷墟遺跡のそれとは異なる在地的な性格のもので、関中平原の土器群A主体の墓と共通点がある。ただし、土器群Aではほぼ例外なく副葬される陶鬲の個数は1点となっており、その点で土器群Aとも異なっている。なお、老牛坡Ⅰに相当する副葬土器の組合せも老牛坡Ⅱと同様であったのかどうかは、今のところ資料が不足している。

このように老牛坡遺跡は、豊富な内容と長い継続期間をもつことが知られているが、土器資料が公表されているのはその早い時期（老牛坡Ⅰ）の生活址の土器と、遅い時期（老牛坡Ⅱ）の墓の副葬土器とにほぼ限られている。

老牛坡Ⅰ　1972年に調査された生活址関連の採集土器をこの時期の標準とする。器種として、C類鬲、罐（広口、平底）、大口尊、豆（仮腹豆）、小口甕が知られ、ほかに雲雷紋をもつ土器片が出土している。罐を除いて、明らかに殷系統の土器に属し、大口尊、豆、小口甕はともに北村Ⅰ～北村Ⅱ（二里岡期並行）に相当する。C類鬲は残片が2片知られるが、その帯状に肥厚した口縁端部は、北村Ⅱの遅い段階から北村Ⅲ前段（二里岡上層期ないし殷墟一期前後並行）に相当する。鬲足は足尖部の縄紋をナデにより擦り消したもので、足尖に縄紋を残す次の老牛坡Ⅱの足尖とは異なり、やはり北村Ⅱ、北村Ⅲ（二里岡上層期ないし殷墟Ⅰ期前後並行）と共通する特徴である。

老牛坡Ⅱ前段　1986年発掘の墓群のうち、M10、M21、M33などから出土した土器を標準とする。知られる器種はC類鬲のみである。老牛坡Ⅱの前段と後段は、土器の様相から仮に区分したものであるが、少なくとも前段に振り分けるなかのM10とM33の墓壙の位置は墓域内で近接的で、相互に時期が近いことを示唆している。[11]

1986年発掘の墓群から出土した青銅器についてみると、土器を出土しな

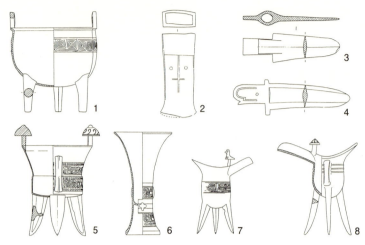

1、4. M10　2-3. M21　5-7. M44　8. M33〔2は1/4、その他1/8〕
図10.2　老牛坡遺跡出土の青銅器

かった墓M44で、青銅器の平底の斝、鳥形単柱の爵、十字形鏤孔をもつ觚、それに戈が出土している（図10.2-5～7）。その年代は殷墟Ⅰ期前後に相当しよう。ただし、M44は1986年発掘の墓域全体の北西縁辺部に位置することから、墓群のなかでも初期にさかのぼる墓ではないかと考えられ、その年代は墓群の年代の上限を示唆する可能性がある。一方、M33に共伴した爵（図10.2-8）は、M44の爵より遅い特徴を呈し、殷墟一期ないし殷墟二期前後に下がることが考えられる。M10の鼎（図10.2-1）も同じく殷墟一期から殷墟二期前後とみられる。M21出土の「平」字形凸線紋をもつ斧と有銎戈（図10.2-2、3）は殷墟二期頃を上限としてそれより遅いものと考えられる。M10、M33の年代は、青銅器を副葬した時点ということで考えれば、殷墟二期前後ないしさらに遅い可能性もあり、M21は殷墟三期頃に下がる可能性が高いといえよう。

老牛坡Ⅱ後段　1986年発掘の墓群のうちM4、M9、M26、M28、M40などと、袁家崖の墓がこの時期に入る。M9、M26、M40の墓壙の位置は近接的で、相互に年代が近いことを示唆する。土器の器種として、C類鬲と折肩罐が知られる。老牛坡Ⅱの前段、後段のC類鬲は、襠部の外観が弧状に近いもの

第10章 C類鬲を主体とする土器系統(土器群C)の変遷 *323*

図 10.3 袁家崖墓(老牛坡Ⅱ後段)出土の土器、青銅器

が多くなり、また大部分の例で典型的な殷系の鬲のように足尖部を擦り消すことをせず、縄紋を施している。こうした特徴は、老牛坡ⅡのC類鬲が、殷系土器本来の特徴を離れて、いくつかの点で関中平原に在来のA類鬲に近づいた結果とも考えられる。折肩罐は、複雑な様相を示すが、少なくとも一部は壹家堡Ⅰに見られた土器群Cに特有の折肩罐の流れを汲むものである。

　袁家崖墓は、老牛坡Ⅱ後段の墓でただ1基、副葬土器の組成が大きく異なり、C類鬲のほか、尊(圏足)、罍、簋、円肩罐、尊(広口)を出土している(図10.3-3〜8)。沈線で三角割紋を施す簋、尊(圏足)、罍はいずれも殷墟三期ないし殷墟四期に相当する最も典型的な殷系の土器と一致した特徴をもつ。一方、円肩罐は肩部に2本の沈線をめぐらす土器群Aの土器と考えられ、広口の尊も、先述した土器群A主体の壹家堡Ⅲに伴出した例と同じタイプで、土器群Aに属する尊である。袁家崖墓には青銅器の爵と觚が伴出した(図10.3-1、2)が、やはり殷墟三期から殷墟四期の間に相当するとみられ、土器とあわせて同墓の年代は殷墟四期前半の前後とするのが妥当である。この年代は、公表されているなかでは、ほぼ老牛坡遺跡の下限に近い年代と考えられる。

老牛坡Ⅱの公表されている土器は、以上のように副葬土器に限られてはいるが、その器種の構成と形態は老牛坡Ⅰや北村Ⅰ～北村Ⅲなどに比べて、殷文化中心地域の特徴から離れて在地化する傾向にあったことが読み取れよう。ただし、その時期にあっても袁家崖墓の土器は、何らかの理由により、殷文化中心地域の土器が直接的に当地に移入される状況もなお存在したことを物語っている。また、老牛坡Ⅱにおいては、鬲の形態などに土器群Aへの接近が認められ、特に殷墟四期前半頃の袁家崖墓では、土器群Aに属する土器自体が外来的土器として混入している状況が見られるのである。

Ⅱ 土器群Cの変遷

土器群Cを構成する器種のなかで、漸移的な形態の変化が追跡できるのはC類鬲である。ここではC類鬲を分類し、その変遷に段階を設定する。またその段階にその他若干の器種の新古の認識を加える。そしてC類鬲を軸とした土器変遷の段階を、前項に述べてきた遺跡および遺跡内の分期単位に拡張して、土器群全体の時期区分を設定する。

（1）C類鬲の分類と変遷

C類鬲は、関中平原に見られた殷系統の鬲である。C類鬲は殷文化中心地域の鬲と大きな枠のなかでは一致した流れをもって変遷するが、常に関中平原の地域的特色がその形態に表われており、その傾向は時期が下がるほど強まるように見える。したがって、C類鬲の早い段階では、殷文化中心地域の鬲との直接の形態比較が容易であり、それを根拠に年代の推定が可能であるが、時期が下がるにしたがって、単純な比較は困難になる。

C類鬲の形態変化の方向として、まず殷文化中心地域の二里岡期の鬲に近い一群を早い段階としてとらえ、その対極に第一部第7章で述べた西周期の西周C類鬲（Ⅰ形式、Ⅱ形式）に近づいた一群を遅い段階としてとらえ、C類鬲全体をこれらの中間に継起する一連の形式、型式として位置づけていく。

分類は、まず形式（Ⅰ、Ⅱ、…）と、その下位の小形式（a、b、…）を設定し、さらに同じ形式内で新古の差がとらえられる場合、型式（1、2、…）と

第10章　C類鬲を主体とする土器系統（土器群 C）の変遷

①C類鬲の分類

諸形式、型式を通じて新古の流れを示す属性として、足尖部と口縁端部の時系列的な変化をあげて、形式、型式の先後関係を考える一つの目安とする。

（i）［足尖］ C類鬲に見られる足尖部の形態を、ほぼ6段階の変化としてとらえる（図10.4左列）。足尖1、足尖2は高い円錐状のもので、足尖の外面は必ず擦り消される。足尖3〜足尖4にかけては順次足尖が低く、小さくなる傾向を示す。またこの変化にともなって袋足部がつくる三足の襠もしだいに低くな

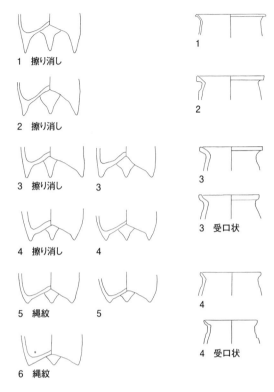

図 10.4　C類鬲の足尖と口縁端部の変化（左：足尖の6段階　右：口縁端部の4段階）

る傾向が認められる。この段階の足尖部の外面は、少数の例外を除いてやはり擦り消されている。足尖5、足尖6になると、足尖はさらに小さく低くなり、なかには袋足先端と足尖が一体的で区別のできないものも含まれる。また足尖5、足尖6できわめて重要なことは、ほぼすべての例で足尖外面の擦り消しがなくなり、常に縄紋が施された状態になっていることである。この特徴はのちの西周期における西周C類鬲にも見られる。殷文化中心地域の鬲では殷末にいたるまで足尖外面を擦り消す特徴がほぼ普遍的に継続されるが、この点において関中平原の殷系鬲としてのC類鬲の在地的特徴がうかがえる。おそらく

足尖1～足尖4段階までは、足尖を袋足部と別づくりにし、袋足下部に付加するという足尖本来のものであったが、足尖5、足尖6段階の矮小化したそれは、別づくりにせず、袋足部の先端から直接にひねり出した可能性がある。なお、足尖のなかには一般的な直立した形状のほか、やや内傾するものや、逆に外に開くタイプがあるが、ここでは足尖の長短と外面の処理だけに注目して段階を考えておく。さらに一部の鬲では、ある時期から円柱状の足尖が出現するが、それはここでの段階区分の外におく。

（ⅱ）［口縁端部］　ごく大まかに4段階の変化として捉える（図10.4右列）。口縁端部1は、口縁端部に粘土を付加して、先端が斜め下に折れるような外観を呈する。殷文化中心地域の二里岡下層期の土器に特徴的なそれと一致する。口縁端部2は、端部が上下に著しく肥厚し、端面は平坦で、側視すると帯状の平坦面が口縁をめぐるような形態になっている。この形態は口縁端部1とは連続しないが、二里岡上層期の鬲に典型的に見られる特徴で、その後の殷系の鬲に強い影響を残す特徴である。口縁端部3では、端部の肥厚が弱まり、帯状にめぐるような外観上の特徴は薄れる。口縁端部4では、端部は肥厚せず、むしろ断面形は先端が細まる「円唇」または「尖唇」と称される形態に変わり、外観上の帯状の特徴は失われる。口縁端部4は、殷文化中心地域の特徴を離れた在地的な変化である。この特徴は西周期の西周C類鬲にも継承される。このほか、口縁端部3、口縁端部4の段階では、口縁の断面形が、シャープではないがL字状に反り上がった受口状の傾向を示すものがある。これは殷墟期の殷墟出土の鬲に比較的多く認められる特徴とも通じている。また、口縁端部4に並行して、薄い斜直の口縁端面を呈する例もある。

　以上のような足尖部と口縁端部の変化を、C類鬲の新古を示す指標の一つとしながら、以下にC類鬲を分類する。

　C類鬲のうち器形が復元されている資料を分類し、筆者が考えるその変遷を概略示したのが図10.5である。資料数の不足から墓出土、生活址出土、出土遺構不明のものを同じ枠のなかであつかう。変遷図で、異なる形式を同じ段階に並行して位置づけている場合は、それらの異形式が同じ分期単位から出土した例があるか、または前記した口縁端部や足尖の段階が一致していることを考慮している。

形態的特徴の持続的一群としての形式は、同じ分期単位に異なる形態のものが並行して存在する例をその形式区分の手がかりとして設定される。例えば、①図 10.5-6、7 は北村のⅠH2、②図 10.5-24、25 は老牛坡 M10、③図 10.5-27、28 は老牛坡 M26、④図 10.5-29、30 は老牛坡 M28、⑤図 10.5-31、32 は老牛坡 M21 からそれぞれ一括出土している。また、⑥図 10.5-9、10 は層位的認識をともなう壹家堡Ⅰ前段の共時的土器である。これらはすなわち、以下に述べる諸形式のうち、①Ⅰa 形式とⅡ形式、②Ⅶ形式とⅧ形式、③Ⅰb 形式とⅩa 形式、④Ⅶ形式とⅨ形式、⑤Ⅷ形式とⅨ形式、⑥Ⅰa 形式とⅠb 形式の各 2 形式が、それぞれ共時的でかつ並行する関係にあることを示している。なお、Ⅰ形式とⅡ形式については、北村遺跡の報告では、右の①の例以外にも両形式の共伴関係が報告されている。

　Ⅰ形式　北村遺跡の報告者は、同遺跡出土のＣ類鬲には、並行する 2 系列があると認識する。筆者はその認識を正確なものと考え、他の遺跡のＣ類鬲にも適用して、それぞれⅠ形式、Ⅱ形式とする。各形式内の変遷の段階も、ほぼ北村遺跡の報告にいわれる段階にしたがう。ただし、Ⅰ形式の遅い段階で、Ⅰa、Ⅰb の小形式に分かれたとする考えは筆者の変更点である。

　Ⅰ形式は、器身が比較的大型で、かつ器高が器幅より大きく、やや細高傾向の器形を呈する。Ⅰa 形式、Ⅰb 形式に分けられる。Ⅰa 形式は、器側が直に近いものから、しだいに下部に張りのあるものへと変化する。Ⅰa1～Ⅰa4 の各型式に細分する。Ⅰa1 は足尖 1・口縁端部 1、Ⅰa2 は足尖 2・口縁端部 2、Ⅰa3 は足尖 2～足尖 3・口縁端部 2、Ⅰa4 は足尖 3・口縁端部 3 前後を呈する。Ⅰa3 では、口縁直下に円圏紋の列を施紋する二里岡上層期に一般的な特徴がしばしば見られる。Ⅰa3 に後続して、三足部下部がすぼまり、やや内傾した足尖部に特徴のあるⅠb 形式が現われる。知られる資料はⅠb1～Ⅰb3 の各型式に細分できる。Ⅰb1 は足尖 3～足尖 4・口縁端部 3、Ⅰb2 は足尖 4・口縁端部 3、Ⅰb3 は足尖 5 前後を呈する。Ⅰa4 形式とⅠb1 形式は壹家堡Ⅰ前段において共時的な関係にある。

　Ⅱ形式　Ⅰ形式に比べやや小型の鬲で、器高と器幅がほぼ等しいものであるが、しだいに器幅がまさる傾向に変化する。足尖部がやや内傾するものが含まれる。Ⅱ1～Ⅱ5 の各型式に細分する。Ⅱ1 は足尖 1・口縁端部 1、Ⅱ2 は足尖

328 第二部 西周王朝成立期の編年的研究

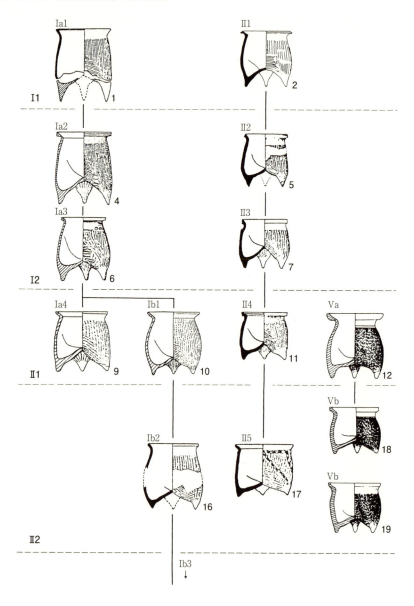

図10.5 C類鬲の変遷（1）

第10章　C類鬲を主体とする土器系統(土器群C)の変遷　*329*

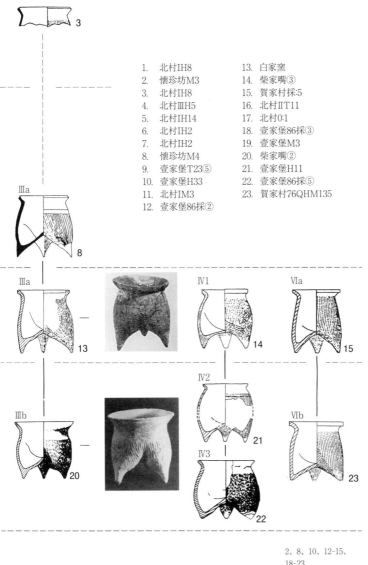

1. 北村ⅠH8
2. 懐珍坊M3
3. 北村ⅠH8
4. 北村ⅢH5
5. 北村ⅠH14
6. 北村ⅠH2
7. 北村ⅠH2
8. 懐珍坊M4
9. 壹家堡T23⑤
10. 壹家堡H33
11. 北村ⅠM3
12. 壹家堡86採②
13. 白家窯
14. 柴家嘴③
15. 賀家村採:5
16. 北村ⅡT11
17. 北村0:1
18. 壹家堡86採③
19. 壹家堡M3
20. 柴家嘴②
21. 壹家堡H11
22. 壹家堡86採⑤
23. 賀家村76QHM135

2、8、10、12-15、18-23

0　　10cm

写真は不詳

330　第二部　西周王朝成立期の編年的研究

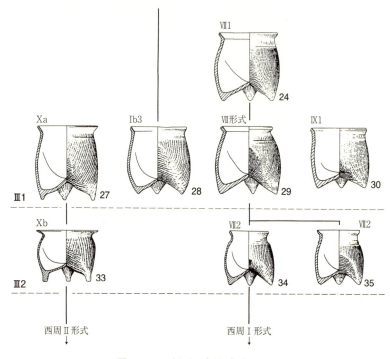

図10.5　C類鬲の変遷（2）

2・口縁端部2、Ⅱ3は足尖2〜足尖3・口縁端部2、Ⅱ4は足尖3・口縁端部2前後を呈し、襠の位置が低くなる。Ⅱ5では襠はさらに低くなり、足尖4・口縁端部3前後を呈する。Ⅱ5には図10.5-17のように、波状の凸帯紋を斜めに襷がけに貼り付けた殷墟の土器に顕著な特徴をもつ例も含まれる。

　Ⅲ形式　口頸部が幅広に擦り消され、擦り消された口頸部と胴部（三足部）が、境界に沈線をめぐらせるなどしてくっきりと区画されるもので、3本の足と足尖は細高の傾向を示し、襠は比較的高い位置にある。口縁端部が肥厚した帯状の外観をもつものは知られていない。図10.5-3（この資料は図10.5-1のⅠa1形式の例と一括出土）などの流れを汲む形式と思われる。資料数は少ないが、仮にⅢa形式とⅢb形式に分ける。Ⅲb形式は、口縁部が大きく外反する特徴をもつ。Ⅲaは足尖2〜足尖3・口縁端部3前後に相当する。Ⅲbは足尖3〜足尖4、口縁端部は4段階に近づく。ただし、Ⅲbの図10.5-20の例

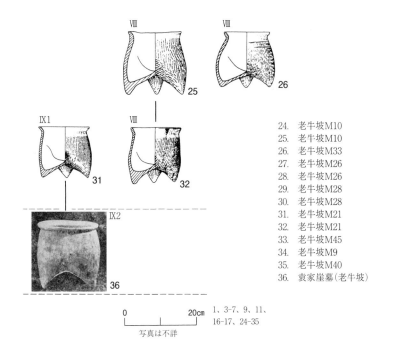

24. 老牛坡M10
25. 老牛坡M10
26. 老牛坡M33
27. 老牛坡M26
28. 老牛坡M26
29. 老牛坡M28
30. 老牛坡M28
31. 老牛坡M21
32. 老牛坡M21
33. 老牛坡M45
34. 老牛坡M9
35. 老牛坡M40
36. 袁家崖墓(老牛坡)

1、3-7、9、11、16-17、24-35
写真は不詳

では、口縁端部が4段階に近く薄手になるものの、口縁外面にごく薄くではあるが、粘土を貼りめぐらせて肥厚させる手法が認められ、口縁端部4とはなお一定の距離をおいている。

Ⅳ形式 器体全体が丸く張りのある器形を呈する。口縁部は短い幅で外反する。Ⅳ1〜Ⅳ3の各型式に細分する。Ⅳ1は足尖2〜足尖3・口縁端部3、Ⅳ2は足尖3〜足尖4・口縁端部3、Ⅳ3は足尖5に近づき、口縁端部4前後を呈する。Ⅳ3の図10.5-22の例では、足尖の突起が矮小化して、足尖5に近づくが、その外面はなお擦り消し処理されており、外面に縄紋を施す（あるいは残す）足尖5以降とは一定の距離をおいている。このようなⅣ3形式の足尖は、先のⅢb形式の口縁端部とともに、C類鬲全体の段階を区分する上で着目すべき特徴である。

Ⅴ形式 受口状に反り上がった口縁端部をもつC類鬲。資料は少なく、形

式としてのまとまりも鮮明ではないが、仮にⅤa形式、Ⅴb形式に分けておく。Ⅴaは、頸部がくびれ、強く外反肥厚した口縁端部をもつ。Ⅴbは頸部のくびれが顕著ではない。Ⅴaは足尖3、Ⅴbは足尖4前後を呈する。Ⅴ形式の口縁部は、殷墟出土の鬲にしばしば見られる断面がL字状の口縁部と関連すると考えられる。知られる資料は、いずれも壹家堡Ⅰにともなった例である。

Ⅵ形式 袋足内の空足先端部が深く落ち込む特徴をもつ。胴部（三足部）側面が斜直に近い。また襠の側視形は弧状のように成形されており、あるいはつぎに述べるA・C折衷形式と近い関係にあるともいえる。資料は少ないが、仮にⅥa形式、Ⅵb形式に分けておく。Ⅵaは、Ⅰa3、Ⅰa4などⅠ形式の細高の器形と近い関係にある。足尖2～足尖3・口縁端部3前後に相当する。Ⅵbは器高が低くなる。知られる資料の足尖は破損していて不明で、口縁端部は3段階に相当する。いずれも岐山賀家村Ⅰの土器である。

A・C折衷形式 第二部第8章で、A類鬲の諸形式とともに提示しておいた形式である（図10.6）。その三足部は襠の側視形が弧状をなす聯襠鬲としてつくられており、本書での基準では、A類鬲に分類される。しかし、肥厚した帯状の外観をもつ口縁端部には鮮明なC類鬲の特徴が現れており、この形式の編年的位置づけは、むしろその口縁端部が手がかりとなる。肥厚した口縁端部は、C類鬲のⅠ形式、Ⅱ形式に顕著な二里岡上層期以来の形態を襲ったものと考えられる。また、口縁端面に波状の装飾をめぐらせるものがあり（図10.6-1～3）、さらにまた頸部に凸帯をめぐらせるものもある（図10.6-1）。

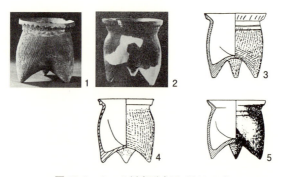

図10.6 A・C折衷形式鬲〔縮尺不同〕

口縁端部の波状の装飾は、土器群Cの主要な器種の一つである花辺罐の口縁部（図10.7）と関係するとおもわれる。A・C折衷形式のうち、口縁端部に波状の装飾をもつタイプは、おそらくそれのないタイプよりも若干古い形態であることが考えられるが、その新古のタイプに共通して、頸部に2本の平行沈線をめぐらせる例も知られ（図10.6-3、5）、同じ形式としてのまとまりを示している。

なお、図10.6-4は壹家堡I後段の鬲で、図10.5-21のIV2形式と共時的である。また、図10.6-1、3、5は、同じ柴家嘴出土の図10.5-14、20と近い年代の範囲にあると考えられる。さらに、図10.6-2は土器群A主体の鄭家坡Iにともなった例である。

A・C折衷形式は、土器群Cがもともと定着していた西安以東の関中平原東部では知られず、土器群Aが濃密に分布する漆水河下流域とそれ以西で出土している。おそらくこの形式は、後章で述べるように土器群Cがある時期に関中平原中、西部に拡張した時期に、そこで土器群Aと接触し、そのなかで現れた鬲の一形式である。なお、A類鬲の主要な形式の一つであるIII形式は、このA・C折衷形式の口縁部の特徴を継承していると推測した。

VII形式　幅広に擦り消された口頸部と縄紋を飾る胴部（三足部）とが、擦り消しによる器壁の厚みの差や沈線の区画などによって、くっきりと分かれる形式。胴部は比較的張りがある。口頸部以下の縄紋は、縦方向に整然と施紋されたものが多い。VII1、VII2の各型式に細分する。VII1は足尖5・口縁端部4、VII2は足尖6・口縁端部4前後に相当する。つまりこの形式では、殷系の鬲本来の特徴である足尖表面の擦り消しや、口縁端部の顕著な肥厚などが見られなくなる。VII形式の幅広に擦り消された口頸部は、III形式のそれに通じる点があり、また器形的にはI形式やIV形式との近さが指摘できる。VII形式はこれら諸形式に後続して現れた形式といえよう。当該形式の重要な意義は、のちの西周式土器を構成する西周C類鬲I形式の先行形式と考えられることである。

VIII形式　老牛坡遺跡の報告にあるB型鬲とC型鬲の一部がこれに該当する。形式としてのまとまりは明確ではないが、仮に一形式にまとめておく。いずれも器壁は厚手で、器体の対称性が低く、口縁部は一般のC類鬲とは異なり回転調整が十分になされていない粗雑なつくりのものが含まれる。細分はしな

334 第二部 西周王朝成立期の編年的研究

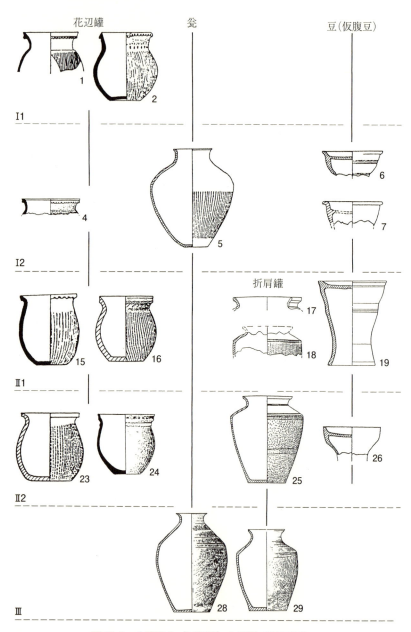

図 10.7 土器群C（鬲以外）の変遷〔縮尺不同〕

第10章 C類鬲を主体とする土器系統(土器群C)の変遷　*335*

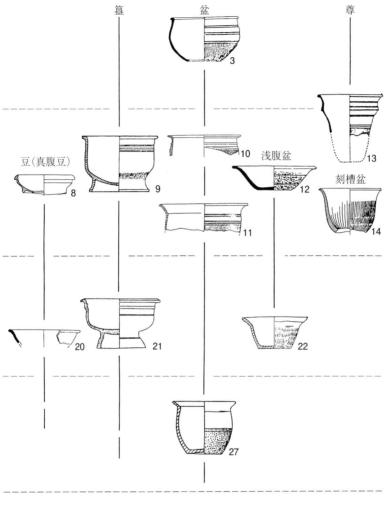

1.	南沙村H12	11.	北村IH14	21.	北村IH12
2.	北村IH8	12.	懐珍坊T7③	22.	壹家堡H33
3.	北村IY1	13.	北村IH14	23.	賀家村76QHM135
4、5.	北村IH2	14.	南沙村T4③	24.	賀家村63M26
6.	北村IH14	15.	北村0:3	25.	壹家堡H25
7.	北村IH2	16.	賀家村76QHM116	26.	北村IT1③
8.	南沙村T1②	17、18.	壹家堡H33	27.	壹家堡H25
9.	北村0:3	19.	白家窯	28.	老牛披M11
10.	南沙村H8	20.	壹家堡H33	29.	老牛披M28

い。

Ⅸ形式 器壁は直に近く、広口で、円筒状に近い器形を呈する。口縁部の幅は狭く、縄紋は縦方向にきわめて整然としている。襠の側視形は弧状に仕上げられているが、袋足内部のつながりは「へ」状の分襠をなすＣ類鬲のそれである。Ⅸ１、Ⅸ２の各型式に細分する。いずれも足尖６相当で、口縁端部４前後を呈する。Ⅸ１では口縁以下のある幅が擦り消されるのに対し、Ⅸ２では口縁直下から縦縄紋が施される。なお、関中平原を離れた山西省霊石旌介遺跡でも、このⅨ形式に類似した円筒状に近い器形の鬲２点が出土していることに注目しておきたい。[19]

Ⅹ形式 足尖が以上の諸形式のように円錐状ではなく、円柱状を呈する形式。器高の高いＸａ形式と、低いＸｂ形式に分ける。Ｘａ形式の図10.5-27は、図10.5-28のⅠb3形式と共伴する。一方、Ｘｂ形式には共伴遺物は知られず、孤立した資料であるためか、出土した老牛坡遺跡の報告では西周期に年代が下がる可能性も指摘されている。しかしＸｂ形式を出土した墓は、同遺跡の墓地の構成において、他の墓と緊密に連携した位置を占めており、年代差の少ない西周期以前の墓と考えるべきであろう。Ｘ形式の重要な意義は、西周式土器を構成する西周Ｃ類鬲Ⅱ形式の先行形式と考えられることである。西周式土器への継承関係については後章で再び取り上げる。

②Ｃ類鬲変遷の段階

形式の消長のようすから、Ｃ類鬲の段階を考える。図10.5にはすでに筆者の考える段階を示しておいた。まず二里岡期の殷文化中心地域の鬲と緊密に結びつくⅠ形式、Ⅱ形式が、北村など比較的少数の遺跡で見られた段階と、新たにⅢ形式、Ⅳ形式、Ⅴ形式、Ⅵ形式が加わり、しかもそれらがきわめて広い範囲の遺跡から出土する段階が、明確に状況の変化した２段階としてとらえられよう。前者をⅠ段階、後者をⅡ段階とする。Ⅱ段階では土器群Ａとの接触を示すＡ・Ｃ折衷形式も現われる。そしてこれら諸形式の後に、足尖や口縁端部、あるいは襠の形態において、殷文化中心地域の鬲から一定の距離をおくようになった在地的な傾向の強まった新形式として、Ⅶ形式、Ⅷ形式、Ⅸ形式、Ⅹ形式の各形式が老牛坡Ⅱなどに現れてくる。この段階をⅢ段階とする。Ⅰ段階→Ⅱ段階の移り変わりに際して、一般に足尖は小型化の傾向をはっきりと示

し、肥厚した帯状の外観をもつ口縁端部は顕著でなくなる。この変化は、殷文化中心地域における二里岡期→殷墟期への変化傾向にも概ね一致している。一方、Ⅱ段階→Ⅲ段階への変化において、足尖は矮小化し、足尖本来の目立った突起を有さないものが現れる。しかも大部分が足尖外面を擦り消さず、縄紋を施す（残す）ようになる。これは足尖外面を擦り消すという殷文化中心地域では殷末まで継続された重要な一特徴が、Ｃ類鬲では失われたことを意味する。同様に、殷文化中心地域で殷末まで継続する肥厚した口縁端部の特徴もⅢ段階ではまったく見られなくなる。

Ⅰ段階をさらにⅠ1とⅠ2、Ⅱ段階をⅡ1とⅡ2、Ⅲ段階をⅢ1とⅢ2に各2分し、全体で6段階に細分することにしたい。Ⅰ1とⅠ2は北村遺跡で層位的根拠をもつ北村Ⅰと北村Ⅱの鬲に対応し、それぞれ二里岡下層期、二里岡上層期の鬲と近い関係にある。Ⅱ1とⅡ2は、北村Ⅲの前段と後段に対応し、また壹家堡Ⅰの前段と後段がほぼこれに対応すると考えられる。賀家村Ⅰや柴家嘴の鬲は、Ⅱ1とⅡ2にまたがる内容を含む。Ａ・Ｃ折衷形式の鬲には新古のタイプが想定されたが、それぞれはほぼⅡ1、Ⅱ2に対応すると考えられる。Ⅱ1→Ⅱ2間の変化は比較的明確で、かつその変化は殷墟一期→殷墟二期前後の変化にも一定の対応が見られるようである。Ⅲ1とⅢ2は老牛坡Ⅱの前段と後段に対応している。先述したように老牛坡Ⅱの前段と後段の区分に層位的な根拠はないが、墓域内での墓の分布状況や、共伴した青銅器の年代が新古の区分を傍証している。鬲自身でみれば、老牛坡Ⅱのなかには、先行するⅡ段階に近い鬲と、一方で西周Ｃ類鬲に近いものが存在しており、そこに新古の方向がうかがわれる。これらを考慮して、作業仮説的にＣ類鬲Ⅰb3形式、Ⅶ1形式、Ⅷ形式、Ⅸ1形式を指標にⅢ1段階、Ⅶ2形式、Ⅸ2形式を指標にⅢ2段階をとらえることにする。

（2）その他の器種の変遷

土器群Ｃを構成する鬲以外の主な器種として、花辺罐、甗、瓮、豆、盆、簋、大口尊などをあげることができる。これらの器種は、一般に生活址にともなう土器であるが、生活址の土器資料としては、北村遺跡の資料以外に正式に公表されている例は少なく、また特にＣ類鬲のⅢ段階を唯一代表する分期単

位である老牛坡Ⅱ相当の生活址の土器が明らかになっていない。つまり、土器群Ｃの遅い時期に相当する生活址の土器についてほとんど知られていない状況にある。したがって鬲以外のこれら大部分の器種について、その消長や変遷を十分に説明することはできない。

　ここでは、Ｃ類鬲との伴出関係を主な根拠に、Ｃ類鬲の段階との対応が知られる一部の土器について紹介しておく（図10.7）。

　①花辺罐

　平底で丸く張りのある胴部と広口の口頸部、それに口縁端部の波状の装飾に特徴がある土器群Ｃの主要な器種の一つである。Ｃ類鬲のⅠ段階、Ⅱ段階に相当する資料が知られる。器形の変化は明確ではないが、時期が下がると頸部のくびれと胴部の丸い張り出しが弱まる傾向が指摘できる。口縁端部外面の装飾には、（ⅰ）波状の刻み（図10.7-1、2）、（ⅱ）波状の凸線（図10.7-16）、（ⅲ）列点（図10.7-24）を施す資料が知られる。（ⅱ）（ⅲ）には共伴遺物が知られていないが、（ⅰ）→（ⅱ）→（ⅲ）の順で変化したと考えられ、図10.7のような新古の段階に配列した。口縁端部に装飾のない例（図10.7-23）も知られるが、これは図10.5-23のＣ類鬲Ⅵｂ形式と共伴しており、Ｃ類鬲のⅡ2段階に並行する例と考えられる。この資料と波状の凸線をもつ図10.7-16は、賀家村遺跡の同じ墓域での出土であるが、後者がやや古い形態を示すと考えられよう。

　花辺罐の形態は、殷文化中心地域における二里岡期の円腹罐（尊）に類似する点もあるが、その系譜をひく円腹罐は殷墟期ではすべて丸底に変化する。したがってそれは、土器群Ｃの花辺罐と連携した土器とはいえない。また、口縁端部に波状の装飾（花辺）をもつ円腹平底の罐となると、二里岡期、殷墟期ともに欠けており、むしろ中原の二里頭文化のなかにさかのぼって考えるならば、そこで特徴的な平底の円腹罐が類似した土器として指摘できる。[20] 土器群Ｃの花辺罐の系譜は、あるいはこのような先行する中原の二里頭文化のなかにさかのぼることも考えられる。今後の関連資料の増加を待ちたい。いずれにしても花辺罐は、同時期である二里岡期、殷墟期の殷文化中心地域の土器には直結せず、一方、関中平原の土器群Ａや土器群Ｂのなかにも見られないところから、土器群Ｃの成り立ちを考える上で注意される土器といえよう。

なお、同じように二里頭文化にさかのぼる系譜をもつ可能性のある土器として、南沙村遺跡で出土している刻槽盆（澄濾器）がある（図10.7-14）。花辺罐と同じ流れを汲んで土器群Cのなかに存在する土器とも考えられ、数量は多くないが注意すべきである。

②豆

殷文化中心地域の二里岡期、殷墟期と同様に、いわゆる真腹豆と仮腹豆（器身と脚部の区別があいまいで一体的な外観を呈するもの）の2タイプがある。仮腹豆は殷文化中心地域では、二里岡上層期の前後に盛行し、殷墟期では衰退して少数派となる殷系の豆である。土器群Cでは、殷墟期並行期に入っても仮腹豆のタイプが盛行していることは興味深い。しかも仮腹豆の特色である浅い器身（盤）が、殷文化中心地域では見られないほど極端に浅く変化した例が出現している（図10.7-19）。

③折肩罐

口頸部が外に強く湾曲し、肩部が明瞭に屈折する特徴をもつ。また、頸部、肩部、胴下部にそれぞれ2本以上の平行沈線をめぐらすことも大きな特徴である。このような折肩罐は北村遺跡には知られず、壹家堡Ⅰに特徴的な土器として現われ、老牛坡Ⅱにもその系譜が続く。壹家堡Ⅰの図10.7-17、18は、C類鬲のⅠb1形式（図10.5-10）と、また図10.7-25はA・C折衷形式（図10.6-4）と同じ灰坑から出土している。また、老牛坡Ⅱの図10.7-29は、C類鬲Ⅶ形式、Ⅸ1形式（図10.5-29・30）と同じ墓から一括出土した。この種の折肩罐は、殷文化中心地域に祖型が見出される土器とはいえない。また土器群Cの途中の段階から出現するらしいことから、隣接する土器群Aや土器群Bの折肩罐と関連して出現したと考えることもでき、実際、形態に共通点もある。しかし少なくとも、壹家堡Ⅰの例に認められる肥厚した口縁端部の特徴は、C類鬲や花辺罐と共通する土器群Cの特徴に相違ない。なお、老牛坡Ⅱでは、このタイプ以外にも折肩罐のバリエーションが認められるが、個々の性格は判然としない。

④その他の器種

頸部のくびれに特色のある大型の土器である甕（小口甕）は、北村Ⅰ～北村Ⅲに比較的多く見られ（図10.7-5）、それは老牛坡Ⅱのなかにも続くようであ

る（図10.7-28）。その他の器種についてはさらに断片的な資料しかないため、説明は省略する。図10.7に示した簋、盆、大口尊などが二里岡期から殷墟一期、二期頃の殷文化中心地域の同器種と同じ系統の土器であることは明らかであろう。

⑤紋様

土器群Cでは、あらゆる器種を通じて縄紋が主体的な紋様であるが、縄紋のほかでは、印紋の系統が比較的盛行している。北村Iでは盆の胴部に、方格（斜方格）紋帯を割り付ける例がかなり多く見られる。北村遺跡の報告者によれば、この紋様は、北村IIにいたって衰退傾向を示す。先に触れたように、土器群AのI期〜II期でも方格（斜方格）紋が盛行するが、その紋様要素は、土器群CのI段階、II段階から導入された紋様であると推測される。その他、さまざまな器種を通じて、平行沈線が多用される傾向があり、これは殷系の土器全般に共通して見られる特徴と考えられる。また、鬲の頸部やその袋足部の外面に、波状に凹凸をつけた帯状の付加堆紋を襷掛けのように貼り付ける装飾が見られる。これも二里岡期、殷墟期を通じて殷系の鬲に頻繁にもちいられた装飾と共通している。

III　土器群Cの時期の設定と年代

（1）時期の設定

以上に検討してきたように、土器群CはC類鬲を軸としてI〜IIIの型式変遷の段階に区分できる。このI〜III段階を基準として、同じ段階の土器を出土した遺跡あるいは遺跡内の分期単位を一つにまとめ、土器群Cの一時期として設定する。以下に、各時期に属する分期単位をあげる。

●印は、土器群Cを主体として、土器群Aの土器ないしそれとの折衷的な土器がともなう単位である。

I期　　I1　耀県北村I、華県南沙村I、西安老牛坡I、藍田懐珍坊

　　　　I2　耀県北村II、華県南沙村II、西安老牛坡I、藍田懐珍坊

Ⅱ期　Ⅱ1　耀県北村Ⅲ（前段）、華県南沙村（1980年調査）、西安老牛坡Ⅰ、藍田懐珍坊、●武功柴家嘴、●扶風壹家堡Ⅰ（前段）、扶風白家窯、岐山賀家村Ⅰ、岐山王家嘴

　　　Ⅱ2　耀県北村Ⅲ（後段）、西安老牛坡Ⅰ、●武功柴家嘴、●扶風壹家堡Ⅰ（後段）、岐山賀家村Ⅰ

Ⅲ期　Ⅲ1　西安老牛坡Ⅱ（前段）
　　　Ⅲ2　●西安老牛坡Ⅱ（後段）

（2）土器群C各時期の年代（殷文化中心地域の編年との関係）

　各時期の土器、特にC類鬲を、殷文化中心地域の鬲と比較して年代的対応を考え、同時にすでに遺跡の項で確認しておいた一部の共伴した青銅器の年代観を考慮しながら広域編年としての年代について考える。

　図10.8は、二里岡遺跡、殷墟遺跡などで出土した鬲の標準的な例を時期別に配列したものである。殷文化中心地域の鬲は、もとより多形式が並行した複雑な流れを示すが、二里岡下層期→二里岡上層期→殷墟一～四期の各時期を通じて、一般に認識されているように足尖、襠、器高は、いずれも高→低に変化する傾向がこの図からも確認できよう。一方、C類鬲の全般的な流れもかなりよくこれに一致している。ただし、土器群CⅢ期のC類鬲では、その同時期と考えられる殷墟三期、四期ほどには足尖、襠、器高が低くなる傾向は顕著でない。C類鬲の変遷が、この時期になると殷文化中心地域の変化と必ずしも連動しなくなり、いわば鬲の形態の在地化が進行したことを示している。

　先述したC類鬲の足尖の段階を、仮に殷文化中心地域の鬲と比較すれば、大まかにいって、足尖1、足尖2の段階が二里岡期、足尖3、足尖4の段階が殷墟一期、二期頃に対応している。そして足尖5、足尖6の段階は、おそらく殷墟三期、四期頃に並行するが、同時期の殷文化中心地域のそれからやや離れた特徴をもつにいたった段階と考えられよう。

　いま少し具体的な例で比較してみよう。C類鬲の変遷図、図10.5のうち、Ⅰ形式、Ⅱ形式の流れでは、Ⅰa1、Ⅱ1が二里岡下層期（図10.8-1）、Ⅰa2～Ⅰa3、Ⅱ2～Ⅱ3が二里岡上層期（図10.8-2、3）に並行する鬲であることは

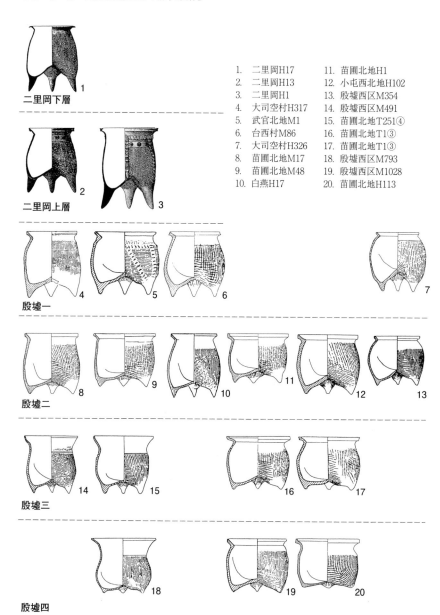

図 10.8 殷文化中心地域の鬲〔縮尺不同〕

北村出土のこれらの鬲を対象に徐天進氏が詳細に述べているところである。つづくⅠa4、Ⅰb1と、Ⅱ4の各形式は、器形、口縁、足尖などから見て、それぞれ殷墟一期前後（図10.8-4、6、5）に並行することが認められよう。さらに、Ⅰb2、Ⅱ5は、殷墟二期前後の鬲（図10.8-8、9）に対比できる。一方、Ⅲ形式はⅢaが足尖の高さ、口縁端部などから見て二里岡上層期から殷墟一期前後の諸例に近く、Ⅲbが殷墟二期前後に並行することが指摘できる。なお、Ⅲb形式の大きく開いた口縁部の特色は、殷墟三期、四期のさらに極端に変化した鬲（図10.8-15、18）に先行する段階に相当すると考えることができよう。Ⅳ形式は、Ⅳ1が殷墟一期の諸例に近く、またⅣ2、Ⅳ3は、殷墟一期の図10.8-7のような胴部が丸く張りのあるタイプに後続する殷墟二期の図10.8-13に前後する時期のC類鬲と考えられる。Ⅴ形式では、Ⅴbが殷墟二期の受口状の口縁をもつ例（図10.8-11、12）と比較できよう。Ⅵ形式、A・C折衷形式は、その足尖、口縁端部が、殷墟一期、二期の諸例に類似した例を見出せる。Ⅶ形式以降の形式は、擦り消しのない足尖、肥厚させない口縁端部からみて、Ⅰ～Ⅵ形式より遅れて登場する形式と考えられたが、このような特徴は先述したように殷文化中心地域との連動した関係が崩れたことを意味している。したがって、Ⅶ形式以降には、直接比較できる殷墟出土の土器は少なくなる。しかし、Ⅶ1は、例えば殷墟二期並行と考えられている山西太谷白燕遺跡の例（図10.8-10）などを参照すれば、それに並行または若干遅れる形態ではないかと推定できる。またⅦ2、Ⅸ2に認められる受口状の口縁は、殷墟四期の鬲において比較的多くの類似例があることを指摘しておく。[21]

なお、Ⅸ2を出土した袁家崖墓（老牛坡Ⅱ）は、遺跡の項で述べたように共伴した土器の罍、尊、簋が殷墟出土の土器に直接比較できる特徴をもち、同時に伴出した青銅器の年代観と併せて殷墟四期前半前後と考えられた。

各時期のC類鬲に伴出した青銅器については、遺跡の項で簡単に説明したとおりである。そこで確認した青銅器の年代観は、鬲の比較による前述の年代観を概ね支持しているといえる。ただ、鬲から見て殷墟二期より下がる可能性を強調した土器群CⅢ1期を代表する老牛坡Ⅱ前段は、それにともなった青銅器のなかに殷墟二期前後にさかのぼる例（老牛坡M10など）が含まれる。青銅器が伝世される可能性を考慮しても、土器群CⅢ1期の年代の上限を殷

墟二期にさかのぼらせる必要があろう。その殷墟二期という年代は、一方で、土器群CのⅡ2期について考えられる年代と重なる結果になる。Ⅱ2期とⅢ1期の土器相の区分が比較的明確であるだけに、年代の考定に問題がないのか、今後の資料の増加を待ってさらに検討したい。

以上のことから、土器群Cの各時期の年代として、Ⅰ1期が二里岡下層期、Ⅰ2期が二里岡上層期、Ⅱ1期が（台西二期墓ないし）殷墟一期前後、Ⅱ2期が殷墟二期前後、Ⅲ1期が殷墟二期〜三期前後、Ⅲ2期が殷墟三期〜四期前半前後を考えることができる。

Ⅳ 土器群Cの性格

土器群Cは、知られる遺跡、公表されている資料が比較的少ないこともあるが、現状では土器群Bのようにいくつかの地域的グループに細分して捉える状況にはない。基本的に一つのまとまった系統として把握できる土器群である。

以下に、設定された時期ごとに、土器の組成とそれに関連する問題を整理しておく。

Ⅰ期 器種として、C類鬲、斝、甗、花辺罐、鶏冠耳罐、瓮、豆、盆、簋、大口尊、壺、鼎、缸形器、鉢（碗）、刻槽盆（澄濾器）、釉陶片などが知られる。この器種の構成は、全体的にはほぼ鄭州など同時期の殷文化中心地域のそれに一致しており、土器群Cが何らかの経緯をもって殷王朝中心地域から関中平原に波及した殷系統の土器群であることを確実に示している。ただし、花辺罐、刻槽盆などは基本的に中原地区の二里岡期には見られない器種で、殷系土器という評価はできない。特に出土数の多い前者は、先述したように河南西部、山西南部などで先行する二里頭文化のなかに比較的類似した土器が多くおこなわれており、その系譜をひくことが考えられる。このように中原の二里岡期ではすでに失われていた土器の系譜が含まれる点は、土器群Cと殷文化中心地域の器種構成の一つの違いであり、殷系土器群の地域的グループとして、土器群C独自の歴史的背景があったことを示唆している。

各器種の形態についてみると、一般に殷文化中心地域の同器種との一致性は

高いが、一部に地域色も読み取れる。C類鬲では、そのⅠ形式が鄭州二里岡期の鬲に比してやや長胴の傾向があり、逆にⅡ形式は、短胴の傾向が強く、これらにまったく一致する器形は殷文化中心地域には見られない。鬲以外では、豆、簋、大口尊、瓮、缸形器など多くの器種が、その器形において鄭州出土の土器ときわめてよく一致するか、もしくは若干の地方的特色の付加ということで理解できるものである。また土器の紋様では、縄紋のほか、方格紋、円圏紋、雲雷紋、獣面紋など印紋系の紋様が盛行するが、その特徴も殷文化中心地域の様相と一致する。

Ⅱ期 少なくともⅠ期以来継続する北村遺跡では、Ⅰ期と比較して器種の構成に顕著な変化はないが、大口尊が見られなくなる。二里岡期→殷墟期の移行に際して、大口尊が減少する殷文化中心地域の傾向に対応した変化とおもわれる。また、北村遺跡ではこれに相当する時期、印紋、特に円圏紋と方格紋の減少が指摘されており、この点も殷文化中心地域の変化に対応している。一方、Ⅱ期以降、同時期の殷文化中心地域で盛行する主要な器種のいくつかが土器群Cでは欠落する。その代表的なものは觚と爵である。この2器種が土器群Cでおこなわれていないことは、殷文化中心地域の土器と土器群Cとの重要な相違点である。逆に、殷文化中心地域に見られない土器、例えばある種の折肩罐などが土器群Cに登場してくる。

土器の形態では、Ⅱ期の豆には、二里岡期で盛行した仮腹豆のタイプが多い。殷文化中心地域では殷墟期に入ると仮腹豆のタイプははっきりと減少する傾向を示すが、関中平原ではかなり遅くまでこのタイプが盛行したことが知られる。

このように、土器群CのⅡ期では二里岡期→殷墟期の変化に連動した変化が見られる一方、殷文化中心地域における重要な器種を欠落したり、殷文化中心地域では衰退した古い土器の形態を長く存続させていたりという状況が認められる。

Ⅲ期 知られる遺跡は、関中平原東部の老牛坡Ⅱなどに限られる。老牛坡Ⅱは遺構として墓だけが知られ、生活址を含めたこの時期の土器群Cの様相は不明である。その墓の副葬土器が、器種として、〈鬲〉〈鬲・罐〉の組合せに限られることは注意すべきである。かつてⅠ期、Ⅱ期の墓には豆がともなった例

もあったがそれが見られなくなっており、しかも同時期の殷文化中心地域の主要な副葬土器である觚や爵がまったくともなっていないのである。これは土器群Cと殷文化中心地域の間で、器種の構成に大きな隔たりが現れたことを示している。Ⅲ期の副葬土器の構成には、むしろ関中平原在来の別の土器系統である土器群Aへの接近がうかがわれる。

　土器の形態から見ても、C類鬲の諸形式に共通して、足尖がきわめて矮小化し、足尖外面に縄紋を施すことや、口縁端部の肥厚する特徴が失われることなど、殷文化中心地域の鬲の特徴から離れる傾向が鮮明になる。その一方で、鬲の襠部が「外見上」弧状を呈するものがつくられるなど、Ⅲ期のC類鬲の一部には、A類鬲との関連が見られるようになる。

　ところでこの時期、土器群Cの動向としては殷文化中心地域の流れから離れていくなかで、老牛坡遺跡に属する袁家崖墓では、殷墟遺跡出土の副葬土器と全く同じ特徴をもつ一群の土器が出土している。このことは、土器群Cと殷文化中心地域との（人の往来を含めた）直接的な交流関係が、部分的にはなおも続いていたことを示唆している。

　Ⅲ期の後、すなわち殷墟四期前半前後より以降、豊鎬遺跡の西周Ⅰa期並行の時期に入ると、土器群Cを主体とする遺跡は急速に失われたと考えられる。そして、老牛坡遺跡から西に遠くない豊鎬地区（第一部第5章）を中心にやがて「西周式土器」が成立してくる。その西周式土器を構成した主要な器種のうち、少なくとも西周C類鬲は、土器群CⅢ期のC類鬲Ⅶ形式、Ⅹ形式などを継承した土器と考えられる。

　なお、後章で述べるように、西周式土器を構成する土器のなかには、ほかにも殷系土器の系譜をひくものが少なくない。その場合C類鬲以外の殷系土器の多くは、土器群Cからの継承ではなく、殷王朝滅亡後に旧殷文化中心地域から直接移入されたと考えられる。

　土器群Cにともなった青銅器について指摘しておく。土器群Cにともなう青銅器は、二里岡上層並行のⅠ2期から例が知られる。その時期の藍田懐珍坊遺跡では青銅器製作址の存在も知られており、少なくとも青銅器の一部は在地で製作されていたと考えられる。一方、土器群Aにともなう青銅器は、遅れて殷墟期並行の時期に入ってから現れており、また土器群Bにともなう青

銅器の出現はさらに遅く、殷墟四期並行期に下がるとおもわれる。現有の資料から見て、関中平原における殷系の青銅器は、土器群 C 主体の遺跡を残した人びとによって導入されたと考えるべきであろう。

註

（1）なお、徐天進氏には「試論関中地区的商文化」（碩士論文）北京大学考古系、1985年（油印本）がある。本書の土器の図はこの中のものを一部転用させていただいた。
（2）河北省文物研究所『藁城台西商代遺址』文物出版社、1985 年、図版 71-2、3。台西第二期墓の年代は、報告者によれば「おおよそ、邢台曹演荘下層ないし殷墟文化早期に相当」する。
（3）壹家堡遺跡に関連する近年の新知見も少なくない。第二部第 15 章を参照。
（4）この袋足鬲の図は紹介されていないが、同じく袋足鬲と呼ばれても、簡報ではこれを筆者のいう B 類鬲とは区別して考えている［北京大学考古系 1993, p.8］。筆者は 1986 年に遺跡を訪れた際、発掘担当者の孫華氏からその鬲の写真を提供していただいたが、それから判断して、劉家遺跡出土の鬲 M3:1 と同じようにラグビーボール状の長い袋足をもつタイプの鬲と考えられる。先述した 83 年柴家嘴:1 の鬲もこれに類似すると考えられる。これら比較的少数の例が知られる袋足鬲の一種は、本書の B 類鬲とは別の系統に属すると考えられ、関中平原に在来の土器系統からすると外来的な土器（おそらくは陝北を含む華北西北部）である可能性が高い。資料の増加を待って検討したい。
（5）碾子坡 I 生活址と壹家堡 II の豆は、口縁端部が外反または肥厚し、器身の下面に縄紋が施され、比較的長い脚台に数条の平行沈線と、ときに方形の透孔を有する点で共通点がある。このタイプの豆が土器群 B（そのうちの劉家グループと碾子坡グループ）に特徴的な土器の一器種であることを確認しておく。
（6）発掘簡報は、本書の壹家堡 I 前段を殷墟一期、後段を殷墟二期相当とする。また、壹家堡 II を殷墟三期前後とするが、筆者は、その下限は殷墟四期前半に下がると考える。さらに簡報は、壹家堡 III を殷墟四期前半相当とするが、筆者は殷墟四期前半という年代は、壹家堡 III の上限であり、年代の中心は西周 I a 期並行、すなわち殷末周初頃に下がると考える。
（7）また同論文で鄒衡氏は、この類の鬲片を扶風斉家村の西でも採集したことがあると述べ、扶風県、岐山県一帯に「武丁以前の商文化の遺址と墓が分布していた」と推定している。
（8）この 2 墓はわずか 5 m ほどの距離で近接する。
（9）王家嘴遺跡については近年の新知見が少なくない。第二部第 15 章を参照のこと。
（10）老牛坡遺跡については、近年正式発掘報告書が出されているが、基本的な認識に

ついては本章で述べるところから大きな変化はない。
(11) 許偉、許永傑の両氏は、筆者のいう老牛坡Ⅱ相当の鬲を取り上げて、4期に細分できるとする考えを述べている［許偉・許永傑 1989］。その4期区分の内容は、本書の老牛坡Ⅱ前段、後段の区分とは必ずしも対応してはいない。残念ながら、同論文では時期区分の具体的な説明がなされておらず、ここで両氏の考えについて十分な討論はできない。
(12) 斝、爵、觚ともに、類似する青銅器として藁城台西村（註2報告）の第二期墓出土の例、あるいは殷墟一期の三家荘東 M3（中国社会科学院考古研究所安陽工作隊「安陽殷墟三家荘東的発掘」『考古』1983年2期）をあげることができる。
(13) その爵は、殷墟一期後半とされる 59 武官 M1（中国社会科学院考古研究所安陽工作隊「安陽武官村北的一座殷墓」『考古』1979年3期）、ないし侯家荘 2020 号墓出土のそれに比較的類似する（林巳奈夫氏の殷後期Ⅰ［林巳奈夫 1984］）。
(14) 註13と同じ 59 武官 M1 出土の鼎に近いか、やや遅い形態と考えられる。
(15) 殷墟出土の有銎直内戈は、今知られるものとしては 59 武官 M1（殷墟一期後半）を最早の例として、殷墟三期、殷墟四期に盛行する（楊錫璋「関於商代青銅戈矛的一些問題」『考古与文物』1986年3期、参照）。同墓出土の戈は、『殷墟発掘報告』のⅣ式戈の殷墟二期の例に比較的近い（中国社会科学院考古研究所『殷墟発掘報告一九五八―一九六一』文物出版社、1987年、図 118-4、11、参照）。一方、「平」字形凸線紋をもつ斧については、殷墟二期から殷墟四期までその例がある（例えば前掲『殷墟発掘報告』図 186、および中国社会科学院考古研究所安陽工作隊「一九六九―一九七七年殷墟西区墓葬発掘報告」『考古学報』1979年1期、図 70）。
(16) ただし、鬲の内面を側視したときの三足底部のつながりは、C 類鬲に特有の「ヘ」状になっている。第二部第6章を参照のこと。
(17) ただし、殷墟四期後半（鄭振香・陳志達「殷墟青銅器的分期与年代」『殷墟青銅器』文物出版社、1985年、図Ⅶ、参照）には下がらないとおもわれる。
(18) 袁家崖の墓については、近年雷興山氏が西周期に下がる可能性を詳細に論じている［雷興山 2010、pp.137-143］。同氏はそこで、殷末周初の歴史的動向を幅広く配慮したうえで、西周期にはいった殷墟文化の流れをくむ墓という評価をしている。この議論には筆者も賛成であるが、袁家崖墓については、老牛坡遺跡という関中平原東部における殷系文化の拠点的遺跡の一角に、遺跡の最終段階で出現した墓であることに注目すべきことを強調しておく。老牛坡遺跡は、文王による作豊邑の前後に周の勢力下におかれた集落に違いないと考えられる。袁家崖墓はその直前に造営された可能性が高いようにおもわれるのである。
(19) 旌介遺跡の鬲は、近接する2基の墓から出土している。1号墓の鬲はⅨ形式に通じる円筒状の器形をなすが、襠は明確な分襠を呈するもので、殷墟に類似する例を指摘することができる。2号墓の鬲は聯襠鬲のように弧状の襠を呈する。むしろ後者の方がよりⅨ形式に近い器形といえる。このような鬲は山西省内ではこれ以外に例

はない。なお両墓からは殷墟四期相当の多数の殷系の青銅器が出土しており、鬲の年代を示唆するとともに、同遺跡と殷系文化の緊密な関係が知られる。山西省考古研究所・霊石県文化局「山西霊石旌介村商墓」『文物』1986 年 11 期。またその性格については、李伯謙氏の研究（同「従霊石旌介商墓的発現看晋陝高原青銅文化的帰属」『北京大学学報哲学社会科学版』1988 年 2 期）を参照のこと。

(20) 中国社会科学院考古研究所二里頭工作隊「偃師二里頭遺址一九八〇——一九八一年Ⅲ区発掘簡報」『考古』1984 年 7 期、図 4-5、8。同「一九八二年秋偃師二里頭遺址九区発掘簡報」『考古』1985 年 12 期、図 5-3、4 など参照。

(21) 晋中考古隊「山西太谷白燕遺址第一地点発掘簡報」『文物』1989 年 3 期。当該遺跡の調査では、二里頭期、二里岡期、殷墟一期、殷墟二期にまたがるいわば地方型の殷系鬲の変遷が詳細に追跡されている。

第11章　土器系統の分布と相互関係

　以上の各章で、土器群A、土器群B、土器群Cという三つの土器系統について編年的に整理してきた。殷文化中心地域編年との対応を軸に、各土器群の時期の関係をまとめると表11.1のようになる。以下に、殷文化中心地域の編年を共通の年代の指標としながら、時期とともに変化する土器系統の分布域とその相互関係について整理しておく。

I　二里岡期以前

　関中平原における客省荘第二期文化期より以降、二里岡期より以前の状況については考古学的にほとんど空白となっている。東に隣接する河南西部や山西南部でいえば二里頭文化期の前後に相当する時期である。関中平原にもこの時期に二里頭文化の地域的グループのような文化、あるいは客省荘第二期文化の直接の後継者としての何らかの文化が存在したのかどうかはなお不明である[1]。しかし、この二里頭文化期並行期の空白の期間を挟みながらも、その後に現れてくる土器群A、土器群B、土器群Cと客省荘第二期文化との間には、分布上一定の相関関係があるように見える。

　客省荘第二期文化について、第二部第9章で鞏啓明氏らに康家類型、双庵類型、石峁類型という三つの類型に分類する研究があることに触れた［鞏啓明1989］[2]。いま、その分類にしたがうならば、康家類型

表11.1　各土器群の時期の対照表

殷文化中心地域の編年／豊鎬遺跡の編年	土器群A	土器群B	土器群C
二里岡期以前			
二里岡下層		I1?	I1
二里岡上層		I1?	I2
殷墟一期	I	I	II1
殷墟二期	I	I	II2→III1
殷墟三期	II	II	III1→III2
殷墟四期前半	III1	III	III2
西周Ia（西周王朝成立前後）	III2	IV1	一部後続（西周C類局）
西周Ib	後続	IV2	
西周II以降	↓	消失	↓

は、華陰県以西、興平県以東の関中平原中、東部に分布し、一方、双庵類型は、武功県漆水河流域以西に分布して、陝西省、甘粛省の省境一帯で斉家文化の分布域と交錯する。石峁類型は陝西北部の黄河支流沿いに遺跡が分布するとされるが、分布範囲は漠然としか知られていない。陝北黄土高原の龍山文化期のようすについては今後の資料の増加を待ちたい。

このうちまず、双庵類型と土器群Bの分布域がかなりよく一致した範囲にあることが指摘できる。しかしその場合、両者の間に直接の文化の継承関係があるのかどうかは明確ではない。つまり土器群Bは、二里頭文化期前後の考古学的な空白期間を越えて、双庵類型を継承し変化した土器の系統なのか、それとも直接の継承関係はないが、もとの双庵類型分布地域にのちに外来的に入り込んだ土器の系統であるのかがはっきりしないのである。またそれを担った人びとということを考えると、はたして龍山文化期以来の在来の人びとを想定すべきか、龍山文化期以降に現れた外来の人びとであったのか、そうした判断ができないのである。ただ、双庵類型と土器群Bを比較するとき、いずれもそれぞれの同時期に西方の甘粛東部ないしそれ以西の地域に展開していた土器系統と比較的密接な相互関係をもっていたことは強調されてよい。すでに詳しく述べたように、土器群Bは、同時期に西方に展開していた辛店文化や寺窪文化の土器とは、一部の器種と形式において密接な関係があり、また相互に土器の要素が影響しあうという関係をもっていた。関中平原西部以西の地域とのこのような相互関係は、空間的な構図の類似だけからいえば、客省荘第二期文化の時期に見られた双庵類型と斉家文化との相互関係をそのまま反映しているようにもおもわれるのである。

一方、客省荘第二期文化康家類型の分布域は、のちの土器群Cの分布域と重なりあうところがあるようにおもわれる。しかし、殷系の土器群である土器群Cと康家類型との間には土器の様相に大きな隔たりがあり、土器系統としての継承関係は認められない。土器群Cは関中平原からみて完全に外来の土器系統なのである。その場合、それを担った人びとを考えるならば、かつて康家類型を担った在来の人びとがやがて外来の殷系土器の受容者となったのか、あるいは殷系の土器をもった人びとが、もとの康家類型の分布域に移り住んだのかが問題となろう。土器群Cの組成は、その早い時期では殷文化中心地域

にきわめてよく一致し、時期が下がるにつれて土着的に変化する。このことは、土器群Cを担ったおもな人びとが、外から殷系の土器をともなって移り住み、そこでしだいに土着化した過程を反映しているようにもおもわれる。

最後に土器群Aについていえば、現在知られるその早い時期の分布域は、漆水河下流の両岸地帯である。漆水河下流域は、双庵類型の分布域に入るとされるが、その東端に位置しており、東の康家類型分布域との境界地帯にあたるとも考えられる。土器自体を比較した場合、土器群Aと客省荘第二期文化との間では、鬲など一部の土器について継承関係があった可能性を指摘できるものの、具体的には何も分かっていない。土器群Aについては、そのはじまりを関中平原における在来の土器系統と考えてよいのかどうか、なお今後の資料の増加を待って検討する必要がある。

以上のように、土器群A、土器群B、土器群Cと客省荘第二期文化との関係については不明な点が多いが、分布上の対応だけを問題にすれば、康家類型のあとに土器群C、双庵類型のあとに土器群B、康家類型と双庵類型の境界地帯のあとに土器群Aが現れるという構図を考えることができる。このような分布上の対応関係は、龍山文化期以来、関中平原見られた地域間の関係性に連続した一面があったことを反映していよう。

Ⅱ 二里岡期（図11.1-1）

二里岡期に確実に存在していた土器系統は、土器群C（Ⅰ1期、Ⅰ2期）である。土器群Aでこの時期にさかのぼる資料は知られておらず、土器群BはそのⅠ期（特にⅠ1期）の上限年代が二里岡期にさかのぼる可能性があると考えられた。図11.1-1は、土器群BのⅠ期が二里岡期にさかのぼると仮定して作図したものである[3]。

この時期、知られる遺跡は少数であるが、土器群C主体の遺跡が西安以東および耀県北村遺跡より東に偏って分布し、一方、土器群B主体の遺跡が宝鶏周辺と涇河上流域に分布する。いわば関中平原の東西に二つの土器系統が対峙する状況が認められる。そして両者の中間の、分布図では空白になっている一帯で、こののちに土器群Aが展開してくる。

354　第二部　西周王朝成立期の編年的研究

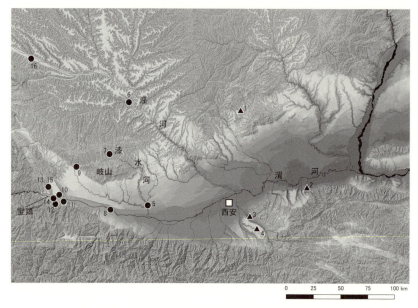

図 11.1-1　関中平原における土器系統の分布（二里岡期）

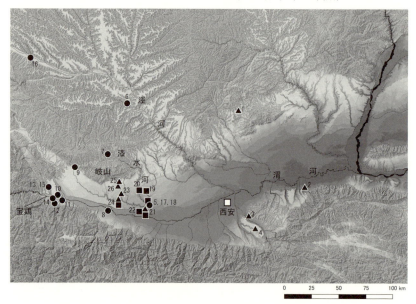

図 11.1-2　関中平原における土器系統の分布（殷墟一～二期前後）

第11章 土器系統の分布と相互関係 *355*

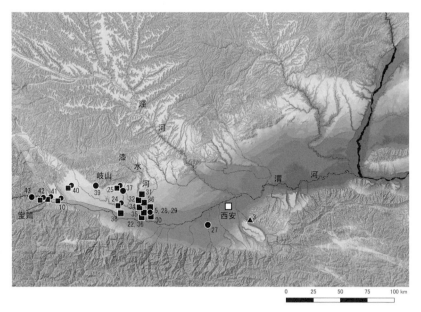

図 11.1-3 関中平原における土器系統の分布（殷墟三〜四期前半前後）

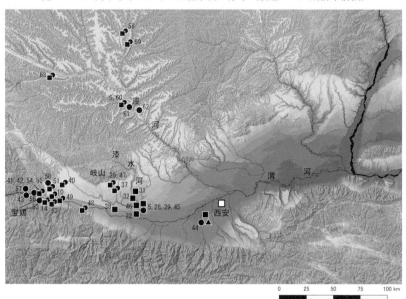

図 11.1-4 関中平原における土器系統の分布（殷墟四期後半〜西周Ⅰa期前後）

図11.1-1～4の遺跡地名表

■ 土器群A主体の遺跡　　　　▫■ 土器群A・B共存遺跡
● 土器群B主体の遺跡　　　　▲ 土器群C主体の遺跡

1. 北村　2. 南沙村　3. 老牛坡　4. 懐珍坊　5. 鄭家塚　6. 碾子坡　7. 北馬坊　8. 鄠県　9. 范家寨　10. 闘鶏台　11. 姫家店　12. 涼泉　13. 興隆　14. 石嘴頭　15. 金河　16. 翟家溝　17. 東頭　18. 橋東　19. 周城　20. 岸底　21. 柴家嘴　22. 徐家湾　23. 白家窯　24. 壹家堡　25. 賀家村　26. 王家嘴　27. 83客M1　28. 漳家堡　29. 南廟　30. 南店子　31. 黄家河　32. 文家台　33. 坡底　34. 于家底　35. 北楊　36. 坎家底　37. 劉家　38. 北呂　39. 廟王村　40. 西村　41. 紙坊頭　42. 趙家坡　43. 晁峪　44. 豊鎬　45. 趙家来　46. 潘西荘　47. 礼村　48. 西崖　49. 潘家湾　50. 上官村　51. 賈村　52. 旭光　53. 茹家荘　54. 長寿山　55. 羅家崚　56. 林家村　57. 固川　58. 巴家嘴　59. 兎子溝　60. 下孟村　61. 史家河　62. 土陵　63. 于家湾

土器群Bの地域的グループのなかで、涇河上流域に分布したと考えられる碾子坡グループは、先述したようにその生活址（碾子坡I）の土器の構成にすでに少なからず殷系土器の要素（土器群Cから移入されたと考えられる）を含んでいる。碾子坡Iの年代は殷墟一、二期あるいは二里岡期に上がると考えられ、したがって碾子坡グループが殷系土器群である土器群Cと接触をはじめたのは殷墟一、二期ないしそれ以前のこととおもわれる。この分布図では、西安以西から岐山県あたりまでの関中平原と、その北側の涇河中、下流域を含む関中平原北側の広大な地域が空白になっているが、土器群B碾子坡グループと土器群Cの接触は、その空白の関中平原北部が舞台となっていたと推測できないだろうか。一方、関中平原中央部の空白地帯は、これ以後の時期に土器群Aが展開してくる地域である。土器群Aが登場してくる過程や、土器群B碾子坡グループと土器群Cの接触過程を考えるためにも、今後この時期の分布図の空白が埋められることを期待したい。

Ⅲ　殷墟一期～二期前後（図11.1-2）

関中平原に土器群A、土器群B、土器群Cがそろって現れる。

土器群C（Ⅱ1期、Ⅱ2期、Ⅲ1期）は、この時期その分布域が大きく西に拡張し、漆水河下流域やさらに西方の扶風県、岐山県一帯の周原地区にまで達する。ただしその場合、青銅器の製作址をともなうなど比較的規模の大きな遺跡は、西安以東を中心とした従来からの土器群Cの定着地帯に偏り、新たに

広がった西の地域の遺跡はいずれも比較的小規模であったとみられる。この時期の土器群Cの西への拡張は、一部の比較的小規模な集団の拡散を反映したもののようである。

　土器群B（Ⅰ期）は、関中平原西部の宝鶏市街地周辺と涇河上流域に遺跡が集中するが、土器群Cとは逆に東方に広がる傾向があり、漆水河下流域でも少数の土器群Bの土器が出土する。ただしその場合の土器群Bとは、この時期から同地域で展開をはじめた土器群A主体の鄭家坡などの遺跡において、ごく少数のB類鬲のみが副次的にともなうという状況を指している。漆水河下流域やいわゆる周原遺跡周辺ではこの時期、土器群Bを主体に形成された遺跡は知られていない。土器群Bの一部要素の東方への波及は、集団の移動や拡散などを想定すべきものではないようにおもわれる。

　土器群Aは、この時期になって漆水河下流域に登場してくる。その知られる分布範囲は一見きわめて狭く、ちょうど渭河流域を東から西に拡張してきた土器群Cの分布域の間に、割って入るかたちになっている。

　関中平原東部から西部へと拡張した土器群Cは、その中間地帯の漆水河下流域でこの地に展開しつつあった土器群Aと接触したことが考えられる。そして土器群Cが漆水河下流域を越えてさらに西の周原地区にまで拡張すると、その周原地区で形成された土器群C主体の遺跡（壹家堡Ⅰなど）のなかに、土器群Cの拡張にともなって持ち込まれたとみられる土器群Aの一部の土器が現れている。

　このような土器群Aと土器群Cの接触の過程で、A・C折衷形式の鬲が生まれている。A・C折衷形式の鬲は、漆水河下流域の土器群C主体の柴家嘴遺跡や、土器群A主体の鄭家坡遺跡で出土しているほか、周原地区の壹家堡Ⅰでも出土する。A・C折衷形式の鬲はその後、A類鬲Ⅲ形式の祖型となり、その影響は土器群Aのなかに継承されることになる。その他、この時期以降に展開する土器群Aの土器のなかで、少なくとも生活址出土の盆や、墓出土の豆など一部の器種、あるいは土器口縁端部の波状の装飾（花辺）や、方格紋など印紋の盛行に、土器群Cから土器群Aに移入された諸要素を見ることができる。土器群Aに土器群Cの要素が現れる現象は、主としてこの殷墟一、二期並行期の前後に起こった土器群Cの関中平原西部への拡散という動きが背

景にあったと考えられる。

　なお筆者は、土器群Aの分布域が、必ずしも今知られる漆水河下流域に限定されるとは考えていない。現在空白のようになっている漆水河上流域や涇河流域の一部、あるいは西安より以西、岐山県より以東の関中平原北部の一帯に広がりがあった可能性を考える必要があるとおもわれる。その理由の一つは、涇河上流域の土器群B碾子坡グループに、少数ではあるがA類鬲の外観をもつ鬲や、方格紋帯をもつ斂口鉢［第二部第9章、図9.8］など土器群Aの要素がともなうことである。これは土器群Aの北限が碾子坡グループと接触していたことを暗示する。また既知の土器群A分布範囲の北限である乾県で、むしろ非常に典型的な早期のA類鬲が出土している［考古研究所渭水調査発掘隊 1959、図版1-2］ことも注意される。憶測の域を出ないが、土器群Aの早い時期の広がりを漆水河下流域に限定せず、そこを含み、さらにその北側にも広がった地域を想定しておく必要があるのではないだろうか。

　この時期の陝西北部の土器系統について付言しておく。陝北では、客省荘第二期文化石峁類型の後、石峁類型に特徴的な土器であった三足甕や、広い肩部を特徴とする折肩罐などが、考古学的に空白の時期を越えて、殷墟期前期並行期以降の遺跡（清澗李家崖など）［張映文・呂智栄 1988］［北京大学考古系商周考古実習組・陝西省考古研究所商周研究室 1988］に継承されている。殷墟期の陝北の土器系統にはまた、器種として簋の盛行や、紋様として雲雷紋、方格紋の多用など、色濃く殷系土器の要素が認められる。陝北地域が石峁類型以来の在来的な土器の伝統を継承する一方で、殷墟期の殷系土器と接触していたことを示唆している。その場合、陝北地域に殷系土器の要素を波及させた実体は、関中平原の殷系土器群である土器群Cであった可能性も考えられる。殷墟期並行期の陝北の土器系統と関中平原の土器群Cの接触を示す直接の分布上の接点は知られていないが、その陝北の土器系統と年代、分布域において密接な関連をもつ一群の青銅器の分布が注目される。いわゆる北方系の要素を多分に内包するこの青銅器群は、石楼―綏徳類型の名称でも呼ばれ[5]、陝北、内蒙古中南部、山西北西部に広がりをもつが、その分布の南限は関中平原北部の淳化県にまで達していることが知られる（表11.2参照）。淳化県はすなわち、土器群C主体の北村遺跡の所在する耀県に隣接し、この一帯は土器群Cの分布

地に接していたと考えてよい位置にある。このような石楼—綏徳類型青銅器と土器群Cとの接点は、土器群Cと陝北の土器系統の何らかの接触を示唆するものといえよう。

Ⅳ　殷墟三期〜四期前半前後（図11.1-3）

　この時期には、文献の伝えるところから推測すると、数段階にわたる「周」勢力拡張の重要な歴史動向が想定される。したがって可能ならば時期をさらに細分して分布図に反映させるべきであるが、現状では知られる遺跡の数が十分ではなく、細分しようとすると多くの空白部分を生じ、かえって誤った理解にいたる恐れもある。そこでここでは、大きくひとまとまりの時期として図化した。

　かつて殷墟一、二期並行期に西に大きく分布域を拡張した土器群C主体の遺跡は、殷墟三期以降、周原地区あるいは漆水河流域から姿を消し、また、関中平原北部で長く続いた北村遺跡なども終りをむかえ、典型的な遺跡は西安以東の老牛坡遺跡に限定されるようになる。

　土器群B主体の遺跡は、前の時期より東に拡張して、遅くとも殷墟三期には周原地区に現れている。殷墟三期並行期にはしたがって、土器群Bは宝鶏周辺（金河・晁峪グループ）、周原地区（劉家グループ）、涇河上流域（碾子坡グループ）にまたがって広く分布したと考えられ、さらに東の漆水河下流域でも殷墟一、二期に引き続き土器群A主体の遺跡に若干のB類扁をもたらしている。[6]

　一方、土器群A主体の遺跡は、殷墟三期の時点ではなお漆水河下流域に限定されていたようである。ところが殷墟四期並行期に入る前後から、きわめて短期間のうちにまず西方へ向かって拡張し、周原地区や宝鶏周辺で急速にその分布域を広げている。その場合、周原地区や宝鶏周辺では在来の土器群B（劉家グループ、金河・晁峪グループ）と共存する遺跡を広く形成することになる。

　他方、土器群Aはこの時期に、漆水河下流域から東の方に西安周辺へも波及をはじめ、老牛坡遺跡の一部（袁家崖墓）などにその土器をもたらしてい

る。しかし、この方面への本格的な拡張は、つぎの時期の動向である。西安周辺の豊鎬地区は、老牛坡遺跡に近いことからも早くから土器群Cと関係した地点と推測されるが、殷墟三期～四期前半頃にはこの地でB類鬲をともなう墓も造営されるなど、やや複雑な様相を呈している。各土器系統に関わりのある集団間の活発な交流がうかがわれよう。

　この時期で最も注目される地点は、周原地区であろう。ここでは主要な遺跡の様相が、殷墟一、二期→殷墟三期の間に土器群C→土器群Bに移行し、殷墟三期→殷墟四期前半にかけて土器群B→土器群Aないし土器群A、土器群B共存遺跡に変化している。これらの変化は、扶風壹家堡Ⅰ→壹家堡Ⅱ→壹家堡Ⅲのきわだった変化と、土器群B主体の劉家遺跡が殷墟三期並行期に出現し殷墟四期に衰退する状況に端的に示されている。しかし、この時期の周原地区を考えるとき、いわゆる古公亶父による「周」の遷岐という文献に伝えられる動向（事実とすれば、殷墟三期頃におこったことが考えられよう）は、必ずしも考古学的にとらえられているとはいえない。もし土器群Bの殷墟三期並行期における周原地区での出現をその動向と考えると、いったい土器群Bが、これよりのち、西周王朝の土器の形成から距離をおき、結局は「西周式土器」の構成に直接関与しないという後述する状況が説明しにくいことになる。そこであるいは、のちに「西周式土器」の主体となる土器群Aの周原地区での出現が、現在知られる殷墟四期前半よりもさらにさかのぼることが今後の調査で知られる可能性もある。ただしこうした議論の以前に、古公亶父の「周原」が、現在「周原」遺跡の中心と考えられている扶風、岐山県境一帯以外の別地に存在した可能性についても検討されるべきであろう。いずれにしても、いまだそのごく一部が調査されているにすぎない周原地区における、今後の広範な調査が待たれる［第一部第1章参照］。

　周原地区の動向はおくとして、殷墟四期前半にはじまる土器群Aの関中平原西部、特に今日の宝鶏市周辺への拡張という現象は、この時期に想定される文王による周勢力の西方への拡張を反映している[7]と考えることができる。実態としてその拡大が進行した時間と空間が考古学的に掌握できる資料が揃いつつあるといえる。やがて周は東方にも拡張し、豊邑を建設したと考えられるが、その以前にまず関中平原の西部にその勢力を伸ばしたことが土器群Aの動向

にうかがえるのである。

　土器群Aのこの西方への拡張の過程で注目されるのは、関中平原西部において在来の土器群Bの伝統を、当地から駆逐するようには変化せず、むしろ共存的に遺跡を形成している事実である。すなわち同じ墓域に違う系統の土器を副葬した墓が並存し（ただし土器群B主体の墓は、ときに墓域内の一定範囲に少数グループとして集中する）、また生活址の土器でも2系統が灰坑から一括出土して共存的であったりする。しかし土器群Aの拡張が単純に漸移的で平和的なものであったとはいえない。そのことをうかがい知る手がかりとして、土器群A、土器群B共存遺跡の墓域でしばしば見られる、銅戈、銅泡など武器類を副葬した等質な性格をもつ小型墓の集団が注目される。従前の関中平原には見られなかった性格の墓群である。根拠は十分ではないが、先にこれらは戦士的な性格の集団が残した墓ではないかと推測した。土器群Aが拡張した各地で、そうした戦士的な集団の墓群が形成されていたとすれば、土器群A拡張の軍事的な背景を示唆する現象として注目される。

　最後に、この時期の陝北の土器系統に目を向けておく。前の時期で述べた客省荘第二期文化以来続く陝北の土器系統は、殷墟期後半から西周期にまで継続したと考えられているが、次章で触れるように、この土器系統のもっとも特徴的な土器の一つである三足甕が、殷墟期後半とみられる時期に、関中平原の遺跡にも出現している。陝北から関中平原に波及したと考えられる三足甕の存在は、陝北と関中平原の接触を示す好材料といえよう。三足甕の系譜は、時期が下ってその後の西周式土器を構成する土器のなかにも加わっている。

V　西周Ⅰa期前後（殷墟四期後半〜西周王朝初葉）（図11.1-4）

　土器群Aは、殷墟四期前半前後に漆水河下流域から関中平原西部に急速に拡張したが、続いて殷墟四期後半に入ると、はじめて東方の豊鎬地区にも本格的に出現する。これとは対照的に、豊鎬地区の東側にあって二里岡期以来連綿と続いてきた土器群C主体の老牛坡遺跡は、殷墟四期後半に入る頃からその状況が不明になる。文献に伝えられる文王による崇侯虎の「討伐」と、豊邑建設の動向が反映された文化現象であろうか。
(8)

豊邑建設の前後にあたるこの時期、豊鎬地区の土器の構成は、この地に新たに登場した土器群Aを主体として、もともとこの地に定着していたと考えられる土器群Cの一部の土器（C類鬲など）を加えたものになっている。後述するように、土器群Cを継承した殷系の土器である西周C類鬲や、殷滅亡後に殷文化中心地域から直接王都の豊鎬地区に移入されたとみられる各種の殷系土器は、やがて西周Ｉｂ期以降、豊鎬を中心に成立する「西周式土器」の構成において、その主体となる土器群Aに次ぐ位置を占めることになる。

一方、関中平原西部では、殷墟四期前半以来の土器群Aの西方への拡張傾向が続き、宝鶏市周辺のほか、涇河上流域でも土器群A、土器群B共存遺跡が見られるようになる。こうした共存遺跡では、総じて土器群Aが土器群Bに対してしだいに優勢になり、やがてつぎの西周Ｉｂ期以降には土器群Bの系統は失われて、これらの共存遺跡は基本的には豊鎬遺跡の「西周式土器」に一致した内容をもつようになる[9]。

以上のように、周の王都豊邑、鎬京を中心に、土器群Aを主体とした「西周式土器」の形成がはじまり、一方、その前から関中平原西部では土器群A、土器群B共存遺跡が広く形成され、そのなかで在来の土器群Bが急速に衰退するといった動きは、成立前後の西周王朝の政治的動向を背景としたものに相違ない。ところで、こうした全般的な動向のなかにあって、見逃すことのできないくつかの例外的な現象も指摘できる。

すなわち、①宝鶏市街地の南部、清姜河の谷間に所在する茹家荘遺跡など土器群Bを出土した遺跡では、西周Ｉａ期に並行する頃、宝鶏周辺に在来の土器系統である土器群Bと秦嶺以南から移入された四川系の土器が共存するという状況が見られた。のちの陳倉故道、すなわち宝鶏から南下して秦嶺を越え、漢中、四川方面と結ぶ交通路は、殷末周初の頃すでに関中平原と秦嶺以南との交流の道となっていたことを示唆している。このあたりの事情については、第二部第13章で詳述する。②宝鶏市街地のさらに西方、関中平原西端の宝鶏峡一帯に位置する晁峪遺跡などでは、この西周Ｉａ期に並行する時期にいたっても、依然として比較的単純な土器群B金河・晁峪グループの組成を継続していた。③周の新しい王都豊邑、鎬京を中心に、土器群Aに殷系土器の一部を導入して「西周式土器」が成立するが、その動向とは並行して、土器群Aの

古くからの分布地であった漆水河下流域やその周辺の遺跡では、北呂遺跡に代表されるように西周期に入って以後も長らく先周期以来の比較的単純な土器群Aの組成を保持する状況が見られた。②、③は、西周王朝中心地の政治的体制が確立される過程を背景に「西周式土器」が形成され、それが広く各地に移入されていく動きの一方で、一部の地域では先周期以来の土器群Aや土器群Bの組成を比較的単純な形で存続させていた現象とみられる。

Ⅵ　先周期の青銅器の分布

　青銅器を専論することは別の機会に譲り、ここではただ、前節で述べた土器の分布との関連を考える目的で、先周期の青銅器を二里岡期～殷墟三期前後の時期と、殷墟四期～西周Ⅰa期前後の時期の2段階に分け、この間の青銅器出土地点の変化について考えてみる。2段階に分ける意味は、土器の動向から知られた殷墟三期と四期前後の間におこった土器群Aの拡張という大きな変化を、青銅器の側面から補足することである。

　表11.2は二里岡上層期から殷墟三期前後、表11.3は殷墟四期～西周Ⅰa期前後の青銅器出土地の一覧表であり、これらを図化したのが図11.2である。表中に示した青銅器の年代観は、林巳奈夫氏［林巳奈夫 1984］の青銅器編年や、徐天進氏［徐天進 1990］、李峰氏［李峰 1986］、飯島武次氏［飯島武次 1990a］らの研究を参照しつつ筆者の判断によるものである[10]。従来の所説と若干異なる年代認識も含まれるが、ここでは個々に例をあげて説明することは省略する。

　関中平原出土の先周期の青銅器は、その大部分が殷王朝とその周辺で発達した青銅器と同じ系統のものである。それらはまた、殷文化中心地域の青銅器に一致する形態をもつ一群と、殷系青銅器ではあるが、地方的に変化した器形や紋様を有する一群とに分けられる。後者を、本書では関中型青銅器と称する[11]（図11.3）。

　明確に関中型に分類すべき青銅器は、二里岡期にはなく、およそ殷墟二期以降に現れ、しだいに増加して、西周Ⅰa期では、関中平原出土青銅器の多くがこうした地方的な青銅器に属するものとなる。西周Ⅰa期において最も多く見

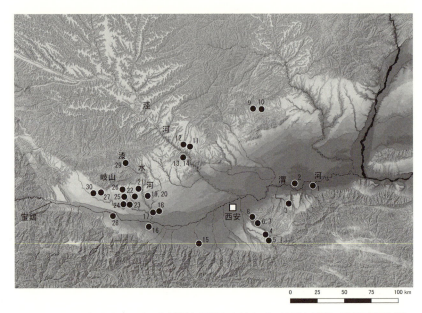

図 11.2-1 関中平原における先周期青銅器出土地点（二里岡上層期〜殷墟三期前後）
（遺跡番号は表 11.2 と表 11.3 に対応）

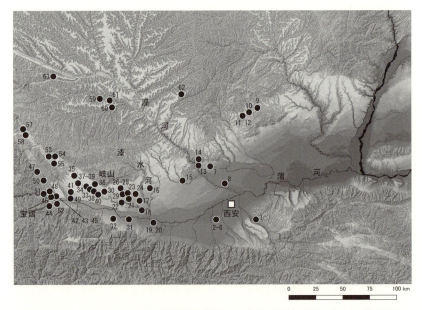

図 11.2-2 関中平原における先周期青銅器出土地点（殷墟四期〜西周Ⅰa期前後）
（遺跡番号は表 11.2 と表 11.3 に対応）

られる代表的な関中型青銅器が、たびたび指摘してきた方格乳釘紋簋（図11.3-4）や方格乳釘紋鼎である。それらの紋様が、土器群Aの印紋から引用されたと考えられるため、その製作主体者が土器群Aと密接な関係にあると考えられる一群の青銅器である。

関中平原出土の青銅器は、土器と共伴しない場合が多く、青銅器と土器系統との関係を厳密にはいえない状況があるものの、青銅器の分布に見られる動向が、土器系統の動向と密接に連動していることは確かである。

まず二里岡上層期～殷墟三期前後の青銅器の分布をまとめると、①おもな分布範囲は、土器群C主体の遺跡が集まる西安以東と、土器群Cが殷墟一期、二期前後に一時的に西に伸張した範囲とによく重なる。その場合、西安以東と、銅川県など関中平原北側の遺跡では、比較的多くの二里岡期にさかのぼる青銅器が出土し、漆水河下流域から扶風県、岐山県一帯では、一部二里岡上層期に年代の上がる例を含みながら、多くは殷墟一期、二期ないしそれ以降に下がる青銅器が出土している。この分布の範囲と年代の傾斜は、この時期の土器群Cの動向に対応した動きを示しているといえよう。②対照的に、土器群Bの濃密な分布地域である宝鶏市周辺や、涇河上流域ではこの時期まったくといってよいほど青銅器は出土していない。土器群Bと青銅器の分布上の接点があるとすれば周原地区周辺に限られる。③この時期、土器群Cの分布域に割り込むように漆水河下流域で展開をはじめた土器群A主体の遺跡（例えば鄭家坡Ⅰ）でも、青銅器が出土している。このような青銅器は、殷墟一期、二期前後の土器群Cの西への伸張にともなって、漆水河流域の土器群Aの遺跡に持ち込まれたものと考えられる。④一方、関中平原北側の淳化県周辺の遺跡では、殷系青銅器のほか、陝北の青銅器（石楼―綏徳類型）と共通する北方系統の要素がともなう例がある。このことは、先述したように陝北の土器系統と関中平原の土器系統との接点を考える上でも注目される。

つぎに殷墟四期～西周Ⅰa期前後の分布をまとめると、①分布範囲の全体は、この時期に土器群Aが大きく拡張したその全域によく重なる。すなわち西は宝鶏、隴県周辺、および涇河上流域から、東は豊鎬地区に広がっている。②対照的に、もとの土器群C分布の中心地域であった豊鎬地区以東では、青銅器の出土例は老牛坡遺跡（袁家崖墓）などごく少数に限られてしまう。土器

366　第二部　西周王朝成立期の編年的研究

表11.2　関中平原出土の青銅器1（二里岡上層期〜殷墟三期前後）

	遺跡	遺構	出土青銅器	時期	出典	備考
1	華県桃下村 1972	不詳	鼎1	殷墟一前後	陝西出土商周青銅器1・124	
2	渭南姜家村 1984	不詳	鼎（弦紋）1、爵、鉞、戈 など17点	殷墟一前後	考與文87-4	周囲に殷代土器片
3	渭南南堡村 1975	墓	鼎、盉、矛など52点	殷墟二〜三	考與文80-2	
4	藍田懐珍坊 1973	不詳	鼎（弦紋）1、戈、鉞 鏃、斧、銅餅など	二里岡上層 〜台西村	文資3 考與文81-3	
5	藍田黄溝村 1972	窖穴	盉1、戈など	殷墟二前後	文資3	
6	西安老牛坡 1972-86	墓、不詳	鼎1、斝2、爵2、觚4、戈、鉞、鏃、斧など2	台西村〜殷墟一、二	考與文81-2 文88-6	
7	西安老牛坡	不詳	鼎1、觚2、豆1	台西村〜殷墟四	考與物90-5	西安文物中心蔵品
8	西安袁家崖 1978	墓	爵1、觚1	殷墟三〜四	文資5	老牛坡遺跡の一部
9	西安田王村 1959	不詳	高鼎1	二里岡上層 〜台西村	陝西出土商周青銅器1・1	
10	銅川三里洞 1965	不詳	鼎（円錐状三足）1	二里岡上層	考82-1	
11	銅川紅土鎮 1974	不詳	盉1、弓形器	殷墟三〜四	考82-1 陝西出土商周青銅器4・194-195	関中型
12	淳化西梁家 1985	不詳	鼎（簡化饕餮紋）1	殷墟二以降	考與文90-1	
13	淳化稽家荘 1982	墓	鼎（簡化饕餮紋）2 刀、削、斧、鏡	殷墟二以降	考與文86-5	陝北出土青銅器と共通要素
14	礼泉朱馬嘴 1972	不詳	鼎1	殷墟期	陝西出土商周青銅器1・57	関中型
15	礼泉朱馬嘴 1977	窖穴？	鼎（弦紋）1、鼎1 甗1、爵1、觚1 戈、鏃	殷墟二〜三前後	文資3	関中型含む

第11章 土器系統の分布と相互関係

	遺跡	遺構	器物	年代	出典	備考
15	戸県侯家廟1971	不詳	觯1	殷墟一前後	陝西出土商周青銅器1·5	
16	周至竹峪村1972	不詳	爵1、斝1	殷墟一以降	陝西出土商周青銅器4·164-165	
17	武功鄭家坡1980	墓?	鼎（弦紋）1、甗1、觚形杯1、泡	殷墟一～二	文84-7	
18	武功浮沱村1959	不詳	鼎3、簋2、甗1、罍1、戈、矛、鈴など	殷墟二以降	陝西出土商周青銅器1·125-136	関中型含む
19	扶風呂宅村1974	墓	爵1、觚1、戚	殷墟二前後	陝西出土商周青銅器1·47-49	
20	扶風呂宅村1975	不詳	簋1	殷墟三～四	陝西出土商周青銅器1·50	
21	扶風美陽1973	墓	鼎（簡化饕餮紋）、觚1、高足杯1、舌1など	殷墟一～四（年代に幅のある一括遺物）	文78-10 陝西出土商周青銅器1·41-46	関中型含む
22	扶風陽家堡1974	不詳	甗1、簋1	殷墟二以降	陝西出土商周青銅器3·30-31	
23	扶風神水坡1956	不詳	鼎1	殷墟二以降	陝西出土商周青銅器3·29	関中型
24	扶風堂家堡1980	不詳	鼎（弦紋）1、戚、鏃	殷墟一前後	考古文89-5	
25	扶風県出土	不詳	鼎1	殷墟二以降	考古文90-5	西安文物中心蔵品
26	岐山王家嘴1977	窖穴	鼎（簡化饕餮紋）1、有銎戈	台西村～殷墟一	陝西出土商周青銅器1·12-13	陝北出土青銅器と共通要素
27	岐山京当1972	墓	鼎（弦紋）1、爵1、觚1、戈	殷墟一～二	文77-12	
28	岐山蘭王村1984	不詳	鼎（弦紋）1（鄭家坡の鼎と類似）	殷墟二前後	考古文90-1	
29	郿県出土	不詳	鼎1	殷墟期	鄒衡『夏商周考古学論文集』334頁	
30	麟游県	不詳	鼎1（老牛坡M10：1類似）	殷墟三～四	考古文91-5	
31	鳳翔官帽頭1978	不詳	爵1、觚1		陝西出土青銅器3·184-187	

（表11.2、3とも遺跡地名番号は、図11.2の番号に対応。遺跡の位置が正確に掴めない場合、原則として県城所在地に位置を示した）

368　第二部　西周王朝成立期の編年的研究

表11.3　関中平原出土の青銅器2（殷墟四期～西周Ⅰa前後）

	遺跡	遺構	出土青銅器	時期	出典	備考
1	西安斐家崖 1978	墓	爵1、觚1	殷墟三～四	文資5	老牛坡遺跡の一部
2	長安馬王村 1963	墓	方乳紋簋1、鼎2、觚1、爵2、觶1、卣1、戈など	西周Ⅰa	考63-8	関中型
3	67張家坡 1967	墓	方乳紋簋1、觚2、爵2、觶3、盉2、卣1、尊1、戈など	西周Ⅰa	学80-4	67年出土青銅器の総計。関中型含む。
4	77客省荘1 1977	墓	方乳紋簋1、鼎3、盉1	西周Ⅰa	考81-1	関中型含む
5	83澧毛1 1983	墓	方乳紋簋1、鼎1	西周Ⅰa	考84-9	関中型含む
6	84澧西15 1984	墓	方乳紋簋1、鼎1、觚1、爵1	西周Ⅰa	考87-1	関中型含む
7	涇陽高家堡 1971	墓	鼎2、觚1、觶1、甗1、卣2、盃1、簋2、盤1、爵1、尊1、戈など	西周Ⅰa	陝西出土商周青銅器4·136-146	関中型含む
8	涇陽県	不詳	甗1	西周Ⅰa	陝西出土商周青銅器4·147	関中型
9	銅川紅土鎮 1974	不詳	盉1、弓形器	殷墟三～四	考82-1 陝西出土商周青銅器4·194-195	関中型
10	銅川三里洞 1962	不詳	鼎1（饕餮紋は武功浮沱の鼎に類似の地方色）	殷墟四前後	考82-1	関中型
11	銅川十里鋪 1975	不詳	鼎1	殷墟四前後	考82-1	
12	銅川東一里鋪 1975	不詳	鼎1	西周Ⅰa	陝西出土商周青銅器4·193	
13	淳化史家塬 1979	墓	鼎1、方乳紋簋1、盉1	西周Ⅰ	陝西出土商周青銅器4·189-191	関中型
14	淳化黒豆嘴 1982	墓	爵1、壺1、泡、刀、削、鑣、鉞、弓形器、斧、戚、戈、有鑾支、金飾りなど	殷墟四～西周Ⅰ	考与文86-5	陝北出土青銅器と共通要素
15	礼泉汩河壩 1971	不詳	鼎2、方乳紋簋2、盉1	西周Ⅰa	陝西出土商周青銅器4·148-152	関中型含む

	遺跡名・年	墓/不詳	出土遺物	時期	出典	備考
16	乾県臨平 1970	不詳	鼎 3、簋 1	西周 Ia	陝西出土商周青銅器 4・175-177	関中型含む
17	武功渠子村 1976	不詳	甗 1、簋 3	西周 I	陝西出土商周青銅器 4・110-113	
18	武功徐家湾 1976	不詳	尊 1、觶 1	殷墟四〜西周 Ia 前後	陝西出土商周青銅器 4・114	
19	周至五里村 1973	不詳	簋 1	西周 Ia 前後	陝西出土商周青銅器 4・167	
20	周至豆村 1974	不詳	簋 2	西周 Ia 前後	陝西出土商周青銅器 4・169-170	
21	扶風劉家 1972	墓	鼎 3、鬲 1、簋 2、卣 2、尊 1、觶 1、爵 3、	西周 I	陝西出土商周青銅器 3・35-50	関中型含む
22	扶風下家村 1970	墓	鼎 1、簋 1	殷墟四前後	陝西出土商周青銅器 3・63-64	関中型含む
23	扶風雲塘 1950	不詳	尊 1	殷墟四前後	陝西出土商周青銅器 3・66	
24	扶風呂宅村 1975	不詳	簋 1	西周 Ia 前後	文博 88-6	
25	扶風博物館蔵	不詳	方乳紋簋 6	西周 I	文博 88-6	関中型
26	岐山礼村 1953	不詳	方鼎 1、爵 1、觚 1、觶 1、尊 1	西周 Ia 前後	陝西出土商周青銅器 1・15-19	関中型
27	岐山賀家村 1955	不詳	甗 1、卣 1	殷墟四前後	陝西出土商周青銅器 1・20-21	関中型
28	岐山賀家村 1973	墓	方乳紋鼎 1、斝 1、甗 1、卣 2、鬲戈、鏃、簋 1、戈、泡、弓形器など	殷墟四〜西周 Ia 前後（年代に幅がある一括遺物）	考 76-1	1号墓 関中型含む
29	岐山王家嘴 1953	不詳	鼎 1、簋 1、戈、泡、鏡	西周 I	陝西出土商周青銅器 1・139-144	関中型含む
30	岐山北簗子 1975	不詳	鼎 2、簋 2	西周 Ia	陝西出土商周青銅器 1・145-147	
31	鄠県鳳池村 1980	不詳	方鼎 1、簋 1	西周 Ia 前後	陝西出土商周青銅器 3・190-191	
32	鄠県小法儀 1980	墓	斝 1、戈、泡など	殷墟四前後	考与文 81-1	

33	鳳翔勸柴河 1975	不詳	方乳紋鼎1、方乳紋簋1、戈など	西周Ⅰa	陝西出土商周青銅器3・175-176	関中型含む
34	鳳翔丁家河 1972	不詳	鼎1、方乳紋簋1、爵1	西周Ⅰa	陝西出土商周青銅器3・178-181	関中型含む
35	鳳翔董家莊 1978	不詳	觚1、爵1	殷墟四	考與文84-1	
36	鳳翔河北村 1973	墓	鼎1、簋1	殷墟四～西周Ⅰa	陝西出土商周青銅器3・182-183	
37	鳳翔花園村 1978	不詳	甗1、爵1	殷墟四～西周Ⅰa	陝西出土商周青銅器3・184-185	
38	鳳翔官帽頭 1978	不詳	爵1、觚1	殷墟三～四	陝西出土商周青銅器3・186-187	
39	鳳翔勸読村 1974	不詳	觶1	殷墟四～西周Ⅰa前後	陝西出土商周青銅器3・188	
40	鳳翔横水 1972	不詳	方乳紋鼎1	西周Ⅰa	考與文84-1	関中型
41	鳳翔西村 1979	墓	鼎3、方乳紋簋4、戈、泡など	西周Ⅰa	考與文82-4	関中型含む
42	宝鷄桑園堡 1958	墓	鼎6、觚1、簋1、方乳紋簋4、戈、鉞など	西周Ⅰ	陝西出土商周青銅器4・1-7	関中型含む
43	宝鷄畇泉村 1970	墓	鼎1、簋1、卣1、觶1、弓形器、戈、矛、當盧、泡など	殷墟四～西周Ⅰa	陝西出土商周青銅器4・8-12	関中型含む
44	宝鷄茹家莊 1970	不詳	觶1	西周Ⅰa前後	陝西出土商周青銅器4・39	
45	宝鷄老虎溝 1956	墓	鼎2、甗1	西周Ⅰa	陝西出土商周青銅器4・98-100	関中型
46	宝鷄紙坊頭 1981	墓	鼎4、簋5、高2、甗1、觶1、佩飾、車器	西周Ⅰa前後	『宝鷄漁国墓地』	M1 出土 関中型含む
	宝鷄市区 1958	不詳	鼎4、方乳紋簋1	西周Ⅰa	文79-12	関中型含む
47	宝鷄強家莊 1979	墓	觚1、爵1、觶1	西周Ⅰa	考與文81-1	
48	宝鷄石橋 1979	不詳	方乳紋鼎1、方乳紋簋1、盤1	西周Ⅰa	考與文81-1	関中型含む

第11章　土器系統の分布と相互関係　371

49	宝鶏代河湾 1980	不詳	方乳紋簋1、卣1など	西周Ⅰa	考與文81-1	関中型含む
50	宝鶏白道溝	不詳	簋1、戈1	西周Ⅰa	考與文81-1	
51	宝鶏林家村 1983	墓	鼎1、簋1	西周Ⅰa	文88-6	関中型含む
52	宝鶏旭光 1984	墓	方乳紋簋1、瓢1	西周Ⅰa	文博85-2	M1出土 関中型含む
53	千陽鄧家堡 1975	不詳	方乳紋簋1、方乳紋簋1	西周Ⅰa	陝西出土商周青銅器3:169-170	関中型
54	千陽寺坡村 1973	不詳	方乳紋簋1	西周Ⅰa	陝西出土商周青銅器3:171	関中型
55	千陽沙溝村 1973	不詳	瓤1	西周Ⅰa前後	陝西出土商周青銅器3:172	
56	千陽県出土	不詳	爵1	西周Ⅰa前後	陝西出土商周青銅器3:174	県文化館所蔵
57	隴県草家荘 1977	墓	鼎1、簋2、爵1、盃1、尊1、卣1、觶1、戈、泡など	西周Ⅰ	陝西出土商周青銅器3:156-162	
58	隴県北坡村 1974	墓	方乳紋鼎1、方乳紋簋2、瓤1	西周Ⅰa	考與文91-5	関中型
59	長武劉主河 1969	不詳	方鼎1、簋1、刀	殷墟四〜西周Ⅰa	陝西出土商周青銅器4:154-155	
60	長武張家溝 1972	不詳	方乳紋簋1、鼎1、簋1、など	西周Ⅰa前後	考與文81-1	関中型含む
61	長武棗園村 1972	不詳	鼎1	西周Ⅰa	陝西出土商周青銅器4:160	
62	旬邑崔家河 1972	墓	方乳紋鼎、方乳紋簋1、戈、当盧、泡など	西周Ⅰa	考與文84-4	関中型含む
63	甘粛崇信于家湾 1984	墓	方乳紋簋3、方乳紋鼎1	西周Ⅰa	考與文86-1	M9出土 関中型含む

図 11.3 関中型青銅器〔縮尺不同〕

群Cの後退に対応した現象であろう。③土器群Bの分布地域であった宝鶏周辺や涇河上流地域では、この時期土器群A、土器群B共存遺跡が広範に形成される。土器群Aが西方に拡張した結果と考えられた。殷墟四期以前にはほとんど青銅器が出土しなかったこの地域でも、この時期、広い範囲で青銅器が出土するようになるのは（図11.2の、30番台以降の地点が大部分これに相当する）土器群Aの関中平原西部への拡張という動向に対応するものであろう。

　以上のように、二里岡期から殷墟期前半ごろまでの関中平原における青銅器の製作者、所有者は主として土器群Cに関係する人びとであったと考えられる。殷系土器群である土器群Cに関係する人々が、関中平原に殷系の青銅器を導入し、また初期における青銅器の拡散が、主として彼らの動向に従ったことはきわめて自然なことである。そのようにして関中平原でも製作がはじまった殷系の青銅器であるが、殷墟二期前後からは、同時期の殷文化中心地域の青銅器の特徴からやや離れた関中型青銅器の一群が現れるようになる。この動向と相前後する時期から土器群Cは後退し、その分布域は関中平原東部に限定されるようになる。そして青銅器の製作は、土器群C以外に関係する人びと、特に土器群Aに関係する人びとによってもおこなわれるようになったと考えられる。その結果として、殷墟四期前後から土器群Aが関中平原西部に拡張するとき、それにともなって青銅器も西方へと拡散したのである。

　殷王朝滅亡前後の西周Ｉa期頃に関中平原西部などに広がった青銅器のもっとも代表的なものは、繰り返し述べたように方格乳釘紋簋と方格乳釘紋鼎である。その特徴ある青銅器紋様は、土器群Aの印紋からの引用であろうと推測した。つまり土器群Aのなかから生まれた関中型青銅器の一群が、土器群Aの拡張にともなって各地にもたらされたという現象が読み取れるのである。[12]

註

（1）注意すべきは、従来客省荘第二期文化として理解されてきた資料のなかに、年代が二里頭文化期並行期に下がるものが含まれる可能性もあることである。例えば、先に土器群ＡのＡ類鬲Ⅰ形式の祖型を暗示する参考材料とした長安馬王村出土の鬲（第二部第8章、図8.2）などは、客省荘第二期文化の鬲とするとその最晩期のものと考えられ、年代は土器群Ａの早い時期に近づいている可能性もある。なお、張天恩氏はこの時期の関中平原の考古学研究にも積極的に発言していて、問題の手がかりを探る近年の同氏の研究は注目される［張天恩 2004］。また、本書第二部第15章参照。

（2）なお、三つの類型のうち石峁類型については、類型の提案者である韋啓明氏自身が指摘するように、内蒙古中南部の遺跡や山西、河南西部各地の龍山文化と関連する土器をあわせもつ内容を示し、評価によっては、客省荘第二期文化とは別のものと考えられる地域的グループである。

（3）土器群ＢのⅠ期のうち、特にⅠ2期に相当する姫家店、北馬坊、鄜県採集資料などは、二里岡期にさかのぼる可能性は小さいとみられるが、全体の趨勢を考える意味から図11.1-1にはこれらも加えた。

（4）なお李家崖遺跡の報告者は、同遺跡を標準とする殷、周王朝並行期の文化が陝西北部―山西北西部に分布すると認識し、これを李家崖文化と呼称する。ただしこのような文化の設定が確立されるには、いま少し関係資料の蓄積を要するようにもおもわれる。

（5）李伯謙氏が石楼―綏徳類型青銅器の名称を提案し、その性格を詳しく論じている。李伯謙「従霊石旌介商墓的発現看晋陝高原青銅文化的帰属」『北京大学学報哲学社会科学版』1988年。

（6）ただし、図11.1-3で見ると、涇河上流域が空白のようになっている。これは第二部第9章の遺跡の項で述べたように、涇河上流域を代表する碾子坡遺跡において、ちょうどこの時期が碾子坡Ⅰと碾子坡Ⅱの間の「未発見」の空白期間に相当することを反映している。しかし、実際にはこの殷墟三期～四期前半の期間にも涇河上流域では碾子坡遺跡をはじめ、土器群Ｂ碾子坡グループの諸遺跡が継続していたと考えるのが妥当であろう。

（7）『史記』周本紀に、「諸侯聞之曰。西伯蓋受命之君。明年伐犬戎。明年伐密須。明年敗耆國。（中略）明年伐邘。」とある。文王のときに逐次周辺の地域勢力を「討伐」し、急速に周勢力が拡張したことを伝える内容と考えられる。このなかでも密須は今日の甘粛霊台付近にあった勢力とされ（甘粛省博物館文物隊「甘粛霊台白草坡西周墓」『考古学報』1977年2期）、犬戎は関中平原の北西部を中心とした勢力であると考えられている（例えば、趙化成「甘粛東部秦和羌戎文化的考古学探索」兪偉超主編『考古類型学的理論与実践』文物出版社、1989年、170～171頁）。土器群Ａの関中平原西部への拡張という現象は、この記事が伝える文王期の周の動向を反

(8) 『史記』周本紀には、註（7）掲の記事に続いて、「明年伐崇侯虎。而作豊邑。自岐下而徙都豊。明年西伯崩」とある。ここに見える崇が、西安老牛坡遺跡など西安市近郊に知られる殷系土器群である土器群Cを主体とする先周期の遺跡と関連することが十分に考えられよう。
(9) この一連の変化は、例えば宝鶏紙坊頭Ⅰ（殷墟四期前半前後）→紙坊頭Ⅱ（西周Ⅰa期）→紙坊頭Ⅲ（西周前期）の移り変わりに典型的に現れている。
(10) なお表中の「時期」にある「台西村」は、河北省文物研究所『藁城台西商代遺址』文物出版社、1985年の台西一期墓と二期墓を合わせた時期で、二里岡上層期の一部と殷墟一期にまたがる年代を含むと考えている。
(11) 関中型といえる青銅器として、左右の対称性に崩れがある細凸線饕餮紋をもつもの（図11.3-1）、饕餮紋を構成する凸線（かなり幅広の凸線）の上端面に鋳型にあった土器に見るような縄紋の反転痕を残す青銅器（図11.3-2）、あるいは方格乳釘紋と特徴ある夔紋を組合せた簋（図11.3-4）や鼎などが典型的である。鄒衡氏は、先周期の関中平原の青銅器を、商式、商周混合式、周式の3種に分類しているが［鄒衡 1980b］、本書の「関中型」は、ほぼその商周混合式と周式の2者を合わせた内容となっている。
(12) その場合、非常に短期間のうちに土器群が拡散したことは、その背景に何らかのかたちでの人間集団の拡散があったと推測される。ところが製作者集団と所有者集団が一致するとは限らない青銅器においては、その拡散は、青銅器製作者の拡散の結果である場合のほか、「服属せしめた諸族に下賜された」［武者章 1989］というような場合が考えられる。すでに紹介したように、武者氏は方格乳釘紋簋を、文王を製作主体者として周に服属した諸族に下賜されたことを推定しているのである。土器の拡散とはまた別の事情で広まった青銅器が存在したことが考えられよう。

第12章　西周式土器を構成した土器の系譜

I　西周式土器の構成

　「西周式土器」とは西周王朝の王都豊鎬遺跡の土器を標準として設定される一つの土器様式である。器種と形式の構成が安定し、器形的、紋様的特徴が漸移的に変遷する土器の伝統としての西周式土器は、西周Ia期という過渡的段階を経て、西周Ib期以降、特に西周II期以降に明確なかたちで現われてくる。

　本章では、西周前期から西周中期（主として西周Ib期から西周III期の間）に見られた典型的な西周式土器の器種を取り上げ、器種ごとにそれに先行する系譜的なつながりを、西周期以前の土器群A、土器群B、土器群Cおよびかつての殷文化中心地域の土器、さらには陝北の土器系統のなかにさかのぼって検討してみたい。すでにこれまでの論述のなかで指摘した点も少なくないので、ここでは要点をまとめて整理していく。

　西周式土器を構成したおもな器種として以下をあげることができる［第二部第7章、表7.2、表7.3参照］。

① 墓出土の土器

　鬲（A類鬲、C類鬲）、罐（折肩罐、円肩罐）、簋（Aタイプ、Bタイプ）が基本的構成となる。これに壺、瓿、尊、豆、罍形器、盆、鉢、三足瓮などが加わる。このうち、簋、壺、瓿、尊などはもともと青銅器と共通する形態的特徴をもち、倣銅陶器的性格が強い。またA類鬲のなかにも、西周III期に入る頃から、器側に鰭状の突起を付けるなど倣銅陶器の性格をもつものが盛行する。この他、西周III期になると、青銅器の器形をまったくそのまま模倣した倣銅陶器（鼎、盤など）も出現するが、このような倣銅陶器は完全に青銅器に従属した存在で、しかも個別の墓の副葬土器として一回性的に製作されたものであ

り、土器形式としての継続性はない。
② 生活址出土の土器
　鬲（A類鬲）、罐（折肩罐）、盆、甑が主要な器種で、瓮、三足瓮など大型の土器や、鉢（碗）なども多く含まれる。また、豆、簋は西周Ⅱ期頃までは少数にすぎないが、西周Ⅲ期には増加して主要な器種の一部となる。仿銅陶器的性格のある土器としては、簋Aや鰭状突起をもつA類鬲が西周Ⅲ期頃から現れる。
　以下に、先行する時期の土器の諸系統から、西周式土器の各器種へ継承されたとみられる系譜的つながりを整理しておきたい。

Ⅱ　土器群Aと西周式土器

　西周式土器が、先周期以来の土器群Aからその土器組成の主要な部分を継承したことは、これまでも繰り返し指摘してきた基本的な認識である。
　西周式土器のうち墓から出土する土器として、土器群Aから継承したとみられる主な器種は、A類鬲、折肩罐、円肩罐である。このほか、比較的少数が出土する鉢（碗）も土器群Aの流れを汲むと考えられる。また、個々の器種別に系譜的なつながりがあるばかりではなく、例えば副葬土器の器種構成自体が、土器群Aで一般的であった〈鬲・罐〉の組合せが、西周式土器の基本となっていることは明らかである。ただし、西周式土器では鬲、罐に次ぐ3番目の主要な器種として土器群A以外に由来する簋が加わっていることが重要である。一方、生活址の主要な土器のうち、A類鬲、折肩罐、盆、鉢（碗）などが土器群Aから継承したものとみられる。
　図12.1は、土器群AのⅢ1期→西周Ⅰa期（土器群AのⅢ2期相当）・西周Ⅰb期→西周Ⅱ期→西周Ⅲ期の各時期を通じて、土器群Aの土器と西周式土器との継承関係を図示したものである。
　この期間を通じて、A類鬲では次のような連続した形態の変化が見られる。①三足の襠の位置がしだいに低くなる。②足尖部がしだいに低くなる。③肩部がなで肩の傾向からから張り出した傾向に変わる。④口縁部外面の処理が、一般的にいえば、全面に縄紋→一部擦り消し→全面擦り消し、という段階で変化

する。こうした①〜④の漸移的変化を通じて、A類鬲は先周期から西周期へと連続的に変遷している。またその場合、先周期のA類鬲について設定された並行する形式が、西周Ⅱ期以降の西周式土器のA類鬲のなかにおいても、複数のタイプ（形式）として並行したまま後続することは重要である。[1]

　折肩罐では、土器群Aから西周前期の西周式土器にかけて、最大径の位置がしだいに低くなる変化を見せながらも、肩部を磨研し、胴部に縄紋を施す基本的特徴は継承される。円肩罐では、西周Ⅰa期（土器群AⅢ2期相当）前後に黒色磨研のものが多く、その後西周Ⅱ期以降では灰陶のものが一般的になり、かつ器高が低くなる変化を見せるが、丸い肩部と、肩部にめぐらせた2本の平行沈線、そして全体を磨研する基本的特色は継承される。このほか、盆、鉢などは、土器群AⅢ1期、西周Ⅰa期（土器群AⅢ2期相当）で重菱紋が盛行したが、西周式土器では縄紋や無紋のものが一般的になり、かなり特徴が変わる。しかし盆に見られる胴上部の屈曲内傾の特徴や、鉢の口縁部が内側に強く湾曲する特徴などは、西周中期以降にも継続したと考えられる。

　以上のように、かつて土器群Aを構成した主要な器種は、形態の漸移的変化を示しながらやがて西周式土器のなかに継承されていくことが知られる。また、各器種の系譜的つながりとともに、西周式土器の器種構成自体が、土器群Aの構成を基本として成立したと考えられるのである。

Ⅲ　土器群Bと西周式土器

　西周式土器を構成した土器のなかに、少なくとも直接に土器群Bの土器を継承した器種は含まれていないと考えられる。ただしこのことを最終的に確認するには、今のところ土器群Bの生活址の土器が、きわめて不十分にしか知られていないという問題を残している。

　土器群Bの主要な土器であるB類鬲は、豊鎬遺跡の西周Ⅰa期では墓、生活址ともに少数ながら土器群Aや土器群Cの系統の土器と共存的に現れているが、西周Ⅰb期以降はまったく姿を消し、結局、西周式土器を構成する土器には加わっていない。ただし、少なくとも西周前期のA類鬲のなかには、一部にB類鬲に関連する要素をもつ例のあることが指摘できる。例えば、先周

378 第二部 西周王朝成立期の編年的研究

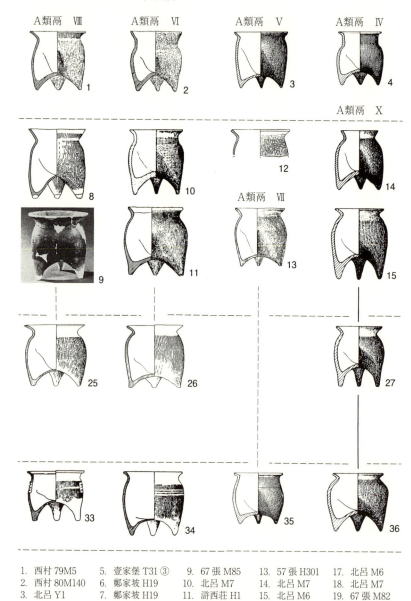

1. 西村 79M5
2. 西村 80M140
3. 北呂 Y1
4. 北呂 M12
5. 壹家堡 T31 ③
6. 鄭家坡 H19
7. 鄭家坡 H19
8. 67張 M54
9. 67張 M85
10. 北呂 M7
11. 灉西荘 H1
12. 馬王村 H11
13. 57張 H301
14. 北呂 M7
15. 北呂 M6
16. 旭光 M1
17. 北呂 M6
18. 北呂 M7
19. 67張 M82
20. 馬王村 H11

図 12.1 土器群Aと西周式土器〔縮尺不同〕

第12章 西周式土器を構成した土器の系譜　379

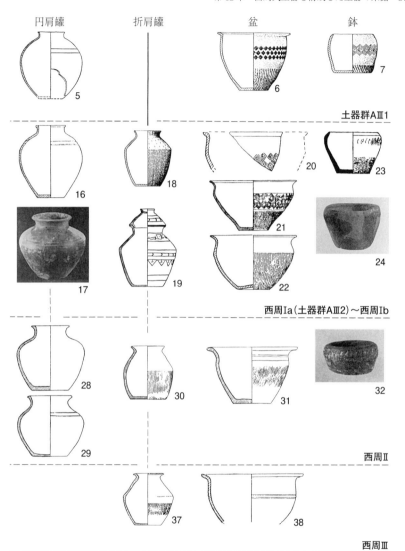

| 円肩罐 | 折肩罐 | 盆 | 鉢 |

土器群AⅢ1

西周Ia（土器群AⅢ2）〜西周Ib

西周Ⅱ

西周Ⅲ

21. 潞西荘 H1　　25. 67張 M71　　29. 67張 M71　　33. 67張 M56　　37. 84澧 M24
22. 84澧 M12　　26. 67張 M33　　30. 67張 M33　　34. 67張 M56　　38. 85張・東 H2 上
23. 潞西荘 H27　27. 北呂 M140　　31. 76張 M98　　35. 北呂 M19
24. 57張 H148　　28. 57張 M178　 32. 57張 M189　 36. 北呂 M119

期のA類鬲Ⅸ形式はB類鬲Ⅵ形式と形態的に関連があり、そのA類鬲Ⅸ形式の系譜は西周前期のなかに継続されている（第二部第8章、図8.1-51）。

土器群Bは土器の組成の違いから三つの主要な地域的グループに分けられたが、そのうち金河・晁峪グループと劉家グループにともなう各種の有耳罐（第二部第9章、図9.2）は、豊鎬遺跡の西周Ⅰa期にはまったくともなわず、その後に成立する西周式土器にもまったく見られない。有耳罐のうちのⅣ形式とした単耳罐の系譜は、西周期に並行する甘粛東部の寺窪文化のなかでは引き続きおこなわれているが、これも西周式土器のなかには入っていない。

また、劉家グループと碾子坡グループに特徴的な、胴上部に数条の沈線をめぐらせ、胴部にやや膨らみのあるタイプの折肩罐は、土器群Aの折肩罐と類似点はあるものの異なる系統の土器と考え、土器群Bを構成する土器とみなした（第二部第9章、図9.3）。この土器もまた西周式土器のなかにはその系譜が続いていない。

なお、土器群B碾子坡グループの生活址（碾子坡Ⅰ。殷墟一、二期並行ないしそれ以前）の土器に殷系土器の要素が見られることを指摘したが、つづく碾子坡Ⅱの生活址が知られていないこともあって、早い時期の土器群Bの一部にともなったそうした殷系土器の要素の、その後へのつながりは確認できない。

Ⅳ　土器群Cおよび殷文化中心地域の土器と西周式土器

すでに述べてきたように、西周式土器を構成する土器のなかには、比較的多くの殷系統の土器が存在している。その場合、殷系土器の来源として、二つの流れを考える必要がある。一つは、関中平原在来の殷系土器群である土器群Cに由来する土器、もう一つは、殷墟に代表される殷文化中心地域に直接的に由来する土器である。

（1）土器群Cに由来する殷系土器

土器群Cに由来する殷系土器を継承した西周式土器の器種として、「西周C類鬲」があげられる。第二部第11章で、土器群CのC類鬲の遅い段階と、西

第 12 章　西周式土器を構成した土器の系譜　*381*

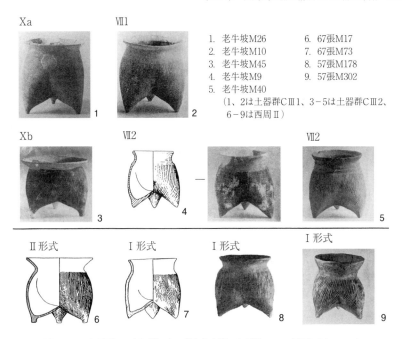

図 12.2　土器群 C（上段）と西周式土器（下段）の C 類鬲〔縮尺不同〕

周 C 類鬲との系譜上の接点を示唆しておいたが、ここであらためて両者の継承関係を確認しておきたい。⁽²⁾

　西周 C 類鬲のなかには、西周前期で A 類鬲とともに副葬土器の中心となった西周 C 類鬲 I 形式と、西周中期前後から資料数が増加する円柱状足尖をもつ II 形式の 2 種がある。そのいずれも、殷墟期並行期の西安老牛坡遺跡出土の C 類鬲にその系譜をさかのぼることができる（図 12.2）。

　土器群 C の C 類鬲 VII 形式が、西周 C 類鬲 I 形式の先行形式とみられる。両者は、まず何よりも従来から「分襠」と称されてきた、成形技法の結果としての襠の形態が共通することに加えて、幅広く擦り消された口頸部が、整然と太めの縦方向の縄紋が施紋された頸部以下とくっきりと区画される特徴を共有している。また、両者とも円錐状の足尖は低く、先端まで縄紋を施す。ただし、C 類鬲 VII 形式では、口縁部が稜をなして外折するものや、受口状をなす殷墟出土の鬲にも通じる特徴が認められるが、西周 C 類鬲の I 形式では、口縁部は

滑らかに外反するようになる。この西周C類鬲のI形式は、西周前期の副葬土器として盛行し、西周中期に入るとはっきりと減少する。

一方、土器群CのC類鬲X形式が、西周C類鬲II形式の先行形式と考えられる。明確な「分襠」の特徴を有することから後者がC類鬲の系統に属することは確かであり、同時にC類鬲のなかで円柱状の足尖をもつタイプは、これら両者以外に知られず、両者には確実に継承関係があると考えられる。ただし、西周C類鬲のII形式は、西周前期では少数が知られる土器であり、西周中期以降に先のI形式に代わるようにして墓、生活址のなかで増加するものである。

土器群Cの土器で、西周式土器との継承関係が認められるのは以上のC類鬲の2形式に限られる。土器群Cでは、先述したように殷墟期に並行する時期の様相として、老牛坡遺跡の墓の土器が知られるのみで、生活址の土器は知られていない。その墓の副葬土器としては、鬲と罐があるだけである。その罐と、西周式土器のなかの各種の罐との関連は認められない。

（2）殷文化中心地域に由来する殷系土器

西周式土器のなかには、C類鬲のほかにも殷系土器とみられる器種が少なからず存在する。すなわち簋A、簋B、罍形器、瓿、豆、壺、尊（圏足）などは、殷系土器の系譜を直接引くか、その影響を強く受けた土器であるといえる（図12.3）。これらはいずれも、殷墟遺跡出土の土器にその先行型式と考えられる土器を指摘することができる（図12.4）。ここでは、『殷墟発掘報告』（以下『殷墟』）で紹介された土器資料をおもな材料として、西周式土器につながる土器の系譜を確認しておきたい。以下に引用する殷墟出土土器の分類は、同報告書からの引用である。

殷墟出土の簋は、西周式土器の簋よりはるかに多様な形態を含む。そのうち、殷墟三期、四期頃の簋の特徴を大まかにまとめると、胴部が膨らみ、口縁部がS字状に湾曲して大きく外反し、圏足が比較的高いタイプ（図12.4-1〜3）と、胴部から口縁部にかけて斜直に近く、比較的低めの圏足をもつタイプ（図12.4-4、5）がある。前者は磨研された器面に平行沈線をめぐらせ、後者は縄紋と三角劃紋を施す例が多い。このうち特に前者は、器形からみて青銅

第12章　西周式土器を構成した土器の系譜　*383*

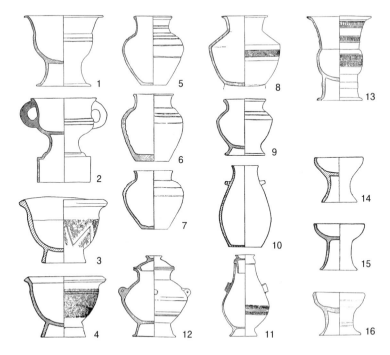

1．67張M71	5．67張M82	9．67張M50	13．67張M80
2．67張M82	6．79張M4	10．84灃M37	14．57客M145
3．84灃M3	7．61張M307	11．67張M130	15．61張M412
4．57張M178	8．67張M73	12．67張M17	16．76張M6

(2、5は西周Ⅰb、3、11は西周Ⅰ頃、1、4、7、12は西周Ⅱa、6、9、14、15は西周Ⅱb、8、10、13、16は西周Ⅱ頃)〔11は1/16、その他1/10〕

図12.3　西周式土器を構成した殷系土器の一部

簋の影響が強いタイプであろう。その前者が西周式土器の簋A（図12.3-1、2）、後者が簋B（図12.3-3、4）の祖型となったと考えられる。具体的に比較するならば、『殷墟』の簋ⅩⅠ、ⅩⅡ、ⅩⅢ式が、西周前期の簋Aにつながる特徴をもつ。図12.4-2の例などに見られる胴下部の膨らみと口縁下部の2本の沈線を、西周式土器の簋A（図12.3-1）と比較するならば、その関連は明らかであろう。ただし、西周式土器の簋Aでは、口縁部の外反が強く、圏足は高くなる。また、簋Aのなかに両側に環状の把手をもち、方座にのるタイプがある（図12.3-2）。これは殷墟でも出土する環状把手をもつタイプ（『殷

384　第二部　西周王朝成立期の編年的研究

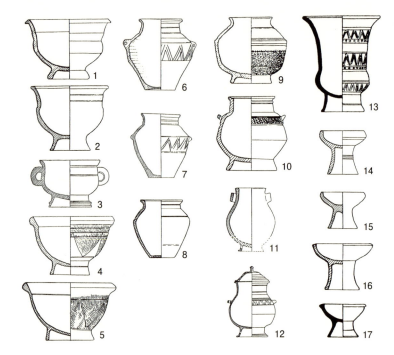

1. 苗圃北地T1④	6. 小屯西地M250	10. 苗圃北地H5	14. 大司空村62SM30
2. 小屯西地T104⑥	7. 苗圃北地M129	11. 苗圃北地H105	15. 小屯西地T112③
3. 苗圃北地M129	8. 小屯82M1	12. 西区M793	16. 西区M298
4. 梅園荘M4	9. 苗圃北地T211④	13. 小屯西地T210⑤B	17. 西区M415
5. 后岡H10			

(9は殷墟二、1、2、6、13-16は三、その他四)〔9は1/12、12は1/16、その他1/10〕

図12.4　殷墟遺跡出土土器

墟』簋ⅩⅤ式相当、図12.4-3)が方座にのせられた形態と考えられ、西周前期に顕著な方座つきの青銅簋の出現とも関連していよう。一方、『殷墟』の簋Ⅳ、Ⅷ、Ⅸ、Ⅹ式が簋Ｂにつながる特徴をもつ。図12.4-4は『殷墟』の簋Ⅸ式の例である。また図12.4-5は、殷墟期末葉の后岡H10出土の例である。なお、西周式土器中の簋Ｂにおいて三角割紋を有するものは、西周Ⅰｂ期では比較的多く見られるが、西周Ⅱ期以降では明らかに減少する。

　西周式土器のなかで一般に円肩罐の一種として分類されているなかに、比較的高い直立した口頸部をもち、肩部や胴上部に多数のやや深く刻まれた平行沈

線（旋回紋）をめぐらす平底の土器がある（図 12.3-5〜7）。これが本書で罍形器と称する土器である。このような土器は、殷墟出土の土器のうち、『殷墟』で罍（特にそのⅦ式）と称されたなかの一部や、罐（そのⅩⅩⅣ式）（図 12.4-6〜8）などとの間に十分に継承関係が認められる。高く直立した口頸部、その口頸部から肩部にかけて複数の沈線をめぐらす装飾が両者に共通している。またこれら殷墟の土器と西周式土器の双方で、しばしば器の内面に粘土紐積み上げの痕跡と思われる平行するリング状の凹凸が観察される。それは他の器種には見ない顕著なものであり、両者の成形工程において類似する特徴があったことをうかがわせる。

　西周式土器の瓿は、膨らんだ器身に、大きな圏足がついた器形を呈する（図 12.3-8、9、12）。このいわば罐に圏足がついたような器形もまた、殷墟出土の瓿をはじめとする圏足付の土器にその系譜をさかのぼることができる（特に『殷墟』の瓿Ⅲ式）（図 12.4-9、10）。

　西周前期の西周式土器に見られる、口縁が内湾し、比較的高い脚台をもつ豆（図 12.3-14〜16）は、殷墟出土の豆の一部の形式（『殷墟』の豆Ⅶ、Ⅷ式など）（図 12.4-14〜17）の系譜をひくと考えられる。また、西周式土器の豆ではしばしば器身の側面に数条の平行沈線（旋回紋）をめぐらす例が見られるが、これも殷墟出土の豆に常見される特徴に通じる。ただし、西周中期以降、浅く広い器身と裾の広がった圏足をもつ豆が盛行するが、このような豆は単純に殷系の豆から変化した土器とは評価できず、あるいは先周期の土器群 A 生活址の土器に見られる、やはり浅く広い器身と裾広がりの圏足に特色のある豆[6]からの影響があったことも考えられる。

　以上のほか、青銅器との器形的関係がある西周式土器の壺や尊（圏足）（図 12.4-10、11、13）なども、殷墟出土の壺、尊（圏足）あるいは觶、卣など、仿銅陶器的性格の強い一連の圏足付き土器（図 12.4-11〜13）の系譜をひくと考えられよう。

　以上、殷文化中心地域に由来する殷系土器として、西周式土器の構成に加わったとみられる器種のなかで、簋 A、簋 B は、各種の鬲、各種の罐とともに、西周式土器の副葬土器として基本的構成をなす器種となる。その他の土器は、西周式土器のなかでは副次的存在であるが、副葬土器として特に西周の王

都豊鎬遺跡の墓では比較的多用されており、重要な位置を占めていた。土器群Cから継承されたとみられるC類鬲を含めて、殷系統の土器は、西周式土器のなかにあっては特に副葬用の土器として大きな役割を担ったことが注意される。西周式土器の生活址の土器を構成した殷系土器はごく一部にすぎない。[7]

ところで、以上で指摘した西周式土器に受け継がれた殷系土器のうち、C類鬲を除く大半のものは、西周Ⅰa期（すなわち西周王朝成立前後の時期）の豊鎬遺跡には出土例が知られていないという事実が注目される（第二部第7章、表7.2、表7.3参照）。ただし、C類鬲だけは早くもこの時期から確実に豊鎬遺跡に出現している。このことはつまり、同じ殷系土器といっても、C類鬲とその他の土器とでは、西周式土器の構成に加わった歴史的経緯に相違があることを示唆する。殷王朝滅亡前に周の勢力が関中平原東部に進出し、豊邑、鎬京を相次いで建設した過程で、在来の土器群Cの主要な土器であったC類鬲は、王都周辺における地域集団の再編成のなかで豊鎬遺跡の西周Ⅰa期に加わるようになったのであろう。一方、簋A、簋Bに代表される西周Ⅰa期より以降（つまり確実に殷王朝滅亡より以降の時期）になって急増した殷系土器は、殷王朝滅亡後にはじめて殷文化中心地域から西周の王都に移入され、当地でも生産されるようになった土器と考えられるのである。西周C類鬲が、形態的に殷墟の鬲に直結しない、いわば関中平原に土着化した殷系鬲の系譜をひくのに対して、簋その他の土器は、殷墟の土器に直接の祖型を見出しうることが、そうした歴史的経緯の相違を反映しているとおもわれる。

なお、殷墟出土の土器として最も普遍的な存在である觚と爵の2器種が、西周式土器にまったく継承されていないことは、以上に述べた殷系土器と西周式土器の間に見られる数々の系譜的関係にもかかわらず、殷王朝の土器の組成と、西周王朝の土器の組成が、その基本において全く異なっていたことを端的に物語っている。

Ⅴ　北方系統の土器と西周式土器

西周式土器のなかに少数ではあるが3本の空足を備えた大型の甕形土器がある。これは三足甕（蛋形三足甕）として知られる土器で、龍山文化期の終わり

第 12 章　西周式土器を構成した土器の系譜　387

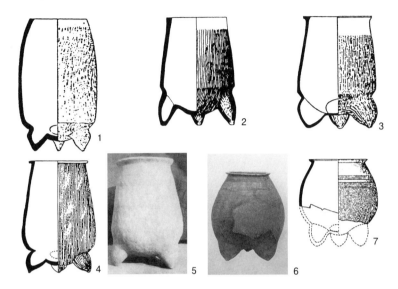

1. 石峁 M2　2. 李家崖 AT18③　3. 薛家渠 M1 盗洞　4. 鄧家荘　5. 太子蔵　6. 客省荘 T22
7. 召陳 T165G1 ③〔5,6 縮尺不同、その他は 1/20〕
図 12.5　陝北、関中平原出土の三足甕

頃から初期王朝時代にかけて、内蒙古中南部、陝西北部、関中平原、山西中部、山西南部、それに河北、河南の一部の遺跡から出土している。

　三足甕（蛋形三足甕）は、本来一つの系統の土器と考えられるが、各地に定着するにしたがい、いくつかの地域的な系統に分岐するようになる。現在知られる各地の三足甕資料のなかでも、器形的特徴として最大径が胴下部にあり、終始肥大した三空足を有するなどの点から、西周式土器中の三足甕は、内蒙古中南部→陝西北部→関中平原とつながる系譜に連なると考えられる（図 12.5）。それは従来から比較的研究のすすんでいる山西省中部、南部に展開した三足甕とは、起源において同じであるとしても、その後の系譜においては別のものである。

　西周式土器の三足甕の系譜に連なるおもな遺跡をあげると、①内蒙古中南部では、朱開溝遺跡（龍山文化期後期〜殷墟一、二期並行期）、大口遺跡（龍山文化期後期〜二里頭文化前期並行期）、②陝西北部では、神木石峁（龍山文化

期後期〜二里頭文化期並行期)、清澗李家崖[13]（殷墟期前期〜西周中期並行期)、綏徳薛家渠[14]（殷墟期並行期)、③関中平原では、臨潼鄧家荘、扶風太子蔵[15]、三原南韓[16]、扶風壹家堡Ⅲ[17]（殷墟四期並行期）などがある。関中平原の4地点のうち、壹家堡Ⅲは土器群A主体の単位であるが、その他の三足甕が、土器群A、土器群B、土器群Cのいずれにともなう遺物であるのかは、共伴遺物が知られておらず、判然としない。

　そしてこれら西周期以前の関中平原に波及していた三足甕を、やがて西周式土器が継承したと考えられる。西周Ⅰ期の三足甕が、『灃西』生活址早期（客省荘T22）で出土している［中国科学院考古研究所 1962a］（図12.5-6)。胴下部が大きく膨らみ同時に三足も太くなっている。時期が下がって西周Ⅲ期相当の例として、扶風召陳三期出土のものがある［陝西周原考古隊 1981a］（図12.5-7)。胴部はさらに張りだして球体に近くなるが、外に屈折する口縁、胴上部の帯状紋など客省荘出土例の特徴を明確に継承している。このほか、しばしば蓋をもつやや小型の三足甕が西周式土器にともなう[18]。

　西周期の三足甕は資料数こそ少ないが、西周式土器の構成に確実な位置を占めていたと思われる。そのことは例えば、北京にある燕国関係の琉璃河遺跡西周前期墓[19]や、山西省洪洞県にある晋国関係の永凝堡遺跡西周中期墓[20]などの遠隔地においても、西周王朝の中心地から移入された西周式土器の一器種として三足甕が出土している状況から確認できよう。

　三足甕の系譜に示唆される内蒙古中南部→陝北→関中平原のつながりを、地域間の関係としてより具体的に説明することは今後の研究課題である。ただ関連して付言するならば、第二部第9章で土器群BのⅠ期のB類鬲（殷墟一、二期並行期ないしそれ以前）に見られる特徴的な凸線紋（蛇紋）が、朱開溝遺跡などに流行した内蒙古中南部の龍山文化期後期以降の鬲の装飾と関連することを指摘したが、このような関係は三足甕に認められる北方地域とのつながりとともに、華北西北部を横断した地域間関係の結果とみなされる。そしてその関係は土器ばかりではなく、第二部第11章で指摘した石楼―綏徳類型青銅器として知られる殷代並行期の陝北を中心に展開した北方系の要素をもつ青銅器群が、関中平原の北部縁辺まで南下していた状況とも、同じ歴史的文脈のなかにあったと考えられる。

Ⅵ 西周期に存続した土器群A、土器群Bの系譜

　土器群Aの系統は、西周式土器の基礎となったが、豊邑、鎬京における西周式土器の成立が、すなわち先周期以来の土器群A全体の西周式土器への転化を意味するわけではない。土器群Aが早くから定着していた漆水河下流域やその周辺の遺跡では、豊鎬遺跡を中心に西周式土器が成立してのちも、ただちに連動して西周式土器で構成された遺跡に転化することはなく、むしろ先周期以来の比較的単純なあるいは純粋な土器群Aの組成を維持した状況が認められるのである。

　例えば、扶風県北呂遺跡は、土器群AのⅢ1期（殷墟四期前半頃）以降、西周中期まで継続した集落遺跡である。この間、土器の組成には強い一致性と緩やかな連続した変化が認められ、同じ一つの土器の伝統を継承した集落と墓地の遺跡と考えられる。発掘された200基をこえる墓の副葬土器の構成は、一貫して〈鬲〉ないし〈鬲・罐〉の組合せ（鬲はほぼすべてがA類鬲）が大部分を占め、西周式土器の基本的組合せのように、簋をともなうものはわずかに1例が知られるのみである。また西周式土器中の西周C類鬲やその他の器種については全く欠如するか、ごく少数の出土にとどまっている［第二部第15章参照］。一方、出土した鬲は大部分がA類鬲であるが、そのなかに、胴部が筒状を呈し、足尖部が高く、肩部が強く張り出し、すぼまる頸部をもつタイプが先周期から西周中期にいたる同遺跡に終始存在している（図12.1-14、15、27、36）。このようなA類鬲の一つのタイプ（X形式）は西周式土器中のA類鬲の諸形式からは一定の距離をおいた一系列と考えられる。

　また、漆水河河岸に所在する遺跡のうち、先周期から西周期にまたがって土器の様相が報告されている例として武功黄家河遺跡［中国社会科学院考古研究所武功発掘隊 1988］がある。ここでも北呂遺跡に相似する状況が確認できる。すなわち、第二部第8章で同遺跡を黄家河Ⅰ（土器群AのⅢ1期）、黄家河Ⅱ（土器群AのⅢ2期、すなわち西周Ⅰa期相当）に分期したが、同遺跡ではさらに、この黄家河Ⅰ、黄家河Ⅱより層位的に時期の下がる墓が14基（西周Ⅲ期前後とみられる）発掘されている。このうち8基に土器がともない、その器

種の組合せは、〈鬲〉が3例、〈鬲・罐〉が5例（鬲はすべてA類鬲）であった。つまり黄家河遺跡でも、もともと土器群Aに属する器種の組合せが長く継続されており、簋をはじめとして、鬲、罐以外で西周式土器に常見する器種は基本的にともなわない状況が認められるのである。[21]

このように、先周期において土器群Aが長く伝統的となっていた漆水河下流域とその近隣の一帯では、西周期に入っても土器群Aの単純な組成が保守的に継承されていたことが分かる。そこでは、豊鎬遺跡を中心として成立していた西周式土器のうち、土器群A以外に由来する簋、壺、瓿、尊、豆、罍形器などが、欠如するか少数にとどまる状況があったと考えられる。西周式土器は、豊鎬遺跡と並ぶ西周王朝の中心地であった周原遺跡にも勿論現われており、さらに、土器群Aが遅れて急速に広がった地域である宝鶏地区や、涇河上流の一帯でも、西周期に入ると豊鎬遺跡の西周式土器に基本的に一致した内容（器種の欠落は多いが）が現われるようになる。このように西周式土器は、西周王朝の王都において土器群Aを主体として成立し、王都を中心とした政治的影響の波及と関連して西周王朝の「畿内的地域」やさらに遠隔の諸侯国にも移入されたが、意外なことに古くから土器群Aが定着していた一帯では、土器群Aがその伝統的な組成のまま西周期に入っても長く継続されていたのである。[22]

つぎに、西周期に継続した土器群Bについて述べておく。第二部第10章でも触れたように土器群BはそのⅢ期前後（殷墟四期前半頃）以降、宝鶏市周辺の多くの遺跡で土器群Aと共存するようになり、西周期に入って、土器群BⅣ2期（西周Ⅰb期頃に並行）以降、ほぼその系統が消えてしまう。その場合に注意すべきは、土器群Bが失われていくこの時期に、宝鶏市西部の一部の遺跡（晁峪遺跡など金河・晁峪グループの遅い段階を代表する遺跡）では、土器群Aとの共存状態が出現せず、比較的単純なあるいは純粋な土器群B（金河・晁峪グループ）の組成が継続していたことである。近隣で、土器群B→土器群A、土器群B共存→西周式土器と転変するなかで、在来的な土器群Bの組成を維持した集団があったことを物語っている。[23]地勢的な条件が背景にあるとも考えられるが、注目すべき現象である。漆水河下流域の一帯で土器群Aの組成を維持した人びととは、ある種の共通した文化史的背景をもつ現象

といえよう。

　西周の王都豊鎬遺跡を中心に成立する西周式土器とは、龍山文化期以降、関中平原ではじめて出現した「都城（王都）」的状況のなかで生まれたものであった。それはおそらく、管理され、専業化された集団によって、比較的大量に生産された土器により構成された新しい土器様式であった。西周式土器は、殷系統の土器が殷王朝滅亡後、短期間のうちに土器群 A に加わることで成立したが、その成立は、殷、周王朝間の緩やかな交流による文化要素の受容を意味するものではなく、旧殷王朝を構成した一部の人びとが周の王都へと移住させられた可能性を含め、王都周辺における集団や社会の再編にともなう変化の一つであったと考えられる。

　一方、それぞれの集落単位に小規模な焼成施設を有し、自足的な土器製作を続けた漆水河下流域一帯の土器では、同じく土器群 A を基本としながらも、王都豊鎬遺跡のような殷系土器を受け入れた急激な変化は現れていないのである。また、同じく小集落単位に土器が製作されても、漆水河下流域とは対照的に、周にとっては新開地ともいえる関中平原西部の諸遺跡や、関中平原を離れたさらに遠隔の地ではむしろ王都との結びつきが強かったためであろうか、豊邑、鎬京から西周式土器が直接的に移入された現象が見て取れる。
西周王朝の畿内的地域を遠く離れて封建された晋、燕、魯などの諸侯国において、この現象は明確に見て取れる。それらの地では、建国とともに王朝中心地から移入された西周式土器が出現し、その一方で、各地に在来の土器系統も並行して見られるという状況を生みだしていた。この興味深い歴史状況については、別の機会に論じてみたい。

註

（1）図 12.1 でいえば、円筒状の胴部に特徴のある A 類鬲 V 形式、VII 形式（図 12.1-3、13）が、図 12.1-35 などのタイプへとつながり、また、VI 形式（図 12.1-2、10、11）が図 12.1-26 などのタイプへ、さらに VIII 形式（図 12.1-1、8、9）が、図 12.1-25 のタイプへとつながると考えられる。

（2）従来、西周の「分襠鬲」と称されてきた鬲を、第二部第 11 章で、結論を先取りするかたちで「西周 C 類鬲」の名称で分類しておいた。ところで、西周の「分襠鬲」（本書の西周 C 類鬲）については、これを先周期の「高領袋足鬲」（本書の B 類鬲）

を継承した鬲とするのが従来の一般的な考え方であった。これについて、西周の「分襠鬲」は実は殷系統の鬲（本書のC類鬲）に由来するという考えを、筆者は以前に口頭でも発表したことがあった（「先周期の渭河流域における土器の諸系統」（1987年11月上智史学会大会発表要旨）『上智史学』33号、1988年）。この点についてほぼ同じ結論を提示した研究が、本書の発表以前に、許偉、許永傑の両氏によってなされていたことをあとで知った。両氏の提案について筆者として基本的に賛同したいとおもう。許偉・許永傑「周文化形成与周人興起的考古学考察」『遼海文物学刊』1989年2期。

(3) なお、殷墟など殷文化中心地域で円柱状の足尖をもつ鬲は基本的に見られず、したがってこれは殷文化中心地域の系譜をひく特徴とは考えられない。

(4) 中国社会科学院考古研究所『殷墟発掘報告一九五八—一九六一』文物出版社、1987年。

(5) 註（4）報告、図105、図169、図170、参照。

(6) ［宝鶏市考古工作隊 1989、図4-10、15、図7-17］、また西周I期の『灃西』生活址早期の土器［中国科学院考古研究所 1962a、図版50-3］にも同系統の豆が見られる。

(7) その場合、殷墟においては甗、甗、瓿、豆、壺、尊（圏足）、觶などは、墓と生活址とに共通して出土する器種であるのに対し、西周式土器においては、簋、豆が西周中期頃から生活址でかなり普及するほかは、ほとんどの器種が墓からのみ出土している。同じ系統の器種であっても、殷墟遺跡と豊鎬遺跡ではかなり違った扱われ方をしたことが読みとれるのである。

(8) 三足甕について詳しくは別の機会に論じたい。なお、崔璿「夏商周三代三足甕」『考古与文物』1992年6期は、関連資料を簡潔に整理した研究で、参照すべきである。

(9) この地域の三足甕に関しては、秋山進午氏と王克林氏に詳細な研究がある。秋山進午「山西省太原西郊王門溝出土の卵形三足甕」『考古学研究』33-3。王克林「試論斉家文化與晋南龍山文化的関係—兼論先周文化的淵源」『史前研究』1983年2期。同「晋国建立前晋地文化的発展」『中国考古学会第三次年会論文集』文物出版社、1984年。

(10) 内蒙古文物考古研究所「内蒙古朱開溝遺址」『考古学報』1988年3期。

(11) 吉発習・馬耀圻「内蒙古准格爾旗大口遺址的調査与試掘」『考古』1979年4期。

(12) 西安半坡博物館「陝西神木石峁遺址調査試掘簡報」『史前研究』1983年2期。

(13) 張映文・呂智栄「陝西清澗県李家崖古城址発掘簡報」『考古与文物』1988年1期。

(14) 北京大学考古系商周考古実習組・陝西省考古研究所商周研究室「陝西綏徳薛家渠遺址的試掘」『文物』1988年6期。

(15) 趙康民「臨潼原頭、鄧家荘遺址勘査記」『考古与文物』1982年1期。

(16) 卞吉「扶風発現新石器時代大型袋足甕」『文博』1986年1期。

(17) 馬琴莉「三原県博物館収蔵的商周銅器和陶器」『文博』1996年4期。
(18) 小型化しているが、三足鬲の流れを汲む三足器がある。宝鶏紙坊頭1号墓出土のもの［盧連成・胡智生 1988a、図31-7］（西周Ⅰb期）は、丸底の罐に三袋足を付けたような形態であるが、胴上部の帯状の擦り消しなど客省荘や召陳三期の例と共通している。また長安普渡村西周墓の例［陝西省文物管理委員会 1957、図版5-4］（西周Ⅲ期）は、有蓋で円錐状の三空足を有し、胴下部に最大幅がある。さらに、扶風召陳五期の例［陝西省周原考古隊 1981a、図11-15］（西周後期）は、やはり有蓋であるが、やや大型の丸底罐に三空足を付したような形態を呈する。
(19) 中国科学院考古研究所ほか「北京付近発現的西周奴隷殉葬墓」『考古』1974年5期）、図15-4。
(20) 山西省文物工作委員会・洪洞県文化館「山西洪洞永凝堡西周墓葬」『文物』1987年2期、図16-13。
(21) ただし、1979年、80年の漆水河流域の分布調査では、黄家河遺跡で圏足付の壺がわずかに1点であるが発見されている。先に殷系統の土器として西周式土器に加わったと考えた器種である［中国社会科学院考古研究所陝西武功発掘隊 1983、図5-7］。
(22) 土器群Aが古くから分布した一帯と、西周式土器が発達した豊鎬遺跡とでは、西周期の墓制においても微妙な相違を見せている。すなわち、北呂遺跡など漆水河流域周辺の墓制は、報告されているものから判断すれば、先周期から西周期にかけて一貫して小型の長方形竪穴土壙墓がおこなわれ、墓口と墓底の大きさはほぼ等しく、いわゆる腰坑は見られない。一方、腰坑は、西周期の豊鎬遺跡の墓ではごく普通に見られ、両地の状況が大きく異なっている。腰坑は殷の文化と密接に関連するという従来からの知見に従えば、この現象は、豊鎬遺跡においては殷系統の墓制が強く影響していたのに対して、漆水河流域などでは、先周期から西周期にかけて一貫して在来的な墓制を続け、殷系の墓制を受け入れなかったことを示している。
(23) この問題については近年の宝鶏石鼓山遺跡の発掘が大きな意味をもつ。第二部第14章で詳しく論ずる。

第13章　関中平原に形成された政治的地域の一側面

I　西周前期の関中平原に登場した「𢆶」集団

　以上第二部の各章を通じて、関中平原において西周王朝の文化的基礎が形成される過程を、考古学的にとらえられる文化系統の側面から検討してきた。本章ではその結論に依拠しながら、西周王朝の成立とともにその姿を現した政治的地域としての西周王朝の畿内的地域の性格について若干の指摘をしてみたい。本書第一部では地理考古学的な視点からこの畿内的地域としての関中平原の成り立ちを考えてみたが、本章では主として文化史的な側面から若干の関連問題について言及する。その際の一つの手がかりとして、1970年代に発見された青銅器銘文からはじめてその名が知られた「𢆶」氏の存在に注目する。「𢆶」の名をもつ族的集団は、後述するように関中平原の狭い一角を活動の拠点としながら、西周期の周囲の諸侯とは著しく相違した文化的背景をもつ人びとであった。そうした文化的に異質な集団が、どのような歴史的背景をもって西周王朝の畿内的地域の境界域に登場し、その地位を維持することになったのか。この問題を追跡することで、政治的地域としての畿内的地域の構成の一側面を探ってみたい。

　関中平原の西端に位置する宝鶏市の近郊で、1974年から1981年にかけて、紙坊頭、竹園溝、茹家荘の3カ所の西周期の墓地と、茹家荘の生活遺跡が相次いで発掘され、のちに報告書『宝鶏𢆶国墓地』[盧連成・胡智生 1988a]（以下『𢆶国』）としてまとめられた。紙坊頭一号墓（西周前期前半）からは「𢆶伯」、竹園溝墓地（西周前期前半～後半）からは「𢆶季」「伯各」、茹家荘墓地（西周中期前半）からは「𢆶伯」の銘文をもつ青銅器がそれぞれ出土し、これらの墓地が既知の金文や文献中に見られない「𢆶」の集団墓地であることが知られたのである。紙坊頭1号墓は宝鶏市街の西部に位置するが、主要な内容をもつ竹

園溝と茹家荘の両遺跡は、宝鶏市南部にあって、秦嶺から渭河に注ぐ清姜河の狭い河谷に立地する。西周時代の関中平原において、ある一つの族的集団が、その活動した時間と空間を特定してとらえられたのはきわめて注目すべきことである。[2]

これらの弓魚氏関係遺跡から出土した多くの青銅器や土器のなかには、『弓魚国』でも詳しく述べられているように、西周時代の関中平原にあって、「弓魚」集団の文化的背景が周囲と比較して特異なものであったことを示す数々の証左が含まれている。

本章では、西周王朝畿内的地域の一角に位置しながら特異な文化伝統を保有した「弓魚」集団の性格を、三つの側面から検討してみたい。第一は、弓魚関係遺跡の青銅器と土器、特に土器組成の特異な性格を、前章までに論じた西周王朝形成期における周勢力の関中平原西部への拡張過程を踏まえて位置づけること。第二は、その土器組成の特異性が、秦嶺以南に由来する外来的な要素であると考え、その系統を四川系土器のなかに探ること。第三は、「弓魚」集団が活動した一帯の地理的生態的特徴から、彼らの経済的基盤について考えることである。[3] これらの分析を通じて、西周王朝の畿内的地域の一性格に言及してみたい。

Ⅱ 「弓魚」集団の青銅器とその銘文

「弓魚」の集団墓地において、墓の副葬品として多数の青銅器が出土している。その青銅器群の様相には、西周前期から中期の畿内的地域で出土した青銅器として、きわめて鮮明な「弓魚」集団独自の特徴が備わっている。以下にまず、その特徴ある青銅器の内容を明らかにし、その上で若干の青銅器銘文を手がかりに、「弓魚」と他の畿内的地域諸侯との関係に触れてみたい。

（1）青銅器の構成からみた「弓魚」集団の特異性

弓魚関係遺跡出土の青銅器は、その形態の特徴をとらえて仮に王朝系と在地系という範疇に区別できそうである（図13.1）。王朝系青銅器とは、西周王朝の中心地である豊鎬遺跡や周原遺跡において様式として確立した青銅器に、器形

第13章 関中平原に形成された政治的地域の一側面　*397*

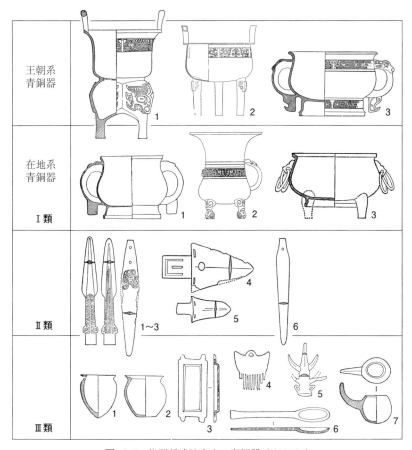

図 13.1　彊関係遺跡出土の青銅器〔縮尺不同〕

的、紋様的特徴が一致するもので、西周式青銅器と称することもできる。一方、在地系青銅器はこれをさらに3類に分類できる。Ⅰ類は、鼎や簋のように器種としては西周王朝中心地でも一般的なものであるが、形態に王朝中心地では普通見られない特異な要素が加わるもの。周の礼器の地方的形態といえるものが代表的である。Ⅱ類は、やはり西周王朝中心地でも見られる器種であるが、その出土数がむしろ当地に集中的で、かつ当地の青銅器群のなかで、伝統的なセットとしての位置を確立しているもの。特徴ある武器類のセットがその

表 13.1　強関係遺跡出土の青銅器

*印は有銘器を含むことを示す。〈　〉は「強国」中の遺物番号。

遺跡	遺構	王朝系青銅器	在地系青銅器 I類	在地系青銅器 II類	在地系青銅器 III類
紙坊頭	BZFM1 強伯墓	鼎 4*・甗 1・斝 2*・簋 5*〈強伯 2〉・尊 1・觶 1*・車馬器など			
竹園溝	BZM13甲	鐃 1・鼎 1・甑 1・簋 2・豆 1*・尊 1・卣 2・斗 1・盉 1・觶 1・瓠 1・爵 1*・罍 1*・盤 1*・鉞 1・戈 3・鏃 5・儀仗 1・工具・車馬器など	方鼎 1〈13:16〉・簋 1〈13:22〉	剣 1・甗 1・胡戈 3・明器戈 14・矛 3・異形器 1・盾飾 4・泡・鴨形飾・佩飾	尖底罐 1・平底罐 1・浅盤器 1・斗形器 1・梳 1
	BZM13乙	鼎 1	鼎 1〈13:104〉・簋 1〈13:106〉	佩飾	尖底罐 1・梳 1
	BZM7甲 伯各墓	編鐘 3・鼎 3*・簋 2*・尊 1*〈伯各〉大口尊 1・卣 2*〈伯各 2〉・瓠 2・觶 1・斗 1・有盉鉞 1・弓形器 1・儀仗 1・工具・車馬器など		剣 1・無胡戈 3・明器戈 10・矛 1・盾飾 5・泡・佩飾	尖底罐 1・平底罐 1・浅盤器 1・斗形器 1・髪飾 1・梳 1
	BZM7乙	鼎 1・鑑 1・觶 1	簋 1〈7:331〉	佩飾	尖底罐 1・髪飾 1・梳 1
	BZM1	鼎 5・簋 2・爵 1*・盤 1 戈 3・工具・車馬器など	大銅泡*	剣 1・無胡戈 1・明器戈 9・矛 1・盾飾・泡	尖底罐 1・平底罐 2・浅盤器 1・梳 3・梳 2・笄
	BZM4甲 魚季墓	鼎 4*・甗 1*・簋 2・觶 1*・盤 1*〈季〉爵 1*・斗 1・盉 1* 戈 1*・工具・車馬器など	鬲 1*〈4:9〉・尊 1〈魚季〉〈4:2〉卣 1*〈魚季〉〈4:1〉	剣 1・無胡戈 4・明器戈 6・矛 2・斧 1・盾飾 3	尖底罐 1・平底罐 1・斗形器 1・梳 1
	BZM4乙	鼎 3・斝 2*・簋 1・觶 1		佩飾	尖底罐 1・勺 1・梳 1・笄
	BZM8	鼎 1・尊 1*・卣 2*・爵 1*・觶 1・戈 1・工具・車馬器など		剣 1・無胡戈 2・明器戈 8・戟 1・盾飾 1・泡・佩飾	尖底罐 1・平底罐 1・斗形器 1・笄
	BZM6			泡	浅盤器 1・勺 1・髪飾 1・笄
	BZM20	方格乳釘紋鼎 1・鼎 1・簋 2* 戈 2・工具・車馬器など	盉 1〈20:5〉	剣 1・無胡戈 3・明器戈 6 盾飾 3・泡・佩飾	浅盤器 1・勺 1・梳 2・髪飾 6・笄
	BZM19	鼎 1・簋 1 戈 3・工具・車馬器など		剣 1・明器戈 6・泡・佩飾	尖底罐 1・勺 1・梳 1・髪飾 1・笄

第 13 章　関中平原に形成された政治的地域の一側面　399

BZM15				
BZM16				
BZM14	鼎 1・簋 1・戈 2・車馬器など			尖底罐 1・平底罐 1・浅盤器 1 斗形器 1・梳 1・髪飾 1・竽 1
BMZ10				髪飾 1・鈴 1
BMZ11	鼎 1・工具・車馬器など		剣 1・明器戈 6・盾飾 1 泡・佩飾	髪飾 1・竽 1
BZM18	鼎 1	簋 1〈182〉	無胡戈 1・明器戈 2	
BMZ21	戈 1・工具・車馬器など		剣 1・無胡戈 1・明器戈 3 盾飾 1・佩飾	尖底罐 1・平底罐 1・浅盤器 1 斗形器 1・髪飾 1・竽 1
BMZ17	鈹 1・工具などの		剣 1・無胡戈 2・明器戈 6 矛 1・盾飾 4・泡・佩飾	勺 1・梳 1・髪飾 1・竽 1
BMZ2	鐗 1		剣 1・明器戈 10・盾飾 2・泡	
BMZ9		鼎 1〈9:1〉 錫鼎 1〈9:2〉・銅簋 2〈9:3〉	泡・佩飾	
BMZ5				
BMZ12			泡	芋 2
BZM3	鼎 1・簋 1・戈 1・工具・車馬器など		無胡戈 1・明器戈 5・佩飾	芋・錫魚 3
BZM22	戈 1・工具などの			
茹家荘 BRM1 甲	編鐘 3・鼎 5・鬲 2・(漁伯 2)・鬲 2・(漁伯) 簋 3*・象尊 1・鳥尊 2・卣 1・尊 1・爵 2 (漁伯 1) 斗 1・盉 2・盃 1 (漁伯 2)・槃 2* (漁伯 2) 戈 6・儀仗 1・銅鳥 2・工具・車馬器など	鼎 5* 〈兒 5〉 〈甲 1~5〉 盨 4* 〈兒 4〉 〈甲 6~9〉 鎮 1 鎛鐘 1*〈漁伯 1〉〈乙.12,13,17〉 簋 3* 〈漁伯 2〉〈乙.6,8〉 豆 4 〈乙.38~40〉 觶 1 〈乙.21〉	剣 2・無胡戈 2・矛 2・飾 2	勺 2・銅人 1
BRM1 乙 漁伯墓				
BRM2 井(井)姫墓	鼎 2* (井姫 2)・鬲 1* (井姫 1)・甗 3* 簋 2 羊尊 1* (井姫 1)・槃 1 と 2・區 1・車馬器など	鼎 4* 〈井姫 3〉〈Z2~4,6〉 簋 3* 〈漁伯 1〉 薰爐 1〈Z17〉・盒 2〈Z20,23〉		銅人 1・銅魚 4・錫魚 8
BRM3				
BRM4				

おもな内容である。Ⅲ類は、基本的に当地にのみ見られる青銅器で、かつ器種の定型化したセットが確立しているもの。生活用具や装身具（ないしそれらの明器）のセットがそのおもな内容である。

表13.1に、見かけ上の分類にしたがって弓強関係遺跡出土の青銅器を整理した。この見かけ上の分類はまた、青銅器の製作工房を示唆する枠組みでもある。ここに王朝系青銅器と分類したなかには、実際に西周王朝中心地の工房で製作されたものと、王朝中心地の工房と近い関係にあった技術者により、当地（または他の諸侯工房など）で製作されたものが区別されずに含まれる可能性があろう。一方、在地系青銅器はいずれも当地の工房で製作された可能性が高い。とくに在地系青銅器のⅢ類とⅡ類は、ほぼ確実に在地の製作と考えてよさそうである。

表13.1を見ると、弓強関係遺跡のうち西周前期前半の紙坊頭1号墓では在地系青銅器がまったく見られないが、西周前期後半に中心のある竹園溝墓地では、その早い段階から在地系青銅器のⅡ類、Ⅲ類が完全なセットをなして出土している。このことは、遅くともこの時期には「弓強」集団に属する青銅器製作工房が存在した可能性を示唆している。西周中期の茹家荘墓地になると、在地系Ⅱ類やⅢ類の土着的なセットは崩れるが、周の青銅礼器の地方的形態である在地系Ⅰ類はむしろ多く作られている。西周中期、「弓強」集団の青銅器のうち彼らに最も固有の器種の製作は衰退するが、一方で周の礼器を中心とした青銅器の在地における製作は、量的にも質的にも高まったということができよう。

ではその在地系青銅器、特に在地における製作が確実とみられるⅡ類とⅢ類の中身をみておこう。まずⅡ類は、そのおもな器種は武器の類である。剣、無胡戈、明器戈（無胡戈を模倣したミニアチュア）、双耳矛、盾飾、銅泡などが固定的な器種のセットをなし、被葬者が男性とおもわれる多くの墓で出土している。無胡戈と双耳矛は、『弓強国』でも詳しく論じられているように、西周王朝中心地や殷墟などでも見られた青銅武器であるが、その出土例は、殷後期から西周前期頃の四川成都を中心とした成都平原と、陝南の漢中盆地城固、洋県地区、そして宝鶏の弓強関係遺跡という3地域の遺跡に圧倒的に多くが集中している。この2器種はまた、その後に継承されて春秋戦国期の四川のいわゆる巴蜀式青銅器の主要な器種となるものである。さらに銅剣は、西周前期において

特に宝鶏の彊関係遺跡に集中的な器種であるが、これもまたのちに巴蜀式青銅器の主要な器種へと継承されるものである。要するに彊関係遺跡の在地系Ⅱ類のおもな青銅器は、殷、西周王朝並行期において、相互に隣接する成都平原―漢中―宝鶏の3地域にまたがって集中的に分布し、のちの四川盆地の巴蜀式青銅器の前身ともなった一群の青銅器に属するのである。

Ⅲ類の青銅器は、今のところ彊関係遺跡にのみ出土例が知られる。器種として尖底罐、平底罐、浅盤器、斗形器、髪飾、梳などがある。表13.1から明らかなように、この一群の青銅器は彊氏の集団墓地の副葬品としてきわめて固定的なセットを構成し、大半の墓から同じ状況で出土している。墓の規模や等級とは無関係に、この在地系Ⅲ類の青銅器は、常に同じ1セットが大多数の墓にともなって見られ、集団成員すべてにとって同じように意義をもつ青銅器のセットであった。西周時代の関中平原において、これほど明確に特定の集団に限定された一群の青銅器は他に例がなく、その存在は「彊」集団と周王室および畿内的地域の他の諸侯との、文化的出自の違いを示唆しているといえそうである。

在地系Ⅲ類のうち特に注意すべき器種は尖底罐と平底罐である（図13.1 - 在地系Ⅲ類1、2）。この小型にして明器とおもわれる2種の青銅容器は、実は後述するように彊関係遺跡にきわめて特徴的な土器の2器種を模倣したものにほかならないのである。これら2種の土器と青銅器は、「彊」集団においてその生活習慣や習俗上特別な意味をもっていたことが考えられよう。

（2）青銅器銘文からみた彊と諸侯間の関係

つぎに青銅器の銘文のなかから、「彊」集団と他の諸侯との関係を示す若干の問題に触れておきたい。彊と矢、彊と井（井）の関係を示す例が注目される。矢との関係を示す銘文は、紙坊頭一号墓（西周前期前半の彊伯墓）出土の銅鬲2点に、同銘で「矢伯作旅鼎」とある。『彊国』が推測するように［盧連成・胡智生 1988a、p.419］、これは彊伯と矢の女子が婚姻関係をもっていた可能性を含めて、彊と矢の密接な関係を物語る資料である。また、茹家荘1号墓（西周中期前半の彊伯墓）からは、灰釉豆の内面に焼成前に筆で「矢」一字を書いたものが出土している。あるいは矢の地で焼造された灰釉陶なのであろう

か。西周前期の前半から西周中期にかけて彊と矢との間でさまざまなかたちの交渉が続いたことを示している。

矢の名が見える銘文をもつ青銅器については、これまでも関係銘文を集成した研究がある［盧連成・尹盛平 1982］［劉啓益 1982］。これらに近年の出土例を加えれば、出土地の確かな矢関係の青銅器として次のものがあげられる。①宝鶏賈村塬上官村（矢王簋蓋1、西周後期）。②宝鶏賈村塬浮陀村（矢饙盨1、西周後期）。③宝鶏賈村塬霊隴村（銅泡1、年代不明）。④宝鶏闘鶏台溝東区B3墓（当盧2、西周前期）。⑤鳳翔長青郷（当盧1・銅泡1、西周前期）。⑥隴県南坡村6号墓（矢中戈1、西周前期）。⑦隴県南坡村2号墓（当盧3、西周前期）。⑧隴県梁甫村（銅泡1、西周前期）。⑨岐山丁童村（簋1、西周中期）。⑩宝鶏紙坊頭1号墓（矢伯鬲2、西周前期前半）。⑪宝鶏茹家荘1号墓（「灰釉豆」1、西周中期前半）。

『彊国』で指摘されているように、矢関係の青銅器は、紙坊頭と茹家荘の彊関係遺跡にともなった例以外は、多くが宝鶏市区東部を流れる千河（汧水）の両岸地帯で出土している。これまでの調査では、千河上流部の⑥〜⑧隴県付近の西周遺跡と、下流部西岸の①〜③賈村塬一帯の2カ所に集中している。特に賈村塬の上官村、霊隴村、浮陀村は互いに2km程度の近距離にあり、付近では大型の建築遺構［王光永 1984、図1］も発見されている。また⑤鳳翔長青郷は、賈村塬から見て千河の対岸（東岸）の周原台地西部に位置し、④宝鶏闘鶏台の西周墓地は、賈村塬の南端部にある。盧連成、尹盛平両氏が指摘するように［盧連成・尹盛平 1982］、賈村塬周辺の出土地点は互いに緊密な関係をもつ遺跡群に違いなく、矢の銘文をもつ青銅器がこのようにある比較的狭い地理的範囲に集中して見つかることは、その一帯が矢の中心地であったと考えてもよいであろう。また有銘の青銅器として、戈、銅泡、当盧などに「矢」一字を付した例が多いことにも注意すべきである。一般に長銘をもつ青銅礼器の類は、さまざまな事情から器が遠隔地間を流動することも多いが、武器や車馬具などの実用器に銘文が入っている場合、それは単純に出土地周辺に居住した青銅器所有者を指し示す可能性が高いとおもわれるからである。その点からも、千河流域、特に下流の賈村塬周辺に矢の中心地があったとする推定は、十分に確度の高いものといえよう。なお、矢と散の土地紛糾のことを記した著名な矢

第 13 章　関中平原に形成された政治的地域の一側面　403

人盤の内容からみて、夨と散は互いに隣接した関係にあったことが知られる。また文献に記録のある虢の拠点は、夨、散の東に隣接した現在の虢鎮、陽平一帯にあったと考えられる。これらはいずれも扶風県、岐山県の周原遺跡より西方にある渭河北岸の黄土台塬地形を中心に展開した諸侯集団であり、渭河南岸の清姜河河谷を中心とした「強」集団とは、南北に対峙して隣接するような位置関係にあった。これら渭河北岸の台地の諸侯集団と、南岸の「強」集団との間に看取される文化的背景の差異について後述する。

　ところで夨は何姓であったのだろうか。二つの銘文、夨王簋蓋の「夨王作奠姜隟殷」[王光永 1984] と、散伯簋の「散伯作夨姫宝殷」が手がかりとなる。前者は夨王が「奠姜」のために作器したことを、後者は、散伯が「夨姫」のために作器したことを記している。夨、散の姓を考えるとき、作器者と「奠姜」「夨姫」の関係をどのように考えるかで違った結論が出てくる。すなわち夨王簋蓋において、①仮に「奠姜」を夨王の妻と考えると、「奠姜」という称謂は「姜姓の奠」出身の女子を表わし、同姓不婚の原則からすれば夫国の夨は姜姓ではないと考えられる。②「奠姜」を、夨から奠に嫁す女子の称謂と考えることもできる。いわゆる勝器の場合である。その場合、出身の夨は姜姓であり、夫国の奠は同姓不婚から姜姓ではないと考えられる。一方、散伯簋において、③「夨姫」を散伯の妻と考えると、「夨姫」は姫姓の夨出身の女子の称謂と考えられ、夫国の散は姫姓ではないことになる。④「夨姫」を、散から夨に嫁す女子の称謂とすると、出身の散は姫姓で、夫国である夨は姫姓ではないと考えられる。

　夨の姓を論じた考証は少なくないが、近年の出土資料を扱った例としては、『強国』の執筆者でもある盧連成氏らが、散伯簋について上の③説をとり、夨を姫姓とする [盧連成・尹盛平 1982][盧連成 1984]。それに対し、張政烺氏は、夨王簋を取り上げて、典籍に奠を姜姓とする記載はなく、「奠姜」はこの場合、姜姓の夨から奠に嫁す女子の称謂であり、青銅器は勝器であったとする②説をとる。同氏はさらに散伯簋についても勝器の一種であったとする④説をとり、散は姫姓であるとする。黄盛璋氏も同じ二つの銘文を取り上げ、張氏とほぼ同じ結論を得ている。筆者は、夨王簋に見える「奠姜」の奠（鄭）が、既知の文献との照合から通説に従って姜姓ではないとするのが妥当であると考え

る。したがって、その限りにおいて、張政烺、黄盛璋両氏が主張するように、前記②説と④説に従うべきであり、夨は姜姓、散は姫姓であった蓋然性が高いと考える。ただし、当時の女子に対する称謂の原則や、同姓不婚の原則を前提にした議論が常に妥当とはいえないことも考えられよう。資料の増加を待ってさらに注意深く検討したい。夨が推測したように姜姓であったにせよ、あるいはもう一つの可能性として姫姓であったにせよ、この二つの姓が西周王朝の中枢を担った大姓であったことはいうまでもない。

つぎに強と井（井）の関係については、茹家荘1号墓（強伯墓）と茹家荘2号墓（井姫墓）が、両墓の位置関係と青銅器銘文からみて、夫婦合葬墓を構成したと考えられることが重要である。茹家荘2号墓から出土した青銅器の大半は、強伯が妻井姫のために作器したことを明記している。井は姫姓で、井伯、井叔の名は西周中期以降の金文に現れ、周王室と近い関係にあった重臣の世族と考えられている。強伯と井姫の婚姻の事実は、西周中期頃、強と西周王朝中央との間で緊密な結びつきが求められたことをうかがわせるものであろう。なお、姫姓の井との婚姻関係から推測して、強は姫姓の出自ではないと考えられる。また先述のように紙坊頭1号墓（強伯墓）から夨伯鬲2点が出土していることを根拠に、仮に強と夨との婚姻関係を想定し、かつ夨を姜姓とする先の推定を併せ考えるならば、強は姜姓でもないことになろう。

「強」集団は、周王室と近い関係にある姫姓や姜姓という大姓に出自した夨、散、井、虢などの関中平原西部の諸侯と地理的に近隣に並び立ち、相互に婚姻関係や政治的経済的関係を結びつつ西周王朝の畿内的地域における自らの位置を保持したものと考えられる。

Ⅲ　強関係遺跡の土器の構成

（1）西周前期の関中平原西部に見られた土器の諸系統

殷王朝並行期から西周前期の前半にかけて、すなわち周の勢力が台頭し、やがて関中平原を中心に政治的地域としての畿内的地域が形成される時期の土器系統の動きについて、前章までに詳しく検討した。そして殷、周王朝の交替から若干の時間を経た西周Ⅰb期頃以降、西周の王都であった豊鎬遺跡を中心に

「西周式土器」が成立し、それが関中平原に広く波及する状況を明らかにした。しかしそのような全般的な動向のなかにあって、関中平原西部の一部の遺跡では、外来系の土器を含む西周式土器とは異質の土器の系統が大きな位置を占めるという状況もあった。その最も顕著な例が本章で取り上げている彊関係遺跡である。以下では、彊関係遺跡の土器の構成を系統的に整理することで、西周王朝の畿内的地域における彼らの文化的背景の特異性を考えてみたい。

　西周前期頃の関中平原西部に見られた土器の系統として、つぎのⅠ群からⅥ群が抽出できる（図13.2）。

Ⅰ群　前章までに述べた土器群Aと西周式土器。西周式土器とは、西周王朝の中心地である豊鎬遺跡に標準的に見られる西周前期に成立した土器様式を指す。そして土器群Aとは、先周期の関中平原で発展し、やがて西周式土器の主体的部分を構成することになる土器の系統である。西周式土器は、土器群Aをおもな要素として、殷、周王朝交代期に各種の殷系土器を加えて成立したものである。A類鬲、折肩罐、円肩罐、簋、豆、盂などが主要な器種である。

Ⅱ群　前章までに述べた土器群B。先周期の関中平原西部で広く分布した。この系統は、殷墟四期並行期以降、Ⅰ群（土器群A）の分布域が関中平原中部から西部に拡張するなかで、一時期それとの共存遺跡を多く形成し、その後西周前期のうちに消滅した。西周式土器の構成には加わっていない。B類鬲、有耳罐、折肩罐などが主要な器種である。

Ⅲ群　前章までに述べた土器群C。関中平原に土着化した地方的な殷系土器群。一部の土器は西周式土器の構成に加わる。C類鬲、罐、豆などが主要な器種である。

Ⅳ群　寺窪文化系の土器。甘粛東部の広い範囲において、西周前期の前後、寺窪文化に属する遺跡が分布したが、その系統の土器は関中平原西部の遺跡でも出土している。馬鞍形双耳罐をはじめ、無紋の双耳罐、単耳罐、鬲などが代表的な器種である。

Ⅴ群　四川系の土器。関中平原では、宝鶏市南部の彊関係遺跡にだけともなう。したがって、彊関係遺跡の性格を考える上できわめて示唆的なものと考えられる。器種として尖底罐、尖底鉢形器（尖底盞）がある。

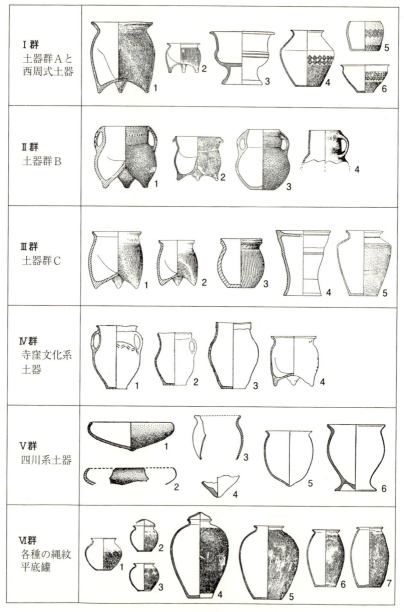

図13.2 関中平原西部に見られた土器の諸系統（先周期〜西周前期頃）〔縮尺不同〕

VI群　宝鶏市南部の彊関係遺跡にのみ見られる土器群。各種の縄紋平底罐で構成される土器群である。類似する土器は関中平原ばかりではなく、今のところ周辺のどの地域でも確かな出土例は知られていない。彊関係遺跡に固有の土器群とみなすことができる。

　彊関係遺跡とその周辺に展開した以上6群の土器系統の動きを、以下に整理しておきたい。

（2）土器系統の動向からみた彊関係遺跡の特異性

　扶風、岐山県境一帯に所在する周原遺跡以西の主要な遺跡の土器の構成を表13.2にまとめた。これを参照しながら、関中平原における土器系統の動きを瞥見しておきたい。殷王朝前期の二里岡上層期に並行する頃、関中平原東部には西安市周辺とそれ以東に殷系の土器群である本章のⅢ群に相当する遺跡が分布し、一方、関中平原西部の宝鶏市周辺や涇河上流域ではⅡ群主体の遺跡が分布した。そして遅くとも殷墟一、二期に並行する頃、関中平原中西部の漆水河流域周辺にⅠ群を主体とする遺跡群が現れる。この時点で東から西に、Ⅲ群（土器群C）、Ⅰ群（土器群A）、Ⅱ群（土器群B）を主体とする遺跡群が分布した。またこの時期、東部のⅢ群の系統が、一時的に関中平原西部の周原遺跡周辺（扶風県、岐山県）にまで拡張したことが知られる。殷墟三期に並行する頃、関中平原西部のⅡ群の分布が東方の周原遺跡にまで拡張し、周原遺跡は一時期Ⅱ群主体の状況となる。一方、殷系のⅢ群の分布域は後退して西安市以東に限定される。

　殷墟四期の前半に入る頃から、関中平原中部の漆水河流域周辺に集中していたⅠ群が急速に西方に拡張し、西部の周原遺跡を越えてさらに西の宝鶏市周辺の広い範囲へと広がる。殷墟四期後半から西周初葉の間（豊鎬遺跡の西周Ⅰa期相当）、宝鶏市周辺をはじめとする関中平原西部一帯では、在来のⅡ群と拡張してきたⅠ群の土器が共存する遺跡が広く形成される。そして西周Ⅰb期頃から、関中平原西部では、長く続いた在来のⅡ群の土器は見られなくなり、大部分の遺跡ではⅠ群の土器（西周式土器）を主体とした様相に転化する。同じ遺跡で、Ⅱ群が減少し、Ⅰ群が増加する状況は、周原遺跡周辺の賀家村、西村、宝鶏市周辺の闘鶏台、紙坊頭生活址、賈村、趙家坡などの諸遺跡で鮮明に

表13.2 強関係遺跡および関中平原西部の遺跡における土器の構成（殷墟期並行期〜西周前期頃）●印は出土したことを示す。○印は少数出土。＊印は報告文からの推定。

遺跡・遺構	土器系統群年代	I群	II群	III群	IV群（寺窪系）	V群（四川系）尖底罐	V群 尖底鉢形器	VI群 小型平底罐	VI群 桶状平底罐	VI群 円肩平底罐	VI群 残器	その他	出典
1 宝鶏薬舗溝墓地	殷墟四〜西周I頃					●＊		●	●	●＊	●		『漁国』
2 宝鶏茹家荘 BRH1	殷墟四〜西周Ia頃		●					●＊	●＊	●＊	●＊		『漁国』
BRH3	西周Ia頃		●					●＊	●＊	●＊	●＊		
BRH2	西周Ib頃		●					●＊	●＊	●＊	●＊		
3 宝鶏紙坊頭 BZFM1	西周Ia後半	折肩罐1・三足甕1						3		BⅡ3・C2	2	灰釉罐1	『漁国』
4 宝鶏竹園溝 BZM13甲	西周Ib〜Ⅱa					1				AI・BⅡ 1	AI・BⅡ 2		『漁国』
BZM13乙	西周Ib〜Ⅱa					1							
BZM7甲	西周Ⅱa	罐1				1		1		BⅡ2	5		
BZM7乙	西周Ⅱa												
BZM1	西周Ⅱa	罐3（明器3・盂1） 盃（折肩罐）1			有耳罐1 双聯罐1	2				AI・BⅡ 1	AI 1		
BZM4甲	西周Ⅱb												
BZM4乙	西周Ⅱb	円肩罐1				1			Ⅱ 1				
BZM8	西周Ib〜Ⅱa					1		2		BⅡ・BⅡ 1	1	3	
BZM6	不明	罐1・盂1											
BZM20	西周I					1			Ⅱ 1	AI 1	1		
BZM19	西周Ib					1				BⅡ 1	2		
BZM15	不明												

第13章　関中平原に形成された政治的地域の一側面　409

								『漁国』		『考古』1993年1期 『考輿文』1989年5期
BZM16	不明									
BZM14	西周I			1				4		
BZM10	不明			1				3		
BZM11	西周II		1				A1	3		
BZM18	西周Ib			1			A2・B I2			
BZM21	不明						A1・B I2・B II1	1		
BZM17	不明					I2		1		
BZM2	不明						BII2	5		
BZM9	西周III	等2・円 肩罐1・ 豆1			1	I3・ II3				
BZM5	不明	罐1			2					
BZM12	不明					II4	A6・B I2・B II1			
BZM3	西周I				1		BII1	4		
BZM22	不明						*			
5 宝鶏茹家荘 BRM1甲	西周III				1	I4		2		
BRM1乙	西周III	罐2・灰 釉豆2				I5・ III3		灰釉罐 1		
BRM2	西周III					II5				
BRM3	不明									
BRM4	不明									
6 扶風壹家堡I (墓・生活址)	殷墟一、二頃	○		●						
壹家堡II (生活址)	殷墟三～ 殷墟四前半頃	○		●						

410　第二部　西周王朝成立期の編年的研究

遺跡	時期			出典
萱家堡Ⅲ（生活址）	殷墟四前半頃〜西周Ⅰa頃	●		
7 扶風劉家Ⅰ（墓）	殷墟三頃	●		『文物』1984年7期
劉家Ⅱ（墓）	殷墟四前半頃	○		
劉家Ⅲ（墓）	西周Ⅰ	●		
8 扶風北呂Ⅰ（墓・窯址）	殷墟四前半頃	●	○	『文物』1984年7期
北呂Ⅱ（墓）	西周Ⅰ	●		
北呂Ⅲ（墓）	西周Ⅱ	●		
9 扶風飛鳳山	西周Ⅰ	●		『考古文』1996年3期
10 岐山賀家村Ⅰ（墓）	殷墟一、二頃		●	『考古資料叢刊』8
賀家村Ⅱ（墓）	殷墟四前半頃	●		『考古文』1980年1期
賀家村Ⅲ（墓）	西周Ⅰa頃	●		
賀家村Ⅳ（墓）	西周Ⅰb頃	●		
11 岐山王家嘴　王家嘴M1	殷墟一、二頃		●	『北大考古専業三十年論文集』231頁
	西周Ⅰa	●		
12 岐山白家窯（墓・生活址）	殷墟四前半頃		●	『文博』1985年5期
13 岐山朝王村（墓）	殷墟四前半頃	●		『文物』1977年12期
14 岐山礼村	西周Ⅰ	●	●	『考古文』1990年1期
15 鳳翔西村Ⅰ（墓）	西周Ⅰa頃	●	●	『文物』1989年6期
西村Ⅱ（墓）	西周Ⅰb〜Ⅱ頃	●	●	『考古文』1982年4期
西村Ⅲ（墓）	西周Ⅲ頃	●		
16 鳳翔范家案	二里岡上層〜殷墟一、二	●*		『文物』1989年6期

第13章　関中平原に形成された政治的地域の一側面　411

17 鄠県（収集品）	殷墟一、二頃		●			『文物』1989年6期
18 宝鶏金河	二里岡上層～殷墟一、二		●			『考古』1985年9期
19 宝鶏石嘴頭 I（塞）	二里岡上層～殷墟一、二		●			『考古』1985年9期 『文博』1985年2期
石嘴頭 II（塞）	西周 I		●			
20 宝鶏涼泉	二里岡上層～殷墟一、二		●*			『文物』1989年6期
21 宝鶏興隆	二里岡上層～殷墟一、二		●*			『文物』1989年6期
22 宝鶏姫家店	殷墟一、二頃		●			『考古』1996年7期
23 宝鶏晞鶏台 I	二里岡上層～殷墟一、二		●*			『文物』1989年6期 『晞鶏台溝東区墓葬』
鶏台 II（塞）	殷墟四前半	●	●			
鶏台 III（塞）	西周 Ia	●	●			
鶏台 IV（塞）	西周 Ib	●				
鶏台 V（塞）	西周 II	●				
鶏台 VI（塞）	西周 III	●				
24 宝鶏高嗣村（塞）	西周 II～III	●				『考輿文』1996年3期
25 宝鶏紙坊頭 I（生活址）	殷墟四前半	○				『文物』1989年5期
紙坊頭 II（生活址）	西周 Ia	●				
紙坊頭 III（生活址）	西周 I～II	●				
26 宝鶏旭光	西周 Ia	●	●			『文物』1985年2期
27 宝鶏賈村 I	西周 Ia	●	●			『文物』1989年6期
28 宝鶏囲川	西周 I	●*				『文物』1989年6期

No.	遺跡	時期			備考	出典
29	宝鶏上官村	西周I	●			『文物』1989年6期
30	宝鶏長寿山	西周I	●*			『文物』1989年6期
31	宝鶏西崖	西周I	●*	●*		『文物』1989年6期
32	宝鶏潘家湾	西周I	●*	●*		『文物』1989年6期
33	宝鶏趙家坡I	殷墟四～西周I	●	●		『文物』1989年6期
	趙家坡II	西周I頃	●			
34	宝鶏覚峪	殷墟四前半～西周Ib	●		要素含む	『考古』1985年9期
35	宝鶏林家村(墓)	西周Ia	●			『文物』1988年6期
36	宝鶏竹園溝	西周I	●			『文物』1989年6期
37	麟游北馬坊	殷墟一、二頃				『文物』1989年6期
38	鳳翔店子村	西周II	●			『考古与文』1995年1期
39	長武碾子坡I (墓・生活址)	二里岡上層～殷墟一、二	●		殷系要素含む	『考古学集刊』第6集
	碾子坡II (墓)	西周I	●	●	要素含む	
	碾子坡 M107	西周I	●	●		
40	長武下孟村(生活址)	西周I	●	●		『考古』1960年1期 / 『考古』1979年10期
41	彬県土陵	西周I	●			『史語所集刊』27本
42	彬県史家河	西周I	●	●		『考古』1962年6期
43	平涼翠家溝	二里岡上層～殷墟一、二	●	●		『文参』1956年12期
44	崇信于家溝	西周Ia	●			『考古与文』1986年1期
45	慶陽巴家嘴(墓)	西周I	●		要素含む	『考古』1987年7期
46	水兎児溝(墓)	西周I	●	●	要素含む	『考古』1987年7期
47	霊台姚児河(墓)	西周Ia～II	●	●		『考古』1976年1期

読み取れよう。先述した賈村塬の矢をはじめ、同じく「強」集団の近隣にあった散や虢に関係する可能性のある諸地点も、すべてこれと同じ動向のなかにあったとみられるのである。[17]

　以上のようなⅠ群の拡張とⅡ群の衰退という、周原遺跡以西の多くの遺跡で認められる動きが、西周王朝成立前後の周勢力の拡張に対応したものであることは確かであろう。ところがこの全体的な動きのなかにあって、宝鶏市南部の清姜河河谷に現れた強関係遺跡においてのみ、非常に異なった土器系統群の動きが見られたのである。もう少し詳細にみると、清姜河河口付近の渭河南岸の狭い台地上には、二里岡並行期から殷墟一、二期並行期にかけて石嘴頭、涼泉、姫家店など関中平原西部に典型的なⅡ群主体の遺跡が知られ、殷末周初頃（西周Ⅰa期相当）には旭光、西崖、潘家湾などの遺跡において、渭河北岸の宝鶏周辺遺跡と同様に、Ⅱ群とⅠ群が共存する状況が認められる。その後はこの一帯もしだいにⅠ群主体の状況に推移したと考えられる。ところが清姜河の谷間をわずかに数km秦嶺の麓へと分け入った竹園溝や茹家荘遺跡では状況がまったく異なっているのである。すなわち殷末周初の頃（西周Ⅰa期相当）に現れた、竹園溝、茹家荘など強関係遺跡では、①西周前期においてⅠ群の土器（西周式土器）が基本的にともなわない。つまり同時期の関中平原に普遍的な広がりを見せる西周式土器が、これらの遺跡において一切重要な位置を占めていない。②Ⅱ群の土器は同地の生活址において比較的大きな割合で存在するが、土器組成の主体とはいえず、かつ墓の副葬土器としてはまったく見られない。③関中平原全体のなかでも当地に集中的に見られる三つの土器系統がある。本章でいうⅣ群（寺窪文化系土器）、Ⅴ群（四川系土器）、Ⅵ群である。④強関係遺跡において、西周前期では一貫してⅥ群が主体的、Ⅴ群が副次的であり、その他の系統は個別的な例として混在しているにすぎない。西周中期になってはじめて一部にⅠ群（西周式土器）を主体とする墓が出現する（表13.2-4、BZM9）。しかし西周中期を過ぎる頃から、宝鶏市南部の強関係遺跡はその消息が途絶える。

　主として清姜河の谷間という比較的狭い地域を舞台とし、また西周前期を若干前後する程度の限定された短い時間のなかで、その周囲の遺跡とは際だって異なる土器の組成が見られたことは、その地に周囲とは異なった文化伝統を継

承する集団が居住したと考えられるであろう。[18]

　土器からみた獂関係遺跡を、関中平原のなかで特異なものとしているⅤ群、Ⅵ群の土器について少し具体的に紹介しておきたい。Ⅴ群の器種には、小型で胴部が紡錘形に膨らんだ尖底罐と尖底鉢形器（尖底盞）の2種がある（図13.2-Ⅴ群1～6）。このうち尖底鉢形器は、生活址（灰坑）から出土するが、墓にはともなわない。一方、尖底罐は生活址、墓ともに普遍的に見られる。注目すべきことに、まったく同じ器形の青銅製の小型尖底罐が土器とは別に墓の副葬品のセットとして定着している（図13.1-在地系Ⅲ類1）。Ⅴ群の尖底罐と尖底鉢形器は、後述するように殷周王朝並行期の四川成都平原に展開した十二橋文化の土器と同系統に属するものと考えられる。

　一方、Ⅵ群に属する土器は、器形としてはすべて平底罐の類である（図13.2-Ⅵ群1～7）。竹園溝、茹家荘、紙坊頭の各墓地遺跡および茹家荘生活址で出土するあらゆる土器のなかで、平底罐の占める割合は総数の約80％にも達するとされる。[19]Ⅵ群は獂関係遺跡において明らかに主体的な土器であって、かつ基本的に獂関係遺跡以外には見られない土器である。「獂」集団を最も特徴づける土器の系統ともいえる。Ⅵ群の平底罐は、大別すると、小型平底罐、桶状平底罐、円肩平底罐の3タイプに分けられる。桶状罐と円肩罐は、大きさの違いと器形上の特徴からさらに細分できると考えられるが、ここでは詳細を省く。[20]これらⅥ群の平底罐は、そのうちのいずれの形式も、10～30％の例で浅鉢を臥せたような蓋が付く特徴をもつ。また小型平底罐は、まったく同じ器形のものが青銅器としても作られており（図13.1-在地系Ⅲ類2）、副葬品のセットとして定着している。小型罐は出土時に器内に動物骨をともなうことが多く、煮炊きと供献用を兼ねた用途が考えられる。桶状罐や円肩罐は貯蔵用の土器であったとみられよう。

　先に青銅器の項でも述べたように、在地系青銅器のⅢ類を構成する代表的器種が青銅尖底罐と青銅平底罐である。そしてこの2器種は、それぞれ土器系統Ⅴ群（四川系土器）の尖底罐とⅥ群の小型平底罐の器形を、忠実に模倣したものに他ならないのである。この2種の青銅器は副葬専用に作られたものであり、それだけに祖型となった2種の土器も「獂」集団にとって葬送儀礼において特別な意義をもつ土器であったと考えられる。またこの2種の青銅器が副葬

品として常に一つのセットをなしていたことは、祖型となった2種の土器の間にも、もともとセットとしての強い結びつきがあったことをうかがわせる。あるいは土器系統のV群とⅥ群は、実はもともと緊密な関係を有していた可能性もあろう。V群は疑いもなく四川系の土器群であり、一方のⅥ群は今のところ弜関係遺跡に限って見られる土器群である。しかし一つの推測として言えば、V群とⅥ群はともに「弜」集団によって、秦嶺以南の四川系土器の分布地から、同時に宝鶏市南部の地に持ち込まれた外来系の土器であった可能性が考えられる。この2群の土器系統が、弜関係遺跡の主体となる土器であることからして、これらの系統を関中平原の外に探ることで、「弜」集団の出自を考える手がかりが得られないだろうか。

Ⅳ 四川系土器の分布と弜関係遺跡

　弜関係遺跡の土器を構成する主要な土器系統の一つであるV群の尖底土器は、同時期の四川成都平原をはじめとして秦嶺以南の比較的広い地理的範囲で出土する四川系の土器と同系統のものと考えられる。

　成都平原の新石器以降の文化編年については、現在その大まかな枠組みが議論されている段階にある。ここでは広漢市三星堆遺跡の層位を再検討した孫華氏の編年観を参照しながら、筆者の見解をまとめておく。孫華氏は三星堆遺跡の文化堆積を3時期（6段階）に分期した。孫氏はその3時期の文化内容を「同一文化系統の3種の異なる考古学文化」と評価し、第一期の内容を、四川北部の綿陽辺堆山、広元鄧家坪などと共通する「辺堆山文化」、第二期の内容を三星堆遺跡盛期のもので四川盆地から湖北西部にまで分布した「三星堆文化」、第三期の内容を、広漢三星堆遺跡よりも、十二橋遺跡など成都市近郊を中心に広範囲に分布したもので、「十二橋文化」と呼んだ。

　孫氏の三星堆三期5段は十二橋遺跡早期、三期6段は十二橋遺跡中期、そして三星堆三期に後続する段階として十二橋遺跡晩期がとらえられる。さらに孫氏は触れていないが、十二橋遺跡と同じように成都市内の遺跡である指揮街遺跡の早期は、十二橋文化に属するが十二橋遺跡晩期に後続するより遅い様相を示していると考えられる。また1956年に発掘された青銅器をともなう新繁水

観音遺跡の早期、晩期は、ほぼ十二橋遺跡の早期から晩期の間に位置する。

　各時期の年代について孫華氏は、辺堆山文化（三星堆一期）を龍山文化期後期から二里頭文化期前期の間に、三星堆文化（三星堆二期）を二里頭期後期から殷墟一期前段頃の間に、そして、十二橋文化（十二橋遺跡早、中、晩期）については殷墟一期後段頃から殷墟四期頃と推定する。十二橋遺跡早期の年代は、十二橋遺跡早期相当の尖底盞をともなった三星堆器物坑（祭祀坑）1号坑の年代が手がかりとなっている。孫氏は、1号坑から出土した殷系青銅容器を殷墟一期相当とし、それを十二橋遺跡早期の年代と考えるのである。しかし、三星堆1、2号器物坑の青銅器をめぐっては、より遅い年代を主張する有力な意見もあり、さらなる議論が必要である。殷墟一期という年代は、あくまで器物坑の年代の考えうる上限とするのが妥当である。一方、十二橋遺跡晩期の年代について孫氏は、この時期の尖底盞の形態が宝鶏茹家荘生活址（灰坑）出土の尖底鉢形器と一致すると的確に評価する。しかしその茹家荘灰坑の年代を、孫氏が殷墟四期とするのは正確ではなく、先に示したように（表13.1-2）、筆者の考えでは西周Ⅰa期からⅠb期頃、つまり殷末周初頃から西周前期の前半頃に確実に下がる部分を含んでいるとおもわれる。したがって、十二橋文化の指揮街遺跡早期の年代は、西周前期ないしさらに遅いものと考えられる。

　土器の器種構成を見ると、三星堆文化では、高柄豆、圏足盤、小平底盆、盉、鬲形器、鳥頭柄勺などが主要なもので（図13.3-1～7）、十二橋文化になってはじめて各種の尖底土器が顕著になる（図13.3-8～21）。すなわち三星堆文化→十二橋文化の間で、三星堆文化以来の小平底盆などが減少または消失する一方で、新たに尖底罐、尖底杯、尖底盞などの尖底土器や高領罐が急増する。まさに各種の尖底土器こそは、十二橋文化に現れた大きな特徴なのである。

　この十二橋文化は、三星堆文化の中心地である広漢市三星堆遺跡やその近辺では分布が希薄なのに対し、成都市の近郊に遺跡が集中する。このことから、成都平原における人口集中地や政治的、宗教的中心地が、三星堆文化→十二橋文化の移行に従って、現在の広漢市周辺から成都市周辺へと移行したことが考えられるのである。

　尖底土器の存在からうかがわれる宝鶏市南部の彊関係遺跡からみた成都平原

第 13 章　関中平原に形成された政治的地域の一側面　*417*

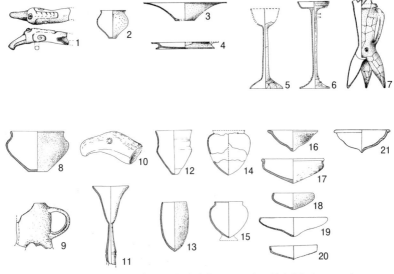

図 13.3　四川系土器（1-7 三星堆文化、8-21 十二橋文化）〔縮尺不同〕

との文化的関係は、内容的にも年代的にも、広漢三星堆遺跡盛期の三星堆文化との関係ではなく、その後に成都市近郊を中心に展開した十二橋文化との関係であるといわなければならない。

　彊関係遺跡出土の尖底罐（またそれを模倣した青銅尖底罐）と尖底鉢形土器（尖底盞）は、四川系土器のうち十二橋文化の土器と同系統のものである。十二橋文化を代表する尖底土器の各地の出土状況をまとめると、①成都平原では三星堆文化→十二橋文化と移行する過程で、尖底罐、尖底盞、尖底杯の 3 種の尖底土器が出現し、十二橋文化の主要な土器となる。②四川盆地南西部でも、雅安沙溪遺跡など十二橋文化に属する遺跡が知られ、尖底罐、尖底盞、尖底杯の 3 種の土器が見られる。③四川盆地東部の長江両岸一帯では、十二橋文化に並行する時期の遺跡が分布する。しかしそこでは尖底杯は顕著であるが、公表された調査報告から見る限り、尖底罐と尖底盞は稀少であったと考えられる。④四川盆地東部と地理的に隣接する湖北省西部西陵峡の一帯では、成都平原の三星堆文化に並行し内容的にも関連を示す遺跡が少なくない。しかし殷王朝後期以降の十二橋文化に並行する時期では、成都平原との関係は希薄化した可能

性が指摘できる。当該地方では尖底罐、尖底杯の出土例は少なく、また公表されている調査報告に尖底盞は知られていない。⑤漢中盆地の城固、洋県地区は、青銅器においては成都平原や宝鶏市の彊関係遺跡と相互に関連しており、のちの巴蜀式青銅器の形成にも関わっている。その城固、洋県地区の青銅器群にともなう土器についてはほとんど知られていない。しかし少なくとも、当該地方において尖底盞は出土しないとする調査報告があり注目すべきである。⑥秦嶺南西部の鳳県では、十二橋文化に並行し、尖底罐をともなう土器群が発見されている。ただし当該地点では、尖底盞と尖底杯は報告されていない。

　鳳県付近の遺存については説明を加える必要がある。鳳県は陝西省南西部にあって、秦嶺南麓から四川盆地へと流れる長江水系嘉陵江の上流部に位置する。秦嶺北側の宝鶏市からは今日の川陝公路に沿って名勝「大散関」を南に越えて遠くない地点にあたる。その鳳県の郭家湾で四川系土器が出土したのである［陝西省文物管理委員会 1956a］。すなわち遺跡の上文化層からＡ類鬲（本章でいう関中平原のⅠ群）や馬鞍形双耳罐（関中平原のⅣ群、寺窪文化系土器）とともに尖底罐（関中平原のⅤ群、四川系土器）が出土した。また図は示されていないが、罐、盆、三足器および「各種の底径をもつ平底器」（関中平原のⅥ群の可能性あり）が出土しているといわれ、きわめて注目される。Ⅰ群のＡ類鬲は殷末周初頃（西周Ⅰa期）の年代を示している。またⅤ群の尖底罐は十二橋文化と同系統の土器に相違ないが、その紡錘形に膨らむ形状は、宝鶏市の彊関係遺跡の尖底罐とまったく同形式に属する。

　同形式の尖底罐の存在と、推定される西周Ⅰa期という年代、さらに宝鶏市と鳳県の地理的な結びつきからみて、鳳県の土器群と宝鶏市の彊関係遺跡の土器群とは非常に密接な関係にあったと考えられる。また、関中平原の土器系統Ⅰ群、Ⅳ群、Ⅴ群（さらにⅥ群であろうか）に相当する多系統の土器が１地点に集中して見られる状況も、宝鶏市南部清姜河河谷の状況と類似する。詳細な調査を待たなければならないが、鳳県の土器群は、実は宝鶏市の彊関係遺跡とは同じ文化的グループに属する可能性が高い。少なくとも秦嶺南西部にあって、宝鶏市の「彊」集団と恒常的な交流をもった人々の遺存であると考えられる。

　以上から明らかになったように、十二橋文化の尖底土器のうち、尖底罐と尖

底杯の2器種は、四川盆地周辺の多くの遺跡で見られるが、もう1種のさらに顕著な器種といえる尖底盞を多く出土したのは、十二橋文化中心地の成都平原の諸遺跡と宝鶏市の強関係遺跡に限られている。強関係遺跡の尖底土器は、四川系土器を出土した秦嶺以南の諸地域のなかでも漢中盆地や四川盆地東部ではなく、成都平原の十二橋文化中心地との関係のなかに由来すると考えられるのである。また、強関係遺跡と鳳県付近の遺存との同質性が認められた。このことは、「強」集団の活動範囲が宝鶏から秦嶺南側の鳳県周辺に及んでいたことを示唆している。以上の状況から、殷末周初の頃の宝鶏南部に出現した「強」集団とは、もともと秦嶺南西部の鳳県付近から南は四川成都平原にかけての一帯のなかにおいて出自し、やがて十二橋文化の要素をともなって秦嶺を北に越え、関中平原の一角に自らの位置を占めるにいたった人びとであると推測できよう。

　ところで先にも触れた広漢三星堆遺跡の器物坑(祭祀坑1号、2号)は、成都平原において三星堆文化から十二橋文化に移行する時期に埋納された可能性が高い。埋納された器物自体は三星堆文化の所産と考えるのが妥当である。またこの文化的な移行にともない、人口、政治、宗教的活動の中心地が現在の広漢市近郊から成都市近郊に移ったことが推測された。もし三星堆文化→十二橋文化の移行が短時間のうちに進行したとすれば、そこに成都平原における集団間の地域支配をめぐる争いといった事態も考えられる。三星堆の器物坑を、『華陽国志』等の文献にその名が伝えられる蚕叢から魚鳧にいたる「蜀王国」が、杜宇を代表とする新興勢力によって覆され、前王朝の王権の象徴物や宝器が忌避され打ち捨てられたものとする徐朝龍氏の解釈(31)は、この意味で注目されよう。

　三星堆器物坑の青銅器は、仮面など独自性の強い一群に加えて、尊に代表される殷系統の青銅容器をともなう。その場合の殷系青銅器は、殷代の関中平原には見られないタイプのものであり、同タイプのものは湖北、湖南など長江中流域や漢水上流域(城固、洋県地区)に比較的多くまとまって出土している。長江中流域の地域性を帯びた殷系青銅器のグループと考えられる。それに対して、彭県竹瓦街出土の青銅器など十二橋文化に属するとみられる青銅器(32)は、西周王朝の畿内的地域から直接に移入されたか、またはその強い影響を受けて製

作された西周前期相当の青銅容器や、宝鶏市の強関係遺跡と結びつきの強い青銅武器類が中心となっている。三星堆文化と殷系青銅器（長江中流域の地域性を帯びたグループ）、十二橋文化と西周前期の関中平原に由来する青銅器がそれぞれ緊密に結びついている関係は、この場合、単なる年代差の反映とはいえないのではないだろうか。憶測の域を出ないが、筆者は成都平原において広漢三星堆遺跡に代表される三星堆文化が衰微し、代わって成都市近郊を中心とする十二橋文化が台頭した動きと、黄河流域における殷、周王朝交替の動きとの間に連動した関係があった可能性を考えている。同時にそうした動向は、「強」集団が十二橋文化の要素をともなって、殷王朝滅亡後間もない西周王朝の畿内的地域の一角に出現し、そこで短期間のうちに自らの位地を確立した動きとも無関係ではないようにおもわれるのである。

V 「強」集団の地理的環境と経済的基盤

（1）土地類型図からみた「強」集団の地理的位置

強氏の関係遺跡をめぐる地理的環境についてみておきたい。図13.4は、現在の宝鶏市周辺の土地類型図を簡略にし、関係遺跡を入れたものである。図中のI区は河川の氾濫原や河岸地形区で、一部冠水の危険はあるが、河川堆積土による「灌耕地」が展開する。II区はいわゆる黄土台塬区で、黄土土壌における「旱耕地」が発達し、一般に農業適性地が広がる。III区は黄土丘陵区で、おもに牧地や林牧地として利用されている。IV区は低—中山地区で、渭河からの比高差は650m前後以上。岩盤と黄土堆積からなる。地下水位が浅い一部の地点で農業がおこなわれているほかは、林地や牧地として利用されている。V区は中高山区で、標高2100m以上。岩盤による地形で、基本的に林地として利用されており、林業最適地と評価されている。

宝鶏市北側の渭河北岸の一帯は、関中平原西部の東西方向に連続する黄土台塬の西端部分にあたり、千河（汧水）と金陵河に挟まれた台地が賈村塬である。賈村塬を含む渭河の北側約20km及ぶ範囲は、農業適地とされる上記のI区、II区、III区が広がる。この状況はすなわち、千河以東の周原台地とほぼ同じ環境が、宝鶏市周辺の渭河北岸一帯にも展開していることを意味する。一

第13章 関中平原に形成された政治的地域の一側面 *421*

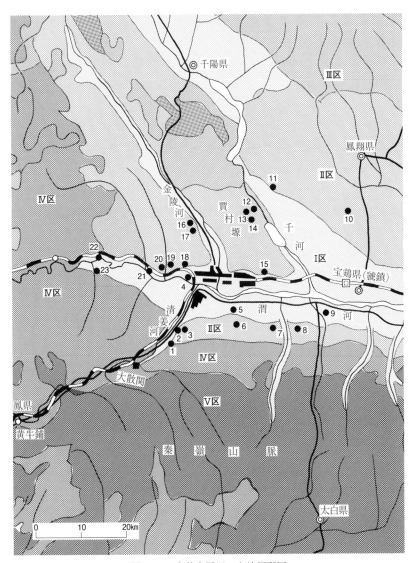

図13.4 宝鶏市周辺の土地類型図

1. 竹園溝　2. 茹家荘生活址　3. 茹家荘墓地　4. 紙坊頭　5. 石嘴頭　6. 涼泉　7. 旭光　8. 姫家店　9. 潘家湾　10. 西村　11. 長青郷　12. 霊龍　13. 上官村　14. 賈村　15. 闘鶏台　16. 興隆　17. 金河　18. 長寿山　19. 羅家崚　20. 趙家坡　21. 林家村　22. 固川　23. 晁谷

方、宝鶏南側の渭河南岸では、秦嶺北麓の傾斜地が迫るため、上述のⅠ区、Ⅱ区の広がりは南北わずか数kmの幅にすぎない。そこから直ちにⅣ区、Ⅴ区といった山区が立ち上がっている。清姜河の両岸となると、ごく狭い氾濫原だけが可耕地で、両岸は直ちに山区となり、林地、牧地としての利用が今日の一般的な状況である。主として地形に左右された狭い範囲でのこうした地理的環境の状況は、西周時代の当地区でも大きな違いはなかったであろう。

　図13.4で、遺跡の分布を見れば明らかなように、清姜河の河岸にある強関係遺跡は、その周囲をⅣ区やⅤ区の土地に取り巻かれ、農業適地をほとんど持たない環境にあったと推測される。それに対して、渭河北岸の賈村塬（その台地縁辺部）に展開したとみられる矢関係の遺跡などは、Ⅰ区、Ⅱ区の広がりのなかにあり、その東方の周原遺跡と同じ環境下にあって、農業適地に囲まれていたのである。

　渭河北側の黄土台塬に展開した諸侯とは明らかに違った地理的環境下にあって、「強」集団を支えた経済的基盤はどこに求められたのであろう。豊富な青銅器を所有し、自らも製作し、また周王室に近い井や矢とは婚姻関係や経済的関係を結んでおそらくは畿内的地域内の諸侯に列する地位を得ていた経済的基盤はどのようなものであったのだろうか。

　考えられる彼らの経済的活動として、背後の山地を利用した産業の可能性がある。例えば鉱物の採掘、木材、薪炭、薬材、果樹の採取や加工および搬出、さらに養蚕に関係したかもしれない。これらの具体的な物産の項目は憶測にすぎないが、「強」集団の平地農業の基盤が脆弱であったと考えられる以上、彼らがいわば早期の「山区経済」(36)の一部を担っていた可能性を否定できないのではないだろうか。(37)ただしその場合、さまざまな物産は、「強」集団がその直接の生産者であったというよりも、むしろ物産の輸送や交易における彼らの重要性があったのかもしれない。

(2) 秦嶺南北間の交通路と「強」集団の活動

　「山区経済」に関連して考えられる「強」集団の経済的活動として、彼らが当時の交通路上の要衝をその影響下におき、そこで何らかのかたちで権益を得ていた可能性を指摘できる。今日の宝成鉄道と川陝公路は、まさに宝鶏市から

清姜河に沿って南下して秦嶺の分水嶺を越え、嘉陵江上流の先述した鳳県付近を経由して四川盆地へといたる。古くは故道あるいは陳倉故道の名で呼ばれたこの交通路は、古代以来、幾度となく秦嶺を挟んで南北間の軍事的な対峙や衝突を繰り返してきた要害の地でもあった。

『水経注』巻一七・渭水に「渭水又與捍水合、水出周道谷、北経武都故道県之故城西、……其水又東北歴大散関而入渭水也」とある。捍水とは現在の清姜河のことと考えられる。ここに見える「故道県」は、漢代に置かれた武都郡故道県のことで[38]、故道県故城は今の鳳県の北西にある[39]。「故道」の名は、『史記』高祖本紀に「漢王用韓信之計、従故道還、襲雍王章邯」として見え、早くから関中と漢中や成都平原を結ぶ交通路であったことが知られている。故道の名の由来は、戦国時代以降に褒斜道など関中から南下する別の路線が重要性を増し、整備されるなかで、古くから開かれていた道筋を故道と称するようになったものであろう[41]。

一方、「周道谷」については、矢人盤（散氏盤）の銘文に、散と矢の境界の一部をなす「周道」の名が見える[42]。かつて王国維は散の故地を宝鶏県南の渭水南岸から遠くない地方と推定し、『水経注』渭水に見える「周道谷」の名は「周道」に由来し、「大散関」および「大散嶺」（『水経注』巻二〇・漾水）の「散」は西周時代の散氏に由来すると推定した[43]。この意見に従って考えれば、要するに関中平原と蜀を結ぶ「故道」は、かつての「周道」の一部なのであり、それは今の宝鶏市から清姜河河谷に沿って秦嶺の奥へと向かい、大散関付近で分水嶺を越えて長江水系嘉陵江上流の鳳県（故道県）にいたり、その南の蜀の地方へと通じた道に他ならない。そしてこの交通路上の一部分をある時期その影響下においていたのが、大散関や大散嶺の地名を残した西周時代の「散」であったろうと推定される[44]（写真13.1〜13.4）。

ところがすでに述べたように、西周前期から中期にかけて、宝鶏市南部の清姜河の河谷から秦嶺南側の鳳県一帯において影響力をもったのは「弜」集団に違いなく、おそらく他の集団が入り込む余地はなかったと考えられる。その「弜」集団は西周中期より以降、考古学的には消息が途絶えてしまう。矢人盤が作られたのはその頃であるが、あるいは西周後期に入る頃には、「弜」集団に代わってこの山間の地方が散の影響下に入ったということではないだろう

写真13.1 竹園溝遺跡のある山麓傾斜地

写真13.2 清姜河 対岸は宝鶏—成都鉄道

写真13.3 大散関付近（清姜河上流）の公道

写真13.4 大散関南の「秦嶺」分水嶺

か。いずれにしても「故道」が、かつて「周道」と称された道路の一部であったとすれば、それは周王朝と強い結びつきをもつ交通路であり、西周王朝の畿内的地域と蜀の地方を通じた重要な交通路であったに相違ない。秦嶺の南北にまたがって活動したと考えられる「弓魚」集団は、秦嶺を挟んだ南北交通における交易上の権益などを掌握していた可能性があるのではないだろうか。

「弓魚」集団の存在は、西周王朝にとって、南北間の文化の違いを意識させる異質な存在であったに違いない。しかし、秦嶺の南に出自したと考えられる彼らを、殷周王朝交代期の政治的動向のなかで、あえて王朝の畿内的地域の一部として取り込んだのは周王室であったにちがいない。そこには、彼ら「弓魚」集団を畿内的地域と秦嶺以南地域との境界域に配置することで、南北間の緩衝地帯を設定するという政治的意図がはたらいていたとは考えられないだろうか。近年、関中平原の北部縁辺部では、陝北系統の青銅器をともなう西周王朝成立前後の時期の一群の遺跡が発見されている。また関中平原の北西側にあたる涇

河上流域や、本章で話題とした宝鶏市近郊から秦嶺南西部にいたる陝西、甘粛両省の省境に沿った一帯では、寺窪文化の遺跡や、西周式土器を主体に寺窪文化系の土器をともなう遺跡が数多く発見されている。これらの状況は、周の勢力が殷末周初の短期間のうちに関中平原の縁辺部にまで拡大し、それぞれの場所で関中平原の外に基盤をもつ諸集団との接点をつくりだしたことを物語っている。おそらく集団間の接点が文化的な交錯地帯を形成し、そこに安定的な地域間の境界域をつくりだしていたのではないだろうか。秦嶺の南北間について推測されたように、畿内的地域と外部との間に意識的な境界域が設けられていたのかは示しえないが、畿内的地域をとりまく境界域の存在は、「彊」集団の位置づけを通して見えてきた畿内的地域の地理的構成の一側面といえよう。

Ⅵ 小　結

　本書第二部では、関中平原を舞台に西周王朝が形成された文化史的過程を描き出す目的で、まず西周期の考古学的編年を再検討し、西周王朝以後とそれ以前との文化段階の境を明らかにした。それによって示すことができる西周王朝以前の関中平原の土器は、さまざまな系統が複雑に関係しているように見えるが、筆者はそのなかから主要な三つの土器系統を抽出し、それぞれの系統について編年的に整理した。この基礎的作業を踏まえて、王朝以前の土器系統相互の時間的空間的関係を検討し、土器系統の消長と相互関係のなかから、最終的に西周王朝の中心地に一つの土器様式としての西周式土器が形成される過程を説明した。また、そうした土器系統の動きに反映した周勢力形成の歴史過程を読み取ろうと試みた。さらに本章では、西周王朝の成立とともに関中平原に形成された、政治的地域としての畿内的地域の構成について、文化史的な側面から考察しようと試みた。その手がかりを求めて筆者は、関中平原の縁辺部にあって、異質な文化的出自をもちながらも自らの存立基盤を確立した「彊」集団に注目し、彼らの歴史的背景について検討した。

　以下に、第二部の各章でこれまでに検討してきたことの要点を整理しておく。後続の第14章と第15章では、本章までに含まれていない近年の新知見を紹介して、議論を補足する。

（1）関中平原における考古学的文化を西周王朝以前にさかのぼる前提として、筆者はまず西周王朝の王都であり中心地の豊鎬遺跡を標準としてみた西周前期の編年を再検討した。その結果、西周前期を西周Ⅰ期、Ⅱ期の2時期に大別し、各期をⅠa期、Ⅰb期、Ⅱa期、Ⅱb期に細分した（これに西周中期前半のⅢ期を加える）。この分期を、既存の殷墟遺跡の4期分期と併せて、先周期、西周期の年代的尺度として設定した。西周王朝に固有の土器様式である筆者のいう「西周式土器」は、殷王朝滅亡の前後にまたがる西周Ⅰa期を過渡的な段階として、西周Ⅰb期以降の西周の王都豊邑、鎬京において成立した。

（2）西周王朝成立前の関中平原に展開した土器の系統として、筆者は土器群A、土器群B、土器群Cの3系統を抽出し、各系統ごとにその編年的枠組みを提示した。これら土器系統の編年は、それぞれに固有の鬲の変遷を軸とした土器変遷図と、土器系統各時期の標準的単位として示した。三つの土器系統は、主体的な土器である鬲の系統の違いを軸に、それぞれ自律的な土器の組成とその推移がとらえられ、かつそれぞれの土器系統を主体に構成された性格の異なる三つの遺跡群を分離できたと考える。自律的な動向をもつ三系統の土器群と遺跡群が抽出されたことは、それぞれの土器の伝統を共有した諸集団の動向を考える手がかりを提供するものであろう。

（3）そのうちの土器群Bについては、さらに金河・晁峪グループ、碾子坡グループ、劉家グループの主要な三つの地域的グループに区分した。土器群A、土器群Cは現状では地域的グループに区分しない。各土器群の最も早い年代は、土器群Aが殷墟一、二期、土器群Bが二里岡期から殷墟一、二期の間、土器群Cは二里岡下層期にさかのぼる。各土器群の年代の上限と、関中平原の客省荘第二期文化との間には、年代的にも土器の様相の上でも、なお大きな考古学的空白がある。

（4）中原の二里頭文化期前後に相当するこの考古学的な空白が埋められなければ、各土器群の起源の問題は解決できない。しかしながら、各土器群の早い時期の分布の特徴と、客省荘第二期文化の康家類型、双庵類型の分布域の間には一定の相関関係が認められる。それを各土器群の源流について考える一つの手がかりとして述べておいた。すなわち、土器群Cは関中平原東部の康家類型のあとにそのほぼ同じ地理的範囲に現れ、また土器群Bは関中平原西部

の双庵類型のあとに現れている。そしてのちに西周式土器の基礎となる土器群Aは、土器群Cと土器群Bの中間地帯、すなわち見方によってはかつての客省荘第二期文化康家類型と双庵類型の境界地帯と考えられる一帯に現れたといえる。

（5）上記（4）のことに関連して、つぎのことを付け加えた。土器群Cは関中平原からみれば基本的に外来の殷系統の土器群であり、客省荘第二期文化との間に系譜上の関係はない。その場合、それを担った人びとということを考えるならば、土器群Cの登場は、康家類型以来の在地の集団が外来の殷系土器を受け入れた結果であるか、または外来の集団が殷系土器をともなって旧康家類型の分布地域に入り込んだ結果であると考えられる。後者の可能性が高いと推測した。

一方、土器群Bについては、筆者は基本的には双庵類型を継承して変化した関中平原西部に在来の土器系統であろうと推測した。しかし同時に、土器群Bとその西方に展開した辛店文化、寺窪文化との間に終始相互作用が認められることを指摘した。土器群Bとその西方の土器系統が東西に並び立ち、一部の土器の特徴を共有するなど相互に連携した関係は、地域間関係の構図からいえば、かつて龍山文化期に双庵類型とその西方の斉家文化が東西に並んで相互に作用していた関係を踏襲した構図となっている。土器群Bの形成と展開には、このような東西間の相互関係が重要な背景となっていたことは確かであろう。

土器群Aについては、客省荘第二期文化の一部の土器（DⅡ類鬲など）を継承した可能性を指摘したが、それ以外の両者の関係については指摘できることはない。少なくとも、土器群Aはけっして客省荘第二期文化を単純に継承発展したものではない。なお、土器群Aのいま知られる早期の分布地は漆水河下流域に集中しているが、実際にはさらに漆水河上流域あるいは関中平原北部の考古学的な空白域にまで広がっていた可能性もあると推測した。[48]

（6）土器群Aと土器群B碾子坡グループ生活址との間には、土器の組成においてある種の類似が認められる。筆者はそのおもな原因は、この両者が殷墟一、二期ないしそれ以前から、関中平原の北側や渭河両岸地帯において、ともに殷系の土器群である土器群Cと接触し、その影響を受けていた結果ではな

いかと推測した。一部の研究者には、碾子坡遺跡の土器が発展して筆者のいう土器群Aが生まれたとする意見もあるが、両者にはそうした継承関係はないというのが本書の見解である。ただし、ある時期は隣接して並行した両者であるため、相互に一定の影響関係は認められる。

（7）各土器群の分布上の相互関係は、殷代並行期から西周初葉期にかけて、時間とともに大きく変化した。その経過は第二部第11章で詳しく述べたが、あらためて表13.3のかたちでまとめておく。その要点はつぎのようである。①二里岡期から殷墟一、二期にかけて、関中平原では、東から西に土器群C、土器群A、土器群Bを主体とする遺跡群が分布した。②殷墟一、二期前後に、土器群C主体の遺跡が関中平原東部から西方に向かって拡張し、一時期周原地区にまで達する。またこの過程で、土器群Cは漆水河下流域の土器群Aと接触し、伸張する土器群Cが土器群Aの一部をともなうように周原地区にいたるという現象が見られた（壹家堡Ⅰ）。③土器群Aは、殷墟四期前半頃にいたって、漆水河下流域からまず西方に向かって周原地区、およびさらに西の宝鶏周辺へと急速に拡張し、関中平原西部に広く土器群A、土器群B共存遺跡を形成した。④土器群Aは、つづいて殷墟四期後半から西周初葉期には、さらに涇河上流地域に広がり、また一方で、関中平原東部の豊鎬地区にも拡張して、やがてこの新しい王都を中心として「西周式土器」の基礎がつくられた。

表13.3 関中平原における地区別の土器系統の構成
（ ）表示は（ ）内土器群の土器が少数存在するか、またはその（紋様、形態の）影響あり。

殷文化中心地域 豊鎬遺跡の時期	西安市以東	豊鎬地区	漆水河下流	周原地区	宝鶏市周辺	宝鶏南部	宝鶏西部	涇河上流
二里岡下 二里岡上	C C	?	?	?	B?	B?	B?	B?
殷墟一、二	C	?	A+C+(B)	C+(A)+(B)	B			B
殷墟三	C	?	A+(B)	B	B			?
殷墟四前半	C+(A)	(A+B+C)	A+(B)	A+B	A+B			?
西周Ⅰa*	A+C	A+B+C	A	A+B	A+B	B +(四川系) +(寺窪系)	B +(寺窪系)	A+B +(寺窪系)
西周Ⅰb	西周式	西周式	A +(西周式)	西周式	西周式	西周式 +(四川系) +(寺窪系)	B +(寺窪系)	西周式 +B +(寺窪系)

①～④の変化は、同時期の青銅器の動向にもそれを補足するような一致した傾向が読み取れる。③は文献に伝えられる文王期における周勢力の西方への拡張を反映したものであろう。また④は関中平原における周勢力拡張の最後の段階として、王都豊邑、鎬京が建設される経緯を反映したものであろう。

（8）やがて王都豊邑、鎬京を中心に「西周式土器」が成立する。西周式土器を構成した土器のうち、墓から出土する土器は、鬲（A類鬲、西周C類鬲）、罐（折肩罐、円肩罐）、簋（Aタイプ、Bタイプ）を主体とし、副次的に壺、瓿、尊、豆、罍形器、鉢、盆、三足甕を加える。一方、生活址出土の土器は、鬲（A類鬲）、罐（折肩罐）、盆、甗を主体とし、甕、三足甕などの大型土器や鉢（碗）を加える。また生活址では、西周中期以降、豆や簋が増加する。

西周式土器を構成する器種のうち、A類鬲、罐、盆などの主体的土器や、鉢、豆の一部は先周期の土器群Aの系統に属する。また、西周式土器の器種の構成自体が土器群Aの伝統を基本としたものと考えられる。その他の器種の多くは、殷系統の土器に属する。そのうち、「西周C類鬲」は、関中平原に在来の殷系土器群である土器群CのC類鬲からの継承と考えられ、一方、壺、瓿、尊、罍形器、豆などは同じ殷系土器でも、殷滅亡後に殷文化中心地域から移入された可能性が高い。さらに、西周式土器に少数が含まれる三足甕は、殷王朝並行期に陝北で発達した土器系統から関中平原に波及した土器の系譜をひくもので、関中平原在来の土器系統とは別の流れを汲むものである。なお、土器群Bから西周式土器のなかに直接継承された土器はまったく存在しない。西周式土器の文化史的な位置づけにおいてきわめて重要な事実である。従来の多くの研究では、この点の認識が曖昧な場合が多かったと考えられる。

このように、西周式土器の基本となる組成は土器群Aの継承によって形づくられたものであり、それに次いで副葬土器の領域で、土器群Cならびに殷文化中心地域から移入された殷系土器が副次的な部分を占めていたと考えられる。関中平原西部を中心に古い伝統をもち、先周期の遅い段階では広い範囲で土器群Aとの共存的関係を形成した土器群Bは、最終的にはこの西周式土器の構成には加わっていないのである。

（9）西周式土器の成立によって、先周期以来の土器群A、土器群B、土器

群Cがすべてそのなかに融合されたり、ただちに消失したりしたわけではない。土器群Aが古くから伝統的であった漆水河下流域周辺の集落遺跡では、王都豊邑、鎬京を中心に西周式土器が成立して以降も、基本的に殷系土器を交えない先周期以来の伝統的な（単純な）土器群Aの組成が持続している。このことはすなわち、漆水河下流域周辺では、旧来からの集落単位による自給的かつ閉鎖的な土器づくりが続くなか、伝統的な土器様式が持続されたのに対し、豊邑、鎬京では、さまざまな文化的背景をもつ人間集団を交えて成り立つ都城にあって、多様な系統から構成された新たな土器様式が生み出されたということであろう。しかも後者の場合、殷王朝滅亡後きわめて短期間のうちに旧殷系統の土器が導入されているのは、一部の旧殷系の人々（技術者集団や工人集団を含む）が、殷王朝滅亡後に西周の都城に移住し、彼らが都城の生産組織にも組み込まれた結果であると推測することができよう。西周式土器の形成には、そうした王朝中心地における都城の成立という歴史的背景があったと考えなければならない。

一方、土器群Aの関中平原西部への拡張の結果、この方面の多くの遺跡は、土器群B主体→土器群A、土器群B共存→西周式土器と変化したが、関中平原最西端の宝鶏市西部の一帯では、少なくとも西周Ⅰb期の頃までは比較的単純な土器群B（金河・晁峪グループ）の組成が持続している。それは地勢的な条件が土器系統の分布と消長に現れた結果とおもわれるが、政治的地域単位としての畿内的地域の地理的構成を考える上で興味深い事実である［第二部第14章］。

（10）本書で十分に議論の及ばなかった問題として、文献に伝えられる古公亶父のときの周勢力の「岐下」「周原」の地への移動という大きな問題がある。それが歴史的事実とすれば、土器群Aが西周王朝の「西周式土器」の基礎となったと結論した本書の見方からすれば、その土器群Aがかつて漆水河流域に定着していた殷墟一、二期までの段階と、殷墟四期前半頃以降に関中平原西部に拡張した段階（文王期のことと考えられる）の間（おそらく殷墟三期並行期頃）において、「周原」（扶風、岐山県境一帯の周原遺跡が、それとは結論できない）に周の拠点が移動したことを反映する何らかの現象がとらえられてよいと期待されるが、現状では確認できていない。関連する問題は第二部第15

章でも言及する。

（11）第二部第 13 章では、西周王朝成立過程の文化史的検討を踏まえて、王朝成立後の政治的地域としての畿内的地域の構成について若干の関連する問題を考察した。ここでは「彊伯」「彊季」などの青銅器銘文から知られる「彊」集団の消長の歴史を追跡してみた。

（12）彊氏の集団墓地から出土する青銅器には、筆者のいう王朝系青銅器のほか、彼ら自身が製作したとおもわれるきわめて特徴ある一群が含まれ、西周王朝畿内的地域における「彊」集団の特異性が推察される。一方、彊関係の青銅器銘文および畿内的地域出土の関連する青銅器銘文の分析から、彊は西周前期前半から中期前半にかけて、姫姓や姜姓など周王室に近い出自をもつ諸侯（矢、散、虢、井など）とは地理的に隣接しながら、彼らの一部と婚姻関係を結ぶなどして密接な関係を維持しつつ、関中平原の縁辺部にその基盤を確立していた状況が推察された。

（13）殷墟期並行期から西周期にかけて、関中平原西部に見られた土器の系統は、Ⅰ群（土器群 A と西周式土器）、Ⅱ群（土器群 B）、Ⅲ群（土器群 C）、Ⅳ群（寺窪文化系土器）、Ⅴ群（四川系土器）、Ⅵ群（彊関係遺跡にのみ見られる各種の平底土器）に分類できる。西周前期を中心とした彊関係遺跡の土器の構成は、このなかのⅤ群とⅥ群を主体とする。それは、Ⅰ群が普遍的に広まる当時の関中平原の一般的状況からは完全に外れた、独自の状況となっている。特徴ある青銅器群とともに、西周王朝畿内的地域における彼らの文化的な特異性を物語っている。

（14）上記した（13）の土器系統Ⅴ群は、実は四川系の土器である。もう少し正確にいえば、四川成都平原において中原の殷墟期並行期以降、それまで当地で隆盛していた三星堆文化に取って代わり、新たに台頭した十二橋文化と同系統の土器である。その十二橋文化に属する青銅器には、関中平原の西周前期の青銅器に由来するものが数多く含まれる。筆者はこれらいくつかの理由から、成都平原において十二橋文化が台頭した背景には、その文化を担った人びとと、殷王朝滅亡前後の周勢力との緊密な関係があったのではないかと推測した。そのことが背景にあって、十二橋文化のなかに出自したとみられる「彊」集団が、異質な文化をもちながらも殷、周王朝交替直後の関中平原の一角に登

場し、その後自らの存立基盤を確立しえたのだと考えられる。

　(15) 彊が拠点とした一帯は、秦嶺山脈の麓の狭い河谷であった。そこにおいては一般的な平地農業によって十分な経済的基盤を確保するのは難しく、その地理的環境から考えて、彼らが「山区経済」の一部を担っていた可能性が指摘できる。さらにまたその一帯は、関中平原と四川方面を結ぶ交通路上に位置したことが確認できる。西周後期には散氏の勢力が同地で影響力をもったことが金文や後世の地理書から推測できるが、散以前には彊がこの一帯で影響力をもったことは確かなようで、秦嶺南北間の交通上の権益を得ていた可能性が指摘できる。

　(16) 十二橋文化のなかに出自するらしい「彊」集団が、その異質な文化をもちながら関中平原の縁辺部にその位置を占めたことは、それを許容した周王室の側からみれば、畿内的地域と外部地域（この場合、秦嶺以南の地域）との境界を強く意識させる事態であったに相違ない。さらにいえば、周王室としては、彼ら「彊」集団を秦嶺南北間の境界域に配置することで、ある種の緩衝地帯をつくりだす意義を認めていた可能性もあろう。近年得られた知見からは、西周王朝の畿内的地域がその北部においては陝北系統の文化と、また西部においては甘粛系統の文化と、それぞれに文化的な交錯地帯を形成しながら、安定的な地域間の境界域をつくりだしていたことが推測される。秦嶺の南北にまたがって活動した「彊」集団の存在とあわせ考えて、西周王朝の畿内的地域の人文地理的構成の一端がうかがわれよう。

註
(1) 西周期の各遺跡の時期区分は第二部第7章で提示した編年案による。西周前期（およそ文王末期から昭王期頃）を、前期前半（Ⅰa期、Ⅰb期）と前期後半（Ⅱa期、Ⅱb期）に分け、また中期前半（およそ穆王期前後）をⅢ期と表記した。
(2) なお、1971年に茹家荘の橋梁廠の1墓から西周前期の青銅器5点（伯鼎、伯彊、公貞、爵、觶）が出土しており、また1988年には茹家荘墓地から300mの地点で、西周後期の窖蔵青銅器群（特異な魚形尊を含む）が発見された。出土地点から見て、これらが彊関係遺跡の一部である可能性は高いが、ここでは参考材料にとどめる［王光永 1980］［高次若・劉明科 1990］。
(3) ここでの第一と第二の側面に関連しては、『彊国』中の「結語」、および［田仁孝・劉棟・張天恩 1994］という示唆に富む先行研究がある。本章の問題設定において

も参考とさせていただいたところが少なくない。
（4）松丸道雄氏は、西周の国家構造と結びついた青銅器製作の個々の事情を考量しつつ、青銅器全体を器と銘文との有機的関連において分類する方法を提唱した。製作場所については周室工房と諸侯工房の双方を想定する［松丸道雄 1980b、1980c］。本書が青銅器の製作地に触れるとき、この松丸氏による枠組みを念頭に置いている。ただし本書の分類においては、銘文内容にうかがわれる製作の事情に関しては考慮するに至らず、あくまで器形や紋様が王朝中心地の出土品に類例が多いかどうかという「見かけ上」の判断によったものである。製作事情と製作地を特定する作業は今後の課題としたい。
（5）この問題に先鞭をつけた研究として、李伯謙「城固銅器群与早期蜀文化」『考古与文物』1983年2期、などがある。また西江清高「巴蜀および嶺南地方の青銅器文化をめぐる若干の問題」『東南アジア歴史と文化』13、1984年、参照。
（6）なお近年、日本でも弭関係の青銅器とその銘文に関する注目される考古学的研究が発表されていることを付言しておきたい［角道亮介 2008］［田畑潤・近藤はる香 2010］。
（7）出典は、本文の②が［高次若 1984］、⑧が［呉鎮烽 1989、p.682］、⑨が［龐文龍・崔玫英 1990］、その他は『弭国』417〜420頁参照。
（8）なお、伝世品のなかにも出土地が伝えられているものが少なくない。紹介を省くが、いずれも清朝時代の鳳翔府（現在の宝鶏市を含む）出土とされる。
（9）近年この付近でおこなわれた調査の簡報がある［宝鶏市考古工作隊・宝鶏県博物館 1996］。
（10）羅振玉『三代吉金文存』七・二五・一。
（11）王育成「従両周金文探討婦名《称国》規律―兼談湖北随県曾国姓」『江漢考古』1982年1期、参照。王氏は周代の婦人の称謂において、婦人の自称および出身国から婦人を呼称する場合は夫国の国名をもちい、夫国からその婦人を呼称する場合は婦人の出身国の国名をもちいたと整理する。この原則に従う。
（12）張政烺「矢王簋蓋跋―評王国維《古諸侯称王説》―」『古文字研究』第13輯、1986年。
（13）散伯簋を媵器とする説は、早くに王国維が述べている。王国維「散氏盤考釈」『観堂古今文考釈』。
（14）白川静氏は、「散姫鼎」（『三代吉金文存』二・五一・一）と「散伯簋」を根拠に、散は姫姓とする。『金文通釈』補釈篇四・散伯車父鼎。
（15）黄盛璋「銅器銘文宜、虞、矢的地望及其與呉国的関係」『考古学報』1983年3期。
（16）茹家荘2号墓出土の7点の青銅器に「井（井）姫」の名が現れるが、そのうち文字に不鮮明なところのある2点（2:16、2:21）を除くと、すべて「井」ではなく「井」字に作られている。この点は、銘文の整理に関わった尚志儒氏の「西周金文中的井国」『文博』1993年3期による。なお、同氏の論文は「井」と「井」の弁別

(17) なお、この全体的動向のなかで、すでに指摘したように、宝鶏市のさらに西方の関中平原最西部の一角では、西周Ⅰb期頃までⅠ群（土器群Ａと西周式土器）が現れず、在来のⅡ群主体の遺跡が継続した。晁峪、林家村、羅家埃遺跡などである。
(18) 若干の補足をすれば、「強」集団の存在が確認できるのは殷末周初に始まる茹家荘生活址以降、西周中期前半の茹家荘墓地にいたる期間であるが、これより以前には清姜河河谷の一帯でも同時期の宝鶏周辺に広がっていたⅡ群の土器が分布していたとおもわれる。Ⅱ群の土器は、「強」集団が現れて以降も西周前期の前半までは、強関係遺跡の土器の一部として継続している。一方、「強」集団が現れる直前ないし初期の「強」集団と重なる比較的短い一時期、清姜河の河谷では彼らとは別の集団がⅣ群（寺窪文化系土器）を主体とした蒙峪溝墓地（表13.2-1）を残したと考えられる。その集団は、結局西周期の関中平原に安定した位置を確保することなく消えている。Ⅳ群の土器は、その後に同地を拠点とした強の集団墓地の一部にも、副葬土器としてともなう場合があった（表13.2-4、BZM1）。清姜河河谷における「強」集団と寺窪文化系土器をもつ集団との複雑な接点がうかがわれる。
(19) なお、『強国』で「平底罐」として分類する土器のすべてが本章のⅥ群なのではない。その一部はⅠ群（西周式土器）に属する。すなわち、竹園溝のⅦ式・Ⅹ式・Ⅺ式・Ⅻ式・ⅩⅢ式・ⅩⅣ式、茹家荘のⅣ式、紙坊頭のⅣ式がそれである。
(20) 私見では、桶状罐はその器体の大きさから三つの形式に分けられる。すなわち桶状罐Ⅰ（竹園溝Ⅱ・茹家荘Ⅰ）、桶状罐Ⅱ（竹園溝Ⅲ・茹家荘Ⅱ）、桶状罐Ⅲ（茹家荘Ⅲ）がそれである。また円肩罐は、器体が太めの円肩罐Ａ（竹園溝Ⅴ）、中位の円肩罐ＢⅠ（竹園溝Ⅳ）とＢⅡ（紙坊頭Ⅲ・竹園溝Ⅵ・竹園溝Ⅸ）、細身の円肩罐Ｃ（紙坊頭Ⅱ）に分けられる。小型罐は一つの形式で、紙坊頭Ⅰ・竹園溝Ⅰがこれに該当する。
(21) 孫華「試論広漢三星堆遺址的分期」『南方民族考古』第五輯、1993年。
(22) 十二橋文化の代表的な遺跡とその内容については以下を参照。四川省文物管理委員会ほか「成都十二橋商代建築遺址第一期発掘簡報」『文物』1987年12期。四川大学博物館・成都市博物館「成都指揮街周代遺址発掘報告」『南方民族考古』第一輯、1987年。王毅「成都市区蜀文化遺址的新発現」『巴蜀歴史・民族・考古・文化』巴蜀書社、1991年。なお、2000年以降、十二橋文化を代表する遺跡として成都市金沙遺跡の調査が続いていることを付言しておく。
(23) 四川省博物館「四川新繁水観音遺址試掘簡報」『考古』1959年8期。
(24) 四川省文物管理委員会ほか「広漢三星堆遺跡一号祭祀坑発掘簡報」『文物』1987年10期、図31、図33、参照。
(25) 例えば、林巳奈夫「華中青銅器若干種と羽渦紋の伝統」『泉屋博古館紀要』第十巻、1994年。
(26) ［西江清高 2002］を参照。

(27) 茹家荘灰坑の年代は、第二部第9章で詳しく検討したB類鬲の年代観による。
(28) 三星堆遺跡において尖底土器の出土例は多くない。また、三星堆遺跡を含む広漢市や什邡県付近の分布調査でも、採集された土器は孫氏の三星堆文化の内容を中心としたもので、尖底土器を特徴とする十二橋文化の存在は明確ではない。四川省文物考古研究所三星堆工作站ほか「四川広漢、什邡商周遺址調査報告」『南方民族考古』第五輯、1993年、参照。
(29) 王煒林・孫秉君「漢水上游巴蜀文化的踪迹」『中国考古学会第七次年会論文集』文物出版社、1992年。
(30) 「平底器」の図は公表されていないが、宝鶏市の彊関係遺跡のⅥ群に属する各種の平底罐との関係に注意しておきたい。
(31) 徐朝龍「長江上流域における青銅時代の華―三星堆文明」『日中文化研究』第7号、1995年。
(32) 王家祐「記四川彭県竹瓦街出土的銅器」『文物』1961年11期。四川省博物館・彭県文化館「四川彭県西周窖蔵銅器」『考古』1981年6期。
(33) 徐朝龍氏は註(31)掲論文などにおいて、三星堆に中心をおいた「蜀国」が周に協力して殷を滅ぼし、その結果殷王朝の青銅技術者が戦利品として三星堆に移住させられ、彼らの技術を使ってやがて三星堆器物坑の青銅器が製作されたという推測を述べている。しかし筆者は、もし関中平原で台頭した周の勢力と何らかの協力関係をもった四川の集団があったとすれば、それは三星堆文化の衰微と入れ変わるように現在の成都市周辺を中心に発展した十二橋文化を担った集団ではなかったかと推測している。本章で論じてきたように西周期の関中平原と十二橋文化の密接なつながりがそれを示している。
(34) 劉胤漢・楊東朗「宝鶏―漢中地区的土地類型」『中国土地類型研究』科学出版社、1986年。
(35) ただし、この黄土塬台地上の農業適地という意味は、現代の状況についてである。第一部で詳しく論じたように、賈村塬はその東側の周原台地南部の積石原などと同じく、生活用水の水資源に乏しく、新石器時代や初期王朝時代には集落はほとんど展開していなかった。ただし、台地の縁辺部には良好な湧水地点が点在しており、そうした一帯には有力な集落も分布した。
(36) 「山区経済」という視点は、上田信「中国における生態システムと山区経済―秦嶺山脈の事例から」『アジアから考える六 長期社会変動』東京大学出版会、1994年による。上田氏は、中国史を通じて大河川の集水域を経済圏としてとらえる従来の視点とは別に、一つの山塊を一つの経済圏としてとらえ、そこに商品経済の展開を読みとる山区経済論が注目されるとする。このような経済活動の原初の姿の一つをこの関中平原南部の秦嶺山麓の土地の状況に重ねて考えることも可能ではないだろうか。
(37) ただし鉱物資源については、少なくとも銅、錫に関して、秦嶺一帯に有力な鉱脈

の存在は知られていない。殷代以来これらの資源は、中原王朝から遠く離れた長江流域などに求めることもおこなわれたと考えられており、秦嶺一帯が重要な役割を担ったとはいえないであろう。一方、木材や薪炭を産出したという直接的な記録はないが、『史記』周本紀に「自漆沮度渭、取材用、行者有資、居者有蓄積」とあり、『正義』に「南渡渭水、至南山取材木爲用也」とするのは一考に値する。南山あるいは終南山は、秦嶺またはその一部を指す名称と考えられるから、『史記』周本紀の記載は、渭河を渡って秦嶺方面で用材をととのえた話と読み取れようか。木材などの物産は仮に渭河の水運が想定できるならば［第一部第5章］、上流の宝鶏から周原や豊邑、鎬京への輸送が比較的容易であったことが考えられる。西周時代の渭河水運の可能性については次を参照。［史念海 2001b］［王子今 1993］。また養蚕については、竹園溝、茹家荘の4墓から合わせて27点にのぼる異例に多くの玉蚕が出土し、同時に貴重な絹布や絹刺繍の痕跡が多数発見されていることは興味深い。生産地と「彊」集団の関係が注意されよう。西周時代の関中平原での養蚕については、［史念海 1988b］に詳しい。

(38) 趙永復編『水経注通検今釈』復旦大学出版社、1985年。
(39) 『漢書』地理志・武都郡。
(40) 『大清一統志』巻二三七・漢中府二・古蹟。
(41) 李志勤・閻守誠・胡戟『蜀道話古』西北大学出版社、1986年、27～30頁、参照。
(42) 周道の名は『詩経』や『左伝』にも見える。その名からも周王朝と直接に関係のあった道路と考えられ、畿内的地域を離れた各地にも同名の道路が存在した。楊升南「説《周行》《周道》——西周時期的交通初探」『西周史研究』人文雑誌編集部、1984年、参照。
(43) 「散氏盤跋」『観堂集林』巻十八、および「散氏盤考釈」『観堂古今文考釈』。
(44) 「散」の名が付く付近の地名として、ほかに「散谷水」『後漢書』宗室四王三侯列伝・李賢注、「大散水」『太平寰宇記』山南西道二・鳳州梁泉県が知られる。『中華人民共和国地名詞典陝西省』大散関の項は、散谷水を今の清姜河とする。そうであれば、散谷水は「大散嶺」「大散関」付近から秦嶺の北側を流れ下って渭河へと注ぐ河川である。一方、大散水は秦嶺南側の嘉陵江上流の河川である。すなわち、秦嶺の分水嶺の南北にまたがって「散」を付した地名があったことになる。散氏の活動範囲を推測する上でも示唆的である。
(45) 西周時代の周と蜀との交易の記録はないが、『史記』貨殖列伝に、東周時代の秦に触れて「及秦文孝繆居雍、隙隴蜀之貨物而多賈」とあるのは関中平原と四川の関係の一面を伝えていよう。
(46) 例えば淳化県内の黒豆嘴など殷王朝末から西周前期頃の青銅器を出土した数地点の遺跡がそれである［姚生民 1986］。また、麟游県博物館が収集した殷末から西周前期の青銅器にも同じ状況が指摘できる［田鉄林 1991］。
(47) 関中平原西部に見られる寺窪文化の要素については第二部第9章で触れた。関

連して［劉軍社 1996a］を参照のこと。
(48)「周」の起源地はどこかという問いがある。その問いが期待するところは、問題設定の仕方によってはやや意味の異なるものになる。仮にその問題を、特定の集団の原郷地という考え方ではなく、あくまで文化の起源地という考え方で理解するならば、問題の解明にあたっては、西周王朝の文化の主体となった系統を見出して時間をさかのぼり、その揺籃地を探求するということになろう。本書での議論からすれば、それは土器群 A が最初に形成された場所を求めるという問題に帰着する。しかし繰り返し述べてきたように、現状ではこの点に関して資料が不足しており、土器群 A の早期の分布地として、漆水河下流域（を含む）一帯が知られることと、早期の土器の一部が関中平原の客省荘第二期文化を継承した可能性があるという以上のことは指摘できない。

　一方、「周」一族の原郷地はどこかという問題設定もなされてきた。従来からある一つの有力な説は、銭穆氏の文献研究（同「周初地理考」『燕京学報』第 10 号、1931 年）以来おこなわれてきた山西にその起源地を求める見解である。人間集団の起源と移動を論じた銭穆説に代表される研究を念頭におきながら、考古学においても山西方面に「周」の起源地を求めるという主張は少なくない。例えば、鄒衡氏は山西太原付近の「光社文化」にその起源を見出そうとする［鄒衡 1980b］［鄒衡 1988］。しかし、人間集団の原郷地を探るという問題設定が、考古学においてかつて盛んにおこなわれたものであるにもかかわらず、しばしば困難な問題に陥りやすい問題設定となることは、繰り返し論じられてきたところである。この問題の難しさは、本書の全体を通じて筆者としても注意してきた点であるが、鄒衡氏の研究においては「周」一族の原郷地問題が意識されているだけに、関連して議論をすすめるには論点を整理する必要があろう。仮に鄒衡氏の主張を、文化系統の側面に限って見た場合、筆者として一つ指摘できることは、太原付近の光社文化と関中平原の双方に見られる三足甕の問題である。光社文化に特徴的な三足甕は、その形態的特徴が、山西中部の在地的な系統のそれであり、一方、関中平原に波及した三足甕は、陝北で発達した別の系統の三足甕と考えられる［第二部第 12 章］。したがって、三足甕を根拠に「周」文化の山西起源をいうことには賛成できない。また伝統的な山西起源説とは別に、「周」の起源地（「周」文化および「周」一族の起源地）を、涇河上流の碾子坡遺跡などに関連させて論ずる考古学者の説がある（例えば［中国社会科学院考古研究所涇渭工作隊 1989］［李峰 1991］)。これらの所説では、碾子坡遺跡の少なくとも早い段階（本書の碾子坡 I）について、「遷岐」以前の「周」の遺跡と考え、その文化がやがて関中平原の渭河両岸地帯に南下して、鄭家坡遺跡に代表される文化を残し（李説）、やがて西周文化の基礎となったと考える。これらの所説に対しても文化系統の側面に限定していえば、筆者は、碾子坡遺跡の様相を土器群 B の一地域的グループとして把握し、鄭家坡遺跡を代表とする土器群 A とは、実は年代的に並行しながら、終始別の系統として展開したと考えたので

あった。鄭家坡遺跡に代表される土器群 A の系統はやがて西周式土器の基礎となるが、碾子坡遺跡を一つのグループとして含む土器群 B の系統は、西周式土器の構成には加わっていないというのが本書の結論である。

　土器群 A が、今知られるもっとも早い時期の分布地である漆水河下流域で形成されたにせよ、あるいは漆水河下流域を含むより広い地域のなかで形成されたにせよ、さらにはまったく別の場所がより古い揺籃地であったにせよ、考古学的に空白となっている関中平原の二里頭文化並行期の状況が明らかにならなければ、「周」文化の起源問題に踏み込むことは難しいといえよう。そして少なくとも、土器群 A は龍山文化期の客省荘第二期文化と関連しながらも、単純にそれを継承したものではないという本書の認識からすれば、その起源については、龍山文化期以降の華北西北部の広い範囲で横断的に展開したであろう地域間の関係を、全体として読み解いていくことが必要であろう。

第 14 章　関中平原西部宝鶏市周辺の再考察

　陝西省宝鶏市で 2012 年に発掘された石鼓山 3 号墓は、出土した多数の青銅器から西周前期前半頃の造営と考えられる大型の墓である［石鼓山考古隊 2013a］（以下、簡報 1）［石鼓山考古隊 2013b］（以下、簡報 2）。周原地区より西側の宝鶏市街地周辺で発見されたこの時期の墓としては、1974 年から 81 年にかけて相次いで発掘されたいわゆる強国墓地以来の顕著な西周墓といえよう。同墓からは高領袋足鬲（B 類鬲）が 1 点出土した。高領袋足鬲は、一般的には殷王朝並行期すなわち先周期における関中平原西部に展開した「劉家文化」を代表する土器の一器種とされてきた。本書ではこの高領袋足鬲（B 類鬲）を主要な器種とする土器群の一系統を土器群 B と呼び、第二部においてその系統的あるいは編年的研究をすすめてきた。B 類鬲をはじめとする先周期関中平原西部の土器は、墓からの出土例は多いが、青銅器をともなう例が少なく、土器の型式変遷上の諸段階と、殷墟や豊鎬遺跡など殷、周王朝中心地の年代的枠組みとの対応関係について、明確な根拠をもって示すことが難しかった。

　石鼓山 3 号墓出土の高領袋足鬲（B 類鬲）は、同墓から出土した青銅器を根拠に、西周前期前半という年代を与えうる貴重な事例と考えられる。本章では、発掘簡報を手がかりに石鼓山 3 号墓の年代をあらためて検討し、それを根拠とする B 類鬲の年代観をもとに、関中平原西部の土器群 B の一段階の年代的位置づけについて再検討する。それとともに、石鼓山 3 号墓の副装品や墓制からうかがわれる文化的背景を検討することで、西周王朝畿内的地域の西部縁辺部を構成した宝鶏市周辺における、周王朝成立前後の歴史動向の一端について考えてみたい。

I 石鼓山西周墓地の発見

　石鼓山西周墓地は、陝西省関中平原西端の宝鶏市南東部にある。今日の宝鶏市街地は渭河の南北両岸に広がるが、墓地遺跡は渭河の南岸にある石嘴頭村南の石鼓山に所在する（図14.1）。2012年の3月と4月、この地点で相次いで青銅器が出土し、さらに6月には農民の土取作業で青銅器をともなう大型の墓が発見された。その結果これらの青銅器は一つの墓地から出土したものと考えられ（1～3号墓）、6月発見の大型墓は3号墓とされた。

　石鼓山3号墓は、南北方向に縦長の長方形竪穴土壙墓で、長さ4.3m、幅3.6mをはかる。墓壙の上部は土取で破壊されたが、元来の墓壙の深さは7～8mあったと推測される。埋葬施設は、二槨一棺とその周囲の幅約1m前後もある熟土二層台からなる。二層台より上の墓壙壁面には、合わせて六つの

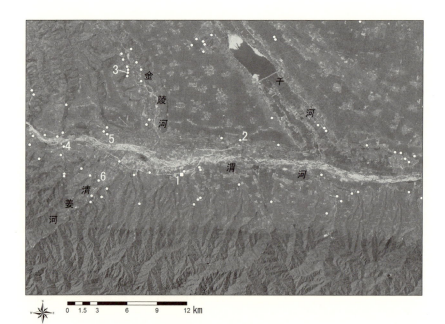

図14.1 宝鶏市周辺の遺跡分布（先周期・西周期）
1. 石鼓山墓地　2. 鬪鶏台（戴家湾）　3. 蔣家廟　4. 高家村　5. 紙坊頭　6. 茹家荘

壁龕が掘削されていた（東壁 K1・K2、北壁 K3・K4、西壁 K5・K6）。後述するように壁龕をつくることは西周墓としては比較的珍しい例で、青銅礼器類はすべてその壁龕内に埋置されていた。壁龕からはほかに漆皮の類いも検出されている。そのほか青銅武器、工具、車馬器等が二層台上から出土し、玉璧が棺内から出土した。注目すべきは墓壙上部の位置で木車の痕跡が検出されたことで、一つの墓壙内に棺椁を設置して、その上部に木車 1 輌を埋葬していたものと考えられている［王顥・劉棟・辛怡華 2013、p.77］。

II　石鼓山 3 号墓出土青銅器の性格と年代

石鼓山 3 号墓からは青銅礼器が 14 器種、31 点出土した。その内訳は、鼎 6、簋 6、禁 2、卣 6、彝 1、尊 1、壺 1、甗 1、罍 1、盉 1、盤 1、爵 1、觶 1、斗 2 である。うち 1 点の鼎が出土時壁龕から二層台上に落下していたが、もともと青銅礼器はすべて壁龕内に埋置されていたと考えられる。銘文をもつものが少なくないが、多くは 1〜3 文字で構成された文章をなさない銘文で、いわゆる「族徽」（図象記号）や「父甲」のような十干をもつ「日名」であった。「族徽」や「日名」をもつ青銅器銘文は、一般的には殷王朝後期を中心に盛行したもので、西周期においても前期から中期にかけて、おそらくは旧殷王朝系の族氏を中心に継続されたが、しだいに衰退したと考えられている。後述する青銅器の形態から推定される年代観とも矛盾しないようである。

被葬者について、簡報 1、簡報 2 および李学勤氏は、これまでほとんど知られていなかった「戸」氏一族の一人と推定する［李学勤 2013］。多種が出土した青銅器の「族徽」や人名（「日名」）のなかから、「戸」が被葬者に結びつくと判断される理由は、①3 号墓出土青銅器の中でも「戸」銘をもつ戸彝（M3:24）、戸卣甲（M3:23）、戸卣乙（M3:20）の 3 点の青銅器が、六つある壁龕のなかでも最も大きく、また中央の位置に配置された墓壙北壁の 3 号壁龕（K3）から出土している。②青銅彝と卣 2 点は、それらを載せた一種の大型器台である 1 号禁（M3:25）、2 号禁（M3:21）とセットをなして出土した。3 号墓出土のその他多くの青銅器礼器が 1 個体単体で出土している状況とは異なっている。③「戸」器 3 点は、いずれも大型の青銅器で、とくに青銅彝は既知の殷周

時代の青銅葬のなかでも最も大型のものとされ、3号墓出土青銅器の中でも顕著な存在となっている。以上のようなことが指摘できる。

簡報2や王顥氏らの研究［王顥・劉棟・辛怡華 2013、pp.83-84］ではさらに、鄒衡氏の先周文化研究［鄒衡1980b、1998］を引用しながら、石鼓山西周墓地を含む宝鶏市周辺の考古学文化を、羌族の一支である姜戎の文化、あるいは姜炎文化であるとする見方を述べている。「姫周」と「姜戎」の2者の関係を論ずることは、先周期の土器研究において常に注目されるテーマではあるが、本書はこの「族属問題」について立ち入らない。

青銅器の年代については、表14.1に、簡報1と簡報2が示す年代観と、林巳奈夫氏の編年研究（『林綜覧』）を参照した結果を併記して示した。簡報2種と『林綜覧』を参照した年代観を比較すると、『林綜覧』では林編年の西周ⅠAに相当するものが比較的多いのにたいして、簡報2種の年代観は「殷末周初」と位置づけるものが多いという傾向があるものの、大きな食い違いはない。確認しておきたいのは、2種の簡報の年代観では、出土青銅器中に周初ないし「西周早期」のものも多く含まれるが、それより遅いと判断される青銅器は含まれないこと。一方、『林綜覧』を参照した結果は、殷後期Ⅲ～西周ⅠA相当のものが多く含まれるが、同氏の西周ⅠB以降と指摘できる例は含まれないことである。個々の青銅器の年代観については今後さまざまな見解が出される可能性もあるが、現時点で筆者は表14.1から読み取れる青銅器の年代の下限、すなわち簡報のいう「西周早期」あるいは『林綜覧』の西周ⅠAが、当該墓の造営年代を示していると推定している。

さらに簡報1および簡報2では、青銅器の検討の結果をうけて、墓の造営年代として「西周早期、ただし上限が殷末周初にさかのぼる可能性も存在する」と述べている。しかし筆者は、当該墓の年代が殷王朝の滅亡前にさかのぼる可能性は低いと考えている。

関中平原で出土する殷王朝並行期から西周前期頃の青銅器には、前後2時期の違った歴史的背景があるとおもわれる。すなわち、①二里岡上層期から殷墟三期頃の青銅器は、関中平原の東部から西部の周原地区にいたるまで、殷系文化の集団が拡張展開した一時期の遺構にともなう諸例、②殷墟四期または筆者のいう西周Ⅰa期（殷末周初頃）の青銅器が、この時期関中平原で急速に分布

表 14.1 石鼓山 3 号出土青銅器の年代観

青銅器名	簡報 1	簡報 2	王顥ほか 2013	林綜覧	林綜覧参照器影	備考
鳥文甲鼎 M3:1	商代晩期	商代晩期	商代晩期	殷後期ⅢB	鼎 125・127	
罍稜鼎 M3:2	商代晩期	商末周初	商代晩初	西周ⅠA	鼎 159	
分襠鼎（正鼎）M3:5	商代晩期	—	商代晩期	西周ⅠA	鼎 75	李学勤 2013：成王頃
分襠鼎（中臣鼎）M3:81	商代晩期	—	商代晩期	西周ⅠA	鼎 75	
方格乳釘紋鼎 M3:28	西周早期	—	西周早期	西周ⅠA	鼎 147	
素面円鼎 M3:11	商代晩期	—	商代晩期	西周Ⅰ	鼎 152	
方格乳釘紋簋 M3:3, 7, 8, 9	西周早期	—	西周早期	西周Ⅰ	小型盂 47・55・61	
双耳簋 M3:10	西周早期	—	西周早期	西周Ⅰ	小型盂 62・盂 101	
方座簋 M3:27	商末周初	商末周初	殷末周初	殷後期Ⅲ—西周ⅠA	盂 76・123	
禁 M3:25	商末周初	商末周初	商末周初		盂 55	
禁 M3:21	商末周初	商末周初	商末周初			
単父丁卣 M3:17	商代晩期	商末周初	商代晩期	殷後期ⅢB		
戸卣甲 M3:23	商代晩期	商末周初	商代晩初	西周ⅠA	卣 94・95・96	戸卣甲と戸卣乙は同時鋳造、同型式。
戸卣乙 M3:20	商代晩期	商末周初	商代晩初	西周ⅠA	卣 94・95・96	
冉父乙卣 M3:13	商代晩期	商末周初	商代晩期	殷後期Ⅲ—西周ⅠA	卣 32・36・39・80・89	
重父乙卣 M3:30	商代晩期	商末周初	商代晩期	殷後期Ⅲ—西周ⅠA	卣 32・36・39・80・89	
戸彝 M3:24	商末周初	商末周初	商代晩期	殷後期Ⅲ	方彝 30・37	
父癸尊 M3:14	商代晩期	商末周初	商代晩期	西周Ⅰ	觚形尊 26・29	
父乙罍 M3:16	商代晩期	商末周初	商代晩期	殷後期Ⅲ—西周Ⅰ	卣 29・66・92	
万甗 M36	商代晩期	商末周初	商代晩期	西周ⅠA	甗 10・20・22・36	
亞羌父乙罍 M3:19	商代晩期	—	商代晩初	西周ⅠA	罍 27	
冉盉 M3:26	商代晩期	商末周初	商代晩期		盉 34	
𠭯父盤 M3:31	商代晩期	商末周初	商代晩期	殷後期Ⅲ—西周ⅠA	盤 22	
觶 M3:98	商末周初	商末周初	商末周初	殷後期Ⅲ—西周ⅠA	觶 51・54・63	
父癸爵 M3:12	商代晩期	商末周初	商代晩期	殷後期Ⅲ—西周ⅠA	爵 172・199・208	

を拡大した土器系統（土器群 A）の広がりとともに、関中平原の全域に出現
した青銅器の諸例、以上の2時期の状況である。②の場合、出土した青銅器の
比較的多くは筆者が「関中型青銅器」と呼んだ一群のもので、土器群 A を
担った人びとによって、殷後期並行期の関中平原で製作された在地的な青銅器
である。つまり、殷末から周初の頃の関中平原では、石鼓山3号墓のように、
殷王朝中心地域で盛行した要素を濃厚に含む青銅器が、多数まとまって出土し
たという例は知られていないのである。このような青銅器が多数一括出土した
石鼓山3号墓の状況は、殷王朝が崩壊し、西周王朝が成立したあとに、関中平
原に多くの旧殷王朝系の集団が移り住む状況の中で[8]、青銅器と青銅器製作の技
術が、西周王朝の畿内的地域に移入されたことと関連づけることで説明が可能
になるはずである。関中平原に突然殷王朝の特徴をもつ、あるいはそれを直接
継承した青銅器がまとまって出現したという状況は、この歴史状況から説明で
きるとおもわれる。

　以上のことから筆者は、石鼓山3号墓の造営を、西周王朝成立後の比較的早
い時期、西周前期前半のことと考えている。

Ⅲ　石鼓山3号墓出土の高領袋足鬲（B類鬲）

　高領袋足鬲とは、おもに先周期の関中平原西部を中心に見られた陶鬲の一種
で、一般的には扶風県劉家遺跡［陝西周原考古隊 1984］の墓から出土した土
器群にもとづいて、劉家文化の土器と称されることも多い。本書第二部第9章
では、このような陶鬲をB類鬲と呼んで、これを主要な器種として、各種の
有耳罐等をともなう土器群 B という時空間のまとまりある土器伝統の存在に
ついて詳しく論じた。

　B類鬲は、型作りによる袋状の三足と、その上に接合された円筒状の口頸部
からなる。三足は1本ずつ別に型作りされ、袋足部の上部を互いに接合し、接
合した襠の外側には補強の粘土帯をかさねる。三足の先端には別作りまたは袋
足部からひねり出された足尖がつく。その形状は、時期とともに、扁平なもの
から次第に円錐状のものに変わり、また、外向きに開いていく傾向のものが多
くなる。足尖の変化を、筆者は1～7段階に分けて、B類鬲型式変遷の指標と

なる属性と考えた［第二部第9章］。

　口頸部は長短さまざまで、その器壁は垂直に近いものから、やや外傾するもの、外傾しつつ内湾するものなどがある。時間とともに口頸部が低くなる（短くなる）傾向もあるが、一概にはいえない。また、口頸部から袋足部にかけての部位に半環状の双耳をもつものと、耳をもたないものの2種がある。有耳と無耳2種のB類鬲において、袋足部と口頸部の形態に特別な差異はない。

　口頸部、袋足部、足尖部の外面には縄紋が付せられるが、B類鬲の遅い時期には、その器面の縄紋のある部位を、ナデにより擦り消したものが多くなるのが顕著な変化の一つである。口縁部外面、口縁端面、双耳の外面、襠部の貼り重ねた粘土帯などには、刺突紋、刻文などさまざまな紋様が施されることも多い。

　石鼓山3号墓からは土器が1点だけ出土していて、それがここで取り上げるB類鬲（高領袋足鬲）（M3:29）である（図14.2）。夾砂灰褐陶で、口頸部全体はやや外傾し、口縁部がわずかにくびれるように外反する特徴をもつ。器高12.8 cm、口径12 cmで、比較的小型のB類鬲である。3本の袋足は、断面が円形に近い球状もので、先端には円錐形で外に開いた足尖をもつ。無紋の双耳が付せられる。また口頸部直下の袋足上部にボタン状の小泥餅を貼り付けている。
(9)

　この1点の袋足鬲のもっとも注目される特徴は、口縁外面と袋足部上部の縄紋が、かなり幅広くナデにより擦り消されることである。筆者はかつて、この

図 14.2　石鼓山 M3:29

図 14.3　崇信于家湾 M6:1

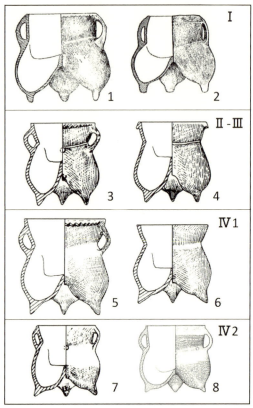

図 14.4 宝鶏周辺の高領袋足鬲（B類鬲）
1. 金河　2. 石嘴頭　3、4. 高家村 M17　5、6. 高家村 M21　7. 高家村 M9　8. 石鼓山 M3〔縮尺不同〕

ような特徴は B 類鬲の型式変遷のなかでももっとも遅い時期に顕著な特徴であることを指摘した［第二部第9章］。

石鼓山3号墓陶鬲に類似点をもつ比較資料2例をあげておく。一つは甘粛崇信于家湾6号墓出土の B 類鬲（于家湾 M6:1）である［甘粛省文物考古研究所 2009］（図 14.3）。この B 類鬲は本書で B 類鬲のⅣ 1 段階として先に例示しておいた資料の一つでもある［第二部第9章］。双耳をもたない形式であるが、細部を見ると、わずかにくびれるように外反する口縁部の特徴、口縁外面に施紋されていた斜行縄紋が狭い範囲ながらも帯状に擦り消される特徴、袋足部と足尖の形状など、石鼓山 M3:29 との類似点が見られる。ただし、石鼓山 M3:29 に見られる口縁部の擦り消しは、より幅広で、さらに袋足部上部の縄紋を幅広く擦り消していること、また足尖外反の度合いがより強まっていること、などの違いがある。B 類鬲の型式変遷からみて、石鼓山 M3:29 の特徴は于家湾 M6:1 よりもやや遅れる時期の特徴と考えられ、B 類鬲のⅣ 2 段階と考えることができる。その一方で、石鼓山 M3:29 は、Ⅳ 1 段階の諸例とは器形全体の特徴などで近似するところも多く、したがって型式変遷上比較的大きな幅がある（下限ないし終末を定めにくい）と想定される B 類鬲最終

段階のⅣ2段階のなかにあって、その早い段階に位置づけられる資料と評価しておきたい。

比較資料をもう1点あげておく。これもまた近年、宝鶏市街地西部の高家村遺跡で発掘された高家村9号墓から出土したB類鬲1点（M9:1）である［宝鶏市考古工作隊 2008］（図14.4-7）。口縁部外面と袋足部上部の縄紋が幅広く擦り消される特徴、および円錐状の足尖が強く外反する特徴は、石鼓山M3:9に見られる顕著な特徴と共通しており、B類鬲Ⅳ2段階の鬲と考えられる。口頸部直下の袋足上部の前面と背面に一つずつ、類例の少ないボタン状小泥餅を飾っている点も石鼓山M3:29と同じである。高家村M9:1の存在は、石鼓山M3:29の形態上の特徴が、単に個体差に由来する孤立した例ではないことを示す重要な資料である。

これまで、B類鬲の型式変遷の段階を殷、周王朝中心地の青銅器、土器編年のどの時期に相当すると考えるのかは、その鍵となる青銅器の共伴例が少ないこともあり不確かな面もあった。石鼓山3号墓の高領袋足鬲は、B類鬲Ⅳ2段階（同時にそれは土器群BのⅣ2段階）の資料であり、そしてこの段階が、ほぼ確実に西周王朝成立以降に下がる西周前期の早い時期（青銅器でいえばほぼ『林綜覧』西周ⅠA相当）のものと位置づけられたことになる。

Ⅳ　西周王朝成立前後における宝鶏市周辺の動向

（1）土器群Bの動向

土器群Bとは筆者のいうB類鬲（高領袋足鬲）を器種構成の中心とした土器の伝統であり、主として殷王朝並行期の関中平原西部に展開した。筆者はこの土器群Bについて、以下のような地域色をもつグループに分けて検討した［第二部第9章］。

① 　金河・晃峪グループ前期（金河遺跡に代表される早い段階）（宝鶏市周辺）

② 　金河・晃峪グループ後期（晃峪遺跡に代表される遅い段階）（宝鶏市周辺）

③ 　劉家グループ（周原地区の劉家遺跡が代表）

④ 碾子坡グループ（涇河中上流域）
⑤ 茹家荘グループ（宝鶏市南郊茹家荘生活址が代表）
⑥ 土器群A・B共存遺跡（宝鶏市周辺をふくむ関中平原西部）
⑦ 豊鎬地区の土器群B
⑧ 甘粛東部の土器群B

石鼓山西周墓はこのうち、②金河・晃峪グループ後期に位置づけられる新資料であり、ここでは、この新資料を手がかりに、宝鶏市周辺の土器群Bの動向をまとめておく。宝鶏市周辺の動向を考える上で直接的には、上記の①金河・晃峪グループ前期、②金河・晃峪グループ後期、③劉家グループ、⑤茹家荘グループ、⑥土器群A・B共存遺跡が関係する。

宝鶏市周辺で土器群Bが最初に現れるのは、①金河・晃峪グループ前期である。これはまた、現在までに知られる土器群Bの最早期でもある。土器群B変遷のⅠ期に相当し、年代はおよそ二里岡期から殷墟一期、二期頃に並行すると推定される（図14.4のⅠ期）。宝鶏市街地に近い金河遺跡や石嘴頭遺跡に代表され、特に石嘴頭は、石鼓山西周墓地にきわめて近い位置関係にあり注意すべきである。

その後、宝鶏市周辺では、紙坊頭Ⅰ（4B層）や、近年発掘報告が出された高家村遺跡に代表される時期がつづく。土器群B変遷のⅡ期、Ⅲ期に相当し、およそ殷墟三期、四期前半頃に並行すると推定される（図14.4のⅡ-Ⅲ期）。②劉家グループを代表する扶風県劉家遺跡は、宝鶏市より東の周原地区に位置するが、同遺跡の墓地の中心となる時期はほぼこの時期に相当する。

つづいて宝鶏市周辺には、②金河・晃峪グループ後期、および⑥土器群A・B共存遺跡が出現する。土器群BのⅣ期（Ⅳ1期、Ⅳ2期）に相当する（図14.4のⅣ1とⅣ2）。土器群A・B共存遺跡である紙坊頭Ⅱ（4A層）の土器は、この時期とその前後の時期を分界する層位的根拠を提供している。

この時期、土器群Aが宝鶏市東方の周原地区から西に拡散し、宝鶏市周辺を呑み込むようにしてさらに北西に向かって甘粛省東部にまで広がった。その過程で関中平原西部の広域に、多くの土器群A・B共存遺跡を形成したと考えられる。その一方で、宝鶏市西方の晃峪遺跡に代表される金河・晃峪グループ後期では土器群Aが共伴せず、宝鶏市周辺地域の古くからの土器伝統である

土器群 B を、より単純な形で継続したと考えられる。

　なおこの時期以降、宝鶏市南郊、秦嶺北麓清姜河の谷間の傾斜地に、⑤茹家荘グループが出現する。第二部第 13 章で詳細に論じたとおりである。強国墓地として知られる茹家荘、竹園溝など西周前期の墓地遺跡に関連する可能性のある生活址の土器と推測される。在地伝統の土器群 B と、外来の四川系土器および寺窪文化系の土器を交えた土器の様相を呈することが指摘できる。

　土器群 A とは、西周前期に成立する「西周式土器」を構成する主要な土器系統である。そのことから先周期の周勢力の動向と密接な関係にあると判断される土器群である。したがって、土器群 A が関中平原西部からその北西方面（甘粛東部）へと拡散し、土器群 A・B 共存遺跡を形成した現象は、その時期の周勢力の拡張を反映していると考えられる（文献に見える文王期の動向と関連する可能性が高い）。宝鶏市東部の渭河北岸にあって、南岸の石鼓山にも近い著名な闘鶏台（戴家湾）遺跡などは、そのような土器組成をもつ代表的な墓地遺跡である。

　石鼓山 3 号墓からは土器がわずかに 1 点（B 類鬲）しか出土していないため、宝鶏市周辺の土器群の動きの中で、上記した土器群 A・B 共存遺跡の仲間なのか、土器群 B の伝統を単純に継承する金河・晁峪グループ後期の仲間なのか、その判断は難しい。しかし、筆者はのちほど言及する石鼓山 3 号墓の墓制上の特徴が、土器群 A 拡散以前からつづく宝鶏周辺地域の伝統を継承していると考えており、石鼓山遺跡は宝鶏周辺の在地色の強い集団が残した墓地であって、その意味で金河・晁峪グループ後期の担い手と近い関係にあるものと推測している。

　石鼓山 3 号墓の発見により、西周王朝成立後の西周前期に位置づけられる土器群 B の存在が確認されたことは重要である。これまで先周期の土器研究で一つの常識とされてきたのは、高領袋足鬲の出土をもって先周期の遺存とする年代観であった。しかし実際には高領袋足鬲が西周王朝成立前に終了したとする根拠は知られていなかった。筆者は土器群 B の中には、特に宝鶏市周辺においては、西周期以降に継続した一群の土器（おもに土器群 B の Ⅳ 2 期）が存在した可能性を指摘してきたが、石鼓山 3 号墓の発見は、それを証明する確かな資料であると考えられる。

(2) 方格乳釘紋甗について

　石鼓山3号墓出土青銅器のなかに、方格乳釘紋甗（簡報1、簡報2の盆式甗）が4点出土している。このタイプの青銅甗と周の動向を論じた武者章氏の示唆的な先行研究［武者章 1989］をうけて、筆者は方格乳釘紋甗や方格乳釘紋鼎と土器についての研究を関連させてつぎのように考えている。①方格乳釘紋甗の出土は関中平原に限定される。②製品としての完成度が青銅器先進地の殷王朝中心地域の精品に遠く及ばない。③方格乳釘紋という特徴は、土器群A（先周期の周勢力と関連した土器系統）の西周Ⅰa期（殷末周初頃）を中心に広く見られた土器の印紋と共通する。④その分布が濃密なのは宝鶏市周辺を含む関中平原西部と甘粛東部で、先述した土器群Aの西方への拡散と重なりあっている。以上のことから、方格乳釘紋甗は殷王朝中心地域の青銅器に並行して周自身が製作した「関中型青銅器」の1器種と考えられ、先周期の終わり頃から西周前期の早い時期、周勢力が関中平原西部へと拡張した時期に、同地方在地の有力な族的集団に周から下賜された青銅器ではないかという推測が成り立つ。

　石鼓山3号墓の方格乳釘紋甗もまた、このような周勢力の関中平原西部への拡張の動きなかに出現した青銅器と考えられる。それはまた、土器群Aの拡張によって宝鶏市周辺をふくむ関中平原西部で、土器群A・B共存遺跡が広汎に出現した動向とも重なりあう動きである。石鼓山西周墓の被葬者たちは、こうした動向のなかにあって、西周王朝の成立後に比較的重要な地位を得ていた在地の集団とおもわれ、一方で宝鶏市周辺の土器伝統である土器群Bを西周期にはいっても継続した人びとでもあった。

(3) 墓壙構造の系譜について

　石鼓山3号墓の墓制上の顕著な特徴の一つは、二層台より上の墓壙壁面（東壁、北壁、西壁）に合計六つの壁龕を穿ち、青銅礼器をそこに埋置していたことである［石鼓山考古隊 2013a、図3〜図9］。宝鶏市周辺でこのような壁龕をもつ墓制の系譜に関して、近年発掘報告が出された高家村墓地が一つの手がかりを提供している。高家村の墓地遺跡は、宝鶏市街地西部の渭河南岸にあり、秦嶺山脈から北流して渭河に注ぐ塔梢河の西岸に位置する（図14.1）。発掘報

告の分類によれば、墓の構造は、①偏洞室墓、②頭龕（墓室と一体型）をもつ竪穴墓、③頭龕（二層台の上の壁面を掘削）をもつ竪穴墓、以上の3種に分けられる。墓地を構成する墓の平面分布等から推定される墓の早晩関係を勘案して、発掘報告は①→②→③の段階を踏んで変化したと考えている。

　高家村の①偏洞室墓に類似する墓制は、高家村遺跡の発掘報告が指摘するように、土器群BのⅡ期、Ⅲ期頃を中心とした扶風県劉家遺跡墓地の大半の墓に見られる特徴でもある。しかし、劉家墓地の墓制は基本的に①偏洞室墓のみで、副葬品をいれる壁龕（頭龕）は見られない。劉家遺跡より遅い時期の土器群Bを含む高家村遺跡の墓地では、①偏洞室墓につづいて、まず②頭龕（墓室と一体型）が登場し、さらに③頭龕（二層台の上の壁面を掘削）へと変化したと推測する。

　石鼓山3号墓の壁龕は、おそらくその③頭龕（二層台の上の壁面を掘削）の形態から、より多くの副葬品を埋置する目的で変化したものであろう。ただし、石鼓山3号墓の壁龕は、被葬者の頭位方向の壁面ではなく、被葬者の脚部の方位（北壁）とその左右の壁面に複数の龕を穿ったものとなっている。以上のように考えると、石鼓山3号墓は、副装品に土器群BのB類鬲を出土しているだけでなく、墓制上からみても高家村墓地の墓制を継承した特徴をもつもので、いわゆる「劉家文化」の特徴ある墓制の遅い時期の一例と位置づけることも可能となる。

　その石鼓山3号墓の複数の壁龕を穿つ墓壙構造とよく類似した構造の墓が、近年、山西省の臨汾市翼城県の大河口墓地で発見されている。報告されている大河口1号墓は、長方形竪穴土壙墓で、墓壙底部が東西4.6m、南北3.78mの1槨1棺墓であった。注目すべきはその二層台の上の四壁に、合計11の壁龕を設けていることである。大河口1号墓と石鼓山3号墓は、西周墓として例の少ない壁龕をもつ墓壙構造をもつという共通点がある。また墓の規模や規格にも共通点が指摘できる。大河口1号墓の年代について、報告者は西周前期と中期の際とする。宝鶏市周辺の文化伝統のなかから登場した石鼓山3号墓の系譜をひいて、晋南の地に出現した大型の西周墓である可能性も否定できない。関連資料の増加に期待したい。

V 小　結

　石鼓山3号墓の発見は、これまで先周期の土器の指標と見なされ、西周期には続かないとされてきた高領袋足鬲（B類鬲）が、すくなくとも宝鶏市周辺において西周前期の頃まで継続していたことを明らかにした。同時に石鼓山墓地の集団は、周勢力の拡張とともに先周期の終わり頃の関中平原西部で広汎に土器群A・B共存遺跡が形成されるなかにあって、土器群B（金河・晁峪グループ）の単純な形を西周前期まで継続した在地色の強い集団と考えられた。

　西周王朝が開始された関中平原では、王都の豊鎬地区や周原地区で「西周式土器」あるいは「西周式青銅器」が成立し、それらは遠隔地の諸侯国にまで波及した。その時期に、関中平原西部にはなお、先周期以来の土器群Bの伝統を継続する一部の集団が存続したことになる。この現象に関連して興味深いのは、周原地区ないしその近隣地域、すなわちかつての先周期の土器群A中心地域においても、西周期にすべてが「西周式土器」に転換したのではなかったことである。西周期のこの一帯には、先周期以来の単純な土器群Aの伝統を継続した一部の集団があったことが指摘できた[16]。殷王朝の崩壊後、関中平原に遷った一部の旧殷王朝系の集団が、自らの文化伝統を色濃く継承したと考えられること、あるいは、先にも触れた宝鶏市南部に展開した四川系文化のなかに出自した彊国墓地の集団などと併せ考えて、西周前期頃の西周王朝の畿内的地域とはけっして文化的に等質な地域ではなく、多様な文化的背景をもつ集団が、大小の集落を形成して都城圏の内外に共存的関係を構築していた地域であったというべきであろう。

註

（1）石鼓山の地名は、『後漢書』志第十九・郡国一・陳倉、劉昭注に引く『三秦記』に「秦武公都雍、陳倉城是也、有石鼓山」と見えるのが古い例とされる。唐代になって発見され、今日北京の故宮博物院に収蔵される著名な秦の「石鼓」は、もとはその石鼓山にあったもので、現在の同名の地点がそれに該当すると一般には考えられている［李仲操 1999］。

（2）ここでは簡報1の解釈にしたがって、参考までに出土した青銅器に見られる「族

徽」と人名（「日名」）について整理しておくと、「族徽」には、鳥、万、戸、冉、曲、単、亞羌、🐎、🧍、正、重の 11 種、「人名」（「日名」）には、父甲、父乙、父丁、父癸、中臣、癸がある。

(3) 林巳奈夫氏は、図象記号、祖先名あるいはそれらの組合せからなる文章をなさない銘について、時期別に事例数をまとめている。その結果として、図象記号や十干を使った父祖名が西周金文中にも少なくないことを示し、殷代青銅器の指標とする宋代以来の伝統的な考え方を再考すべきとした。この指摘はたしかに正確なものである。ただし、林氏の統計表を見ても明らかなのは、この種の銘が、殷後期をピークとして、その後明らかに減少することも事実としてある［林巳奈夫 1984］（以下、『林綜覧』）。張懋鎔氏は青銅器銘文の研究のなかで、姫姓周人は「日名」と「族徽」を使用しなかったことを強調する［張懋鎔 2009］［張懋鎔 2005a］［張懋鎔 1995］。石鼓山の発見をうけての王顥氏らの研究［王顥・劉棟・辛怡華 2013、p.82］でもこの説を引用する。石鼓山発見の一括青銅器の年代や、青銅器の由来や製作の背景を検討する上で、張懋鎔氏の説はあらためて注目されよう。

(4) 李氏はこの論文で「戸」と解釈される銘をもつ青銅器として、過去の著録に見られる青銅卣 2 点、青銅戈 2 点（うち 1 点は伝西安出土）が知られることを指摘した上で、「戸」銘と西安近郊（「豊鎬地区」西部）の戸県（かつての鄠県）との関連に言及していることには注意したい。なお管見では、李氏の指摘のほか、近隣の宝鶏紙坊頭で 2003 年に発掘された西周前期墓からも同一銘をもつ青銅方鼎 1 点 (2003BZFM3:5) が出土している［宝鶏市考古研究所 2007、図 35-1］。宝鶏周辺の各所に墓地を形成した族的集団間の何らかの関係を示すものであろう。

(5) これに類する「禁」とよばれる青銅器は、1901 年に宝鶏闘鶏台で農民が発見し端方が収蔵した 1 点（現メトロポリタン美術館蔵）、および 1925 年から 26 年にかけて党玉琨が宝鶏一帯でおこなった盗掘で発見された 1 点（現天津博物館蔵）が知られる［盧連成・胡智生 1988a、p.3］。1901 年発見の禁にともなうとされた青銅卣 2 点があり、それらはまた石鼓山 3 号墓の 2 点の「戸」卣と形態的に類似点の多いものである（梅原末治『柉禁の考古学的考察』東方文化学院京都研究所、1933 年）参照。宝鶏市東部の渭河の北岸にある闘鶏台（戴家湾）遺跡とその対岸の南岸にある石鼓山遺跡で、類似点の多い稀少な大型青銅器が出土したことは注意すべきである。

(6) 簡報 1 と簡報 2 は、ともに陝西省と宝鶏市の発掘担当者によるもので、基本的に提示された年代観は一致している。また、簡報 1 の年代観は、同時に発表された発掘担当者による石鼓山西周墓についての研究論文［王顥・劉棟・辛怡華 2013］とも同じ結論を得ている。なお、表 14.1 にある個々の青銅器の『林綜覧』との対応関係は筆者の見解である。

(7) 簡報 1、53 頁、および簡報 2、23 頁。

(8) 関連する議論は多く見られるが、たとえば近年では、[雒有倉 2013] において、

石鼓山3号墓の青銅器にも見られた族徽「冉」の出土例などから、旧殷王朝系の集団の関中平原への移住に言及している。また、豊鎬地区への殷系集団の移住とその後について考古学資料から論じた［張礼艶 2013］は本書にとっても示唆的な研究である。

(9) 簡報の説明では袋足上部の周囲6箇所に貼り付けられていたとおもわれる。

(10) 第二部第9章で筆者は、袋足の形状と足尖部の形態を、B類鬲（高領袋足鬲）変遷の重要な目安とした。B類鬲の足尖は、全般に扁平・直立→円錐状と変化し、また遅い時期には円錐状かつ外反の強まるものが増加する明確な傾向がある。その変化を、1〜7（外反の強い6′、7′含む）段階に分けた。M3:29は6′または7′の足尖をもつ。于家湾M6:1は5または6′に相当する。

(11) 報告書は扶風劉家遺跡との比較などから、高家村の年代を殷墟三期、四期並行と推定する。ただ同遺跡では青銅器は出土しておらず、墓の年代観を提示するには考察の材料が不足している。B類鬲M9:1を出土した9号墓は墓域の最南端近くに位置して、墓域のなかでも遅い時期の墓である可能性を示唆している。

(12) 高家村墓地で、9号墓に近接する墓M21もまた、墓地内の位置や墓壙の構造などからやや遅い時期の墓と考えられる。同墓出土のB類鬲（M21:2）（図14.4-5）や有耳罐にも、一部縄紋を擦り消す手法がみられる。ただし、同墓のB類鬲は足尖や器形全体の特徴などM9:1より古い要素が多く、筆者のB類鬲のⅣ1相当と考えられる。注目すべきは、同墓から肩部に2本の平行沈線をめぐらせる円肩罐（M21:5）が出土していることである。これは筆者の（豊鎬遺跡）西周Ⅰa期（殷末周初）の典型的な陶罐に共通する特徴である。そこで、B類鬲Ⅳ1＝土器群BのⅣ1期＝西周Ⅰa期、という年代的対応関係が成立するならば、それにつづく、B類鬲Ⅳ2＝土器群BのⅣ2期＝西周Ⅰb期という対応関係もまた大きな矛盾なく肯定できると考えられる。西周Ⅰa期は、関連する青銅器も多く、本書第二部第7章で殷王朝末期と西周初葉期を含む時期として詳細に論じた。したがって、それに後続する西周Ⅰb期に対応する土器群BのⅣ2期とは、筆者の年代観では確実に西周王朝成立後の一時期と考えられる。

(13) 1例にすぎないが、例えば［甘粛省文物考古研究所 2009、p.125］などで論じられている年代観。

(14) ただし、劉家遺跡最晩期の墓と考えられるM49だけは、高家村の頭甗をもつ墓壙に類似する。

(15) 中国社会科学院考古研究所文化遺産保護研究中心・山西省考古研究所翼城大河口考古隊「山西翼城県大河口西周墓地M1実験室考古簡報」『考古』2013年8期。正式な報告書ではないため同墓の詳細は不明であるが、多数の青銅器のほか、壁龕から多数の木漆器が出土して注目されている。

(16) 第二部第8章で言及したように、扶風県の北呂遺跡などはその代表的な例である。

第 15 章　先周期の土器編年に関する近年の研究

I　近年の新知見と研究

　本書第二部では関中平原の紀元前二千年紀後半（殷王朝並行期から西周前期頃）を中心とした考古学的編年と土器の諸系統に関する問題を論じた。その内容は、本書「序」において述べたように、筆者が1990年代に発表した旧稿にもとづく内容である。現在においてもその編年案の基本的な枠組みについて大きな変更は必要ないと考えているが、最初の関連論文を上梓してからすでに20年以上がたったいま、この間に登場した先周期研究に関連する新知見や、あらたに公刊された調査報告書、簡報の類はけっして少なくない。本章ではそうしたなかから本書の土器編年研究上注目される新研究、新知見をとりあげて紹介しておきたい。

　関中平原の先周期における主要な土器系統として、本書は土器群A、土器群B、土器群Cの3系統を抽出し、先周期の遺跡には土器群A主体の遺跡、土器群B主体の遺跡、土器群A・B共存遺跡、土器群C主体の遺跡があるとした。そのうえで近年増加した資料やあらたな研究動向を整理してみると、土器系統相互間の関係性や、各系統の分布域の変遷などに関して追記すべき問題点も少なくない。また、以前は予想できなかった種類の、あらたな検討課題も見出せる。一方、本書でこれまでに土器の型式変遷の指標とした器種別の属性変化（たとえばB類鬲の足尖の形状変化や口頸部外面の処理など）については、遺跡の層位的根拠をもって前後関係を確認できる事例が増加している。結果として本書が提案した型式変遷についての考えを補強するデータも得られている。

　先周期の遺跡として、1980年代から90年代までに調査がおこなわれたものは多くが墓地の遺跡であった。一方、1990年代後半以降には、生活址を対象

とした遺跡調査が増えている。墓の場合、出土遺物の一括性は担保されているものの、一般的に墓相互間の切り合い関係が認められることは稀で、墓相互の層位的前後関係は不明のことが多い。一方、関中平原における生活址は、その大半が各種の灰坑ないし窯址として検出され、遺構単位における遺物の一括性が比較的良好に担保されるとともに、灰坑の切り合い関係による層位的前後関係を指摘できる場合が少なくない。生活址の情報が増加した結果、層位的新旧の関係と土器型式の新旧関係について、指摘できる情報が大幅に増加したのである。

先周期の墓では、副葬土器の組合せとして、陶鬲1～2点、それに1～2点の罐の類を加えるという器種の少ない場合が大半である。この状況は土器群A主体、土器群B主体の遺跡に共通した現象であり、したがって、別系統の陶鬲、陶罐等が共伴するといった事例はきわめて稀で、結果として系統の異なる土器型式間の前後関係などが明確に示しえない状況があった。先周期土器研究の学史上の出発点でもある宝鶏闘鶏台遺跡の墓群において、B類鬲を副葬した墓とA類鬲を副葬した墓が同一墓域内に共存し、墓域内の墓壙の配置関係などから、両系統の陶鬲には年代の並行関係があると推測できるにもかかわらず、遺物の共伴や層位関係から最終的な証明ができなかったのはそうした事情によるものであった。

しかし、近年増加した灰坑など生活址関連の遺構では、たとえば土器群A・B共存遺跡では、実際に同一灰坑から土器群Aの土器と土器群Bの土器が出土し、灰坑間の切り合いによる層位関係から、同一遺跡内でも土器群Aが段階的に増加するといった現象がとらえられることもある。このような現象は1980年代には宝鶏紙坊頭生活址（上記闘鶏台に近く、年代も同時期）の複数の灰坑が、こうした知見をもたらす数少ない例であったが、1990年代後半以降、生活址関連遺跡が増加して、土器系統間の相互関係を見きわめる貴重な手がかりが増えているのである。

1990年代以降に調査された遺跡としては、漆水河中流から上流域、および涇河中流から上流域の事例、いいかえれば、関中平原北部の北山（岐山）より北側の地域における調査が増えたことが注目される。また、本書第一部で繰り返し述べたように周原遺跡西方の周原地区の西部一帯で、周公廟遺跡に代表さ

れる拠点的集落址の発見が相次いだことはきわめて重要である。さらに周原地区の西側に位置する宝鶏市街地周辺域でも、前章で取り上げた大量の青銅器をともなう石鼓山墓群などの発見が新知見をもたらした。扶風、岐山県境一帯の周原遺跡では、2000年代以降も継続して発掘調査がすすめられており、既知の発掘地点の近傍であらたな生活址や手工業工房址等の発見が相ついでいる。従来、周原遺跡では先周期にさかのぼる地点の少ないことが問題とされてきたが、近年ではこの時期にさかのぼる地点の発見例もしだいに蓄積されてきており、周原遺跡における先周期から西周期にかけての土器相の変化が連続的に追えるようになってきた。近年の周原遺跡の発掘成果は、2003年以降の周公廟遺跡の発掘成果とともに、両遺跡において発掘を担当してきた雷興山氏によって研究書にまとめられ［雷興山 2010］、先周期土器編年の重要な基準を示すようになっている。同書をはじめとして、2000年代以降には長らく現地での調査を推進してきた研究者、研究機関の手によって、高水準の土器編年研究がすすめられている。関中平原先周期の土器編年研究は、中国考古学のなかでも詳細な議論を深めてきた対象の一つといえるであろう。

Ⅱ　先周期の土器編年に関連する近年の調査

（1）周原遺跡（扶風県、岐山県）

　周原遺跡は今日の扶風県と岐山県の両県にまたがる西周期の関中平原における中心的な大型集落遺跡であり、本書第一部で述べたように、都城圏としての周原地区の中心地である。

　周原遺跡の考古学的調査について、雷興山氏は3段階の研究史としてまとめている。第一段階は1960年代から80年代のはじめまで、第二段階は1984年から1995年まで、第三段階は1996年以降となる。本章でおもに取り上げるのはこの第三段階の時期に見られた発掘調査と、それに関連した土器編年研究についての新知見である。

　1996年～97年には、「夏商周断代工程」に関連して陝西省考古究所などが周原遺跡内の岐山県王家嘴において発掘をおこなった。今も未発表であるが、雷興山氏によればこの発掘を通じてはじめて周原遺跡の先周期の編年的体系が示

されることになった。1998 年には張天恩氏が先周期の周原遺跡のおもに墓の出土品を対象に、土器、青銅器を 4 期に分期する編年案を提示している［張天恩 1998a］。こうして 1990 年代末までに、先周期の周原遺跡の土器の様相について認識が深められた。

　1999 年からは、周原考古隊によって周原遺跡の継続的な調査がすすめられて今日に至っている。後述する 2003 年にはじまる、同じ研究者らを中心としてすすめられた周公廟遺跡調査の知見とも結びついて、関中平原西部の先周期の編年研究に多くの新知見がもたらされた。発掘担当者の一人である雷興山氏によるこの間の周原遺跡発掘調査のまとめ［雷興山 2010、pp.41-62］によりながら、その成果を簡単に紹介しておく。

　2001 年秋、王家嘴の 3 カ所（ⅡD1 区、ⅢE1 区、ⅢB4 区）で発掘がなされ、また賀家村北（ⅡC2 区）においても、先周期の灰坑がいくつか調査された。賀家村北地点は鳳雛建築基址から南に 600 m の位置にある［周原考古隊 2003b］。2002 年夏、礼村北壕（ⅡA3 区）で発掘がおこなわれた。2001 年の賀家村北地点の真東 500 m の地点に位置し、その東は斉家溝に隣接する。いくつかの先周期の灰坑が調査され、土器は従来周原遺跡で知られていなかった様相を示すものであった。2002 年の秋には、斉家北の石器製作址（ⅡA3 区）が調査された［周原考古隊 2003d］［陝西省考古研究院・北京大学考古文博学院ほか 2010］。この地点は 2002 年夏の礼村北壕地点とは斉家溝を挟んでその東岸に位置する。大量の殷末周初頃と考えられる遺物が出土し、周原遺跡の編年体系を補完するものとなった。

　雷興山氏はおもに以上の王家嘴、賀家村北、礼村北壕、斉家北の資料をもちいて、従来、空白や未確定要素の多かった先周期周原遺跡の土器編年について再考察している。雷興山氏が議論の根拠とする灰坑など遺構単位の層位的関係は以下のようである。ⅢE1 区（H5 → H26 → T0127 ⑤ A → T0127 ⑥ A → H16；G1 → G2）。ⅡD1 区（H55 → H28；H147 → H148；T6809 ⑤→⑨→ H77 → T6809 ⑩ B → H96 → H94）。ⅡC2 区（H5 → H6 → H7 → H9；このうちの 3 単位は西周前期の単位に切られていた）。ⅡA3 区（LH11 → LH8 → LH13 → LH14；これらの単位は西周前期の単位に切られていた）。

　雷興山氏はおよそ以上の層位関係を前提として、土器型式の変遷と型式間の

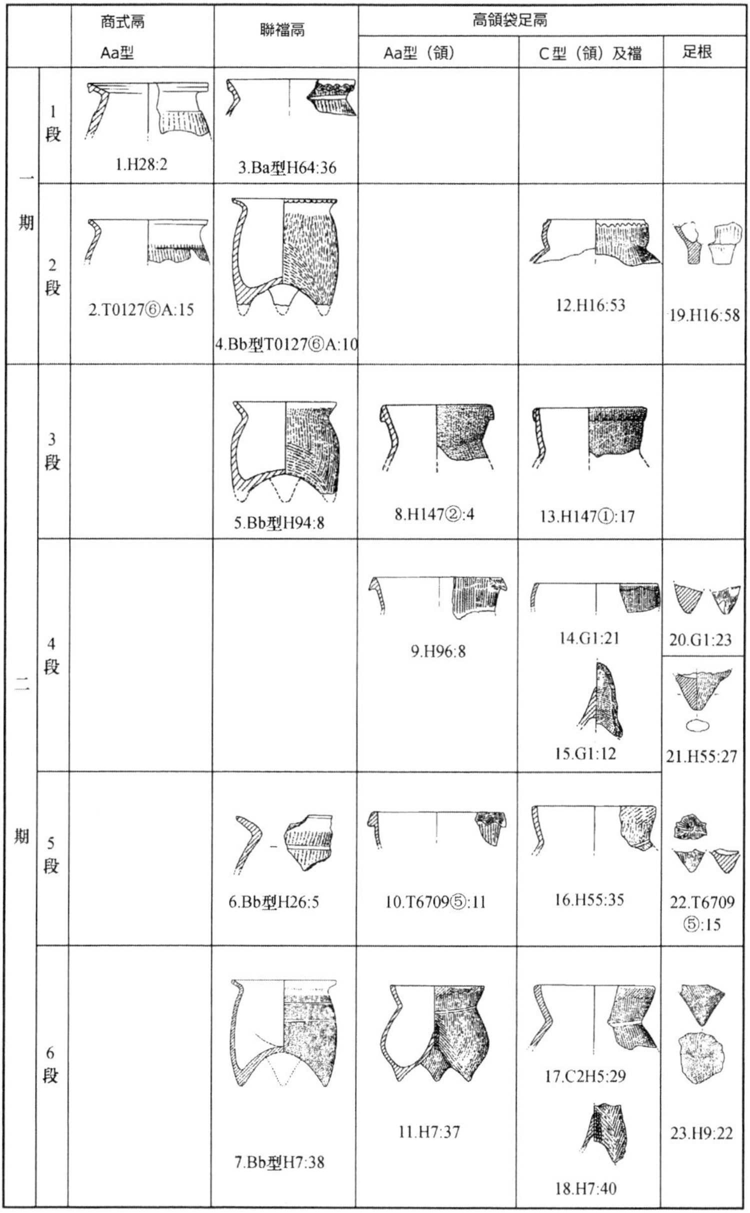

第15章　先周期の土器編年に関する近年の研究　*459*

		商式鬲 Aa型	聯襠鬲	高領袋足鬲		
				Aa型（領）	C型（領）及襠	足根
一期	1段	1.H28:2	3.Ba型H64:36			
	2段	2.T0127⑥A:15	4.Bb型T0127⑥A:10		12.H16:53	19.H16:58
二期	3段		5.Bb型H94:8	8.H147②:4	13.H147①:17	
	4段			9.H96:8	14.G1:21 15.G1:12	20.G1:23 21.H55:27
	5段	6.Bb型H26:5		10.T6709⑤:11	16.H55:35	22.T6709⑤:15
	6段		7.Bb型H7:38	11.H7:37	17.C2H5:29 18.H7:40	23.H9:22

図15.1-1　周原遺跡の分期と土器（1）（［雷興山 2010、p.43］より）

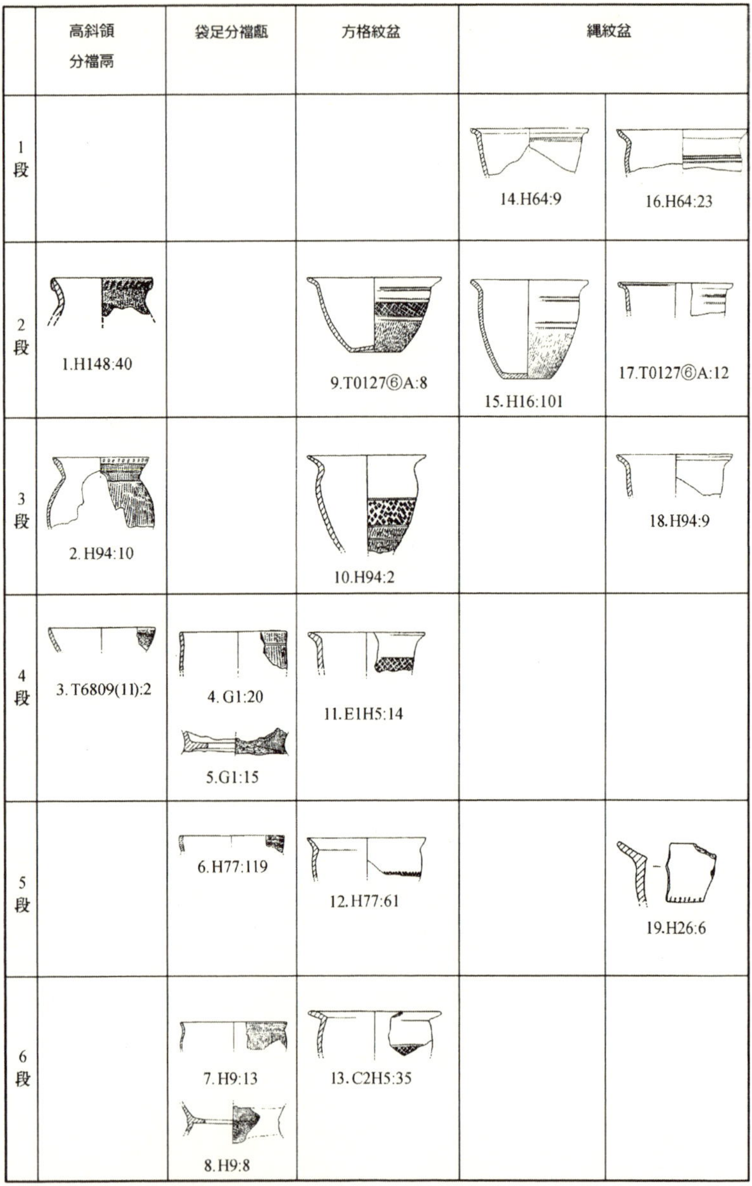

460　第二部　西周王朝成立期の編年的研究

段	高斜領分襠鬲	袋足分襠甗	方格紋盆	縄紋盆	
1段				14.H64:9	16.H64:23
2段	1.H148:40		9.T0127⑥A:8	15.H16:101	17.T0127⑥A:12
3段	2.H94:10		10.H94:2		18.H94:9
4段	3.T6809(11):2	4.G1:20 5.G1:15	11.E1H5:14		
5段		6.H77:119	12.H77:61		19.H26:6
6段		7.H9:13 8.H9:8	13.C2H5:35		

図 15.1-2　周原遺跡の分期と土器（2）（［雷興山 2010、p.45］より）

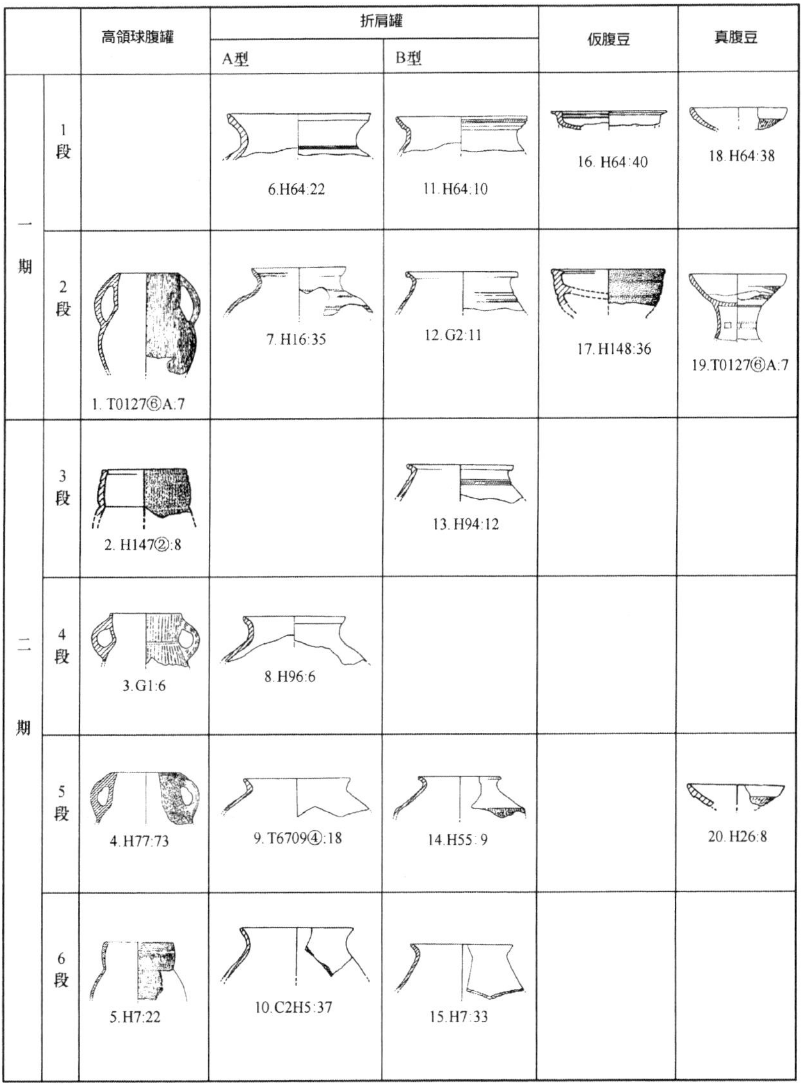

第15章　先周期の土器編年に関する近年の研究　461

		高領球腹罐	折肩罐		仮腹豆	真腹豆
			A型	B型		
一期	1段		6.H64:22	11.H64:10	16.H64:40	18.H64:38
	2段	1.T0127⑥A:7	7.H16:35	12.G2:11	17.H148:36	19.T0127⑥A:7
二期	3段	2.H147②:8		13.H94:12		
	4段	3.G1:6	8.H96:6			
	5段	4.H77:73	9.T6709④:18	14.H55:9		20.H26:8
	6段	5.H7:22	10.C2H5:37	15.H7:33		

図 15.1-3　周原遺跡の分期と土器（3）（[雷興山 2010、p.50] より）

関係を考察し、周原遺跡の土器を単位別に6組のグループに分けた。すなわち第1組（H28、H64）、第2組（T0127⑤A、T0127⑥A、H16、G2、H148等）、第3組（H94、H147）、第4組（G1、H96、T6809⑩B、T6909⑦B、T6810⑥等）、第5組（E1H5、H26、H77、T6809⑤～⑨、H55等）、第6組（C2H5、H6、H7、H9、LH8、LH13、LH14等）の6組である。そのうえで雷氏は以上の6組を時期区分の単位としての1～6段に対応するものとして、周原遺跡の先周期を一期（1段、2段）、二期（3～6段）に分期する[2]。

ここでは雷興山氏の分期案によりながら、土器型式の変遷について本書との関連から若干のことを指摘しておく（図15.1-1～1-3）。

周原遺跡において筆者のいうA類鬲は、2000年以降の調査結果をへてもなお、先周期段階の周原遺跡では数量が少ないとされる。A類鬲（聯襠鬲）は個体別の変化が大きく形式も多様である。大局的にいえば、西周王朝成立より前にさかのぼると、周原遺跡ではA類鬲は少ないという。では周原遺跡においては、どの段階からA類鬲が増加することになるのかが注目される。

A類鬲（聯襠鬲）について、雷興山氏は、A型、Ba型（Ⅰ～Ⅱ式）、Bb（Ⅰ～Ⅲ式）、C型、D型に細分する。一期のB型にはいわゆる「麦粒状縄紋」が特徴的に見られ、また「花辺口縁」が見られる。二期ではこれらの紋様と口縁の特徴は、減少または見られなくなる。雷興山氏によれば、一期、二期を通じてA類鬲の数量はごく少数である。ただし最晩段階にいたって突然増加を示すという。のちに言及するように、この突然の増加について筆者は、この時点で周原遺跡の地に土器群A主体の土器群が拡張してきた現象と考えており、その後の周原遺跡の大規模な都城化をすすめる主体的な人びとの居住が本格化したことの反映と考えている。

B類鬲（高領袋足鬲）は、完形器が少ないことから雷興山氏は、土器の部位別の属性に注目し、①口頸部：有鋬のタイプのAa型Ⅰ～Ⅳ式およびAb型、帯耳タイプのB型、無鋬無耳タイプのC型Ⅰ～Ⅵ式、②襠部：Ⅰ～Ⅱ式、③足尖：Ⅰ～Ⅴ式に細分する[3]。ここでは、器体の紋様としていわゆる麦粒状縄紋の指摘はないこと、襠部はその外面が横縄紋で飾られるものから刺突紋で飾られるものに変化すること、さらに足尖については、Ⅰ式（扁柱状、楕円形平足）→Ⅱ式（楕円柱状）→Ⅲ式（扁錐状）→Ⅳ式（円錐状、直行縄紋）→Ⅴ式

（円錐状、旋転状縄紋）という順で推移したと考えられていることを指摘しておきたい。足尖については筆者の編年研究において、B類鬲の属性分析における重要な型式変化の手がかりとした認識をほぼ補強する結果となっている［第二部第9章］。

C類鬲（殷系鬲）は、周原遺跡の南にある扶風県壹家堡出土の例と基本的に近い形態のものである。雷興山氏は口縁の変化と尖錐状無紋の足尖の変化を考慮してA型（Ⅰ〜Ⅲ式）、B型（Ⅰ〜Ⅱ式）に細分する。周原遺跡では一期（1段〜2段）にC類鬲が見られる。殷王朝中心地域の殷系鬲との比較でいえば、二里岡上層よりやや晩い型式に近く、殷墟一、二期ないしやや早い段階を含む。二期には基本的にC類鬲は見られない。

周原遺跡では先周期の関中平原で見られるほとんどの種類の鬲が出土している。そのなかで、筆者がB類鬲と呼んできた袋足鬲の仲間として、もっとも数量の多い上記した「高領袋足鬲」のほか、雷興山氏のいう「異形高領袋足鬲」、「高斜領分襠鬲」、「蛇紋鬲」などが周原遺跡で出土している。

雷氏が「高斜領分襠鬲」（Ⅰ〜Ⅲ式）と名付けて紹介する花辺口縁に一つの特徴をもつ陶鬲は、同氏によれば以前の研究では「聯襠鬲」の一種と見なされてきた。しかしその形態は「三足を一つの型により製作」したものと判断され、分襠鬲の一種であるとする。このことから、この種の鬲は筆者のいう殷系統のC類鬲の一種とみなされる。しかし筆者は以前、このような鬲は、土器群A主体の鄭家坡遺跡では、類似の器身と類似の口縁の特徴をもちながら、「聯襠鬲」のものと「分襠鬲」のものの両種があると推測した。この考えに今も変わりはない。筆者は、漆水河流域の早期の土器群Aが、関中平原東部から広まってきた殷系の分襠鬲を受け入れ、花辺口縁や殷系鬲特有の肥厚した口縁外面（「方唇」）の特徴をもつ早期の聯襠鬲の1形式が生まれたことを推測している。関中平原のA類鬲の早期段階に関連するこの種の鬲は、殷系土器群が漆水河を越えてさらに西へと進むのにともなって周原地区にいたった可能性がある。漆水河流域一帯で誕生した口縁部や器体の外観を共有する殷系C類鬲の「分襠鬲」とA類鬲の「聯襠鬲」の2種類が、その後の一時期、並存する状況が生じていたのではないだろうか。やや込み入った仮説であり資料の増加を待って結論を出したいが、後述する別の遺跡の例からみても、どうやら

「方唇」「花辺口縁」の特徴を共有する殷墟期一、二期並行期頃の「分襠鬲」（C類鬲）と「聯襠鬲」（A類鬲）が、関中平原のいくつかの遺跡で一緒に存在したようなのである。なお、周原遺跡では雷氏のいう「高斜領分襠鬲」は一期（1段、2段）および二期（3段）で見られる。

甗は、雷興山氏によれば商式甗、聯襠甗、袋足分襠甗に分類できる。袋足分襠甗の数量は多いが、すべて破片で、器体が復元できたものはない。各種の属性は高領袋足鬲と共通するところが多いとされる。

盆は、筆者が土器群Aの代表的器種の一つとしたものである。すべて泥質陶で、雷興山氏によれば縄紋盆と方格紋盆の2種に分けられる。縄紋盆は口縁部の形態からA型、Ba型、Bb型（Ⅰ～Ⅱ式）、C型（Ⅰ～Ⅳ式）に細分される。C型のⅠ～Ⅳ式では、縄紋の特徴の段階的変化が認められる。すなわち「散乱麦粒状縄紋」（Ⅰ式）→「条理的麦粒状縄紋」（Ⅱ式）→「条状縄紋」（Ⅳ式）という変化である。方格紋盆は、その口頸部と紋様からⅠ～Ⅳ式に分けられる。方格紋、方格乳釘紋と旋紋のほか、Ⅰ式には「散乱麦粒状縄紋」、Ⅱ式に「印痕があいまいな麦粒状縄紋」が見られる。方格紋盆の形態は雷興山氏のⅣ式（5段、6段）になると丸みを帯びた胴部に変化している点に注意したい。この変化は筆者が盆の形態変遷として考えた特徴に一致している。

有耳罐（高領球腹罐）[5]は、筆者が土器群Bの代表的器種とした有耳罐の類いのことである。すべて夾砂陶で器身全体に縄紋を施す。縄紋の形態はB類鬲（高領袋足鬲）と同類のものである。雷興山氏は紋様と耳の形態の特徴から、Ⅰ～Ⅳ式に分ける。直行縄紋ないし斜行縄紋が見られるが、いわゆる麦粒状縄紋は指摘されていない。B類鬲との類似の「作風」という雷興山氏の認識は、有耳罐とB類鬲が土器群Bの仲間であることの証左となる。

以上のほか、球腹鉢（Ⅰ～Ⅱ式）は近年の周原遺跡の調査ではじめて認識された器種で、すべて夾砂陶でその紋様や作風は高領袋足鬲や有耳罐に近い。したがって筆者のいう土器群Bの器種と考えたい。折肩罐（A型Ⅰ～Ⅴ式、B型Ⅰ～Ⅴ式）は、すべて泥質陶で胴部に縄紋が見られる。方格紋は見られない。斂口罐は、すべて泥質陶で、型式は細分されていない。折肩罐、斂口罐とも残片の発見が多く、器形が復元された例はほとんどない。豆は仮腹豆と真腹豆に2分される。その盤口部の特徴から、仮腹豆はA型、B型、真腹豆はⅠ

〜Ⅲ式に細分される。真腹豆では、散乱麦粒状縄紋（Ⅰ式）→曖昧な麦粒状縄紋（Ⅱ式）→縄紋、という段階的な変化が確認される。仮腹豆は一期（1段、2段）で見られ、真腹豆は一期、二期ともに見られる。このほかに、尊、斂口瓮、大口瓮、簋、器蓋などの器種が確認されている。

　近年の周原遺跡の発掘調査の新知見として、筆者がもっとも注目するのは、先周期の終わり頃に見られた2種の異なる土器群の系統の並存現象である。雷興山氏の研究にもとづいて問題を整理すると［雷興山 2010, p.56］、同氏の周原遺跡編年の二期6段（先周期の最終段階）を代表する地点として、賀家村北（C2H5、H6、H7、H9）と礼村東北（LH8、LH13、LH14）がある。賀家村北地点の4つの灰坑の土器の組成は、B類鬲（高領袋足鬲）50％余り、袋足分襠甗約28％、有耳罐（高領球腹罐）約4％、球腹鉢約2％で、これらをあわせて87％に達する。この4種の器種はいずれも土器群Bの器種である。一方、土器群Aを代表するA類鬲（聯襠鬲）は3％で、聯襠甗にいたっては検出されていない。賀家村北地点は明らかに土器群B主体の地点で、若干の土器群Aの土器が含まれるという状況であった。

　一方、礼村地点の灰坑LH8は、土器片4000片、確認された器種が174種におよぶ豊富な内容をもつ。同灰坑では、筆者のいう土器群Aを代表するA類鬲（聯襠鬲）が26.4％、聯襠甗が9.2％をしめているのに対して、土器群Bを代表するB類鬲、袋足分襠甗、有耳罐、球腹鉢は、4器種あわせても20％に満たない。礼村地点は、土器群A主体の地点であるといえよう。ただし、土器群Bも一定程度共存する状況である。

　これほどに土器の組成が違っている2地点であるが、雷興山氏の説明によれば両地点に含まれる高領袋足鬲などの土器は、その型式的特徴が完全に一致するとして、同時期（二期6段）の2地点であると結論づけている。この2地点の土器の組成の違いはどのような原因に由来するのであろう。雷興山氏は、①異なる「族群」が周原遺跡の異なる地点に居住して異なる物質文化を使用した結果、②一種の新考古学文化が元来の文化にきわめて短時間のうちに完全にとってかわった結果、③なんらかの特殊な原因によって、ある種の文化遺存が、きわめて短時間のうちに大きく変化した結果、以上3通りの可能性を述べている。筆者は先周期の終わり頃の周原遺跡における賀家村北地点と礼村地点

の土器相の違いは、先行して土器群 B 主体の集団が優勢だった周原遺跡に、先周期の終わり頃、土器群 A 主体の集団が急速に進出し、両者は地点を異にして近在に共存した。この時期それぞれの土器の伝統を維持した文化的集団が周原遺跡内に並存したと考えたい。雷興山氏が指摘した周原遺跡のこの現象から、本書にいう土器群 A、土器群 B という二つの土器系統が、本来的に別系統の土器群であって、それぞれの自律した変遷過程もつ先周期の土器の 2 系統であることがあらためて確認できる。

　隣接する周原遺跡の賀家村北地点と礼村地点において、同時期に土器群 B 主体の様相と土器群 A 主体の様相が並存した状況は、先周期の終わり頃、もともと土器群 B 優勢だった関中平原西部に土器群 A が拡大し、諸遺跡で土器群 B と A の共存的状況が生まれるという過程を反映している。この現象は、古文献にある古公亶父遷岐の過程を直接に反映しているのかという問題が注目されよう。しかし、雷興山氏の周原遺跡の二期 6 段とは、おそらく殷王朝末期に並行する時期ないしは西周王朝成立直後に相当すると考えられ、古公亶父の時代よりは 1〜2 世代ほど遅れる可能性が高い。つまりこのことは、古公亶父の遷岐の場所とは、今日いうところの周原遺跡とは別の地点であることを示唆するのかもしれないし、あるいは周原遺跡の範囲内のさらに未発見の地点があるという可能性も考えられる。さらにいえば土器群 A の周原遺跡への拡張という考古学的な現象が事実としても、そもそもその現象が、周人の拡張という歴史を反映したものではないという可能性も否定はできない。今後の資料の増加とあらたな研究の進展を期待したい。

　最後に、雷興山氏の意見に従って、周原遺跡二期 6 段の年代について述べておく。それによると一期（1 段、2 段）は、C 類鬲など殷系統の土器がともない、殷王朝中心地域との土器の比較が可能で、一期 1 段は「殷墟一期相当ないしやや早い」、一期 2 段は「殷墟二期偏早段階に相当し、上限は殷墟一期、下限は殷墟二期偏晩」とされる。二期（3 段〜6 段）には基本的に殷系統の土器はともなわないが、一期 2 段との層位関係から、3 段の上限を殷墟二期偏早段階あるいは殷墟二期とし、一方、6 段の土器（LH8）は、「作豊邑」以降、殷王朝滅亡以前の遺存と推定される澧西 H18 ［中国社会科学院考古研究所 2000］［雷興山 2006b］の典型的な土器と一致するとする認識が示されてい

る。したがって周原遺跡二期（3段～6段）は、上限が殷墟二期偏早段階（あるいは殷墟二期）、下限が殷周の際より早い時期とする。筆者は以上の年代観を妥当なものと考えている。

　雷興山氏のほかに、張天恩氏による周原遺跡先周期の分期研究があり、四期6段に分ける。張天恩氏の一期（1～2段）は、二里岡上層偏晩段階～殷墟一期ないしやや遅い。二期（3～4段）は、殷墟二期ないしやや遅い。三期（5段）は、殷墟三期ないしやや遅い、四期（6段）は、殷墟四期に相当するとする［張天恩 1998a］。張天恩氏の編年研究でも重要なB類鬲の型式変遷の理解は、先に紹介した雷興山氏とは基本的に同じであり、したがって、本書で筆者が主張するところともほぼ一致している。

　以上、周原遺跡の近年の発掘成果について、おもに発掘担当者の一人雷興山氏の研究によりながら紹介してきたが、以下に本書の関心に照らして新知見を簡単にまとめておく。

　① 雷興山氏の研究で詳細に示されている土器の縄紋の変化、とくに麦粒状縄紋の新旧変遷観は新たな認識といえる。蓄積された周原遺跡の出土資料によって、「麦粒状縄紋」が、A類鬲（聯襠鬲）や盆など土器群Aを代表する器種の、とくにその早い時期において顕著な特徴であることが再確認された。そのうえで、周原遺跡では、「印痕の深い散乱麦粒状縄紋」（一期1段、2段）→「印痕が浅く「麦粒」の小粒な特徴ないし整列的な特徴をもつ麦粒状縄紋」（二期3段）→「条状と呼ばれる一般的な縄紋」（二期5段、6段）という縄紋の盛衰に関する段階的な変化が確認された。

　② 特徴ある土器の器形変化が追える例として盆の形態変化は重要である。近年の周原遺跡の資料を見ても、胴部が直に近いものから先周期の終わりに近づくと丸みと膨らみをもつものへと変化することが再確認できる。これは本書の考える型式変遷を補強する。

　③ 花辺口縁をもつ鬲は、周原遺跡の1～2段の早期のA類鬲（聯襠鬲）と、2段～3段の雷興山氏が「高斜領分襠鬲」とするものに見られる。雷氏は後者について、以前の研究では「聯襠鬲」とされていたが、じつは「分襠鬲」であると論ずる。しかし筆者は上述したように、漆水河流域一帯で誕生した口縁部や器身の外観を共有する殷系C類鬲の「分襠鬲」とA類鬲の「聯襠鬲」の2

種類が、一時期並存する状況が生じていたと考えている。

④ B類鬲（高領袋足鬲）の重要な属性である足尖の形状は、周原遺跡において、扁柱状（一期2段）→楕円柱状（二期3段で多、4段で少）→扁錐状（二期4段、5段で多）→円錐状（二期5段で少、6段で多）と変化したことが確認された。この変化は、基本的に筆者がB類鬲の属性変化として示している形状変化と一致する認識となっている。

⑤ 周原遺跡の二期5段と二期6段（両者には直接の層位関係はない）の早晩関係の根拠として、雷興山氏は他の遺跡の層位的単位の土器の様相を比較し、対応関係を示している。紙坊頭④B層＝周原遺跡二期5段、紙坊頭④A層＝周原遺跡二期6段、蔡家河H21＝周原遺跡二期5段、蔡家河H20＝周原遺跡二期6段、などである。本書が重視した紙坊頭の層位と周原の層位との対応関係として重要である。

⑥ 周原遺跡の土器の系統的な様相をおおまかに時期別に見ると、（ⅰ）土器群C（殷系統）であるC類鬲（殷系鬲）、「高斜領分襠鬲」の一部、殷系甗、仮腹豆などは、一期では見られ、二期では見られない。（ⅱ）陝北の影響を受けたと推定される蛇紋鬲は、一期で見られ、二期では見られない。（ⅲ）土器群Bの土器であるB類鬲（高領袋足鬲）、袋足分襠甗、有耳罐、球腹鉢、斂口罐などは、一期では見られないか、ないしはほとんど見られない。（ⅳ）土器群Aの土器であるA類鬲（聯襠鬲）、「高斜領分襠鬲」の一部、聯襠甗、方格紋盆などは、全体として数量が多くはないが、一期、二期を通じて一定程度見られる。（ⅴ）土器群Aの土器は、先周期の最終段階である二期6段において、急速に増加する現象が認められる。

⑦ 土器群Bの土器である、B類鬲（高領袋足鬲）、有耳罐、袋足分襠甗、球腹鉢などは、雷興山氏によれば各器種の口縁部の特徴、紋様の特徴、その他「作風」に共通した傾向が見られ、種々の属性変化においても共通した変化の流れが確認される。この認識は、そもそも土器群Bを、関中平原における一つの「まとまり」ある土器系統としてとらえる筆者の基本的見解を支持する知見であると考えている。

⑧ 雷興山氏は、碾子坡早期の土器の様相を周原遺跡の二期3段（H147）に近いとする。すなわち、碾子坡早期＝周原遺跡二期3段、と判断している。そ

の上で、この時期の上限を一期2段の直後（殷墟二期偏早）に相当するとし、その時期を文献にいう古公亶父遷岐という歴史的事件の時期と重なりあうものと判断する。

では、周原遺跡の二期3段とは古公亶父の遷岐の直接の反映なのかといえば、雷氏も慎重に述べているように、そもそも周原遺跡は「岐邑」であるのかどうか、「先周文化」とは何なのか、周原遺跡の殷代並行期の考古学文化と先周文化との関係はどのようなものか、といった大きな問題と関連しており、現状では推測の域を出ないとしている［雷興山 2010、p.61］。

（2）周原遺跡王家嘴墓地（岐山県）

王家嘴の墓地は周原遺跡の範囲内の南西部に位置する。土器群B主体の典型的遺跡である劉家墓地遺跡の西約1kmの近隣に位置する。1996年～97年にかけて陝西省考古研究所によって墓22基が調査され、さらに2001年には周原考古隊によって墓3基が調査されている(7)。前者の調査資料が未発表であり、墓域全体の様子などは定かでないが、雷興山氏が整理して紹介している［雷興山 2010、pp.175-178］。雷興山氏は同墓群を一期（1段）、二期（2段～5段）に分期する。1段は墓M2の1基のみで、生活址から構築された周原遺跡分期の1～2段の間に相当する（殷墟一期前後）。2段から5段は周原遺跡生活址の3段から6段に相当すると考えられる。1段は殷系統の土器群Cの内容で、2段～5段は基本的に土器群B主体の内容となる。そのうちの2～3段は劉家遺跡の墓群に近いもので、4～5段は劉家の大部分の墓よりやや遅い時期のものとされる。

（3）周公廟遺跡（岐山県）

岐山県城の北約7km、岐山の一部である鳳凰山南麓に位置する。2003年末に北京大学の徐天進氏らによる55字の刻辞をもつ卜甲の発見［周原考古隊 2006］を最初の手がかりとして、2004年から2008年にかけて、陝西省考古研究院と北京大学考古文博院によって組織された考古隊により発掘調査がすすめられた［雷興山 2010、pp.24-25、pp.71-76］［飯島武次 2009a］［飯島武次 2013a］［本書第一部第1章］。

おもな成果としては、（ⅰ）400基近い灰坑を発掘し、豊富な生活址の資料を提供した。多くは先周期または殷末周初頃のものと考えられる。（ⅱ）ボーリングにより殷周時代の900基余りの墓を検出し、7カ所の墓域が確認された。（ⅲ）墓域の一つ陵坡墓地は大型墓の墓域で、墓と車馬坑あわせて38基あり、四条墓道墓10基、三条墓道墓4基、二条墓道墓4基、一条墓道墓4基が含まれていた。このうちの四条墓道墓1基（18号墓）と一条墓道墓1基（32号墓）は2004年に発掘された。現在までに知られる最も等級の高い西周期の墓地である。（ⅳ）墓域のある鳳凰山南麓の傾斜地に東、西、北の3面1700mの版築城壁が確認されており、その一部は現地表面に残存する。（ⅴ）遺跡範囲内の5地点から刻字卜甲、卜骨が発見され、周甲骨文2200字余りが確認された。（ⅵ）先周期の土器製作址1カ所、西周初期の青銅器製作址1カ所の一部分が検出された。また、祝家港等の地点では先周期の鋳銅関係の遺存が確認されている［種建栄・雷興山 2007］。（ⅶ）発掘とボーリングによって、40基以上の版築基址が検出されている。

発掘資料は正式には発表されていないが、発掘担当者の一人である北京大学雷興山氏の関連研究を参照しながら、本書の土器編年研究にとって注目される新知見について簡単にまとめてみた［雷興山 2010、pp.71-76］。

現在までの同遺跡の発掘では、周公廟遺跡の内容は、先周期の終わり頃から西周前期にかけての遺存が中心になっている（図15.2）。

陶鬲として、A類鬲（聯襠鬲）、B類鬲（高領袋足鬲、異形高領袋足鬲）が知られる。

A類鬲（聯襠鬲）は、口頸部が低く口部の広がったA型（Ⅰ～Ⅲ式）、Ba型、Bb型（Ⅰ～Ⅱ式）、C型（Ⅰ～Ⅱ式）に分類される。注目すべき認識として、（ⅰ）A型、B型のⅠ式では口頸部外面には縄紋が施され、Ⅱ～Ⅲ式では、ナデによって口頸部外面の縄紋を擦り消すことが多くみられる。こうした変化は、本書で示したA類鬲の殷末周初前後の変化として指摘した点でもある。（ⅱ）A型Ⅰ式の中に、印痕の小粒な麦粒状縄紋の例が指摘されている。これは先周期の終わり頃の周公廟遺跡の土器群Aに見られる特徴であり、土器群Aに共有されてきた古い特徴の継続といえる。（ⅲ）C型Ⅰ式の縄紋はB類鬲（高領袋足鬲）の縄紋と類似していると指摘される。A類鬲とB類鬲の間で先

第15章　先周期の土器編年に関する近年の研究　471

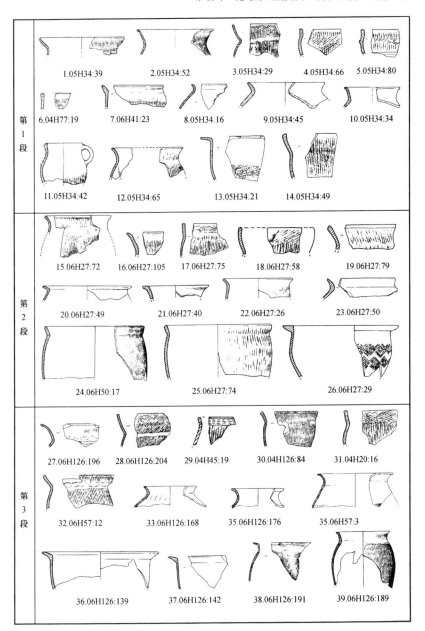

図15.2　周公廟遺跡の分期と土器（[雷興山 2010、p.73] より）

周期の終わり頃、紋様の相互の置きかえ現象が見られたことを示唆している。この認識は、両者が元来別の土器系統に属する土器であることを物語るとともに何らかの状況のなかで異なる系統の土器群が同一地点で共存した状況を示している。

B類鬲（高領袋足鬲）は、おもに口頸部の形状からA型とB型に分けられる。時期別の変化を反映する足尖の形状はすべて円錐状を示す。これらの特徴は先に触れた周原遺跡の二期5段～6段（雷興山氏分期）の特徴に共通しており、先周期の終わり頃のB類鬲の顕著な特徴である。

甗は、器形全体が復元できた例はない。土器群Aの聯襠甗（A型、B型、C型）と、土器群Bの袋足分襠甗に分けられる。注目点として、聯襠甗C型（土器群A）の口部形状と縄紋の特徴が、袋足分襠甗（土器群B）のそれに近いと観察されている点である。上記した一部A類鬲とB類鬲の文様の相互置きかえ現象と類似の状況であろう。

有耳罐について、雷興山氏は周公廟の例ではその頸部の形態や「作風」が、B類鬲に類似すると指摘する。

以上のほか小口折肩罐、大口折肩罐、有頸円肩罐、盆、盂、鉢などがある。鉢としては、周原遺跡の項で指摘されていた土器群Bの球腹鉢と、筆者の土器群A編年のなかで指摘しておいた斂口鉢の2種が見られる。

周公廟遺跡の発掘を担当した雷興山氏は、周公廟遺跡の発掘内容を、一期（1段、2段）、二期（3段）の2時期3段に時期区分する提案をしている［雷興山 2010, p.75］。分期は遺構単位の層位関係と、典型的な土器型式の前後関係の推定から説明されている。

主要な層位関係と、時期を代表する典型的な単位として、以下のものがあげられる。2004年陵坡墓地南発掘区 T9（04H73（2段）→ 04H77（1段））。2005年Ⅳ発掘区（05H34（1段））。2006年Ⅲ A2発掘区（06H50（2段）→ 06H41（1段）; 06H57（3段）→ 06H27（2段）→ 06H30（1段）; 06H126（3段））。2004年祝家港発掘区（04H57 → 04H20（3段）→ H45（3段））。

1～3段の間で、典型的器種の増減の変化が比較的明確にとらえられている。（i）一段では、B類鬲（高領袋足鬲）と袋足分襠甗の数量がA類鬲（聯襠鬲）と聯襠甗の数量よりはるかに多い。05H34を例とすると、B類鬲26%、

袋足分襠甗 11.7％、一方、A 類鬲と聯襠甗あわせて 3％ であった。このほか、土器群 B の有耳罐、球腹鉢等が見られる。（ⅱ）2 段では、06H27 を例とすると、B 類鬲と袋足分襠聯あわせて 16.6％、一方、A 類鬲と聯襠甗併せて 22％ 強であった。また土器群 B の有耳罐と球腹鉢は少ない。（ⅲ）3 段では、A 類鬲と聯襠甗が主要な器種であって、B 類鬲と袋足分襠甗はほとんど見られない。土器群 B の有耳罐と球腹鉢は見られない。（ⅳ）横縄紋鬲と異形高領袋足鬲は、1 段になく、2〜3 段で見られる。（ⅴ）縄紋の変化については、1 段では、印痕の比較的深い粗縄紋が主で、麦粒状痕が小粒な形状の麦粒状縄紋も見られる。2〜3 段では、麦粒状縄紋について言及がなく（おそらく見られず）、印痕が比較的浅い細縄紋が主要なものになる。

　雷興山氏は以上のような 1〜3 段について、1 段と 2 段の関係が近く、3 段との違いが大きいとして、1〜2 段を一期、3 段を二期とする。一期の土器の特徴は先周期の終わり頃の灃西 H18 の同類器種と一致するという。3 段は、西周初期（西周期初葉）のものであるとする。ただし、筆者は一方で、A 類鬲や聯襠甗の急増、縄紋の特徴（麦粒状縄紋のあるなし）など、1 段と 2 段の違いにも十分に注意すべきと考える。特に、土器群 A の急増という現象は注目しなければならない。ただここで注意すべきは、1 段と 2 段の相違が、かならずしも時期の前後関係によるものとはいい切れない点である。先に見た近年の周原遺跡発掘の成果として、同遺跡の二期 6 段において、土器群 B 主体の地点と土器群 A 主体の地点が同時期に隣接して並存した可能性が指摘されていた。周公廟遺跡でもそれに類似した状況の可能性は考える必要があろう。

（4）孔頭溝遺跡（岐山県）

　孔頭溝は周原台地を西から東に流れる漳河の一支流である。1980 年代の表面調査以来、この孔頭溝両岸の、趙家台、張家村、宋家、画東、溝底、前荘等の 6 カ所の地点を別々に遺跡として登録していたが、2006〜2008 年の周公廟考古隊の調査［種建栄・雷興山 2008、2009］によって、これらを同一遺跡とする理解となり、孔頭溝遺跡と名付けられた。遺跡は周原遺跡の西約 11 km、周公廟遺跡の東約 11 km の距離にあって、周原台地の中央部、岐山の南麓から遠くない地点に位置する。先周期の終わりから西周後期にいたるまでの期間

継続した大型集落址である。

　先周期の終わりから西周前期にかけて、孔頭溝遺跡の趙家台村付近で空心磚の焼成がおこなわれたことはすでに述べておいた［第一部第1章］。集落遺跡としての全体の構造については分布調査の結果が簡報に述べられている。注目されるのは、遺跡内の宋家村付近に広がる規模の大きな墓域の存在で、「宋家墓地」と名付けられている。発掘された墓は67基あり、ボーリング調査の結果から推計すると全部で900基前後の墓があると考えられている。発掘されたなかには2本の墓道をもつ中字形墓が1基、1本の墓道をもつ甲字形墓が1基含まれていた。これらの墓壙の方位は一般の西周墓（多くは南北向き）とは異なり、すべて東西方向を向き、また周原地区にしばしば見られる腰坑、殉人などはなく、これらのことから孔頭溝宋家墓地の人びとは、姫性の周人ではなく、同時にいわゆる「殷遺民」でもない別の集団とされる［種建栄・雷興山 2008］。

　正式報告書は未公刊であり、発掘担当者の一人雷興山氏の研究論文［雷興山 2010］に依拠しながら孔頭溝遺跡の土器編年に関連する注目点をまとめておく。

　出土土器の典型的な器種として、土器群A（A類鬲、聯襠甗、盆、（小口）折肩罐、（大口）折肩罐、円肩罐）、土器群B（B類鬲、袋足分襠鬲）などがあげられる。雷興山氏によれば、B類鬲（高領袋足鬲）はA型、B型（Ⅰ～Ⅱ式）に分類される。各型に共通して円錐状足尖、足尖周囲の渦状に旋回した縄紋、印痕が深めの器身の粗縄紋、襠部の刺突紋など、いずれもB類鬲晩期の特徴が指摘されている。袋足分襠鬲はⅠ式、Ⅱ式に分類されている。Ⅱ式の縄紋の特徴が共伴したA類鬲の縄紋と同じ特徴をもつものがあり、同一遺跡で共存的な土器群Aと土器群Bの、一部土器の間で紋様の置きかえ現象があったと考えられる。

　A類鬲（聯襠鬲）は、A型（Ⅰ～Ⅲ式）、B型、C型、D型に分けられる。A型Ⅰ式には麦粒状痕が小粒な麦粒状縄紋が見られる。聯襠甗はA～D型、盆はⅠ～Ⅲ式、（小口）折肩罐はⅠ～Ⅲ式に分けられる。盆と折肩罐は断片的で口部以外の特徴は不明である。

　雷興山氏は孔頭溝遺跡の典型的な遺構単位として、ZH1、ZH2、ZH8、

ZH9、ZH14、ZH15、ZH16、DH16、DH17 の 9 基の灰坑を指摘し、これらを一期（1 段、2 段）、二期（3 段）に分期する。ただし、3 段の分期において遺構の層位関係はなく、分期の根拠は遺構単位の遺跡内での分布状況、および他の遺跡の分期の結果との対応関係による。

時期別の変化から注目すべき知見を以下にまとめてみよう。

① 主要な器種である B 類鬲（高領袋足鬲）と A 類鬲（聯襠鬲）の時期別の占有率に、顕著な変化が認められる。雷興山氏のまとめによれば、一期 1 段では、B 類鬲（高領袋足鬲）が A 類鬲（聯襠鬲）よりはるかに多く、数量は約 4 倍にのぼる。一期 2 段では、逆転して A 類鬲が多くなり、B 類鬲の約 2 倍以上となる。3 段では A 類鬲が主要な器種となり、B 類鬲はほとんど見られない。土器群 B の袋足分襠甗、土器群 A の聯襠甗の占有率の変化も、B 類鬲と A 類鬲の占有率の変化に相関している。

② 雷興山氏は 1～3 段のうち、1 段と 2 段の近さを述べて 3 段と区別し、前者を一期、後者を二期に帰属させる。しかし筆者は、A 類鬲（聯襠甗）が急増し、B 類鬲（袋足分襠鬲）にとってかわるという土器相の大きな変化を強調するならば、むしろ 1 段と 2 段の間に大きな変化が認められるとも考えている。孔頭溝遺跡の土器群 A が急増して土器群 B と共存しながらも数量で上回るようになる一期 2 段の土器相は、周原遺跡の二期 6 段の状況、あるいは周公廟遺跡の一期 2 段の土器相に共通するといえよう。

③ 雷興山氏が指摘するように、実は 1 段と 2 段の間で器種の構成に大きな違いがあるが、一方、同一器種内での時間差による型式変化は接近しており、「年代は非常に接近した」ものである。このことは、一つの可能性として、1 段と 2 段の差異が時間差を反映したものではなく、同一時期に同一遺跡に土器群 A 主体の単位と土器群 B 主体の単位が併存していた状況を反映したものである可能性も考えなければならない。

④ 縄紋の時期別の変化として、1 段では印痕が深い粗縄紋が主要なもので、また麦粒状縄紋が常見されるが、2 段以降では、縄紋は浅く印痕が模糊としたものになり、麦粒状縄紋については言及されていない。

⑤ 雷興山氏は、孔頭溝一期 1 段、2 段の年代が非常に近いと認識したうえで、土器の特徴からその年代を先周期の終わり頃の澧西 H18 に並行すると考

え、二期3段については、西周初期（西周期初葉）に入る時期と推定している。したがって雷氏の見解では、孔頭溝1段〜3段は、周公廟の1段〜3段に相当することになろう。

（5）壹家堡遺跡（扶風県）

壹家堡遺跡は1986年に北京大学考古系商周組によって発掘された。同遺跡については本書でもくり返し指摘してきたように、同遺跡は周原地区における殷墟期に並行する時期の文化変化の指標としてきわめて重要な意義をもつ。本書の土器編年研究ではおもに初期の簡報［北京大学考古系 1993a］［北京大学考古系 1993b］を利用してきたが、その後正式な報告［北京大学考古系商周組 1994a］［北京大学考古系商周組 1994b］も出され、また何人かの研究者のあいだで分期や年代観に関して議論がある。

発掘担当者の孫華氏は、壹家堡遺跡の分期と年代観についてつぎのように考えている。一期（1段）：殷墟一期〜殷墟二期の間。二期（2段）：殷墟二期。三期（3段）：殷墟三期。四期（4〜6段）：殷墟三期末〜殷墟四期。

梁星彭氏、張天恩氏、雷興山氏らに壹家堡遺跡の分期と年代に関する議論がある。その紹介は割愛するが、本書は基本的には孫華氏による初期簡報以来の分期案や年代観に大きな変更は必要ないと考えている。張天恩、雷興山の両氏は発掘報告の一期と二期を一つの時期に括る意見を提案する（年代については発掘報告と同意見）。また四期5段については、梁星彭、雷興山の両氏は西周早期に入る可能性を述べている。これについては公表されている資料が少ないことも考慮して、本書は、発掘報告の四期（4〜6段）を筆者の西周Ⅰa期（したがって一部は西周王朝直後の時期を含む）に相当するとしておく。

（6）北呂遺跡（扶風県）

北呂遺跡は周原遺跡の南約24kmにあり、渭河北岸の周原台地の南部縁辺に位置する。調査されたのはおもに墓地で、1977年〜1982年にかけて6次にわたって宝鶏市周原博物館の羅西章氏らにより発掘された。周原台地南部の縁辺部に位置するⅠ〜Ⅴ区の発掘区で、あわせて289基の先周期および西周期の墓が発掘された。

第15章　先周期の土器編年に関する近年の研究　477

　前章までにすでに述べたように、筆者の考え方では、北呂遺跡は周原遺跡以外の周原地区で発掘された代表的な土器群A主体の遺跡であり、先周期から西周期へと連続している墓地と集落の遺跡として重要な意義をもつ。第二部第8章では当該遺跡の土器について、羅西章氏らの初期の簡報［扶風県博物館1984］にもとづいて論述しておいたが、その後、正式報告書［宝鶏市周原博物館・羅西章 1995］が公刊され、また関連研究も出されている。これらのなかで注目される問題点をまとめておく。

　① 北呂遺跡は土器群A主体の遺跡である。東の漆水河下流域、北の周原遺跡、西方の宝鶏市周辺部の遺跡群などとそれぞれ数十km程度の距離がある北呂遺跡であるが、その位置にも起因するのか、先周期から西周期にかけて土器群諸系統の相互交流の動向や、西周王朝成立後の豊鎬遺跡など都城遺跡に見られる「西周式土器」の形成過程から一定の距離をおいて、他の土器系統との接点が少なかったと考えられる。当該遺跡では、土器群Bあるいは殷系統の土器の要素はほとんど認められず、先周期から西周期を通じて、連続して土器群Aを主体とした遺跡である。

　先に繰り返し指摘したように、北呂遺跡の西周期に下がる段階での土器の組成は、豊鎬遺跡で成立した「西周式土器」とは一致していない。土器群Aは西周式土器の主要な部分を構成した土器の系統であるが、一方で西周式土器は、先周期以来の土器群Cや旧殷王朝中心地に由来する土器の要素が加わることで構成されている。ところが、北呂遺跡ではそうした西周王朝成立後に土器群Aに加わった要素がきわめて希薄なのである。王都で西周前期に成立した「西周式土器」ではなく、先周期以来継続する土器群Aの単純な様相を、西周期においても維持したという文化現象が当該遺跡に見て取れる。

　② 北呂墓地で出土したわずかな土器群Bの土器としては、B類鬲（ⅣM21:1）が1点と、本書で土器群Bの土器とした折肩罐が1点だけ確認できる（ⅠM3:4）。折肩罐は口部が比較的小さく、肩部は磨研され、肩から胴上部にかけて膨らみがあり、縄紋が胴部と肩の屈折部のすこし上部にかけて施文されるという特徴をもつ。このような形態の折肩罐は北呂遺跡の墓ではこの1点のみが確認でき、B類鬲1点とともに、少数の外来的な要素として評価すべきであろう。なおB類鬲を出土した墓ⅣM21と、折肩罐を出土した墓ⅠM3は、それ

ぞれⅣ区とⅠ区の墓域のなかで、他の墓群からやや離れた配置関係にあることにも注意しておきたい［宝鶏市周原博物館・羅西章 1995、図14、図61］。

③ 北呂墓地の墓の分期と年代観は、簡報と正式報告書で基本的に変化はない。発掘報告書では伴出した青銅器の詳細な検討を含めて分析がなされている。その結論は、一期（殷墟文化三期、「王季の時期」）、二期（殷墟文化四期、「帝乙帝辛前期、文王作豊邑以前」）、三期（「文王作豊邑から成王期」）、四期（「康王・昭王期」）、五期（「穆王期前後」）、六期（「懿王・孝王期」）、七期（「幽王期前後」）となっている。雷興山氏は後述するようなＡ類鬲の型式変化についての自身の研究（特に口縁の形状と紋様）を根拠に、北呂墓地の報告の一期と二期のなかには西周初期（西周期初葉）に下がるものが含まれる可能性を指摘する。また、三期については西周期に入るのではないかと推定している。さらに雷氏は、墓の一期、二期、および下記する北呂遺跡生活址の先周期と報告されているＡ類鬲を、周公廟遺跡の２段、孔頭溝遺跡の２段の諸例に近いとし、一方、周公廟１段と孔頭溝１段ではそもそもＡ類鬲がほとんど見られない状況を指摘して、結果、北呂墓地の１期、２期は一つの時期にまとめるべきもので、その年代は周公廟２段、孔頭溝２段より早くはないとする。筆者は、雷興山氏のＡ類鬲についての指摘は正確なものと考えるが、一方で、周公廟や孔頭溝でＡ類鬲つまりは土器群Ａの出現の上限時期を、北呂遺跡にも一致させて考えることにはかならずしも同意できない。筆者の考えでは、Ａ類鬲を主要な器種とする土器群Ａには、雷興山氏のいう周公廟２段や孔頭溝２段より古くさかのぼる段階が存在していると考えており、土器群Ａが各地でいつの時点から出現するのかの答えは、土器系統相互間の動向のなかにある。北呂遺跡において周公廟や孔頭溝よりも早くから土器群Ａが登場していた可能性はあると考えられる。ただし、北呂墓地一期、二期のＡ類鬲を観察すると、鄭家坡遺跡の早期のＡ類鬲からの形態の違いは大きい。一期、二期は、本書の西周Ⅰaを含み、そこからあまり古くさかのぼらないものと判断される。一方、三期についても西周Ⅰaを含むが、西周Ⅰbを含む西周Ⅰ期に相当するとしておきたい。

④ 報告書では、北呂遺跡の生活址についても記載がある。先周期から西周後期にかけての灰坑と包含層が含まれる。層位関係を前提に、Ａ類鬲の口縁

破片の形状、方格紋、菱形紋など印紋の存在などを鄭家坡遺跡の分期案[(8)]と比較しながら、H5、H12、H13を先周期（文王の作豊邑以前）、層位的にその後に位置するH4については、馬王村H11などとの近似を指摘して先周期の可能性を強調しつつ下限年代については「西周初年」とする。

　筆者は土器片を参照して、これらの灰坑単位の内容に大きな差はなく、器形の復元できた例が少ないので判断が難しい面もあるが、すべて西周Ⅰa前後のものと考える。ただし、その年代の上限については若干さかのぼる可能性はある。このような年代観は上記した北呂の墓の一期、二期に相当するものである。これら灰坑出土の土器片に共通して見られる方格紋、菱形紋などの印紋は、西周Ⅰaで最も盛行したものである。なお、灰坑H4では、B類鬲1点の三足部の破片が出土している。上記した二つの墓で見られたB類鬲1点、折肩罐1点とともに、北呂遺跡における数少ない土器群B系統の共伴例である。

（7）宝鶏市街地周辺の遺跡

　宝鶏市街地周辺における近年の新知見としては、市街地東南部、渭河南岸の台地上に位置する西周前期前半の石鼓山西周墓地、および市街地南西部の渭河南岸台地上に位置する高家村の墓地遺跡が重要である。これらに関連しては、近年の知見をまじえて前章において論じたのでここではくり返さない。石鼓山墓地3号墓は出土した青銅器の年代観と共伴した多数の殷系青銅器副葬の状況から、埋葬年代を西周前期前半に位置づけることができた。同墓にはB類鬲1点が共伴しており、従来一般的にはB類鬲は先周期の土器と考えられてきたが、同墓の例によって西周前期前半に確実に年代が下がるものが含まれるという筆者の考え方が傍証された。一方、高家村の墓地遺跡は1990年に宝鶏考古隊によって調査されたもので、墓19基が発掘された。また同墓地に隣接して荀家嶺北東で墓3基が農民によって発見されている。高家村の墓群は、典型的な土器群Bの劉家グループの遺跡である。そのことは、副葬土器の一致のみならず、偏洞室墓という墓制の共通点からも示唆される。墓制の変化から新旧3段階に分けられるが、年代的には扶風劉家遺跡の墓と高家村の早期段階が一致する。高家村の中期段階と晩期段階は劉家墓地より遅いと考えられ、先周期の終わりに近づいている。土器群Bの劉家グループに属する劉家遺跡より遅

い時期の様相を示す重要な墓群である。

（8）豊鎬遺跡（西安市）

　近年の豊鎬遺跡で確認できる先周期の遺存として最も注目されるのは、1997年に夏商周断代工程に関連して、張家坡村と馬王村中間地点の灃河毛紡廠東墻外で発掘された97SCMH18（灃西H18）である。豊鎬遺跡における先周期の生活址として重要なものとしては、第二部第7章ですでに言及してきた1959年発掘の馬王村H11や1984年～1985年発掘の張家坡村東灃河毛紡廠H3などがある。これらに関連して豊鎬遺跡の発掘を担当してきた中国社会科学院考古研究所の張長寿氏、徐良高氏らの研究論文がある［張長寿 2000］［徐良高 2006］。なお編年研究とは別に、近年、豊鎬遺跡の分布調査を体系的におこなって遺跡の分布範囲の確定がこころみられており、これに関連しては地理考古学の観点から本書第一部第5章で詳しく論じた。

　灃西H18の年代について、発掘担当者は、豊鎬遺跡における文王の作豊邑以降、西周王朝成立より前の一括遺物とする。この年代観をめぐっては若干の異論もあるが、筆者はある考古学的な単位の年代の上下限を歴史上の事象で区切ることはむずかしいとしても、土器編年上の指標としては、報告者の認識は基本的に正しいと考えている。

　① 灃西H18の土器は、土器群Aを主体としながらも土器群Bと共存している内容をもつ土器群A・B共存遺跡である。

　② 灃西H18の一括遺物は、本書の西周Ia（殷末～西周初葉）の典型的な内容である。そこには土器群Cや殷系文化の要素が見られないことから、西周Iaの中でも早い時期に偏った内容であろうと推定される。A類鬲（聯襠鬲）の口頸部外面全体に縄紋を施す特徴、B類鬲（高領袋足鬲）の口縁部外面に斜行縄紋を施す特徴は、西周Ia期相当の特徴である。一方、筆者が西周前期に下がるB類鬲の特徴として指摘した、足尖が外反する特徴や、口頸部や三足上部の縄紋を擦り消すような特徴は見られない。以上のようなことから、灃西H18の年代は、発掘担当者の推定する文王作豊邑以降、西周王朝以前という年代観には同意できる。灃西H18の新知見は、本書が設定してきた西周Ia期の内容のうち比較的早い段階に相当するとおもわれ、これを「西周Ia

前半」として、西周Ⅰa期を前後に区分することに一定の指標を与えている。本書の西周Ⅰa期を、前半、後半に区分する可能性について強調しておきたい。ただし、西周Ⅰaに帰属させたすべての土器を前半、後半に2分できるわけではない。

③ 雷興山氏は、灃西H18と土器の様相が近い一括遺物として、隣接地点の馬王村H11のほか、B類鬲の形態などから、雷興山氏の周原遺跡第6段（先周期の最後の時期）の賀家村C2H9、および同氏が発掘を担当した蔡家河遺跡の第4段に近いとする。この点はその通りである。これらはいずれも西周Ⅰaの前半に中心をもつ一括遺物と評価できる。

④ 土器の型式変遷の段階をいかに正確に細分できたとしても、土器型式という概念の本質からして、型式変遷表に、西周王朝成立という歴史事件の直前、直後の境界線を引くことにはならないであろう。しかし筆者が強調したいのは、ある歴史的事件（戦争、王朝交代、征服活動など）を勘案したとき、ある種の文化の時間的変化に不連続性（ある文化要素の唐突な出現や消失）が歴史の動向を直接的な原因として惹起されることもあるだろうということである。

　文献によれば周は文王の時期に勢力を拡大し、やがて豊邑を建設した。豊邑の地の周囲には、もともと西安老牛坡遺跡に代表される殷系文化の集団がその勢力をもっていたことが推定され、文王の作豊邑よりさかのぼって、土器群Aや土器群Bのような関中平原西部に由来する土器系統がこの地に拡大していた可能性は少ないといえる。次項に述べる羊元坊遺跡の新発見を参照するならば、豊鎬遺跡において土器群Aや土器群B主体の遺跡、あるいはその共存的な遺跡が発見されたとき、その年代として、文王作豊邑以降と考える理由はそこにある。一方、殷王朝中心地に直接由来する文化の要素が共存する一括遺物の状況が認められたとき（墓に副葬された青銅器等を含めて）、これは西周王朝成立の結果、旧殷王朝中心地域から関中平原に移入された要素と判断すべき蓋然性は高い[10]。

（9）羊元坊遺跡（西安市）、六老庵遺跡（戸県）

　陝西省考古研究所の調査によって、2000年に豊鎬地区の灃東地区に位置す

482 第二部 西周王朝成立期の編年的研究

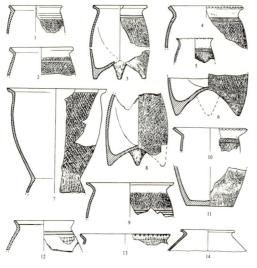

図15.3 羊元坊遺跡出土の土器（[陝西省考古研究所 2003、p.5] より）

る殷系統の土器すなわち土器群Cを主体とした遺跡が発見されている［陝西省考古研究所 2002］［陝西省考古研究所 2003］。この地区では従来土器群C主体の遺跡は知られていなかったが、豊鎬地区の東方の白鹿原東側にある老牛坡遺跡の仲間の遺跡がはじめて発見されたと理解される。出土した殷系土器群の年代は、殷系の鬲の形態から、殷墟一～二期のものと考えられ、筆者が述べてきたように土器群Cが関中平原の西部へと拡張している時期における西安市周辺の土器群C主体の遺跡という評価ができる（図15.3）。

出土土器にはC類鬲（殷系分襠鬲）、花辺口縁のA類鬲（聯襠鬲）、甗、仮腹豆、真腹豆などがある。注目すべきは花辺口縁のA類鬲である。本書の編年研究上、殷系文化が関中平原西部に拡張したときに登場したらしい土器群Aの早期の陶鬲のなかの一つの形式として早期のA類鬲（聯襠鬲）と殷系統のC類鬲による折衷型というものを考えた。本章の周原遺跡の項で雷興山氏がいう「高斜領分襠鬲」に関連して述べたことを参照していただきたい。羊元坊出土の鬲は、その仲間の土器と考えることができる。また報告者の指摘によれば、同遺跡からはほかにも少量ながら、花辺口縁の甗、折肩罐、折肩大口尊、方格紋深腹盆など「鄭家坡先周文化遺址」の同類器種と類似した特徴のものが出土している。このことから筆者は、羊元坊の土器の様相は、殷系統の土器群Cと土器群Aが、殷墟一～二期頃に土器群Cが関中平原西部へと拡張した時期における早期の土器群Cと土器群Aとの交流という現象に関連していると推測する[11]。今後の関連資料の増加に注目したい。

（10）鄭家坡遺跡（武功県）

　武功県鄭家坡遺跡は、漆水河下流の谷の東岸台地上に位置する遺跡である。すでに前章までの議論でたびたび指摘してきたように、先周期の土器群A主体の遺跡を代表するきわめて重要な遺跡の一つである。鄭家坡遺跡は1981年〜1983年の最初の発掘成果と、尹盛平、任周方両氏による最初の研究論文［尹盛平・任周芳 1984］が発表され、3期に分ける認識が示された。この報告では、年代観として「早期」が二里頭文化晩期から二里岡下層、「中期」が古公亶父遷岐の前後、「晩期」が文王作豊の頃としていた。同時期に報告された劉家遺跡の報告および初期の研究とともに、鄭家坡文化、劉家文化が提唱され、この両者が先周期の関中平原に並び立つという認識が学界において比較的多くの賛同者をえて今日にまでいたっている。前章までに提示した筆者の編年的研究もまた、大きな枠組みとしてはこの理解の上に立ち、その延長線上で議論したものといえる。

　鄭家坡遺跡の発掘調査はその後、1987年にもおこなわれ、灰坑H71など重要な遺構が調査された。さらに、1997年6月〜12月には、「夏商周断代工程」の研究の一環として、陝西省考古研究所らが調査をおこない、遺跡を二期（4段）に分け、上限を殷墟一期ないしやや晩、下限は文王遷豊前後とする結論を得ている。

　雷興山氏は1987年および1997年の成果を一部紹介するとともに、遺構単位の層位関係を考慮しながら、遺跡を5段に分期し、土器相の変化について紹介している［雷興山 2010、pp.100-105］。雷氏によれば、1987年と1997年の分期において前提となる層位関係の重要なものとして、H65→H68→H73→H67→H75、およびH64→H71の2系列がある。そのほかの層位的前後関係は検出されていないが、各時期を代表する典型的単位として重要なものにG1、H61の2遺構がある。これらを根拠に1987年、1997年の発掘成果を5段に分期している。

　従来、鄭家坡の年代推定において諸説、異論が多かった理由の一つは、手がかりとなる典型的な殷系統の土器の要素が少なかったことと考えられる。1997年の発掘では、2段の典型単位H64、3段の典型単位H67、H73において、いずれも殷系統のC類鬲片が出土している。H64では、殷系鬲の足尖が出土し

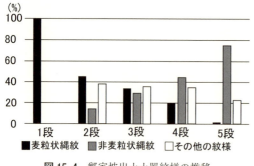

図 15.4　鄭家坡出土土器紋様の推移

ており、殷墟一期前後に相当すると推定される。

一方、H73 の殷系鬲の足尖は、雷興山氏によれば殷墟二期のやや早い段階に相当するという。なお、雷氏は、従来上記 5 段のすべてを西周王朝より古い時期に位置づけてきたが、5 段についてはすでに西周期に入っているとの認識を示している。

土器の様相の変化について、雷興山氏のまとめによるならば、まず土器片に認められる紋様の種類としては縄紋が主体的で、1 段：多くの器種を通じてほとんどに「麦粒状縄紋」が見られる。麦粒状縄文はこののちしだいに減少していく。2 段：縄紋は、麦粒状縄紋 46%、非麦粒状縄紋 15%。3 段：麦粒状縄紋 34.2%、麦粒状縄紋 30% 近く。4 段：麦粒状縄紋は 20% 未満、非麦粒状縄紋が 45% 強。5 段：麦粒状縄紋はきわめて少なく 2%、非麦粒状縄紋が 75% 以上。縄紋をもつ土器片が 5 段階の時期を通じて 60〜70% を占め、その他が 30% 前後である（図 15.4）。その他の紋様としては、雷興山氏のいう網状の方格紋は時期とともにしだいに減少傾向となる。1、2 段では菱形の方格紋が主で、帯状の紋様帯を構成する。その上下に 2 本の旋紋（平行沈線紋）を施す。4 段では既に多くは方格乳釘紋となる。ほかに菱形乳丁紋もある。5 段では印紋が顕著で、その多くは重菱乳釘紋となる。5 段の典型的単位とされる G1 出土の盆、罐、尊、鉢には、みなこの種の紋様が見られ、この時期の特徴である。

鬲としては、A 類鬲（聯襠鬲）、「高斜領分襠鬲」、B 類鬲（高領袋足鬲）、C 類鬲（殷系鬲）の 4 種が見られる。このうち、A 類鬲はどの段階でも多く見られ、他の 3 種はわずかな出土例があるに過ぎない。「高斜領分襠鬲」とは、ラグビーボール状の三足と付加堆紋による花辺口縁を特徴とするタイプである。

A 類鬲は、1 段では花辺口縁が盛んであるが、この特徴はしだいに減少し、

4、5段ではほとんど見られない。2段では、1段に比べて実足尖が低くなり、器体も低く太めになる。3段でも花辺口縁は見られるが、幅が狭くなる。麦粒状縄紋は1、2段が中心で、3段では麦粒状縄紋が細密化して、粗い特徴がなくなる。なお、1段のH71（1997年発掘）、鄭H71（1987年発掘）において、花辺口縁のA類鬲（聯襠鬲）とB類鬲（袋足鬲）が共伴していることは注意される。

B類鬲の数量は少ない。1段では、口部が内傾する特徴のあるものが出土している。細縄紋をもち、「蛇紋」にも似た付加堆紋を施す。4段の単位であるH61は、高領袋足鬲片が他の単位に比べて比較的多く見られるという。その多くは扁錐足で、少量の円錐状のものが含まれる。襠部は縄紋のものが多く、刺突紋を施すものは少ない。5段になると刺突紋が多くなり、器体の縄紋は太く深くなる。

以上のことから、注目点をまとめるとつぎのようである。

① 鄭家坡は鬲としてA類鬲（聯襠鬲）が主体で、その他の盆、折肩罐などの器種の組成から見て、本書の土器群A主体の典型的な遺跡であることがあらためて確認される。

② 遺跡の年代の上限に関しては、雷興山氏の2段が、共伴した殷系鬲から、殷墟一期前後とされる。1段と2段の土器の様相は比較的近い関係にあり、したがって1段の上限は2段よりやや早く、二里岡上層よりは遅く、殷墟一期以前に相当するという推定が妥当ではないだろうか。前章までに述べてきた1980年代前期の発掘成果にもとづいた本書の認識は、鄭家坡の早期の年代（土器群AのⅠ期）を殷墟一～二期と考えたので、それより若干古い部分の含まれる可能性が示唆されている。

③ 遺跡年代の下限については、5段が西周初期（西周期初葉）に入るとする。筆者はこの5段に相当する土器の特徴（A類鬲、盆、罐）を、西周Ⅰaとした。これは王朝期直前の時期から王朝成立直後の時期をまとめた概念である。王朝期に入るとは確定できないものであって、ただし、「西周式土器」が成立する西周前期前半より古い段階のものとした。この点で雷興山氏とは年代観の幅にすこし違いがある。

④ 少数ながらB類鬲が土器群Aの土器と共伴した事例があることは注目さ

れる。1段では筆者のB類鬲のⅠ期（すなわち土器群BのⅠ期）が土器群Aの土器に共伴している。このことはつまり、土器群Aの最早段階と土器群Bの最早段階の年代が比較的近いものであることを示している。本書がすでに示してきた土器編年観とほぼ一致した認識といえよう。また、その年代については、以前の資料によって筆者は、殷墟一～二期を鄭家坡の早期の年代（土器群AのⅠ期）と考えていたが、ここで紹介した鄭家坡の1段に相当する資料は、若干その年代の上限が早まる可能性を示していよう。土器群BのⅠ期の年代はそれに重なる部分があると考えてよいであろう。ただし、土器群BⅠ期の年代の上限についてはさらにさかのぼる可能性がある。

⑤ 土器の特徴の変化は、早い時期に麦粒状縄紋が主体的で、それがしだいに減少する傾向や、盆の方格紋帯の特徴が、やがて方格乳釘紋が出現する遺跡最終段階へと変化する方向など、本書で提唱してきた型式変遷の内容をおおむね支持する結果となっている。

⑥ 1段、2段の鬲に口縁外面に波状の付加堆紋をめぐらせた、いわゆる花辺口縁が見られることは重要である。以前の資料でもそうした資料が若干知られており筆者は注目してきたが、1987年、1997年の調査でその他の土器群Aの土器との共伴が明確になった。なお、2段、3段の鄭家坡遺跡にC類鬲（殷系鬲）そのものが確認されており、このことは、筆者が想定したように、関中平原東部から土器群C（殷系土器）が西方に広がる過程で、漆水河流域の殷墟一、二期並行期ないしそれにやや先立つ土器群Aの早い段階と交流していたとする認識について、それを傍証する資料が追加されたといえる。

⑦ 1段、2段に見られる花辺口縁の鬲について、雷興山氏は「聯襠鬲」とするが、筆者が推定してきたのは、花辺口縁の鬲にはA類鬲（聯襠鬲）とC類鬲（殷系分襠鬲）の2種があるのではないかということである。この見解については筆者として変わりはない。

(11) 岸底遺跡（武功県）

鄭家坡と同じく漆水河下流の東岸に位置する岸底遺跡について、第二部第8章では1979年、1980年におこなわれた漆水河流域の分布調査の簡報［中国社会科学院考古研究所陝西武功発掘隊 1983］に依拠して触れた。土器群A主体

の遺跡であるという筆者の見解と、そこに若干のＢ類鬲など土器群Ｂの土器がともなっているという指摘のあることを述べておいたが、遺跡の実態はよく知られていなかった。1991 年に、北京大学考古系と陝西省考古研究所によって発掘調査がおこなわれ、その成果は劉軍社氏執筆による簡報［陝西省考古研究所 1993］のほか、劉軍社氏［劉軍社 1998a］［劉軍社 2003］、牛世山氏［牛世山 1997］［牛世山 1998a］らの研究論文において紹介されている。[14]

　劉軍社氏は発掘簡報において、同遺跡を早中晩 3 期に分けた。年代観として、早期：殷墟一期、上限はあるいはややさかのぼる。中期：殷墟二、三期、上限はややさかのぼる。晩期：殷墟四期、下限は殷周の際から西周初期とした。のちに劉軍社氏は中期、晩期を各 2 分して計 5 期に細分した。そして一期を二里岡上層、その他の 4 時期は、それぞれ殷墟一期～四期の各期に相当するとした。牛世山氏は、岸底遺跡を四期（7 段）に分期した。年代観として一期 1 段：武丁期、上限は盤庚～小乙にさかのぼる可能性がある。四期 7 段：上限は文王作豊よりさかのぼり、下限は西周初年より遅くないとした。雷興山氏は、劉、牛両氏の研究を参照しつつ、遺跡を 6 段に分期する［雷興山 2010］。同遺跡の分期は、研究者によってまとめ方は違っているが、層位的関係が的確に示されており、確実性の高い相対年代観が研究者間で共有されている。

　一方、殷王朝中心地域に対応させた年代観としては、雷興山氏が述べるように岸底では殷系土器の要素が明確ではなく、同遺跡単体としては年代観の決め手を欠いている。ただし雷氏は、H18 に代表される 6 段の年代については、劉軍社、牛世山両氏のように殷末初とするのではなく、西周初期（西周期初葉）に確定できるとする。筆者は遺跡の年代観について、雷氏分期の 1 段が、鄭家坡の 1 段の鬲および折肩罐に近い特徴をもつと考えており、年代はほぼ同時と推定する。

　土器の特徴の注目点に触れておく。もっとも常見される器種として、Ａ類鬲、雷興山氏のいう「高斜領分襠鬲」、盆、罐などで、ごく少量ながらＢ類鬲も見られる。土器の組成は基本的に鄭家坡遺跡と一致しており、土器群 A 主体の遺跡である。

　雷興山氏によれば A 類鬲は、筒状、高領、矮領の 3 種がある。紋様は 1～3 段で麦粒状縄紋（粗→細）、4～6 段で条状縄紋が主となる。「高斜領分襠鬲」

は1～4段で確認されるが4段ではほとんど見られない。1～3段では花辺口縁の特徴があるが、4段では消えている。

B類鬲は、数量はごくわずかで、多くは足尖など断片のみが知られる。1段では見られず、2～5段に存在し、4段では数量が増える。足尖の特徴は、扁柱状（2段）、扁錐状ないし円錐状（4段）、円錐状で外反（5段）する。

この他に土器群Bの典型的土器である高領球腹罐（有耳罐）が1点（1段）だけ確認されている。ほかに、盆、折肩罐などがある。また6段では、「商式簋」が出現する。

以上のことから、注目点をまとめるとつぎのようである。

① 土器群A主体の遺跡では、筆者が考えてきた典型的器種の組成のほかに、少数ながら（系統不明の）「高斜領分襠鬲」が比較的よく見られることに注意したい。岸底では1～3段（二里岡上層期を上限、殷墟三期を下限とする時期）頃に見られる。

② 麦粒状縄紋が土器群Aの早期段階では盛んで、しだいに一般的な縄紋に変わることは鄭家坡と同じ傾向である。

③ B類鬲に代表される土器群Bの土器は、漆水河下流域の土器群A主体の遺跡において、早期から晩期にかけて常に少数共伴する現象が見られる。土器群A主体遺跡と土器群B主体遺跡がけっして排斥的な関係にあったわけではないことを示していよう。しかし一方で、土器系統間で土器の形態や属性が互いに引用したり融合したりする現象は基本的には見られず、長期にわたってそれぞれの伝統を保持した関係性がうかがわれる。

④ 少数ながら当該遺跡でも知られるB類鬲の足尖の変化は、周公廟遺跡で示されたと同様に、岸底遺跡でも扁柱状→扁錐状→円錐状→円錐状（外反）というものであった。

(12) 史家塬遺跡（麟游県）

史家塬遺跡は、関中平原の北側にあって漆水河とその支流の北馬坊河の合流地点にある「塬」の台地上に位置し、麟游県城の西に隣接する。1992年に北京大学考古系と宝鶏市考古工作隊がここでトレンチ一つを入れて試掘をおこなった［北京大学考古文博学院・宝鶏市考古工作隊 2004］。

出土した土器には、土器群Ａの土器としてＡ類鬲、聯襠甗、盆がある。土器群Ｂの土器としてＢ類鬲（高領袋足鬲）、袋足分襠甗がある。このほかに土器群Ａないし土器群Ｃの何れか、ないしその両種があると推定される「高斜領分襠鬲」(15)、土器系統が未確定の豆、折肩罐がある(16)。発掘担当者の雷興山氏は、同遺跡の層位関係を基礎に、早段（H2、H3）、晩段（第②層）の新旧関係があると指摘する。

「高斜領分襠鬲」は、早段では肥厚した花辺口縁を呈するが、晩段の例では口縁外面は薄くなり無紋化している。Ａ類鬲はすべて残片で器形の判断は難しい。早段、晩段の例は、いずれも麦粒状縄紋を施している。Ｂ類鬲は、早段、晩段いずれも足尖が扁柱状の特徴をもつ。早段では「高斜領袋足鬲」と共通する花辺口縁を呈するが、晩段では口縁端面は無紋化する。一方、晩段では麦粒状縄紋を施文した例が知られる。雷興山氏が指摘するように麦粒状縄紋を施文したＢ類鬲（高領袋足鬲）は、きわめて特殊な例である(17)。

発掘担当者の雷興山氏は、当該遺跡におけるＢ類鬲の出土量はごく少量であると述べている［雷興山 2010、p.82］。筆者はこの指摘を重視して、史家塬遺跡を土器群Ａ主体の（早い時期の）遺跡の一つであると考える。史家塬遺跡は、漆水河の下流部にある鄭家坡遺跡の早い段階（1段から3段相当）と共通点が多いと評価できよう。ただし、史家塬出土のＢ類鬲や豆などの特徴は、当該遺跡の西方に広がる土器群Ｂ碾子坡グループとの関係を反映している可能性がある。

史家塬遺跡の年代に関して雷興山氏は、以前に発見されていた同遺跡の墓からの出土と推定される青銅器の鼎と斝が、二里岡上層より晩く、殷墟一期より早い時期のものと判断し、その年代観を一つの参考としている。

(13) 孫家遺跡（旬邑県）

孫家遺跡は、旬邑県城の南西約10kmにあり、涇河水系の三水河の西約3kmに位置する。1994年に陝西省考古研究所の王占奎氏らによって一つの灰溝が試掘された［雷興山 2010、p.82-83］。のちに張天恩氏も同地点を調査している［北京大学考古文博学院 2001］。

土器群Ａの土器として、Ａ類鬲（「聯襠鬲」、「矮領分襠鬲」の一部）、聯襠

甗、盆がある。土器群Bの土器はいずれも数量が少ないと指摘されている。確認できるものにB類鬲（「高領分襠鬲」）、有耳罐、折肩罐がある。土器群Cの土器として、C類鬲（「矮領分襠鬲」の一部）がある。

鬲のうち数量が多いのが雷興山氏のいう「矮領分襠鬲」である。同氏によればそれは史家塬遺跡などで指摘された「高斜領分襠鬲」とは違いがあるとするが、筆者は、その肥厚した口縁、花辺口縁の存在、襠部の形態などから、この2者は緊密な関係のある鬲と考える。そのなかには、A類鬲（聯襠鬲）とC類鬲（分襠鬲）の2種があるのではないか、というのが筆者の考えである。孫家遺跡のいわゆる「矮領分襠鬲」についても、じつは2種が混在しているのではないかとおもわれる。「矮領分襠鬲」以外の鬲は、数量は多くないが、その形態は多様であるという。当該遺跡を筆者は基本的に土器群A主体の遺跡であると考えるが、殷系統の要素が重なりあう状況があり、一方、早期の土器群Bとの接点も認められ複雑である。また「矮領分襠鬲」以外の鬲のなかには、口縁外面に縄状の付加堆紋をめぐらせたものや、B類鬲にも似て双耳をもつものなども含まれる。一方、B類鬲（高領袋足鬲）も少数ながら見られ、その一例では口縁外面に縄状の付加堆紋をめぐらせるものがある。上記したA類鬲とも類似する特異な装飾の例である。

折肩罐は、紹介されている例は筆者が以前土器群Bにともなう折肩罐としたものに類似する。土器群Bの典型的な器種である有耳罐（高領球腹罐）は、本遺跡ではわずかに1例が見つかっている。豆は盤の下面に方格紋をもつタイプのものが知られるが、その系統は未確定である[18]。

土器の文様について器種別の特徴は不明であるが、紋様は縄紋が主体的で、麦粒状縄紋が多くを占めるとされる。繰り返し指摘してきたように、麦粒状縄紋は土器群Aのとくに早い時期に顕著な特徴である。

なお、張天恩氏は孫家遺跡の内容をもって同氏の考える「先周文化」を鄭家坡類型と孫家類型に分類する考えを示している［張天恩 2004a］。ただ筆者はこの認識に関して、現有の資料によっては同遺跡の土器組成を見きわめるのはむずかしいという印象をもっており、資料の増加を待って再考したい。

(14) 断涇遺跡（彬県）

断涇遺跡は彬県県城の南東約 9 km にあり、涇河に面する。旬邑県の孫家遺跡に近い。1995 年、中国社会科学院考古研究所涇渭工作隊によって発掘された［中国社会科学院考古研究所涇渭工作隊 1999］。発掘担当者は、包含層、灰坑の層位関係にもとづきながら遺跡の生活址を 2 期に分ける。一期の年代については碾子坡の早期遺存よりやや早い可能性があり、殷墟一期前後とする。二期は、およそ古公亶父の「遷岐以後の先周文化」に相当すると推定されている。雷興山氏は断涇遺跡の報告にある分期と年代観について詳しい分析をおこない、4 点の問題を提起している［雷興山 2010、pp.83-88］。①壹家堡遺跡との比較を手がかりとした報告者の二期の年代観は年代幅が長すぎるとする。②Ⅰ区の五つの包含層、灰坑の単位について、報告者はすべて二期の単位とするが、出土遺物が断片的で、比較しうる同一器種が 5 単位間で共通して見られる例はほとんどない。したがって、これらを同じ二期にまとめる根拠がはっきりしない。③上記②と同様の理由により、Ⅰ区の 5 単位（④ A 層、④ B 層、⑤層、H3、H2）とⅡ区の 2 単位（H8、③層）を遺跡の二期にまとめる根拠が十分ではない。④報告者が一期とするⅡ区の四つの単位（④層、G1、H17、H22）について、ここでも同一期にまとめる根拠とすべき同一器種、同型式の共通性が明確ではないとする。以上の結果、雷氏は類似点が十分に指摘できる単位どうしでまとめ直すことでさらに細分できる可能性を示す。しかし、そうすると一時期を代表すべき土器資料があまりに少数になってしまう問題も生じる。張天恩氏もまた原報告の分期について修正案を提唱し、一期を前後 2 段に分ける可能性を述べているが、発表された資料が少ないことにより慎重に保留する考えを示している［張天恩 2004a、p.238］。

筆者は当該遺跡の分期と年代観の提示について現時点では保留する。また断涇遺跡を特徴づける主要な土器群の系統についても、報告文のみからの判断はむずかしいと考えている。ただし、遺跡の上限年代については、原報告がいう殷墟一期前後という年代観は、花辺口縁の A 類鬲、C 類鬲の存在から、鄭家坡遺跡や碾子坡遺跡と比較することで妥当なものと考えている。以下に若干の土器の特徴について触れておく。

陶鬲としては、B 類鬲は数量が多いのかは不明であるが、存在は確実に認め

られる。B類鬲の足尖には、扁柱状のものが含まれる（報告の一期）。一方、雷興山氏が他の遺跡の土器について述べるいわゆる「高斜領分襠鬲」に近い例も含まれる。この種の鬲には、口縁外面に粘土帯を付加して肥厚させ、いわゆる花辺口縁に近いものが含まれる。ただし、報告文からはこの種の鬲が、A類鬲（聯襠鬲）なのかC類鬲（分襠鬲）なのか、あるいは両種があるのかなどは判然としない。器種としてはこのほかに、折肩罐、甗、盆、豆、簋、瓮、鉢、器蓋などが含まれる。器種の構成から見ると、断涇遺跡の内容は碾子坡遺跡に近いようにおもわれ、その基本的な特徴は土器群B碾子坡グループに含むべき遺跡の可能性が高い。ただし、A類鬲またはB類鬲の花辺口縁の特徴をもつ鬲の存在は、あるいは土器群Aの早い時期との接点を示しているのかもしれない。

(15) 碾子坡遺跡（長武県）

本書第二部第9章では、1980年代の発掘調査を担当した胡謙盈氏による簡報にもとづいて、土器群Bの碾子坡グループという考え方を提唱し、年代の推定もおこなった。碾子坡遺跡の正式な発掘報告書は2007年になって公刊されたが、同遺跡の分期と年代観等に関する基本的認識は、従来胡謙盈氏が発表してきた諸見解との大きな違いはない［中国社会科学院考古研究所 2007］［胡謙盈 2000］。碾子坡遺跡の分期と年代観について、発掘担当者の胡謙盈氏は、遺跡を早期と晩期の2期に分け、生活址は早期のみ、墓は早期と晩期に相当するとした。その早期の年代について胡謙盈氏は、古公亶父の時代よりやや早く、おおよそ殷墟二期に相当すると推定する。遺跡早期の分期と年代観について、発掘簡報以降、諸氏によるいくつかの異なる見解も出されている。

牛世山氏は、碾子坡早期の生活址を、岸底、壹家堡両遺跡の分期案を参照して2段に分け、1段を殷墟二期偏晩（祖甲、祖庚期）、2段を殷墟三期偏早（廩辛、庚丁期）とする［牛世山 1998b］。また、張天恩氏は同じく碾子坡の早期について、園子坪、蔡家河、朱馬嘴、壹家堡遺跡の分期案を参照して、二期（3段）に分け、一期（1段、2段）を殷墟一期あるいはやや晩、二期（3段）を殷墟二期あるいはやや晩とする［張天恩 1998b］［張天恩 2004c, p.322］。劉軍社氏は詳しい根拠は述べていないが、早、中、晩3期に分けられるとし、

殷墟一期あるいはやや早から、殷墟三期前後の間に相当するとした［劉軍社 1998b］［劉軍社 2003、pp.199-211］。

これらの論考ののちに雷興山氏は、碾子坡早期をさらに細分が可能であろうとしながらも、報告書からは層位関係が明らかではなく、遺構単位間で比較できる同じ器種も少ないなどの理由により、現状では原報告書の分期案に従うとする［雷興山 2010、pp.89-91］。碾子坡遺跡の発掘報告は、碾子坡の陶鬲、陶器蓋を典型的な殷系土器である殷墟土器と比較して年代観の参考としているが、このことについて雷興山氏は、「関中西部の商時期の殷要素を含む考古学文化の遺存中、殷文化要素の主要なものは商式鬲と仮腹豆である。その他の器種はごく少数で、商式甗や器蓋については見られない。碾子坡生活址に商式鬲や仮腹豆が見られないことは、碾子坡の甗、器蓋が殷の文化要素ではないことを一つの側面から物語っている」と述べている。たしかに雷氏が指摘するように、関中平原西部の遺跡では、そもそも殷系であるかどうかを問わず陶甗や陶器蓋といった器種自体が見られない。しかし、では碾子坡に存在するこの２器種の由来はどのようなものであろうか。関中平原西部のあらゆる文化系統の遺跡で、甗も器蓋も見られない以上、それらが碾子坡で独自に出現したと考えるのでなければ、同時代の東方の殷文化に由来を求めることは妥当な推定ではないだろうか。筆者は、先にも指摘したが関中平原より東方の殷系統の文化が関中平原に移入されるにあたって、関中平原東部（老牛坡遺跡など）→漆水河下流域（鄭家坡遺跡など）→関中平原西部（周原遺跡など）というように、鬲と仮腹豆の２器種を代表として関中平原を西へと波及した道筋がある一方で、それとは別に、東方から岐山（北山）の北側あるいは陝北方面を経て涇河水系上流部などへと波及した別の道筋もあったのではないかと推定している。

(16) 蔡家河遺跡（麟游県）

蔡家河遺跡は、麟游県城の西約４kmにあり、漆水河の上流部とその支流の蔡家河の合流点付近に位置する。1991年から92年にかけて、北京大学と宝鶏市考古工作隊によって小規模な発掘がおこなわれた［北京大学考古文博院・宝鶏市考古工作隊 2000a］［北京大学考古文博院・宝鶏市考古工作隊 2000b］。当該遺跡の発掘を担当した雷興山氏は、先周期の同遺跡の分期について、2010

年の著書において4段に分ける提案をしている［雷興山 2010、pp.63-65］。同書において雷氏は、分期の各段の特徴が鮮明な土器として、B類鬲（高領袋足鬲）、袋足分襠甗、縄紋盆をあげて説明している。

B類鬲の形態の特徴は、口頸部と三足の形状の特徴、および環状の双耳をもたず、無耳または口縁部に鋬を付した特徴などは、碾子坡遺跡後期のB類鬲との類似を指摘できる。重要な属性の変化は、1段：足尖はすべて扁錐状、襠部は縄紋、口縁外面は直行縄紋。2段：足尖は多くが扁錐状で円錐状も少量あり、襠部は多くがやや粗い縄紋、口縁外面は多くが直行縄紋で斜行縄紋も少量あり。3段：足尖は多くが円錐状で扁錐状も少量あり、襠部はすべて刺突紋、口縁外面は狭い斜行縄紋帯。4段：足尖はすべて低い円錐状、襠部はすべて刺突紋、口縁外面の斜行縄紋帯の幅が広く変化。以上のような足尖、襠部、口縁外面の変化は、本書で論じてきたB類鬲のⅡ期からⅣ期への変化に対応するものであり、本書のB類鬲型式変遷の見方に一致すると考えられる。

年代観について雷興山氏は、殷系文化の要素が見られないことから、直接に比較判断することはできないとする。本書のいう土器群Bの中でいえば、その特徴は土器群BのⅡ期〜Ⅲ期の特徴をよく示していて、殷墟三期〜四期前半頃と推定できる。一方で、灃西H18に代表される西周Ⅰa相当期には下らないと判断できる。

蔡家河遺跡の土器は、基本的に土器群Bの碾子坡グループの仲間と考えられる。有耳罐が見られない点も、土器群Bのなかで碾子坡グループの特徴である。ただし、碾子坡遺跡は、殷系統の土器の要素を含めてより多様性があり、そのような特徴は蔡家河には認められない。土器の多様性という特徴は、碾子坡遺跡がその遺跡の規模からみても地域の拠点的な集落であることの反映であるのかもしれない。

(17) 園子坪遺跡（麟游県）

園子坪遺跡は、麟游県天堂郷園子坪村の西にあり、涇河支流の天堂河東岸の台地上に位置する。川沿いに北上するとやがて涇河支流の黒川に合流するが、その合流点近くには長武碾子坡遺跡がある。また南に分水嶺をこえる漆水河上流部の蔡家河遺跡や史家塬遺跡からも遠くない。

1992 年に北京大学考古系と宝鶏市考古工作隊により 2 基の灰坑を発掘した［雷興山 2006a］［雷興山 2010、pp.69-70］。2 基の灰坑の土器相は基本的に一致している。出土土器の主要な器種として、報告者の雷興山氏は、B 類鬲、袋足分襠甗、盆、折肩罐、「高斜領分襠鬲」の 5 器種をあげている。紋様は縄紋が主要なもので、その多くが細密な特徴をもつ。麦粒状縄紋、方格紋、平行沈線紋、蛇紋などもごくわずか認められる。

B 類鬲は最も数量が多い。また、B 類鬲と紋様などの点で類似点が多い袋足分襠甗が見られるという。このことから、園子坪遺跡は土器群 B 主体の遺跡であると判断できる。雷氏は袋足分襠甗の口縁部外面に付加された独特の粘土帯の装飾が、長武県や甘粛霊台県一帯で共通して見られることを指摘している。このことから筆者は、園子坪遺跡を土器群 B の碾子坡グループに属するものと考える。有耳罐が見られない点は、同じ土器群 B でも劉家グループや宝鶏市周辺の状況とは明確に異なっている。一方で、麦粒状縄紋が少ない点は土器群 A との隔たりを示している。

わずかに 1 点出土した花辺口縁の特徴をもつ「高斜領袋足鬲」（聯襠鬲ないし殷系分襠鬲の一種）は、土器群 A に常見されるものである。この土器はまた、当該遺跡ではごく少数例しかない麦粒状縄紋を施文している点にも注意したい。また方格紋帯をもつ土器群 A の盆も出土しているが、その例はきわめて少ないという。このように、園子坪遺跡と土器群 A との接点は指摘できるが、当該遺跡を構成する主要な土器系統ではない。

他の遺跡との比較が容易な B 類鬲は、細密な縄紋をもち、口縁部外面に帯状粘土帯を付加させ、足尖はすべて扁柱状を呈する。これらの特徴は B 類鬲のⅡ期前後に相当するようであり、碾子坡遺跡生活址の早期段階に近いといえよう。年代観について、雷興山氏は殷墟二期の偏早、上限は殷墟一期としている［雷興山 2010、p.70］。

(18) 朱馬嘴遺跡（礼泉県）

朱馬嘴遺跡は、礼泉県の北部、南坊鎮朱馬嘴村の北に位置する。東西約 300 m、南北約 500 m、面積約 15 万 m² ある。灰層、灰坑から大量の土器が出土したほか、大、小の青銅鼎各 1 点、青銅甗一点、青銅觚、青銅戈、青銅鏃各 1 点

が出土している。これらの青銅器は墓の出土品と推定され、殷墟期に相当する［北京大学考古系商周組・陝西省考古研究所 2000］。

発掘担当者の張天恩氏は、当該遺跡について一期（1段、2段）、二期（3段）、三期（4段）という分期案を提唱している。殷王朝中心地域と比較した年代観として、1段が二里岡上層期、2段が「白家荘期」ないしやや遅い時期、3段がおよそ殷墟一期相当ないし下限はやや遅い時期、4段が殷墟二期ないしやや遅い時期に相当するとした［張天恩 2004c、pp.30-104］。雷興山氏は、張天恩氏の分期案を支持したうえで、一期（1段、2段）は二里岡上層期にさかのぼることはなく、ほぼ「小双橋期」ないし「花園荘早期」に相当するとする。二期（3段）は殷墟一期相当、三期（4段）は殷文化との相違が大きく直接に殷文化に対応させることは適切ではないとし、扶風県壹家堡との比較から、殷墟二期より遅くはないと述べている［雷興山 2010、p.94］。筆者は一期の鬲が二里岡上層期の鬲より遅い特徴をもつという雷氏の認識は妥当であると考えている。二期、三期は鬲の資料が少なく十分な比較はできないが、二期を殷墟一期前後、三期は殷墟二期前に相当すると考える。

土器の器種としては、鬲のほか、盆、豆、罐、尊などがある。鬲は、基本的に殷系統のC類鬲である。一期と二期の鬲が基本的に「花園荘早期」から殷墟一期前後の殷王朝中心地域の鬲に近い特徴をもつのに対して、殷墟二期前後の朱馬嘴三期になると、雷氏が指摘するように、両者の相違が目立つようになる。ただし、三期の鬲も口頸部の縄紋のない特徴や、肥厚した口縁端面の特徴などは殷系土器の特徴であり、殷系の土器であると認められる。関中平原東部の西安老牛坡遺跡の土器群C（殷系土器）がそうであったように、殷墟期の早い段階以降、殷墟期後期の並行期にかけて「殷系土器」の在地化が進行した状況が指摘できる。当該遺跡の状況もまたそれに対応するものではないだろうか。

一方、当該遺跡の三期の鬲は、漆水河下流域の鄭家坡などで見られる早期の土器群Aにともなう、肥厚した口縁端面あるいは花辺口縁のA類鬲（聯襠鬲）やC類鬲（殷系分襠鬲）とも共通点があるとおもわれ、あるいは当該遺跡の鬲のなかにも、一部A類鬲が含まれる可能性もある。

礼泉県北部は漆水河流域に近い位置にあり、いわば関中平原東部の老牛坡や

北村遺跡と漆水河下流域の土器群 A 主体の遺跡群との中間に位置する遺跡である。二里岡上層期に関中平原東部に拡散した殷系統の土器群が定着して土器群 C を形成するが、殷墟一期ないしやや早い段階から、朱馬嘴遺跡や漆水河下流域（土器群 A の早い時期）を経由して、さらに漆水河以西の周原地区にまで波及したと考えられる。この過程で漆水河流域を中心に土器群 A が確立されていったというのが筆者がこれまで推測してきたことであった。朱馬嘴遺跡の土器相の変化は、そうした関中平原の動向のなかで理解することができそうである。

　なお、殷墟一期から二期前後の朱馬嘴遺跡や周原遺跡のいわゆる「京当類型」などでは、比較的多くの殷系青銅器がともなっている。筆者は、このように青銅器が多くともなう遺跡は、当初は殷系文化の担い手自身が移住した小さな拠点であった可能性を考えている。一方、漆水河下流域の鄭家坡遺跡のように、土器群 A に一部の殷系土器の要素がともない、ときには少数の殷系青銅器をともなうこともある、というような状況は、西進する殷系文化と接触して、その一部を受容し変容した在地文化と在地の集団の状況を反映しているのではないだろうか。

　盆（平行沈線、縄紋）、豆（仮腹豆、真腹豆）は、いずれも殷系統の特徴をもち、土器群 C の土器と考えられる。一方、罐には円肩のものと折肩のものがあるが、後者には「散乱麦粒状縄紋」を施すものがあり、これは土器群 A の特徴といえる。また同じく折肩罐のなかには筆者が土器群 B 碾子坡グループの土器であるとした折肩罐の一種に近い特徴も見出せるが、近年の研究で知られてきた漆水河下流域の土器群 A 主体の岸底遺跡の折肩罐にも類似点が指摘できる。朱馬嘴の折肩罐では、型式の揺れ、ないし安定しない型式が指摘できるようであり、関中平原西部の土器群の諸系統と複雑な接点をもつ結果のようにおもわれる。関中平原の北側、涇河中上流部、漆水河中上流部における絡みあう系統関係を解き明かすには、いますこし資料の増加を待って再整理する必要があろう。

　以上のように朱馬嘴遺跡は、近年発見された殷系統の土器群である土器群 C 主体の遺跡であり、涇河以西の関中平原中部西部のなかで、もっとも継続時間の長い土器群 C 主体の遺跡といえよう。

III 先周期土器研究に関連するいくつかの認識

　前節において近年得られた遺跡別の調査成果について紹介した。いずれの遺跡の調査研究も、先周期の土器編年研究と土器系統相互関係の研究に多くの新材料を提供するものであった。各遺跡の項目でその要点をまとめておいたので、本節で贅言を費やすことはしない。諸遺跡を通じて得られた知見のなかには、本書第二部で述べてきた土器編年研究に関連してあらたな層位的な根拠が得られたような場合があり、また一方で、従来の私見に一部修正を要する問題点もあった。以下ではそれら若干の注目点についてまとめておく。

　① 鄭家坡遺跡の最早段階の1段（雷興山氏分期）に、少数ながらB類鬲のI期（筆者の分期）がともなうことが近年の資料でより確実になった[19]。このことは結果として、本書の土器群AのI期と土器群BのI期が、相対年代として重なる部分のあること、並行した時期のあることを示している。また、近年の知見を総合すると、土器群Aは殷墟一期より若干古くなる可能性のあることが示唆されている。本書で提唱してきた編年観に大きな変更はないものの、土器群Aの考えうる上限年代については、若干古くなる可能性もあるといえよう。さらなる資料の増加を待って再検討したい。

　② B類鬲（高領袋足鬲）については、前章までの議論で引用した紙坊頭遺跡の層位的根拠のほか、2000年に資料が公刊された園子坪、蔡家河の2遺跡の層位的根拠が参照できるようになった。さらに1990年代後半以降の周原遺跡の発掘と2004年にはじまる周公廟遺跡の発掘により層位的根拠をともないながら大量の高領袋足鬲が出土した。これらの資料を利用して、発掘担当者の雷興山氏による型式分類とその変遷観が示されている［雷興山 2010, pp.106-112］。雷氏は高領袋足鬲をI～VIII式に分類する。その型式間の前後を判断するのは、一つには器形の変化であるが、属性変化として、足尖、口縁外面の処理、襠部の処理などの変化に注目するのは本書と同じ視点である。足尖については、層位的根拠にもとづきながら鴨嘴状→扁柱状→楕円柱状→扁錐状→円錐状という変化が確認されている。これは本書が前章までに提示した属性変化の段階と一致する。近年増加した土器資料および層位的根拠の増加によってこの

認識がより確かなものになったといえよう。

③　筆者は陶鬲の分類のなかで、鄭家坡など漆水河流域の土器群 A 早期のなかに、A 類鬲と C 類鬲の折衷型の鬲（A・C 折衷型）があるとした。多くが口縁部の肥厚した「方唇」と呼ばれる特徴と「花辺口縁」と呼ばれる装飾的な特徴をもつもので、関中平原東部から西部へと土器群 C（殷系統の文化）が広がった時期に、漆水河一帯で早期の土器群 A と交流し、両者が折衷した陶鬲の形式が生まれていたと推測したのであった。近年、関連する土器が周原遺跡王家嘴地点などでも出土し、雷興山氏は「高斜領分襠鬲」と呼んでいる。「高斜領分襠鬲」と雷氏が呼ぶものは、羊元坊、鄭家坡、岸底、孫家、史家塬、園子坪、王家嘴、西村などで見られ、ほとんどの場合は土器群 A の系統と土器群 C（殷系統の土器群）の要素がともに見られる遺跡で出土している。一方で、雷氏は関中平原の聯襠鬲の早期の例とするなかに、筆者が A・C 折衷型とするタイプに相当するものを例示している。筆者は、口縁部の方唇という特徴と花辺口縁という特徴から、雷氏のいう「高領分襠鬲」と花辺口縁および方唇という特徴を共有する早期の聯襠鬲の一種が、実は密接に関係した形式であったと推測している。特徴ある口頸部をもつ「分襠鬲」（C 類鬲のなかの「高斜領分襠鬲」）と「聯襠鬲」（A 類鬲のなかの A・C 折衷型）が、しばしば同一遺跡内で並存していたという状況を考えている。

④　麦粒状縄紋と呼ばれる特徴ある縄紋の一種は、初期の鄭家坡遺跡の発掘以来注意されてきたが、近年の知見を総合すると、以前から予想されたとおり土器群 A に特徴的な縄紋の一種であることが確実になってきた。鄭家坡遺跡の項で紹介したように、麦粒状縄紋がしだいに減少して「一般的な」縄紋が増加するという状況も確かめられている。土器群 A に属する土器の新旧を考えるうえでも重要な認識となる。

⑤　近年、関中平原の北側一帯の涇河中、上流域、あるいは漆水河中、上流域の一帯にあたる麟游県、彬県、旬邑県、礼泉県において発掘調査が進展したことは注目に値する。その結果、隣接しあうこれらの諸県には、土器群 A 主体の遺跡、土器群 B（碾子坡グループ）主体の遺跡、土器群 C 主体の遺跡が分布域を接するように広がっていたことがわかってきた。この一帯に関する考古学的知見は、本書の土器群系統の研究において、①土器群 B（碾子坡グルー

プ）の成り立ちには殷系土器の影響がみられると推測したこと、②土器群A の源流が、漆水河中、上流域と関係する可能性を指摘したこと、③漆水河流域 一帯における早期段階の土器群Aと土器群Cの交流を推測したこと（それは 土器群Aの確立にも関係する）、などの筆者がたてた議論に関して、さまざま な手がかりをもたらしてくれるようにおもわれる。ただし、この一帯における 土器群相互の関係は比較的複雑であり、諸系統の正確な動向を追跡するにはさ らなる新知見が必要である。資料の増加を待って再整理する必要がある。

Ⅳ 小　結

1990年代以降、関中平原の先周期の土器編年研究を牽引してきた研究者と して、劉軍社、張天恩、雷興山の3氏をあげることができる。この3氏はいず れも陝西省で発掘調査を続けている現地の研究者でもあり、2000年代以降に それぞれ自身の研究をまとめた大部の著作を公刊している［劉軍社 2003］［張 天恩 2004c］［雷興山 2010］。本章の各所でもたびたびこれら3氏の著作を引 用してきた。各氏はそれぞれに本書でも扱った重要遺跡について取り上げ、遺 跡内の分期の研究、殷王朝中心地域との対応関係としての年代観の提示などを おこない、そのうえでそれぞれの「先周文化論」を論じている。各氏の論点に ついては3者の間でも相互に議論がなされており、その一致点や相違点などに ついては、とくに雷興山氏の著作のなかで詳細に検討されている。ここでは近 年の先周期の土器研究を代表する3氏の著作について、筆者の先周期研究の考 え方と照らし合わせながら簡単に紹介し、本章の小結とすることにしたい。[20]

1980年代以降、関中平原で先周期の遺跡の調査に従事してきた劉軍社氏は、 「鄭家坡文化」、「劉家文化」の概念の対峙を軸として先周期の文化史的動向を 説明し、「鄭家坡文化」晩期が西周早期文化の内容に近づくと理解されること から、鄭家坡文化をもって「先周文化」であるとする。一方、「劉家文化」晩 期はその先周文化に融合されていくものとする。このような説明は本書第二部 において筆者が述べてきた先周期の動態の説明と、方向性としては共通してい るともいえる。ただし、筆者は「先周文化」という用語については、「考古学 文化」設定の問題と「族属」問題が複雑に絡みあう難題を抱えていると考えて

おり、本書では基本的にはもちいていない。同氏の研究の一つの特徴は、河川流域あるいは水系という、文化や情報を共有しやすいとおもわれる地理単位を想定し、先周期の考古学文化のまとまりや変動を、その地理単位を基本として議論するとしていることであろう。この視点もある意味で本書第一部が地理考古学的視点を重視してきたことと共通する面もある。劉氏は関中平原を水系により10区余りの文化区に分類し、水系、古文化、古族、古国の間の密接な関係性を指摘する。しかしこの側面が議論されるとき、やはり論点は族属問題と絡みあい、問題の実態は劉氏が議論する以上に複雑なものになるように考えられる。もう一点指摘しておきたいことは、劉氏の研究では老牛坡遺跡や北村遺跡に代表される関中平原に定着した殷系統の文化について、本書で主張するように先周期の土器系統の動態のなかで大きな役割を果たしたとは評価していない点である。土器群Aの確立に殷系統の土器が関連しているという本書の主張や、「西周式土器」成立の過程で、関中平原に在地化していた殷系統文化、および殷王朝滅亡後の旧殷系統の文化がはたした役割を重要視する本書の視点とは異なる面がある。

　劉氏と同様に1980年代以降関中平原で調査を担ってきた張天恩氏による著作もまた、豊富な情報量をもとに、遺跡、遺物の詳細な分析をすすめた大きな研究成果である。張天恩氏の一連の研究の大きな特徴の一つは、先周期の関中平原の考古学文化の動態を、殷王朝並行期に限定するのではなく、龍山文化期以降の状況としての二里頭文化並行期から議論を説き起こしていることであろう。関中平原における「新石器時代晩期から西周の間の文化の空白という状況」を埋めるという問題意識が、張天恩氏の目標としてあると考えられる［張天恩 2004、p.2］。先周期の考古学研究を、西周王朝の前史、あるいはいわゆる考古学文化の族属問題に集中するのではなく、まずは考古学的な文化の時空間の構築に力を注ぐという姿勢は評価されるべきではないだろうか。

　同氏によれば、二里頭文化一、二期に並行する時期、関中平原東部には「老牛坡類型」［張天恩 2004c、pp.5-6］［張天恩 2000a］、関中平原西部には「双庵類型晩期遺存」、「麟游県蔡家河H29遺存」、「千陽県望魯台残灰坑」などの存在が確認できるとする［張天恩 2004c、p.4、p.6］［張天恩 2000b］。そして「夏王朝中、晩期」あるいはやや遅い時期に並行するものとして、関中平原西

部には前掲の遺存を継承した「望魯台─喬家堡類型」［張天恩 2004c、pp.7-8］［張天恩 2000b］が見られるという。関中平原の考古学的空白を埋める可能性のあるこれらの指摘は、本書前章までの議論では具体的な言及のできなかった新知見でもある。本書では土器群A、土器群Bのそれぞれのさかのぼりうる系譜関係について推論してみたが、それと張天恩氏の指摘する新知見との関係について論ずるには、今のところ資料が少ない。

　張天恩氏が設定する先周期関中平原の考古学文化として、「京当型商文化」、「先周文化」（鄭家坡類型と孫家類型）、「劉家文化」、「碾子坡文化」という四つの文化があげられている。この分類は基本的には本書で述べてきた土器群の系統分類と対応的ともいえるが、碾子坡と劉家を土器群Bのなかの別の地域グループとした本書の考え方とは違いがある。一方、張天恩氏のいう「先周文化」の内容は本書の土器群Aと近いものであるが、張氏はその「先周文化」を「鄭家坡類型」と「孫家類型」の二つのグループに分ける考えを示している。

　孫家類型については、近年の孫家遺跡の調査にもとづく認識であるが、遺跡の項で触れたように筆者は現有の資料のかぎりでは、いまのところ孫家遺跡を土器群A主体の遺跡の仲間というように評価しておきたい。一方、張天恩氏のいう「先周文化」は、早期には「京当型商文化」の要素が見られると指摘しており［張天恩 2004c、p.275］、これは筆者が強調してきた、殷系文化（土器群C）が殷墟一、二期前後に一時期関中平原の西部に拡張した際の現象として共通した理解であるとおもわれる。なお、張氏は「先周文化」の源流として、先にもふれた自身が設定する「望魯台─喬家堡類型」に注目している。その理由は両者に聯襠鬲が存在することである。聯襠鬲すなわち本書のA類鬲の系譜関係をめぐっては、いまは関連資料の増加に期待するほかはない。「碾子坡文化」について張天恩氏は、「先周文化」と「劉家文化」の「混合体」にも近い内容だと理解する［張天恩 2004c、p.9］。碾子坡遺跡について、筆者は劉家遺跡と同じ土器群Bの仲間の一つの地域グループとしたのであるが、下記する雷興山氏による碾子坡文化の再定義とも関連して、筆者としていまは議論を保留することにしたい。これもまた関連資料の蓄積が待たれる。ただし張氏が碾子坡文化のなかに殷系文化の影響が見られると指摘する点はその通りであ

り、筆者の認識と共通する。なお、張天恩氏は関中平原の在地化した殷系文化を「京当型商文化」とするが、この文化は基本的に西周文化とは距離があり、相互に継承関係はないとする。しかしこの議論については、筆者が殷系統の土器群Cが「西周式土器」のなかに一定の継承関係をもつと主張することとは異なっている。

　雷興山氏の著作は、ここで紹介している3者のなかではもっとも新しいものである。したがって雷氏は著書のなかで、とくに遺跡内の分期や年代観の議論にあたって、張天恩氏や劉軍社氏の研究をしばしば引用し、問題点を指摘しながら自らの編年案をまとめあげている。雷興山氏の著作は、まず生活址関連遺跡の土器を扱った遺跡別の分期を詳細に議論し、その上で先周期関中平原西部全体に共通した広域編年の枠組みを提示する。つづいて墓の資料についても同様の議論をくり返し、生活址からえられた編年の枠組みに対応させるかたちで、やはり関中平原西部を覆う編年の枠組みを提示する。おもに殷王朝並行期を対象としたこの関中平原西部の編年の枠組みは、五期（10段）の分期体系としてまとめられている。本章の遺跡紹介の項における記述においても多くの部分で、雷興山氏の分期に関する見解を参照させていただいた。遺跡ごとに層位と土器相から分期を考え、つぎに土器の器種別の型式変遷をとらえ、そのうえで全体的な編年の枠組みを提案するという手順は、本書における編年的研究の手順とも共通している。

　雷興山氏の土器編年で同氏がもっとも注目している問題の一つが、先周期末葉西周期初葉にかけての詳細な編年である。つまりは先周期と西周期の境界にかかわる問題である。この問題を雷興山氏は、単に土器の型式変遷図上に境界線を引くという考えではなく、先周期の一括土器の単位と西周期の一括土器の単位を遺跡形成の文脈のなかで多角的に考察することでアプローチしようとこころみている。先周期研究の基本となる出発点として西周王朝初葉の状況を見定め、その上でそれに先立つ考古資料を先周期のものとして設定していくという手順は、本書の土器編年において筆者が注意した手順と同じである。本書は、豊鎬遺跡の西周前期の内容を見定めることから出発し、西周前期における「西周式土器」の成立と、その成立への過渡期として想定できる土器型式のあり方を考え、結果として先周期末から西周初葉にまたがる「西周Ⅰa」期の概

念を示した。雷興山氏は周公廟遺跡で 2003 年末に最初の刻辞甲骨が発見された H45［本書第一部第1章、写真 1.1］と、これと切りあい関係がある五つの灰坑を取り上げ、豊鎬遺跡の灃西 H18 との比較を含めた年代問題を非常に詳細に議論している［雷興山 2010、p126-137］。結果として H45 が属する周公廟遺跡の一つの「時期」である「第3段」を、西周初期（西周初葉）のものと論じている。この基準の設定が、今後の関中平原西部の編年研究にあたえる影響は小さくないであろう。なお、雷氏はこの分析のなかで、先周期と西周初葉の高領袋足鬲の区分が示せないと述べているが、本書第二部第 14 章において、筆者は西周前期前半に年代を考定できる宝鶏石鼓山3号墓出土の高領袋足鬲について詳論した。

　雷興山氏の論著の内容として筆者がもっとも重要と考えるのは、同氏が先周期の先行研究を整理するなかから研究方法上の問題点を理論的に整理していることである。雷興山氏は従来の「先周文化」研究に常用されてきた方法として「追遡法」と「都邑法」があるとし、これらに方法上の合理性はあるものの、ときに器物本位あるいは文化本位におちいるという問題点を指摘する。そのうえで「考古背景」と同氏が呼ぶ研究方法を重視する必要性を説いている。考古背景とは考古学遺存が所在するところの集落の特性、関連集落のあり方、集落単位の構造と性質、集落内の諸機能のあり方、堆積単位の属性等々のことである。[22] 本書では、周が殷王朝を倒したという事象、そしてその前後に、現在の西安市近郊に周の王都豊邑、鎬京を建設したという事象、さらには、その場所と時間は特定できていないが、古公亶父の時代に周の人びとが岐下に移り住んだという事象、最小限以上のことについては雷氏のいうところの「都邑法」を意識的に使用したつもりである。背景法とは、たとえばある出土遺物を、考古学がとらえる文化や社会の幅広い文脈のなかで取り扱うことが重要だとするものでその通りであろう。本書第一部における地理考古学的な研究ではほとんど出土遺物を扱っていないが、思考の底流においては雷氏の「考古背景法」と共通する考え方を重視したともいえる。雷興山氏は以上のような議論を重ねたうえで、碾子坡文化を再定義し、[23]「周原地区の碾子坡文化」を「先周文化」と称するとしている。雷興山氏のこの一つの結論について、筆者として議論すべきことは多いと考えるが本書ではあつかわない。

しかし「先周文化」についての雷氏の結論にも関連する一つの側面として筆者が指摘しておきたいことは、先周期から西周期の関中平原では、多様な文化、多様な出自集団が、同時に同地点に共存するという状況が頻繁に生じていたらしいということである。古公亶父の岐下への移住以降おそらく百年に満たない短期間のうちに、関中平原西部から関中平原東部にいたるまで、周の人びとに直接関連のある文化が広がった。このことは、周人の人口が急速に増大して、周原地区の全域のみならず、やがて関中平原の広い範囲に周の一族が自ら居住するあらたな集落を開拓していったことを反映するものであろうか。

しばしば指摘されているように、周原遺跡では「非姫性」の集団（旧殷系の人びと含む）が多く居住したことが考古学的にも確認されている。むしろ姫性の人びとよりも非姫性の集団のほうが多くの人口を抱えていた可能性さえ指摘されている。一方、前章までに考察してきたように、早期の周人と強く結びついていた土器群 A は、先周期の終わり近くには関中平原の西部へと拡張し、また一方で関中平原東部の豊鎬地区へと拡張した。先周期の終わり頃のこの拡張の時期に、各地で土器群 A、土器群 B の共存遺跡が形成されたと考えられるのである。これらの現象は、西周王朝の政体が形成されていく過程で、周人と他の文化的集団との共存的関係が各所で生まれていたことを示唆している。周人とともに、出自の異なる文化的集団が、各地で共存的な集落を形成したとすれば、先に述べたような周人そのものの極端な人口増加を想定する必要もなく、関中平原各地への周勢力の拡張を説明できるであろう。周の勢力は、関中平原の各地で都邑や集落内の集団構成を変化させて、やがてそうした都邑と集落を単位とする西周王朝の基盤の地域を形成したと考えることもできるであろう。周原遺跡あるいは周公廟遺跡における先周期の終わりから西周期にかけての文化状況の変化は、土器群 A の集団が土器群 B の集団を排斥するという動きではない。異なる文化的集団が共存し、一つの地域システムのなかに一体化していく過程こそが西周王朝形成過程の重要な一側面ではないだろうか。

実はここにその後の西周王朝の統治システムの鍵があるようにもおもわれる。西周前期にはじまる関中平原を遠く離れた遠隔地を対象とした封建という統治のあり方に、多様な文化的集団を一つの地域のなかで共存的に統合するという、先周期の関中平原で周人が経験してきた何らかの考え方が投影されてい

たと考えることはできないだろうか。

　本書で述べてきたように、筆者は土器群Aの内容を、おもに周の一族が早い時期から形成した固有の土器の系統であろうと推測している。またその伝統がのちに「西周式土器」の成立にあたってその主体的な内容となったとも考えている。しかし一方で注意すべきは、先周期の終わり頃における土器群Aの関中平原での拡張期に、各地で土器群A、土器群Bが共存する集落や、宝鶏市街地周辺の一部遺跡のように周人中心の統治に組み込まれながらも、在地固有の土器群Bの伝統を西周前期まで継続した人びとも存在したことである。さらには、孔頭溝遺跡のように周原地区の中央部に位置し、土器の様相としては先周期の終わり頃に土器群A、土器群B共存の状況を呈しながら、同遺跡の西周期の葬制の特徴からは、その住人は、周人でもまたいわゆる「殷遺民」でもない、さらに別の文化的集団と推測されるような大型集落が存在していたのである。たしかに土器群Aと周人の文化との対応関係は重要な文化史的意義をもっている。しかしながら土器群Aがあることを根拠に周の遺跡であると判断し、逆に出土しないことを根拠に周の遺跡ではないと考えるという判断は、かならずしも妥当なものではない。族的出自にかかわる姫性の周人ということと、周の政体の構成部分を担う人びとということを、意識的に区別することが必要であろう。

　中国初期王朝時代は典型的ないわゆる原史時代Protohistoryに相当する。雷興山氏が研究方法の根本についてきわめて慎重に議論を深めようとつとめる背景には、原史時代を対象とした考古学研究がもつ特有の困難な課題が横たわっているといえよう。

註
（1）発掘を担当した王占奎、孫秉君両氏は王家嘴遺跡を三期（6段）に分期したが、その内容は報告書とともに未発表である［雷興山 2010、p.40］。王家嘴地点の分期の認識は、先周期の関中平原西部において扶風県壹家堡遺跡と並んで貴重な体系的編年基準と考えられる。
（2）雷興山氏はこのうちの、3段と6段の単位の帰属をめぐる問題および層序的根拠が確かでない1段と2段の早晩関係、5段と6段の早晩関係については、土器型式の相互関係等から詳細に議論している［雷興山 2010、pp.53-57］。

第 15 章　先周期の土器編年に関する近年の研究　507

（3）このほかに「異形高領袋足鬲」と分類するものがあるが、これは晩期の典型的高領袋足鬲と共伴が認められるものの属性変化が異例であることから異形高領袋足鬲とされている。共伴する典型的高領袋足鬲などから先周期の遅い時期のものであることが確認される。筆者が本書において B 類鬲 V 形式としたものに相当するもので、このタイプの相対年代観が近年の周原遺跡の層位的な調査によって確認されたことになる。

（4）以前に比べて十分な層位的根拠をもって B 類鬲の早晩関係が認識され、その結果としての属性変化の早晩があらためて確認されたといえる。

（5）有耳罐の名称は劉家遺跡および宝鶏市周辺でこれまでに知られていた多くの例が左右一対ないし片側単耳の環状把手を備えていたことで名付けたが、周原遺跡では、無耳のものも少なからず見られるようである。しかし本書ではこれまでの用語との混乱を避けて有耳罐の名称を継続使用する。

（6）この種の甗は筆者の従来の土器群 B のなかではあつかっていなかった。従来あつかった土器群 B の資料の大半が副葬品であったことがその理由である。生活址ではこのような甗がともなうということになる。

（7）1996 年〜1997 年の調査については未発表。2001 年の 3 基については、［周原考古隊 2003b］。なお、1980 年にも王家嘴村の北で 1 基の墓が発掘され、青銅鼎 2 点が出土している［巨万倉 1985］。この墓の年代について、共伴した聯襠鬲の特徴から、雷興山氏は西周期のものと判断している［雷興山 2010、p.175、脚註 1］。

（8）北呂遺跡の報告では劉軍社氏の分期案［劉軍社 1994a］が参照されている。

（9）一例としては［劉軍社 2003、p.172］など。

（10）青銅器に関するこの状況と関連する典型的な例として、前章で述べた石鼓山遺跡の例のように、①従前の先周期の在地青銅器にない殷墟遺跡などに典型的な器種、②銘文、族記号などに統一性やまとまりがなく、特定族集団の所有品と考えにくい青銅器群、などが関中平原に急に出現したような場合は、西周王朝成立直後の現象と判断できる。

（11）張天恩氏はこれらの遺跡の土器相を「京当型商文化」の 1 例と考えているが、ここで指摘した A 類鬲（聯襠鬲）については言及していない［張天恩 2004、p.198］。

（12）このときの調査内容は、劉軍社、張天恩両氏の研究のなかで引用されている［劉軍社 2003］［張天恩 2004c］。

（13）このときの成果は、雷興山氏によってその一部が紹介されている［雷興山 2010、p.100］。

（14）劉軍社氏、牛世山氏らの研究を受けてのちに雷興山氏がおこなった同遺跡の分析は、情報と知見の総合性があり、本書でもこれを参照した［雷興山 2010、pp.97-100］。

（15）周原遺跡の項でも述べたが、筆者は雷興山氏がこのタイプとしてまとめる鬲には、以前から認識されてきた「聯襠鬲」（A 類鬲）のものと、三足型づくりの「分襠鬲」

(C 類鬲)のものの2種があるのではないかと考えている。
(16) 豆は盤の下面に盆の紋様と類似する方格紋を付したものがあり、土器群Aの土器とも考えられるが、土器群Bの碾子坡類型に見られた豆にも類似する。ここでは分類を保留する。折肩罐については情報が少ない。
(17) 土器群Aの特徴と考えられる麦粒状縄紋が、土器群Bの土器に施された稀少な例といえる。
(18) 孫家遺跡の豆は、史家塬遺跡の豆と類似したもので、盤の下面に方格紋が施文されるタイプである。
(19) この可能性があることは少ない情報のなかから本書第二部第9章でも指摘しておいた。
(20) なお、3氏の研究の特徴を詳細に論じた孫慶偉氏の論考がある[孫慶偉 2015a、2015b]。
(21) なお、張天恩氏は「望魯台―喬家堡類型」のなかに、山西省汾河流域からの影響が関連している可能性を指摘している[張天恩 2004c、p.10]。この指摘は、「周」の起源は何処かという問いを念頭においた問題意識とおもわれる[本書第二部第13章註(48)参照]。
(22) この論点の理解を含めて、李白謙氏が雷興山氏の著書の巻頭に寄せた論文は同書の理解のためだけではなく、先周期研究の諸問題を整理した論考としても重要である[李伯謙 2010、pp.i～vi]。なお中国の考古学研究に見られる「追遡法」と「都邑法」について先周期研究以外の対象にも触れて論じた研究に、[宋殷 2016]がある。
(23) 碾子坡文化は①周原地区、②豊鎬遺跡、③麟游県内の漆水河上流、④長武県、彬県、旬邑県一帯の涇河上流域、以上の3地区に広がる状況があるとする[雷興山 2010、p.293]。

引 用 文 献

秋山進午 1986「山西省太原西郊王門溝出土の卵形三足甕」『考古学研究』33-3
アジア遊学編集部 2000『アジア遊学』第20号（特集『黄土高原の自然環境と漢唐長安城』）勉誠出版
飯島武次 1985『夏殷文化の考古学研究』山川出版社
飯島武次 1988「先周文化陶器の研究―劉家遺跡出土陶器の検討」『考古学雑誌』第74巻第1号
飯島武次 1990a「先周文化青銅器の研究―二里頭上層青銅器の先周文化への波及」『駒澤史学』第41号
飯島武次 1990b「二里崗上層青銅器対先周文化的影響」『中原文物』1990年第3期
飯島武次 1992a「西周土器の編年研究―豊鎬地区の土器」『駒澤史学』第44号
飯島武次 1992b「先周文化陶器研究―試論周原出土陶器的性質」『考古学研究』（一）
飯島武次 1993a「最近収集の西周陶鬲について」『駒澤史学』第46号
飯島武次 1993b「西周時代の関中と中原の土器」『日本中国考古学会会報』第三号
飯島武次 1997「西周時代都城遺跡の問題点」『生産の考古学』同成社
飯島武次 1998a『中国周文化考古学研究』同成社
飯島武次 1998b「先周分化の諸問題」『中国周文化考古学研究』同成社
飯島武次 1998c「先周・西周都城研究」『中国周文化考古学研究』同成社
飯島武次 1998d「西周土器の編年」『中国周文化考古学研究』同成社
飯島武次 1998e「東周土器の編年」『中国周文化考古学研究』同成社
飯島武次 2003『中国考古学概論』同成社
飯島武次編 2009a『中国渭河流域の西周遺跡』同成社
飯島武次 2009b「中国渭河流域における先周・西周時代遺跡の踏査」飯島武次編『中国渭河流域における西周遺跡』同成社
飯島武次編 2013a『中国渭河流域の西周遺跡Ⅱ』同成社
飯島武次 2013b「渭河流域の先周文化土器と青銅器から見た西周の成立」飯島武次編『中国渭河流域の西周遺跡Ⅱ』同成社
渭南県図書館・左忠誠 1980「渭南県南堡村発現三件商代銅器」『考古与文物』1980年第2期
尹盛平 1981「周原西周宮室制度初探」『文物』1981年第9期
尹盛平 1983「試論金文中的"周"」『考古与文物叢刊』第3号 （陝西省考古学会第一届年会論文集）
尹盛平（高木智見訳）1988「金文資料中に見える『周』について」岐阜市歴史博物館編『中国陝西省宝鶏市周原文物展』岐阜市歴史博物館
尹盛平 1992「西周微氏家族青銅器群研究」文物出版社
尹盛平 2005「周原文化与西周文明」『早期中国文明』江蘇教育出版

尹盛平・任周芳 1984「先周文化的初步研究」『文物』1984 年第 7 期
梅原末治 1933『柉禁の考古学的考察』東方文化学院京都研究所
王永剛・崔風光・李延麗 2007「陝西甘泉県出土晩商青銅器」『考古与文物』2007 年第 3 期
王恩田 1981「岐山鳳雛村西周建築群基址的有関問題」『文物』1981 年第 1 期
王恩田 2003「澧西発掘与武王克商」『考古学研究』（五）
王開編 1988『宝鶏古代道路誌』陝西人民出版社
王暉 2004「岐山考古新発現与西周史研究新認識」『文博』2004 年第 5 期
王巍・徐良高 2000「先周文化的考古学探索」『考古学報』2000 年第 3 期
王玉清 1959「岐山発現西周時代大鼎」『文物』1959 年第 10 期
王桂枝 1985「宝鶏下馬営旭光西周墓清理簡報」『文博』1985 年第 2 期
王桂枝 1987「宝鶏西周墓出土的幾件玉器」『文博』1987 年第 6 期
王桂枝 1991「眉県車圏村出土西周青銅器」『文博』1991 年第 2 期
王桂枝・高次若 1981a「宝鶏地区発現幾批商青銅器」『考古与文物』1981 年第 1 期
王桂枝・高次若 1981b「陝西宝鶏上王公社出土三件西周銅器」『文物』1981 年第 12 期
王桂枝・高次若 1983「宝鶏新出土及館蔵的幾件青銅器」『考古与文物』1983 年第 6 期
王顥・劉棟・辛怡華 2013「石鼓山西周墓葬的初歩研究」『文物』2013 年第 2 期
王元林 2011「歴史上関中東部塩碱地的改良」王双懐主編『関中地区人類活動与環境変遷』三秦出版社
王光永 1975「陝西省宝鶏市峪泉生産隊発現西周早期墓葬」『文物』1975 年第 3 期
王光永 1980「宝鶏市茹家荘発現西周早期銅器」『考古与文物』1980 年第 1 期
王光永 1984「宝鶏県賈村塬発現矢王簋蓋等青銅器」『文物』1984 年第 6 期
王光永 1991「陝西宝鶏戴家湾出土商周青銅器調査報告」『考古与文物』1991 年第 1 期
王克林 1983「試論斉家文化与晋南龍山文化的関係—兼論先周文化的淵源」『史前研究』1983 年第 2 期
王克林 1984「晋国建立前晋地文化的発展」『中国考古学会第三次年会論文集』文物出版社
王克林 1994a「姫周戎狄説」『考古与文物』1994 年第 4 期
王克林 1994b「従唐叔虞之封論周族的起源」『華夏考古』1994 年第 3 期
王子今 1993「説《周》《舟》通義兼論周人経営的早期航運」陝西歴史博物館編『西周史論文集（上）』陝西人民教育出版社
王子今 2007「秦漢時期水資源考察」『秦漢時期生態環境研究』北京大学出版社
王寿芝 1988「陝西城固出土的商代青銅器」『文博』1988 年第 6 期
王世民・陳公柔・張長壽 1999『西周青銅器分期断代研究』文物出版社
王世雄 1986「陝西西周原始玻璃的鑑定与研究」『文博』1986 年第 2 期
王世和・張宏彦・傳勇・厳軍・周傑 2000「案板遺址孢粉分析」西北大学文博学院考古専業編著『扶風案板遺址発掘報告』科学出版社
王占奎 1988「論鄭家坡先周遺存和劉家遺存」（陝西省考古研究所・西安半坡博物館成立三十周年学術討論会打印稿）

王長啓 1990「西安市文物中心収蔵的青銅器」『考古与文物』1990 年第 5 期
王長啓 2002「西安豊鎬遺址発現的車馬坑及青銅器」『文物』2002 年 12 期
王斌偉・彭景基 1991「浅論先周文化」『考古与文物』1991 年第 6 期
王文科・王雁林ほか 2006『関中盆地地下水環境演化与可再生維持途経』黄河水利出版社
王文学・高次若・李新泰 1990「宝鶏霊隴出土西周早期青銅器」『文博』1990 年第 2 期
汪保全 1998「甘粛天水市出土西周青銅器」『考古与文物』1998 年代 3 期
王鷹・王風英 2005「陝西永寿県発現的西周文化遺存」『考古与文物』2005 年第 6 期
岡村秀典 2005『中国古代王権と祭祀』学生社
岡村秀典 2008『中国文明　農耕と礼制の考古学』京都大学学術出版会
岡本真則 2009「関中地区における西周王朝の服属諸氏族について」工藤元男・李成市編『東アジア古代出土文字資料の研究』雄山閣
小川誠 1988「龍山文化の性格―斝・鬲をめぐる考察―」『紀尾井史学』第八号
小澤正人・谷豊信・西江清高 1999『中国の考古学』同成社
落合淳思 2006「西周時代の姓」立命館東洋史学会中国古代史論叢編集委員会編『中国古代史論叢』3
何欣雲 1986「宝鶏李家崖秦国墓葬清理簡報」『文博』1986 年第 4 期
角道亮介 2008「宝鶏彊人墓における葬礼の差異とその変化」『東京大学考古学研究室研究紀要』第 22 号
角道亮介 2010「西周時代関中平原における青銅彝器分布の変化」『中国考古学』第 10 号日本中国考古学会
角道亮介 2014『西周王朝とその青銅器』六一書房
角道亮介 2018「周原遺跡における西周都城の都市構造」『中国考古学』第 18 号
郭沫若 1957「盠器銘考釈」『考古学報』1957 年第 2 期
岳連建 1991「西周瓦的発明、発展演変及其在中国建築史上的意義」『考古与文物』1991 年第 1 期
岳連建 1998「西周王陵位置初探」『文博』1998 年第 2 期
岳連建 2004「周公廟西周大墓性質管見」『文博』2004 年第 5 期
夏商周断代工程専家組 2000『夏商周断代工程 1996～2000 年階段成果報告・簡報』世界図書出版公司
葛今 1972「涇陽高家堡早周墓葬発掘記」『文物』1972 年第 7 期
河南省交通庁交通史志編審委員会 1989『河南航運史』人民交通出版社
河南省文化局文物工作隊 1959『鄭州二里岡』科学出版社
河北省文物研究所 1985『藁城台西商代遺址』文物出版社
甘粛考古隊・北京大学考古系・西和県文化館 1987「甘粛西和欄橋寺窪文化墓葬」『考古』1987 年第 8 期
甘粛省博物館 1959「甘粛渭河支流南河、榜沙河、漳河考古調査」『考古』1959 年第 7 期
甘粛省博物館文物組 1972「霊台白草坡西周墓」『文物』1972 年第 12 期

甘粛省博物館文物隊 1977「甘粛霊台白草坡西周墓」『考古学報』1977年第2期
甘粛省博物館文物隊・霊台県文化館 1976「甘粛霊台県両周墓葬」『考古』1976年第1期
甘粛省文物考古研究所 2009『崇信于家湾周墓』文物出版社
甘粛省文物工作隊 1986「甘粛崇信于家湾周墓発掘簡報」『考古与文物』1986年第1期
甘粛省文物工作隊・北京大学考古学系 1987「甘粛甘谷毛家坪遺址発掘報告」『考古学報』1987年第3期
甘粛省文物工作隊・北京大学考古系甘粛実習組 1988「甘粛臨夏蓮花台辛店文化墓葬発掘報告」『文物』1988年第3期
韓汝玢 1995「張家坡M152出土西周戈的鑑定」『考古』1995年第7期
韓明祥 1982「臨潼南羅西周墓出土青銅器」『文物』1982年第1期
咸陽市文物考古研究所・旬邑県博物館 2006「陝西旬邑下魏洛西周早期墓発掘簡報」『文物』2006年第8期
咸陽秦都考古工作隊・陳国英 1985「咸陽長陵車站一帯考古調査」『考古与文物』1985年第3期
咸陽地区文管会・曹発展・陝西省考古研究所・陳国英 1981「咸陽地区出土西周青銅器」『考古与文物』1981年第1期
叶祥奎 1990「陝西長安澧西西周墓地出土的亀甲」『考古』1990年第6期
黄川田修 2009「華夏系統国家群之誕生―討論所謂"夏商周"時代之社会結構」中国社会科学院考古研究所夏商周考古研究室『三代考古』(三)
黄川田修 2010「韓城梁帯村両周銅器考―試論芮国封地之歴史背景」『早期中国史研究』第2巻第1期
黄川田修 2018「洛陽"成周"所在地を巡る諸問題」『中国考古学』第18号
祁健業 1984「岐山県博物館近年来征集的商周青銅器」『考古与文物』1984年第5期
魏興興・李亜龍 2007「陝西扶風斉鎮発現西周煉炉」『考古与文物』2007年第1期
岐山県博物図書館・祁健業 1982「岐山県北郭公社出土的西周青銅器」『考古与文物』1982年第2期
岐山県博物館・龐文龍・劉少敏 1992「岐山県北郭郷樊村新出土青銅器等文物」『文物』1992年第6期
岐山県博物館・劉少敏・龐文龍 1992「陝西岐山新出土周初青銅器等文物」『文物』1992年第6期
岐山県文化館・陝西省文管会等 1976「陝西省岐山県董家村西周銅器窖穴発掘簡報」『文物』1976年第5期
姫乃軍 1992「陝西延川出土一批商代青銅器」『考古与文物』1992年第4期
姫乃軍・陳明徳 1993「陝西延長出土一批西周青銅器」『考古与文物』1993年第5期
北村義信 2015「乾燥地における塩類集積の脅威と対策」『ARDC』53号
吉発習・馬耀圻 1979「内蒙古准格爾旗大口遺址的調査与試掘」『考古』1979年第4期
岐阜市歴史博物館 1988『中国陝西省宝鶏市周原文物展』岐阜市歴史博物館
牛世山 1997「陝西武功県岸底商代遺存分析」中国社会科学院考古研究所編著『考古求

知集』中国社会科学出版社
牛世山 1998a「先周文化探索」『文物季刊』1998 年第 2 期
牛世山 1998b「劉家文化的初歩研究」韓偉主編『遠望集－陝西省考古研究所華誕四十周年紀年論文集』陝西人民美術出版社
牛世山 2000「論先周文化的淵源」『考古与文物』2000 年第 2 期
許偉・許永傑 1989「周文化形成与周人興起的考古学考察」『遼海文物学刊』1989 年第 2 期
喬今同 1956「平涼県発現石器時代遺址」『文物参考資料』1956 年第 12 期
鞏啓明 1982「西安袁家崖発現商代晩期墓葬」『文物資料叢刊』五
鞏啓明 1989「関於客省荘文化的若干問題」田昌五・石興邦主編『中国原始文化論集』文物出版社
許益 1957「陝西華県殷代遺址調査簡報」『文物参考資料』1957 年第 3 期
許宏 2016『大都無城』生活・読書・新知三聯書店
許宏 2017『先秦城邑考古（上）（下）』金城出版社・西苑出版社
許俊臣・劉得禎 1987「甘粛合水、慶陽県出土早周陶器」『考古』1987 年第 7 期
巨万倉 1985「陝西岐山王家嘴、衛里西周墓葬発掘簡報」『文博』1985 年第 5 期
巨万倉 1988「周原岐山出土的青銅兵器」『文博』1988 年第 5 期
巨万倉 1989「岐山流龍嘴村発現西周陶窯遺址」『文博』1989 年第 2 期
金学山 1957「西安半坡的戦国墓葬」『考古学報』1957 年第 3 期
苟保平 1996「城固県文化館収蔵的青銅器」『文博』1996 年第 6 期
倉林眞砂斗 1992「斉家文化周辺の土器群」『日本中国考古学会会報』第 2 号
慶陽地区博物館 1989「甘粛寧県焦村西溝出土的一座西周墓」『考古与文物』1989 年第 6 期
高強 1993「陝西岐山双庵一具西周晩期人頭骨」『文博』1993 年第 2 期
侯紅偉 2012「甘粛清水李崖遺址」『2011 中国重要考古発現』文物出版社
考古研究所渭水調査発掘隊 1959「陝西渭水流域調査簡報」『考古』1959 年第 11 期
考古研究所灃西発掘隊 1959「1955～57 陝西長安灃西発掘簡報」『考古』1959 年第 10 期
高次若 1984「宝鶏貢村再次発現矢国銅器」『考古与文物』1984 年第 4 期
高次若 1991「宝鶏市博物館蔵青銅器介紹」『考古与文物』1991 年第 5 期
高次若・劉明科 1990「宝鶏茹家荘新発現銅器窖蔵」『考古与文物』1990 年第 4 期
高次若・劉明科・李新秦 1998「宝鶏高家村発現劉家文化陶器」『考古与文物』1998 年第 4 期
侯若冰 1988「扶風出土的青銅兵器与生産工具」『文博』1988 年第 6 期
侯若冰 1989「扶風新出土的銅鼎銅戈」『考古与文物』1989 年第 2 期
高昇栄 2011「明清時期関中地区的水環境与農業水資源利用」王双懐主編『関中地区人類活動与環境変遷』三秦出版社
黄盛璋 1958「歴史上的渭河水運」『西北大学学報』1958 年第 1 期
黄盛璋 1982「歴史上的渭河水運」『歴史地理論集』人民出版社
黄盛璋 1983「銅器銘文宜、虞、矢的地望及其与呉国的関係」『考古学報』1983 年第 3

期
黄盛璋 1986「長安鎬京地区西周墓新出銅器群初探」『文物』1986年第1期
高西省 1988「扶風近年征集的商周青銅器」『文博』1988年第6期
高西省 1989a「扶風唐西塬出土青銅器」『考古与文物』1989年第1期
高西省 1989b「陝西扶風県益家堡商代遺址的調査」『考古与文物』1989年第5期
高西省 1993a「扶風出土的幾組商周青銅兵器」『考古与文物』1993年第3期
高西省 1993b「扶風出土的西周巨型青銅爬龍及研究」『文博』1993年第6期
高西省 1994a「論周原地区出土的幾種異形青銅兵器—兼論新干大墓的年代」『文博』1994年第1期
高西省 1994b「扶風巨良海家出土大型爬龍等青銅器」『文物』1994年第2期
高西省 1998「試論西周時期的扁茎柳葉形短剣」韓偉主編『遠望集—陝西省考古研究所華誕四十周年紀念文集』陝西人民美術出版社
高西省・侯若斌 1985「扶風発現一銅器窖蔵」『文博』1985年第1期
高明 1984「略論周原甲骨文的族属」『考古与文物』1984年第5期
康楽 1985「陝西武功県征集到三件西周青銅器」『考古与文物』1985年第4期
康楽 1986「武功出土商周青銅器」『文博』1986年第1期
江瑜 2006「宝鶏茹家莊西周强人1、2号墓葬所表現的葬礼、葬者身分与両性関係問題」朴嘉琳・孫岩『性別研究与中国考古学』科学出版社
江林昌 2000「古公亶父、"至于岐下"与渭水流域先周考古文化」『考古与文物』2000年第2期
胡謙盈 1980「試論寺窪文化」『文物集刊』2
胡謙盈 1982a「姫周陶鬲研究」『考古与文物』1982年第1期
胡謙盈 1982b「豊鎬考古工作三十年(1951~1981)的回顧」『文物』1982年第10期
胡謙盈 1986「試談先周文化及相関問題」『中国考古学研究—夏鼐先生考古五十年紀念論文集(二集)』
胡謙盈 1987「太王以前的周史菅窺」『考古与文物』1987年第1期
胡謙盈 2000『胡謙盈周文化考古研究選集』四川大学出版社
胡謙盈 2005「南邠碾子坡先周文化遺存的性質分析」『考古』2005年第6期
胡謙盈 2010『周文化及相関遺存的発掘与研究』科学出版社
胡智生 1993「強国墓地玉雕芸術初探」『文博』1993年第6期
胡智生・劉宝愛・李永澤 1988「宝鶏紙坊頭西周墓」『文物』1988年第3期
呉鎮烽 1988「陝西商周青銅器的出土与研究」『考古与文物』1988年5・6期
呉鎮烽 1989『陝西金文彙編』三秦出版社
呉鎮烽・朱捷元・尚志儒 1979「陝西永寿、藍田出土西周青銅器」『考古』1979年第2期
呉鎮烽・尚志儒 1981「陝西鳳翔高荘秦墓地発掘簡報」『考古与文物』1981年第1期
呉鎮烽・雒忠如 1975「陝西省扶風県強家村出土的西周銅器」『文物』1975年第8期
国家文物局 1998『中国文物地図集　陝西分冊(上・下)』西安地図出版社
胡百川 1987「隴県梁甫出土西周早期青銅器」『文博』1987年第3期

呉大焱・羅英杰 1976「陝西武功県出土駒父盨蓋」『文物』1976 年第 5 期
呼林貴・薛東里 1986「耀県丁家溝出土西周窖蔵青銅器」『考古与文物』1986 年第 4 期
近藤喬一 2008「周原銅器窖蔵考―中国古代の銅器窖蔵 2 ―」『アジアの歴史と文化』第十二輯　山口大学
崔璿 1992「夏商周三代三足鬲」『考古与文物』1992 年第 6 期
崔璿・斯琴 1985「内蒙古中南部新石器至青銅時代文化初探」『中国考古学会第四次年会論文集』文物出版社
齊藤希 2016「高領袋足鬲の系譜問題からみた関中平原と陝晋高原の地域間関係」『中国考古学』第 16 号
佐藤信弥 2005「西周期における茾京の位相」立命館東洋史学会中国古代史論叢編集委員会編『中国古代史論叢』続集
山西省考古研究所・霊石県文化局 1986「山西霊石旌介村商墓」『文物』1986 年第 11 期
山西省文物工作委員会・洪洞県文化館 1987「山西洪洞永凝堡西周墓葬」『文物』1987 年第 2 期
柴福林・何滔滔・龔春 2005「陝西城固県新出土商代青銅器」『考古与文物』2005 年第 6 期
史言 1972a「扶風荘白大隊出土的一批西周銅器」『文物』1972 年第 6 期
史言 1972b「眉県楊家村大鼎」『文物』1972 年第 7 期
史念海 1960「三門峡与古代漕運」『人文雑誌』1960 年第 4 期
史念海 1963「古代的関中」『河山集』三聯書店
史念海 1976「周原的変遷」『陝西師範大学学報』1976 年第 3 期
史念海 1978「周原的歴史地理与周原考古」『西北大学学報（社会科学版）』1978 年第 2 期
史念海 1988a「周原的歴史地理与周原考古」『河山集』第三集人民出版社
史念海 1988b「陝西地区蚕桑事業盛衰的変遷」『河山集』第三集人民出版社
史念海主編 1996『西安歴史地図集』西安地図出版社
史念海主編 1998『漢唐長安与黄土高原』（『中国歴史地理論叢』増刊）陝西師範大学中国歴史研究所
史念海 2000「漢・唐時代の長安城と生態環境」『アジア遊学』第 20 号勉誠出版
史念海 2001a『黄土高原歴史地理研究』黄河水利出版社
史念海 2001b「周原的歴史地理与周原考古」史念海『黄土高原歴史地理研究』
謝端琚 1987「試論我国早期土洞墓」『考古』1987 年第 12 期
秋維道・孫東位 1980「陝西禮泉県発現両批商代銅器」『文物資料叢刊』三
周原考古隊 1982「周原出土伯公父簠」『文物』1982 年第 6 期
周原考古隊 2002「陝西扶風県雲塘、斉鎮西周建築基址 1999～2000 年度発掘簡報」『考古』2002 年第 9 期
周原考古隊 2003a「2001 年度周原遺址調査報告」『古代文明』第 2 巻
周原考古隊 2003b「2001 年度周原遺址（王家嘴、賀家地点）発掘簡報」『古代文明』第 2 巻

周原考古隊 2003c「1999 年度周原遺址ⅠA1 区及ⅣA1 区発掘簡報」『古代文明』第 2 巻
周原考古隊 2003d「2002 年周原遺址（斉家村）発掘簡報」『考古与文物』2003 年第 4 期
周原考古隊 2004a「2003 年秋周原遺址（ⅣB2 区与ⅣB3 区）的発掘」『古代文明』第 3 巻
周原考古隊 2004b「陝西周原遺址発現西周墓与鋳銅遺址」『考古』2004 年第 1 期
周原考古隊 2004c「周原遺址（王家嘴地点）嘗試性浮選的結果及初歩分析」『文物』2004 年第 10 期
周原考古隊 2005「陝西周原七星河流域 2002 年考古調査報告」『考古学報』2005 年第 4 期
周原考古隊 2006「2003 年陝西岐山周公廟遺址調査報告」『古代文明』第 5 巻
周原考古隊 2008「陝西扶風県周原遺址荘李西周墓発掘簡報」『考古』2008 年第 12 期
周原考古隊 2010「2005 年陝西扶風美陽河流域考古調査」『考古学報』2010 年第 2 期
周原考古隊 2011「周原荘李西周鋳銅遺址 2003 与 2004 念春季発掘報告」『考古学報』2011 年第 2 期
周原考古隊 2014「周原遺址鳳雛三号基址 2014 年発掘簡報」『中国国家博物館館刊』2015 年第 7 期
周原考古隊 2016「陝西宝鶏市周原遺址 2014～2015 年的勘探与発掘」『考古』2016 年第 7 期
周原博物館 2005a「1995 年扶風黄堆老堡子西周墓清理簡報」『文物』2005 年第 4 期
周原博物館 2005b「1996 年扶風黄堆老堡子西周墓清理簡報」『文物』2005 年第 4 期
周原博物館 2007「周原遺址劉家墓地西周墓葬的清理」『文博』2007 年第 4 期
周原扶風文管所 1985「扶風斉家村七、八号西周銅器窖蔵清理簡報」『考古与文物』1985 年第 1 期
周原扶風文管所 1987「陝西扶風強家一号西周墓」『文博』1987 年第 4 期
周昆叔 1995「周原黄土及其与文化層的関係」『第四紀研究』1995 年第 2 期
周昆叔 2002a『花粉分析与環境考古』学苑出版社
周昆叔 2002b「周原黄土及其与文化層的関係」周昆叔『花粉分析与環境考古』学苑出版社
周昆叔 2002c「孕育華夏文明的渭河盆地」周昆叔『花粉分析与環境考古』学苑出版社
周秦文化研究編委会編 1998『周秦文化研究』陝西人民出版
種建栄 2007「周原遺址斉家北墓葬分析」『考古与文物』2007 年第 6 期
種建栄・張敏・雷興山 2007「岐山孔頭溝遺址商周時期聚落性質初探」『文博』2007 年第 5 期
種建栄・雷興山 2005a「周公廟遺址甲骨坑 H1 発掘記」『文博』2005 年第 1 期
種建栄・雷興山 2005b「周公廟遺址西周大墓与夯土囲墻発現記」『文博』2005 年第 3 期
種建栄・雷興山 2007「先周文化鋳銅遺存的確認及其意義」『中国文物報』2007 年 11 月 30 日
種建栄・雷興山 2008「岐山孔頭遺溝址田野考古工作的理念与方法」『文博』2008 年第 5

期
種建栄・雷興山 2009「孔頭溝遺址商末周初遺存与先周文化探索」『考古与文物』2009 年第 3 期
種建栄・雷興山・鄭紅莉 2012「試論周原遺址新発現的空心磚」『文博』2012 年第 6 期
珠葆 1984「長安澧西馬王村出土"鄩男"銅鼎」『考古与文物』1984 年第 1 期
朱鳳瀚(谷豊信訳) 2004「陝西省郿県楊家村窖蔵出土の逸器と西周貴族の家族形態」東京国立博物館・朝日新聞社篇『中国国宝展』朝日新聞社
朱鳳瀚 2009『中国青銅器綜論』上海古籍出版社
淳化県文化館 1980「陝西淳化史家堰出土西周大鼎」『考古与文物』1980 年第 2 期
淳化県文化館・姚生民 1986「陝西淳化県出土的商周青銅器」『考古与文物』1986 年第 5 期
邵英 2006「宗周、鎬京与嵩京」『考古与文物』2006 年第 2 期
商県図書館・西安半坡博物館・商洛地区図書館 1981「陝西商県紫荊遺址発掘簡報」『考古与文物』1981 年第 3 期
肖琦 1991「陝西隴県出土周代青銅器」『考古与文物』1991 年第 5 期
肖琦 1993「隴県出土的両周陶器」『文博』1993 年第 6 期
尚志儒 1993「西周金文中的井国」『文博』1993 年第 3 期
聶樹人 1981『陝西自然地理』陝西人民出版社
徐錫台 1979「早周文化的特点及其淵源的探索」『文物』1979 年第 10 期
徐錫台 1988「周原考古工作的主要収穫」『考古与文物』1988 年第 5・6 期
徐天進 1985「試論関中地区的商文化」(碩士論文)(油印本)北京大学考古系
徐天進 1990「試論関中地区的商文化」『紀念北京大学考古専業三十周年論文集』北京大学考古系
徐天進 2003「西周王朝発祥的地―周原―周原考古綜述」『考古学研究』(五)
徐天進 2004「周原遺址最近的発掘収穫及相関問題」『中国考古学』第 4 号
徐天進 2005「周原考古与周人早期都邑的尋找(草稿)」『金沢大学中国考古学フォーラム発表要旨集』金沢大学文学部考古学研究室
徐天進 2006「周公廟遺址的考古所獲及所思」『文物』2006 年第 8 期
徐天進(堀渕宜男訳) 2009「周公廟遺跡から得られた考古資料と所感」『中国渭河流域の西周遺跡』同成社
徐天進・王占奎・徐良高 2006「1999 年度周原遺址ⅠA1 区及ⅣA1 区発掘簡報」『周原遺址的分期与布局研究』北京大学中国考古研究中心
徐天進・孫秉君 2006「2001 年度周原遺址調査報告」『周原遺址的分期与布局研究』北京大学中国考古研究中心
徐天進・孫秉君・徐良高・雷興山 2006「2001 年度周原遺址発掘簡報」『周原遺址的分期与布局研究』北京大学中国考古研究中心
徐天進・張恩賢 2002「西周王朝的発祥地―周原―周原考古綜述」北京大学考古文博学院・北京大学古代文明研究中心編『吉金鋳国史―周原出土西周青銅器精粋』文物出版社

徐天進・馬賽 2006「周原遺址商周時期墓地的分布与年代」『周原遺址的分期与布局研究』北京大学中国考古研究中心
徐天進・馬賽 2013「周原遺跡殷周時期墓地の分布と年代」飯島武次編『中国渭河流域の西周遺跡Ⅱ』同成社
徐天進・雷興山・孫慶偉・種建栄 2006「2003 年秋周原遺址Ⅳ B2 区及 B3 区的発掘」『周原遺址的分期与布局研究』北京大学中国考古研究中心
徐炳昶・常恵 1933「陝西調査古蹟報告」『国立北平研究院院務彙報』第 4 巻第 6 期
徐良高 2004「周・崇・断代・文献―〈西周年代研究之疑問難辨〉読後」『考古与文物』2004 年第 2 期
徐良高 2006「豊鎬遺址内先周文化遺存的発見与研究」中国社会科学院考古研究所夏商周考古研究室編『三代考古』(二) 科学出版社
徐良高 2009a「周公廟遺址性質雑談」『三代考古』(三) 科学出版社
徐良高 2009b「先秦城址聚落中的水与水系」『三代考古』(三) 科学出版社
徐良高 2010「京当類型商文化与鄭家坡類遺存関係再検討」『考古』2010 年第 9 期
徐良高・王巍 2002「陝西扶風雲塘西周建築基址的初歩認識」『考古』2002 年第 9 期
辛怡華 2003「岸―周王朝的良馬繁殖基地―眉県東李村盠尊(駒尊)組器再研究」『文博』2003 年第 2 期
辛怡華・劉宏岐 2002「周原―西周時期異姓貴族的聚居地」『文博』2002 年第 5 期
鄒衡 1980a『夏商周考古学論文集』
鄒衡 1980b「論先周文化」『夏商周考古学論文集』文物出版社
鄒衡 1988「再論先周文化」『周秦漢唐考古与文化国際学術会議論文集』西北大学
鄒衡 1998『夏商周考古学論文集(続集)』科学出版社
鄒衡 2011『夏商周考古学論文集(再続集)』科学出版社
西安市文物管理所 1974「陝西長安新旺村、馬王村出土的西周銅器」『考古』1974 年第 1 期
西安半坡博物館 1983a「陝西岐山双庵新石器時代遺址」『考古学集刊』三
西安半坡博物館 1983b「陝西神木石峁遺址調査試掘簡報」『史前研究』1983 年第 2 期
西安半坡博物館・王宜涛 1983「商県紫荊遺址発現二里頭文化陶文字」『考古与文物』1983 年第 4 期
西安半坡博物館・藍田県文化館 1981「陝西藍田懐珍坊商代遺址試掘簡報」『考古与文物』1981 年第 3 期
斉天谷 1989「陝西子長県出土的商代青銅器」『考古与文物』1989 年第 5 期
西北大学文化遺産与考古学研究中心・陝西省考古研究院・淳化県博物館 2012「陝西淳化県棗樹溝脳遺址先周時期遺存」『考古』2012 年第 3 期
西北大学文博学院考古専業 1998「陝西扶風県案板遺址西周墓的発掘」『考古与文物』1998 年第 6 期
西北大学文博学院・陝西省文物局・趙従蒼 2006『城洋青銅器』科学出版社
西北大学歴史系考古専業 1988「西安老牛坡商代墓地的発掘」『文物』1988 年第 6 期
西北大学歴史系考古専業七七、八二級実習隊 1987「陝西華県、扶風和宝鶏古遺址調査

簡報」『文博』1987 年第 2 期
石興邦 1954「長安普渡村西周墓葬発掘記」『考古学報』第八冊
石興邦 2004「従周公廟西周墓葬的発言和発掘所想到的」『文博』2004 年第 5 期
石璋如 1949「伝説中周都的実地考察」『中国科学院歴史語言研究所集刊』第二十本下冊
石璋如 1956「関中考古調査報告」『国立中央研究院歴史語言研究所集刊』第二十七本
籍和平 1986「従双庵遺址的発掘看陝西龍山文化的有関問題」『史前研究』1986 年第 1・2 期
石鼓山考古隊 2013a「陝西宝鶏石鼓山西周墓葬発掘簡報」『文物』2013 年第 2 期
石鼓山考古隊 2013b「陝西省宝鶏市石鼓山西周墓」『考古与文物』2013 年第 1 期
陝西考古所涇水隊 1960「陝西邠県下孟村遺址発掘簡報」『考古』1960 年第 1 期
陝西周原考古隊 1978a「陝西扶風荘白一号西周青銅器窖蔵発掘簡報」『文物』1978 年第 3 期
陝西周原考古隊 1978b「陝西扶風県雲塘、荘白二号西周銅器窖蔵」『文物』1978 年第 11 期
陝西周原考古隊 1979a「陝西岐山鳳雛村西周建築基址発掘簡報」『文物』1979 年第 10 期
陝西周原考古隊 1979b「陝西岐山鳳雛村発現周初甲骨文」『文物』1979 年第 10 期
陝西周原考古隊 1979c「陝西扶風斉家十九号西周墓」『文物』1979 年第 11 期
陝西周原考古隊 1979d「陝西岐山鳳雛村西周青銅器窖蔵簡報」『文物』1979 年第 11 期
陝西周原考古隊 1980a「扶風雲塘西周墓」『文物』1980 年第 4 期
陝西周原考古隊 1980b「扶風雲塘西周骨器製造作坊遺址試掘簡報」『文物』1980 年第 4 期
陝西周原考古隊 1981a「扶風召陳西周建築群基址発掘簡報」『文物』1981 年第 3 期
陝西周原考古隊 1981b「扶風県斉家村西周甲骨発掘簡報」『文物』1981 年第 9 期
陝西周原考古隊 1983「陝西岐山賀家村西周墓発掘報告」『文物資料叢刊』八
陝西周原考古隊 1984「扶風劉家姜戎墓葬発掘簡報」『文物』1984 年第 7 期
陝西周原考古隊 1986「扶風黄堆西周墓地鑽探清理簡報」『文物』1986 年第 8 期
陝西周原考古隊・尹盛平主編 1992『西周微氏家族青銅器群研究』文物出版社
陝西周原考古隊・岐山周原文管所 1982「岐山鳳雛村両次発現周初甲骨文」『考古与文物』1982 年第 3 期
陝西周原扶風文管所 1982a「周原西周遺址扶風地区出土幾批青銅器」『考古与文物』1982 年第 2 期
陝西周原扶風文管所 1982b「周原発現師同鼎」『文物』1982 年第 12 期
陝西省考古研究院 2009a「陝西韓城市梁帯村芮国墓地 M28 的発掘」『考古』2009 年第 4 期
陝西省考古研究院 2009b『少陵原西周墓地発掘報告』科学出版社
陝西省考古研究院 2010「陝西韓城梁代村芮国墓地西区発掘簡報」『考古文物』2010 年第 1 期
陝西省考古研究院 2014「2013 年陝西省考古研究院考古発掘調査新収獲」『考古与文物』

2014 年第 2 期
陝西省考古研究院・渭南市文物保護考古研究所・韓城市景区管理委員会編著 2010『梁帯村芮国墓地―二〇〇七年度発掘報告』文物出版社
陝西省考古研究院・渭南市文物保護考古研究所・韓城市文物旅游局 2006「陝西韓城梁代村遺址 M26 発掘簡報」『文物』2008 年第 1 期
陝西省考古研究院・渭南市文物保護考古研究所・韓城市文物旅游局 2010「陝西韓城梁代村墓地北区 2007 年発掘簡報」『文物』2010 年第 6 期
陝西省考古研究院商周考古研究部 2008「陝西夏商周考古発現与研究」『考古与文物』2008 年第 6 期
陝西省考古研究院・商洛市博物館 2011『商洛東龍山』科学出版社
陝西省考古研究院秦漢研究部 2010「"関中―天水経済区秦文化学術研討会"紀要」『考古与文物』2010 年第 6 期
陝西省考古研究院・北京大学考古文博学院・中国社会科学院考古研究所周原考古隊 2010『周原―2002 年度斉家制玦作坊和礼村遺址考古発掘報告』科学出版社
陝西省考古研究院・宝鶏市考古研究所・眉県文化館 2008『吉金鋳華章　宝鶏眉県楊家村単氏青銅器窖蔵』文物出版社
陝西省考古研究所 1986「陝西銅川棗廟秦墓発掘簡報」『考古与文物』1986 年第 2 期
陝西省考古研究所 1990『西漢京師倉』文物出版社
陝西省考古研究所 1993「陝西武功岸底先周遺址発掘簡報」『考古与文物』1993 年第 3 期
陝西省考古研究所 1995a『高家堡戈国墓』三秦出版社
陝西省考古研究所 1995b『鎬京西周宮室』西北大学出版社
陝西省考古研究所 2002「2000 年長安、戸県古遺址調査簡報」『考古与文物』（増刊）
陝西省考古研究所 2003「陝西長安羊元坊商代遺址残灰坑的清理」『考古与文物』2003 年第 2 期
陝西省考古研究所 2007「陝西扶風雲塘、斉鎮建築基址 2002 年度発掘簡報」『考古与文物』2007 年第 3 期
陝西省考古研究所・韓偉 1981「関於"秦文化是西戎文化"的質疑、兼談秦文化的族属」『青海考古学会会刊』第 2 期
陝西省考古研究所商周室・北京大学考古系商周実習組 1988「陝西耀県北村遺址発掘簡報」『考古与文物』1988 年第 2 期
陝西省考古研究所・徐錫台 1980「岐山賀家村周墓発掘簡報」『考古与文物』1980 年第 1 期
陝西省考古研究所・陝西省文物管理委員会・陝西省博物館 1979『陝西出土商周青銅器』（一）文物出版社
陝西省考古研究所・陝西省文物管理委員会・陝西省博物館 1980a『陝西出土商周青銅器』（二）文物出版社
陝西省考古研究所・陝西省文物管理委員会・陝西省博物館 1980b『陝西出土商周青銅器』（三）文物出版社

陝西省考古研究所・陝西省文物管理委員会・陝西省博物館 1984『陝西出土商周青銅器』
　(四)文物出版社
陝西省考古研究所・北京大学考古実習隊 1987「銅川市王家河墓地発掘簡報」『考古与文
　物』1987年第2期
陝西省考古研究所宝鶏工作站・宝鶏市考古工作隊 1994「陝西岐山趙家台遺址試掘簡報」
　『考古与文物』1994年第2期
陝西省考古研究所・宝鶏市考古隊 2000「陝西宝鶏市峪泉周墓」『考古与文物』2000年
　第5期
陝西省考古研究所・宝鶏市考古工作隊・眉県文化館・楊家村聯合考古隊 2003「陝西眉
　県楊家村西周青銅器窖蔵発掘簡報」『文物』2003年第6期
陝西省考古研究所・宝鶏市考古工作隊・眉県文化館聯合考古隊 2003「陝西眉県楊家村
　西周青銅器窖蔵」『考古与文物』2003年第3期
陝西省考古研究所・宝鶏市考古工作隊・鳳翔県博物館 2005「陝西鳳翔県長青西漢汧河
　碼頭倉儲建築遺址」『考古』2005年第7期
陝西省考古研究所・宝鶏市考古工作隊・鳳翔県博物館 2007「鳳雛県孫家南頭周墓発掘
　簡報」『考古与文物』2007年第1期
陝西省考古研究所宝中鉄路考古隊 1995「陝西隴県店子村四座周墓発掘簡報」『考古与文
　物』1995年第1期
陝西省社会科学院考古研究所涇水隊 1962「陝西涇水上游調査」『考古』1962年第6期
陝西省博物館・陝西省文物管理委員会 1963『扶風斉家村青銅器群』文物出版社
陝西省博物館・陝西省文物管理委員会 1976「陝西岐山賀家村西周墓葬」『考古』1976
　年第1期
陝西省博物館・文管会岐山工作隊 1978「陝西岐山礼村附近周遺址的調査和試掘」『文物
　資料叢刊』二
陝西省文物管理委員会 1956a「鳳県古文化遺址清理簡報」『文物参考資料』1956年第2
　期
陝西省文物管理委員会 1956b「長安張家坡村西周遺址的重要発現」『文物参考資料』
　1956年第3期
陝西省文物管理委員会 1957「長安普渡村西周墓的発掘」『考古学報』1957年第1期
陝西省文物管理委員会 1960「陝西岐山、扶風周墓清理記」『考古』1960年第8期
陝西省文物管理委員会 1963「陝西扶風、岐山周代遺址和墓葬調査発掘報告」『考古』
　1963年第12期
陝西省文物管理委員会 1964a「陝西永寿県、武功県出土西周銅器」『文物』1964年第7
　期
陝西省文物管理委員会 1964b「陝西長安灃西張家坡西周遺址的発掘」『考古』1964年第
　9期
陝西省文物管理委員会 1986「西周鎬京附近部分墓葬発掘簡報」『文物』1986年第1期
陝西省文物局・中華世紀壇芸術館 2003『盛世吉金—陝西宝鶏眉県青銅器窖蔵』北京出
　版社

陝西省雍城考古隊 1985「鳳翔馬家荘一号建築群遺址発掘簡報」『文物』1985 年第 2 期
銭穆 1931「周初地理考」『燕京学報』第 10 号
曹瑋 1993「太王都邑与周公封邑」『考古与文物』1993 年第 3 期
曹瑋 1994「周原西周銅器的分期」『考古学研究』（二）
曹瑋 1998「従青銅器的演化試論西周前後期之交的礼制変化」周秦文化研究編集委員会編『周秦文化研究』陝西人民出版
曹瑋 2001「耀県北村商代遺址出土動物骨骼鑑定報告」『考古与文物』2001 年第 6 期
曹瑋 2002「周原甲骨文」『夏商周断代工程叢書』世界図書出版公司
曹瑋 2003「也論金文中"周"」『考古学研究』（五）
曹瑋 2004『周原遺址与西周銅器研究』科学出版社
曹瑋主編 2005『周原出土青銅器』第一～十巻、巴蜀書社
曹瑋主編 2006『漢中出土商代青銅器』第一～三巻、巴蜀書社
曹瑋主編 2009『陝北出土青銅器』第一～五巻、巴蜀書社
宋殷 2016「試論先周文化探索中的四種模式」『古代文明研究通訊』総 69 期
曹永斌・樊維岳 1986「藍田泄湖鎮発現西周車馬坑」『文博』1986 年第 5 期
早期秦文化考古聯合課題組 2007「甘粛礼県大堡子山早期秦文化遺址」『考古』2007 年第 7 期
早期秦文化聯合考古隊 2004「西漢水上游周代遺址考古調査簡報」『考古与文物』2004 年第 6 期
早期秦文化聯合考古隊 2008a「2006 年甘粛礼県大堡子山 21 号建築基址発掘簡報」『文物』2008 年第 11 期
早期秦文化聯合考古隊 2008b「2006 年甘粛礼県大堡子山祭祀遺跡発掘簡報」『文物』2008 年第 11 期
曹明檀・尚志儒 1984「陝西鳳翔出土的西周青銅器」『考古与文物』1984 年第 1 期
蘇秉琦 1948a『闘鶏台溝東区墓葬』国立北平研究院史学研究所陝西考古発掘報告第一種第一号、北平
蘇秉琦 1948b「瓦鬲的研究」蘇秉琦『闘鶏台溝東区墓葬』、北平
蘇秉琦 1954『闘鶏台溝東区墓葬図説』中国科学院考古研究所、科学出版社
蘇秉琦 1984a『蘇秉琦考古学論述選集』文物出版社
蘇秉琦 1984b「西安付近古文化遺存的類型和分布」蘇秉琦『蘇秉琦考古学論述選集』文物出版社
宋豫秦・崔海亭・徐天進・周昆叔・王占奎 2002「周原現代地貌考察和歴史景観復原」『中国歴史地理論叢』第 17 巻第 1 期
孫華 1993a「試論広漢三星堆遺址的分期」『南方民族考古』第五輯
孫華 1993b「関中商代諸遺址的新認識—壹家堡遺址発掘的意義」『考古』1993 年第 5 期
孫華 1994「陝西扶風県壹家堡遺址分析—兼論晩商時期関中地区諸考古学文化的関係」『考古学研究』（二）
孫慶偉 2006「論周公廟和周原甲骨的年代与族属」『古代文明』第 5 巻
孫慶偉 2015a「聯襠鬲還是袋足鬲：先周文化探索的因境（上）」『江漢考古』2015 年第 2

期
孫慶偉　2015b「聯襠鬲還是袋足鬲：先周文化探索的因境（下）」『江漢考古』2015 年第 3 期
孫慶偉　2016「鳳雛三号建築基址与周代的亳社」『中国国家博物館館刊』2016 年第 3 期
孫周勇　2009「西周石玦的生産形態：関于原料・技術与生産組織的探討―周原遺址斉家制玦作坊個案研究之二」『考古与文物』2009 年第 3 期
孫周勇　2010「周原遺址先周果蔬儲蔵坑的発現及相関問題」『考古』2010 年第 10 期
高濱侑子　1992「中国古代における洞室墓」『青山史学』第 13 号
竹内康浩　2003「西周」松丸道雄・池田温・斯波義信・神田信夫・濱下武志編『中国史 1 ―先史～後漢―』山川出版社
谷秀樹　2010「西周代陝東出自者『周化』考」『立命館大学』617
田畑潤　2006「西周時代における青銅器副葬配置についての検討―陝西省豊鎬・周原地域の事例を中心に―」『青山考古』第 23 号
田畑潤　2008「西周時代前期における天馬―曲村墓地の被葬者集団について―青銅礼器副葬配置の分析から―」『中国考古学』第 8 号
田畑潤　2009「西周時代後期における葬制の変革―河南省三門峡市虢国墓地の青銅礼器副葬配置の分析を中心に―」『青山考古』第 25・26 合併号
田畑潤　2012「黄河中流域における西周時代後期葬制の変化と拡散」『中国考古学』第 12 号
田畑潤・近藤はる香　2010「西周時代強国における対外関係についての考察―葬制と青銅器生産系統の分析から―」『中国考古学』第 10 号
段渝　1996「巴蜀青銅文化的演進」『文物』1996 年第 3 期
茶谷満　2004「考古学における衛星画像の利用について」『歴史と構造』32 号
中国科学院考古研究所　1962a『灃西発掘報告』文物出版社
中国科学院考古研究所　1962b『新中国的考古収獲』『考古学専刊』甲種第六号
中国科学院考古研究所　1965『長安張家坡西周青銅器群』文物出版社
中国科学院考古研究所ほか　1974「北京付近発現的西周奴隷殉葬墓」『考古』1974 年第 5 期
中国科学院考古研究所豊鎬考古隊　1963「1961～62 年陝西長安灃東試掘簡報」『考古』1963 年第 8 期
中国科学院考古研究所灃西考古隊　1965「陝西長安張家坡西周墓清理簡報」『考古』1965 年第 9 期
中国科学院考古研究所灃西発掘隊　1962a「1960 年秋陝西長安張家坡発掘簡報」『考古』1962 年第 1 期
中国科学院考古研究所灃西発掘隊　1962b「陝西長安鄠県調査与試掘簡報」『考古』1962 年第 6 期
中国科学院地理研究所渭河研究組　1983『渭河下游河流地貌』科学出版社
中国社会科学院考古研究所　1987『殷墟発掘報告一九五八―一九六一』文物出版社
中国社会科学院考古研究所　1988『武功発掘報告―滸西荘与趙家来遺址』文物出版社

中国社会科学院考古研究所　1999『張家坡西周墓地』中国大百科全書出版社
中国社会科学院考古研究所　2000「1997年灃西発掘報告」2000年第2期
中国社会科学院考古研究所　2004『中国考古学　両周巻』中国社会科学出版社
中国社会科学院考古研究所　2007『南邠州・碾子坡』世界図書出版
中国社会科学院考古研究所安陽工作隊　1979a「一九六九――一九七七年殷墟西区墓葬発掘報告」『考古学報』1979年第1期
中国社会科学院考古研究所安陽工作隊　1979b「安陽武官村北的一座殷墓」『考古』1979年第3期
中国社会科学院考古研究所安陽工作隊　1983「安陽殷墟三家荘東的発掘」『考古』1983年第2期
中国社会科学院考古研究所山西工作隊　1986「山西垣曲龍王崖遺址的両次発掘」『考古』1986年第2期
中国社会科学院考古研究所・陝西省考古研究院・西安市周秦都城遺址保護管理中心　2016『豊鎬考古八十年』科学出版社
中国社会科学院考古研究所・陝西省考古研究院・西安市周秦都城遺址保護管理中心　2018『豊鎬考古八十年・資料篇』科学出版社
中国社会科学院考古研究所渭水流域考古調査発掘隊　1996「陝西渭水流域西周文化遺址調査」『考古』1996年第7期
中国社会科学院考古研究所甘粛工作隊　1980a「甘粛永靖蓮花台辛店文化遺址」『考古』1980年第4期
中国社会科学院考古研究所甘粛工作隊　1980b「甘粛永靖張家嘴与姫家川遺址的発掘」『考古学報』1980年第2期
中国社会科学院考古研究所涇渭工作隊　1981「隴東鎮原常山遺址発掘簡報」『考古』1981年第3期
中国社会科学院考古研究所涇渭工作隊　1982「甘粛荘浪県徐家碾寺窪文化墓葬発掘紀要」『考古』1982年第6期
中国社会科学院考古研究所涇渭工作隊　1989「陝西長武碾子坡先周文化遺址発掘記略」『考古学集刊』第六集
中国社会科学院考古研究所涇渭工作隊　1999「陝西彬県断涇遺址発掘報告」『考古学報』1999年第1期
中国社会科学院考古研究所陝西武功発掘隊　1983「陝西武功県新石器時代及西周遺址調査」『考古』1983年第5期
中国社会科学院考古研究所二里頭工作隊　2005「河南洛陽盆地2001〜2003年考古調査簡報」『考古』2005年第5期
中国社会科学院考古研究所武功発掘隊　1988「1982〜1983年陝西武功黄家河遺址発掘簡報」『考古』1988年第7期
中国社会科学院考古研究所扶風考古隊　1980「一九六二年陝西扶風斉家村発掘簡報」『考古』1980年第1期
中国社会科学院考古研究所文化遺産保護研究中心・山西省考古研究所翼城大河口考古隊

2013「山西翼城県大河口西周墓地 M 1 実験室考古簡報」『考古』2013 年第 8 期
中国社会科学院考古研究所豊鎬工作隊 1987「1984～1985 澧西西周遺址、墓葬発掘報告」『考古』1987 年第 1 期
中国社会科学院考古研究所豊鎬工作隊 1992「陝西長安県澧西新旺村西周制骨作坊遺址」『考古』1992 年第 11 期
中国社会科学院考古研究所豊鎬工作隊 2000「1997 年澧西発掘報告」『考古学報』2000 年第 2 期
中国社会科学院考古研究所豊鎬発掘隊 1984「長安澧西早周墓葬発掘記略」『考古』1984 年第 9 期
中国社会科学院考古研究所豊鎬発掘隊 2004「陝西長安県澧西大原村西周墓葬」『考古』2004 年第 9 期
中国社会科学院考古研究所澧西隊 1994「1987、1991 年陝西長安張家坡的発掘」『考古』1994 年第 10 期
中国社会科学院考古研究所澧西発掘隊 1980「1967 年長安張家坡西周墓葬的発掘」『考古学報』1980 年第 4 期
中国社会科学院考古研究所澧西発掘隊 1981「1976～1978 年長安澧西発掘簡報」『考古』1981 年第 1 期
中国社会科学院考古研究所澧西発掘隊 1983「陝西長安県新旺村新出土西周銅鼎」『考古』1983 年第 3 期
中国社会科学院考古研究所澧西発掘隊 1986a「長安張家坡西周井叔墓発掘簡報」『考古』1986 年第 1 期
中国社会科学院考古研究所澧西発掘隊 1986b「1979～1981 年長安澧西、澧東発掘簡報」『考古』1986 年第 3 期
中国社会科学院考古研究所澧西発掘隊 1986c「1984 年澧西大原村西周墓地発掘簡報」『考古』1986 年第 11 期
中国社会科学院考古研究所澧西発掘隊 1987「陝西長安澧西客省荘西周夯土基址発掘報告」『考古』1987 年第 8 期
中国社会科学院考古研究所澧西発掘隊 1988「1984 年長安普渡村西周墓葬発掘簡報」『考古』1988 年第 9 期
中国社会科学院考古研究所澧西発掘隊 1989「長安張家坡 M183 西周洞室墓発掘簡報」『考古』1989 年第 6 期
中国社会科学院考古研究所澧西発掘隊 1990「陝西長安張家坡 M170 号井叔墓発掘簡報」『考古』1990 年第 6 期
中国社会科学院考古研究所澧西発掘隊 2012「陝西長安県澧西新旺村西周遺址 1982 年発掘簡報」『考古』2012 年第 5 期
中国青銅器全集編集委員会編 1993『中国青銅器全集：5 西周(1)』文物出版社
張亜煒 2009「従逨盤諸器銘看西周単氏家族」『周秦文明論叢』第 2 輯、三秦出版社
趙永福 1984「1961～62 年澧西発掘簡報」『考古』1984 年第 9 期
張映文・呂智栄 1988「陝西清澗県李家崖古城址発掘簡報」『考古与文物』1988 年第 1

期
張恩賢・魏興興 2001「周原遺址出土"丹叔番"盂」『考古与文物』2001年第6期
趙学謙 1959「記岐山発現的三件青銅器」『考古』1959年第11期
趙学謙 1963「陝西宝鶏、扶風出土的幾件青銅器」『考古』1963年第10期
張学正・蒲朝黻 1985「永靖県馬路塬和臨夏県蓮花台辛店文化遺址」『中国考古学年鑑1985』文物出版社
趙化成 1989「甘粛東部秦和姜戎文化的考古学探索」兪偉超主編『考古類型学的理論与実践』文物出版社
張鈞成 1995『中国古代林業史 先秦篇』呉南図書出版
張桂光 2005「周金文所見"井叔"考」陝西師範大学・宝鶏青銅器博物館編『黄成璋先生八秩華誕紀念文集』中国教育文化出版社
趙景波 1991「黄土的侵蝕与治理」孫建中・趙景波ほか『黄土高原第四紀』科学出版社
張健 2011「滄海桑田：関中東部沙苑区生態環境変遷」王双懐主編『関中地区人類活動与環境変遷』三秦出版社
趙建龍 1988「試論黄河流域的洞室墓」『西北史地』1988年第3期
張光直(小南一郎・間瀬収芳訳) 2000『中国古代文明的形成—中国青銅時代 第二集』平凡社
趙康民 1982「臨潼原頭、鄧家荘遺址勘査記」『考古与文物』1982年第1期
張洲 1995「周原環境与文化要述」『文博』1995年第4期
張洲 2007『周原環境与文化（修訂本）』三秦出版社
張春生 2003「周先公世系補遺」『文博』2003年第2期
長水 1972「岐山賀家村出土的西周銅器」『文物』1972年第6期
張翠蓮 1993「扶風劉家墓地試析」『考古与文物』1993年第3期
張政烺 1976「何尊銘文解釈補遺」『文物』1976年第1期
張政烺 1986「矢王簋蓋跋—評王国維《古諸侯称王説》—」『古文字研究』第13輯
張雪蓮・仇士華 2004「周原遺址雲塘、斉鎮建築基址碳十四年代研究」『考古』2004年第4期
張長寿 1980「論宝鶏茹家荘発現的西周銅器」『考古』1980年第6期
張長寿 1983「記陝西長安澧西新発現的両件銅鼎」『考古』1983年第3期
張長寿 1987「記澧西新発現的獣面玉飾」『考古』1987年第5期
張長壽 1990「論井叔銅器：1983～1986年澧西発掘資料之二」『文物』1990年第7期
張長寿 1994「西周的玉柄形器—1983～86年澧西発掘資料之九」『考古』1994年第6期
張長寿 2000「澧西的先周文化遺存」『考古与文物』2000年第2期
張長寿・張孝光 1992「西周時期的銅漆木器具—1983～86年澧西発掘資料之六」『考古』1992年第6期
張長寿・梁星彭 1989「関中先周青銅器文化的類型与周文化的淵源」『考古学報』1989年第1期
張天恩 1989「高領袋足鬲的研究」『文物』1989年第6期
張天恩 1998a「周原遺址殷商時期文化遺存分析」『中原文物』1998年第1期

張天恩 1998b「古密須国文化的初歩認識」韓偉主編『遠望集―陝西省考古研究所華誕四十周年紀年論文集』陝西人民美術出版社
張天恩 2000a「試論関中東部夏代文化遺存」『文博』2000年第3期
張天恩 2000b「関中西部夏代文化遺存的探索」『考古与文物』2000年第3期
張天恩 2001「中原地区西周青銅短剣簡論」『文物』2001年第4期
張天恩 2004a「関中西部商文化研究」『考古学報』2004年第1期
張天恩 2004b「周公廟遺址発掘渉及的主要問題」『文博』2004年第5期
張天恩 2004c『関中商代文化研究』文物出版社
張天恩 2006「周人早期歴史地名的斉考察」『周秦文明論叢』第1輯、三秦出版社
張天恩 2008『周秦文化研究論集』科学出版社
趙福生・劉緒 1998「西周燕文化与張家園上層類型」『跋渉集』北京図書館出版社
長武県文化館・田学祥・張振華 1975「陝西張武県文化大革命以来出土的幾件西周銅器」『文物』1975年第5期
張文祥 1996「宝鶏強国墓地淵源的初歩探討―兼論蜀文化与城固銅器群的関係」『考古与文物』1996年第2期
張懋鎔 1995「周人不用族徽説」『考古』1995年第9期
張懋鎔 2004「関于周公廟墓地性質的別類思考」『文博』2004年第5期
張懋鎔 2005a「西周青銅器断代両系芻議」『考古学報』2005年第1期
張懋鎔 2005b「幽王銅器新探」『文博』2005年第1期
張懋鎔 2009「再論"周人不用日名説"」『文博』2009年第3期
張懋鎔・魏興興 2002「一座豊富的地下文庫―周原出土西周有銘青銅器綜論」北京大学考古文博学院・北京大学古代文明研究中心編『吉金鋳国史―周原出土西周青銅器精粋』文物出版社
張良仁 2001「高領袋足鬲的分期与来源」『考古与文物』2001年第4期
張礼艶 2012「豊鎬地区西周墓葬分期研究」『考古学報』2012年第1期
張礼艶 2013「灃西地区殷移民的社会地位及其変遷」『考古与文物』2013年第2期
陳昭容 2006「両周婚姻関係中的「媵」与「媵器」―青銅器銘文中的性別、身分与角色研究之二」『中央研究院歴史語言研究所集刊』第77本第2分
陳穎 1985「長安県新旺村出土的両件青銅器」『文博』1985年第3期
陳全方 1976「周原遺址考古新発現」『西北大学学報(哲社版)』1976年第3・4期
陳全方 1979「早周都城岐邑初探」『文物』1979年第10期
陳全方 1984a「周原西周建築基址概述(上)」『文博』1984年創刊号
陳全方 1984b「周原西周建築基址概述(下)」『文博』1984年第2期
陳全方 1985「周原出土陶文研究」『文物』1985年第3期
陳全方 1987「周原遺址発掘綜述」『中国考古学研究論集―紀念夏鼐先生考古五十週年』三秦出版社
陳全方 1988『周原与周文化』上海人民出版社
陳全方 1991「周原的来暦与我国最早的京城」『文博』1991年第4期
陳全方 1992「従周原新出文物談西周文、武王和周公的業績」『文博』1992年第4期

陳夢家 1955a「西周銅器断代（一）」『考古学報』第九冊
陳夢家 1955b「西周銅器断代（二）」『考古学報』第十冊
陳夢家 1956「西周銅器断代（三）」『考古学報』1956 年第 1 期
丁乙 1982「周原的建築遺存和銅器窖蔵」『考古』1982 年第 4 期
程学華 1959「宝鶏扶風発現西周銅器」『文物』1959 年第 11 期
丁広学 1981「甘粛荘浪県出土的寺窪陶器」『考古与文物』1981 年第 2 期
鄭洪春 1981「長安県河迪村西周墓清理簡報」『文物資料叢刊』五
鄭洪春 1984「西周建築基址勘査」『文博』1984 年第 3 期
鄭洪春・蒋祖棣 1986「長安灃東西周遺存的考古調査」『考古与文物』1986 年第 2 期
鄭洪春・穆海亭 1988「長安県花園村西周墓葬清理簡報」『文博』1988 年第 1 期
鄭洪春・穆海亭 1992「鎬京西周五号大型宮室建築基址発掘簡報」『文博』1992 年第 4 期
鄭振香・陳志達 1985「殷墟青銅器的分期与年代」『殷墟青銅器』文物出版社
程平山 2011「宗周、"周"邑、"周廟"与岐邑辨析」『考古学研究』（八）
田昌五 1989「周原出土甲骨中反映的商周関係」『文物』1989 年第 10 期
田仁孝・張天恩・雷興山 1993「碾子坡類型芻論」『文博』1993 年第 6 期
田仁孝・劉棟・張天恩 1994「西周彊氏遺存幾个問題的探討」『文博』1994 年第 5 期
田鉄林 1991「麟游県出土商周青銅器」『考古与文物』1991 年第 1 期
唐雲明 1957「邢台南大郭村商代遺址探掘簡報」『文物参考資料』1957 年第 3 期
陶栄 2008「甘粛崇信香山寺先周墓清理簡報」『考古与文物』2008 年第 2 期
唐金裕・王寿芝・郭長江 1980「陝西城固県出土殷商銅器整理簡報」『考古』1980 年第 3 期
董珊 2006「試論周公廟亀甲卜辞及其相関問題」『古代文明』第 5 巻
唐蘭 1956「宜侯夨殷考釋」『考古学報』1956 年第 2 期
唐蘭 1962「西周銅器断代中的"康宮"問題」『考古学報』1962 年第 1 期
唐蘭 1976「何尊銘文解釈」『文物』1976 年第 1 期
唐蘭 1978「略論西周微史家族窖蔵銅器的重要意義」『文物』1978 年第 3 期
銅川市文化館 1982「陝西銅川発現商周青銅器」『考古』1982 年第 1 期
杜金鵬 2009「周原宮殿建築類型及相関問題探討」『考古学報』2009 年第 4 期
内蒙古文物考古研究所 1988「内蒙古朱開溝遺址」『考古学報』1988 年第 3 期
南玉泉 1989「辛店文化序列及其与卡約、寺窪文化的関係」兪偉超主編『考古類型学的理論与実践』文物出版社
難波純子 2005「商周青銅彝器のひろがり―青銅器の GIS 解析より―」『中国考古学』第 5 号
西江清高 1984「巴蜀及び嶺南地方の青銅器文化をめぐる若干の問題」『東南アジア歴史と文化』13 号
西江清高 1993「西周式時成立の背景（上）」『東洋文化研究所紀要』第百二十一冊
西江清高 1994「西周式時成立の背景（下）」『東洋文化研究所紀要』第百二十三冊
西江清高 1995「中国先史時代の土器作り」『しにか』第 6 巻第 7 号

西江清高 1999「西周時代の関中における『強』集団の位置」『論集　中国古代の文字と文化』汲古書院
西江清高 2002「関於重建四川古代史的幾個問題」西江清高『扶桑与若木—日本学者対三星堆文明的新認識』巴蜀書社
西江清高 2003「先史時代から初期王朝時代」松丸道雄・池田温・斯波義信・神田信夫・濱下武志編『中国史１—先史～後漢—』山川出版社
西江清高 2004「岐山周公廟付近で発見―周の大型墓群」『墨』170 号
西江清高 2005a「地域間関係から見た中原王朝の成り立ち」前川和也・岡村秀典編『国家形成の比較研究』学生社
西江清高 2005b「関中平原と周王朝―「地域」としての周原をめぐって」『アカデミア人文・社会科学編』第 81 号
西江清高 2011「歴史的地域としての『周原地区』―考古学 GIS の初歩的試み―」黒澤浩・西江清高編『南山大学人類学博物館所蔵考古資料の研究　高蔵遺跡の研究/大須二子山古墳と地域史の研究』六一書房
西江清高・渡部展也 2009「関中平原西部における周遺跡の立地と地理環境―水資源の問題を中心として―」飯島武次編『中国渭河流域の西周遺跡』同成社
西江清高・渡部展也 2013「関中平原東部における遺跡分布と地理環境」飯島武次編『中国渭河流域の西周遺跡Ⅱ』同成社
任周芳 2006「宝鶏地区古代遺址的分布」『周原遺址的分期与布局研究』北京大学中国考古研究中心
冉素茹 1988「藍田県出土一件西周青銅簋」『文博』1988 年第 6 期
白栄金 1990「長安張家坡 M170 号西周墓出土一組半月形銅件的組合復原」『考古』1990 年第 6 期
馬承源 1976「何尊銘文初釈」『文物』1976 年第 1 期
馬承源 1986『商周青銅器銘文選』(3) 文物出版社
馬承源・王世民・王占奎ほか 2003「陝西眉県出土窖蔵青銅器筆談」『文物』2003 年第 6 期
林巳奈夫 1972『中国殷周時代の武器』京都大学人文科学研究所
林巳奈夫 1983「殷―春秋前期金文の書式と常用語句の時代的変遷」『東方学報』第 55 冊
林巳奈夫 1984『殷周時代青銅器の研究―殷周青銅器綜覧一』吉川弘文館
林巳奈夫 1986『殷周時代青銅器紋様の研究―殷周青銅器綜覧二』吉川弘文館
原宗子 2005a『「農本」主義と「黄土」の発生―古代中国の開発と環境 2 ―』研文出版
原宗子 2005b「大規模渠水灌漑の成立事情と有効性」原宗子『「農本」主義と「黄土」の発生―古代中国の開発と環境 2 ―』研文出版
樊維岳 1985「藍田県出土一組西周早期青銅器」『文博』1985 年第 3 期
樊維岳 1987「藍田県出土一組西周早期銅器陶器」『考古与文物』1987 年第 5 期
樊維岳・呉鎮烽 1980「陝西藍田県出土商代青銅器」『文物資料叢刊』三
眉県・劉懐君・宝鶏市文管会・任周芳 1982「眉県出土"王作仲姜"宝鼎」『考古与文物』

1982 年第 2 期
馮建科 2004「試論周公廟遺址的文化內涵及性質」『文博』2004 年第 6 期
馮濤 2004「陝西周公廟発現大型墓葬群」『文博』2004 年第 2 期
平勢隆郎 2001『よみがえる文字と呪術の帝国 古代殷周王朝の素顔』中央公論新社
傅熹年 1981a「陝西岐山鳳雛西周建築遺址初探―周原西周建築遺址研究之一」『文物』1981 年第 1 期
傅熹年 1981b「陝西扶風召陳西周建築遺址初探―周原西周建築遺址研究之二」『文博』1981 年第 3 期
付升岐 1984「扶風新出土的青銅器」『文博』創刊号
府仲楊 2009「再論周公廟西周大型貴族墓葬群性質」『三代考古』(三)科学出版社
扶風県図書館・羅西章 1979「陝西扶風発現西周厲王㝬簋」『文物』1979 年第 4 期
扶風県図書館・羅西章 1980「陝西扶風楊家堡西周墓清理簡報」『考古与文物』1980 年第 2 期
扶風県博物館 1984「扶風北呂周人墓地発掘簡報」『文物』1984 年第 7 期
扶風県博物館 1986「扶風県官務窯出土西周銅器」『文博』1986 年第 5 期
扶風県博物館 2007「陝西扶風県新発現一批商周青銅器」『考古与文物』2007 年第 3 期
扶風県文化館・陝西省文管会等 1976a「陝西扶風県召李村一号周墓清理簡報」『文物』1976 年第 6 期
扶風県文化館・陝西省文管会等 1976b「陝西扶風出土西周伯戜諸器」『文物』1976 年第 6 期
扶風県文化館・羅西章 1977「扶風白家窯水庫出土的商周文物」『文物』1977 年第 12 期
扶風県文化館・羅西章 1978「扶風美陽発現商周銅器」『文物』1978 年第 10 期
王占奎・水濤 1997「甘粛合水九站遺址発掘報告」『考古学研究』(三)
北京大学考古教研室華県報告編写組 1980「華県、渭南古代遺址調査与試掘」『考古学報』1980 年第 3 期
北京大学考古系 1993a「陝西扶風県壹家堡遺址発掘簡報」『考古』1993 年第 1 期
北京大学考古系 1993b「関中商代諸遺址的新認識―壹家堡遺址発掘的意義」『考古』1993 年第 5 期
北京大学考古系商周組 1994a「陝西扶風県壹家堡遺址 1986 年度発掘報告」『考古学研究』(二)
北京大学考古系商周組 1994b「陝西扶風県壹家堡遺址分析―兼論晚商時期関中地区諸考古学文化的関係」『考古学研究』(二)
北京大学考古系商周組・陝西省考古研究所 1994「陝西耀県北村遺址 1984 年発掘報告」『考古学研究』(二)
北京大学考古系商周組・陝西省考古研究所 2000「陝西礼泉朱馬嘴商代遺址試掘簡報」『考古与文物』2000 年第 5 期
北京大学考古系商周考古実習組・陝西省考古研究所商周研究室 1988「陝西綏徳薛家渠遺址的試掘」『文物』1988 年第 6 期
北京大学考古系商周実習組・陝西省考古研究所商周研究室 1989「陝西米脂張坪墓地試

掘簡報」『考古与文物』1989 年第 1 期
北京大学考古系・宝鶏市考古工作隊 2000「陝西麟游県蔡家河遺址龍山遺存発掘報告」『考古与文物』2000 年第 6 期
北京大学考古文博院 2001「陝西彬県、淳化等県商時期遺址調査」『考古』2001 年第 9 期
北京大学考古文博院・宝鶏市考古工作隊 2000a「陝西麟游県蔡家河遺址商代遺存発掘報告」『華夏考古』2000 年第 1 期
北京大学考古文博院・宝鶏市考古工作隊 2000b「陝西麟游県蔡家河遺址龍山遺存発掘報告」『考古与文物』2000 年第 6 期
北京大学考古文博院・宝鶏市考古工作隊 2004「陝西麟游県史家塬遺址発掘報告」『華夏考古』2004 年第 4 期
北京大学考古文博院・種建栄・雷興山 2007「先周文化鋳銅遺存的確認及其意義」『中国文物報遺産周刊』第 251 期
北京大学考古文博院・北京大学古代文明研究中心 2002『吉金鋳国史―周原出土西周青銅器精粹』文物出版社
北京大学中国考古学研究中心・宝鶏市考古工作隊 2013「宝鶏市蔣家廟遺址考古調査報告」『古代文明』第 9 巻
北京大学歴史系考古教研究室商周組編著 1979『商周考古』文物出版社
卞吉 1986「扶風発現新石器時代大型袋足甕」『文博』1986 年第 1 期
鳳凰山(周公廟)考古隊 2007「2004 年夏鳳凰山(周公廟)遺址調査報告」『古代文明』第 6 巻
龐懐靖 1991「重談美陽、岐陽地望問題」『考古与文物』1991 年第 5 期
龐懐靖 1993「周原甲骨文」『文博』1993 年第 6 期
龐懐靖 2001a「岐邑(周城)之発現及鳳雛建築基址年代探討」『文博』2001 年第 1 期
龐懐靖 2001b「鳳雛甲組宮室年代問題再探討」『考古与文物』2001 年第 4 期
彭曦 2007「西周甲骨作𠭯版初釈」『文博』2007 年第 2 期
宝鶏県博物館・閻宏斌 1988「宝鶏林家村出土西周青銅器和陶器」『文物』1988 年第 6 期
宝鶏市考古研究所 2007「陝西宝鶏紙坊頭西周早期墓葬清理簡報」『文物』2007 年第 8 期
宝鶏市考古研究所・扶風県博物館 2007「陝西扶風五群西村西周青銅器窖蔵発掘簡報」『文物』2007 年第 8 期
宝鶏市考古工作隊 1984「陝西武功鄭家坡先周遺址発掘簡報」『文物』1984 年第 7 期
宝鶏市考古工作隊 1989「関中漆水下游先周遺址調査簡報」『考古与文物』1989 年第 6 期
宝鶏市考古工作隊 1998「陝西宝鶏市高家村遺址発掘簡報」『考古』1998 年第 4 期
宝鶏市考古工作隊 2008「陝西宝鶏高家村劉家文化墓地発掘報告」『古代文明』第 7 巻
宝鶏市考古工作隊・宝鶏県博物館 1996「宝鶏県陽平鎮高廟村西周墓群」『考古与文物』1996 年第 3 期

宝鶏市考古隊 1989a「宝鶏市紙坊頭遺址試掘簡報」『文物』1989年第5期
宝鶏市考古隊 1989b「宝鶏市附近古遺址調査」『文物』1989年第6期
宝鶏市考古隊・扶風県博物館 1996「扶風県飛鳳山西周墓発掘簡報」『考古与文物』1996年第3期
宝鶏市考古隊・扶風県博物館 2007「陝西扶風県新発現一批西周青銅器」『考古与文物』2007年第4期
宝鶏市周原博物館・羅西章 1995『北呂周人墓地』西北大学出版社
宝鶏市周原博物館・宝鶏市考古研究所 2013「周原遺址池渠遺存的鑽探与発掘」『周原』第1輯
宝鶏市博物館 1983「宝鶏竹園溝西周墓地発掘簡報」『文物』1983年第2期
宝鶏市博物館・王光永 1977「陝西省岐山県発現商代銅器」『文物』1977年第12期
宝鶏市博物館・王光永・鳳翔県文化館・曹明檀 1979「宝鶏市郊区和鳳翔発現西周早期銅鏡等文物」『文物』1979年第12期
宝鶏市博物館・李仲操 1978「史墻盤銘文試釈」『文物』1978年第3期
宝鶏茹家荘西周墓発掘隊 1976「陝西省宝鶏市茹家荘西周墓発掘簡報」『文物』1976年第4期
龐文龍 1994「岐山県博物館蔵商周青銅器録遺」『考古与文物』1994年第3期
龐文龍・崔玖英 1989「岐山王家村出土青銅器」『文博』1989年第1期
龐文龍・崔玖英 1990「陝西岐山近年出土的青銅器」『考古与文物』1990年第1期
穆暁軍 1998「陝西長安県出土西周呉虎鼎」『考古与文物』1998年第3期
保全 1981「西安老牛坡出土商代早期文物」『考古与文物』1981年第2期
彭邦炯 1991「西安老牛坡商墓遺存族属新探」『考古与文物』1991年第6期
考古与文物編輯部 2003「宝鶏眉県楊家村窖蔵単氏家族青銅器群座談紀要」『考古与文物』2003年第3期
馬琴莉 1996「三原県収蔵的商周青銅器和陶器」『文博』1996年第4期
松井嘉徳 2001「周の国制―封建制と官制を中心として」殷周秦漢時代史の基本問題編集委員会『殷周秦漢時代史の基本問題』汲古書院
松井嘉徳 2002『周代国制の研究』汲古書院
松丸道雄 1970「殷周国家の構造」荒松雄ほか編『岩波講座　世界歴史4　古代4　東アジア世界の形成I』岩波書店
松丸道雄 1977「西周青銅器製作の背景―周金文研究・序章―」『東洋文庫研究所紀要』第七十二冊
松丸道雄 1979「西周青銅器中の諸侯製作器について―周金文研究・序章その二―」『東洋文化』第59号
松丸道雄編 1980a『西周青銅器とその国家』東京大学出版会
松丸道雄 1980b「西周青銅器製作の背景―周金文研究序章―」『西周青銅器とその国家』東京大学出版会
松丸道雄 1980c「西周青銅器中の諸侯製作器について―周金文研究序章その二―」『西周青銅器とその国家』東京大学出版会

松丸道雄 2001「殷周春秋史総説」殷周秦漢時代史の基本問題編集委員会『殷周秦漢時代史の基本問題』汲古書院
松丸道雄 2004「河南省鹿邑県長子口墓をめぐる諸問題―古文献と考古学との邂逅―」『中国考古学』第 4 号
武者章 1989「先周青銅器試探」『東洋文化研究所紀要』第一〇九冊
村松弘一 2016a『中国古代環境史の研究』汲古書院
村松弘一 2016b「関中平原東部への遷都と開発の展開―雍城から咸陽へ―」村松弘一『中国古代環境史の研究』汲古書院
村松弘一 2016c「中国古代関中平原の水利開発と環境―鄭国渠から白渠へ―」村松弘一『中国古代環境史の研究』汲古書院
持井康孝 1980「西周時代の成周鋳銅工房について―洛陽出土の熔范をめぐって―」松丸道雄編『西周青銅器とその国家』東京大学出版会
兪偉超 1985「古代"西戎"和"姜"、"胡"考古学文化帰属問題的探討」『先秦両漢考古学論集』文物出版社
楊寛 2003『西周史』上海人民出版社
楊巨中 2000「周豊邑鎬京城址考」『文博』2000 年第 4 期
楊軍昌 1997「周原出土西周陽燧技術研究」『文物』1997 年第 7 期
楊鴻勲 1981「西周岐邑建築遺址初歩考察」『文物』1981 年第 3 期
楊錫璋 1986「関於商代青銅戈矛的一些問題」『考古与文物』1986 年第 3 期
楊升南 1984「説《周行》《周道》―西周時期的交通初探」人文雑誌編輯部『西周史研究』人文雑誌叢刊第 2 輯人文雑誌編輯部
雍城考古隊 1985「陝西鳳翔県大辛村遺址発掘簡報」『考古与文物』1985 年第 1 期
雍城考古隊 1987「陝西鳳翔水溝周墓清理記」『考古与文物』1987 年第 4 期
雍城考古隊・韓偉・呉鎮烽 1982「鳳翔南指揮西村周墓的発掘」『考古与文物』1982 年第 4 期
姚生民 1986「陝西淳化県出土的商周青銅器」『考古与文物』1986 年第 5 期
姚生民 1990「陝西淳化県新発現的商周青銅器」『考古与文物』1990 年第 1 期
楊莉 2006「鳳雛 H11 之 1、82、84、112 四版卜辞通釈与周原卜辞的族属問題」『古代文明』第 5 巻
吉本道雅 1991「西周冊名金文考」『史林』第 74 巻第 5 号
吉本道雅 2001「国制史」殷周秦漢時代史の基本問題編集委員会『殷周秦漢時代史の基本問題』汲古書院
雷興山 2000a「陝西麟游県蔡家河遺址商代遺存発掘報告」『華夏考古』2000 年第 1 期
雷興山 2000b「対関中地区商文化的幾点認識」『考古与文物』2000 年第 2 期
雷興山 2000c「蔡家河、園子坪等遺址的発掘与碾子坡類遺存分析」北京大学考古系編『考古学研究』（四）
雷興山 2003「先周文化的探索歴程」『考古学研究』（五）
雷興山 2006a「陝西麟游県園子坪遺址商代遺存分析」『考古与文物』2006 年第 4 期
雷興山 2006b「論周公廟遺址卜甲坑 H45 的期別与年代―兼論関中西部地区商周之際考

古学文化分期的幾点認識」『古代文明』第 5 巻
雷興山 2007「周原遺址商時期考古学文化分期研究」『古代文明』第 6 巻
雷興山 2008a「周原遺址商時期遺存与先周文化関係辨析」『古代文明』第 7 巻
雷興山 2008b「周原遺址劉家墓地分析」『考古学研究』(七)
雷興山 2009a「由周原遺址陶文"周"論"周"地与先周文化」『俞偉超先生紀念文集』文物出版社
雷興山 2009b「論周原遺址西周時期手工業者的居与葬」『華夏考古』2009 年第 4 期
雷興山 2010『先周文化探索』科学出版社
雷興山・種建栄 2014「周原遺址商周時期聚落新識」湖北省博物館『大宗維翰—周原青銅器特展』文物出版社
雷祥義 2001『黄土高原地質災害与人類活動』地質出版社
雒忠如 1963「扶風兼又出土了周代銅器」『文物』1963 年第 9 期
雒有倉 2013「商周家族墓地所見族徽文字与族氏関係」『考古』2013 年第 8 期
羅紅俠 1993「周原出土的人物形象文物」『文博』1993 年第 6 期
羅紅俠 1994a「扶風黄堆老堡三座西周残墓清理簡報」『考古与文物』1994 年第 3 期
羅紅俠 1994b「扶風黄堆老堡西周残墓出土文物」『文博』1994 年第 5 期
羅紅俠・周暁 1995「試論周原遺址出土的西周璽印」『文物』1995 年第 12 期
羅西章 1973「扶風新征集了一批西周青銅器」『文物』1973 年第 11 期
羅西章 1974「陝西扶風県北橋出土一批西周青銅器」『文物』1974 年第 11 期
羅西章 1978「扶風白龍大隊発現西周早期墓葬」『文物』1978 年第 2 期
羅西章 1980a「扶風雲塘発現西周磚」『考古与文物』1980 年第 2 期
羅西章 1980b「扶風出土的商周青銅器」『考古与文物』1980 年第 4 期
羅西章 1986「扶風出土的古代瓷器」『文博』1986 年第 4 期
羅西章 1987「周原出土的陶製建築材料」『考古与文物』1987 年第 2 期
羅西章 1988a「周原青銅器窖蔵及有関問題的探討」『考古与文物』1988 年第 2 期
羅西章 1988b「周原出土的西周陶製生産工具」『文博』1988 年第 5 期
羅西章 1989「周原出土的骨笄」『文博』1989 年第 3 期
羅西章 1990「扶風斉家村西周墓清理簡報」『文博』1990 年第 3 期
羅西章 1992「扶風斉家村西周石器作坊調査記」『文博』1992 年第 5 期
羅西章 1997a「西周王陵何処覓」『文博』1997 年第 2 期
羅西章 1997b「扶風黄堆西周 57 号墓出土菜籽」『考古与文物』1997 年第 3 期
羅西章・王占奎 1991「試論北呂墓地的先周墓葬」『慶祝武伯綸先生九十華誕論文集』三秦出版社
羅西章・王均顕 1987「周原扶風地区出土西周甲骨的初歩認識」『文物』1987 年第 2 期
羅西章・羅紅俠 2005『周原尋宝記』三秦出版社
藍田県文化館・樊維岳・陝西省考古研究所・呉鎮烽 1980「陝西藍田県出土商代青銅器」『文物資料叢刊』三
李海栄 2000「関中地区出土商時期青銅器文化因素分析」『考古与文物』2000 年第 2 期
李学勤 1981「西周甲骨的幾点研究」『文物』1981 年第 9 期

李学勤 1986a「論長安花園村両墓青銅器」『文物』1986 年第 1 期
李学勤 1986b「澧西発現的乙卯尊及其意義」『文物』1986 年第 7 期
李学勤 2004「周公廟遺址性質推想」『文博』2004 年第 5 期
李学勤 2013「石鼓山三号墓器銘選釈」『文物』2013 年第 4 期
李学勤・石興邦他 2004「周公廟西周墓葬群重大発現専家談」『文博』2004 年第 5 期
李済 1956「小屯第三本・殷墟器物:甲篇、陶器(上)」中央研究院歴史語言研究所
李志勤・閻守誠・胡戟 1986『蜀道話古』西北大学出版社
李自智 1988「陝西商周考古述要」『考古与文物』1988 年第 5・6 期
李自智・尚志儒 1986「陝西鳳翔西村戦国秦墓発掘簡報」『考古与文物』1986 年第 1 期
李濚陳 1994a「西周特大容器"三足倉"」『考古与文物』1994 年第 4 期
李濚陳 1994b「戸県発現西周特大容器三足倉」『文博』1994 年第 5 期
李西興 1984「従岐山鳳雛村房基遺址看西周的家族公社」『考古与文物』1984 年第 5 期
李先登 2009「"周公制礼昨楽"与西周青銅鐘的生産」『周秦文明論叢』第二輯、三秦出版社
李仲操 1983「菶京考」『人文雑誌』1983 年第 5 期
李仲操 1998「王作帰盂銘文簡釋—再談菶京為西周宮室之名」『考古与文物』1998 年第 1 期
李仲操 1999「石鼓山和石鼓文」『文博』1999 年第 1 期
李長慶 1955「陝西長安斗門鎮発現周代文物簡報」『文物参考資料』1955 年第 2 期
李長慶・田野 1957「祖国歴史文物的又一次重要発現—陝西眉県発掘出四件周代銅器」『文物参考資料』1957 年第 4 期
李伯謙 1983「城固銅器群与早期蜀文化」『考古与文物』1983 年第 2 期
李伯謙 1988「従霊石旌介商墓的発現看晋陝高原青銅文化的帰属」『北京大学学報哲学社会科学版』1988 年第 2 期
李伯謙 1998a『中国青銅文化結構体系研究』科学出版社
李伯謙 1998b「商周青銅短剣発展譜系的縮影」李伯謙『中国青銅文化結構体系研究』科学出版社
李伯謙 2004「眉県楊家村出土的青銅器与晋侯墓地若干問題的研究」『古代文明』第 3 巻
李伯謙 2010「『先周文化探索』読後的若干思考」雷興山『先周文化探索』科学出版社
李峰 1986「試論陝西出土商代銅器的分期与分区」『考古与文物』1986 年第 3 期
李峰 1988「黄河流域西周墓葬出土青銅礼器的分期与年代」『考古学報』1988 年第 4 期
李峰 1991「先周文化的内涵及其淵源探討」『考古学報』1991 年第 3 期
李峰(徐峰訳、湯恵生校) 2007『西周的滅亡：中国早期国家的地理和政治危機』上海古籍出版社
李峰 2010『西周的政体：中国早期的官僚制度和国家』生活・読書・新知三聯書店
劉煜・宋江寧・劉歆益 2007「周原出土鋳銅遺物的分析検測」『考古与文物』2007 年第 4 期
劉胤漢・楊東朗 1986「宝鶏—漢中地区的土地類型」中国 1:100 万土地類型図編輯委員会文集編輯組『中国土地類型研究』科学出版社

劉雨 1982「金文䒿京考」『考古与文物』1982 年第 3 期
劉懐君 1987「眉県出土一批西周窖倉青銅楽器」『文博』1987 年第 2 期
劉懐君 2003「眉県楊家村西周窖蔵青銅器的初歩認識」『考古与文物』2003 年第 3 期
劉観民 1989「蘇聯外貝加爾地区所出幾件陶鬲的分析」田昌五・石興邦主編『中国原始文化論集』文物出版社
劉軍社 1988「武功県鄭家坡周人墓地」『中国考古学年鑑 1987』文物出版社
劉軍社 1993a「先周文化与光社文化的関係」『文博』1993 年第 2 期
劉軍社 1993b「周磚芻議」『考古与文物』1993 年第 6 期
劉軍社 1993c「鳳翔西村先周墓葬分析」『文博』1993 年第 6 期
劉軍社 1994a「鄭家坡文化与劉家文化的分期及其性質」『考古学報』1994 年第 1 期
劉軍社 1994b「試論先周文化与相隣諸文化的関係」『考古与文物』1994 年第 4 期
劉軍社 1995「先周文化与光社文化的関係」『文博』1995 年第 1 期
劉軍社 1996a「水系・古文化・古族・古国論—渭水流域商代考古学文化遺存分析」『華夏考古』1996 年第 1 期
劉軍社 1996b「再論鄭家坡遺址的分期与年代」『考古与文物』1996 年第 2 期
劉軍社 1998a「試論岸底遺跡的分期及相関問題」周秦文化研究編集委員会編『周秦文化研究』陝西人民出版社
劉軍社 1998b「論碾子坡文化」韓偉主編『遠望集—陝西省考古研究所華誕四十周年紀年論文集』陝西人民美術出版社
劉軍社 2003『先周文化研究』三秦出版社
劉軍社 2006「対尋找涇水上游先周文化遺存的思考」『文博』2006 年第 5 期
劉啓益 1982「西周矢国銅器的新発現与有関的歴史地理問題」『考古与文物』1982 年第 2 期
劉建国 2006「陝西周原七星河流域考古信息系統的建設与分析」『考古』2006 年第 3 期
劉建国 2007『考古与地理信息系統』科学出版社
劉宏岐 2004「周公廟遺址発現周代磚瓦及相関問題」『考古与文物』2004 年第 6 期
劉合心 1975「陝西省周至県発現西周王器一件」『文物』1975 年第 7 期
劉合心 1981「陝西周至県出土西周太師簋」『考古与文物』1981 年第 1 期
劉合心 1983「陝西省周至県近年征集的幾件西周青銅器」『文物』1983 年第 7 期
劉宏斌 2007「吉金現世三秦増輝—扶風五郡西村青銅器発現保護親暦記」『文博』2007 年第 1 期
劉士莪 1988a「西安老牛坡商代墓地初論」『文物』1988 年第 6 期
劉士莪 1988b「西安老牛坡商代文化的発現与研究（摘要）」『周秦漢唐考古与文化国際学術会議論文集』西北大学学報編集部
劉士莪 1990「西安老牛坡商代遺址」『中国考古学年鑑 一九八九』文物出版社
劉士莪 2002『老牛坡』陝西人民出版社
劉士莪 2003「周原遺址考古的成就和思考(1949〜1999)」『考古学研究』（五）
劉士莪 2004「従西周王陵和大貴族墓談起」『文博』2004 年第 5 期
劉士莪・岳連建 1991「西安老牛坡遺址第二階段発掘的主要収獲」『西北大学学報』1991

年第 3 期
劉緒 2006「『周原遺址与西周銅器研究』読后」『考古学研究』(六)
劉緒 2009「周原考古札記四則」『兪偉超先生紀念文集』文物出版社
劉緒・徐天進 2006『周原遺址的分期与布局研究』北京大学中国考古研究中心
劉随群 1993「涇陽発現高領袋足鬲」『文博』1993 年第 6 期
劉瑞 2007「陝西扶風雲塘、斉鎮発現的周代建築址研究」『考古与文物』2007 年第 3 期
劉静 2012「西周王朝西北辺縁地帯的文化与社会」(博士論文、北京大学考古文博学院)
劉宝愛 1985「宝鶏発現辛店文化陶器」『考古』1985 年第 9 期
劉宝愛・嘯鳴 1989「宝鶏市博物館収蔵的陶鬲」『文物』1989 年第 5 期
劉亮 1986「鳳雛村名探源—従甲骨文看周人対鳳崇拝」『文博』1986 年第 1 期
劉亮 1999「周原遺址出土的円柱形角器初考」『考古与文物』1999 年第 5 期
李燁・張歴文 1996「洋県出土殷商銅器簡報」『文博』1996 年第 6 期
梁星彭 1982「＜論先周文化＞商榷」『考古与文物』1982 年第 4 期
梁星彭 1996a「壹家堡商周遺存若干問題商榷」『考古』1996 年第 1 期
梁星彭 1996b「張家坡西周洞室墓淵源与族属探討」『考古』1996 年第 5 期
梁星彭 2002「岐周、豊鎬周文化遺迹、墓葬分期研究」『考古学報』2002 年第 4 期
梁星彭・馮孝堂 1963「陝西長安、扶風出土西周銅器」『考古』1963 年第 8 期
李零 2003「読楊家村出土的虞逑諸器」『中国歴史文物』2003 年第 3 期
李令福 2004『関中水利 開発与環境』人民出版社
林直寸 1958「陝西扶風黄堆郷発現周瓦」『考古通訊』1958 年第 9 期
臨潼県文化館 1977「陝西臨潼現武王征商簋」『文物』1977 年第 8 期
麟游県博物館 1990「陝西省麟游県出土商周青銅器」『考古』1990 年第 10 期
盧一 2009『2008 年度周公廟遺址Ⅲ A2 与Ⅳ A2 区発掘実習報告』北京大学考古文博院
ロータール・フォン・ファルケンハウゼン(吉本道雅解題・訳) 2006『周代中国の社会考古学』京都大学学術出版会
盧建国・鞏啓明・尚友徳 1984「陝西耀県北村商代遺址調査記」『考古与文物』1984 年第 1 期
路廸民・翟克勇 2000「周原陽燧的合金成分与金相組織」『考古』2000 年第 5 期
盧連成 1984「西周矢国史迹攷略及相関問題」人文雑誌編輯部『西周史研究』人文雑誌叢刊第 2 輯人文雑誌編輯部
盧連成 1985「扶風劉家先周墓地剖析—論先周文化」『考古与文物』1985 年第 2 期
盧連成 1988「西周豊、鎬両京考」『中国歴史地理論叢』1988 年第 3 輯
盧連成 1995「西周金文所見茅京及相関都邑討論」『中国歴史地理論叢』1995 年第 3 輯
盧連成・尹盛平 1982「古矢国遺址、墓地調査記」『文物』1982 年第 2 期
盧連成・胡智生 1983a「宝鶏茹家荘、竹園溝墓地有関問題的探討」『文物』1983 年第 2 期
盧連成・胡智生 1983b「宝鶏茹家荘、竹園溝墓地出土兵器的初歩研究：兼論蜀式兵器的淵源和発展」『考古与文物』1983 年第 5 期
盧連成・胡智生 1988a『宝鶏弓魚国墓地』文物出版社

盧連成・胡智生 1988b「陝西地区西周墓葬和窖蔵出土的青銅礼器」盧連成・胡智生『宝鶏強国墓地』文物出版社
盧連成・羅英杰 1981「陝西武功県出土楚毀諸器」『考古』1981年第2期
渡部展也 2004「時間距離に基づくクラスター分析を用いた縄文時代における遺跡グルーピング手法の研究」『GIS理論と応用』12-2、GIS学会
渡部展也 2013「GISおよび衛星画像をもちいた関中平原の遺跡立地環境の分析」『中国渭河流域の西周遺跡II』同成社
渡部展也・西江清高 2009「GISを利用した遺跡分布の空間解析―関中平原における周遺跡を事例として―」『中国考古学』第9号

挿 図 出 典 一 覧

[図の出典]
第一部
第1章
図1.1　筆者編
図1.2　史念海 2001a、図 3-15 より改変
図1.3　周昆叔 2002b、図 1 より改変
図1.4　筆者編
図1.5　筆者編
図1.6　陝西省考古研究所宝鶏工作站ほか 1994、各図より

第2章
図2.1　渡部展也・西江清高 2009、図 2 を増補
図2.2　同、図 3
図2.3　同、図 4
図2.4　同、図 5
図2.5　同、図 6
図2.6　同、図 7
図2.7　同、図 8
図2.8　同、図 9
図2.9　同、図 10
図2.10　同、図 11
図2.11　同、図 12
図2.12　同、図 13
図2.13　同、図 14
図2.14　同、図 15
図2.15　同、図 16

第3章
図3.1　西江清高・渡部展也 2009、図 4
図3.2　同、図 5
図3.3　同、図 6 を改変
図3.4　同、図 7
図3.5　同、図 8
図3.6　同、図 9
図3.7　同、図 10-1
図3.8　同、図 10-2
図3.9　同、図 10-3
図3.10　同、図 10-4
図3.11　同、図 11
図3.12　同、図 12
図3.13　同、図 13
図3.14　同、図 17
図3.15　同、図 18
図3.16　同、図 19
図3.17　同、図 21
図3.18　同、図 22
図3.19　同、図 23

第4章
図4.1　西江清高・渡部展也 2013、図 1（[中国科学院地理研究所渭河研究組 1983、図 2-8] による）を改変
図4.2-1　同、図 2-1
　　　2　同、図 2-2
図4.3-1　同、図 3-1
　　　2　同、図 3-2
図4.4-1　同、図 4-1
　　　2　同、図 4-2
図4.5-1　同、図 5-1
　　　2　同、図 5-2
図4.6-1　同、図 6-1
　　　2　同、図 6-2
図4.7　同、図 7
図4.8　同、図 8（[李令福 2004 年、図 2-3] による）を改変
図4.9-1　同、図 9 を改変
　　　2　同、図 9 を改変

第5章
図5.1　徐天進・馬賽 2013、p.42
図5.2　周原考古隊 2016、図 23 を改変。背景図 CORONA 衛星画像
図5.3　周原考古隊 2016、図 26
図5.4　筆者編。背景図 Google Earth

画像
図 5.5　筆者編
図 5.6　筆者編。第一部第 2 章、図 2 に同じ
図 5.7　劉静 2012、図 4-17、図 4-18 より、一部改変
図 5.8　同上、図 4-11、図 4-12 より、一部改変
図 5.9　飯島武次編 2009a、p.24 より
図 5.10　筆者編
図 5.11　中国社会科学院考古研究所ほか 2016、図版二を改変。背景図 CORONA 衛星画像
図 5.12　同上、図版 10 を改変。背景図 CORONA 衛星画像
図 5.13　第一部第 4 章、図 1 に同じ
図 5.14　筆者編
図 5.15　筆者編

第二部
第 6 章
図 6.1　蘇秉琦 1984a、図 2
図 6.2
　1　中国科学院考古研究所 1962a、図版 50
　2　筆者撮影
　3　西北大学歴史系考古専業 1988、図 27
　4、5　蘇秉琦 1984a、図版 1
　6　中国社会科学院考古研究所 1988、図版 58
　7　中国科学院考古研究所 1962a、図 36

第 7 章
図 7.1
　1　中国社会科学院考古研究所灃西発掘隊 1980、図 3
　2　同、図版 4
　3〜6　同、図 8
　7、8　中国社会科学院考古研究所豊鎬発掘隊 1984、図版 1
　9　同、図 8
　10〜12　王桂枝 1985、図 4
　13〜15　巨万倉 1985、図版 1
　16、17　中国社会科学院考古研究所灃西発掘隊 1980、図版 5
図 7.2
　1、3、8　徐錫台 1979、図 3
　2、4、5、7、9　中国社会科学院考古研究所豊鎬工作隊 1987、図 4
　6　同、図 3
図 7.3
　1、3　中国社会科学院考古研究所豊鎬発掘隊 1984、図 10
　2、4、32、36、37、39　中国社会科学院考古研究所灃西発掘隊 1986b、図 7
　5、8　中国社会科学院考古研究所灃西発掘隊 1980、図版 8
　6、7　中国社会科学院考古研究所豊鎬発掘隊 1984、図 8
　9、11、12　同、図版 5
　10　同、図 3
　13、14、21、22　同、図 4
　15、17、18、20　中国社会科学院考古研究所灃西発掘隊 1980、図 36
　16、19　中国社会科学院考古研究所豊鎬工作隊 1987、図 14
　23、30、40、41　中国社会科学院考古研究所灃西発掘隊 1980、図 18
　24、27、31　中国科学院考古研究所 1962a、図版 71
　25、26、28　中国社会科学院考古研究所灃西発掘隊 1980、図 26
　29、33、35　同、図 33
　34、38　中国科学院考古研究所灃西発掘隊 1962、図 3

第 8 章
図 8.1
　1、2、4〜9　宝鶏市考古工作隊 1984、図 11
　3　『西周史研究』(人文雑誌叢刊 2)、巻末写真
　10、11　宝鶏市考古工作隊 1989、

挿図出典一覧 *541*

　　図2
12〜14　宝鶏市考古工作隊 1984、図48
15、16、18、20〜25、29、31　同、図26
17、19、26、36　宝鶏市考古工作隊 1989、図4
27、30　陝西周原考古隊 1984、14頁、図44
28、35、38　宝鶏市考古工作隊 1984 図7
32、33、37　宝鶏市考古工作隊 1984、図3
34　雍城考古隊・韓偉・呉鎮烽 1982、図5
39　中国科学院考古研究所 1962a、図63
40　扶風県博物館 1984、図2
41　徐錫台 1979、図3
42　中国科学院考古研究所灃西発掘隊 1962、図8
43　中国科学院考古研究所 1962a、図62
44　中国社会科学院考古研究所灃西発掘隊 1980、図版5
45〜47、50　中国社会科学院考古研究所 1988、図60
48　中国社会科学院考古研究所武功発掘隊 1988、図版1
49　扶風県博物館 1984、図版3
51　中国社会科学院考古研究所灃西発掘隊 1986c、図版1

図8.2
1、2　中国社会科学院考古研究所 1988、図98
3　蘇秉琦 1984a、61頁、図3
4　宝鶏市考古工作隊 1984、図11

第9章
図9.1
1、9　中国社会科学院考古研究所涇渭工作隊 1989、図版15
2、3、4　同、図13

5、6　劉宝愛 1985、図2
7、11　中国社会科学院考古研究所涇渭工作隊 1989、図9
8、10　中国社会科学院考古研究所灃西発掘隊 1989、図3
12　考古研究所渭水調査発掘隊 1959、図版1
13　陝西周原考古隊 1984、図26
14、16〜18、21、22　同、図10
15、20、26　同、図2
19　同、図34
23　中国社会科学院考古研究所涇渭工作隊 1989、図15
24　中国社会科学院考古研究所豊鎬発掘隊 1984、図版2
25　劉宝愛・嘯鳴 1989、図5
27　陝西周原考古隊 1984、図18
28、29　雍城考古隊・韓偉・呉鎮烽 1982、図5
30　陝西周原考古隊 1984、図16
31　甘粛省文物工作隊 1986、図版2
32　宝鶏市考古隊 1989b、図8
33　徐錫台 1979、図3
34、35、44　陝西省博物館・陝西省文物管理委員会 1976、図11
36、43、53　陝西省考古研究所・徐錫台 1980、図版3
37　陝西省博物館・陝西省文物管理委員会 1976、図10
38　雍城考古隊・韓偉・呉鎮烽 1982、図8
39、46、47、54　盧連成 1985、図4
40　中国社会科学院考古研究所豊鎬発掘隊 1984、図10
41　劉宝愛・嘯鳴 1989、図7
42　蘇秉琦 1984a、図版1
45　中国社会科学院考古研究所灃西発掘隊 1980、図3
48、49　中国社会科学院考古研究所武功発掘隊 1988、図10
50、55　中国社会科学院考古研究所

542 挿図出典一覧

      涇渭工作隊 1989、図版 17
  51 中国社会科学院考古研究所陝西武功発掘隊 1983、図版 2
  52 盧連成・胡智生 1988a、図 7
  56 蘇秉琦 1984a、図版 2

図 9.2
  1〜3、17 劉宝愛 1985、図 2
  4、7、9 陝西周原考古隊 1984、図 2
  5、6、8、10、11 同、図 10
  12 劉宝愛・嘯鳴 1989、図 5
  13 宝鶏市考古隊 1989b、図 8
  14 同、図 41
  15、16 劉宝愛・嘯鳴 1989、図 10
  18 陝西周原考古隊 1984、図 16

図 9.3
  1 中国社会科学院考古研究所涇渭工作隊 1989、図 10
  2 陝西周原考古隊 1984、図 2
  3 甘粛省文物工作隊 1986、図 7

図 9.4
  1 盧連成・胡智生 1988a、図 5
  2、3 同、図 6

図 9.5 筆者編

図 9.6
  1、2 甘粛省文物工作隊・北京大学考古系甘粛実習組 1988、図 7
  3 同、図 11
  4〜6 青海省文物管理処考古隊ほか 1984『青海柳湾』図 143

図 9.7 倉林眞砂斗 1992、図 8 に加筆

図 9.8
  1、3〜6、9〜11 中国社会科学院考古研究所涇渭工作隊 1989、図 10
  2、7、8 同、図 9

第 10 章

図 10.1
  1〜6 北京大学考古系 1993a、図 3
  7〜10 同、図 4
  11〜15 同、図 5
  16〜24 同、図 6

図 10.2
  1、5〜8 劉士莪 1988a、図 12
  2、3、4 同、図 17

図 10.3
  1 鞏啓明 1982、図 2
  2 同、図 3
  3 同、図 8
  4 同、図 5
  5 同、図 6
  6 同、図 9
  7 同、図 4
  8 同、図 7

図 10.4 筆者編

図 10.5
  1、3〜7、11、16、17 徐天進 1985、図 3
  2、8 西安半坡博物館・藍田県文化館 1981、図 10
  9 北京大学考古系 1993a、図 7
  10 同、図 3
  12、18、19、22 高西省 1989b、図 3
  13 扶風県文化館・羅西章 1977、図 1、図 5
  14 中国社会科学院考古研究所陝西武功発掘隊 1983、図 5
  15、23 陝西周原考古隊 1983、図 11
  20 宝鶏市考古工作隊 1989、図 4 封 2
  21 北京大学考古系 1993a、図 8
  24〜35 西北大学歴史系考古専業 1988、図 26
  36 鞏啓明 1982、121 頁、図 6

図 10.6
  1 中国社会科学院考古研究所陝西武功発掘隊 1983、図版 2
  2 『西周史研究』(人文雑誌叢刊 2)、巻末写真
  3 中国社会科学院考古研究所陝西武功発掘隊 1983、図 5
  4 北京大学考古系 1993a、図 4
  5 宝鶏市考古工作隊 1989、図 4

図 10.7

挿図出典一覧　*543*

1　北京大学考古教研室華県報告編写組 1980、図 4
2～7、9、11、15、21、26　徐天進 1985、図 3
8、10、14　北京大学考古教研室華県報告編写組 1980、図 21
12　西安半坡博物館・藍田県文化館 1981、図 10
13　徐天進 1990、図 5
16、23　陝西周原考古隊 1983、図 11
17、18、20、22　北京大学考古系 1993a、図 3
19　扶風県文化館・羅西章 1977、図 1
24　陝西省考古研究所・徐錫台 1980、図 2
25、27　北京大学考古系 1993a、図 3
28、29　西北大学歴史系考古専業 1988、図 40

図 10.8
1、2　河南省文化局文物工作隊 1959『鄭州二里岡』科学出版社、図 1
3　同、図 2
4　中国社会科学院考古研究所 1987、図 7
5　同、図 167
6　河北省文物研究所 1985『藁城台西商代遺址』文物出版社、図 66
7　中国社会科学院考古研究所 1987、図 8
8、9　同、図 167
10　晋中考古隊 1989「山西太谷白燕遺址第一地点発掘簡報」『文物』1989 年第 3 期、図 15
11　中国社会科学院考古研究所 1987、図 4
12　鄭振香 1986「論殷墟文化分期及其相関問題」『中国考古学研究』文物出版社、図 5
13、19　中国社会科学院考古研究所安陽工作隊 1979a、図 48
14、18　同、図 49
15　鄭振香 1986「論殷墟文化分期及其相関問題」『中国考古学研究』文物出版社、図 6
16、17　中国社会科学院考古研究所 1987、図 5
20　鄭振香 1986「論殷墟文化分期及其相関問題」『中国考古学研究』文物出版社、図 7

第 11 章
図 11.1　筆者編
図 11.2　筆者編
図 11.3
1　『陝西出土商周青銅器』1、57
2　同 1、127
3　同 4、6
4　同 4、8

第 12 章
図 12.1
1、2　雍城考古隊・韓偉・呉鎮烽 1982、図 5
3、4、14、15、18、27、35、36　扶風県博物館 1984、図 3
5　北京大学考古系 1993a、図 6
6、7　宝鶏市考古工作隊 1984、図 26
8　中国社会科学院考古研究所灃西発掘隊 1980、図 8
9　同、図版 5
10　宝鶏市考古工作隊 1984、図 2
11、21、23　中国社会科学院考古研究所 1988、図 60
12、20　徐錫台 1979、図 3
13　中国科学院考古研究所 1962a、図 62
16　王桂枝 1985、図 4
17　宝鶏市考古工作隊 1984、図版 3
19　中国社会科学院考古研究所灃西発掘隊 1980、図 36

22　中国社会科学院考古研究所豊鎬
　　工作隊 1987、図 14
24　中国科学院考古研究所 1962a、
　　図版 50
25、29　中国社会科学院考古研究所
　　灃西発掘隊 1980、図 33
26、30　同、図 26
28　中国科学院考古研究所 1962a、
　　図 86
31　中国社会科学院考古研究所灃西
　　発掘隊 1981、図 3
32　中国科学院考古研究所 1962a、
　　図版 79
33、34　中国社会科学院考古研究所
　　灃西発掘隊 1980、図 27
37　中国社会科学院考古研究所豊鎬
　　工作隊 1987、図 15
38　同、図 4

図 12.2
　1　西北大学歴史系考古専業 1988、
　　図 28
　2　同、図 27
　3　同、図 39
　4　同、図 26、37
　5　同、図 38
　6　中国社会科学院考古研究所灃西
　　発掘隊 1980、図 18
　7　同、図 33
　8　中国科学院考古研究所 1962a、
　　図版 71
　9　同、図版 74

図 12.3
　1、8　中国社会科学院考古研究所灃
　　西発掘隊 1980、図 33
　2、5、13　同、図 36
　3、10　中国社会科学院考古研究所
　　豊鎬工作隊 1987、図 14
　4、14　中国科学院考古研究所
　　1962a、図 86
　6　中国社会科学院考古研究所灃西
　　発掘隊 1986b、図 7
　7、15　趙永福 1984、図 5
　9、11、12　中国社会科学院考古研

　　究所灃西発掘隊 1980、図 18
　16　中国社会科学院考古研究所灃西
　　発掘隊 1981、図 3

図 12.4
　1、2　中国社会科学院考古研究所
　　1987、図 105
　3、7　中国社会科学院考古研究所安
　　陽隊 1989「1984 年秋安陽苗圃北
　　地殷墓発掘簡報」『考古』1989 年
　　第 2 期、図 13
　4　中国社会科学院考古研究所
　　1987、図 170
　5、8　中国社会科学院考古研究所
　　1985『殷墟青銅器』文物出版社、
　　図 7
　6　中国社会科学院考古研究所
　　1987、図 176
　9　同、図 117
　10　鄭振香 1986「論殷墟文化分期
　　及其相関問題」『中国考古学研究』
　　文物出版社、図 7
　11　中国社会科学院考古研究所
　　1987、図 109
　12　中国社会科学院考古研究所安
　　陽工作隊 1979a、図 53
　13　中国社会科学院考古研究所
　　1987、図 119
　14　中国社会科学院考古研究所
　　1985『殷墟青銅器』文物出版社、
　　図 5
　15　中国社会科学院考古研究所
　　1987、図 106
　16、17　中国社会科学院考古研究所
　　安陽工作隊 1979a、図 51

図 12.5
　1　西安半坡博物館 1983b、図 4
　2　張映文・呂智栄 1988、図 7
　3　北京大学考古系商周考古実習
　　組・陝西省考古研究所商周研究室
　　1988、図 9
　4　趙康民 1982、図 12
　5　卞吉 1986、図版 4
　6　中国科学院考古研究所 1962a、

挿図出典一覧　545

　　図版7
　7　陝西周原考古隊 1981a、図12

第13章
図13.1
（王朝系青銅器）
　1　盧連成・胡智生 1988a、図115
　2　同、図102
　3　同、図141
（在地系青銅器Ⅰ類）
　1　盧連成・胡智生 1988a、図58
　2　同、図113
　3　同、図202
（在地系青銅器Ⅱ類）
　1〜3　盧連成・胡智生 1988a、図125
　4〜6　同、図136
（在地系青銅器Ⅲ類）
　1〜7　盧連成・胡智生 1988a、図149
図13.2
（Ⅰ群）
　1　中国科学院考古研究所 1962a、図62
　2　盧連成・胡智生 1988a、図171
　3　中国社会科学院考古研究所灃西発掘隊 1980、図18
　4　中国社会科学院考古研究所 1988、図60
　5　宝鶏市考古工作隊 1984、図26
　6　中国社会科学院考古研究所 1988、図60
（Ⅱ群）
　1　陝西周原考古隊 1984、図10
　2　盧連成・胡智生 1988a、図7
　3　陝西周原考古隊 1984、図10
　4　宝鶏市考古隊 1989b、図10
（Ⅲ群）
　1、2　西北大学歴史系考古専業 1988、図26
　3　陝西周原考古隊 1983、図11
　4　扶風県文化館・羅西章 1977、図1

　5　北京大学考古系 1993a、図4
（Ⅳ群）
　1〜4　盧連成・胡智生 1988a、図10
（Ⅴ群）
　1、2　盧連成・胡智生 1988a、図6
　3、4　同、図5
　5　同、図139
　6　同、図99
（Ⅵ群）
　1　盧連成・胡智生 1988a、図10
　2〜4　同、図181
　5〜7　同、図182
図13.3
　1　四川省文物管理委員会ほか 1987「広漢三星堆遺跡」『考古学報』1987年第2期、図15
　2、5〜7　同、240頁、図13
　3、4　同、243頁、図14
　8、12、13、16〜18　四川省文物管理委員会ほか 1987「成都十二橋商代建築遺址第一期発掘簡報」1987年第12期、図12
　9〜11　同、図30
　14、15　四川大学博物館ほか「成都指揮街周代遺址発掘報告」『南方民族考古』第1輯、図12
　19、20　同、図14
　21　四川省文物管理委員会ほか 1987「広漢三星堆一号祭祀坑発掘簡報」『文物』1987年第10期、図33
図13.4　筆者編。『宝鶏―漢中地区の土地類型』『中国土地類型研究』科学出版社、1986年、図1より、一部改変

第14章
図14.1　筆者編
図14.2　石鼓山考古隊 2013b、裏表紙写真
図14.3　甘粛省文物考古研究所 2009、図版10-3

図 14.4
1、2　劉宝愛 1985、図 2
3、4　宝鶏市考古工作隊 2008、図 25
5、6　同、図 31
7、8　石鼓山考古隊 2013b、図 73.

第 15 章
図 15.1
1　雷興山 2010、p.43
2　雷興山 2010、p.45
3　雷興山 2010、p.50
図 15.2　雷興山 2010、p.73
図 15.3　陝西省考古研究所 2003、p.5
図 15.4　筆者編。雷興山 2010 の記述よりグラフ化

[写真の出典]（筆者による撮影年）
第一部
第 1 章
写真 1.1　筆者撮影（2003 年）
写真 1.2　筆者撮影（2005 年）
写真 1.3　筆者撮影（2005 年）
写真 1.4　筆者撮影（2008 年）
写真 1.5　筆者撮影（2003 年）
写真 1.6　筆者撮影（1986 年）
写真 1.7　筆者撮影（2006 年）

第 3 章
写真 3.1　筆者撮影（2009 年）
写真 3.2　筆者撮影（2007 年）
写真 3.3　筆者撮影（2006 年）
写真 3.4　筆者撮影（2006 年）
写真 3.5　筆者撮影（2010 年）
写真 3.6　筆者撮影（1988 年）
写真 3.7　筆者撮影（2007 年）
写真 3.8　筆者撮影（2007 年）
写真 3.9　筆者撮影（2007 年）
写真 3.10　筆者撮影（2007 年）
写真 3.11　筆者撮影（2010 年）
写真 3.12　筆者撮影（2007 年）
写真 3.13　筆者撮影（2007 年）
写真 3.14　筆者撮影（2007 年）
写真 3.15　筆者撮影（2007 年）
写真 3.16　筆者撮影（2007 年）
写真 3.17　筆者撮影（1986 年）

第 4 章
写真 4.1　筆者撮影（2017 年）
写真 4.2　筆者撮影（2013 年）
写真 4.3　筆者撮影（2013 年）
写真 4.4　筆者撮影（2017 年）

第 5 章
写真 5.1　筆者撮影（2009 年）
写真 5.2　筆者撮影（2017 年）
写真 5.3　筆者撮影（2017 年）
写真 5.4　筆者撮影（2005 年）
写真 5.5　［劉静 2012］より一部改変
写真 5.6　筆者撮影（2005 年）
写真 5.7　筆者撮影（2013 年）
写真 5.8　筆者撮影（2013 年）
写真 5.9　筆者撮影（2017 年）
写真 5.10　筆者撮影（2017 年）
写真 5.11　筆者撮影（2011 年）
写真 5.12　筆者撮影（2018 年）
写真 5.13　筆者撮影（2016 年）
写真 5.14　筆者撮影（2016 年）
写真 5.15　筆者撮影（2018 年）
写真 5.16　筆者撮影（2018 年）
写真 5.17　筆者撮影（2016 年）
写真 5.18　筆者撮影（2003 年）
写真 5.19　筆者撮影（1986 年）
写真 5.20　筆者撮影（2003 年）
写真 5.21　筆者撮影（2013 年）
写真 5.22　［陝西省考古研究院ほか 2010］彩版一より

第二部
第 8 章
写真 8.1　筆者撮影（1987 年）
写真 8.2　筆者撮影（2009 年）
写真 8.3　筆者撮影（2017 年）
写真 8.4　筆者撮影（2017 年）

第 9 章
写真 9.1　筆者撮影（1988 年）
写真 9.2　筆者撮影（1986 年）
写真 9.3　筆者撮影（1986 年）
写真 9.4　筆者撮影（2017 年）
写真 9.5　筆者撮影（2017 年）
写真 9.6　筆者撮影（1986 年）
写真 9.7　筆者撮影（1988 年）
写真 9.8　筆者撮影（1986 年）

第 10 章
写真 10.1　筆者撮影（2010 年）
写真 10.2　筆者撮影（1986 年）
写真 10.3　筆者撮影（2018 年）
写真 10.4　筆者撮影（2017 年）

第 13 章
写真 13.1　筆者撮影（2009 年）
写真 13.2　筆者撮影（2009 年）
写真 13.3　筆者撮影（2009 年）
写真 13.4　筆者撮影（2009 年）

後　記

　本書の各章は、既発表の論文をもとにして書き改めたものと、今回あらたに執筆したものがある。既発表の論文については、今回一冊の著書としてまとめるにあたって加筆や削除をおこなった部分は少なくない。それでもなお、本書各章の記述のなかには互いに重複するようなところも散見され、煩わしく感じられるかもしれない。ご容赦いただきたい。

　本書のもとになっている論文、新規に執筆した論文は以下のようである。

序：新稿

[第一部]

第1章：「関中平原と周王朝─『地域』としての周原をめぐって」『アカデミア（人文・社会科学編）』（南山大学）第81号、2005年6月（305～344頁）。

第2章：「GISを利用した遺跡分布の空間分析─関中平原における周遺跡を事例として」（渡部展也・西江清高共著）『中国考古学』第9号、2009年11月（49～75頁）。

第3章：「関中平原西部における周遺跡の立地と地理環境」（西江清高・渡部展也共著）飯島武次編『中国渭河流域の西周遺跡』同成社、2009年3月（63～92頁）。

第4章：「関中平原東部における遺跡分布と地理環境」（西江清高・渡部展也共著）飯島武次編『中国渭河流域の西周遺跡Ⅱ』同成社、2013年3月（115～126頁）。

第5章：新稿

[第二部]

第6章～第9章：「西周式土器成立の背景（上）」『東洋文化研究所紀要』（東京大学東洋文化研究所）第112冊、1993年3月（1～136頁）。

第10章～第12章：「西周式土器成立の背景（下）」『東洋文化研究所紀要』（東京大学東洋文化研究所）第123冊、1994年2月（1～110頁）。

第13章:「西周時代の関中平原における『強』集団の位置」『論集 中国古代の文字と文化』汲古書院、1999年8月（207〜244頁）。
第14章:「宝鶏石鼓山西周墓の発見と高領袋足鬲」飯島武次編『中華文明の考古学』同成社、2014年3月（132〜143頁）。
第15章:新稿

　以上のうちの、第二部第6章〜第13章のもととなった論文については、のちに博士論文として一つにまとめたものである（『西周王朝の成立とその文化的基盤』[上智大学]1999年3月）。博士論文として整理するにあたって、もとの論文に少なからず加筆し、また図、写真の追加などをおこなっている。今回本書に収録するにあたっては、その博士論文の構成をくずさないように配慮したが、それでも記述の追加や修正、写真資料の追加などある程度の変更をおこなった。
　第一部のうち第2章〜第4章はGISの専門家である渡部展也氏との共著論文がもとになっている。なかでも考古学GISの技術的基礎について多く言及した第2章のもとになった論文は、共同研究とはいえ渡部氏に依拠した部分が大きい。本書に掲載するにあたって、とくに第2章に関しては、筆者の判断でGISの技術論的な部分については多くを割愛し、一方であらたに解説的な文章を追加した。元来の論文の構成がくずれているかもしれないが、これは筆者の責任である。これら3編の共著論文の本書への掲載について、渡部展也氏は快諾してくださった。筆者として感謝の言葉もみつからない。
　このほか本書に収録していないが第一部の内容に関連する論文としては、「歴史的『地域』としての『周原地区』─考古学GISの初歩的試み─」（黒沢浩・西江清高編『南山大学人類学博物館所蔵考古資料の研究 高蔵遺跡の研究／大須二子山古墳と地域史の研究』六一書房、2011年9月（147〜162頁）がある。この内容の一部は本書第一部第5章に反映されている。なお、第二部第12章と第14章のもとになった論文は、すでにそれぞれ別個に中国語に翻訳されて公刊されている（①「西周式陶器系譜及其形成背景」（徐漫晨訳、吉野彩美校）中国社会科学院考古研究所・陝西省考古研究院ほか編著『豊鎬考古八十年・資料編』科学出版社、2018年、②「宝鶏石鼓山西周墓的発現和高領袋足

鬲的年代」(路国権・近藤はるか訳)『西部考古』(西北大学)第10輯、科学出版社、2016年)。

　長年にわたって関中平原の考古学研究をすすめるなかで、北京大学、西北大学、中国社会科学院考古研究所、陝西省考古研究院、周原博物館、宝鶏青銅器博物院、上智大学、東京大学東洋文化研究所、東洋文庫など多くの大学や研究機関において、貴重な出土資料や文献資料を利用する機会を与えていただきました。同時にこれらの大学、研究機関の諸先生からは数え切れないほど多くの貴重なご意見、ご教示をいただきました。ここに記して心より感謝いたします。

　本書の執筆にあたっては、お忙しいなか渡部展也氏には、とくに第一部に関連してGIS関係のデータや図表の再計算について私から依頼した部分が少なくありません。金井サムエル氏には本書の引用文献目録の作成にあたってお手伝いいただきました。第一部第3章にある湧泉表は、かつて2007年の現地調査にさきだって、研究協力者の久慈大介氏に依頼した現代の地方誌類の整理がもとになっています。

　以前から本書の執筆を計画していた筆者に、周原遺跡や周公廟遺跡において土器資料を実見する機会をつくっていただき、また遺跡周辺の地理考古学的観察に同行していただいたのは旧友の徐天進氏、王占奎氏の両氏であり、発掘担当者の雷興山氏でした。また本書に掲載した遺跡や景観写真の多くは、当時北京大学の博士課程に在籍中であった劉静氏、路国権氏、裴書研氏の3氏にご同行いただいた延べ3万kmにおよぶ筆者らの関中平原踏査の記録でもあります。遅々としてすすまない筆者の研究に根気よくお付き合いくださったこれらの方々に、心より感謝申し上げるしだいです。

　本書は、おもに以下の研究助成による成果の一部である。
① 2005年、福武学術文化振興財団研究助成、研究課題名「黄河中流域における初期王朝時代の都市と集落—GISを利用した遺跡分布と地理環境に関するデータベースの作成」(研究代表者)。
② 2006年～2008年、文部科学省科学研究費補助金、研究課題名「中国渭河流

域における西周時代の調査研究」（研究代表者飯島武次）における研究分担者。
③ 2006 年、高梨学術奨励基金調査研究助成、研究課題名「渭河流域における初期王朝時代の都市と集落—GIS を利用した遺跡分布と地理環境に関するデータベースの作成」（研究代表者）。
④ 2010 年～2011 年、日本学術振興会、科学研究費補助金、研究課題名「中国渭河流域における先周および西周文化の総合調査」（研究代表者飯島武次）における連携研究者。
⑤ 2015 年～（2019 年）、日本学術振興会、科学研究費補助金、課題番号 15K02993、研究課題名「中国初期王朝時代の政治的空間構成の考古学研究—GIS を応用した地域システムの分析」（研究代表者）。

　本書の出版にあたっては、2018 年度「南山大学学術叢書」出版助成を受けました。

　　2019 年 2 月

　　　　　　　　　　　　　　　　　　　　　　　　　　西江清高

地名・遺跡名索引

【あ行】

案板（あんばん） 17
渭河（いが） 12, 14, 65, 78, 86-90, 105-106, 162-165
潿河（いが） 14, 65, 70, 73, 75, 83-85, 135, 314
壹家堡（いちかほ） 213, 226, 253, 254, 286, 288, 313-318, 332, 337, 360, 388, 428, 463, 476, 491, 496
殷墟遺跡（いんきょいせき） 26, 182, 189, 191, 200, 207, 300, 341-344, 346, 382-388
于家底（うかてい） 231
于家湾（うかわん） 253, 259, 287, 289, 446
雲塘（うんとう） 9, 25, 79, 129-133, 143
雲塘池塘（うんとうちとう） 131-133
永凝堡（えいぎょうほ） 368
袁家崖（えんかがい） 228, 234, 320, 322, 343, 346, 365
偃師商城（えんししょうじょう） 140
園子坪（えんしへい） 492, 494, 498
王家嘴（おうかし） 193, 194, 319, 341, 457-458, 469, 499
横陣村（おうじんそん） 108
横水河（おうすいが） 80

【か行】

懐珍坊（かいちんぼう） 312, 318, 340, 346
花園村（かえんそん） 151
賀家村（がかそん） 129, 222, 232, 266-269, 286, 318, 332, 337, 341, 407, 458, 465, 481
郭家湾（かくかわん） 418
虢国（かくこく） 167
核桃荘（かくとうそう） 288
下泉村（かせんそん） 152
賈村（かそん） 67, 86, 269, 287, 407
賈村塬（かそんげん） 18, 51, 57, 61, 66, 70, 85, 121, 142, 261, 269, 402, 413, 420, 422
下孟村（かもうそん） 258, 287
嘉陵江（かりょうこう） 418, 423

汧河（かんが） 120
潤河（かんが） 167
坎家底（かんかてい） 231
漢函谷関（かんかんこくかん） 167
関中（かんちゅう） 1
関中平原（かんちゅうへいげん） 12-21, 50, 59, 65, 68, 104, 115, 135, 169, 351, 395, 420, 422
岸底（がんてい） 231, 243, 286, 292, 297, 299
勧読（かんどく） 8, 12, 18, 80, 128, 131, 136, 145
咸陽（かんよう） 106, 121, 148, 154
咸陽原（かんようげん） 108, 113, 115, 118, 153, 165, 210
岐下（きか） 7, 20, 28, 73, 128, 430, 504
姫家店（きかてん） 243, 286, 413, 421
岐山（きざん） 1, 12, 18, 20, 43, 49, 66, 73, 79, 133, 146
客省荘（きゃくしょうそう） 150, 187, 270, 303, 388
九站（きゅうたん） 294
喬家堡（きょうかほ） 502
姜寨（きょうさい） 108
橋東（きょうとう） 231
旭光（きょくこう） 194, 269, 287, 289, 413, 421
玉泉（ぎょくせん） 73
強国（ぎょこく） 273, 298, 395, 401-404, 420-425, 439
滸西荘（きょせいそう） 219, 220, 225, 231
金河（きんが） 241, 262, 284, 286, 421, 446
金陵河（きんりょうが） 141, 143, 242, 420
涇河（けいが） 104, 116, 118, 120, 125, 154, 157, 165, 255, 423, 489, 499
京当（けいとう） 129, 497, 502
汧水（けんすい） 13, 164, 402, 420
康家（こうか） 303, 351, 426
后河（こうが） 24, 66
黄河（こうが） 12, 103, 105, 125, 158, 162, 166,

168
黄家河（こうかが）218, 219, 231, 287, 390
高家村（こうかそん）447, 450, 479
高家堡（こうかほ）233
鎬京（こうけい）19, 103, 125, 148, 151, 176, 187, 232, 362, 389, 426, 429
孔頭溝（こうとうこう）8, 12, 18, 23-25, 54, 59, 79, 136, 143, 145, 473-476
黄土高原（こうどこうげん）12, 15, 17, 104, 108, 302, 352
興隆（こうりゅう）243, 286, 421
黒河（こくが）156
黒水河（こくすいが）249, 255
古三門湖（こさんもんこ）115
五丈原（ごじょうげん）19, 87
固川（こせん）287
虎跑泉（こほうせん）73
昆明池（こんめいち）149, 153, 163

【さ行】

蔡家河（さいかが）468, 481, 492, 493, 498, 501
柴家嘴（さいかし）286, 313, 333, 337, 341
蔡家坡（さいかは）72
寨子上（さいしじょう）302
沙苑（さえん）117
沙溪（さけい）417
滻河（さんが）312
山家頭（さんかとう）288, 303
三星堆（さんせいたい）415-420
三門峡（さんもんきょう）165-168
史家河（しかが）259, 287
史家塬（しかげん）233, 488, 494, 499
七星河（しちせいが）68, 73, 82, 91
漆水河（しっすいが）13, 14, 46, 66, 104, 155, 209, 211, 218, 303, 353, 463, 499
紙坊頭（しぼうとう）232, 240, 251, 253, 260, 263, 276, 285, 286, 289, 395, 400, 401, 414
周原（しゅうげん）7, 12, 15, 17, 26, 66, 84, 125
周原遺跡（しゅうげんいせき）9, 11, 19, 25, 48, 53, 79, 125, 126, 128, 318, 457
周原台地（しゅうげんだいち）14, 17, 20, 49, 54, 57, 68, 78, 135, 137
周原地区（しゅうげんちく）67, 92, 103, 125, 126, 135, 137, 140, 144, 145, 159, 162, 165
周公廟（しゅうこうびょう）9-12, 20-23, 49, 54, 73, 79, 128, 136, 143, 145, 469-473, 504
周城（しゅうじょう）231
周道（しゅうどう）423
十二橋（じゅうにきょう）274, 291, 298, 414, 415-420, 431, 432
朱開溝（しゅかいこう）288, 302, 387
祝家港（しゅくかこう）470, 472
朱馬嘴（しゅばし）492, 495-497
潤徳泉（じゅんとくせん）20, 73, 131
蒋家廟（しょうかびょう）141-143, 158, 160
漳家堡（しょうかほ）231
上官荘（じょうかんそう）287
上泉村（じょうせんそん）151
召陳（しょうちん）9, 25, 87, 128, 130, 133, 143, 388
小湾（しょうわん）229, 231
茹家荘（じょかそう）273, 274, 287, 289, 291, 292, 362, 395, 401, 413, 416
徐家碾（じょかてん）294
徐東湾（じょとうわん）225, 229, 231
新旺村（しんおうそん）150
秦函谷関（しんかんこくかん）166
晋国（しんこく）168, 388
秦嶺（しんれい）12, 18, 26, 89, 90, 104, 106, 144, 155, 158, 166, 273, 413, 418, 422, 449
水溝（すいこう）8, 11, 22, 25, 80, 128, 136, 141, 145, 160
崇国（すうこく）121
斉家（せいか）130, 143, 458
西崖（せいがい）287, 413
西虢（せいかく）52, 54, 61
斉家溝（せいかごう）82, 91, 129, 132, 250, 266, 458
清姜河（せいきょうが）273, 275, 291, 362, 403, 413, 418, 422
芮国（ぜいこく）168
成国渠（せいこくきょ）14
成周（せいしゅう）103, 125, 161
西村（せいそん）225, 232, 265, 268, 275, 286, 499
斉鎮（せいちん）79, 129, 131
西劉堡（せいりゅうほ）54, 61, 85, 144

地名・遺跡名索引　555

石鼓山（せきこざん）　439, 440, 444, 446, 448, 452, 457, 479, 504
石嘴頭（せきしとう）　240, 242, 249, 258, 262, 286, 413, 440, 448
積石原（せきせきげん）　14, 18, 54, 57, 66, 70, 79, 84, 113, 121, 135, 144
石川河（せきせんが）　104, 108, 113, 116
石峁（せきぼう）　351, 358, 387
薛家渠（せつかきょ）　387, 388
千河（せんが）　13, 66, 86, 104, 139, 143, 162, 164, 261, 402, 420
泉護村（せんごそん）　108
陝南（せんなん）　400
陝北（せんぼく）　12, 310, 317, 352, 358, 361, 365, 375, 388, 424, 429, 432, 468
双庵（そうあん）　303, 351, 426, 501
宋家（そうか）　473
曹寨村（そうさいそん）　150
荘白村（そうはくそん）　7, 9, 130
孫家（そんか）　489, 499, 502

【た行】

大河口（だいかこう）　451
載家湾（たいかわん）　449
大原村（だいげんそん）　150
大口（だいこう）　387
大散関（だいさんかん）　418, 421, 423
大散嶺（だいさんれい）　423
太子蔵（たいしぞう）　388
大伯溝（だいはくこう）　222
断涇（だんけい）　491
竹園溝（ちくえんこう）　253, 273, 298, 395, 400, 449
竹瓦街（ちくががい）　419
趙家台（ちょうかだい）　8, 12, 23-26, 54, 79, 473
張家坡（ちょうかは）　150, 187, 190, 271, 273, 480
趙家坡（ちょうかは）　269, 286, 407, 421
趙家来（ちょうからい）　224, 231, 234
長寿山（ちょうじゅさん）　267, 421
長青郷（ちょうせいきょう）　402, 420
晁峪（ちょうよく）　240, 241, 249, 260, 274, 282, 286, 289, 290, 296, 426, 447
珍珠泉（ちんじゅせん）　72
陳倉故道（ちんそうこどう）　51, 144, 362, 423

泥河（でいが）　148
鄭家坡（ていかは）　209, 210-218, 223, 231, 233, 243, 286, 288, 333, 483-486, 496, 498
鄭国渠（ていこくきょ）　116, 154
丁童村（ていどうそん）　402
翟家溝（てきかこう）　243, 286
碾子坡（てんしは）　241, 255-258, 276, 286, 290, 298, 300, 426, 428, 448, 468, 492, 499, 502
鄧家荘（とうかそう）　388
董家村（とうかそん）　130, 140, 266
鄧家坪（とうかへい）　415
潼関（どうかん）　12, 104, 163, 166, 167
闘鶏台（とうけいだい）　18, 72, 87, 178, 239, 240, 261-265, 275, 286, 292, 296, 402, 407, 421, 449, 456
塔梢河（とうしょうが）　450
東坡（とうは）　231
東湾（とうわん）　225, 229, 231
兔児溝（とじこう）　275, 287
斗門鎮（ともんちん）　152
土陵（どりょう）　259, 287

【な行】

南夏家（なんかか）　231
南韓（なんかん）　388
南沙村（なんさそん）　311, 339, 340
南店子（なんてんし）　224, 231
南坡村（なんはそん）　402
南廟（なんびょう）　231, 287
南窯（なんよう）　287

【は行】

馬王村（ばおうそん）　150, 190, 194, 204, 224, 226, 234, 271, 479, 481
灞河（はが）　312, 319
巴家嘴（はかし）　275, 287, 296
白燕（はくえん）　343
白家窯（はくかよう）　318, 341
白渠（はくきょ）　116
白鹿原（はくろくげん）　157, 312, 319, 482
馬泉（ばせん）　20, 73
馬創泉（ばそうせん）　73
白家荘（はっかそう）　152
坡底（はてい）　231

范家寨（はんかさい） 243, 286
潘家湾（はんかわん） 287, 413, 421
半坡（はんぱ） 41, 108
廟王村（びょうおうそん） 255, 286
美陽河（びようが） 68, 82
豳（ひん） 7, 125
馮村（ふうそん） 150
浮陀村（ふだそん） 402
普渡村（ふどそん） 151, 152, 188, 196
汾河（ふんが） 163, 165, 168
文家台（ぶんかだい） 231
辺堆山（へんたいさん） 415
鳳凰山（ほうおうさん） 147, 469
鳳凰泉（ほうおうせん） 20
龐家（ほうか） 133
澧河（ほうが） 103, 121, 125, 148, 150
宝鶏峡（ほうけいきょう） 19, 104, 362
豊鎬（ほうこう） 27, 106, 118, 125, 130, 148, 150-158, 162, 170, 187-200, 271, 287, 291, 297, 317, 375, 386, 390, 396, 404, 426, 448, 452, 477, 480-482, 503
豊鎬地区（ほうこうちく） 103, 106, 121, 125, 148-159, 161, 166, 192, 270, 346, 365, 448, 488, 505
鳳雛（ほうすう） 9, 22, 25, 82, 129, 133, 143, 458
澧西 H18（ほうせいえいちじゅうはち） 466, 473, 480, 494, 504
鳳泉（ほうせん） 20, 73
褒斜道（ほうやどう） 19, 51, 54, 87, 144, 158, 166, 423
豊邑（ほうゆう） 19, 28, 103, 106, 121, 126, 148, 150, 153, 176, 187, 188, 192, 361, 386, 429, 480, 504
望魯台（ぼうろだい） 501
北山（ほくざん） 12, 22, 66, 104, 108, 117, 120, 456, 493
北村（ほくそん） 218, 299, 310, 319, 321, 340, 497, 501
北店子（ほくてんし） 231
北馬坊（ほくばぼう） 259, 286
北馬坊河（ほくばぼうが） 488
北陽（ほくよう） 231
北呂（ほくりょ） 51, 87, 209, 220-222, 224, 226, 231, 287, 317, 363, 378, 389, 476-479

【ま行】

毛家坪（もうかへい） 294, 296, 305
蒙峪溝（もうよくこう） 273, 292

【や行】

姚家河（ようかが） 233
楊家村（ようかそん） 7, 18, 29, 51, 72, 86, 144
羊元坊（ようげんぼう） 481, 499
雍城（ようじょう） 52, 75, 162, 164

【ら行】

羅家埈（らかりょう） 249, 421
洛河（らくが） 104, 106, 108, 115, 116-118, 154, 165
落水村（らくすいそん） 151-153
洛邑（らくゆう） 29, 50, 103, 125, 161
洛陽地区（らくようちく） 103, 121, 125, 158, 160, 161, 162, 166, 168, 170
欄橋（らんきょう） 294
李家崖（りかがい） 358, 388
驪山（りざん） 155, 158
劉家（りゅうか） 130, 133, 239, 241, 250-254, 258, 273, 278, 284, 290, 292, 295, 360, 426, 439, 444, 447, 451, 469, 479, 500
龍渠村（りゅうきょそん） 231
龍首渠（りゅうしゅきょ） 116
龍泉（りゅうせん） 20, 73, 134
柳湾（りゅうわん） 284, 288
涼泉（りょうせん） 243, 286, 421
梁帯村（りょうだいそん） 168
陵坡（りょうは） 10, 21, 141, 470, 472
梁甫村（りょうほそん） 402
林家村（りんかそん） 249, 287, 289, 421
臨汾（りんふん） 68, 451
琉璃河（るりが） 388
霊沼河（れいしょうが） 148, 150
礼村（れいそん） 134, 266, 287, 458, 465
霊隴村（れいろうそん） 402
蓮花台（れんかだい） 288
老牛坡（ろうぎゅうは） 166, 192, 228, 234, 272, 312, 319-324, 340, 359, 361, 481, 496, 501
隴山（ろうざん） 104, 294
六輔渠（ろくほきょ） 116

中文要旨
关中平原和西周王朝的形成

西周王朝在渭河流域的关中平原孕育和形成，登上中国历史的舞台，关中平原成为西周王朝的"畿内地区"（王畿）。本书的主要内容是运用地理考古学的方法研究西周王朝"畿内地区"的地域的构造，以及西周王朝形成时期关中平原上各种陶器文化系统的编年。

本书第一部分是从地理考古学的角度探讨关中平原的结构。研究的主要方法是以新石器时代至西周时期聚落遗址的分布（遗址的位置信息根据《中国文物地图集·陕西分册》）为基础数据，结合实地踏查所见所得的信息以及公开发表的卫星图像（CORONA 卫星图像等）和海拔数据（SRTM 等），运用 GIS 和遥感技术进行综合分析。

本书第二部是从陶器群的演变讨论西周王朝成立前后关中平原上诸文化的动态演变过程。主要是对西周王朝成立以前的陶器进行考古学编年，从中归纳出各陶器群系统的编年和演变关系。然后讨论这些西周王朝成立以前就已存在的陶器群如何构成了西周时期王朝中心地区的文化（即所谓"西周式陶器"）。

下面简单地叙述第一部分和第二部分各章的讨论要点。

第一部分

第 1 章 所谓"周原"是指在关中平原西部的漆水河以西、千河以东地区形成的一种黄土地带特有的被称为"塬"的台地。1970 年代以来，以扶风县和岐山县交界地带的"周原遗址"为中心，学者们进行了大量有关先周和西周时期的考古工作。2003 年末，岐山县周公庙遗址的发现以及随后在岐山南麓一带相继发现了从先周到西周时期的大型聚落遗址，标志着先周和西周时期的考古学研究进入了一个新阶段。在第 1 章中主要介绍了这些新发现，并介绍了历史地理学家史念海、环境考古学家周昆叔等先生的研究，从地理考古学的角度指出研究关中平原的重要性。

第 2 章 本书地理考古学研究的方法是以 GIS 和遥感技术为基础。在第 2 章中介绍了：

① GIS 和遥控技术的基础和前提。

②表示遗址分布的随机性（Randomness）和集聚度（Clustering）的"K 函数法"。其结果是，在遗址间距离 10-30 公里之间，遗址的聚集度发生变化，可以看到不同的阈值。这个阈值的数值可被利用于遗址分布的种类分析等。作为这种聚集度分析的结果之一，我们发现新石器时代和先周·西周时期的聚落遗址都围绕在河流和泉水附近分布，显示出相同的分布规律；另一方面，在集聚度分析方面，先周·西周时期聚落分布的密度和集聚度较新石器时代有明显的提升。

③以遗址间距离为基准的遗址分布的集聚度分析显示，在关中平原西部存在几个大的遗址群，周原遗址群是其中之一。

④关中平原西部的交通道路（网络）。从地形和近现代交通道路的特征来推定古代的交通路线。

⑤使用卫星图像（Landsat-7/ETM++图像）进行植物生活习性的分析。分析结果得到的植物生活习性的类型与笔者在第三章中设想的遗址所在地的地形有着十分密切的对应关系。

第 3 章 分析关中平原西部遗址的地理位置和地理环境的关系，其中最重要的是水资源的获取和利用。可以确认遗址的分布模式与确保生活用水的获取有着明确的关系。

①从新石器时代到先周和西周时期，遗址分布都与河流的走向和泉水的分布相对应。在聚落的选址上，从新石器时代到西周时期都没有变化，都选择在河流或泉水附近。

②在大型河流渭河及其支流中流经周原台地中部的漆河沿线，从新石器时代到西周时期遗址的分布几乎没有明显的变化，显示出稳定的状态。这一结果与史念海先生曾提出的观点可以相互印证，即漆河的侵蚀主要是从历史时期开始并迅速加剧的。

③岐山南麓遗址的选址和分布受到扇形地貌的强烈影响。扇形地貌的中心区域不易长期稳定地获取水资源，因此从新石器时代到西周时期都是遗址分布的空白区。

④可以确认从新石器时代到西周时期，遗址的选址集中在河流沿岸600米以内的区域。流经扶风、岐山县境的七星河支流的齐家沟，很可能形成于龙山时代以后、西周时期以前。之后在齐家沟一带出现了西周时期的周原遗址。七星河以东的美阳河很可能是在西周以后的历史时期形成的。

⑤以水资源为重点对地理环境进行分类，把地理环境作为选址的地理条件，可以将聚落遗址分为6种类型，与在第二章中讨论的植物生活习性的类型相关。

⑥第6种类型中的周原台地南部（漳河以南的积石原）是一个巨大的遗址空白地带。从集水度分析来看，这一带很难获取水资源。

⑦在周原台地的边缘分布有遗址群，它们的选址与周原台地边缘地带涌出的优质的泉水有关。周人和泉水的关系密切，在《诗经》等古代文献中也能见到记载。

⑧根据地形环境划分的6种类型的遗址群中，既有像岐山南麓群那样包含城址的大型聚落，也有中型聚落和小型集落的类型，从聚落规模的不同可以看出它们之间明显的阶层性。另外，岐山南麓的城址聚落都分布在靠近山麓的海拔比较高的位置，分布在其南侧低地平原上的大部分中、小型聚落都处在它俯瞰的视野之中。周原台地和周边的聚落群汇集了聚落的阶层性和俯瞰的景观特征，有可能创造出一种作为政治"地域"观念的空间。

第4章 分析了关中平原东部遗址的地理位置和地理环境的关系。关中平原东部西周时期新建设的丰邑和镐京是与周原并列的西周王朝的一个中心地区。

①在泾河以西、漆水河以东的咸阳原台地，周围被深沟河谷包围，台地上大部分区域都不易获取水资源，因此从新石器时代到西周时期几乎没有遗址分布。但是在咸阳原南部的边缘和渭河北岸有比较丰富的水资源，秦的都城咸阳就建造在这一带。

②泾河以东至黄河干流以西地区，很多土地是盐分很高的盐碱地和"沙丘"地带，生活水的质量不好，也不适合农耕，从新石器时代到西周时期几乎不见遗址（洛河沿岸一部分除外）。直到在战国末期以后，这里的一部分土地才随着郑国渠的修建得以进行改良。

第5章 本书提倡的一个重要概念是"都城圈"。在以往古代都城的研究中，城

墙往往最受关注，其次是宫殿和宗庙等王都中枢的设施，也备受瞩目。但是，在夏、商、西周时期王都不筑城墙的情况很多，宫殿和宗庙等重要设施之外还有其他功能性建筑和区域。以往只关注城墙和宫殿、宗庙等重要建筑集中的中心区域，从理论上来说既不完整，也不充分。笔者提倡的"都城圈"概念不仅仅关注城墙和宫殿、宗庙集中的政治中心区域，更关注都城的其他功能性区域。例如：支撑都城居民生活的农耕聚落、手工业生产地点、与获取自然资源相关的地点、军事据点、交通枢纽等。这一概念与城墙无关，而是捕捉在比较广的"地域"内如何配置政治、经济、军事、资源等功能区域或聚落的概念。西周王朝成立后，在关中平原上形成了"周原地区"、"丰镐地区"两个都城圈，在东方的洛阳盆地形成了"洛阳地区"都城圈，渭河、黄河中游一带的这三个都城圈构成了西周王朝的"畿内地区"。

①作为都城圈的"周原地区"相当于地理上的周原台地（以及南边的渭河两岸地区）。这个地理范围得到了第2章中以遗址之间的距离为基准提取的遗址集聚度分析结果支持。

②在西周时期周原地区的中心周原遗址，近年来发现了由人工的蓄水设施和沟渠系统构成的水利系统，对第3章中揭示的岐山南麓的泉水等水源进行调配和利用。

③在周原地区西部的水沟遗址，以及更西的宝鸡市北部的蒋家庙遗址，都是在山麓和台地边缘的坡地上建立的带有城墙的城址，它们很可能是在都城圈周围配置的具有军事防御或保障交通线畅通功能的防卫性聚落。

④靠近秦岭山脉的周原台地南部边缘的杨家村遗址一带、宝鸡市南部的竹园沟和茹家庄等遗址，可能与沟通关中平原和秦岭以南的南方地区的交通线（后代的陈仓道、褒斜道）有关系，而且与获取秦岭山区的山地资源可能也有一定的关系。作为都城圈的周原地区就是周原台地及其周边配置的具有上述功能的诸遗址。

⑤正如第3章所述，在周原地区，以岐山南麓的大型城址聚落为顶点，聚落之间具有明显的阶层性。

⑥作为都城圈的"丰镐地区"是以丰镐遗址为中心的地区。这一都城圈的范围也得到基于遗址之间的距离进行的集聚度分析结果的支持。

⑦在丰镐遗址范围内外有渭河、沣河、昆明池等水源，近年的考古调查发现了

与这些水源相关的水利系统的存在。

⑧在丰镐地区没有发现与周原地区类似的军事据点和与资源获取相关的聚落。手工业地点也集中在丰镐遗址的中心部。

⑨支撑都城居民生活的一个重要方面是"可耕地"的多寡。正如在第四章中已经指出的，渭河北侧的咸阳原台地和泾河以东的土地既不适合生活也不适宜农耕，只有渭河南岸和秦岭北麓之间的狭窄的范围（第二阶梯地）是主要的可耕地，面积较周原地区小很多。

⑩根据GIS地形条件的计算，同时结合历史文献和汉代的水运遗迹，可以推定陆上交通必经的地点（潼关、秦函谷关、汉函谷关等），复原出连接周原地区、丰镐地区、洛阳地区的交通道路（河流交通、陆上交通）。被这些河流交通路线和陆上交通路线连接在一起的三个都城圈的地理范围，正是西周王朝的"畿内地区"。

第二部分

第6章 研究关中平原先周时期和西周时期陶器编年，研究的主要陶器类型是鬲。

①参照苏秉琦先生对宝鸡斗鸡台遗址陶鬲的分析，主要根据陶鬲的成形方法的不同进行分类。

②划分为"联裆鬲"（A类鬲）、"高领袋足鬲"（B类鬲）、"商系分裆鬲"（C类鬲）、"客省庄二期文化的鬲"（D类鬲）。

③以A类鬲为主体的陶器群称为陶器群A，以B类鬲为主体的陶器群称为陶器群B，以C类鬲为主体的陶器群称为陶器群C。

第7章 先周时期陶器研究首先要讨论的是先周时期和西周时期陶器的分界。为此，需要先探讨西周时期王朝中心地区的丰镐遗址的陶器编年，尤其是西周前期陶器的编年。

①我们将西周王朝成立之前（文王作丰邑前后）和王朝成立之后（西周王朝初叶）这段跨越商末周初的时期设定为第一个时期（西周Ⅰa期）。西周王朝初叶之后的时期是西周Ⅰb期，之后是西周Ⅱa期、Ⅱb期。西周Ⅰ～Ⅱ期相当于西周早期（其中一部分是先周时期末）。其后是西周Ⅲ期（西周中期前段）。

②经过作为过渡期的西周Ⅰa期，陶器种类组合和形态特征稳定的"西周式陶器"在西周Ⅰb期出现，在西周Ⅱ期正式确立。"西周式青铜器"也在几乎相同的过程中形成。

③先周时期的陶器是西周Ⅰa期（它的后半是西周王朝初叶）以前的陶器。

第8章 对以A类鬲为主体的陶器群A按照"形式"（器形特征延续保持不变的部分）和"型式"（器形特征随时间变化、与时俱进的部分）进行分类和编年。早期的陶器群A分布在周原地区东部的漆水河流域。我们推测早期的陶器群A是在与下文提及的商系统的陶器群C接触（殷墟一～二期前后）的过程中逐渐形成的。这里省略了类型学研究的细节。

第9章 对以B类鬲为主体的陶器群B按照"形式"和"型式"进行分类和编年。笔者认为陶器群B可以划分为不同的地域类型（组）。即：金河·晁峪组（早期、晚期）、刘家组、碾子坡组。此外，还有陶器群A和陶器群B共存的类型（陶器群A·B共存的遗址）。以往的考古发现中关于陶器群B的层位关系很少，纸坊头遗址发现的层位关系（纸坊头4a、4b层）最为重要。2000年以后在周原遗址、周公庙遗址等发现了新的层位关系。这里省略了对陶器群B的类型学研究的细节。另外，型式前后关系表示的是陶器形态的变化。例如，B类鬲足尖（足根）的形状的变化是区分型式前后和年代早晚的重要特征。2000年以后新发现的层位关系进一步验证了这种看法（第15章）。

第10章 对以C类鬲为主体的陶器群C按照"形式"和"型式"进行分类和编年。陶器群C从二里冈期延续到殷墟后期，是商系陶器在关中平原上的地方类型，早期与商文化中心地区的陶器有着一致的特征，但是在殷墟期以后逐渐地方化，自身特征和独创性增强。这里省略了陶器群C类型学研究的细节。

第11章 探讨了先周时期关中平原上陶器A、陶器群B、陶器群C的分布格局和演变过程。结果是：

①从二里冈期到殷墟一～二期之前。陶器群C分布在关中平原东部和中部（主要是西安市附近以东），陶器群A分布在周原台地东部的漆水河流域，陶器群B

分布在以宝鸡市为中心的周原地区的西侧。三者之中，陶器群 A 的出现时间可能稍微较迟一些。

②殷墟一～二期。这一时期，陶器群 C（商系陶器系统）从关中平原东部向西扩张，到达了周原遗址周边（扶风县和岐山县东部），形成了商文化的地方类型（"京当型"），但是在周原地区的分布比较稀薄，目前还没有发现长期稳定的陶器群 C 的聚落遗址。

③殷墟三～四期前半。陶器群 C 从关中平原西部后退，代替它的是西部的陶器群 B 从关中平原西部的宝鸡市一带向东扩张，扩展到周原地区的中部（扶风县、岐山县的全境）。但是，陶器群 B 的分布也比较稀薄，长期稳定的聚落遗址也不多。可能稍晚一些，陶器群 A 从周原地区东部的漆水河流域向西扩张，并扩展到周原地区。从这一时期开始，在周原及其周围可以发现陶器群 A 和陶器群 B 的"共存关系"。

④殷墟四期后半。陶器群 A 向西进一步扩展到周原地区以西的宝鸡市及其周边地区，导致陶器群 A·B 共存的遗址大量出现。另一方面，陶器群 A 在关中平原中部、东部也急速地扩展，到达现在的西安市附近。这一时期陶器群 A 向西和向东的扩展，反映了文王时期周人的势力向西方和东方的扩展，与丰邑的建设也有关系。

⑤西周前期前半（西周Ⅰ期）。在关中平原东部新出现的西周王朝的都城丰镐遗址中，以陶器群 A 为主体，加入陶器群 C，形成了一种新的陶器组合，也就是笔者所谓的"西周式陶器"。"西周式陶器"形成之后不久，就随着周人的封建活动被投入到华北各地的诸侯国中心地区（晋、燕等）。但是，在关中平原西端的一部分遗址中，直到西周前期仍然保持着本地传统的纯粹的陶器群 B 的组合，不久这一传统就在关中平原上彻底消失了。另外，在陶器群 A 兴起的漆水河流域，像扶风北吕遗址代表的那样，也保持着纯粹的陶器群 A 的组合。

⑥备受瞩目的是先周时期青铜器的变化，先周时期即将结束的前后（西周Ⅰa期），"关中型青铜器"（方格乳钉纹簋等）随着陶器群 A 的扩展而波及到关中平原的西部和东部。这些青铜器有可能是伴随着文王、武王时代周人势力的扩张被赏赐给周的臣下和诸侯。

第 12 章 以先周时期的陶器群 A、陶器群 B、陶器组 C 的研究为基础，讨论西周

前期成立的"西周式陶器"的来源和谱系。

①西周式陶器最基本的器类（鬲+罐）来源于陶器群 A。西周式陶器的主要器类例如 A 类鬲、折肩罐、圆肩罐都属于陶器群 A 系统，可见西周式陶器的主要内容来自先周时期以来的陶器群 A。

②陶器群 B 是先周时期关中平原西部的主要陶器群，但是在西周式陶器中并没有该系统的陶器。

③西周式陶器中的分裆鬲继承自陶器群 C（商文化关中平原的地方类型）中的分裆鬲，而非来自商文化的中心地区。殷墟末期的商系分裆鬲和西周式陶器中的分裆鬲有明显的差异。

④另一方面，西周式陶器中有不少来自原商王朝中心地区的陶器种类（主要是出自墓葬），例如簋（A、B）、罍形器、瓿、豆、壶、尊（圈足）等。

⑤除了以上来源之外，在西周式陶器中也有来自陕北地区的陶器（三足瓮等）。

第 13 章 西周前期在关中平原西部的宝鸡市南部分布着属于"弜"氏集团的茹家庄、竹园沟等遗址。这些遗址出土的陶器中除了关中平原常见的陶器群（包括西周式陶器）之外，还发现有较多的四川系陶器（十二桥文化）。从竹园沟、茹家庄等遗址出土的青铜器的文化因素分析来看，"弜"氏集团很可能来自秦岭以南的十二桥文化。周人可能把这些外来的人群配置在西周王朝"畿内地区"的周边。这也就形成了畿内地区和畿外地区的边界。实际上，在关中平原的北部也发现有包含北方系文化因素的集团，它们可能构成了西周王朝"畿内地区"的北部边界。

第 14 章 讨论了近几年宝鸡市发现的石鼓山 3 号墓，重新考察了西周王朝成立前后宝鸡市周边地区的文化动态。从出土的大量青铜器来看，石鼓山 3 号墓是在西周王朝成立之后（商王朝灭亡之后）建造的墓葬。在这座墓中随葬了一件笔者划分的型式最晚的 B 类鬲，年代确定无疑属于西周前期前半。笔者之前主张的 B 类鬲的年代下限可能晚到西周时期得到了确凿无疑地证明。

第 15 章 第二部分第 6 章至第 13 章的内容是作者根据 1990 年代以前的资料完成的博士论文。在第 10 章中主要介绍了 2000 年以后的认识和发现，补充了笔者

的编年研究。另外，我们也讨论了从事关中平原先周时期陶器研究的张天恩、刘军社、雷兴山等先生的重要著作。张天恩先生指出的二里头文化时期关中平原的考古学文化空白问题，雷兴山先生详细分析的西周王朝成立前、后商周时期考古学文化分界问题（主要是周公庙遗址、周原遗址的陶器编年问题）等，都是先周文化研究今后需要解决的大课题。最后，古公亶父率领周人迁居的"周原"都邑究竟在哪里，这个关于周人历史的最大的问题，现在还没有明确的答案。

（中文翻译　路国权）

西周王朝の形成と関中平原
(せいしゅうおうちょう)(けいせい)(かんちゅうへいげん)

■著者略歴■

西江清高（にしえ・きよたか）

1954年生まれ。上智大学大学院文学研究科博士後期課程満期退学。
1984年から87年まで北京大学考古系に留学。
現在、南山大学人文学部教授。博士（史学）。

【主要著書・論文】

『中国の考古学』（共著）同成社、1999年。『扶桑与若木―日本学者対三星堆文明的新認識』（主編、共著）巴蜀書社、2002年。『世界歴史大系 中国史1 先史〜後漢』（共著）山川出版社、2003年。「二里頭文化期中原王朝的政治空間模式」中国社会科学院考古研究所編『夏商都邑与文化（一）』中国社会科学出版社、2014年。

2019年3月31日発行

著 者	西 江 清 高	
発行者	山 脇 由 紀 子	
印 刷	亜 細 亜 印 刷㈱	
製 本	協 栄 製 本㈱	

発行所　東京都千代田区飯田橋 4-4-8
　　　　（〒102-0072）東京中央ビル　㈱同成社
　　　　TEL 03-3239-1467　振替 00140-0-20618

Ⓒ Nishie Kiyotaka 2019. Printed in Japan
ISBN978-4-88621-820-9 C3022